近現代英国思想研究、およびその他のエッセイ

添谷育志＝著

風行社

［目　次］

第一部　近現代英国思想研究

1　ホッブズ政治哲学の人間論的意味――生産活動・暴力による死・他者〈1974〉

〔『理想』第四九六号〕

はじめに

あらゆる国家理論・政治思想はその人間論 Anthropologie にしたがって分類できるといったのは、C・シュミットである。そして、彼によれば、人間を「problematisch, "gefährlich," dynamisch な存在」と見なす政治理論こそが「真正な政治理論」である。これを換言すれば、およそ政治理論とは、人間に関するかくも単純な臆断のうえに築き上げられた尨大な観念体系ともいえよう。だが、政治理論が「政治」理論たるにはもうひとつの必要不可欠な条件がある。ラスウェルをまつまでもなく、政治現象の中核をなす権力現象は「人間相互の間に生ずる状況」である。ジュヴネルも（『純粋政治理論』において）「政治現象は本質的に諸個人間の関係として現われる」とのべ、「ひとがひとを動かす」関係を強調する。[1] それゆえ、かかる現象への反省としての政治理論は、当然に人間関係についてのなんらかの臆断をふくんでいなければならない。シュミットは「政治的なもの」の規準《クリテリウム》としてかの悪名高い「敵–味方の区別」を呈示した。これは彼なりの人間関係への臆断であった。しかし、厳密にいえば、先の人間論的前提のうちにも人間関係への視点は存在するといえる。というのは、人間は dynamisch な存在であるという規定は、いわばヒトそれ自体《アン・ジッヒ》についての規定である。それに反し、人間は problematisch, gefährlich な存在であるという規定は、つねに誰かにとって problematisch であり

gefährlich であるという形式においてのみ有意味である。つまり人間は problematisch, gefährlich であるという規定は、人間関係の存在をまってはじめて可能である。そして、H・シェルスキィがホッブズ政治理論の実践的性格、および人間の活動性や「力ある存在」mächtiges Wesen としての人間像を強調したのに対し[2]、シュミットが「哲学的能動主義や行動理論のすべてが直ちに政治思想ではない」と暗に批判したとき[3]、彼自身 dynamisch, tätig, mächtig 等々という規定と problematisch, gefährlich という規定とを区別していたといえる。したがって、彼は「危険な存在」というよりもむしろ「危険な関係」（ラクロ）というべきであった。事実、彼は『権力並びに権力者への道についての対話』（一九五四年）では、「ホッブズの危険性＝関係」（“Hobbesianistische Gefährlichkeits-Relation”）[4]という表現を用いている。

そもそも近代政治理論は、いかなる人間も自己と等価的にして同形的な人間であるとする普遍的意識を出発点とする。*Homo homini homo* という「美しい定式」（シュミット）が問題の始まりなのである[5]。自己と等価的かつ同形的でありながらも不可解な他人との関係をいかに調整してゆくか、かかる関係から分泌されてくる「権力」にどう対処するか、これらが近代政治理論の基本テーマである。ホッブズの *Homo homini lupus* は、他人という存在の不可解さと他人との関係の危険性をあらわす譬喩である。

およそ人間はさまざまな対象に向きあうことのなかで自己を規定する。神に向きあう自己、自然に向きあう自己、自己に向きあう自己、そして他の人間に向きあう自己。政治思想家とはおそらくこの「他の人間に向きあう自己」に並々ならぬ関心をいだくようなタイプの人間といえよう。京極純一は、「人間関係へのいわば女性的な関心」こそが政治学の胸にやどる「二つの魂」のうちのひとつである、とのべている[6]。他人の思惑に左右されずにわが道を行くことを「男性的」と見なすカルチュアのもとでは、たしかに他人との「危険な関係」に恋々と執着することは「女々しい」とされようが、ともかく、広く政治学とは上にのべたような意味ですぐれて「人間《じんかん》の学」（和辻哲郎）なのである。

ホッブズ政治哲学の人間論的哲学 anthropological philosophy としての意味を強調したのはL・シュトラウスであっ

た。[7] 和辻は西欧的アントロポロギーが共同態から抽象した「ヒト」のみを対象としているのを批判し、共同態におけるあるいは共同態としての人間をとらえる「人間の学」を提唱した。[8] しかし、わが国でもつとに太田可夫の先駆的業績が解明しているように、ホッブズの政治哲学はいうまでもなく、その人間的自然論（いわばアントロポロギー）のレヴェルにおいても、人間を他人との関係においてとらえる発想がみられる。[9] 本稿は、ホッブズが「ヒト」の自然 human nature をどのようにとらえていたか、さらに、ヒトとヒトとの関係をどのようにとらえていたかを、論じようとするものである。

（1）B. de Jouvenel, *The Pure Theory of Politics*, 1963, p. X.
（2）H. Schelsky, “Die Totalität des Staates bei Hobbes,” in *Archiv für Rechts- und Sozialphilosophie*, Bd. XXXI（1938）, S. 176-193.
（3）C・シュミット『リヴァイアサン』（長尾訳）、一二七頁。シェルスキィのホッブズ論への直接的言及は、同書三九―四〇頁。
（4）C・シュミット『政治思想論集』（服部・宮本訳）、一一五頁。
（5）同訳書、一二二頁、九六―一〇一頁。なお、vgl. H. Laufer, “HOMO HOMINI HOMO—Das “Anthropologosche Glaubenbekenntnis” eines Doktorinäis,” in *Politische Ordnung und Menschliche Existenz*（hrsg. von H. Arendt, et al.）, 1962, S. 322.
（6）京極純一『現代民主政と政治学』四〇頁。
（7）L. Strauss, *The Political Philosophy of Hobbes*, 1966（A Phoenix Book edition）, p. 8.
（8）和辻哲郎『人間の学としての倫理学』（岩波全書）、二〇頁。
（9）太田可夫『イギリス社会哲学の成立と展開』（水田洋編）、六一―六四頁、七二頁以下。なお、福田歓一『近代政治原理成立史序説』、四七頁など。

死について

J・ハーバーマスによれば、アリストテレスにはじまる古典的政治学のテーマは善き社会・正しき生活という目的論的秩序の探求にあった。それに反し、近代的社会哲学は「人間の生存維持のための事実的条件をたずねる」。近代的な社会哲学の展開過程は、マキァヴェリとモアがそれぞれの思想の出発点とした二つの自然災厄――「隣人の手による非業の死」と「飢死」――の技術的克服という主題の変奏にすぎない[1]。A・コジェーヴは、〈戦闘〉と〈労働〉という二つの基本的ファクターによってヘーゲルの『精神現象学』を解読している[2]。これに倣っていえば、ハーバーマスが挙げている近代社会哲学の二大テーマは、〈戦闘〉と〈労働〉の問題ということになろう。ホッブズはもちろん〈戦闘〉の系譜の代表者である。「万人の万人にたいする戦い」によって知られるホッブズは、彼自身〈戦闘〉という主題の作曲者である。

しかし、ホッブズ政治理論のテーマを「隣人の手による非業の死」Der gewaltsame Tod durch Hände des Nächsten のうちにみることは、ホッブズ研究史においてけっして自明のことではなかった。それは、L・シュトラウスが『ホッブズの政治学』（一九三六年）において、「虚栄」vanity と「暴力による死の恐怖」fear of violent death の対立をホッブズ政治哲学の道徳的基盤と見なす解釈を発表して以来一般化した傾向であるといえる[3]。いかなる意味で「隣人の手による非業の死」ないし「暴力による死の恐怖」がホッブズ政治哲学のテーマといわれるのか。われわれはまずホッブズが人間の生と死をどのようにみていたか、からはじめよう。

H・ケルゼンは未開の心性の特徴を「因果的思惟の欠如」という点にもとめている。未開の心性にとっては純粋な原因―結果の連鎖としての「自然」の観念は存在しない。すべての事象が「誰々のおかげ」ないし「誰々のせい」という応報律のタームにおいて理解される。彼らは、自分たちが置かれた状況を、誰かによってくだされた「報賞」reward ないしは「懲罰」punishment として観念する。[4] かかる思惟様式のもとでは、人間が生まれ、老い、そして死ぬという、われわれにとっては多かれ少なかれ「自然的」とみなされている過程も、因果律によってではなく応報律によって理解される。たとえば、個々の人間の死について、われわれならば病死や老衰死、つまり自然死とみなすところを、未開の心性は魔力の作用に帰する。「未開人にとって死はすべて殺人であり、自然現象でなく社会的行為と解される」[5]。

ところで、ホッブズの『人間論』第一章は「人類の起源について、生と死について」論じている。彼はまず「人類の起源」について、「はじめは混沌としていた天と地とが分離し、一方は星と太陽に、他方は泥の塊になった。そして、泥の塊のうち比較的に湿った部分が海になり、比較的に硬い部分が陸地になった。この陸地の湿地帯の部分が太陽熱で熱せられ、沸騰し、被膜におおわれた一種の泡が形成された。これが、人類をもふくめてあらゆる生命体の起源である」というような説を紹介する。ホッブズによれば、このような一見『創世記』に類似した観方も、天と地の分離にさいしての神の霊の媒介、地が生命を生み出すにさいしての神のロゴスの力等を無視している点で、神の啓示なしには認識しえないことを認識しようとしているものといわざるをえない。こうして、ホッブズは、そもそも世界全体の生起と終末とはその創造者以外のなんびとにも知り得ないのであり、人類の起源は旧約の教えるとおりのものなのだと結論する。[6]

ところで、人類の起源については知りえないとしても、人間の日々の生命維持の仕方については感性的に知覚可能である。そこで、ホッブズは、人間の誕生、生理過程および死についてほぼ次のようにのべている。

胎児の素材は母親の血液である。生殖行為によって母胎に注入された生殖液体にふくまれる精分が、母親の血液を活性化し、人間を形づくる。これが人間の発生である。こうして生まれた人間が生命を維持するのは、もっぱら血液循環による。食物は消化器官によって精分にまで分解される。精分は腸においてリンパ管へ送り込まれ、静脈を通って心臓まで運ばれ、ここで血液と攪拌される。血液と混和された精分は、動脈を通り脳へ送られ、ここで濾過され、神経によって導かれて肉となる。他方、大動脈とその分肢を通って筋肉へ運ばれた血液は、筋肉を赤く色づける。筋肉に養分を与えた血液は、毛細血管から大静脈へ集められ心臓にかえり、ここでまた新しい精分と混和され、上にのべたような循環をくりかえす。この過程は、神経による肉の発生ということをのぞいて、すべて実験的に確証されている。

この血液循環がつづいているかぎり人間は生きている。そして、心臓がその収縮・拡大をつづけるかぎり血液は循環する。では、心臓はなにによって動くのか？　胎児は母親の血液の運動から心臓の運動を得るのであり、胎児の生命は母親の生命と不可分である。だが、子供がひとたび母胎から出て呼吸をはじめるや、子供は空気なしには生きられなくなる。したがって、生命すなわち心臓の運動は空気に依存している。つまり、空気中のなにかが心臓の運動の原因である。ところで空気はまず肺組織に送り込まれ、動脈性静脈を通って心臓に運ばれるのだから、心臓運動をひきおこす空気中の物質がなにであれ、それはまず血液の運動をひきおこすものでなければならない。血液によって肺から送られたその物質が心臓を収縮させ、心臓のなかの血液を血管へ送り出すのである。

では、血液運動をひきおこし、心臓を収縮させる空気中の物質とはなにか？　空気中には非常に微細なため目には見えないある種の分子が存在していて、それが血液と心臓の運動をひきおこすのである。つまり、海水に塩がふくまれているように、空気中にはそれに相応するような、たとえば一種のアルカリ塩といったものが存在し、それが血液と心臓の運動をひきおこすのである。[7]　しかし、空気中にはそのほか生命に害のある分子もふくまれていて、それを吸うと血行が妨げられ心臓運動が阻害され、病気になったり死んだりする。

死とはすなわち血液循環の停止である。その原因は、外部からもたらされる暴力をのぞいて、さまざまな種類——たとえば血管栓塞とか化膿性物質の血液への流入とか——があり、さまざまな偶然が人間に死と病気をもたらす。

だが、要するに、それらによって血液の流れが停止し、妨害され、あるいは血液が失われ、血液循環が阻害または停止させられることが、病気ないしは死なのである。(8)

未開人の神話にくらべてなんとも味気ないというほかないが、現代医学の死についての説明も基本的なパターンとしてはホッブズの説明と異なるところはないといえる。要するに、ホッブズにとって〈死〉とは、極言すれば「血流の停止」にほかならない。ホッブズには、未開の心性にはない「自然死」の観念が存在する。「暴力」による「殺人」と「自然死」とは区別されている。そして彼は、宗教の自然的原因に関連して、人間は理性の推論能力がその原因にまでたどりつけず、またその結果を予測しえない事象について不安をいだく、とのべている。(9) そうであるならば、人間の生と死とをかくも即物的《ザッハリッヒ》に対象化しているホッブズ自身には〈死〉という事象そのものに不安をいだく理由は存在しないことになる。ホッブズにとって人間の生と死とはひとつの生理過程として理性の認識領域内にくみ込まれているのである。

（1）J. Habermas, *Theorie und Praxis*, 1969, S. 22-23（細谷訳『社会哲学論集』I、二五—二六頁）.

（2）A. Kojève, *Hegel — Eine Vergegenwärtigung seines Denkens* (hrsg. Von I. Fetscher), 1958, II. Kaitel.

（3）Cf. L. Strauss, *The Political Philosophy of Hobbes*, p. 18. M・オークショットは、一九三五年当時の一般的教科書と目されるC. E. Vaughan, *Studies in the History of Political Philosophy before and after Rousseau*, Vol. 1, 1925 にみられるように、ホッブズ政治哲学を「恐怖の哲学」と見なすのが長い間の慣例であったが、「恐怖」ではなく「誇り」pride こそホッブズ政治哲学の master-conception である、という見解をしめしている（M. Oakeshott, "Thomas Hobbes," in *Scrutiny*, Vol. IV〔1935〕, p. 272）。シュトラウスはすでに初期のスピノザ研究において「暴力による死の恐怖」（たんなる「恐怖」ではなく「暴力による死の恐怖」であることの意味は後述）と「虚栄」ないし「誇り」Ehre を重視する解釈をしめしている（L. Strauss, *Die Religionskritik Spinozas*, 1930, S. 63-65）し、オークショットもシュトラウスの研究には早くから注目していた（cf. M. Oakeshott, "Dr. Leo Strauss on Hobbes," in *Politica*, II〔1936-37〕, pp. 364-379）から、オークショットの見解にはシュトラウスの影響がみられるかも知れない。ただし、後年オークショットは obligation

の理論に関連してシュトラウスを批判している（M. Oakeshott, "The Moral Life in the Writings of Thomas Hobbes," in *Rationalism in Politics*, 1962, pp. 264-266）。とくに、シュトラウスにおいては「虚栄」ないし「誇り」は自然状態をもたらす道徳的悪として斥けられるが、オークショットは「誇り」そのもののmoralizationによって自然状態を克服する可能性もホッブズの議論のなかにふくまれているのではないか、という見解をしめすにいたっている（*ibid.*, p. 289ff.）。なお、ホッブズにおける「暴力による死の恐怖」を強調するものとして、Ch. G. v. Krockow, *Soziologie des Friedens*, 1962, I. Teil: Thomas Hobbes' Philosophie des Friedens. ホッブズにおける「恐怖」の問題については、D. Krook, *Three Traditions of Moral Thought*, 1959, Ch. IV: Fear for love — Hobbes' "Leviathan". 彼女によれば、ホッブズはloveをdesireと同一視し、キリスト教的な「愛の転形力」を信ぜず、「愛」の代わりに「恐怖」を強調することによって、人間秩序を絶対権力の規制に委ねざるをえなくなった、とされる。

（4）H. Kelsen, *Society and Nature*, 1946, pp. 3-4. なお、永井陽之助によれば、政治の世界では原因-結果のタームにおいてじつは〝だれに責任をおしつけるか〟という応報律的な〝悪役さがし〟が行なわれる（「現代史の神話」『歴史と人物』一九七三年五月号、三六頁）。その意味で、政治の世界には現在でも未開の心性が支配している。

（5）H・ケルゼン『神と国家』（長尾訳）、六三頁。

（6）*De homine* (O. L., Vol. II), I-1, pp. 1-2.

（7）ホッブズの「科学的推論」とはこの程度のものである。

（8）*De homine*, I-3, pp. 2-4（傍点、引用者）.

（9）*Leviathan* (edited with an Introduction by M. Oakeshott), ch. 12, p. 70.

《生産的かつ活動的存在としての人間》

ところで、人間の生理過程に関するホッブズのこのような観方は、それが「あらゆる事象を、究極的には等質の物体の運動および空間-時間的連続性に還元するかぎりにおいて、機械論的世界観[1]」とよばれる。B・ウィレーは、このような機械論的世界観にもとづく自然現象の科学的説明と神学的説明との差は真理・非真理の問題ではなく説得性の問題である、とのべている。つまり、一七世紀以後の人びとは、「人間をして大きさ、重さを測定し、周囲の事物を支配することを可能ならしめるような種類の真理」を欲求しはじめた。それゆえ、人びとのこのような欲求に即応する説明の方がヨリ説得的かつ必然的真理と感じられるようになったのである。(2) ホッブズもまた、そういう「一七世紀の思想的風土」のなかで、当時の知的世界の関心(3)に見合うようなかたちで人間の生と死とを説明してみせたのである。

ともあれ、ウィレーがのべているような、そしてF・ボルケナウが社会学的に説明してみせた、一七世紀における関心の転位、T・クーン流にいえば科学における「パラダイム」の転換は、世界像・人間像の転換と軌を一にしている。自然界一般をメカニカルなものと見なす意識が人間を自然の一部と見なす意識と重なり合って人間機械論が成立する。自然はメカニカルなもの、人間は自然の一部である、ゆえに人間もメカニカルな存在であるという推論のもとに、人間はたとえば時計（自動機械）に類比される。しかし、この推論は外見ほど説得的ではない。そもそも自然の機械観自体が自然観察そのものから生じてこない。目的論を欠いているという意味では、この自然観はルターのペシミズムを媒介にしており、目的論的過程ではないにしてもひとつの法則性が存在するという意味では、中世自然法の規範意識を受け継いでいる。(4) さらに、ホッブズにみられるように、動物の生命運動を自動機械（時計）の運動に類比し、自動機械（時計）を人工的動物と見なす思考(5)は、なによりもまず、人間が自動機械（時計）を「製作」したという事実を前提とする。そもそも時計という類比物がなければ動物を時計に類比することは不可能である。こうして、人間機械論、ひいては機械論的世界観の根底にあるのは、人間は時計を「製作」しうる存在である、という経験である。

ホッブズにおいて、「自然」は、「神が世界を作り給い、統治し給う技《わざ》」である。人間の技術はかかる神の技としての「自然」を模倣し、かつそれを素材として人工的動物＝自動機械を製作する。(6) ここには、「自然」のうちに神の「恩寵」ないしは人間の「堕罪」をみる意識は存在しない。人間にとって「自然」は、そこからものをつくり出すためのたんなる素材 Material にして範型 Modell にすぎない。(7) とはいえ、ホッブズにおいて人間はあくまでも神の模倣者である。主体性は神の側にのみ存するかにみえる。しかし、神観念は人間の自己理解の疎外された形態であるというフォイエルバッハーマルクス的なテーゼがここでも妥当しよう。人間が神の技を模倣して機械をつくるのではなく、機械をつくりそれを操作する人間の活動性が神観念に転化する。じっさい、ホッブズの神は創造神というよりもどこか機械工に似ている。人間は己れに似せて神をつくる。

いずれにせよ、その根拠づけはどうあれ、人間機械論の根底には人間が生産的存在であるという自己理解が存在する。ホッブズのようにこれを神の技の模倣として根拠づけようとも、人間が自然界のなかで唯一ものをつくり出す技術をもった能動的存在であるという自己理解にかわりはない。神の技の模倣という観念にしても、神の命令としての階統的秩序にもっぱら服従するだけであった中世自然法の人間像からすれば大きな逸脱であろう。いうまでもなく、模倣は仲間集団における行動様式だからである。

人間機械論は、このように人間の活動性と能動性に立脚する点で、人間の主体性を否定したんなるメカニズムに還元するという意味での「機械的唯物論」とは対蹠的である。それはむしろ人間的自由の表現なのである。[8]

中世の世界像においては神・人間・自然が有機的統一を形成していた。これを人間論的にいえば、規範と衝動の二律背反《アンチノミー》が存在しないということである。ルターのペシミズムは、「信仰」によって神に直結する自己と地上的な「肉」としての自己とを断ち切った。[9] E・H・エリクソンによれば、ルターは早くから厳格な父親によって母親との親密《インティメート》な信頼関係から引き離された。そのことがルターのうちに父親への不信を植えつけるとともに、幼児期へのノスタルジアを駆り立てる。ルター神学は「信仰による義認」を強調することによって教皇の権威を否定する。これは、父親にたいする不信の表現であるとともに、あらゆる疑念以前にある神への信仰に復帰することをつうじて、喪われた信頼関係へのノスタルジアを癒やそうとする試みでもある。[10] だが、ルター神学の内面主義、「傷つきやすい精神主義」（トレルチ）は、「内面」以外の領域を絶対権力の規制に委ねることになる。[11] 「内面」における神への信頼は、「外面」における世俗的権力への屈服と結びつく。このようなルター神学におけるパラドックスを人間論の領域に類比すれば、近代的な自律への意志はエゴイズムの自然的衝動を規制するものとして倫理的超自我の観念を要請する。エゴイズムの自然を超自我（それは「内面化された権威」にほかならない）によって規律する「内部志向型」の自律的人間は、西欧の理想的人間像の一系譜を形成する。かかる自律的人間は、自己の無意識を「他なるもの」として抑圧するのと同じように、社会の無意識としての第四階級と歴史の無意識としての過去を抑圧する。こうして「理性」と「自由競争」と「進歩」の時代が訪れる。

他方、創造しうる存在としての人間の理念は、人間を自然のまどろみのなかから追放し、創造が神の属性とみなされるかぎり、人間を神の位置にまで高めるものであった。このあたうかぎり自然から遠ざかろうとする人間の意欲は、現代テクノロジーに集約される。天上の父なる神を否定することから始まった近代は、母なる大地から決定的に遠ざかろうとすることによって終わろうとしている。[12]

こうして人間は神からも自然からも遠ざけられることになった。近代の諸思想が、一方において人間の神性を否定し、他方において人間の獣性を否定し、人間の人間的本性を再定義しようとしたのは、このような淵源に由来する。英国経験論はこれを「人間的自然」human nature とよんだ。「人間的自然とは人類の境涯 predicament のことである」（オークショット）[13]。パスカルが「無限と虚無との二つの深淵」の中間に置かれていることを人類の境涯とみるように、ホッブズは神と獣の中間にあって営々ともの――それには人間自身が素材でありかつ製作者でもある「国家」もふくまれる――をつくり出すことを、人類の境涯とみる。「政治哲学の傑作はみな境涯の新しいヴィジョンから生まれる」[14]。それ自体「政治哲学の傑作」でもあるシュトラウスのホッブズ研究も、「生産的」かつ「活動的」であることを「人間的自然＝境涯」と考えるところから出発する。

あらゆる自然的事物から根本的に区別されるものは、人為的に生産された事物であるよりもむしろ、生産、人間的活動そのもの、すなわち本質的に生産的存在としての人間、なかんずく自己の技術によって自己自身の自然から市民ないし国家を創出する存在、自己自身に働きかけることによって自己自身を市民となす存在たる人間、である。人間はおのれ自身に働きかけ、おのれの自然に影響を与えかつそれを変え、その結果みずから市民に、つまり国家とよばれる人為物の一部分になるかぎりにおいて、自然的存在ではないのである。（中略）……存在物の基本的分類は、一方における自然と、他方における生産的かつ活動的存在 productive and active being としての人間への分類である。[15]

（1）F. Borkenau, "Zur Soziologie des mechanistischen Weltbild," in *Zeitschrift für Sozialforschung*, Jhrg. 1 (1932), S. 312.
（2）B・ウィレー『十七世紀の思想的風土』（深瀬訳）、四―五頁。
（3）一六世紀後半から一七世紀前半の知的世界の一般的状況については、R. Schnur, *Individualismus und Absolutismus*, 1963, S. 24-31. 初期ステュアート時代の知識人の生態については、M. H. Curtis, "The Alienated Intellectuals of Early Stuart England," in *Past and Present*, No. 23 (1962), pp. 25-43.
（4）J. Habermas, *Theorie und Praxis*, S. 36（邦訳、四五頁）. 一般に近代の思想的諸問題が神学的議論の変形にすぎないことについては、L・コラコフスキー「司祭と道化師――現代思想における神学的遺産」（小森・古田訳『責任と歴史』所収）。
（5）*Leviathan*, The Introduction, p. 5（水田・田中訳『リヴァイアサン』世界の大思想一三、一一頁）.
（6）*Ibid.*（同）
（7）Vgl. B. Willms, *Die Antwort des Leviathan*, 1970, S. 79ff. ヴィルムスによれば、「ルカ伝一九・一二―一三」の主と僕のたとえ話は、ホッブズの近代的思想家としての自己理解を明らかにする。すなわち、ホッブズにおいてミナは自然的理性である（cf. *Lev.*, ch. 32, p. 242）。神の不在によってカオスと化した自然のなかで、救世主の再来の日までこの理性をもって製作を行なう主体の概念こそホッブズ政治哲学のエレメントである。こうしてヴィルムスは、ホッブズ政治哲学の中心概念として《創造的主体主義》Der poietische Subjektivismus を提起する。
（8）太田可夫は人間機械論のヒューマニズムとしての意味を適切に指摘している（「イギリス市民社会の基底」『経済系』第一一号、七五頁)。太田の一連の業績は、戦後主体性論の数少ない貴重な成果としても再評価されるべきであろう。
(9) F. Borkenau, *Der Übergang von feudalen zum bürgerlichen Weltbild*, 1934, S. 105（水田他訳『封建的世界像から市民的世界像へ』、一四四頁）.
(10) E. H. Erikson, *Young Man Luther*, 1958, p. 249.
(11) E. Troeltsch, *Gesammelte Schriften*, Bd. 4, 1925, S. 140. なお、Borkenau, *op. cit.*, S. 105（前掲訳書、一四四頁）.
(12) H. Arendt, *The Human Condition*, 1958, p. 2（志水速雄『人間の条件』、四頁）.
(13) M. Oakeshott, Introduction to *Leviathan*, p. XXX.
(14) *Idid.* p. xi.
(15) L. Strauss, *The Political Philosophy of Hobbes*, pp. 7-8. productive and active being は、独語版では herstellendes und handelndes Wesen, moralisch-politisches Wesen（vgl. L. Strauss, *Hobbes politische Wissenschaft*, 1965, S. 18）. アレントによる人間の活動力の分類にしたがえば、シュトラウスの規定は〈仕事〉=Work = Das Herstellen と〈活動〉=Action=Das Handeln をふくむが、〈労働〉=Labor=Die Arbeit のニュアンスもふくまれており、アレントが〈観照的生活〉に対比して〈活動的生活〉というときの〈活動力〉= Activity=Die Tätigkeit の概念に近い（cf. Arendt, *op. cit.*, pp. 7-8 および vgl. H. Arendt, *Vita active oder Vom tätigen Leben*, S. 14-15)。なお、シュトラウスのホッブズ解釈のこの部分にたいしては、W. Dallmayr の批判がある（W. Dallmayr, "Strauss and the "Moral Basis" of Thomas Hobbes," in *Archiv für Rechts- und Sozialphilosophie*, L II, 1966, S. 38）が、彼はシュトラウスのホッブズ解釈の意味を正当に理解しているとはいい難い。

《自然死》と《暴力による死》

ところで、シュトラウスは、ヘーゲルの自己意識とホッブズとの関連について論じている箇所への注で、「M・アレクサンドル・コジェヴニコフと私は、ヘーゲルとホッブズとの関連の詳細な研究を行なう所存である」とのべている。[1] ここで言及されているM. Alexandre Kojevenikoffとは、先にふれたA・コジェーヴのことである。コジェーヴはシュトラウスのクセノフォン論に一文を寄せているが、[2]ここで企図された彼らの共同研究は実現されていない。しかし、フランスにおけるヘーゲル・ルネサンスに大きな貢献をしたロシア亡命貴族コジェーヴが、あたかもシュトラウスのホッブズ研究と時を同じくしてすすめていたヘーゲル研究は、内容的にみてシュトラウスのホッブズ研究と密接な関連を有している。[3]

シュトラウスが人間の人間的本性を「活動的存在」と規定するように、コジェーヴはそれを「否定的存在」と規定する。否定性 Negativität は同一性 Identität に対立する観念である。ヘーゲル以前の哲学者たち、なかんずくヘレニズムの伝統においては、永遠に自己同一性を保つ《実体》の探求が哲学の目的とされた。それに対しヘーゲルにおいては、自然の自己同一性を否定する活動としての人間的《主体》が創造する歴史的世界を包含する全体性の探求が哲学の課題となる。[4]

「哲学はもっぱら自然の哲学であってはならないのであって、人間学でもなければならない。哲学は自然的現実の存在論的基礎以外に……人間的現実の存在論的基礎をも探求せねばならない[5]」。そして、「自然的（静態的―所与的）な存在として把握された実体の存在論的基礎が（自己自身との）同一性であるのに対し、この存在および自己自身、すなわち人間を開示する語らいの主体は、つまるところ否定性に基礎をおく。しかも、その本質において否定性によって支配されている人間は、（静態的―所与的）存在ではなく、行為ないしは、自己措定ないし自己創造の活動である[6]」。かかる主体として「自然から本質的に区別される人間――このような人間自体は、所与の存在ではなく、むしろ創造的な（＝所与的なものを否定する）行為である[7]」。

ヘーゲルは《実体》に対立する《主体》の観念をユダヤ－キリスト教の伝統から受け継いだ。ユダヤ－キリスト教は、異教的なヘレニズムの伝統とはちがって、自然に対立する自由な歴史的個体の理念、すなわち「精神性」の原理を発見した。[8]しかし、ユダヤ－キリスト教において「精神性」が完全に実現されるのは彼岸においてのみである。無限にして永遠なる本体たる神のみが本来的意味における「精神」であり、神の似姿としての人間も「不死の魂」をもつことにおいて「精神」である。[9] ヘーゲルはこの有神論的なユダヤ‐キリスト教の伝統を無神論的に転倒させる。つまり、人間は死すべき存在であるというまさにそのゆえに「精神」である、というように。

「ヘーゲルによれば、『精神的』ないし『弁証法的』な存在は必然的に時間的かつ有限的である。無限にして永遠なる精神というキリスト教的観念は自己矛盾している。というのは、無限なる存在は、必然的に永遠に自己同一的である『自然的』な所与的―静態的―存在だからである。そして、創造されたあるいは創造的な、ないしは歴史的なあるいは『精神的』な、『ダイナミック』な存在は、必然的に時間に限定されている。すなわち、かかる存在は本質的に死すべき運命にある」[10]。「ヘーゲルは、人間が語の本来的かつ厳密な意味において死すべき運命にある、すなわち、時間のなかで有限でありかつ自己の有限性を自覚している、という前提のもとでのみ、人間は歴史的な自由な個体である、ということを理解した」[11]。「死の事実ないし死の事実そのものを自覚した人間的有限性の無条件の受容こそ、ヘーゲルの思想全体の究極的源泉である」。その意味で、ヘーゲル哲学は「死の哲学」なのである[12]。

　このように、コジェーヴのヘーゲル解釈は、自然学にたいする人間学の優位、自然的な所与性を否定する活動、自己創造的な活動として自然的存在から区別される人間、を強調する点で、シュトラウスのホッブズ解釈と明確な共通性を有する。のみならず人間の言語能力(「語らい」)、人間存在の時間性・歴史性等を重視する点で、他のホッブズ研究者のホッブズ像とも重なり合う部分が多い[13]。

　だが、シュトラウスとコジェーヴのあいだには明確な差異も存在する。コジェーヴは、人間が死すべき存在であるということ、死の事実そのもののうちに意味を見いだしている。しかし、ホッブズにとって〈死〉は人間の自然的過程の果てにある事実にすぎない。シュトラウスも〈死〉の事実そのものにはなんらの意味も与えていない。だが、ホッブズの思想体系はどこを切っても二重の層をしめしている。それは natural と artificial、ないしは natural と civil の区別である[14]。ホッブズは動物の運動を「生命的運動」と「動物的運動」（別名「意志による運動」）とに区別している。前者は、血行、脈搏、呼吸、消化、栄養、排泄の行程のように、構想力のたすけを必要としない運動であり、後者は、「われわれがあらかじめ心に想像したとおりに、行き、話をし、四肢のどれかを動かすようなことである」[15]。

『人間論』第一章でのべられていたのは、まさに「生命的運動」の行程であった。「血行の停止としての死」の観念も、かかる「生命的運動」の終局を意味している。だが、ここでわれわれは、人間の運動の区別に対応して、「意志的運動」を媒介とする死、あるいは『人間論』において留保されていた「外部からもたらされる暴力による死」、すなわち「人為死」ないし「暴力による死」という観念を想定しうる。シュトラウスはこの「暴力による死」にたいする人間の恐怖をホッブズ政治哲学の道徳的基盤と見なす。そのことによって、彼はホッブズ政治哲学の「人間論《アントロポロギー》」的性格を強調するが、われわれはここにホッブズの対人関係論ないし社会的存在論的視点を確認する。

ホッブズは『市民論』の「献辞」において、「人間的自然のもっとも確実な二つの要請」として、「自然的欲望」と「自然的理性」をあげる[16]。「自然的欲望」とは際限なき非合理な権力欲であり、その根拠は「虚栄」vanity をよろこぶ人間の自然のうちに存する[17]。それに対し、「自然的理性」とは、「それによって各人が自然の最高の悪としての暴力による死を避けようとする」[18]ものである。換言すれば、「自然的理性」とは「自己保存の原理」である。「万人にとって第一の善は自己保存である」[19]。たしかに、自己保存すなわち生命維持は第一かつ最大の善である。しかし、精神の永遠の平和という意味での「最高の善」はこの世に存在しない[20]。「他方、死は第一にして最大かつ最高の悪である。というのは、死は第一の善の肯定であるのみならず、同時に最大の善をもふくめてあらゆる善の否定であるから」[21]。それゆえ、ホッブズは「自然的理性」を積極的に「生命の維持」とせずに消極的に「死の回避」とするのである。

だが、ホッブズによれば、あまりにも大きな生の苦痛はかえって死を善きものと思わせる。それゆえ、最大かつ最高の悪は死そのものではなく苦悶死である[22]。しかし、ホッブズがもし実際に苦悶死を最高かつ最大の悪と考えていたとするなら、彼はデカルトやスピノザ以上に医学を重視しただろう。ホッブズはほとんど医学の効用を無視している[23]。

このように論じてきた後に、シュトラウスは次のように結論する。

> 苦悶死そのものではなく、他者の手によってひとを脅かす暴力による死こそホッブズが論及に値すると考える唯一のものである。彼が苦悶死こそ最大の悪とのべるとき、彼はもっぱら他者の手による暴力による死を考えている。
>
> （下略）
>
> 死は最大かつ最高の悪であるという合理的な、それゆえつねに不確実な認識ではなく、死の恐怖、すなわち情動的かつ不可避的な、それゆえ必然的かつ確実な、死の嫌悪こそが、法と国家の起源である。この恐怖は相互的な恐怖、すなわち各人が自己にたいする潜在的な殺人者としての他者にたいしていだく恐怖である。自己保存という合理的原理ではなく、その起源においては非合理的であるが結果においては合理的な、この暴力による死の恐怖こそ、ホッブズによれば、あらゆる正しさの、したがってあらゆるモラリティの根源なのである[24]。

このように、シュトラウスは「自然的理性」を「自己保存の原理」から「暴力による死の恐怖」へと改釈する。このことのなかにふくまれている意味はなんであろうか。一見したところ、「生命の維持」といおうと「死の回避」といおうと大差はないように思える。いわんや、〈死〉そのもの、〈苦悶死〉、〈暴力による死〉を区別する必然性があるのかも疑問となろう。しかし、この区別は、自然学と政治学（人間学）の区別というシュトラウスの基本テーゼと不可分である。彼は、ホッブズ研究に先行するスピノザ研究において、学の目的の区別の見地から「自己保存」と「暴力による死」を区別している。「（ホッブズによれば）自然学は人間の幸福を志向し、人間学（道徳および市民哲学）は人間の不幸を志向する。最大の不幸は暴力による死であり、幸福は事物および人間を支配する力の無限の高揚のうちに存する[25]」。したがって、人間学としての政治学の原理は「自己保存」ではなく「暴力による死」のうちにもとめられねばならない。

だが、シュトラウスはたんに自然学と政治学を分離しただけではない。シュトラウスによれば、「暴力による死の恐怖」とは、「潜在的な殺人者としての他者への恐怖」である。つまり、ホッブズにおける「死の恐怖」とは、じつに「生の恐怖」、他者が自己にたいして「殺人者」としてあらわれるような対他的・社会的関係、そのような「生」の様相への恐怖なのである。〈恐怖〉と〈不安〉とは区別されねばならない。Ich fürchte etwas と Ich ängstige mich というドイツ語の表現法にあらわれているように、〈恐怖〉Furcht, fear は「生体と対象との間の特殊な関係ではじめてあらわれる」が、〈不安〉Angst, anxiety は「生命そのものにかかわる」[26]。ジュヴネルは、かかる〈不安〉を「メタフィジカルな恐怖」とよび、〈恐怖〉を「フィジカルな恐怖」とよぶ。彼によれば、死や病気の自然的原因の無知のゆえにこれをなにか神秘的なものの意志に帰せしめ、この「不可視の力」を畏怖する未開人の心性のメカニズムのうちに宗教発生の原因を見いだしている点で、ホッブズはフロイトとレブィ・ブリュルの先駆者である。「生命そのものにかかわる」死や病気にたいする「メタフィジカルな恐怖が宗教社会の原理であるように、フィジカルな恐怖が市民社会の原理である」。「フィジカルな恐怖」とは、換言すれば、「隣人にたいする錯綜した恐怖」である[27]。——Ich fürchte etwas. ホッブズにおいて etwas は「隣人」である。暴力をもって私の生命を脅かす「隣人」なのである。

このようにみてくるならば、第一に「暴力による死」をもたらすのが他の人間である点で、第二に「恐怖」が対他的・社会的ディメンジョンにおける意識である点で、「暴力による死の恐怖」は二重の意味において「社会的」である。つまりシュトラウスは、「暴力による死の恐怖」をホッブズ政治哲学の原理に据えることによって、それを人と人との関係のなかに措定したのである。

ところで、他者をおそれる、しかも他者を「殺人者」としておそれる意識は、先験的なものとして人間のなかにあるわけではない。ホッブズは『リヴァイアサン』序言で他者認識の原理をしめしている。それによると、人間は自己の思考、判断、推理、希望、恐怖等についての自己反省を他者に類推することによって、他者の思考や情念を知ることができるという。[28] つまり、ホッブズは自省が他者認識を保証しうることについてはなんの疑問もいだいていない。そしてかかる他者認識の原理は、自己と他者との同形性[29]・等価性の意識を前提とする。人間に質的な差異が存在するかぎり、自己反省を他者認識に類推することはできないからである。[30]

　しかし、「知る」という意識の志向性と「おそれる」という意識の志向性とは別のものである。他者が認識論的関心の対象として措定されているかぎり、他者をおそれる意識は生じない。ホッブズの他者への関心は、認識論的というよりむしろ moralisch である。デカルト哲学が認識論的懐疑に発するとすれば、ホッブズ政治哲学は moralisch な不信と恐怖に発する。[31]

　このようにみてくるならば、ハーバーマスの「隣人の手による非業の死」は、人間存在の「事実的 tatsächlich 条件」というより、むしろ existential な条件というべきであろう。「隣人の手による非業の死」は、「飢死」と同じ意味での「自然災厄」ではないのである。

　こうして、われわれはホッブズ政治哲学の本来の領域に踏み込むことになるが、ここでは、その前提条件として、ホッブズの対人関係論ないし社会的存在論的視点の存在を確認することをもって、ひとまず稿を閉じることにしよう。

(1) L. Strauss, *The Political Philosophy of Hobbes*, p. 58.

(2) A. Kojève, "Tyranis und Weisheit," in L. Strauss, *Über Tyranis*, 1963, S. 145-193

(3) Vgl. I. Fetscher, Vorwort des Herausgebers, in A. Kojève, *Hegel*, S. 7-10. コジェーヴのヘーゲル解釈の影響力は広範囲にわたっており、J. Plamenatz, *Man and Society*, Vol. 2, 1963 のヘーゲルの章は全面的にコジェーヴに依拠している (cf. *Ibid.*, p. 154)。コジェーヴにたいする批判としては、G. A. Kelly, "Notes on Hegel's "Lordship and Bondage"," in *The Review of Metaphysics*, Vol. XIX (1965), pp. 780-802.

（4）A. Kojève, *Hegel*, S. 191-192.

（5）*Ibid*., S. 192.

（6）*Ibid*.

（7）*Ibid*., S. 194.

（8）*Ibid*., S. 197. なお、オークショットもホッブズを「意思と人為」の系譜に位置づけ、その源泉を「ユダヤ‐キリスト教的な意思と創造の概念」にもとめている（cf. M. Oakeshott, Introduction to "Leviathan," p. Liii)。ただし、彼は西欧政治思想の伝統を（1）「理性と自然」（プラトン）（2）「意思と人為」（ホッブズ）（3）「合理的意思」（ヘーゲル）というように分類しているのだから（*ibid*., p. xii）、彼はホッブズとヘーゲルを類比しているわけではない。ただし、それにもかかわらず、ホッブズとヘーゲルとの間には類似点があることについては、J. B. Stewart, "Hobbes among the Critics," in *Political Science Quarterly*, Vol. LXXIII（1958）, p. 563.

（9）Kojève, *op. cit*., S. 198.

（10）*Ibid*., S. 198-199.

（11）*Ibid*., S. 199.

（12）*Ibid*., S. 201.

（13）全体的には、ヴィルムスの《創造的主体主義》の概念参照。とくに、彼はホッブズの「好奇心」にみられる「未来」の観念をもつ時間的存在としての人間像を強調する（B. Willms, *Die Antwort des Leviathan*, S. 105-106)。また、ヴィルムスが高く評価しているH・シェルスキィは、「言語」のなかに人間の自然的所与からの離反性をみる。すなわち、ホッブズの「人間像は言語観によって本質的に規定される。……言語は人間を環界のメカニズムから解放し、人間において知と意の能力を解き放つ。そして、そのことによって逆に、理性と意思とは言語という形でのみ表明される。……獣とちがって人間は言語によって自然の強制から免れる。そして、言語が人間の本質を形成するかぎり、人間は言語をつうじて、意思と理性とをもって、動物的自然のうえにひとつの自然を、つまり『第二の自然』を創造するのである」（H. Schelsky, "Die Totalität des Staates bei Hobbes," S. 184）。

（14）natural と artificial, civil の区別の意味については、Oakeshott, *op. cit*., pp. xxvii-xxix および F. O. Wolf, *Die Wissenschaft des Hobbes*, 1969 とくに 2. "Natur" und "Kunst" in terminologischen System der politischen Philosophie des Hobbes（S. 67 ff.）.

（15）*Leviathan*, ch. 6, p. 31（水田・田中訳、三七頁）.

（16）*De cive*（O. L. II）, Epistola Dedicatoria, p. 139.

（17）Strauss, *op. cit*., p. 11.

(18) *De cive*, Epistola Dedicatoria, p. 139.
(19) *De homine*, XI-6, p. 98.
(20) *Leviathan*, ch. 6, p. 39（四五頁）.
(21) Strauss, *op. cit.*, p. 16.
(22) *De homine*, XI-6, p. 98.
(23) Strauss, *op. cit.*, pp. 16-17.
(24) *Ibid.*, pp. 17-18.
(25) L. Strauss, *Die Religionskritik Spinozas*, S. 63-64. Cf. *De corpore*（O. L. I）, I-i-6～7, pp. 6-7.
(26) K・ゴールドシュタイン『人間――その精神病理学的考察』（西谷訳）、九二頁。
(27) B. de Jouvenel, *Sovereignty*, 1957, p. 236.
(28) *Leviathan*, The Introduction, p. 6（一二頁）.
(29) とくに、自然過程の「同形性」（Gleichförmigkeit）の確信の思想史的意義については、M. Horkheimer, *Anfänge der bürgerlichen Geschichtsphilosophie*, 1930, S. 7-8.
(30) もちろん、同質的なのは各人の思考・情念の内容ではなく、その形式である。さもなくば、「共通善」の存在にたいするホッブズの懐疑はそもそも生ずるはずがない。
(31) 認識論的懐疑と倫理的不信とは、ある意味で表裏一体をなすものといえるかも知れない。というのは、自己の認識の明証さを保証するものは、他者もまた同じ認識を共有しているということへの確信、つまり自己の感覚が共通感覚《コモン・センス》と一致しているという確信でしかなく、したがって他者への不信は自己の認識の明証さへの懐疑をともなわざるをえないからである。共通感覚《コモン・センス》の喪失のあとにはデカルト的な「コギト」がのこるだけである。ただし、デカルトが方法的に疑ってみたとすれば、ホッブズは懐疑と不信とを強いられていた。ここから、オークショットのいう「ホッブズの懐疑主義の狂暴さ」（Oakeshott, *op. cit.*, pp. xiv-xv）が生ずる。自省―類推の方法によって他者の思考と情念を知りえたとしても、そういう思考と情念をもった他者という存在への恐れは解消しない。知的な操作によっては解消されないこういう問題へわれわれをみちびくところに、ホッブズの懐疑主義の「狂暴さ」がある。

2　ホッブズとヘーゲル——比較研究的解釈試論〈1975〉

〔『理想』第五一〇号〕

はじめに——問題の限定

「ホッブズとヘーゲル」について論ずるにはいくつかの限定が必要と思われる。まず、ヘーゲル自身がいわゆる「イェナ期」の論文「自然法の学的取り扱い方について」（1802/03）において、自然法の「経験的取り扱い方」の名の下に、ホッブズの自然法論自体を批判の対象としていることが想起されねばならない。ヘーゲルの批判はほぼつぎのように要約できる。第一に、「常識」に立脚する経験的方法によれば、現実の「法状態」から恣意的、偶然的要素を排除すれば「自然状態」という純粋状態を抽象できるとされる。しかし、経験的方法には、偶然的なものと必然的なものとを区別する試金石がおよそ欠如している。第二に、端的な混沌状態として表象された自然状態は、それにともなう害悪のゆえに放棄されることになる。しかし、経験的方法においては、混沌から統一への移行の根拠が内的必然性をもって説明されず、「社交性の衝動」といった外在的要因を密輸入せざるをえなくなる。第三に、経験的方法によれば、人倫的関係が実現されるためには人倫的自然（自然的自由、絶対的自由）が放棄されねばならない。しかし、人倫的関係において放棄されねばならないような自然的なものは、なんら人倫的なものではない、云々[1]。

このように見てくるかぎり、「ホッブズとヘーゲル」という表題のもとでは、両者の「相違」についてしか論ずることはないように思われる。ところがL・シュトラウスはほとんど断定的に、ヘーゲルをホッブズの継承者に見立てているのだ。

> ヘーゲルは、自己意識の前近代的諸形態――ストア、懐疑主義および『不幸な意識』――の分析に先立って、ホッブズの哲学に依拠しつつ、主《あるじ》であることと僕《しもべ》であることの分析を置くことによって、ホッブズの哲学が自己意識のもっとも基本的な形態をあつかった最初のものであることを承認したのである。(2)

またシュトラウスは別の所で、「万人周知のごとく、主《あるじ》と僕《しもべ》に関するヘーゲルの根本テーゼがホッブズの自然状態論にまで遡ることを、コジェーヴは知っている」とのべ、さらにヘーゲルもホッブズも人間を「もっぱら承認をもとめる欲望だけによって導かれる存在」と見なす発想を共有している、と論じている。(3)

これらの見解は果たして「周知」のことといえようか。まず、ヘーゲルの自己意識論の発想の源泉をホッブズの自然状態にもとめること自体が、けっして「周知」のこととはいえない。(4)もちろん、ヘーゲル自己意識論の中核をなす「主《あるじ》－僕《しもべ》」関係の問題構成《プロブレマーティク》はアリストテレスにまで遡り、ホッブズもまたアリストテレス的伝統との批判的対決のなかから自己の政治哲学を形成してきたのであるから、西欧の知的伝統の流れのなかで見れば、両者の発想に類似性があることは、いわば自明の理である。しかし、このことはとくにホッブズとヘーゲルを結びつける根拠にはならない。また、市民社会論の系譜を考えるならば、ホッブズとヘーゲルを結びつけるためには、A・スミスという媒介者が必要なのではないか。

しかしこのような疑問や留保にもかかわらず、シュトラウスの論考は、ホッブズとヘーゲル理解に資する興味深い問題点を多く含んでいる。そこで、以下においてわれわれは、シュトラウスのホッブズ研究とA・コジェーヴのヘーゲル研究をフォローしながら、とくにホッブズ自然状態論とヘーゲル自己意識論に焦点を絞り、両者の思想を比較検討してみることにする。(5)

（1）G. W. F. *Hegel. Werke*, Bd. 2. 1970, Suhrkamp, S. 440-453（平野秩夫訳『ヘーゲル自然法学』、九九―一一七頁）. なお、ヘーゲルのこの論文を中心に「ホッブズとヘーゲル」を主題的に論じているものとして、恒藤恭「ヘーゲルによる自然法批判」および「自然状態と法律状態」（いずれも『法の基本問題』所収）。

（2）L. Strauss, *The Political Philosophy of Hobbes*, 1963（Phoenix Books edition）, pp. 57-58.

（3）L. Strauss, *Über Tyrannis*, 1963, S. 214.

（4）シュトラウス以外では、I・フェッチャーが、ホッブズの自然状態論はヘーゲルの自己意識論の Ansatz であることを認めている（vgl. I. Fetscher, *Rousseaus Politische Philosophie*, 1968, S. 304）。そもそも『精神現象学』の各章の議論に、それぞれある特定の歴史的モデルを割り当てることは困難である。ホッブズの自然状態論と同じ程度に、ドン・キホーテとサンチョ・パンサの関係も「主－僕」関係の論理で説明できるように思われる。

（5）このような問題限定から、ヘーゲルについては『精神現象学』『精神哲学』を問題にする。ただし、その際「自己意識論」と「法・国家論」の関連が問題となるが、これについては竹原良文「ヘーゲルの法・国家論における意識形態と論理――精神の自己疎外と国家の必然性の論証」（『法政研究』第三一巻第一号）参照。また、ヘーゲル『法の哲学』と『リヴァイアサン』を比較検討したものとして、桜井弘木「ヘーゲルとホッブズにおける国家と自由」（宮本富士雄編著『ヘーゲルと現代』所収）がある。

言語――「自己意識」の実存形態

ヘーゲルによれば、「（対象的）意識」と区別される「自己意識」は、さしあたり「自我は自我である」という形式で示される。われわれの問題を展開するためには、その前提として、ホッブズの議論のなかにヘーゲル的な「自己意識」

の観念が存在するのかどうかを検討してみなければならない。

哲学史の一般的通念からすれば、ホッブズは、人間の観念はすべて感官と対象との作用‐反作用としての感覚から生ずる、とした。それに対し、ロックは反省を観念の起源として付け加えた、とされる。このような見解からすれば、ホッブズにおいてはヘーゲルの「(対象的)意識」の次元しか問題とならないように思われる。ロック的な「反省」の概念すら存在しないホッブズのうちに、ヘーゲル的な「自己意識」を読みとることは不可能に思われる。

しかし、ホッブズにも「汝自身を知れ」という一般的定式における自己反省の意識は存在する。[1] そして、幾何学を範例とする政治学の確立というホッブズの意図にもかかわらず、彼の政治哲学の認識の端緒はモラリスト的な自省と人性への省察にもとめられる。[2] また太田可夫は、「イギリス経験論は自我意識を充分にもっている。否、もちすぎているといえないこともない。ただそれは自我意識という概念でつかまれなかったにすぎない。それはもっと人間的に社会的につかまれた。自我意識はイギリス経験論でははっきりと自然から分離してなされたのではなく、むしろ自然としてかくされて意識されたのである。human nature がそれである。それは人間的性質と言われてしまえばそのもつ思想史的意味の大半をうしなってしまう。それは人間的自然であった[3]」と論じている。

われわれは、ホッブズの認識論から検討してみよう。

> あらゆる思考の始源は、われわれが感覚と呼ぶものである。(というのは、人間の心に浮かぶ概念はすべて、最初は、全部あるいは一部ずつ、感覚の諸器官に生じたものだからである。)爾余の概念は、この感覚に起源を有するのである。[4]

この感覚は、それぞれの感覚器官と対象(外的物体)との間の作用‐反作用として把握される。しかし、人間は対象との直接的関係を離れても、対象の映像《イメジ》を想い浮かべることができる。とはいえ、この映像はけっして恣意的なものではない。映像は衰えゆく感覚にほかならず、以前の感覚作用の名残りにすぎない。映像が以前の感覚作用の現在における状態であるのに対し、以前の感覚作用を過去のものとして表象することが記憶である。そして、「多くの記憶すなわち多くのものごとを記憶していることは、経験と呼ばれる[5]」。この記憶する能力から構想力がみちびかれる。構想力とは、「過去の感覚作用の衰微した名残りを心のなかに喚び起こし、はんすうする能力、感覚そのものが語ることをやめた場合ですら経験しうる能力[6]」である。そして人間は、ある時点で見た人間の姿と別の時点で見た馬の姿とを合成して「半人半馬」のイメジをつくり上げることができるように（「複合構想」）、構想力において人間は直接的経験の世界から一歩踏み出すことができる。しかしながら、いかなる複合構想といえども、その各構成部分はそれぞれかつて感覚されたものから成り立っている。そのかぎりにおいて、構想力も依然として所与の世界に依存している。「経験の王冠」（オークショット）としての知恵《ちえ》（予見および慎慮または神慮）もまた、過去の経験から未来を予見する能力として、経験に従属してしている[7]。

総じて、これまでのべてきた人間の認識能力（感覚、思考、思考系列）は、「生まれつき人間に植えつけられていて、したがってそれを働かせるには、人間と生まれて五感を使用して生きるだけですむような心の作用[8]」である。M・オークショットは、かかる「心の作用」を「経験」の名の下に綜括し、この「経験」からいかにして理性的認識が獲得されるかを論じている。

この感覚－経験の限界を打ち破り、われわれの感覚作用から理性化された認識を達成するためには、われわれは感覚作用を有するだけではなく、感覚作用を有していることを意識している必要がある。つまり、われわれは内省の力を必要とするのである。だが、この力がご都合主義的な機械じかけの神《デウス・エクス・マキーナ》であるとの非難を避けようとするなら、この内省力の原因は感覚それ自体のなかに存在していなければならない。言語はこれら双方の条件を満たす。言語は内省を可能にし、しかもそれはわれわれが動物と共有している力、つまり声を発するという身体的な力から生ずる。じっさい、言語は「話《スピーチ》の形に整えられ、他者に向かって語られる場合には」(*De corpore*)、人びとがお互いに自分たちの考えを告げ知らせるための手段であるが、一次的には、人間が自分の心の内容を自覚するようになるための唯一の手段だからである。言語のはじまりは感覚作用の残《アフター・イメジ》-像に名辞を与え、それによってそれらを意識化することである。映像《イメジ》に名辞を与える行為は、それを意識化する行為である。(9)

たしかに、オークショットがいうように、感覚作用によって映像が生ずること、およびその映像を想起しうることと、映像に名辞を付与することとのあいだには大きなちがいがある。前者の過程は、いうならば外的物体と感覚器官との作用-反作用関係の自然的帰結である。しかし、名辞を付与するということのうちには、オークショットがいうように、かかる感覚過程を総体として対象化しうるような高次の意識の次元が想定されねばならない。ホッブズにおいて言語の端緒を構成する名辞は、「記号として恣意的に選ばれた語《ワード》」(10)である。したがって、かかる名辞の結合からなる言語体系は、所与的な自然的事物の世界とは異なった、人間的な象徴的意味の世界を構成する。(11)オークショットも、「語《ワード》」が合理的認識の起源である、とする。(12)

さらに、ホッブズは、「言語なしには、人びとのあいだには、獅子や熊や狼におけると同じく、コモン・ウェルスも社会も契約も平和も存在しえなかったであろう」(13)とのべ、人間の言語能力と社会構成能力とを相即的なものとして理解している。(14)ホッブズによれば、「言葉の効用」は、ひとつには人間個体としての回想の符号・記号として役立つことであり、もうひとつには人間個体間での思考や情念の相互的表現のために役立つことである。(15)たしかに過激なノミナリストとしてこのホッブズにおいて、名辞と事物とのあいだにはなんらの関連性もない。名辞は事物の自然から生ずるのではなく、人間が映像にあたえる記号にすぎない。しかし、名辞およびその結合としての言語が他者とコミュニケートするための手段となりうるということのうちには、言語が間主観《インター・サブジェクティヴ》的な形成物であることが前提されている。なぜなら、各人の名辞付与がまったく主観《サブジェクティヴ》的な妥当性しか有しないとすれば、名辞を、したがって言語を他者と共有することは不可能だからである。じっさい、ホッブズは事物と名辞との所与的関連性を否定しながらも、名辞のインター・サブジェクティヴな妥当性は否定していない。共通に妥当している意味とは違って、ある語を故意に恣意的にもちいることは、「言葉の悪用」として斥けられる。[16]

このように見てくるならば、映像に名辞をあたえるという言語形成の端緒には、人間の自己反省の意識とともに、対他関係への反省の意識もふくまれているといえる。

ヘーゲルは、「意識」を感覚、知覚、悟性に分けている。これらは、ホッブズの感覚、思考、思考系列に類比することができる。すなわち、これらを時間性によって規定するならば、感覚とは所与的「現在」への密着であり、思考とは「過去」と「現在」との相互媒介、思考系列は「過去」「現在」「未来」の統一としての「予見」を最高の達成とする。[17] ヘーゲルは、感覚、知覚、悟性をそれぞれの意識形態が対象にたいして有する抽象化の度合に応じて区別している。感覚は直接的な「個別性」（このもの）のレヴェルにとどまるのに対し、知覚は「個別性」から「一般性」（もの）を抽象するレヴェルにまで進む。悟性は「個別性」と「一般性」の統一としての「法則」を認識する。[18] ホッブズにおける「経験」の最高の達成としての「予見」（「知恵」）もまた、過去の行為とその結果から、現在の行為の未来における結果を予測することであり、すなわち経験的な「法則」認識の能力にほかならない。

ヘーゲルによれば、これら「（対象的）意識」が、いずれも対象という「他者についての知」であるのに対し、「自己意識」は「自己自身についての知」である。[19]「自己意識」はさしあたり自我＝自我というフィヒテ的自己同一性として表わされる。しかし、『エンチュクロペディ』において、「自己意識」の最高形態としての「普遍的自己意識」が、「自己意識」と他の「自己意識」との相互承認として示されているように、[20] ヘーゲル自己意識論のテーマもまた間主観性

（Intersubjektivität）の問題、つまり主観と主観とのあいだで形成される「歴史」と「社会」のレヴェルの問題である。[21] だからこそ、コジェーヴはギリシア・ポリスからナポレオン帝国の成立までの世界史を、自己意識論の論理に即して解読することができたのである。[22] つまり、「意識」から「自己意識」へと進むことによって、われわれは（エリクソン的にいえば）「心理的リアリティ」の世界から「歴史的アクチュアリティ」の世界へと足を踏みいれるのである。[23]

こうして、ホッブズの言語は、第一にそれが対象（外的物体）から自己に還帰する意識の次元の存在を前提とする点で、第二に対他関係への反省の意識をふくんでおり、それによって人間的な意味の世界（「歴史」と「社会」）が構成されるものである点で、ヘーゲル的な「自己意識」の実存形態である。さらにヘーゲルの「自己意識」は、「（対象的）意識」が対象を観照する静態的性格をもつのに対し、直接態としては「欲望」として現われ、対象を破壊しようとする衝動である。[24] ホッブズの言語もまた、静態的「経験」から動態的「情念」への媒介者である。

われわれは、彼らとともに「歴史的アクチュアリティ」の世界へと進むことにしよう。

（1）Th. Hobbes, *Leviathan*（edited with an Introduction by M. Oakeshott）, p. 6（水田・田中訳『リヴァイアサン』、一二頁）.
（2）L. Strauss, *The Political Philosophy of Hobbes*, p. x.
（3）太田可夫『イギリス社会哲学の成立と展開』（水田洋編）、一二頁。
（4）*Leviathan*, ch. 1, p. 7（一三頁）.
（5）*Ibid.*, ch. 2, p. 10（一六頁）.
（6）M. Oakeshott, Introduction to *Leviathan.*, p. xxiii.
（7）*Leviathan*, ch. 3, pp. 15-16（二一頁）.
（8）*Ibid.*, pp. 16-17（二三頁）.
（9）Oakeshott, *op. cit.*, p. xxiv.
（10）Hobbes, *De corpore*, I-ii-4（OLI, p. 14 & EWI, p. 16）.

(11) 福田歓一『近代政治原理成立史序説』二五四―二五五頁。
(12) Oakeshott, *op. cit.*, p. xxv.
(13) *Leviathan*, ch. 4, p. 18（二四頁）.
(14) ルソーにいたって、言語は「最初の社会的な制度」である、という明確な認識が生ずる。とくに言語形態の発達を政治体制の発達と相即的にとらえる発想は今でも新鮮である。レヴィ＝ストロースが「人類学の創始者ルソー」と呼ぶゆえんであろう。
(15) *Leviathan*, ch. 4, p. 19（二四―二五頁）.
(16) *Ibid.*（二五頁）
(17) *Leviathan*, ch. 3, p. 16（二二頁）「現在のみが自然のなかに存在し、過去のものごとは記憶のなかにのみ存在するが、きたらんとするものは、まったく存在していない。未来は、過去の行為の帰結を現在の行為に適用した心の仮想《フィクション》にすぎ」ず、豊富な経験を有する者のみが未来について語りうる。
(18) Hegel, *Enzyklopädie*, §422, Zusatz（船山信一訳『精神哲学』下、岩波文庫、三〇頁）.
(19) Hegel, *Phänomenologie des Geistes* (hersg. von J. Hoffmeister), S. 134（金子武蔵訳『精神の現象学』上、一七三頁）.
(20) *Enzyklopädie*, §436（五七―五八頁）.
(21) 金子武蔵訳『精神の現象学』上、「訳者註その二（総註）」、六三六頁参照。また、A・スミスの『道徳感情論』、ひいては英国哲学の伝統が「インター・サブジェクトとしてのヘーゲル的『自己意識』」の発想を有していることについては、田中正司「近代自然法と市民社会の歴史理論――ロック市民社会論序説」（『横浜市大論叢』第二四巻第一号）および同「ロックの評判法とスミスの道徳感情論」（『思想』一九七三年七月号）参照。
(22) Vgl. A. Kojève, *Hegel* (hrsg. von I. Fetscher), S. 52ff.
(23) Cf. E. H. Erikson, *Insight and Responsibility*, 1964, p. 161ff. エリクソンが「アクチュアリティ」と呼ぶ人間存在のディメンジョンは、H・アレントの「共通世界」ないし「公的領域」に等しい。エリクソンによれば、「アクチュアリティ」とは、「参加の世界」であり、他の参加者と共有され、「相互的活性化」が最大となるような世界である。アレントの「共通世界」「公的領域」は、「物あるいは事柄の介入なしに直接人と人との間で行なわれる唯一の活動力」たる「活動」action の場であり、「人びとの間にある」inter homines esse ことを本質とする。ただし、アレントは、私が見るように見、私が聞くように聞く他人が存在することによって保証される確実性を「リアリティ」と呼ぶ（cf. H. Arendt, *The Human Condition*, 1958, pp. 7-8, p. 50ff. 志水速雄訳『人間の条件』、九―一〇頁、五〇一頁以下）。なお、エリクソンの「アイデンティティ」概念が、個体性と共同性の統合感覚として、ヘーゲルの「我々である我、我である我々」Ich, das Wir, und Wir, das Ich ist. の意識にきわめて類似していることは興味深い。

（24）*Enzyklopädie*, §428, Zussatz（四二頁）.

自己意識の自然状態——承認のための「生死を賭する戦い」

ホッブズにおける「自然状態」の構成は、『法の原理』（1640）『市民論』（1642）『リヴァイアサン』（1651）のそれぞれにおいて、若干異なっている。三著に共通の基本的前提は、人間の「自然的平等」である。[1] この自然的平等の主観的承認が自然権であり、その内容は「自由」である。「自由」で「平等」な個人の関係がいかにして戦争状態となるのか。『法の原理』では次のように説明される。

（人間の自然的平等にもかかわらず）各人の情念は多種多様であって、ある人びとは虚栄をもとめ、他の者に先立ち卓越することを望む。そこで、自然の平等に満足している人びとも、彼らを屈服せしめようとする他者の力を忌避せねばならなくなる。ここから、人類における全般的不信と人間同士の相互的恐怖が生ずる。

さらに、各人は自己の善を考え、他者のなかに同じものを見ることを嫌う。そこで、人は言葉やその他あらゆる比較に付随する軽蔑と憎悪の徴しによって、お互いに挑発しあうことにならざるをえない。そして彼らの優劣を決定するのは、強さと身体の力である。

また、多くの人びととの欲望は同一のものを目的とする。そして、その目的物が、人びとがともに享受しえず分配しえないものである場合には、力の強い者がそれを独占する。誰が強者であるかを決定するのは戦いによってである。こうして虚栄心 vanity, 競争 comparison, 欲求 appetite が平等に満足している人びとをも戦いにまき込むことになる。[2]

『市民論』では、アリストテレス的な自然発生的秩序観に反対して、人間の持続的結合の起源は「相互的恐怖」であることが明言される。そして、この相互的恐怖の原因は、人間の自然的平等と相互的な害意にもとめられる。自然状態においては万人が害意を有しているが、これは必ずしも同じ原因から生ずるわけではない。みずからを他人よりも優れていると見なし、自分だけにはすべてが許されていることを欲するような人びとにあっては、この害意は虚栄心すなわち自己の力の過大評価から生ずる。それに対し、自己の力を正当に評価している謙虚な人にあっては、自己の財産と自由を他人の侵害から守らねばならぬ必要性から害意が生ずる。

さらに、理知の戦いはもっとも激烈な戦いであるから、この論争からもっとも大きな分裂が生ずる。いかなる戦いも、同一宗教内の異分派、同一国家内の異党派のあいだにおけるほど激烈に戦われることはない。そして、こうした理知の戦いの原因は、あらゆる精神的快楽が他人と比較して自己が優れていることを見ることのうちに存し、したがって人間がお互いに軽蔑し憎悪し合うことにもとめられる。そして、最後に、『法の原理』と同様に、人びとが同一物を欲望の対象とする場合があげられている。[3]

『リヴァイアサン』においては、周知のように、競争 cometition、不信 diffidence、誇り glory が争いの主要原因としてあげられている。[4]

シュトラウスは、非合理的な権力欲としての自然的欲望の根拠を「虚栄心」vanity にもとめ、これを基本要因として「自然状態」を統一的に解釈してゆく。[5]

vanity ないし vain glory とは、さしあたりは主観的な感情である。すなわち、自己が他者よりも優れているという、仮想された自己確信の喜びである。[6]だが、想像世界のなかでのこの自己確信には、なんらの正しさの確証も無い。そこで、虚栄の人は自己の想像の世界の外に出て、他者による己れの優越性の承認をもとめる。[7]

……各人は、かれが自分についてするのと同じ程度に、かれの仲間がかれを評価してくれるのをもとめる……。

そして、自分が軽視されているとか過小評価されているようなあらゆる素振りにでくわすと、自然に、自己を軽視する者には損害を与え、第三者にはそのみせしめによって、しいて、自分をよりいっそう高く評価させようと（そしてこの努力は共通の第三の力が上にあって、かれらを鎮圧してくれないようなばあいには、お互いの身の破滅を招くに十分である）できるかぎりの努力をするのである。[8]

こうして、虚栄の人の承認要求が、人びとのあいだに軽蔑の関係と（軽視されたと感ずる者の側における）害意を生み出す。軽視された者は復讐を誓う。しかも、彼は復讐を遂げるためにはみずからの死をも厭わない。「憎悪や軽視のあらゆるしるしは、闘争を挑発するものであって、たいていの人は、復讐しないでいるよりもむしろ生命をかけることを選ぶほどである……[9]」。しかし、みずからの生死には無関心であっても、復讐者は相手が生き残ることを望む。というのは、「復讐は敵の死を目差すのではなく、敵の捕囚と服従を目的とする。……殺害は憎悪する者の目的であり、恐怖から免れることである。復讐は勝利を目差すのであり、それは死者からは得られないものである[10]」から。

このように、敵対者同士の私念においては、復讐の戦いの目的は相手の死ではなく、相手を服従させることにある。しかし、この戦いは身体間の現実的な戦いであるから、必然的にシリアスなものとなる。敵対者たちは、もはや完全に想像の世界の外にいるのである。そして、「争いのある時点で、アクチュアルな傷害、ヨリ厳密にいえば、身体的な苦痛が、生命にとっての恐怖を喚び起こす。恐怖は怒りを鎮め、軽視されたという感覚を背後に押しやり、そして復讐への欲望を憎悪に変える。憎悪する者の目的はもはや敵に勝利することではなく、敵の死である。卓越という『瑣事』をめぐる戦いが、生－と－死の闘争（a life-and-death struggle）になってしまったのである[11]」。

このように展開されるシュトラウスの所説は、「生－と－死の闘争」という言葉[12]自体からしても、ほとんど全面的にヘーゲルの「承認のための『生死を賭する戦い』」（Der Kampf auf Leben und Tod）の論理に依拠している。

ヘーゲルによれば、「自己意識は最初には単純に自分だけでの存在であって、あらゆる他者を自分から排除することによって自己自同的である。自己意識にとってその本質であり絶対的な対象であるものは自我であり、そこでこのような無媒介態においては、あるいは自分の自分だけでの存在のかかる存在においては自己意識は個別者である」[13]。この自分だけで（対自的に）存在する、無媒介態における個別者ないし欲望としての自己意識の概念が、想像界における虚栄の人に対応している。虚栄の人は、己れが他者より優れているという自己確信の他者による承認をもとめて、自己満足的な想像の世界の外へでる。ヘーゲルにおいても、個別的自己意識は己れの自己確信にすぎないものを客観的真理に高めるために、他の自己意識による承認をもとめる。[14]

しかも、ヘーゲルによれば、かかる「承認の過程は闘争である。なぜかといえば、他者が私にとって直接的な他の現存在である限りは、私は他者のなかの私を私自身として知ることができないからである。それ故に私は他者のこの直接性を廃棄するように心がけている。同様に、私が承認されることができるのは、直接的なものとしてではなくて、もっぱら私が私自身において直接性を廃棄し、且つそのことによって私の自由に現存在を与える限りにおいてである。しかるにこの直接性は同時に自己意識の肉体性である」[15]。したがって、自己意識が己れの自由を確証するためには、自己および他者の直接性（＝肉体性）を否定するような戦い、すなわち自他を死の危険に陥れる戦いに入らざるをえない。「自由はただ闘争を通してのみ獲得される」。承認のための闘争における自由を絶対的に証明するものは死である。しかし、各々の自己意識は自他の生命をたんに危険に陥れるにすぎない。なぜなら、この闘争でもとめられているのは相互的な承認であって、死者からは承認を得ることができないからである。「承認の現存在は一者の死において同時に廃棄される」[16]。

ヘーゲルは、このように論じて来た後に、「承認のための闘争は極端にまで誇張された上述の形式においては、ただ人間が個々人として存在している自然状態において起こることができるだけであり、それに反して市民社会および国家にとっては依然として疎遠なものである」[17]と補足している。このようにみてくるならば、ヘーゲルの自己意識論がホッブズの自然状態論にもとづくというシュトラウスの命題は、ある程度ヘーゲル自身のテクストの上からも根拠のあることといえよう。

　コジェーヴによるヘーゲル解釈をみると、ホッブズとヘーゲルとの関連はさらに明確になる。コジェーヴによれば、自然の自己同一性を否定する行為であることが人間の本質を規定する。[18]「《人間の真なる存在は彼の行為である》とヘーゲルはいう。ところで、行為とは、《現象学的》地平では死として表現される否定性の現実化である。もちろん、自覚的かつ意志的な死、すなわちなんらかの生命の必要なしに自由に引き受けられた死、としてである。そのような死の受容が生ずるのは、人間がたんなる《承認》欲のために、ないしは《虚栄》のために、自覚的にみずからの生命を放棄する場合である」[19]。

　このように、コジェーヴにおいては、承認への欲望はすぐれてホッブズ的な《虚栄》欲と同視される。そして、コジェーヴは、「生命の必要」（Lebensnotwendigkeit）の立場からみればまさに eitel な《虚栄》（Eitelkeit）のためにみずからの生命をも放棄しうる点に、人間の自然的所与性からの自由が存するとのべ、承認のための戦いの論理を、彼の「死＝自由」の哲学へと収斂させてゆく。

　ところで、《虚栄》にたいしてどのような価値評価を与えるかという点では、シュトラウスとコジェーヴは対立する。シュトラウスによれば、ホッブズは《虚栄》をあくまでも道徳的な悪と考えていたとされる。それに反し、コジェーヴは、「自由」を最高価値と見なすかぎりにおいて、「生命の必要」に執着し「自由」を放棄することよりも、《虚栄》のために死をも厭わない戦闘者の精神をむしろ積極的に評価しているかにみえる。そして、かかる《虚栄》（ないし《名誉》）にたいする価値評価の相違は、《虚栄》がひき起こす自然状態を克服するものとしての「国家」観における本質的対立へと導くであろう。さらに、シュトラウスとコジェーヴの対立は彼らが依拠するホッブズとヘーゲルとの対立点を明らかにするであろう。

（1）*The Elements of Law*（ed. By F. Tönnies, new edition, 1969）, Pt. 1, ch. 14, §1-2, p. 70., *De cive*, I-3（OL II, p. 162 & EW II, p. 6）, *Leviathan*, ch. 13, p. 80（八三頁）.

（2）*Elements*, Pt. 1, ch. 14, §3-5, pp. 70-71.

（3）*De cive*, I-3～6（OL II, pp. 162-163 & EW II, pp. 6-8）.

（4）*Leviathan*, ch. 13, p. 81（八四―八五頁）.

（5）ただし、上にみられるように、『リヴァイアサン』においてvanityに相当するgloryの優先順位が後退していることについて、シュトラウスは次のように説明する。――vanityが人間の自然的欲望だとすると、人間は生来悪だということになる。ホッブズはこのような価値評価の誤解をおそれて、価値的にinnocentなcompetitionを前面に出してきた。しかし、ホッブズの意図においては、あくまでもvanityは悪であり、それに対立する「暴力による死の恐怖」の意識は善である。ホッブズの政治哲学はけっして道徳的にindifferentなものではない（L. Strauss, *The Political Philosophy of Hobbes*, pp. 13-15）。

これに対し、フェッチャーは、ホッブズの批判的立場の二面性という観点からgloriaとcomprtitioの転換を説明している。つまり、ホッブズは一方でブルジョワ的理性の立場から封建君主の「誤った自己評価」を批判する。と同時に、彼は、ブルジョワ的な平和および利潤追求への願望に潜む自己矛盾をも認識していた。「かかる関連において、『市民論』（1642）では名声を欲する人びとの自己過大評価が害意のもっとも主要な原因としてあげられているのに対し、『リヴァイアサン』では個人間の全般的戦いのモチーフとして、"competitio"に比して"gloria"が後退していることは興味深い。この発展のなかに、ブルジョワ時代にたいする封建時代の漸次的後退が頂点に達しているのがみられるであろう」（I. Fetscher, *Rousseaus Politische Philosophie*, S. 305）。なお、太田可夫『イギリス社会哲学の成立と展開』、二〇三頁参照。

（6）*Elements*, Pt. 1, ch. 9, p. 37, *De cive*, I-2（OL II, pp. 160-161 & EW II, p. 5）.

（7）Cf. Strauss, *op. cit.*, pp. 19-20.

（8）*Leviathan*, ch. 13, p. 81（八四頁）.

（9）したがって、「傲慢の禁止」が第八の自然法とされる（*Leviathan*, ch. 15, p. 100（一〇三頁））。なお、『法の原理』『市民論』では、同様な理由で「中傷の禁止」が自然法の条項にかぞえられている（*Elements*, Pt. 1, ch. 16, §11, p. 86, *De cive*, III-12, OL II, p. 188 & EW II, p. 38）.

（10）*Elements*, Pt. 1, ch. 9, §6, p. 39.

(11) Strauss, *op. cit.*, pp. 20-21.
(12) ドイツ語版では、Der Kampf auf Leben und Tod (L. Strauss, *Hobbes Politische Wissenschaft*, 1965, S. 29).
(13) *Phänomenologie des Geistes*, S. 143（一八六—一八七頁）.
(14)「おのおの意識はもちろん自分自身については確信をえているけれども、しかし他者についてはそうでないから、自分についての自分自身の確信もまだなんら〔客観的〕真理ではない。……そこで両方の自己意識の関係は、両者が生死を賭する戦いによって自分自身の、またお互いの証しを立てることであると規定せられるわけである。——両者はこの戦いに入らざるをえない。なぜなら、両者は自分だけで存在するという自己確信を〔客観的〕真理まで高めざるをえず、しかも他者についても、自分自身についてもそうせざるをえぬからである」(*ibid.*, S. 143-144. 一八七—一八八頁)。
(15) *Enzyklopädie*, §431（四七頁）.
(16) *Ibid.*, §432（四九頁）.
(17) *Ibid.*, §432, Zusatz（五〇頁）.
(18) 拙稿「ホッブズ政治哲学の人間論的意味」(『理想』一九七四年九月号）参照。
(19) A. Kojève, *Hegel*, S. 224.

『リヴァイアサン』——「主《あるじ》なき僕《しもべ》」の共同体

ヘーゲルにおける「承認のための生死を賭する戦い」は、自他の生死を賭する戦いでありながら自他の死によっては承認が完成されないという矛盾に直面した。同様に、ホッブズにおいて、復讐心が憎悪に変わることによって惹起される「生‐と‐死の戦い」にも新たな困難が生まれてくる。なぜなら、ホッブズの自然状態においては万人が万人にたいして敵なのであるから、第一の敵を殺すことは第二、第三の敵を生ずることになる。敵を殺すことは、他者によって加えられる暴力による死の恐怖から免れることにはならない。かかる「生‐と‐死の戦い」の悪無限的循環を断ち切り自他の生命を確保するためには、「仲間」（socii, fellows）が必要である。仲間は「力」（vis, constraint）と「同意」（consensus, consent）によって獲得される。すなわち、「戦いの後に、征服者が死の威嚇ないしは枷によって、被征服者に服従を強制する場合には、力によって。そして、人びとが、いかなる強制もなしにお互いに協定を結び、お互いに助け合うために結合する場合には、同意によって[1]」。

前者の場合、すなわち「力」によって服従を調達し、そのことによって自他の生命を維持する体制を、シュトラウスは、「人為的国家」と区別して「自然的国家」と呼ぶ[2]。この形態の国家形成は次のような過程をたどる。

「一般的にいって、ひとりの人間を他の人間に服従させるにいたる原因は、（すでにのべたごとく）さもなくば自己保存できないという恐怖である[3]」。この恐怖にとらえられた者は、自己の生命を保持するために、敵に勝とうとする意欲を喪失し、敵に屈服する。しかし、その場合、敵に勝利することによって卓越性つまり名誉の承認を得た勝利者は、まさにその名誉のために、服従者を殺すことはできない。というのは、「恐怖以外のなにものも他者の生命を奪うことを正当化しえない。そして、恐怖は、みずからの弱さの意識をうっかりあらわす、ある種の卑下した振舞いによってしか、ほとんど明示的には示されえないから、勇気ないし雅量の情念に満たされた人びとは皆、残虐な行為を慎しむ。……一言にしていえば、それゆえ、戦争における唯一の行為規範は名誉である[4]」。

こうして、ここに主《あるじ》と僕《しもべ》の関係が生ずる。自己の誇りを保持した勝者が主《あるじ》となる。死の恐怖にとらえられ、生命を守るためにみずからの弱さを承認し、自己の誇りを喪失し、勝利者にすすんで屈服した敗者が僕《しもべ》となる。「これによって、今や二人の人間からなる小さな政治体が設立される。一方は主権者であり、主人（master）と呼ばれる。他方は臣民であり、侍僕（servant）と呼ばれる。そして、一人の人間が非常に多くの侍僕たちに対する権利を獲得し、そのため侍僕たちがその隣人たちの侵害から保護されるようになった場合、この政治体は専制王国である[5]」。

このように、「主権が力によって獲得されるコモン・ウェルス」は、「設立によるコモン・ウェルス」と区別して、「獲得によるコモン・ウェルス」と呼ばれる。[6] シュトラウスは、この政治体が、他者とともに生きるために他者との協定によって作られる「設立によるコモン・ウェルス」と、他者を殺す「自然状態」との中間に位置し、人間にとってヨリ自然的であるので、これを「自然的国家」と呼ぶ。[7] この政治体も、主‐僕の関係が維持されるかぎりにおいてコモン・ウェルスとして存続する。

しかし、「虚栄心に発する社会（結合）は強大でも持続的でもありえない」。[8]「強大で持続的な社会（結合）の起源は、……人びとがお互いに有する相互的恐怖のうちに存する」。[9] シュトラウスは「自然的国家」にたいする「人為的国家」の形成を次のように論じている。

それ自体ヨリ完璧な人為的国家は、二人の敵対者がともに己れの生命にとっての恐怖にとらえられ、己れの虚栄と己れの恐怖を告白することの恥辱を克服し、ライバルをではなく『かの恐るべき自然の敵、すなわち死』をば、真の敵として認めるときに生ずる。死は、彼ら敵対者の共同の敵として、彼らを相互理解、信頼そして結合へと強い、かくてできるかぎり長期間にわたって共同の敵にたいする防衛を提供するための国家創設を成就する可能性を、彼らに調達するのである。[10]

ヘーゲルの「承認のための生死を賭する戦い」も、主《あるじ》と僕《しもべ》の関係の成立によって一応の解決に到達する。「生命は自由と同様に本質的なものである。それで、闘争者のうちの一方は生命をえらび、自分を個別的な自己意識として維持する。けれども彼はこのことによって、自分が承認されることを放棄する。しかるに他方のものは自分自身に対する関係を固執して、服従させられたものとしての前者によって承認される。闘争はさしあたってこのような不平等をともなった一面的な否定として終わる。――これが支配（主人）と隷属（奴隷）との関係である」。[11]

これはそのままホッブズの「自然的国家」（「獲得によるコモン・ウェルス」）の概念である。ヘーゲルによっても、「承認の闘争と主人への服従とは、人間の共同生活が諸国家の始まりとしてそこから出現してきたところの現象である」[12]とされる。ただし、ホッブズにおいては、「人為的国家」と「自然的国家」とは、起源と形態を異にするものとして構想される。しかし、ヘーゲルにおいては、ホッブズにおける「人為的国家」に相当する概念は、主と僕の関係に内在する弁証法としての主‐僕関係の逆転の論理として語られる。

一見したところ、生命の自然性に執着し、己れが承認されることを放棄した僕（非自立的意識）は、主（自立的意識）に比べ低い段階にあるかにみえる。しかし、主も自己の生命を維持するためには、僕を介して依然として自然性に依存している。しかも、僕にたいする主の命令は、「我欲」という個別性に発するものであり、主は僕のなかにたんに自分の直接的意志を直観するにすぎない。これにたいして、僕は主にたいする奉仕のなかでヨリ普遍的な意識を獲得する。つまり、僕は主のために働くのであって、したがってもっぱら個別性の利益のために働くのではない。僕の意識はただ我欲に囚われている主に比べ、主という他人の欲望をも含んでいる点でヨリ普遍的である。「奴隷は、主人に対する奉仕において、自分の個別的意志と我意とをすりへらし、欲望の内的直接性を廃棄し、そしてこの疎外と主人に対する恐怖とのなかで知恵の端初を作り出す、すなわち一般的自己意識への移行を作り出す[13]」。こうして主‐僕の立場は逆転するのである。「自立的意識の真理は僕的意識である[14]」。

『精神現象学』では、僕が普遍的意識を獲得することを説明するために「死という絶対的主人の畏怖」が強調される。「即ち奴の意識は死という絶対的主人の畏怖を感じたのであるから、『このもの』又は『あのもの』についてではなく、また『この』瞬間又は『あの』瞬間にだけではなく、己れの全存在について不安をいだいたのである。かく畏怖を感ずることにおいて奴の意識は内面深く解消せられ、心中動揺せぬところとてはなく、心中一切の執着を震憾せられたのである[15]」。

ホッブズの「人為的国家」（「設立によるコモン・ウェルス」）は、まさにこの「死という絶対的主人の畏怖」に捉えられた「僕《しもべ》」たちから成る共同体にほかならない。「自然的国家」における結合の絆は、個々の主の「力」にたいする僕の恐怖である。これに反し、「人為的国家」においては、個々の主は消滅し、「死」という「絶対的主人」が現われる。(16)「この「絶対的主人」の下では万人が僕である。彼らは、いわば「主《あるじ》なき僕《しもべ》」、「僕《しもべ》なき主《あるじ》」として「市民」である。「自然的国家」においては主‐僕のタテの関係が並列しているにすぎないのに対し、「人為的国家」においては、「死という絶対的主人の畏怖」を媒介として、僕たちのヨコの共同性が可能となる。この共同性を追認する論理が「社会契約」にほかならない。(17)かくてここに『リヴァイアサン』が成立する。この驕り高ぶる可死の神とは、「死」そのものである。そして、ヘーゲルが分析してみせた僕の意識がブルジョワの意識にほかならないとすれば、(18)近代市民国家とは、「死」の影の下で己れの誇りを捨て生命に執着する僕たちから成る世界のことなのだ。死によって己れの自由を確証しえない僕は、「労働」と「文化」によって自然にたいする否定性を実現する。

「僕は主のために労働することによって彼らの人間性を現実化し、完成する。……つねにその《主的》人間性に固着している主にたいして、僕はその根源的に僕的な人間性を展開し、完成する。彼はみずからを言語的思考にまで高め、自由の抽象的概念を獲得する。そして、彼はまた、共同体のためになされる労働をつうじて所与の世界を変化させることによって、みずからを完全に充足的な市民としても創造する。したがって、主ではなく僕こそが本来的意味における人間、自由に歴史を創造する個人なのである(19)」。

このような関連において、H・アレントの歴史観は興味深い。アレントによれば、(20)ギリシア・ポリスでは自由人(主《あるじ》)のあいだでのみ言葉による公的世界が可能であった。バルバロイと奴隷は言葉を欠く、したがって公的世界に参入できず、彼らはもっぱら暴力と強制とによって支配された。ホッブズ（そしてヘーゲル）は、このようなアリストテレス的秩序観を転倒させる。ホッブズによれば「暴力による死の恐怖」こそ理性である。「恐怖は知恵のはじまりである」。理性とはロゴス、すなわち言葉である。「暴力による死の恐怖」に捉えられた僕、生命に執着する僕の方にこそ、理性すなわち言葉が帰属する。また、ギリシア世界では公的世界における称賛を意味した vain glory が、ホッブズでは自然状態を惹起する道徳的悪と見なされるようになる。

さらにアレントは、近代にいたってギリシア的な公的世界は消滅し、生命を維持するためだけの「社会」が公的組織として現われてくると考える。ギリシア人にとって、ポリスはなによりもまず可死的で空虚な個人の生命を超えて永続する世界であり、そこで活動（action = 演技）することによって所与的な自分とは違った自分になりうるような世界である。[21] それに反し、「社会」とは、まさに所与的な生命を維持するためだけの組織にほかならない。ギリシアでは、そのような組織は「家族」であった。「社会」とは、生命過程そのものの公的組織、いわば拡大された家族にほかならない。かかる「社会」は人間の相対的永続性を保証しえない。「社会」に生きる人びとは、「死ねば死にきり」という意識しかもちえない。――近代という時代をこのようにとらえるアレントからすれば、ホッブズはギリシア的な公的世界を消滅させた元凶ということになろう。

ホッブズの価値転換はここで終わる。ヘーゲルはさらに徹底している。ヘーゲルによれば、ホッブズの『リヴァイアサン』もまた「主と僕」の一形態にすぎない。個々の主に代わって、いわば「死の代理人」としての共同的な「権力」が支配の座を占める。「なんらかの強制力への恐怖がなければ、言葉の絆は、人の野心や怒りやその他の情念を拘束するには弱すぎる」[22]。「剣なき信約はたんなる言葉にすぎない」[23]。ヘーゲルからすれば、このような『リヴァイアサン』は「強制国家」＝「悟性国家」にほかならない。

ヘーゲルは、主も僕も無い世界、いうならば沈黙の相互承認が実現された世界を展望する。コジェーヴによれば、ヘーゲルは、ナポレオン帝国のなかに、こうした「最終的に《充足された》」世界の実現を見た、とされる。「……世界史は主《あるじ》であること（支配）と僕《しもべ》であること（隷従）との弁証法的な、すなわちアクティヴな関係にほかならない。それゆえ、主と僕の綜合が現実となったとき、すなわちインテグラルな、健全な人間、ナポレオンによって創造された普遍的かつ同質的な国家の市民が現実となった瞬間に、歴史は終結する」[24]。ここには主も僕もいない。したがって、「もはや戦闘も労働も存在しない。歴史は終わったのだ。もはや為すべきなにものも無い[25]」。

しかし、これはまさに〈死〉の世界そのものではないか。コジェーヴは、人間は〈死〉においてのみ完全な充足を得る、というかのごとくである。これは、ヘーゲル哲学を「死の哲学」と見なすコジェーヴにとっては、ある意味で当然の帰結であろう。だが、コジェーヴは他面において、人間は戦闘と労働、ヨリ普遍的にいえば「否定的活動」に携わるかぎりにおいて人間である、ともいう。そうであるならば、戦闘も労働も存在しないこの「充足された世界」とは、「人間の人間としての存在が死滅し、人間がその人間性を喪失する」世界である。「それはニーチェの《最後の人間》の国家である[26]」。

こうして、コジェーヴとシュトラウスは訣別する。一方は、完全なる充足をもとめて〈死〉にいたる。他方は、葛藤を甘受し〈生〉にとどまる。これは、彼らが依拠するホッブズとヘーゲル――ヴィルムスをもじっていうならば、〈生〉の鳥つばめと〈死〉の鳥ふくろう――との差でもあろうか。速断は避けよう。しかし、ただ次のようにはいえよう。「人間は善意と愛のために、その思考に対する支配権を死に譲り渡すべきでない」（トーマス・マン『魔の山』）と。

（1）*De cive*, I-14（OL II, p. 167 & EW II, p. 12).

（2）L. Strauss, *The Political Philosophy of Hobbes*, p. 22.

（3）*Elements*, Pt. 1, ch. 19, §11, p. 105.

（4）*Ibid.*, Pt. 1, ch. 19, §2, p. 101.

（5）*Ibid.*, Pt. 2, ch. 3, §2, p. 128. なお、*Leviathan*, ch. 20, p. 132（一三五頁）.

（6）*Leviathan*, ch. 20, p. 129（一三二頁）.

（7）Strauss, *op. cit.*, p. 21. なお、〈設立によるコモン・ウェルス〉と〈獲得によるコモン・ウェルス〉とは、次の点で異なる。「すなわち、自分たちの主権者を選ぶ人びとは、相互の恐怖によってそうするのであって、かれらが設立するその人にたいする恐怖からそうするのではないが、この〔獲得によるコモン・ウェルスの〕ばあいには、かれらは自分たちが恐れるその人に臣従するのだという点である」（*Leviathan*, ch. 20, p. 130. 水田・田中訳、一三二頁）。

（8）*De cive*, I-2（OL II, p. 161 & EW II, p. 5）.

（9）*Ibid.*（OL II, p. 161 & EW II, p. 6）.

（10）Strauss, *op. cit.*, p. 22.

（11）*Enzyklopädie*, §433（五二頁）.

（12）*Ibid.*（五二—五三頁）.

（13）*Ibid.* §435（五五頁）.

（14）*Phänomenologie des Geistes*, S. 147（一九三頁）.

（15）*Ibid.*, S. 148（一九四頁）.

（16）コジェーヴは、ギリシア世界における主‐僕関係からキリスト教とローマ帝国が成立することを論じている箇所で、次のようにのべている。――キリスト教徒にとっては〈神〉が絶対的主であって、〈神〉のもとでは万人が平等である。彼らは主なき僕、僕それ自体、僕であることの純粋本質である（A. Kojève, *Hegel*, S. 56）。これと類比的に、ローマ帝国では、皇帝というPseudo-Herrのもとで万人が〈私人〉Privat-personとなる。彼らは主なき僕、僕なき主であり、ヘーゲルはこれを「市民」「ブルジョワ」「私的所有者」と名づけた（*ibid.*, S. 61-62）。この論理構成は、封建的割拠状態から近代統一国家の形成にも類比できよう。

（17）「社会契約論」は当為の主張でも、「社会のつくり方」を教える処方せんでもない。それは、社会の「成り立ち」（この言葉には「生成」と「構造」の両概念がふくまれている）を了解しようとする試みであり、論者（とくにルソー）の個人的モチーフにおいては、すでに在る社会の根拠を了解することによってこれと「和解」するための試みである（もっとも、ルソーは遂に社会と和解しえなかったが）。社会契約論のこのような特殊な意味を無視し、これを現実の社会形成の理論ないし「あるべき社会形成」の方法としてとらえるならば、「〈社会契約理論〉は、自分自身が子供であったことを忘れてしまったにちがいない、自分で子供を育てたこともない人びとの見解である。社会はクラブのように作られるのではない。……われわれは自分の生涯を幼児として始めるという単純な真理を手ばなさないでいれば、多くの知的迷妄は解消する」（B. de Jouvenel, *The Pure Theory of Politics*, 1963, p. 45）というような立場（それはモンテスキューによる社会契約論批判のモチーフと同じである）からの批判を免れえないであろう。

（18）Cf. Strauss, *op. cit.*, p. 122.

（19）Kojève, *op. cit.*, S. 230-231, S. 49.

（20）以下、アレントについては、志水速雄訳『人間の条件』、とくに「第二章」および同『歴史の意味』、とくに「第二二章」に拠る。江藤淳『批評家の気儘な散歩』からも多くの示唆を得た。

（21）この関連において「ペルソナ」の概念を対照してみることは興味深い。ホッブズものべているように（*Lev.*, ch. 16）、後に「人格」の意味で用いられるようになったこの言葉の語源は、ギリシア仮面劇の「仮面《プロスオーポン》」に由来する。演者たちは仮面をつけることによって役柄という他者になりきるわけである。そして、古典ギリシアにおいて、政治生活を構成する活動力が「演技」をも意味する「活動」として理解されていることは、ギリシア人たちが「政治」の世界をひとつの劇場と考え、政治家たちを公的役割に従う演技者と考えていたことを示している。しかも、「炉辺と家族」の私生活《プライヴェート・ライフ》が他者との交わりを「奪われた《ディプライヴド》」領域であるのにたいし、「政治」の世界は他者とともに公的なるものを構成する領域である。公的役割を演ずることが自由人たる資格なのである。このようなギリシア人の理解とは逆に、近代人は「私生活」のなかにこそ自由が在ると考える。こういう思想の先駆者はルソーであって、彼は他者との交わりのなかで「仮面」を被らざるをえない自己を嫌悪し、「本来の自己」に還ろうとする（J・スタロバンスキー『J＝J・ルソー透明と障害』参照）。「人生劇場」における「仮面を被る自己」と「本来の自己」との対立というモチーフは、たとえばミードの役割理論における「Iとmeの緊張関係」にまで継承されている。なお、政治の演劇的性格については、cf. M. Cranston, *The Mask of Politics*, 1973, pp. 1-25.

（22）*Leviathan*, ch. 14, p. 89（九二頁）.

（23）*Ibid.*, ch. 17, p. 109（一一二頁）.

（24）Kojève, *op. cit.*, S. 45-46.

（25）A. Kojève, *Introduction à la lecture de Hegel*, p. 385, p. 114（quoted in: L. Strauss, *Über Tyrannis*, S. 232）.

（26）L. Strauss, *Über Tyrannis*, S. 233.

おわりに

M・メルロー＝ポンティは『マキァヴェリ覚書』のなかで次のようにのべている。

「他人を抹殺しようとするような――そしてまた他人を奴隷にしてしまうような――自己主張の仕方があるわけですが、また、他人の死などではなく、それでいてやはり私の行為そのものにほかならぬような、他人との相談や交換の関係があるのです(1)」。そのような関係とは、《権力》を媒介とした関係にほかならない。「おのれと他人との関係を掌握することによって、人と人との障害を乗り越え、われわれの諸関係を何らかの形で透明ならしめるもの――あたかも人間は一種の隔たりの中でしか近づきえないのだというかのように――、それが権力というものなのです(2)」。

　メルロー＝ポンティがここでのべていることは、ほとんどそのままホッブズについても妥当する(3)。ホッブズもまた、自他の死か、さもなくば自他の隷従かを帰結せざるをえない状況のなかで、「他人とともに生きる手段(4)」を見いだそうとしたのである。ホッブズにとってそれは、「死という絶対的主人」すなわち《権力》のもとで万人が平等に僕《しもべ》となることによって達成された。僕のザッへは労働である。労働する僕は、ロックにおいて労働が所有権の唯一の根拠として承認されることによって、国家市民となる。国家市民は、自己の内なる人間的自然の衝動を共同的な規範のもとに抑圧する、まさにその分だけ、外的自然にたいしては否定的に振る舞う。彼が共同的な規範に従うかぎりにおいて、彼の否定的活動（労働）の産物は彼の所有として承認される。ここに労働を媒介とする近代市民国家が成立する。しかし、まさにこの労働の過程から再び支配と隷属の関係が生じてくる（マルクス）。ルソーは、こうした分裂を「一般意志」のもとに統一しようとした。だが、理念としての「絶対自由」は「恐怖政治」という現実を帰結せざるをえない……（ヘーゲル）。

　このようにみてくると、マキァヴェリおよびホッブズによって礎石を据えられた近代的政治社会論の根本モチーフは、自己と他者との関係をいかなる《媒介》によって調停するか、という一事に尽きる。近代は個の意識をもって始まったといわれる。共同性と必然的に対立してしまう個体性の意識とは、換言すれば、共同性の象徴として現われる他者と必然的に対立してしまう自己の意識のことでもある。自己意識は自己意識（対自的意識）であると同時に、対他的意識でもあるのだ。

（1）M・メルロー＝ポンティ『シーニュ』2（竹内芳郎監訳）、一〇六頁。
（2）同、一一一頁。
（3）Cf. W. Dallmayr, "Hobbes and Existentialists: Some Affinities," in *Hobbes-Forschungen* (hrsg. von R. Koselleck und R. Schnur), 1969, S. 282.
（4）メルロー＝ポンティ、前掲訳書、一〇六頁。なお、vgl. Ch. G. v. Krockow, *Soziologie des Friedens*, 1962, S. 11.

3 「危機の世紀」における世界と個人――ホッブズの時代の世界像のために

〈1977〉

〔祖川武夫編『国際政治思想と対外意識』創文社、所収〕

一 《危機》の態様とその認識

H・R・トレヴァ＝ロウパーはヨーロッパの一七世紀中葉を「革命の時期」と呼んでいる。イギリスにおけるピューリタン革命、同時代フランスにはフロンドの乱、ネーデルラント連合諸州の独立革命、スペイン帝国領内ではカタロニア、ポルトガルの反乱、アンダルシアの反乱、そしてイタリアではナポリにおけるマッサニエッロの反乱……等々。まったく「ヨーロッパのさまざまな国々は、用いられる言葉は異なり地方的なヴァリエーションをともなっているとはいえ、同一の巨大な悲劇が上演されている別々の舞台にすぎないかのようであった(1)」。

人びとは「漠然とした陰欝な気分」をいだき、一六一八年、あたか三〇年戦争勃発の年にヨーロッパの空に現われた新彗星は不吉な前兆として人びとの気分を滅入らせた。しかし、このグルーミーな一時期を過ぎると時代の光景は一変する。「知的に、政治的に、道徳的に、われわれはひとつの新しい時代、新しい風土のなかにいる。それはあたかも長いあいだ降り続いた暴風雨が最後の雷雨とともに終わりを告げ、それによってヨーロッパの大気が清々しくなり、その気温が変化した、永久に変化したかのごとくである。一五世紀末から一七世紀中葉までわれわれはひとつの風土、つまりルネサンスの風土をもつ。次いで一七世紀中葉にわれわれは変化の時代、革命の時代をもつ。その後一世紀半のあいだわれわれは非常に異なった風土、つまり啓蒙の風土をもつのである」[2]。ヨーロッパの文化風土を一変させたこの時期は、トレヴァ＝ロウパーの別の表現を借りれば、まさに「全般的危機」と呼ぶにふさわしい時期であった。いったいなにが起こったのか、その原因は何なのか。

このことの探求は「危機」の直中にあった人びとにとって切実な問題であった。そして、この問題の探求自体がさらに時代の混迷に拍車をかけた。「危機」の態様とその原因認識の上での相違が、さらに「危機」を深化させるという具合であった。たとえばホッブズとハリントンの場合。彼らはともに、同胞間の血で血を洗う抗争の経験を共有している。しかし、もっぱら主観性の内にしか根拠をもたない私念（opinion）の主張を内乱の原因とみるホッブズと、「内乱が旧体制を破壊したのではなく、旧体制の社会的な基礎の解体が内乱を惹き起こした」と認識するハリントンとの、なんという相違であろうか。そして「危機」の認識の相違は、彼らが提示する時代への処方箋の相違に導かざるをえない[3]。処方箋の提示という時代の要求からは逸れているとはいえ、現代の歴史家にとってもこの「全般的危機」の時代をどうみるかは大きな争点となっている。トレヴァ＝ロウパーは、ホブズボウムらマルクス主義史家を批判して次のようにのべている。

要するに、マルクス主義者が一七世紀の諸革命を〝ブルジョワ資本主義革命〟――イングランドでは成功し他所では失敗に終わった――と同一視することは、たんなるアプリオリな仮説にすぎないように私には思える。誰でもそうすることだが、マルクス主義者もアメリカの発見と産業革命とのあいだのある時期に新しい〝資本主義的〟社会形態の基礎が据えられたと考える。教義の然らしむるところにより、彼らはそのような革命は平和的には達成されえず、新しい階級の暴力的躍進、つまり〝ブルジョワ革命〟を必要とすると信ずるので、そのような革命を探す。

さらにこの過程で先陣を切っていた国がイングランドであったのをみて、イングランドにそのような革命を探しもとめる。そして、アメリカ発見と産業革命のまさに中間にイングランドの暴力的なピューリタン革命を発見したとき、彼らは〝我、発見せり！〟と叫ぶのだ。[4]

ホブズボウムにしろジェントリィ論争におけるトーニーにしろ、彼らの議論はトレヴァ＝ロウパーが戯画化しているほど単純ではないと思うが、彼の批判がマルクス主義史学の弱点のひとつを突いていることは否定できない。それはマルクス主義というイデオロギーの問題というより、歴史のなかに一貫した法則を想定し、かつその法則に従えば自分が進歩の最先端にいると納得しなければ安心できない、ある種の人間の心性の問題であるというべきであろう。H・バターフィールドが「ウィッグ史観」の名のもとに批判したのもそういう「歴史家の心理」[5]であった。バターフィールドは、「あらゆる歴史は、それが簡略化されるに応じて、ウィッグ的にならざるをえない」[6]という。あるひとつの法則によって複雑多様な歴史を裁断することは「歴史の簡略化」の最たるものであろう。バターフィールドが批判するのは、それが歴史の複雑さにわけ入ることを回避する歴史家の怠惰を正当化することになるからであろう。[7]

では、トレヴァ＝ロウパー自身は「全般的危機」にたいしてどのような説明を与えるのであろうか。彼によれば、それは憲政上の危機でも経済的生産の危機でもなく、「国家と社会との間の関係における危機」[8]であった。彼がここで「国家」というのは、厖大な官職保有者を抱えた華麗なルネサンス宮廷および宮廷の所在地としてもっぱら消費都市として発展した都市とその勢力のことである。それに対し「社会」とは、そのような宮廷や都市の財政源として重税に苦しみ、官職保有者たちの恣意的支配のもとにあった地方および在地勢力のことである。一七世紀の諸革命はこのような意味での「国家」にたいする「社会」の反抗、「中央宮廷」にたいする「地方」の反乱であったというのが、トレヴァ＝ロウパーが一七世紀研究にたいして打ち出した新機軸である。今ここで彼の議論――たとえば「反‐ルネサンス」という普遍思潮の一環としてのピューリタニズムのとらえ方——を立ち入って論ずる余裕はないが、ひとつ興味深い点は彼が時代の断絶について語るその語り方である。彼は「革命状況」が必ずしも「革命」という《clean split》には導かないことを説明して次のようにのべている。

社会は、その病理解剖学者が考えるよりもずっと強靭で弾力性のある有機体なのだ。対立する諸階級間の最前線は、つねに利害関係の複雑な交錯によって混和されている。宮職保有者とブルジョワジー、消費者と生産者、徴税者と納税者、これらはきっぱりと区別できる階級ではない。逆に、あるときに自らを〝地方〟と考える人びとが、しばしば他のときには自分が〝宮廷〟であることに気づく。(9)

このような複雑な社会有機体のなかで、革命的状況はあるいは緩和され、あるいは政治的突発事や誤謬の介入によってさらに増幅されもする。トレヴァ＝ロウパーは、「革命」すらも、こうした社会有機体が自己の体内に宿り肥大化した「ルネサンス国家」という異物を吐きだそうとする、きわめて生理的な自己浄化作用であるかのように描いている。(10)「変革期」と呼ばれる時期にどのようなイメージを与えるかは、その人の歴史観にとってかなり重要なパートを占める。トレヴァ＝ロウパーは「climate の変化」として想い描く。彼にとってヨーロッパの大地そのものは変化していない。それを取りまく空気が変わったのだ。マルクス主義史家は大地そのものの崩壊として、あるいは、かつてあった時代は永久に土に埋もれその上にまったく新しい時代が築かれるかのように想い描くであろう。最近社会や歴史を演劇的モデルによって解釈しようとする流派が台頭しつつある。(11) このような考え方からすると「変革期」はどのように描かれるのであろうか。それは「劇場としての世界」全体の一変なのか、あるいは若干の舞台装置が変化したにすぎないのだろうか。ただひとつ確かなことは、一度舞台から消え去った人びとは再び現われることはないということである。彼ら自身は「世界」をどのように想い描いていたのであろうか。

（1）Trevor-Roper, H. R., "The General Crisis of the Seventeenth Century," in *Religion, the Reformation and Social Change*, 1972（2nd ed.）p. 46.
（2）*Ibid.*, p. 50.
（3）これらの点については、参照、田中浩「ホッブズとハリントン――体制の危機認識における二つの立場」（水田洋編『イギリス革命――思想史的研究』、一九五八年）。
（4）Trevor-Roper, *op. cit.*, pp. 54-55.
（5）H・バターフィールド『ウィッグ史観批判――現代歴史学の反省』（越智武臣他訳）、一九六七年、一〇頁。
（6）同訳書、一七頁。
（7）参照、同訳書、三三頁。
（8）Trevor-Roper, *op. cit.*, p. 55. なお越智武臣「十七世紀の時代と思想」（平井正穂編『ミルトンとその時代』、一九七四年）は、トレヴァ＝ロウパーの議論を踏まえつつ、一七世紀の全般的危機は世界帝国スペインの巨大勢力にたいするリアクションであり、「社会対国家」の対立も「親スペイン政策をとる宮廷派に対する支配層内部での地方派の分裂」（一〇頁）という性格が濃いとのべ、国際的環境への注目を促している。
（9）*Ibid.*, p. 74.
（10）*Ibid.* pp. 88-89.
（11）代表的なものとして、K・バーク『文学形式の哲学――象徴的行動の研究』（森常治訳）、H・D・ダンカン『シンボルと社会』（柏岡・中野訳）、E・ゴッフマン『行為と演技――日常生活における自己呈示』（石黒毅訳）。

二　《世界像》の解体――政治におけるマニエリスム

それにしても、多くの歴史家や思想史家が一七世紀にたいして大きな関心を向けるのはなぜなのだろうか。R・シュヌールは次のようにのべている。

一七世紀（より厳密には、ほぼ一五六〇年から一六八八年の時代）にたいする歴史叙述の関心がますます強くなってきていることはけっして偶然ではない。というのは、新時代のすぐれて近代的《モダーン》なものがまさにその時代に成立したという理解が広まってきているからである。その際、明らかに、われわれはヨーロッパの歴史の一時期の終焉に立ち会っているのだという推定が一定の役割を演じている。新しいものへの移行が生ずる前に、われわれがどこから新しいものへ移行するのかを、われわれはもう一度できるだけ明確に見ておきたいのだ。(1)

シュヌール自身の『個人主義と絶対主義——トマス・ホッブズ以前の政治理論に向けて』(2)もこのような「推定」を共有している。この書物は、一七世紀政治思想史研究におそらく初めて「マニエリスム」の概念を導入した。シュヌールは「すぐれて近代的なもの」を「マニエリスム」として捉えるのである。E・R・クルティウスは「マニエリスム」を「古典主義にたいする永遠の相補物」と呼び、G・R・ホッケは「マニエリスム」のなかに「ヨーロッパ精神の常数」を見いだした。彼らにとって「マニエリスム」は「反抗あるいは脱俗、世界告発あるいは世界不安、デフォーメーション、構成主義、表現主義、超現実主義および抽象主義といった形で現われ、明らかに反コンフォーミズムの性格を有している」(3)。つまり彼らは「マニエリスム」を一時代の芸術様式としてよりもむしろ、古典主義的秩序をつねに相対化しようとする精神の働きとして普遍化してとらえたのである。シュヌールは政治思想史の領域でそのような「常数」を発見しようとするのではないと断わっている。(4)彼は一七世紀中葉までの政治思想分析の補助手段として「マニエリスム」概念を用いる。あるいは彼の著書の副題が示すように、ホッブズが取り組むことになった問題構成を明らかにするために「マニエリスム」概念を用いているのである。したがってそれは当然に時代的な刻印を帯びたものにならざるをえない。シュヌールの理解は次のようなものである。

一七世紀後半からイギリスでもフランスでも古典主義の時代に入り、思惟様式の安定化が生ずる。この古典主義の時代に先行する時代が「マニエリスム」ないし「バロック」であり、そのさい完全な動揺状態を「マニエリスム」と呼び、この状態の終結に向かう時代には「バロック」ないし「マニエリスム的秩序試行」という名称を与える。ここではそれがどのような表現様式をとるにせよ、「不安定性」が時代の支配的特徴である。「不安定性」という意味は「以前の世界像が解体してしまい、人間はこれから行くべき道を探そうと努めてはいるが、いまだ新しい世界像の構想は存在していない」[5]、そういう状態である。すでに失われた世界といまだ現われない世界との「二つの〝安定的〟世界像のあいだでの動揺状態にとどまっている思考が〝マニエリスム〟と呼ばれうる」[6]。それはシュヌールの別の表現によれば、精神的《suspension》の状態であった。彼はこのような状態におかれた知性のさまざまな反応を描いている。

ひとつの態度として、徹底した個人主義ないし懐疑主義の反応がある。政治の世界を端的にカオスの状態と観ずる者にとって、そこから逃れる方法は徹底して非政治的・非社会的になることである。彼にとっては考えるという行為自体が反社会的方法によって行なわれる。その代表例が、聖バーソロミューの虐殺で死んだラムスの論理学である。W・J・オングはラムス論理学について次のようにのべる。「語らいにたいする態度が変化してしまった。語らいはもはや人間の精神と感受性が宿る媒体ではない。語らいはむしろ思考――ここではそれは精神的空間の沈黙の領野における雑音の無い概念ないし観念の連なりと思念される――にまとわりつく付着物として嫌われる。ここでは完璧な修辞学とは、そもそもいかなるレトリックももたないことであることになろう。思考は私的な、ないしは反社会的な企てにすらなるのである」[7]。これは「声をとおしての発見ないし理解」の否定であり、「人から人へのコミュニケーション過程」の拒絶である[8]。ラムス論理学によって、公衆に語りかける技術としての古典的修辞学（弁論術）は死滅した。

しかし政治的カオスから私的世界に逃避するのではなく、このなかで生きようとするとき、人はどのような道をとりうるであろうか。シュヌールはそれには二つの方法が可能であるとのべる。「ひとつは、このカオスを変更不可能なものとみなしてそのときどきにもっとも強力なものにすがることによってこれに適応すること。もうひとつは、たとえばこのカオスが克服されないとしてもそれを制御するための強力な秩序に荷担すること」[9]。ここでは「政治は理念をもっては貫徹されえず、理念に従って秩序づけられえないひとつの事実《ファクトゥム》」[10]とみなされる。これは伝統的政治理念による秩序形成への懐疑である。「旧秩序観念が宗教内乱を惹き起こした」のであるかぎり、新しい秩序構想はそれとは別の基盤にもとづいて立てられねばならない。政治が「多かれ少なかれ事実的な出来事[11]」とみなされるかぎり、必要なのはそれを操作する「技術」である。「技術」を支える理念があるとすれば、それは「平和の理念」だけである。

かかる基盤に立って、政治に関するひとつの新しいまさにマニエリスム的な教説が展開される。政治的効果をもたらすためには人が知らねばならぬ秘訣が、策略や欺瞞やトリックが存在する。――したがって、情念を計算する者のみが支配することができ、支配しない者は圧迫される。今や知識が一次的に奉仕する目的は非合理的なものの処理である。人びとは宗教内乱の経験から非合理的なものが政治的人間を規定していると信じた。万人に備わっている理性に訴えかけることは、そのような経験に直面して無益だと思われた。それゆえ、理性は非理性の理性としてのみ妥当する。[12]

このように「非合理的目的とそれを実現するための合理的手段」の体系として政治をとらえる政治的マニエリスムに対し、シュヌールが「マニエリスム的秩序試行」と名づける政治的マニエリスムの一態様はもっぱら「秩序」のみを志向する。具体的には、それは自然法にたいする法実証主義、政治の技術化として現われる。そしてこのような思考の転換の背後にも、宗教内乱による政治のカオス化という現実がある。

実質的問題に関する争いを避け、そのかぎりにおいて普遍的同意が可能に思われる中立領域を確立しようとする努力は、思考を事物の本性への問いからその機能へと転換させねばならなかった。[13]

あえて普遍的な定式化をすれば、法実証主義は〝価値実現〟が相互の死闘を帰結してしまったような〝価値実質〟をめぐる野蛮な戦闘の時代の後に現われるのがつねであるといえよう。――ヴァレリイが定式化したように〝懐疑は形式に導く〟[14]。

このようにシュヌールのいう「政治的マニエリスム」とは、宗教内乱による現実政治のカオス化とそれを反映する主観的意識のカオス化の状態といえよう。しかし「経験が証明しているように思われるとおり、人びとはこうした状態に好んで甘んじてはいない。彼らはこの状態を過渡段階だと感じ、それゆえ逃げ道をもとめる」[15]。ひとつの道は、マニエリスムの思想的達成（個人主義や主体主義）を完全に放棄して理念的に基礎づけられたコンフォーミズムを再建する復古の道[16]。もうひとつは、「新たに獲得された、法律にもとづく国家的な秩序の基礎に立って、政治的なものの理念的秩序を構想すること、そしてそのさい、個人を個人として――権利主体としてまでも――承認すること」[17]である。それは換言すれば「コンフォーミズムと主体主義という人類の二つの原身ぶり（Urgebärde）の併存を承認しつつ、それらを調和させるとまではいわないにせよすくなくともそれらを宥和させようとする試み」[18]である。この壮大な、しかし成功のおぼつかない試みを敢えて行なったのがホッブズであった、というのがシュヌールの結論である[19]。

マニエリスム研究書として名高いホッケの『迷宮としての世界』や『文学におけるマニエリスム』はそれ自体マニエリスム的な異化効果に満ちている。それにくらべてシュヌールの著書はやや平板でダイナミズムに欠けることは否定できない。しかし、それが錯綜を極めた一六世紀後半から一七世紀前半までの知的世界についての一種スマートな分析であることは確かである。とくに、脚注の形で付された大量のビブリオグラフィは一七世紀思想史研究にとっての貴重な道標である。そのなかにV・I・ハリスの『堅固なるものすべて消え去りぬ[20]』という書物がある。いうまでもなく、この表題はJ・ダンの『第一周年追悼詩』の次のような詩句から採ったものである。

'Tis all in pieces, all cohaerence gone;
All just supply, and all Relation :

この《all cohaerence》をシュヌールのいう「安定的世界像」とみれば、それが失われてしまったというダンの嘆きは政治的マニエリストたちに共通の感覚であった。W・H・グリーンリーフはこの詩句について次のようにのべている。

ダンはこういっているのだ。――（父親―君主の照応の使用に反映された）服従の自然的ヒエラルヒーが今や覆ろうとしている。他のあらゆるものとの人間の親密な関係は破壊され（大部分彼自身の野心と自惚によって）、人間はそれ以来もっぱら個人としてのみ自己の意志に依るものとしてのみ存在する。……そのような個人には契約もしくは力の絆が残っているだけだ[21]。

シュヌールが安定的世界像の解体してしまった状態のなかでの知性の対応と新しい世界像再建の努力を描いているとすれば、グリーンリーフの『秩序、経験論および政治』は、安定的世界像とはどのようなものであり、それはどのような内在的障害によって解体したのかの過程を描いている。

（1）R. Schnur, "Politik: Ordnung und Bürgerkrieg Bemerkungen zu drei neuen englischen Büchern," in *Der Staat*, Bd. 2（1965）, S. 222-230.
（2）R. Schnur, *Individualismus und Absolutismus, Zur politischen Theorie vor Thomas Hobbes*（*1600-1640*）, 1963.
（3）*Ibid.*, S. 16.
（4）*Ibid.*, S. 23.
（5）*Ibid.*, S. 32.
（6）*Ibid.*, S. 33.
（7）W. J. Ong, *Ramus — Method and Decay of Dialogue, From the art of discourse to the art of reason*, 1958, p. 291.
（8）*Ibid.*, p. 288.
（9）Schnur, *op. cit.*, S. 37.
（10）*Ibid.*
（11）*Ibid.*, S. 39-40.
（12）*Ibid.*, S. 53.
（13）*Ibid.*, S. 65.
（14）*Ibid.*, S. 67.
（15）*Ibid.*, S. 86.
（16）*Ibid.*
（17）*Ibid.*, S. 87.
（18）*Ibid.*, S. 89.
（19）これはＩ・コルトマンのホッブズ論にきわめて接近している。彼女は『リヴァイアサン』第一七章の「服従なしの平和」について次のようにのべている。

《服従なしの平和というあのすぐれて近代的な考え方の誘惑的な魅力を彼（ホッブズ）ほど知っている人はいなかった。これは『リヴァイアサン』のもっとも先見の明に富んだ部分のひとつで彼がのべているように、全人類がいつの日にか正義に同意するかも知れないという陶酔的な夢である。「そのとき、いかなる市民的統治もコモンウェルスもこの世に存在しないだろうし、その必要もないであろう。なぜなら、そこでは服従がなくとも平和であるだろうから」。だが、近代的感性のこの偉大なゴールは人間の手の届かないところにある。その心にこのような欲望をもって生まれた人間は、同時にそれを裏切るような情念をもっても生まれてくる。ホッブズにとって絶対主義は、パスカルにとっての化肉と同じく、人間の窮境にたいする起死回生の療法であった》(I. Coltman, *Private Men and Public Causes, Philosophy and Politics in the English Civil War*, 1962, pp. 175-176)。

(20) 《コンフォーミズム》は「服従」を代償にして「平和」を得る。《主体主義》は「服従」を拒絶することによって「平和」を失う。「服従なしの平和」とは、「コンフォーミズムと主体主義の調和」が達成された状態である。

(21) V. I. Harris, *All Coherence Gone: Study of the 17th Century Controversy over Disorder and Decay of the Universe*, 1949. W. H. Greenleaf, *Order, Empiricism and Politics, Two Traditions of English Political Thought 1500-1700*, 1964, p. 146.

三　類比と引用――「歴史の政治学」

グリーンリーフは政治に関する理論的著作の三要素として、(1) 目的ないし結論、(2) 論述の技術、(3) 前提ないし信念のセット(換言すれば、一時代が世界について形づくる究極の像)をあげる。これら三要素が政治理論家とその著作の一般的性格ないしスタイルを構成する。あるスタイルが多くの著作家に共通の場合ひとつの「学派」が形成され、そのスタイルがある期間にわたって持続するとき政治理論の「伝統」が形成される。[1] 彼は一五〇〇年から一七〇〇年までの英国政治思想史を、「秩序」と「経験論」との二つのスタイルの間での葛藤、前者から後者への移行として論じている。このような彼の思想史研究の功績の一つは、議論の「方法」と「目的」との密接な結びつきを明らかにしたことといえよう。まず「秩序」のスタイルから見ていこう。

グリーンリーフの三要素説に従えば、これは、(1) 目的――「秩序の政治理論」、(2) 方法――照応による議論、(3) 前提――秩序および無秩序の理念によって構成され、これらがおたがいに補いながら絶対君主制を擁護していた。このことを明らかにするため、グリーンリーフはA・O・ラヴジョイの「ユニット・アイディア」の考え方に依拠する。[2] ラヴジョイによれば、多くの哲学体系はすべてその複雑さや差異にもかかわらず、二、三の「ユニット・アイディア」のヴァリエーションである。一七世紀初頭の精神史研究にとってもっとも重要な「ユニット・アイディア」は「創造の階梯」の観念である。この観念自体がさらに三つの原理――（1）充満の原理、（2）単線的序列の原理、（3）連続性の原理――の結合に還元される。

すなわち、当時の人びとにとっては神がその意志を世界の隅々にまで遍く及ぼそうと望んだという確信が信仰の中心にあった（(1)）。しかし、目の前にある現世的事物はそれぞれの独自性と多様性を有していた。これらがいかにして「神の意志の顕現」という一つの原理にまとめられうるのか。そのための統合原理として、存在物は「創造の階梯」によりそれぞれに割り当てられた地位を有し、かつそれらは単一的なヒエラルヒー構造をもつと考えられた（(2)）。また、この構造におけるそれぞれの被造物は、直接に上位ないし下位の被造物と最小限の差異をもつにすぎなかった（(3)）。こうして、ラヴジョイがポープの『人間論』の一節を用いてのべたように、「物質的創造の最低の形態から純粋に精神的なるものの至上の表明にまで連なる被造物の階統秩序」[3]たる《存在の大連鎖》（great chain of being）が形成される。人間はこの連鎖の中心的連結点に位置する。人間は霊と肉とをともに有するから、存在の精神的および物質的両局面に属しており、巨大なる全体の小宇宙（ミクロコスモス）を形成する。これが著名な「ミクロコスモス――マクロコスモス」の理論である。[4]

人間がひとつの小宇宙だという認識の内にすでに、「秩序」の哲学に独特な「照応による議論」の必然性が含意されている。グリーンリーフはそれを説明して次のようにのべている。

森羅万象に神の理性が宿っているのだから連鎖の各部位にはパラレルな形態がある、つまり存在の各〝局面〟には類似点があるはずだと考えられていた。この推定がティリヤードのいわゆる〝結びつけへの情熱〟を呼び起こし、これがこれら類似点の精巧な考案をもふくむ類比の一形態たる〝照応による議論〟という特殊な論述形式を帰結したのであった。推論の過程は次のようなものである。すなわち、ある存在の局面において既知の事実ないし状況を取り上げ、次いでそれを他の局面において存在している対応する事実ないし状況へと推論することによって、さまざまな事物間の類似点をしばしば非常に長々と検討するのである。

たとえば、神はマクロコスモスのなかでの主権者であるから、したがって人間の、そしてまた政治的社会のなかにも同様な統一的かつ絶対的な力が存在しなければならない、天使たちは序列づけられているのだから、したがって人間社会およびとりわけ教会は同じ階統的パターンに服すべきである、というように論じられた。これらの議論は明らかに置換可能であり、また相補的であった。当時の社会の明白な不平等性は、容易に天上の世界も同様に組織されているとの見方に導いた。単純な観察と神学的権威とが相互に補強しあっていた。このようなやり方で、ある局面についての知識が他の局面についてすでに知られているものによって補充されることになろう。こうして、明らかに異なっており連関もない事物が関連づけられ、しばしばかなり微細な点についても比較された。宇宙の統一性がそれによってより力強く示されたのであった(5)。

このようにして、現代人の目からみれば荒唐無稽とも思われる大胆な類比がさまざまな領域間で行なわれた。天体における太陽、鳥における鷲、獣における獅子、原素における火、樹木における樫、身体における頭、社会における君主、宇宙における神、これらがそれぞれの領域における首位者として類比された。国王は天上の太陽のごとく、獅子の勇気と鷲の誇り高き精神をもつと考えられた。政治思想にとってとくに重要なのは人間の身体（body natural of man）と政治体（body politique）との類比である。サー・トマス・エリオット（Sir Thomas Elyot）は、この類比を用いて、一人以上の支配者をもつ国家は双頭の怪物のようなものだとのべた(6)。「もっとも自然なもの」と「最善なもの」との同一視を可能にすることによって、この議論は「絶対君主制の形而上学的基礎」[7]を提供した。ジェームズ一世やエドワード・フォーセット（Edward Forset）は、好んで「照応による議論」を用いて絶対君主制を擁護した。フォーセットの主著は文字どおり『自然的身体と政治体との比較論考』（*A Comparative Discourse of the Bodies Natural And Politique,* 1606）と題されている。さらに、グリーンリーフによれば、R・フィルマーの政治思想の中心テーマも「照応」による君主制の擁護であると見なされる。

フィルマーの政治的義務づけの理論の本質は、現在する王はすべてアダムの権力の真正かつ直接の継承者であり彼らは人民の文字どおりのかつ自然的な父であるということではなく、彼らはアダムや家父長のそれのような権力を行使していると見なされねばならず、また人民との関係においては、家族の父のそれのような地位にあるものと見なされねばならないということである。すなわち、問題の最重要点は歴史的議論ではまったくなく、人民の王と家族の父との、そしてそれぞれの権威との間の類比もしくは照応なのである。こうしてフィルマーの政治思想の基盤は、根本的には、秩序の政治理論の一変種と見なされよう[8]。

このように、「照応による議論」はコスモロジカルな秩序と社会的価値序列とを相互に置換する「類比」を戦略手段として絶対君主制の擁護に努めた。秩序理論家たちはさらに、過去の歴史的事例を「引用」することによっても、民衆を現存秩序に向けて訓育しようとした。

秩序理論家たちにとって歴史は自然と同じく重要だった。……歴史上の例を示すことは自然的照応の考案と同じく正統的でありえた。歴史は、このような光のもとでは、堕落以前の調和の状態から人間が離脱して以後継起した混乱の累積の物語であった。歴史は人間の没落と救済、人間の破滅の宿命について語る。不和を知らない黄金時代と古代崇拝とがここで結合する。初代教会の純粋性を再興しようとする宗教改革の試みとルネサンスの古典讃美とは、ともにこのことの表現だった。初期の制度と教えは、それらが若く、それゆえあまり腐敗していないという単純な理由から讃仰される。秩序を回復できないにしても、もっと深い混乱に陥ることがないように、歴史を研究することがそれに役立つと考えられた(9)。

王党派たちは服従の必要性こそ歴史研究から学ばれるべき主要な政治的教訓だと考えた。しかし歴史は反王党派によっても「引用」された。コモンロー学者や議会派は、イングランドには《immemorial》な過去から「古い国制」(Ancient Constitution) ないしは「根本法」(Fundamental Law) というものがあって、国王も議会もそれに服しかつそれがイングランド人民の権利と自由を保障すると論じた。つまり、「過去の権利の連続性から現在の権利の本性へ向けての歴史的アピール(10)が行なわれたのである。こうして王党派と反王党派との間で、イングランドの歴史的過去を舞台に、いわば「歴史の政治学」ともいうべき戦線が展開された(11)。

王党派陣営は《immemorial》な過去から継続する「古い国制」の連続性を断ち切るために「ノーマン・コンクェスト」の事実を引きあいにだした(12)。古代アングロ・サクソンの政治・社会体制がどのようなものであったにしても、それはノルマン人の侵入によって根本的に変えられてしまい、「封建制」がそれに取って代わった。依拠すべき過去は「古い国制」ではなく「封建制」であった。サー・ジョン・クレイグ (Sir John Craig) は、『封建法』(*Jus Feudale*, 1603) において、スコットランドとイングランドの法はともに封建的原理にもとづく、このことはすべての人びとに国王への人格的依存を義務づける権威の体系と階統秩序が存在することを意味すると論じた(13)。こうして、反王党派が「記憶をこえた遙かな過去」に依拠し、王党派が「最近の出来事」を引き合いにだすという、歴史を舞台とする戦略戦における奇妙な戦線の転換が生じたのであった[14]。

ところで、このような王党派対反王党派の対抗にてらしてみるとき、I・コルトマンがアンソニィ・アスカム（Anthony Ascham）について次のようにのべているのはきわめて興味深い。

アスカムは、民衆に自分たちの現在の運命を甘受させた過去の伝統にたいして戦った。彼は歴史が道徳教育を提供するという見解に反対し、過去はけっして知られることはないと主張した。歴史は幻影の記憶であって、人びとが古い事柄について語るのはあたかも盲人が色彩について語るのと同じであった[15]。

アスカムは共和国使節としてマドリッドに赴き、そこで王党派に暗殺された人物である[16]。しかし彼の共和国政府にたいするコミットの仕方には屈折したものがあった。彼は王党派、反王党派双方の行動に対し疑念を抱いていた。とりわけ「堕落した社会から自然に向かって訴えかけるレヴェラーズのごとき政治的ロマン主義者[17]」や、フォークランド（Lucius Cary）、クラランダン（Edward Hyde）を中心とするグレート・テュー・サークルの穏健な立憲王党派たちの態度に深い疑念をいだいていた。彼らは政治のなかに「大義」の実現をもとめた。「大義」を支えていることで自己が「無垢」であるという感覚を保持するために、彼らは「大義」に背くよりはむしろ死を望んだ。「大義」に反すると見なされた政府にたいしては死を賭して反抗した。それが内乱をひき起こすのだとアスカムは考えた。彼らにとって歴史は自己の「大義」の正統性を裏づけるための便法であった。

アスカムは若いヨーク公（後のジェームズ二世）が議会軍によって捕えられたときそのチューターを命ぜられたが、彼自身としては君主よりも君主たちによって災難をこうむる民衆のために助言を与えようとした。彼は「鉄槌」のためにではなく、それが打ちおろされる「鉄床」のために語ろうとした[18]。内乱において犠牲になるのはいつも「鉄床」たる民衆であった。民衆がなによりも大切な生命を守るためには、道徳的真理への探求を断念し、正義、不正義にかかわらず de facto な政府に服従すべきであるとアスカムは主張した。[19]

高貴な大義を擁護する王などいはしないのだから、アスカムは、権力を有し中心的地位にある王と、そしてすべての王がそうだとすればすべての王と、協調することを勧めた。……政府は暴風やイナゴの大群と同じく人類の災厄の一つだ。支配者が服従以上のものを欲し忠誠と献身の宣言を要求するのなら、賢明な人間はそれらをつくり出すであろう。ちょっとした意味のないことばを呟くことは、生命を守るためには小さな代価だ。政治的信念の表明は、私人にとっては信仰の行為ではなく譲歩の行為なのだ。

普通の人間は政府にとって物の数ではないが、彼自身にとってはかぎりなく尊い。それを失うことは馬鹿げている。自分をみじめにする方法はいくらもある。そのなかでも、もっともロマンティックな自己破壊のやり方は政治的大義への献身であるとアスカムは考えた。[20]

アスカムはできることなら政治という公的世界から私的世界に引き籠もりたいと思った。しかし内乱は観客をもまき込む。そのなかで私人としてのわが身の安全を計るには、そのときどきに強力なものに与することが必要であった。「アスカムの静寂主義の逆説的なコロラリーは協調であった」[21]。彼はこのような屈折した懐疑主義から、de facto な共和国政府の命を帯びマドリッドに赴いた。当時（一六五〇年）そこには多くの王党派がイングランドから逃れて来ていた。身の危険を感じたアスカムはスペイン宮廷の保護をもとめた。スペイン宮廷はこの共和国使節をどう扱うべきか決めかねていた。チャールズ一世の処刑はヨーロッパの君主たちを震撼させたが、スペインもその例にもれなかった。しかしスペインは他方で共和国の権力増大を怖れ共和国政府との新しい交易を望んだ。イングランドにたいするスペインの態度は「慎重な便宜主義[22]」であった。こういうスペイン宮廷の逡巡を奇貨として六人の王党派がアスカムを襲った。彼らの内の一人はエドワード・ハイド（後のクララ ンダン伯）の従者だった。自己の生命を守るためだけに de facto な共和国政府に与したアスカムは暗殺され、政治に「大義」の実現と良心の慰めをもとめたハイドは王制復古後初代のクラランダン伯に任ぜられ、「その生涯の大部分を、政治的決断がなされるあの薄明の世界で過ごしたのであった[23]」。

アスカムの《下からの視線[24]》が歴史の拒絶へと導いた。彼にとっては、「《immemorial》な過去」も「最近の出来事」も問題ではなかった。「歴史には通りすがりにちょっと会釈をするだけで十分[25]」であった。ただ「現在」の己が生命を保持することだけが重要であった。アスカムは「ファクトゥム」としての政治を前にした政治的マニェリストの一典型といえよう。

（1）W. H. Greenleaf, *Order, Empiricism and Politics*, pp. 1-2.
（2）ラヴジョイの方法論については、参照、辰巳光世「思想史学の方法――A・O・ラヴジョイを中心に」（東大社研編『社会科学の基本問題』下、一九六三年、六七九―七〇〇頁）。
（3）Greenleaf, *op. cit.*, p. 16.
（4）この理論については、cf. G. P. Conger, *Theories of Macrocosmos and Microcosmos in the History of Philosophy*, 1922 (reissued 1967), E. M. W. Tillyard, *The Elizabethan World Picture*, 1943, T. B. Stroup, *Microcosmos, The Shape of the elizabethan Play*, 1965.
（5）Greenleaf, *op. cit.*, pp. 21-22.
（6）*Ibid.*, p. 46.
（7）*Ibid.*, p. 56.
（8）*Ibid.*, pp. 86-87.
（9）*Ibid.*, p. 109.
（10）Q. Skinner, "History and Ideology in the English Revolution," in *The Historical Journal*, vol. VIII, 1965, p. 152.
（11）この問題については、「古い国制」と「封建法」をめぐる議論から「近代的歴史叙述」の起源（history of historiography）を論じた J.

G. A. Pocock, *The Ancient Constitution and the Feudal Law, English Historical Thought in the seventeenth Century*, 1957 に詳しい。

(12)「ノーマン・コンクェスト」をめぐって王党派、議会派、レヴェラーズ、《de facto theorist》、通俗的年代記作者らのあいだで演じられた「歴史の政治学」については、「歴史的情報の多様な用法についてのケース・ヒストリィ」(Skinner, *op. cit.*, p. 176.) を意図したスキナーの前掲論文参照。

(13) Greenleaf, *op. cit.*, p. 122. レヴェラーズのオヴァートンはこのような議論を逆手にとって、「ノーマン・コンクェスト」は自由なイングランド人に課せられたくびき（ノルマンの軛）である、だからこそそれを引き継いだ現政府を覆さねばならない、というように現体制批判のために歴史を利用した。彼にとって「歴史は歴史を非難するためだけに意味をもっていた」。また、《de facto theorist》は「ノルマンの軛」を認めつつ、だからすべての政府は簒奪なのだというシニシズムに陥った（cf. Skinner, *op. cit.*, pp. 161-163）。

(14) このような戦線配置は「古き国制」の復活と観念された名誉革命以後にも引き継がれた。「（ハノーバー朝）宮廷弁護の通常戦略をなしたものは、immemorial なものであれ勢力均衡的なものであれ、国制の古さを否定するために封建的解釈を採用すること、および、過去はおおむね暗黒で専制政治であったのだから統治の諸原理は歴史外的な位置にありかつ最近発見されたものでなければならないと論ずること、であった。バークの出現によって知的光景が一変するまで、過去への古典主義的アピールがイギリスおよびアメリカの急進主義者たちの武器であり、歴史の批判的拒絶が宮廷の武器であった」（J. G. A. Pocock, "Time, Institution and Action," in *Politics, Language and Time*, 1971, pp. 265-266）。また「政治と記憶」についてのすぐれた研究としては Bruce James Smith, *Politics and Remembrance: Republican Themes in Machiavelli, Burke, and Tocqueville*, 1985 がある。

(15) I. Coltman, *Private Men and Public Causes*, p. 206.

(16) アスカムについては、P. Zagorin, *A History of Political Thought in the English Revolution*, 1954, pp. 64-67 に簡単な叙述がある。

(17) Coltman, *op. cit.*, p. 205.

(18) *Ibid.*, p. 24.

(19) イギリス革命期における《de facto theorist》と呼ばれる一群の思想家たちの研究はスキナーの功績である。Cf. Q. Skinner, "The ideological Context of Hobbes's Political Thought," in *The Historical Journal*, vol. IX, 1966, pp. 286-317. アスカムは《de facto theorist》の中心人物の一人と目されている。

(20) Coltman, *op. cit.*, pp. 24-25. なお、アスカム自身次のように書いている。「賢い人間は彼自身の幸福の技術家（artificer）と呼ばれる。なぜなら、彼は事の成り行きの必然性に自己の欲望を適合させ、さもなくばいやいやながら引きずられるようにして辿ることになるであろう道を愉快な気分で歩くからである」（Ascham, *On Marriage*, 1647, quoted in Skinner's article, pp. 309-310）。

(21) Coltman, *op. cit.*, p. 24.
(22) *Ibid.*, p. 210.
(23) *Ibid.*, p. 20.
(24) R. Schnur, "Politik: Ordnung und Bürgerkrieg," S. 229.
(25) Skinner, "History and Ideology in the English Revolution," p. 165.

四　非歴史的『リヴァイアサン』——国際政治との関連において

ところで、過去の歴史的事例が現在にとって教訓的価値をもちうるということは、過去と現在との連続観を前提としなければ不可能であろう。もし現在の状況が過去のそれとはまったく違ったものであるなら、過去のどんな偉大な英雄の行為も現在の状況に対処するための手引とはなりえないからである。歴史に教訓的価値をもとめる議論は、歴史を「役に立つ教訓の貯蔵庫」(1)として見なすだけで、そこに現在とまったく異質なものを見ようとはしない。「照応による議論」についても同じことがいえよう。存在のあらゆる局面に「神の意志の顕現」を認めるのならば、そこには真に「新しい」ものは現われようもなかった。否むしろ、「存在の大連鎖」や「ミクロコスモス——マクロコスモス」の理論は、真に「新しい」経験を拒否するための防衛装置であったとすらいえよう。

したがって、知識の役割は事物間の類似性を発見することではなくそれらのちがいを発見することであり、日々新たに生起する経験を組み込むことだという意識の成立とともに、これらの議論は衰退せざるをえなかった。ホッブズは、他人によって極めて稀にしか観察されない事物間の類似を見いだすことは「よい知力」ないし「よい想像力」を意味するが、「よい判断」はむしろ事物間の相違、非類似を観察することであるとのべている。(2)このときホッブズは新しい思潮を代弁していた。

また、グリーンリーフは「秩序の崩壊におけるひとつのもっとも重要な要素」として、「事実的知識の増大」をあげている。秩序の哲学は、なるほど、非常に微細な部分にいたるまで世界についての具体的な視覚的イメージを提供した。しかしそれは「もっぱら、比較的に不精確な、肉眼による観察、および限定された範囲の経験と両立しうるだけだった」。新しい道具（顕微鏡や望遠鏡）による発見の影響力を過大に評価することは不適当であるにせよ、それらによる「新しい知識の累積的インパクト」は秩序の哲学の知的枠組がもつ説得力を破壊した。秩序の哲学に固執する者は「ありうるはずがないもの」を望遠鏡をとおして見ることを拒否したそうだが、否定しがたい新データの蓄積はそれらに適合しうる世界像の修正を要求したのであった(3)。

「堅固なるものすべて消え去りぬ」という嘆きは、このような状況を前にした詩人の感慨であった。かつて緊密な空間的秩序のなかに配置されていた事物は、相互の結びつきを失い、流れ行く時間のなかに漂うようになった。そして、自然の衰微はそのまま社会秩序の流動性として感じられた。

政治体制は歴史、状況、慣習および当該民衆の欲求に従って変化しうる。同様に、人びとの行為は、もはや神のデザインによる画一的命令に直接服して形成されるものとは見なされず、多くの経験的変数の関数と見なされるのである。

こうして、単一かつ単純な統一と秩序の世界像は失墜し分裂した。もし、このような変化の底になんらかの画一性が存在するとすれば、それはただ事実的データを注意深く集めふやすことによってのみ認識されえた(4)。

秩序の哲学は、視覚的イメージに訴えることによって、自然界や社会制度の階統秩序を人びとに納得させようとした。

このようなイメージの束からなる世界像は「一つの集合的産物」であり、したがってその崩壊過程も「多くの人びとの思考や活動をふくむ、彼らすべてにある種の緊張と不安感を課する漸進的過程」(5)であった。累積的な新事実の発見は視覚的イメージそのものの修正を要求した。また、秩序の哲学は時間的変化を排除するか、または「永遠の今」という時間意識に立脚することによってその統一性を保つことができた。しかし、永遠に続くかに思われた華麗なルネサンス国家の没落は、社会体制が「変化しうる」という新しい時間体験を人びとにもたらした。J・G・A・ポーコックは、このような時間体験に対応するために台頭してきた「経験論」的思惟、とりわけその特殊な時間意識と「共和制」思想との密接な結びつきを指摘している。

ポーコックは『古い国制と封建法』以来、「政治と時間」、「歴史叙述の歴史」といった問題を探求してきた。近著『マキァヴェリアン・モーメント』(6)では、ルネサンス・イタリアの都市国家に復活した古典的共和制思想が、一七世紀イングランドから一八世紀アメリカへと伝えられるなかでどのように変容しかつ持続したかを辿っている。そのなかで、ポーコックは共和制思想と「ヒストリオグラフィ」との密接な関連を明らかにしている。

彼のいう「ヒストリオグラフィ」とは、「偶然的で独特なイヴェントの継起」(7)を理解し説明するための知的様式のことである。したがって、それは世界を「救済」という究極目的の実現過程と考える「聖史」(sacred history)や、過去になされた預言の未来における実現を期待する終末論的思想とは、時間意識の点で区別される。ポーコックは「ヒストリオグラフィ」に特徴的な時間意識を「世俗的《セキュラー》」な時間意識と呼ぶ。また彼によれば物理学的時間とは別の社会的時間の次元が存在し、それは社会が時間のなかで存続するものとして自己を意識するさいの態様である。したがって、社会的時間意識と社会制度の形態とは不可分な関係にある。(8)

「世俗的」な時間意識の成立は共和国——それはcivitas deiとは違って、時間のなかで現われ消滅する不安定な人為的制度である——における「政治」という人間的活動の省察と不可分であった。(9)「政治」とは束の間の独特な偶発的出来事に対処する技のことであり、そこで要求されるのはスコラ学的演繹思考ではなく、経験的思考であった。そして経験ということに関しては、君主の知的優位性を証拠立てるものはなにもなかった[10]。

ポーコックは共和制思想の英国版として「混合政体論」をあげている。グリーンリーフも「経験論」の三要素として、(1) 目的——混合政体の確立、(2) 方法——経験的分析、(3) 根本的前提——信仰至上主義的および反合理主義的認識論をあげている。経験論者たちは、歴史的データや各国の政治体制の比較研究から「混合政体こそがもっとも安定した体制である」ことを示そうとしたのであった[11]。

ところで、ホッブズは混合政体論にたいする最大の敵対者であった。しかし、彼はグリーンリーフが示したような「秩序の政治理論家」ともいえないだろう。ホッブズは、グリーンリーフが第三の思想のスタイルとして言及している「合理主義」にふくませるのが妥当であろう。グリーンリーフによれば、「経験論」から「合理主義」への推移は「〝歴史〟から〝理性〟への転換[12]」であった。この転換のなかで経験論の時間意識はどのように変容したか、また、合理主義の時間意識とその政治体制論とはどのように関連するのであろうか。

ポーコックの「ホッブズの思想における時間、歴史および終末論[13]」という論文は、まさにこの問題を論じたものである。彼は次のように論ずる。——ホッブズの思想はしばしば「非歴史的」だといわれる。だが「歴史的」思考と「非歴史的」思考とはどのように区別されるのか。あらかじめ存在するなんらかの規準によってそれを弁別しようとする試みは、「ヘーゲル学派やクローチェ学派によって好まれたアカデミックなハイ・ジャンプ競争」に導くことになろう。そこでは「真の歴史性」のバーが次第に高められ、ついには幸運な選手だけがそれを跳び越すのに成功する。むしろ重要なのは、「社会や政治秩序がいかなる時間‐構造のなかで存在するものと考えられるか」についての各思想家の言明を分析することである。したがって問題は、「ホッブズが用いている時間に関する明示的ないし黙示的な言語を識別すること、および、それらの言語によって彼がなにを行ない、いかなる仕方でそれらの言語を彼の特徴的な目的に差し向けたかを識別すること」である。[14]

ホッブズの時代の人びとにとって、社会を時間のなかで概念化し、社会的存在の次元として時間そのものを概念化するには多くの態様が可能であったが、ホッブズはそれらのうちのすくなくとも二つを用いている、とポーコックはいう。一つは、ホッブズが「条件的な知識」と呼ぶ認識態様に対応する時間意識である。ホッブズは、経験や記憶によって知られる具体的出来事の継起についての知識（「絶対的知識」）が普遍的結論に達することはないという。ホッブズはこれを「歴史」と呼び、「条件的な知識」を「学問」と呼ぶ。では「学問」が知りうることはなにか。それは「一つの断定の他の断定への連続に関する知識」、具体的にいえば、「もしこれがあるならあれがあり、これがあったならあれがあったのであり、これがあるだろうとすればあれもあるだろう」（if this be, that is; if this has been, that has been; if this shall be, that shall be）ということを条件的に知ることである。[15]

ここで注目すべきは、ホッブズが《if this is, that shall be》とは言明していないことである。彼が併記する条件文はすべて、仮定文と主文の時制が一致している。つまり「学問」が知りうるのは、時間的継起に関する事柄ではなく、論理的整合性だけなのである。そして、「学問」はこのような推論過程を辿ることによって「自然法」を発見する。

発見とそれにもとづく活動のこうした複雑な過程は時間の内で生ずる——ホッブズの世界にはそうでないような活動も運動も存在しない——が、歴史をもたない。この過程は共時的であって、いついかなる瞬間にも生じているものとして観察可能である。そしてこの過程は、市民社会あるいは全体としての人類が過去・現在・未来を有することを必要としない。ホッブズは西欧哲学史において非常に一般的なパターン、つまり政治的時間の領域から政治的空間の領域へのパターンに従っている。そしてこうした移行は、時間の内部での出来事の継起が〝哲学的〟と称されうるに十分な確実さをもって知られることはないという理由からなされるのである。通時的思考を放棄して哲学的思考を採用することによってのみ、われわれはいかに政治的権威が出現せざるをえないかを、あるいは、合理的基礎にもとづき権威の体系を樹立せざるをえないかを、科学的に理解しうるのである。(16)

このように、ホッブズは「学問」（共時的思考）と「歴史」（通時的思考）とを人間的認識の二態様として区別する。しかし、このことは「学問」（ないし「哲学」）以外の領域がすべて「歴史」に属するということではない。『リヴァイアサン』三・四部で展開されている議論は「学問」でも「歴史」でもない。それは「聖史」の領域に属する事柄であり、その時間構造が「終末論」である。「聖なる時間とは、神による啓示の瞬間と人間による伝承の持続とから成」り、ここでは「現在とは、過去の預言を想起し、それが予告する未来を期待する時間である」(17)。したがって「聖史」の領域では、いわば「未来を想いだす」という逆説が成立するのである。

ポーコックの功績はホッブズの論述にふくまれる重層的な時間意識を識別するとともに、その区別に対応する二つの異質な「権威」の態様を区別したことである。一つは、いうまでもなく、「共時的・非歴史的世界」における「世俗的権威」である。もう一つは、「神の選民が住まう通時的世界」におけるキリスト教的権威であり、ここでは「神がアブラハムの時代から人間に働きかけており、理性と経験をつうじてのみならず、預言者によって語られる彼のことばをつうじても、人びとに直接的に命令を下している」(18)のである。

「共時的・非歴史的世界における世俗的権威」という表現は、あるいは誤解を招くかも知れない。というのは、近代国家が独自の権威としてローマ・カソリックの普遍主義と教皇の至上権要求から独立する過程は、同時に各国の独自な国民的過去の発見の過程でもあったからである。たとえば、テューダー期イングランドに流行した「アーサー王伝説」はイングランドの「偉大な過去」へのアピールであった。「ローマへの敵意とその政治的支持者たちが祖国愛の心情の発達にとっての焦点として活躍し、イングランドに国民的宿命の感覚を与える力となった。このことが、イングランドの歴史の偉大さと、過去においてローマに公然と反抗した英雄たちへの関心へと導いたのであった」[19]。また、国民国家への忠誠としてのナショナリズムも、個々の国民が生まれ育った土地の「山の頂、谷間、小川、家、庭、生垣等々への愛」としての「具体的、肉体的なパトリオティズム」[20]が「祖国愛」を喚起することなしには、国民の情熱を有効に組織することはできなかったであろう。

このように、近代国民国家の形成は一面で自国の歴史と風土への細やかな感受性に密着していたが、他方ホッブズに代表される近代国家論はきわめて高度の抽象性と包括性を有していた。ポーコックによる「『リヴァイアサン』の非歴史性」という指摘は、ホッブズ国家論の抽象性をうまくいい当てている。なるほどホッブズ政治哲学の原理としての「運動する物体」は時間をもつ。時間は運動の関数である。だが機械が「歴史」をもつことがないように『リヴァイアサン』も歴史をもたない。そしてホッブズが「わたくしは、現に権力をもっている人びとについてではなく、（抽象的に、）権力の座について」語るのだとのべたとき[21]、彼自身このような抽象性を意図していたものといえる。

『歴史としての冷戦』の著者L・J・ハレーは、『イデオロギー的想像力』において、フィジカルな具体的人格としての君主に代わって抽象的な主権国家が国際政治の主体として登場するようになって生じた難点について論じている。彼によれば国際関係の世界は「リアリティと神話的概念」がもっとも混同されやすい世界であり、この混同がもっと尖鋭になるのは「なにを敵と見定めるか」が問題になるときである。彼は「敵の確定」についてナポレオン戦争と第一次大戦の例を引き、次のようにのべている。

一八一五年の勝利者たちがリアルな平和を達成しえたのは、彼らがボナパルトを敵と見定めたからであった。第一次世界大戦の終結時に、敵はカイザー・レジームであってドイツ国民ではないというウッドロウ・ウィルソンの当初の主張にもかかわらず、どのような体制の下にあるかを問わず〝ドイツ人〟こそが敵であると見なしたことが、リアルな平和達成を妨げたのであった。[22]

このエピソードは、われわれが「国際関係」について考える際の困難をよくあらわしている。「国際関係」とは、字義どおりには inter-nation の関係であろうが、ネーションとネーションとの関係ということについてわれわれは具体的な映像をなかなかもち難いのである。ハレーはその原因を、フランス革命以後「主権が手に触れることのできるフィジカルな人物から、〝人民〟と呼ばれる触知不能な、目に見えない実体に譲り渡された」ことによると考えている。このような主権は「心のなかにある一つの抽象物、観念、概念」であり、「直接あるいは間接に、ある触知可能なリアリティに対応してはいるが、それ自体そのようなリアリティではないのである」[23]。譬喩的にいえば、「近代の開始とともに、笏《しゃく》が、〝人民〟の手に握らせる目的で、個体としてのフィジカルな人間の手からもぎ取られた。だが、いったい誰が〝人民の手〟を見たことがあるだろう。それはどこにあるのか。どのようにしてそれを発見するのか」[24]。

H・ユーローは、このような概念状況は近代思想に特有な「非人格化」過程の産物であり、これによって「主権は一つの概念として、具体的な物質的人格ないしは人格の集団とのあらゆる関連性を奪われたのだ」[25]とのべている。このような非人格化された立憲国家の代わりに、統一性にもとづく、現実意志をもった独裁を確立しようとする試みが、近代の法・政治理論の危機にたいする反動として現われた。ユーローによれば、その代表例がC・シュミットである。シュミットは「擬制的な国家主権を現実的人格の主権でもって置き換えようとした」[26]。このようなシュミット理論にたいするユーローの対応が興味深い。彼は全体主義国家が単一の人格を主権の保持者と見なすようになった現実に鑑みて、「選出された、ないしは指命された代表者によって統治さるべき人民の同意にもとづく民主的立憲国家はカール・シュミットのそれに代わりうるような理論、つまり理論的に妥当であるというだけでなく、イデオロギー闘争における武器として役立つであろうような理論を必要とする」[27]とのべる。彼はその後の理論展開を行なってはいないが、論旨から察するかぎり、シュミットの「理論的妥当性」を承認しつつ、単一の人格ならぬ、リアルな「〝人民意志〟」に訴えかけようとしているようだ[28]。

しかし、はたしてこれは問題の解決になるであろうか。イデオロギー闘争の戦略としても妥当であろうか。われわれはむしろ、「非人格化」過程に反発しつつ「なまの現実」に触れようとして、かえって巨大な神話を生みだしてしまうというアイロニーをここに見る思いがする。ハレーも、フィジカルな人間がフィジカルな存在として相争った時代、各個人が自己の行動の責任をイデオロギーに託することのなかった時代への郷愁を有しているようだが、他方で彼は「観念」の独自性をも承認しつつ「重要なのは（概念と実存との）二つの世界の間の相関関係を維持することである[29]」とものべているのである。

Ｄ・Ｐ・ゴーティアは「ホッブズの国際関係論[30]」という小論において、『リヴァイアサン』とのアナロジーから「世界政府」を構想している。すなわち、核兵器の開発が国家間の関係をホッブズ的な自然状態に近づけることになったとの状況認識から、彼は自然状態を克服する主権とのアナロジーにより、冷戦を克服するのは世界政府であると論ずるのである。しかし、この構想は地球大規模での〝リヴァイアサン〟を理論的に、もっぱら理論的につくりだすだけであろう。否むしろ、核兵器は、「死の前での個人の平等」をもたらすという意味ではすでに現実に〝リヴァイアサン〟として機能しているともいえよう。「核の超構造が〝新しいリヴァイアサン〟として、個別的イデオロギーを、なるほど〝宥和〟させはしなかったが、それらを共存へと強制したのであった[31]」。さらに、ゴーティアについて方法論的に疑問な点は、個人―主権国家のアナロジーがそもそも成り立つのかということである。『リヴァイアサン』におけるホッブズは、生身の個人から出発して、彼らの生命の安全を保障する制度として主権国家を構想した。この論理は、諸個人の集合としての国家間の関係にどの程度類推可能なのか。これはたんに空間的規模の拡大ということだけではすまされない問題をふくんでいる。

B・ヴィルムスがいうように、近代国家は一定の領域《テリトリウム》内に住む個人の安全を保障する制度として発達してきた。しかも、「具体的領域《テリトリウム》は境界で区切られた領域《テリトリウム》であって、それ以外のなにものでもありえない」から、国家主権による対内的治安維持の解決は、同時に対外的防衛の課題を国家に担わせることになった。[32] ホッブズも「第一に、外敵は防がれねばならない。第二に、国内平和は維持されねばならない[33]」とのべている。このかぎりにおいて、伊藤皓文氏がいうように、ホッブズは「近代的防衛論の先駆的思想家[34]」といえるかも知れない。しかし、ホッブズの主眼はあくまでも領域《テリトリウム》内での平和であって、領域《テリトリウム》間のないしは領域《テリトリウム》を超えた平和については顧慮していないのである。[35]

ヴィルムスは「制度」というものを、「実存的欲望、より適切にいえば、利害を持続的に充足させるための組織[36]」と定義している。ホッブズの時代の市民にとっては対内的治安維持が「一次的利害」であり、対外的防衛は「二次的利害」であった。ところが、現代の国際政治の課題はまさしくこの「二次的利害」の調整である。しかるに、「二次的利害」の調整としての平和政策の主体は、個々の市民ではなく国家という制度自体である。したがって、「世界政治的安全保障はいかにして制度化可能か?」という問いは、いわば「制度の制度化」という、社会科学にとっての新しい課題を負荷しているのだ。ヴィルムスがReflexivwerden von Sicherheit ないしは die Sicherheit von Sicherheiten oder Sicherung von Sicherheiten[37]と呼ぶのは、このような事態をさしていると思われる。これはもはや個人主義的な近代国家論的発想の地平を超えている。したがって、「国家的制度の母型を国家間の安全保障の問題に適用すること」は、「誤りに陥る」ことになろう。[38] このアポリアをどう解決するかは、まさしくわれわれの課題なのである。

（1）Greenleaf, *Order, Empiricism and Politics*, p. 101.
（2）T. Hobbes, *Leviathan* (edited with an Introduction by M. Oakeshott), ch. 8, p. 43（水田・田中訳『リヴァイアサン』、四九頁）.
（3）Greenleaf, *op. cit.*, pp. 143-144.

（4）*Ibid*., pp. 178-179.
（5）M. Walzer, "On the Role of Symbolism in Political Thought," in *Political Science Quarterly*, vol. 82, 1967, p. 196.
（6）J. G. A. Pocock, *The Machiavellian Moment, Florentine Political Thought and the Atlantic Republican Tradition*, 1975.
（7）*Ibid*., p. 7. なお、マキァヴェリにおけるこのような時間意識については、R. Orr, "The Time Motif in Machiavelli," in *Machiavelli and the Nature of Political Thought* (ed. by M. Fleischer), 1973, pp. 186-208, esp. p. 188.
（8）Cf. Pocock, "Time, Institution and Action," p. 233ff. このような観点からポーコックは二つの社会類型を区別する。すなわち、（1）《immemorial》な過去から存続するものとして自己を理解する社会、（2）ある特定の時点で、聖なるものの主体的活動によってつくられたものとして自己を理解する社会。これらは、いわば理念型であって、個々の社会はこれら二つのタイプを両極とするスペクトラムのなかに位置づけられる。また、社会類型の区別に対応して「伝統」理解にも二つのタイプがありうる。（1）のような社会では、そもそも社会制度の「始期」という観念が存在しえず、《immemorial》な過去から存続すると観念された制度の持続が「伝統」を形成するのに対し、（2）のような社会では、そのような持続性を破壊する聖なるものの活動の継起が「伝統」を形成する。このようにみてくると、（1）と（2）とが併存している社会もありうるし、「カリスマの日常化」が示すように（2）が（1）に変化する場合もありうる。具体的に存在する社会は、さまざまな「伝統」の態様のあいだでの「対話」である。したがって、オークショット的方法だけが伝統理解の唯一の形態ではない、というのがポーコックの本論文の主旨である。
（9）Pocock, *The Machiavellian Moment*, p. 8.
（10）*Ibid*., p. 18.
（11）Greenleaf, *op. cit*., p. 179ff.
（12）*Ibid*. p. 282. イングランド革命思想における「歴史と自然」、「経験と理性」の問題は議論の多いところである。たとえば、参照、浜林正夫『イギリス市民革命史』、一九五九年、一七八頁。ちなみにトレヴァ＝ロウパーは、「ホッブズは典型的な学識者（Gelehrte）であって、そのことがおそらく彼のもっとも熱狂的な注釈者がすべてドイツ人であったことの理由」であり、『リヴァイアサン』は「ペダントのキメラ」にすぎず、現実世界の光に曝された時解体してしまうようなものだとのべ、ホッブズの思想の反経験論的、反歴史的性格を断罪するとともに、いわば「地に足のついた」ホッブズ批判者たちの方を称讃している（cf. H. R. Trevor-Roper, *Historical Essays*, 1957, pp. 233-243）。
（13）J. G. A. Pocock, "Time, History and Eschatology in the Thought of Thomas Hobbes," in *Politics, Language and Time*, pp. 148-201.
（14）*Ibid*., pp. 151-152.

(15) *Ibid.*, pp. 156-157. Cf. *Leviathan*, ch. 7&9（水田・田中訳、四六頁、五八頁）.

(16) *Ibid.*, pp. 157-158.

(17) *Ibid.*, pp. 168-169.

(18) *Ibid.*, p. 169.

(19) Greenleaf, *op. cit.*, p. 114. なお、英国における国民意識と市民意識の発達については、cf. D. Hanson, *From Kingdom to Commonwealth*, 1970.

(20) Vgl. R. Michels, *Der Patriotism*, 1929, S. 55. 逆にいえば、故郷へのノスタルジーの感情がナショナリズムの理念を裏切る場合も生じうる。J・スタロバンスキーはナポレオン国民軍に流行した「郷愁病」が軍団の士気をおとろえさせた例についてのべている（「ノスタルジーの概念」『ディオゲネス』第二号）が、このエピソードは理念的ナショナリズムと「肉体的」パトリオティズムの相剋として、魅力的な研究テーマを示唆している。

(21) *Leviathan*, p. 2（水田・田中訳、九頁）.

(22) L. J. Halle, *The Ideological Imagination*, 1972, p. 12.

(23) *Ibid.*, p. 15.

(24) *Ibid.*

(25) H. H. F. Eulau, "The Depersonalization of the Concept of Sovereignty," in *The Journal of Politics*, vol. 4, No. 1, Feb. 1942, p. 11.

(26) *Ibid.*, p. 16.

(27) *Ibid.*, p. 18.

(28) *Ibid.*, pp. 18-19.

(29) L・J・ハレー『歴史としての冷戦』（太田博訳）、一九七〇年。

(30) D. P. Gauthier, *The Logic of Leviathan, Appendix: Hobbes on Internationl Relations*, 1967, pp. 207-212.

(31) B. Willms, "Ist weltpolitische Sicherheit institutionalisierbar?—— Zum Problem des neuen Leviathan," in *Der Staat*, Bd. 14(1974), S. 314.

(32) *Ibid.*, S. 307.

(33) T. Hobbes. *Philosophical Rudiments*, ch. XIII-6. E. W. II. p. 169.

(34) 伊藤皓文「国家と防衛——ホッブズの理論をめぐって」（『外交時報』第一一〇三号）、一五頁。

（35）伊藤氏もホッブズ国家論は「主権国家間の相互の関係がどのようなものになるか、国際関係はどのようにあらねばならないかの考察に欠けている」ことを認めている（同論文、三八頁）。
（36）Willms, *op. cit.*, S. 309.
（37）*Ibid.*, S. 330.
（38）*Ibid.*, S. 309.

4　現代英国政治思想の系譜（1）——政治の象徴劇——クランストンからバジョットへ〈1979〉

〔『埼玉大学紀要〔社会科学篇〕』第二七巻〕

はじめに

一九七一年、M・クランストンは、M・オークショットの後を継いで、ロンドン・スクール・オヴ・エコノミクス（LSE）の政治学主任教授の地位に就いた。彼の就任演説（原題「倫理と政治」）に若干の手を加えたものが、「政治という仮面劇」と題されて、同名の論文集に収められている。(1) これまでLSEの政治学主任教授の地位は、G・ウォーラス（1914-1923）、H・ラスキ（1926-1950）、M・オークショット（1951-1969）によって受け継がれてきた。ウォーラスは一九一四年に『巨大社会』（*The Great Society*）を著している。ラスキとオークショットの就任演説は、「政治の研究について」と「政治教育」であり、英国の代表的政治学者たちの教授就任演説を集めた論集『政治の研究』に、クランストンの「倫理と政治」とともに収められている。(2) オークショットの「政治教育」は、ウォーラスの心理学主義とラスキのイデオロギー的態度をともに批判し、独自の保守主義を展開しているが、この戦略は、あたかもヘーゲルが『法の哲学』序言において、主観主義とユートピア主義をともに批判し、理性の現実性、現実の理性性を承認する必要性を強調した態度を思わせ、(3) つとに名演説の評価を得ている。また、進歩主義者ラスキからオークショットへの転換は、多大の驚きと困惑をもってむかえられた。(4)クランストンの登場はそれほどドラマティックではないが、ウォーラス、ラスキがオクスフォード出身、オークショットがケンブリッジ出身であったのに対し、ロンドン大学出身の彼がLSEの政治学主任教授に就任したことは、ロンドンおよびその他の英国の大学の、いわば「オクスフォード離れ」を象徴するものとして受けとめられているようである。(5)しかし、クランストンの論文自体は、豊かな示唆に富む、きわめてドラマティックな内容をもっている。

クランストンの就任演説については、すでにわが国においても、川上源太郎氏によって紹介されている。(6)氏は、「政治の世界は舞台《ステージ》であり、政治家はその上に立つ演技者のようなものだという」クランストンの主張を敷衍して、政治家における外観の重要性、民主主義者の無自覚な性善説への批判、「敵をもつ気力」などについてのべている。とくに、井上靖の『後白河院』に共感をよせながら、氏が、「政治家は孤独な――しかしそれを口にしてはならぬ――演技者である。自らを演技させ、その効果を判断しながら、なお自らの人格を統一的に保持し得るだけの信念を持っていなければならない」(7)と語るとき、氏がクランストンの「政治＝演劇」論をどのように理解しているかがあらわれている。ここにみられるのは、福田恆存氏の人生＝演戯論、江藤淳氏や山崎正和氏の「治者の文学」、あるいは左翼文化人における「表情の政治学」の欠如を嘆く三島由紀夫（『太陽と鉄』）の克己の美学などと共通する感性である。ここでは、「世界は劇場、人は役者」という、それ自体としては貴重な認識が、所与の役割を男らしく甘受せよといった人生論に結びつけられている。「世界は劇場なり……」という表現は、世界の活性化を志向する「祝祭学派」(8)の好んで口にするところでもあるが、それは必ずしもつねに日常世界の活性化をもたらすわけではないようである。

それはともかく、クランストンの論文は、そこから「人生は演戯である」といった人生訓を引きだすだけですますには、あまりにも惜しい内容を含んでいる。そもそも、就任演説の原題「倫理と政治」が示すように、「政治という仮面劇」の主旨は、「政治は演劇なり」という前提の下に、「演劇批評家」としての「政治哲学者」の復権、実証主義政治学にたいする政治哲学の復権を企図するものである。

というのは、政治の劇場において、政治哲学者は一種の演劇批評家なのである。彼は招待者席のなかで苛立ちを覚え、みずから舞台に立ちたがるかもしれない。しかし、衆目の一致するところ、批評家連中がおおむね大根役者であるのと同じく、哲学者たちは卑劣な政治屋になる。ムッソリーニの教育相になったジェンティーレ、ナチスに参加したハイデガー、スターリンを支持するためにモスクワに赴いたルカーチのことなどを考えてみればよい。あるいは、おそらく彼らについては考えてみない方がもっとよい。

さて、ふたたび、哲学者は劇作家として脚本を書き、それを政治家に上演させたいという思いにかられる。レーニンは、ときどき、自分はマルクスによって構成されたドラマを上演しているのだと思い込んでいた。しかしもしそうだとしても、彼は台本を大幅に改変してしまったのだから、マルクスはそのドラマの原作者は自分だとは認めなかっただろう。もちろん、本当のところは、レーニンは作者兼俳優であった。まさしくそうなのだ。というのは、政治の劇場には、通常の劇場で演劇批評家に与えられるような席は在存しないのである。政治家は、たとえそれがじっさいに彼自身の書いたものではないにしても、彼自身の台詞を備えていなければならぬ、ひとりの演戯者なのだ。これが、われわれが政治家をその言葉で判断する理由である。ルソーが、演説家は彼自身以外のなにものでもないといったとき､彼は正しかったのである。政治において演説家は､自分がいうことにたいする責任を免れえない。

批評家はそのことを政治家に想い起こさせるために存在する。批評家はまた、ドラマを分析し説明し、そして演戯を評価するために存在する。演劇批評のないところでは、演劇芸術はおそらく衰退するだろう。政治哲学がなくても、政治はおそらく以前と同じく陽気につづけられるだろう。ただ、唯一の難点は、おそらくそれが理解されないだろうということ、すなわち、政治は、その活動の意味を知らせる規範意識を欠いたひとつの実践、それ自身のアイデンティティないし本性についてすら無知なひとつの実践になるだろう、ということである。ピーター・ラスレット氏が、「さしあたり、ともあれ、政治哲学は死んだ」という有名な見解をのべてから、すでに数年たった。彼がこう書いたのは、政治哲学に関する論文集のシリーズ（Philosophy, Politics and Society）への序文においてであったのだから、氏はこれらの言葉が真剣に受けとられようとは思わなかったのかも知れない。しかし他日、政治哲学が本当に死ぬ日が来たら、認識にたいする情報の勝利が完成されるであろう。(9)

このような立場からクランストンは、事実と価値との峻別という（彼によれば）ドグマに立脚する「実証主義政治学」を批判する。とくに、政策科学に変質したアメリカの行動主義政治学への批判には辛辣なものがある。

最近、われわれは、より解りやすく体系的な未来学の約束を受けとった。実証主義的社会科学の綱領の重要部分は、過去・現在と同じく未来にも適合するであろう法則を発見することであった。そこには、科学がわれわれを救済するだろうという、フランシス・ベーコンにまで遡る理念が存在する。そして行動主義諸科学も、自己の使命についての同様の理解に感染させられてきた。それらの科学は、集積された事実にもとづいて予謀された諸企画にてらして将来の問題を検討し、念入りに定式化された人間行動の法則の助けによってそれらの問題を解決することができるようにしてやると、そう政治家たちに約束する。そしてわれわれは、われらが行動主義者たちが、政治の劇場のそでに侍して、片手には大量のデータをかかえ、もう片方の手には物乞い鍋をもって、「調査費を下さい、そうすれば解決を与えましょう」と叫んでいる姿を、どれほどしばしば目にすることだろう。(10)

もちろんこのような批判自体は、とりたてて目新しいものではない。アメリカ政治学批判ということなら、われわれはすでに、B・クリックによるアメリカ文化の深層にまで達する批判をもっているし、D・イーストンの内発的批判もある。クリックは、アメリカ政治学が、いわば政治を数字で割り切ろうとするのは、数字で割り切れるような政治をもちたいというアメリカ市民の国民的願望の表現なのだ、というように捉えている。つまりアメリカの「ポリティカル・サイエンス」はそれ自体ひとつの哲学なのであり、「本来的にアメリカ人がもっている独自性および完全性の意識をふたたび取り戻そうとすることに情熱的に関連している知的運動であった」[11]。またイーストンは、道義的色彩の濃い「行動論以後の革命」にたいして、いたずらに反撥するのではなく、この「革命」をも取り込みながら、アメリカ政治学全体を豊饒化させる戦略を冷静に模索している[12]。じっさい、クランストン的な現代政治科学批判自体は、ある意味でもっとも安易であって、それよりは、コンピュータの扱い方を学ぶ方が困難であるともいえる。

それにもかかわらず、われわれがクランストンに注目せざるをえないのは、政治をひとつの《仮面劇》としてとらえるその視点のゆえである。このような視点から、実証主義批判、政治哲学の復権を企図した政治学者はいない[13]。この一点によって、クランストンはなお検討の対象に値するのである。

以下においてわれわれは、まずクランストンの論文に即しながら、彼の「政治＝演劇」論の含意を、その可能性をもふくめて検討する。つぎに、彼のそのような発想が英国政治学の歴史にどのように根ざしているのかを検討する。われわれは、クランストンのルーツに、W・バジョットを見いだすであろう。

(1) M. Cranston, "The Mask of Politics," in *The Mask of Politics and Other Essays*, 1973, p. 1-25.
(2) P. King (ed.), *The Study of Politics, A Collection of Inaugural Lectures*, 1977.
(3) Cf. W. H. Greenleaf, *Oakeshott's Philosophical Politics*, 1965, p. 42 および、永井陽之助編『政治的人間』「解説」、五〇頁。
(4) たとえば、ケネス・R・マイノウグ「マイケル・オークショット――果てしない政治の大海」(半澤孝磨・塚田富治訳、クレスピニイ／マイノウグ編『現代の政治哲学者』所収)、一五五頁参照。また、わが国の政治学者はこの転換を、戦後英国における「体制の自己満足」の表現として報告している(福田歓一「イギリスにおける政治学」『年報政治学』一九五八年、一四〇頁)。

(5) P. King (ed.), *op. cit.*, p. xii.

(6) 川上源太郎『日本人の政治感覚』、一九七五年、一七〇頁以下。

(7) 同書、一七八頁。

(8) 藤田省三「市村弘正『都市の周縁』めぐって」『月刊エディター』第五四号、一九七九年、二一、三六頁。

(9) M. Cranston, *op. cit.*, pp. 24-25.

(10) *Ibid.*, p. 23.

(11) バーナード・クリック『現代政治学の系譜――アメリカの政治科学』(内山・梅垣・小野訳)、一九七三年、四〇二頁。

(12) D・イーストン「政治学における新しい革命」(内山秀夫訳、I・デ・ソラ・プール編『現代政治学の思想と方法』、一九七〇年所収)。

(13) ただし、クランストンと発想を共有するものとして、F. Mount, *The Theatre of Politics*, 1973 がある。マウントはこう明言している。

《われわれは、演劇的身振りこそが伝統的政治の定型を打破する唯一の方法であるという見解はとらないし、また、演劇的身振りは悪しき政治の徴しであるという見解もとらない。われわれのここでの目的は、逆に、あらゆる政治活動を貫流している演劇的要素を研究すること、演劇的要素が政治家と公衆にとってもつ意味を明らかにすること、そして、この演劇性が政治の本性についてわれわれに語ることを探求すること、である。》(p. 5)

社会学の領域では、K・バークの「ドラマティズム」の影響を受けた人びとが、「社会=ドラマ」という視点から、パーソンズ的パラダイムの超克を志向している。たとえば、ライマン&スコットによれば、「ドラマは……原型的な〝社会科学〟である、「したがって、社会的現実は演劇的に理解される。換言すれば、現実はドラマ、生は劇場、そして社会的世界は本来的にドラマティックなのである」(S. M. Lyman & M. B. Scott, *The Drama of Social Reality*, 1975, pp. 2-3)。なお、社会学のこうした流派については、山岸健『社会的世界の探求』(一九七七年)に詳しく紹介されている。ただし、こうした思考にも重大な陥穽がないわけではない。われわれは、林達夫氏の次のような忠告に耳を傾けなければならない。

《だから、彼(K・バーク――引用者)の『文学的形態の哲学』という小さな評論集一つだけ見ても、あらゆる文化の現象を、ドラマをモデルにして、そのパターンで処理していく、という態度が分る。ただよく分らないのは、そうした理解の仕方で、生きた「闘争の世界」が少なくとも部分的には解消できるという彼の甘い理論的志向だ》(林達夫・久野収『思想のドラマトゥルギー』、一九七四年、二九九頁)。

I　政治という仮面劇

政治という仮面劇

クランストンは、論文「政治という仮面劇」の冒頭で、従来のさまざまな政治の定義――「政治とは、あるコミュニティにおける諸価値の権威的配分である」（D・イーストン）、「政治とは、権力をもとめる闘争である」（M・ウェーバー）、「政治とは、ある意図に沿って他人を動かそうとする体系的努力である」（B・ド・ジュヴネル）、「政治とは、誰が、何を、何時、如何にして得るかである」（H・ラスウェル）――は、すべて「正しくない」と断言する。なぜなら「それらは、私たちが政治というあの複雑な活動に目を向けるときに私たちが見いだすものと対応していない」からである。それでは、政治にたずさわる人びとが実際に行なっていることは、いったいなんなのか。「まず第一に、彼らは語る」。これがクランストンの答えであり、彼の「政治＝演劇」論の出発点である。

なによりもまず第一に、彼らは語る。オークショット教授が、政治はひとつの実践であることを強調するにあたって、政治を料理の art になぞらえたことに、私はかねがね賛嘆の念をいだいてきた。というのも、たしかに政治がひとつの art であるにしても、それは performing art であって、creative art ではないからである。プラトンが政治家をフルート奏者になぞらえたとき、彼はこのことに気づいていた。しかし、フルート奏者の比喩もまた適切ではない。一個のパフォーマーとして政治家は、演劇的であり、音楽的ではない。政治の世界は、疑いもなく、ひとつの舞台であり、政治家たちはそれぞれこの舞台の上に立つ演戯者なのである。(1)

以上は、クランストンの論文の冒頭の一ページほどを紹介しただけであるが、これだけの部分にも、われわれを知的に刺激する豊富な内容が込められている。

言語と政治

まず第一に、彼が「語る」という非常に単純な人間活動からその政治論を出発させていることに注目しよう。「政治家は語る」。たしかにそうである。暴力が政治の最後の手段であるとしても、政治家はまず「語る」人としてわれわれの前に現われる。われわれの意思疎通も、通常は「語る」ことに依存している。「うまく語る者が、うまく支配する」とは、政治の世界におけるひとつの原則ともいえる。ルソーは、『言語起源論』において、次のようにのべている。

説得が公共の権力の代りをなしていた古代においては、雄弁は必要なものであった。公共の力が説得の代理をつとめている今日、雄弁はなんの役に立つだろうか。「これがわたしの楽しみだ」というのには、技術も表象も必要としない。それでは、集まった民衆に向って、一体どんな演説をする余地が残されているだろうか。説教がそれである。そして説教を行なう人たちにとって、民衆を説得することがどうして重要であろうか。なぜならば、教会の役職に任命するのは、民衆のすることでないからである。民衆の言語は雄弁と同様、完全に無用なものとなった。社会はその最後の形態をとった。そこでは大砲と金銭によらなければもはやなにも変らず、そして民衆に向っては「金を出せ」という以外には、もはやなにもいうことがないのだから、街角の立札を用いるか、または兵士が家の中に上っていうのである。そのために人を集めてはならない。反対に、臣下はばらばらにしておかなければならない。これが近代政治学の第一の格率である。(2)

これは、支配者の支配意思の伝達方法が音声言語（雄弁）から文字言語（街角の立札）に移行することによって、支配の空間が飛躍的に拡大したことを意味している。「古代」においては、支配者の肉声が届く範囲が、すなわち支配の空間であった。そこでは、「人びとを集める」ことが必要であった。文字は音声の限界を乗り越え、「ばらばらに」拡散した人びとの上にも支配を可能にした。そこでは逆に、「人びとが集まる」ことは、支配者にとって脅威となる。だが支配の空間の拡大は、支配意思の伝達における時間的ずれをともない、また、肉声の直接性を放棄することの上に成り立っている。あからさまな支配意思は、文字のよそよそしさの背後に隠れることになった。すなわち、人ではなく文字（法律＝公共の権力）が支配するのだ。ルソーは、別の箇所で、文字表記（エクリチュール）の成立は、「ひとつの民族全体が共通の法律によって統一されたときでなければ行なわれない[3]」とのべている。これは、文字言語が支配空間の拡大、支配意思の普遍化をもたらしたのではなく、支配意思がある普遍性のレベルに達したときに文字言語が成立する、という読み方を可能にする。いずれにせよ「語ること」と「支配すること」とは、密接な関連を有しているのである。

ところで現代文明は、肉声の同時性と直接性を保持しながら、さらに支配空間の拡大を可能にした。たとえば、D・ブーアスティンは次のようにのべている。

おそらく一九世紀における人間の意識、とくにアメリカ人の意識の変化でもっとも重要なのは、われわれが〝コミュニケーション〟と呼ぶものの手段と形態の多様化であった。ひとが彼をとりまく世界からあるメッセージを獲得するのに特別の努力をしなければならなかったのは、そう昔のことではない。ニュースのために彼は新聞を買わなければならなかった。他の情報や娯楽のために、彼は本を買い、講演会に出席しなければならなかった。それは金のかかることだった。あるいは彼は、旅行者に話しを聞かなければならなかった。しかし、そういう旅行者は稀だった。あるいは彼は、劇場に行かなければならなかった。しかし、上演日は限られていた。

今日では、コミュニケーションは、いたるところでかつ四六時中行なわれる日常茶飯事である。メッセージから逃れるために、われわれは特別の努力を講じなければならない――そして、めったに成功することはない。われわれが自分の居間に入るときでも、家族の誰かが見ているテレビに映る遙か彼方のステージに一瞥をくれざるをえない。われわれの意思に反して強制されるさまざまな新式のサービス――電話による勧誘からエレベーター内の音楽、機内のラウド・スピーカーをとおして語られる機長の駄ジャレにいたるまで――は、いつもどこかで誰かがわれわれになにかを語りかけようとしており――じじつ、なにかを語りかけることを要求している――、もはや逃げ場はないのだということを、われわれに想い起こさせる。(4)

このように、ことばが満ちあふれていながら他方でコミュニケーションの不在が叫ばれている現代的現象を、ブーアスティンは「オーバーコミュニケーション」と呼び、ここに現代デモクラシーの病理的徴候をみている。つまり、「オーバーコミュニケーション」は、われわれにいいたくないことをいわせ、聞きたくないことを聞かせ、逆に、本当にいいたいことをいわせず、聞きたいことを聞かせなくしている。このような病理現象にたいする彼の診断は明解である。彼によれば「オーバーコミュニケーション」現象の原因は、われわれが「コミュニケーションと表現との相違の感覚(5)」を喪失したことにある。「表現」とは、自己の情動を声や身振りによって表示することであり、それが他者にどう伝わるかは問題ではない。それにたいし「コミュニケーション」は、他者の存在を前提とし、ある場合には沈黙することも有効なコミュニケーションでありうる。フロイト流にいえば、文明はいかに他者とコミュニケートしないかという禁止の上に成り立っているとすらいえる。「表現」と混同された「コミュニケーション」への過剰な期待と過剰な失望の悪循環から逃れる道は、単純なことのようだが、「自己抑制」の美徳を知ることである。

あらゆる制度のうちで、代議制的制度ほど、人びとがすすんで自己の動物的情動を抑制し、尊敬の念をもって他者と語り合うことに依存する制度はない。議会というとすぐに、インク壺の投げ合い、罵詈雑言の叫び、殴りあいなどが想い浮かべられるフランスやイタリアのような国々では、代議制は脆弱で移り気である。それに対し、その国の議会を特色づけるものが、ある種の抑制、儀礼および他のメンバーにたいして尊敬の念を示す際の儀礼化された方法である英国のような国々では、代議制はより安定的で効果的である。[6]

いかなる社会も、もしそこに住むすべての人びとがすべての事柄をコミュニケートすることができるようなら、生き残ることはできないだろう——確実にいえることは、そのような社会は品位を欠いているであろう。デモクラシーは選択的なコミュニケーションの上に栄える。そして社会を民主的に保つには、取捨選択がなんらかの外部的な政治機関によってではなく、自己規律の能力をもった市民によってなされなければならない。[7]

このような情況論からばかりではなく、ホッブズがのべているように、人間の言語能力と社会構成能力とが相即的なものであるとすれば、[8]「言語と政治」という主題は、政治学において特権的座を占めてもよいはずであった。だが現実はかならずしもそうではない。その原因としては、次のような事情が考えられよう。すなわち、ホッブズが自然状態からコモン・ウェルスの生成を構想したとき、彼には、対立・抗争・葛藤が政治社会の「生理」であるという認識があった。そこには、「人間の秩序とか制度というものは、anti-entropical なもの、つまり無秩序と混沌の負として観るという発想[9]」が存在した。「自然状態」はまさしく「自然常態」であった。ところが、資本制の進展にともなう政治社会の制度的安定化は、どんな政治社会の底にも存在するはずのホッブズ的自然状態を蔽い隠し、人間の自然性を蔽い隠してしまった。政治は経済、行政、歴史に吸収され、政治学はたかだか制度論的説明に安住の地を見いだすことになった。そして大衆社会の到来とともに、《状況化》が語られ、ふたたび「政治における人間的自然」が顧みられるようになったとき、人びとは「秩序の負が状況であるという発想[10]」に立ち、政治学は、いわば社会の「病理学」と見なされるようになった。たとえばラスウェルは、政策科学を「デモクラシーの科学の開業医[11]」として位置づけているが、彼が描く政治的人間は、ほとんど精神病理学的対象に接近している。クランストンが「語る」というきわめてノーマルな人間活動から出発していることのなかに、われわれは政治の生理学への志向を読みとるべきであろう。政治はそれ自体として病理現象ではない。ある場合に病理的様相を呈するにすぎない。このような視点に立つとき、暴力（病理）と対話（生理）との対立はほとんど意味をなさなくなる。われわれは暴力の行使を政治社会の生理現象としてとらえ、対話のなかにある種の暴力性を見るような目をもたなければならない。こうした関連において、J・G・A・ポーコックの論文「政治的行為の言説化——スピーチの政治学に向けて[12]」は、きわめて貴重な視野を開示している。

　J・L・オースティンの『いかにして言葉を用いてことをなすか』（"How to Do Things with Words," 邦訳『言語と行為』）に触発されて執筆されたと思われるこの論文において、ポーコックが問題にしているのは、（1）ある政治的行為を言語で表現すること（the verbalization *of* a political act）と、（2）言語で表現することがそれ自体ひとつの政治的行為であること（verbalization itself *as* a political act[13]）との二点である。換言すれば「言語‐体系としての政治自体と、政治システムとしての言語自体の考察[14]」である。

　ポーコックは、この考察の出発点として、シェイクスピアの『ジュリアス・シーザー』におけるブルータスの次のような独白をとりあげる。

Between the acting of a dreadful thing
And the first motion, all the interim is
Like a phantasma or a hideous dream.

恐ろしいことをいざやってのける、そのときまで、最初にそれを思いたったときからというもの、すべての時間

が怪しい幻さながら、まるで悪夢のように過ぎて行く。(15)

この独白の解読から、ポーコックは次の二点を明らかにする。すなわち第一に、ブルータスがそれまでは内心に押しとどめていたシーザー暗殺の意図を、独白（自分自身に語りかける）という形で口にする（言語によって表現する）ことによって、彼はシーザー暗殺という行為の実行（パフォーマンス）に着手した、ということ。

（意図を）口に出していうことは、ただちに行為遂行的《パフォーマティヴ》である。すなわち「私はシーザーを殺すことを意図している」ということによって、ブルータスはその意図を確信する――すなわち彼はその意図の形成を完了するのである。そしてこのパフォーマンスは、シーザー殺害という行為の全体性を構成する一連のパフォーマンスの一部を成しているのである。(16)

第二に、たとえばブルータスが、「シーザーは暴君であるがゆえに、私は彼を殺そうとしているのだ」という形で自己正当化を試みるときに生ずる、ブルータスをとりまく世界の根柢的変容についてである。

「暴君」といったきわめて強力な一語を使うことによって、ブルータスは複雑な引照関係の構造を有するひとつの全体世界を呼びだすことになる。そして今度は、彼の他の言葉、意図された行為、言語化された意識状態がこの世界に組み込まれ、この世界が彼の言葉などのすべての性質を規定することになる。その結果、「シーザー」「殺す」「意図する」さらには「私」さえも「暴君」という語が呼びだす世界にそれらが組み込まれるやいなや、新しい意味を帯びることになる。言葉の魔術的性質のゆえに、あなたが呼びだす世界が、あなたのまわりに現われる可能性はきわめて大きい。[17]

ブルータスがシーザーを「暴君」と規定することによって、逆にブルータスは「暴君討伐者」と規定されることになる。それまでのブルータスとシーザーとの間のパースナルな関係は、これによって、「暴君討伐者」（正義）と「暴君」（悪）とのインパースナルな関係に変容する。ブルータスが「暴君」という一語を口にすることによって呼びだしてしまった世界のなかで、彼らは否応もなくこのような規定性をひきうけざるをえない。ポーコックは言及していないが、マクベスも魔女の「ことば」にみちびかれてダンカン王を殺す。「ことば」が魔女なのであり、極言すれば、シーザーを殺したのはブルータスではなく「ことば」なのだ。ポーコックは、言語で表現することが他者にたいする権力行為であるという認識に到達する。

今やわれわれはこう認識する、すなわち、もろもろの言語表現は、人びとに働きかける――そして、すくなくとも二つの点において、権力行為を構成する、と。ひとつには、人びとに情報を与えそのことによって彼らの知覚対象を変容させることによってであり、ふたつには、人びとを定義しそのことによって彼らが他者によって知覚される、そのあり方を変容させることによってである。[18]

こうして、政治的行為を言語で表現することの考察は、われわれを、言語で表現することはひとつの政治的行為であるという認識、すなわち政治システムとしての言語という理解へとみちびく。いかなる言説もこの政治システムから自由ではない。抑圧からの解放を叫ぶ言説も例外ではないのだ。

叛乱に関する最近の著書は、『われわれと口にする権利』（"The Right to Say We"）と題されている。多数の他の人間たちを、「われわれ」「お前ら」「奴ら」というカテゴリーに再配分することなしに、私が「われわれ」と口にすることができないのは、今や明らかである。……私が私自身を定義するための言語行為が、他者の宇宙のなかで遂行され、私とともに彼をも再定義することになる。われわれの言語は、直接的にか間接的にか、われわれに役割を割り当てる。私自身をつくり変えるために言語をつくり変えることは、他者の宇宙のなかで私が現われ行為を遂行するそのあり方を変更し、他者が彼自身を定義できるそのあり方を変更することによって、他者の自我をつくり変えることである。[19]

ポーコックによれば、H・カリエルは、このような言語の抑圧的傾向に対抗する手段として、「戯れ」（play）の概念を提起する。すなわちカリエルによれば、言語の周縁ないしはその隠された深層には、両義性、不条理性、矛盾の豊饒な沃野がわれわれの探求を待ちかまえている。その部分で言語と戯れることによって、われわれは言語を「われわれに押しつけられたライフ・スタイルからわれわれを解放するために[20]」用いることができる。だがポーコックは、このようなカリエルの構想を批判して、次のようにのべている。

これは解放者としての道化のイメージである。だが現代では、これまでにも悪意に満ちた道化が幾人も存在した。そして道化あるいはカウンター・カルチャーが悪になるとき、それはしばしば、既成道徳に反対する（antinomian）行動への熱狂のなかで、彼が、既成道徳に反対する行動が他者の生活のなかでそして他者の生活にたいして遂行されるときに、それらが一方的で無制限の権力行使に転化することを忘却してしまったがゆえなのである。[21]

ポーコックのペシミズムは、言語の抑圧傾向からの脱出口をわれわれに明示しない。ただ彼はこう語るだけである。「われわれは言語によって、そしてまた政治体（polity）における相互コミュニケーションによって、人間化される。だが媒体（medium）は必然的に不純である、と私には思われる」[22]。クランストンは「彼ら（政治家）は語る」という。ポーコックは「語ることは政治的行為である」という。そう語ることで彼は、言葉を口にだして語ること自体にふくまれる暴力性を暴露してしまった。ここにポーコックの知的戦略がある。カリエルのように言語と戯れるのではなく、言語の抑圧的傾向を承認しつつ、その抑圧性をあからさまに語ってしまうこと、ここにポーコックの言説の戦略性を見ることができる。

アクションとしての政治

クランストンの「彼ら（政治家）は語る」というワン・センテンスをめぐって、われわれはあまりに多くのことを語りすぎたかもしれない。ふたたびクランストンのテクストにもどろう。

「うまく語る者がうまく支配する」ことは確かだとしても、「うまく語る」ことは「雄弁である」ことと同義ではない。ときには「たどたどしく語る」ことが「うまく語る」ことでもある。ここから当然に、「演戯者としての政治家」という考え方がみちびかれる。演劇や音楽が performing art として、creative art（たとえば、文学、美術）と対比されるのは、後者が作者の自由な創作意志の産物であるのにたいし、前者はあくまでも脚本や楽譜の拘束のもとでの活動であることを意味している。クランストンがオークショットを引きあいにだして、政治を performing art とすることの意味もそこにある。オークショットの「政治教育」の要点は、政治がひとつの実際的活動《プラクティス》であり、政治的知識が実際的活動をつうじてのみ会得されるような種類の知識であることを示すことにある。つまり、政治は純粋に「経験だけに頼る活動」でないのと同じく、社会工学的合理主義者が考えるほど単純な技術的活動ではないし、また「前もって自由に考案された」イデオロギーという「とらの巻」によるユートピア的活動でもない。政治とは、いかなる意味においても、無からの創造ではなく、長い時間にわたって積み重ねられてきた人間の実際的活動の成果（伝統・習俗・習慣・規則など）の拘束のもとで、「共感に値するもの」を探求する活動なのだ。クランストンが引きあいにだす政治と料理の類比は、イデオロギーが実際的活動の出発点ではなくその結果であることを論ずる文脈において現われている。

料理法の本は、料理という実際の活動と別個に生まれたものではなく、したがって、そこから料理するという活動が起こる発端ではない。……同様、政治的イデオロギーは、活動とは別個に予謀された政治的活動の発端としてではなく、社会の取りきめに意を用いる具体的なやり方について抽象され、一般化された知識として理解されるべきであろう。(23)

政治とは、社会の「取りきめを結ぶ活動」ではなく、あくまでも「取りきめに意を用いる活動(24)である。「取りきめ」は、いわば社会の《原シナリオ》としてすでに存在している。政治家は、意識的、無意識的にこの《原シナリオ》に即しながら演戯する。《原シナリオ》はおそらく社会の深層構造ないしは民衆の集合的無意識そのものである。したがって逆にいえば、われわれは政治家の演戯を解読することによって、彼を拘束している社会の《原シナリオ》を理念的に再構成することができよう。

ところでクランストンは、政治の演劇的性格を深く認識していた者として、ルソーとマキァヴェリを挙げる。彼らに共通しているのは、「外観とリアリティの分裂(25)」の意識である。ルソーは外観をあたかも本物のように見せかける欺瞞性のゆえに劇場を嫌った（『ダランベール氏への手紙(26)』）。虚構を現実のように見せかける「演出」（representation）への嫌悪は、人が人を「代表」（representation）することへの嫌悪と同じ根拠にもとづいている。すなわち、人と人との「透明」

な交わりを阻害するさまざまな「障害」への嫌悪に根ざしているのである。[27] これにたいしマキァヴェリは、外観に積極的意味を与える。[28] じじつマキァヴェリの『君主論』は、君主に向けて好ましい外観を装う必要性を説く「演戯論」でもある。[29] S・ソンタグによれば、「『私的な』自我と『公的な』自我とを分離し、真の自我である私的な自我が公的生活の中でいやいやながら行動に参加するという見方に立つのがいわゆる西欧的個人観であ」[30]り、「(一人間の本性は自己操作と演技にある」というような——引用者）近代人の姿勢を証拠だてる最大の文章は、モンテーニュの『エセー』とマキァヴェリの『君主論』であって、両者ともに、「公的な自我」（演じられる役割）と「私的な自我」（真の自我）とのあいだの断絶を前提とした上での戦略指南書である。[31]

マキァヴェリは『君主論』の著者としてのみ戦略家なのではない。喜劇『マンドラゴラ』は、主人公カッリマコが人妻ルクレチアを手に入れるために技巧のかぎりをつくす物語である。そこにはいささかのロマンティシズムもない。カッリマコはルクレチアへの恋情に身を焦がす代わりに、冷静に戦略を練る。ルクレチアの夫ニキアスが子供のないことに悩んでいることを知ったカッリマコは、ニキアスにたいし、マンドラゴラを調合した水薬を飲めば子宝に恵まれる、ただしマンドラゴラを飲んだ女性と最初に交わった男は八日後に必ず死ぬ、ともちかける。そこで彼らは、浮浪者にこの不幸な男の役廻りを押しつけようとたくらむ。もちろん、マンドラゴラはただの水で、カッリマコが浮浪者になりすまそうというわけである。こうして、カッリマコが浮浪者に、カッリマコの従者シロがカッリマコに扮し、ニキアスも奇妙きてれつな変装をしてルクレチアの前に現われる。つまり、喜劇『マンドラゴラ』のなかで一種の劇中劇が演じられるわけである。演戯こそ技巧的生活の精髄である。祖国統一という目的のために君主が演戯を必要とするように、恋の目的達成のためにも人は演戯しなければならない。『君主論』と『マンドラゴラ』を通底するものは、「人間この劇的なるもの」という認識であり、ドラマティスト・マキァヴェリなのだ。[32]

クランストンは「語る」という人間の活動性に注目して政治の演劇性を明らかにした。政治家はことばを操る演戯者である。だが役者はたんに「語る」だけではない。木方庸助によれば、キリスト教儀式に起源を有する英国劇がシェイクスピアの時代に豊かに開花したのは、マスクやページェントといった民俗行事の「苗床」があったためであるとされるが[33]、こうした民俗行事では「身振り」や「衣装」が重要なファクターである。政治家もまた「語る」だけではない。ヒトラーの成功はその「身振り」や「衣装」と不可分であろう。クランストンの『政治的対話篇』は、対話形式による思想史の試みであるが、ここにも「語る」ことへの彼のなみなみならぬ関心がうかがわれる。ただしこれが元来ラジオ放送のための台本ということもあって、思想家の「表情」や「身振り」への配慮には欠けている。身体性をも包含した演戯の概念としては、《アクション》(action)[34]ということばが適切であろう。

こうして、われわれはクランストンを読むことによって、《アクションとしての政治》という概念を獲得する。クランストンの行動主義政治学批判も、おそらくはbehaviourとactionとの行為論的レベルでの対立に置き換えて考えてみることができるだろう。しかしそれは、すでに独立の問題領域を構成する。われわれの関心はむしろ、クランストンにこうした発想を可能にさせたものはなにか、ということにある。もちろん、シェイクスピアのグローヴ座に掲げられたモットー、Totus Mundus Agit Histrionem（All the world is a theatre)、あるいは『お気に召すまま』の有名な台詞が示すように、世界＝劇場という理解は西欧的知の考古学的地層に根ざしている。

C・シュミットは“Hamlet oder Hekuba”において、この世界＝劇場という理解がシェイクスピアの時代にいかに強く人びとを捉えていたかを論じている。

> 当時——一六〇〇年頃——の、すでに強くバロック的な色合をおびた生活感情にとっては、世界全体が舞台となった。つまり、Theatrum Mundi, Theatrum Naturae, Theatrum Europaem, Theatrum Belli, Theatrum Foriとなったのである。この時代の行為者は、自らを、観客を前にした舞台の上にいるものとして感じ、自分自身および自己

の活動性を、己れの振舞いの演劇性において理解したのである。そのような舞台感情は他の時代にも存在したが、バロック時代にはそれがことのほか顕著で広く行きわたっていた。公的な世界で行為するとは、舞台の上で仕草を行なうこと、したがって、演戯そのものであった。

演戯と舞台を提供する点では、いかなる生も宮廷をおのが住家とする人びとの生にまさるものはない。ジェームズ一世も息子にたいして、お前は君主として舞台の上に立っており、すべての目が自分に向けられていることをいつも念頭においておかなければならない、と戒めた。

バロック的な生活の劇場化は、シェイクスピアのエリザベス朝イングランドでは、さらに無制限かつ根本的であった。それはまだルイ一四世のフランスにおけるコルネイユやラシーヌの劇場のように、主権的な国家性および主権国家によって樹立された公的安寧、治安、秩序の厳格な枠組のなかに組み込まれてはいなかった。古典主義時代の劇場とくらべ、シェイクスピア劇は、喜劇的、悲劇的いずれの側からみても、粗野で始源的で野蛮であり、いまだ「政治的」という言葉が有した当時の国家的な意味で、政治的ではなかった。(35)

ところがそれから以後、こうした世界理解は文字どおり西欧的知の「古層」に埋もれてしまった。なにかがそれを蔽い隠してしまったのである。そしてバーク、ゴフマン、ライマン&スコット、セネット（『公共人の没落』(36)）といった社会学者たちは、そうした古層を掘り起こすことによって、社会科学の活性化をめざしている。クランストンは、これらの人びとの業績にはまったく言及していないが、彼もまた現代の大きな知の変貌のただなかにいることは確かである。

クランストンによっても、また社会学者たちによっても無視されているが、彼らに先駆けて政治の演劇性を明らかにした人物がいる。『イギリス憲政論』の著者W・バジョットである。(37) こうした観点からバジョットをとらえることは、クランストン的発想の先駆者捜しという系譜論的興味にとどまらず、『イギリス憲政論』の意義を新たに発見することになるだろう。

（1）Cranston, *op. cit.*, pp. 1-2.
（2）ルソー『言語起源論』（小林善彦訳）、一九七〇年、一五三―一五四頁。
（3）同、三六頁。
（4）D. J. Boorstin, *Democracy and Its Discontents: Reflctions on Everyday America*, 1974, pp. 7-8.
（5）*Ibid.*, p. 9.
（6）*Ibid.*, pp. 6-7.
（7）*Ibid.*, p. 10.
（8）この点については拙稿「ホッブズ政治哲学の人間論的意味――生産活動・暴力による死・他者」（『理想』第四九六号、一九七四年九月）および「ホッブズとヘーゲル――比較研究的解釈試論」（同第五一〇号、一九七五年一一月）【本書２】を参照されたい。
（9）永井陽之助『政治意識の研究』、一九七一年、三五〇頁。
（10）同、三五一頁。
（11）H・D・ラスウェル『権力と人間』（永井陽之助訳）、一九五四年、一六〇頁。
（12）J. G. A. Pocock, "Verbalizing a political act: Toward a politics of speech," in *Political Theory*, Vol. 1, No. 1, 1973. 2.
（13）*Ibid.*, p. 27.
（14）*Ibid.*, p. 28.
（15）福田恆存訳、新潮文庫、三七―三八頁。
（16）Pocock, *op. cit.*, p.29.
（17）*Ibid.*, pp. 2-30.
（18）*Ibid.*, p. 30.
（19）*Ibid.*, p. 41.
（20）*Ibid.*, pp. 41-42.
（21）*Ibid.*, p. 42.

(22) *Ibid.*, p. 44.
(23) オークショット「政治教育」(阿部四郎訳、永井陽之助編『政治的人間』所収)、一九六八年、三九五頁。
(24) 同、三八八頁。
(25) Cranston, *op. cit.*, p. 4-5.
(26) *Ibid.*, p. 2. なおルソーの作品の英訳は *Politics and the Arts: Letter to M. D'Alembert on Theatre*, translated by Allan Bloom, Cornel University Press, 1968として出版されている。
(27) この点については、J・スタロバンスキー『J-J・ルソー：透明と障害』(松本勤訳)、一九七三年、参照。
(28) Cranston, *op. cit.*, p. 6.
(29) Cf. Lyman & Scott, *op. cit.*, pp. 112ff.
(30) S・ソンタグ『反解釈』(高橋康也ほか訳)、一九七一年、一五九―一六〇頁。
(31) 同、一五五頁。
(32) たとえば、F. Raab は「『君主論』と『ディスコルスィ』の著者は、『マンドラゴラ』の著者に劣らず、人間の生活を本質的にドラマとして見ていた」とのべている (F. Raab, *The English Face of Machiavelli*, 1965, p. 4)。
(33) 木方庸助『英国劇の苗床・IAGOの祖先』、一九六七年。
(34) このような《action》概念については、H・アレント『人間の条件』(志水速雄訳)、一九七三年、参照。
(35) C. Schmitt, *Hamlet oder Hekuba. Der Einbruch der Zeit in das Spiel*, 1956, S. 42-43. なお「演戯と舞台を提供する点では……」は、W・ベンヤミン『ドイツ悲劇の根源』(川村二郎・三城満禧訳)、一九七五年、九八頁からの引用。
(36) R. Sennet, *The Fall of Public Man*, 1976.
(37) R. Sandall は、セネットやマウントを批判した "On the Way to the Pig Festival. Dramatic Illusion," in *Encounter*, 1978. 8, pp. 63-70 において、バジョットの以下の文章を引用して、この文章は、セネットの考えのいくつかを著者自身がなすよりもずっと明瞭に表現している (p. 66) と指摘している。
《かれら(英国国民――引用者)は、いわゆる社会の演劇的な見せ物に敬意を払っている。かれらの面前を華麗な行列が通り過ぎる。威儀を正したお偉方《えらがた》や、きらびやかな美しい婦人たちが通って行く。そしてこのような富や享楽のすばらしい景観が展開すると、かれらはそれに威圧される。すなわちかれらは、想像の世界で屈服し、かれらの前に展開する生活ぶりをながめて、とうてい対抗できないと感じるのである。……宮廷人は、ほかの者のできないことができる。なるほど庶民は、舞台の俳優と張り合ってその所作事《しょさごと》をまねるように、貴族のすることをまねることができる。しかし上流社会は、第三者から見ればよくわかるように、俳優のほうが観客よりもはるかにすばらしい演技を行なう舞台なのである》(バジョット『イギリス憲政論』、小松春雄訳『世界の名著』60、一九七〇年、二七九―二八〇頁)。

II 歴史の舞台から

一八五一年八月、バジョットはパリに旅行する。パリ滞在中に彼はルイ・ナポレオンのクーデタ(一八五一年一二月二日)に出会う。翌年、この事件について、彼は書簡形式による七篇の評論を『ザ・インクワイラー』(*The Inquirer*)誌に送った。[1] 彼がはじめて「自分の政治的見解をはっきりと示した」[2]とされるこのクーデタ論から、われわれの考察を始めよう。

ルイ・ナポレオンのクーデタは「青天の霹靂のように全政治世界の不意を打った事件」[3]であり、二月革命からこのクーデタまでの時期は、同時代の人びとにとってきわめて奇怪なものに映じた。国民議会議員として、またバロー内閣の外務大臣として、この政治過程のただなかに身をおいたトクヴィルは、後年『思い出』のなかでこう書いている。

その間中私は、われわれはフランス革命を継続させるというよりも、むしろフランス革命に関する劇を上演しているのだと感じた。……あらゆることがみな、ドサ廻りの田舎芝居一座によって演じられたお涙頂載劇に思われた。[4]

マルクスの目にもこの事件は一度目の「悲劇」にたいする「二度目の茶番」、「ブリュメール一八日の再版」として映じた。

人間は、自分で自分の歴史をつくる。しかし、自由自在に、自分で勝手に選んだ状況のもとで歴史をつくるのではなくて、直接にありあわせる、あたえられた、過去からうけついだ状況のもとでつくるのである。あらゆる死んだ世代の伝統が、生きている人間の頭のうえに夢魔のようにのしかかっている。そこで、人間は、自分自身と事物とを変革する仕事、これまでにまだなかったものをつくりだす仕事にたずさわっているように見えるちょうどそのときに、まさにそういう革命的危機の時期に、気づかわしげに過去の幽霊を呼びだして自分の用事をさせ、その名まえや、戦いの合言葉や、衣装を借りうけて、そういう由緒《ゆいしょ》ある衣装をつけ、そういう借りもののせりふをつかって、世界史の新しい場面を演じるのである。(5)

ところが、一八四八年から一八五一年にかけては、老バイイに扮《ふん》装した、黄色い手袋をはめた共和主義者〔Républicain en gants jaunes〕マラストから、ナポレオンの鉄のデスマスクの下に自分のげすな、いやな顔つきを隠している冒険家にいたるまで、昔の革命の幽霊ばかりがうろつきまわった。革命によって自分の運動力を速めたつもりでいた一国民全体が、ふと気がついてみると、死んだ時代に引きもどされている。(6)

当時マルクスはドイツ、フランスを追われ、ロンドンに亡命していた。彼は「この事件を一個人の暴力行為としか見ない」ヴィクトル・ユーゴー(『小ナポレオン』)の主観主義と、クーデタの歴史的必然性を強調する結果として「クーデタの主人公の歴史的弁護論に変わってしまう」プルードン(『クーデタ』)の客観主義双方の一面性を止揚して、「凡庸で滑稽な一人物が英雄の役割を演じることができるような事情や条件を、どのようにしてフランスの階級闘争がつくりだしたかを、証明しよう」として、ルイ・ボナパルトの『ブリュメール一八日』を書いた。(7) ロンドンに住む亡命ドイツ人マルクスは、フランスの事件をどのように見ていたであろうか。これは、パリに滞在中の英国人バジョットの見方と比較するうえで、興味深い対象である。

『ブリュメール一八日』を読む

『ブリュメール一八日』を「歴史叙述」のスタイルという観点から見るとき、その特色は、先の引用文にも見られるように、歴史と演劇とのアナロジーがしばしば用いられていることである。それは、たんなるレトリカルな比喩以上の意味をもっている。マルクスは二月革命からクーデタにいたる諸党派の議会における対立・抗争をひとつの「国事劇」としてとらえるのである。

> 連合した王党派は、新聞紙上で、エムスとクレアモントで、議会のそとで、たがいに相手方にたいして陰謀をめぐらしあった。舞台裏では、彼らは、もう一度昔のオルレアン家や正統王朝のお仕着せをまとって、もう一度昔の武術試合を演じた。しかし、表舞台では、国事劇の場面では、議会の大政党としては、彼らは、めいめいの王家を敬礼だけでかたづけて、君主制の復活を無期限に〔in infinitum〕延期する。彼らは自分たちのほんとうの仕事を秩序党として果たす。すなわち、政治的称号（Titel）のもとではなく社会的称号のもとで、遍歴の王女たちの護衛騎士としてではなくブルジョア的世界秩序の代表者として、共和派に対立する王党派としてではなく、他の諸階級に対立するブルジョア階級として、それを果たす。(8)

マルクスにとって歴史の実体的基礎は「階級」である。しかし、「階級」が「国事劇」の場としての議会に現われるとき、それはもろもろの「党派」という形をとる。すなわち、ここに「代表するもの＝演じるもの」（党派）と「代表されるもの＝演じられるもの」（階級）という関係が成立する。しかも、「党派」は「政治的称号」と「社会的称号」の二面性を身にまとっている。「社会的称号」は各党派の「階級」性を表示する。しかし、「政治的称号」にはそのような実体的根拠はない。ある党派の「政治的称号」は、たんに他の党派との差異のなかで現われるにすぎない。《オルレアン派》という「政治的称号」は《正統王朝派》との差異を示すにすぎず、《連合王党派》という「政治的称号」は《共和派》との差異を示すにすぎない。記号論的にいえば、「政治的称号」とは、固定的なシニフィエ（意味されるもの）との結びつきを欠いたシニフィアン（意味するもの）なのだ。《オルレアン派》というシニフィアンの意味は、他のシニフィアンとの差異的関係のなかで現われる。すなわち、「オルレアン家」という意味を表示するために《オルレアン派》という「政治的称号」があるのではなく、《正統王朝派》との差異が「オルレアン家」という意味をよびよせるのである。したがって、各党派の「政治的称号」だけではその党派の実体をとらえることはできない。マルクスはこのような「政治的称号」の仮面をはがし、各党派の「社会的称号」を、すなわちその「階級」性を明らかにする必要性を力説する。

オルレアン派も正統王朝派も、両派とも、自分たちが分かれ分かれになっているのは、二つの王家への各自の愛着のためであると、自分にも人にも説きつけようとしたが、のちに事実が証明したように、むしろ両派の利害が分かれていたからこそ、両王家が合同できなかったのである。それに、私生活では、ある人間が自分で自分のことをどう考え、どう言うかということと、その人間が実際にどういう人間で、なにをするかということとは区別されるが、歴史上の闘争ではなおさらのこと、錯覚のことばや空想と、その実際の構造、その実際の利害とを区別し、その観念とその現実とを区別しなければならない。(9)

それでは、ある党派がある階級の利害を代表するとは、いかなることなのであろうか。マルクスは次のように書いている。

また、民主党の代議士といえば、みな商店主〔Shopkeepers〕か、さもなければ商店主のために熱をあげている連中だと、考えてもならない。彼らは、その教養や個人的地位からすれば、商店主とは天と地ほどもかけはなれた人たちであるかもしれない。彼らが小ブルジョアの代表者であるのは、小ブルジョアが生活においてこえない限界を、彼らが頭のなかでこえないからである。したがって、小ブルジョアが物質的利益と社会的地位とに駆られて実践的にめざすのと同一の課題と解決とにむかって、彼らが理論的に駆りたてられるからである。これが、一般にある階級の政治的および文筆的代表者と、彼らの代表する階級との関係である。(10)

けれどもマルクスの歴史叙述は（というよりも、現実の歴史過程は、というべきか）、こうした「代表するもの」と「代表されるもの」との一般的関係を逸脱して進行する。たとえば、二月革命をリードしたプロレタリアートが他の全階級の包囲のもとで六月蜂起に敗北したのちに憲法制定国民議会を掌握したのは、カヴェニャックを中心とする「共和主義的ブルジョア分派」であった。だが、この党派は「大きな共通の利害で結ばれ、固有の生産条件によって他のものから区別されるようなブルジョアジーの一分派ではなかった(11)」。それはいわば、「プロレタリアートではない」ということを表示する「政治的称号」のみがあって、「社会的称号」を欠いた党派であった。そしてこの「政治的称号」が呼びよせた意味は、「フランス人の民族主義」という観念にすぎなかった。この幽霊的性格のゆえに「共和主義的ブルジョア分派」は、資本と大土地所有という実体的基礎を有する「秩序党」にとって代わられる。さらにブルジョアジーの連合たる「秩序党」は、小ブルジョアと労働者の連合たる「社会民主党」と対立するようになる。このように、プロレタリアート対ブルジョア共和派、ブルジョア共和派対秩序党、秩序党対社会民主党というように、対立の項をズレさせながらルイ・ナポレオンのクーデタに崩れこんでゆくまでの叙述は、文字どおりドラマを見るように生き生きとしている。しかしこうした生き生きとした対立が最後に生みだすのは、ひとりの「幽霊」である。すなわち「皇帝ナポレオン三世」なのである。

この「幽霊」はまず共和国大統領として現われる。一八四八年一二月一〇日の大統領選挙において、ルイ・ナポレオンは、カヴェニャック、ルドリュ・ロラン、ラスパイユ、ラマルチーヌ、シャンガルニエ等の対立候補を破り、五五三万四五二〇票の圧倒的多数（投票総数七四四万九四七一の七四・二％）で当選する。[12] この選出の意義についてマルクスは、『ブリュメール一八日』では「二月革命の費用を払わされた農民の、他の国民諸階級にたいする反動、農村の都市にたいする反動」[13] と指摘をするだけで、くわしい説明は『フランスにおける階級闘争』にゆだねている。『階級闘争』では次のようにのべられている。

一八四八年一二月一〇日は農民の反乱の日であった。この日からはじめてフランス農民にとって二月〔革命〕がはじまった。農民が革命運動にはいってきたことをあらわす象徴、無器用で狡猾、ならず者的で素朴、愚鈍な崇高さ、打算的な迷信、悲愴な茶番、独創的でとんまな時代錯誤、世界史的なわるふざけ、文明人の知力では解きえない象形文字――こうした象徴が、まぎれもなく文明のなかで野蛮を代表している、この階級の特色をあらわしていた。さきに共和制は、農民階級に徴税吏をもって自分の登場を告げたが、農民階級は、共和制に、皇帝をもって自己の登場を知らせた。ナポレオンは、一七八九年に新しくつくられた農民階級の、利害と空想とを完全に代表していた（vertreten hatte）唯一の人であった。[14]

ここで明確にナポレオン（代表するもの）と農民階級（代表されるもの）との関係が語られている。これは、先に引用した「代表するもの」と「代表されるもの」との一般的関係に適合する。けれどもマルクスは、「ナポレオンは農民階級を代表する」というだけでは、その圧倒的勝利を十分に説明しえないと考えたためか、さらに「その他の階級も、農民の選挙の勝利を、ますます完全にすることをたすけた[15]」として、プロレタリアート、小ブルジョアジー、大ブルジョアジー、軍隊までもルイ・ナポレオンに投票したとしている。むろんマルクスは、これらの階級がルイ・ナポレオンを「支持した」とも、また、彼がこれらの階級を「代表した」とも明言していない。彼は慎重に次のように書いている。

> ナポレオンの選出、それはプロレタリアートにとっては、カヴェニャックの免職、憲法制定議会の倒壊、ブルジョア共和主義の廃止を意味し、六月の勝利の取消しを意味した。大ブルジョアジーにとっては、ナポレオンは債権者にたいする債務者の支配を意味した。小ブルジョアジーの大多数にとっては、ナポレオンの選出はつぎの意味をもっていた。すなわち、彼らが革命に対抗するため一時的に利用せざるをえなかったブルジョア分派、しかし、それが一時的な地位を憲法上の地位として固定しようとするやいなや、彼らにがまんのならなくなった一ブルジョア分派と、公然と決裂するという意味をもった。ナポレオンがカヴェニャックにかわること、それは彼らにとっては王政が共和制にかわることを意味し、王政復古のはじまりを意味し、内気にオルレアン王朝を暗示するものであり、菫《すみれ》のかげにかくされた百合《ゆり》であった。最後に軍隊は遊動警備隊に反対し、平和の牧歌に反対し、戦争に賛成してナポレオンに投票した[16]。

注目すべきことは、マルクスが、ルイ・ナポレオンと農民階級との関係については「代表する」（vertreten）という表現を用いているのにたいし、他の階級については同じ表現を用いていないこと、とくにプロレタリアート、小ブルジョアジー、大ブルジョアジーについては、ルイ・ナポレオンないしは彼の大統領選出が彼らにとってなにであったかという「意味」だけを問題にしていることである[17]。これを字義どおりに読めば、マルクスは、ルイ・ナポレオンと農民との関係と、その他の階級との関係を区別していたと理解せざるをえない。前者は「代表するもの」と「代表されるもの」

との関係であるが、後者は「意味するもの」と「意味されるもの」という象徴論的ないしは記号論的関係である。そして農民階級にとってもナポレオンが「象徴」であったとしている記述からみれば、概念的には象徴関係の方が代表関係よりも包括的である。すなわち農民階級にとっては、ルイ・ナポレオンが「意味するもの」であると同時に「代表するもの」であるのにたいして、他の階級にとってはたんに「意味するもの」であるにすぎない。しかしすくなくともルイ・ナポレオンは、あらゆる階級にとってなにかを「意味するもの」ではありえた。こうして彼は、「すべてを意味するもの」として現われることになる。

こうして『新ライン新聞』がいったように、フランス中でもっとも単純な男が、もっとも多面的な意味（die vielfältigste Bedeutung）をもつこととなった。彼がまさに、とるに足らない人間であったからこそ、どんなものでも意味することができた（konnte er alles bedeuten）——ただ自分自身だけをのぞいて。[18]

ナポレオンは、ブルジョア共和制に反対して連合したすべての党派の集合名詞であった。ルドリュ・ロランとラスパイユは固有名詞であり、前者は民主主義的小ブルジョアジーの、後者は革命的プロレタリアートの固有名詞であった。[19]

むろん、ルイ・ナポレオンも一個の「固有名詞」であるという本質を免れることはできない。「十二月十日会は彼のものであり、彼の作品であり、彼の最も固有な思想であった」[20]。「十二月十日会」の頭たるボナパルトこそ「ほんとうのボナパルトであり、生地のままの〔sans phrase〕ボナパルトである」[21]。

年老いた、すれっからしの放蕩者として、彼は、諸国民の歴史的生活とかその国事劇とかいうものは、ごく下品な意味での喜劇であり、大げさな衣装や台詞《せりふ》やポーズがごくつまらないやくざものの正体を包みかくすだけの仮装舞踏会であると、心えている。たとえば、彼のストラスブール進軍がそれであって、このときには、飼いならしたスイスのハゲタカがナポレオンの鷲の役を演じた。また、ブローニュ侵入のときには、彼は、ロンドンから連れてきた幾人かの従僕にフランスの軍服を着せた。これが軍隊の役を演じたのである。彼は十二月十日会に一万人のルンペンを集めるが、彼らは、ニック・ボトムがライオンの役を演じるのと同じ流儀で、人民の役を演じなければならない。ブルジョアジー自身がまったく申し分ない喜劇を演じていながら、それをまたとないほど大まじめに、フランスの演劇作法のしちめんどうくさい約束事からすこしもはずれずに演じていて、自分でも自分のやっている国事劇のいかめしさになかば欺かれ、なかば本気になっていたこのような時機には、喜劇をあっさりと喜劇ととった冒険家が勝つにきまっていた。この冒険家が、自分のしかつめらしい反対者をかたづけてしまって、今度は彼自身が自分の皇帝の役まわりを本気にとって、ナポレオンの仮面をつけて本物のナポレオンを演じる気になるとき、そのときはじめて彼は、自分の世界観の犠牲となり、もはや世界史を喜劇と見るのではなく、自分のやっている喜劇を世界史と見る大まじめな道化役となる。(22)

ここに描かれたボナパルトの素顔は「奇怪《グロテスク》」である。だがその「平凡奇怪な」ボナパルトだけが「集合名詞」となりえたことの方に、より大きな「奇怪さ」がある。秩序党や共和派はついに「集合名詞」とはなりえなかったのである。たしかに「ボナパルティストの党はいわゆる政党とは全く異質なもの(23)」であった。しかし、その異質性は、たんに「ボナパルト派は『大衆操作』の重要性をはじめて明確に認識し、もっとも有効に実践した党派であった(24)」という点だけにあるのではない。その異質性は、あくまでも、ボナパルト（派）だけが「すべてを意味することができた」という、その「集合名詞」性にある。一八五一年一二月二日のクーデタにいたる過程は、この「集合名詞」に「固有名詞」が制圧されてゆく過程であった。そして奇妙なことには、その他の諸党派もボナパルト（派）との関係のなかで、次第に「幽霊」的なものになってゆくのであった。

秩序党の解体は、そのもとの成分に分かれたにとどまらなかった。二大分派は、それぞれ新たに分解した。正統王朝派であれ、オルレアン派であれ、両派のそれぞれの内部で以前にたたかいあい、ひしめきあっていた古い色合のすべてが、ちょうどひからびた滴虫《インフソリア》が水にふれたときのように、ふたたび溶けだしてきたように見えた[25]。

議会の党がその二大分派に分解したばかりか、さらにその二つの分派のそれぞれの内部が分解したばかりか、議会内の秩序党は議会外の秩序党と仲たがいした。ブルジョアジーの代弁者や文士、彼らの演壇や新聞、要するにブルジョアジーのイデオローグとブルジョアジーそのもの、代表者と代表される者とは、たがいに疎隔し、もはやたがいに理解しえないようになった[26]。

連合王党派は「秩序党」という「社会的称号」のもとでだけ、ブルジョア階級の代表たりえた。「秩序党」の解体は、それが「オルレアン派」と「正統王朝派」という実体のない「政治的称号」だけの党派に分裂することであった。ここでは党派は、いかなる階級的利害をも「代表」せず、いかなる固定的シニフィエをも「意味」しない。こうして政治の世界は、「記号論的闘争」とでもいうべき様相を呈することになる。政治の世界は端的に、シニフィアンの戯れの場と化する。ここではことばの意味ではなくことばだけが、そしてリアリティではなく外観だけが、重要なのである。ボナパルト派の「大衆操作」の成功は、こうした政治の世界の場面転換に支えられていたのだ[27]。

「国事劇」すなわち《シニフィアンの劇場》では、なんでも意味することのできる「集合名詞」が勝利を占める。この勝利を追認するのがクーデタである。それは、「議会にたいするボナパルトの勝利、立法権力にたいする執行権力の勝利、空文句の力にたいする文句ぬきの力の勝利であった[28]」。こうして成立した「第二帝政」において、「皇帝ナポレオン三世」は、「人民」を僭称するにいたる。マルクスの『ブリュメール一八日』は、政治の世界をシーニュ（シニフィアン＋シニフィエ）の体系として解読する試みとして読むことができる[29]。

バジョットの「第二帝政」観

マルクスにとってフランスの一八四八年から一八五一年までは、一国民が「死んだ時代に引きもどされて」ゆく過程であった。一八四八年一二月一〇日は「農村の都市にたいする反動」であり、「ボナパルト王朝が代表するのは、革命的農民ではなく、保守的農民[30]」であった。「ボナパルトは、ブルジョア経済全体を混乱におとし入れ、一八四八年の革命によってさえ不可侵のものと見なされていたあらゆるものを侵害し[31]」、その品性下劣さによって、第一帝政の栄光すらも台無しにしてしまう。なにしろ、一二月一〇日会の中核は、「なんで生計をたてているのかも、どんな素性の人かもはっきりしない、おちぶれた放蕩者〔Roués〕とか、ぐれて冒険的な生活を送っているブルジョアの子弟とかのほかに、浮浪人、兵隊くずれ、前科者、逃亡した漕役囚、ぺてん師、香具師、ラッツァローニ、すり、手品師、ばくち打ち、ぜげん〔Maquereau〕、女郎屋の亭主、荷かつぎ人夫、文士、風琴ひき、くず屋、鋏とぎ屋、鋳かけ屋、こじき、要するに、はっきりしない、ばらばらになった、浮草のようにただよっている大衆、フランス人がラ・ボエム（la behème）とよんでいる連中、こういう自分と似たりよったりの分子[32]」から成っていたのだから!!　あえて「見てきたような嘘」とはいうまい。だがおそらくマルクスのこうしたボナパルト観は、当時の英国のジャーナリズムに影響されているように思われる。

R・ハットンは、バジョットが『書簡』を構想していた頃（それはちょうどマルクスが『ブリュメール一八日』を執筆していた時期と重なる）、「ルイ・ナポレオンの裏切り行為と、自分の思うままにならない、わがままな議会にたいする堪え性のなさのゆえに、英国中が彼を攻撃した[33]」とのべているが、こうした英国のジャーナリズムを主要な情報源としたマルクスが、先のようなボナパルト像を描いたとしても不思議ではないだろう。自他ともに認める議会政治のチャンピオンたる英国の世論は、二月革命の成果である共和政治を武力で崩壊させたルイ・ナポレオンに強い反感を示したのである。

これにたいし、当時パリにいてクーデタを目のあたりにした英国人バジョットは、どのようなボナパルト像を描いているであろうか。マルクスとはちがった意味で、バジョットについても情報源の偏りによる制約は割引いて考えなければならない。だがバジョットのボナパルト像ないしクーデタ観は、マルクスとはかなり異質であり、当時の英国の世論とも異質であった。R・ハットンは、『書簡』について次のようにのべている。

> これはバジョットのシニシズムの時代であった。クーデタに関して彼が書いた七通の書簡は、たしかにきわめて人を苛立たせるものであった。しかし、それは彼の本当の思想の戯画であったわけではない。なぜなら、彼は当時、私信においてはさらにシニカルだったのだから[34]。

バジョットのシニカルな目は、ルイ・ナポレオンを単純に「自由の破壊者」として非難する英国のジャーナリズムや世論の方に向けられていた。したがって彼の『書簡』は、英国の自由主義者たちのあいだに大きな反感を呼びおこした。ハットンの友人で、ハットンが「憲法的自由と精神的自由の真実の友」とよぶC・ロビンソン（Crabb Robinson）は、後年にいたってもなお、バジョットについて、「私はその後数年間彼を許すことかできなかった」とのべているほどである。[35] バジョットの『書簡』のなにがそれほどまでに彼を激昂させたのであろうか。なにはともあれ、『書簡』を読んでみることにしよう。

バジョットはこう書きだす。――「自由の木々」を薪にし、「自由・平等・博愛」の文字を国家的建造物から拭い去るルイ・ナポレオンの蛮行は、きわめて「反英国的」であり、これらを見れば多くの人びとは、ナポレオンのクーデタは要するに「ニワトリ通り（la rue du Coq）をワシ通り（la rue de l' Aigle）に変えた」だけだと思うのも無理はない。

しかしながら私は、あえて、もしかしたらこのような考えはまったくの誤りなのではないかと想像してみたいと思う。すなわちこのような考えとは逆に、大統領は現在只今、すくなくとも現実に権力を掌握し、人民の人気を得ている、一二月二日の行動は成功し今も成功しつつある、多くの人びと、下層民衆の大部分は心の底から Domine, salvum fac Napoleomem（主よ、ナポレオンを安泰たらしめ給え）と祈っているのだ、と。[36]

さらに、英国の新聞は次の二点を十分に区別していない。すなわち「予想された五二年の危機に対応するためのルイ・ナポレオンの独裁」と「その独裁のその後の継続」（つまり「第二帝政」）とは区別されなければならない。「切迫した一時的難局に対処するためには軍事支配が必要であると考えることはひとつの事柄であり、それほど緊喫の必要がもはや存在しないのになおそのような体制の継続を擁護するのは、それとはまた別の事柄である」。[37]

こうしてバジョットは、ともかくもルイ・ナポレオンの独裁が今のところ人心を掌握しているという現実に立脚して、まず五一年一二月二日のクーデタの「成功」の原因を探求し、次いでそのクーデタがもたらした「新しい国家体制」の評価を試みようとするのである。バジョットは、クーデタ「成功」の原因を、来るべき「五二年の危機」におびえる民衆の不安のなかに見いだす。

ルイ・ナポレオンは、あらかじめ「死期」を定められた大統領であった。共和国憲法第四五条は大統領の再選を禁じていた。彼の任期は一八五二年五月の第二日曜日で終わる。マルクスは、みずからの「死期」にたいするルイ・ナポレオンのおびえを見事に捉えている。

> 議会がつねに舞台のうえで演技し、俗世間の批判の日光にさらされているのに、大統領のほうは、エリュシウムの野に人目につかない生活をおくっている。しかも、毎日毎日彼にむかって、「兄弟よ、いずれ死ぬのだぞ！」（"Frère, il faut mourir!"）と呼びかける憲法第四五条を目のまえに見、心のうちにいだきながら。おまえの権力は、当選後四年目のうるわしい五月の第二日曜日に終わるのだぞ！　そうなったら、栄華は終わり、芝居は二度とは演じられない。だから、おまえに借金があるなら、憲法にきめられた六〇万フランの給与のうちから返済するよう、いまのうちに心がけておくがよい。もっともこれは、おまえがうるわしい五月の第二月曜日にクリシに引っ越すつもりでないとしての話しだがね！　と。[38]

マルクスの目には（そしてトクヴィルにとっても）、一八四八年から一八五一年までの歴史かフランス大革命というドラマの（下手な！）「再演」に見えた。歴史の舞台で人びとは、与えられた脚本どおりに動いているように見えた。歴史の登場人物たちは、実際に行動するまえに自分たちの行動の意味をすでに理解していた。理解していただけでなく、脚本どおりに行動することが彼らの「固定観念」になっていった。叔父がクーデタを行なったのだから、甥もそうしなければならない。「死期」が近づくにつれて、ルイ・ナポレオンの「固定観念」はますます増幅されていった。ルイ・ナポレオン自身にとってもパリ市民にとっても、クーデタは既定の事実であった。

およそそれが起こるずっとまえから影を投げかけているような事件があったとすれば、ボナパルトのクーデタこそそれであった。……（一八五一年）九月と十月にはいると、クーデタのうわさがひっきりなしに伝わるようになった。それと同時に、その影は色つき写真のように色彩をおびてきた。ヨーロッパの日刊新聞の九月分と十月分のとじこみを繰ってみたまえ。文字どおり次のようなほのめかしが見つかるであろう。「パリじゅうクーデタのうわさでもちきりである。夜のあいだに首都を軍隊でいっぱいにし、あくる朝命令をだして国民議会を解散し、セーヌ県に戒厳をしき、普通選挙権を復活して民意に問うという話である。ボナパルトは、このような違法の命令を実行する大臣たちを探しているとのことである」。こういう報知をもたらす通信は、いつも「延期された」という不吉なことばで終わっている。クーデタはつねにボナパルトの固定観念であった。彼はこの観念をいだいてフランスの土をふたたび踏んだのであった。彼はこの観念にすっかりとりつかれていたので、それをたえず漏らし、しゃべりたてた。彼はひどく弱い性格だったので、やはりたえずふたたびそれを放棄した。クーデタの影は、幽霊としてすっかりパリ市民のおなじみになっていたので、この影がついに血と肉をつけて現われてきたときも、彼らはそれを信じようとしなかった。だから、クーデタが成功したのは、十二月十日会の首領が口がかたくて自制していたからでもなければ、それが国民議会にとって思いがけない不意打ちだったからでもない。それが成功したのは、ボナパルトが軽率で、議会もあらかじめ承知していたにもかかわらず、成功したのである。それは、それに先だつ発展の必然的な、避けられない結果であった[39]。

マルクスが「それに先だつ発展」というとき、直接的には当時全ヨーロッパをおそった「全般的商業恐慌」[40]をさしているが、バジョットはそれもふくめて、民衆の、とくにパリの小商人たちの危機意識に、クーデタ「成功」の原因を見るのである。

ルイ・ナポレオンの政治的正当化の根拠は、クーデタに直接先だつ人心の状態（the state of the public mind）のなかに見いだされるべきであると思う。ある国民が期日を定めて革命を期待することは、きわめて稀である。じっさい、どのような国においても、およそ一般庶民が革命を前もって予期するなどということは、おそらく通常のことではない。——知識人（profound people）は遠い未来までも推測するかもしれないが、大衆（the mass）は、明日は今日よりも豊かでないにしても、すくなくとも今日と同じであることを望むだろう。ところが、ひとたびその日を指定してみよ、そうすればこれらすべてが一変してしまう。一般的法則として、未来にたいする全般的予測をもっとも無視しそうに思われるであろうその人びとが、まさしく、ある差し迫った事件から派生する直接の諸帰結をもっとも過大視しがちな人びととなる。いずれにせよ五週間前のフランスでは、小売商人たち（the tradepeople）は、五二年の五月について、あたかもそれが世界の終わりであるかのように語っていた。文明と社会主義はたぶん持ちこたえるかもしれない、しかし売り買いは確実に終わるだろう。じっさい彼らは、商売が今もなお回復不能なほどに長期にわたって停滞し、政府公債が四〇パーセントも暴落した四八年二月よりも、もっと悪い時代の到来を予測していたのであった。[41]

こうした感情をいだいて、人びとはみな倹約につとめた。すぐにも必要になり、測りがたいほどの価値をもつことになるものを、いったい誰がぜいたくのために浪費するだろうか！　この節約が商業——とくに、その取扱い品目のほとんどすべてが節約可能であるパリ独特の商売——をどんどん悪化させていった。不況が進行すればするほど商人たちの不安はつのり、彼らの不安がつのればつのるほど、あらゆる商売が不可避的に悪化していった。[42]

こうした不安は、とくに、文学や政治によって生活の糧を得るのではないすべての階級の人びとの間に広まっていった。

問題を理解していた賢明な人びとのあいだでは、おそらく期待はまったく違っていたであろう。しかし、自分たちのビジネスを気づかい、気づかうべきビジネスをもっている愚鈍な人びとは、誰もがみな過剰なまでの怯えをいだいていた。五二年の唯一の観念は、「街路で戦闘が行なわれるだろう」ということだった。[43]

ルイ・ナポレオンのクーデタは、「愚鈍な人びと」をこうした不安から解放した。

その方法がフェアーであったか汚いものであったかはともかく、ルイ・ナポレオンがフランスを解放したのは、こういう事態からであった。その効果は魔法のようであった。ある特別の時点で死ぬであろうと予言されていたために、ほとんどすでに死んだも同然であった人びとが、その時点が過ぎ去ってしまったことに気づき、すぐさま生き返ったかのように、運命によって定められた革命の到来を恐るおそる待っていたフランスは、革命が到来しそして去って行ったことに気づいたとき、一瞬のうちに甦ったのであった。[44]

「賢明な人びと」は、今になってみれば、大衆をとらえていた恐怖がたんなる幻影《キマイラ》にすぎなかったことを明らかにするかもしれない。だが大衆にとってはその幻影の恐怖こそが現実的であったし、クーデタの一週間後にはその恐怖があとかたもなく消え去ってしまったことも確かなのである。こうしてバジョットは、（1）クーデタに先だつ危機状況がいかに切迫したものであったか、（2）この危機状況からの救済策がいかに強く望まれていたか、そしてクーデタという救済策がいかに効果的であったか、（3）独裁への要求はこうした危機状況からフランスを救いだすための便法であったこと、を明らかにしている。[45]

ところで、このような性格をもつルイ・ナポレオンのクーデタと、それに引きつづく彼の支配とは区別されなければならない。ところが当のフランス人自身が、ルイ・ナポレオンの樹立しようとする「新体制」(The New Constitution)にたいして、明確なイメージをもっていないのである。バジョットの目に映ったところによれば、「今のところ一般大衆は大統領が彼らを統治することを望んでいるが、いかに統治するかについては気にかけていないように思われる」。[46]したがって、フランスの新しい政治体制を論ずるには、クーデタの原因探求の場合のように、フランス人大衆の意識を観察するだけでは不十分である。バジョットは「国民性」(national character)という概念を導入することによって、この問題にアプローチする。

バジョットによれば、どんな政治体制を論ずる際にも、まず排除さるべきふたつの考え方がある。ひとつは、英国の古いマナー・ハウスでは今も生きている、「どうして彼らはわれわれがもっているように、国王、貴族院、庶民院をもっていないのか。外国人たちはなんたる愚か者であることか」という言葉に集約される、素朴な伝統主義である。もうひとつは、それとは対照的に、時と場所のちがいをこえて普遍的に妥当する人間の権利が存在し、それこそがあらゆる政府の唯一の基盤であると考える合理主義である。バークはこれらふたつの考え方、とくに後者の見解に反対して、政治は時と場所から成り立っていることをはじめて明らかにした。要するに政治とは、センスと環境（sense and circumstances）によって決定さるべきビジネスの一種にすぎないのである。バークのこうした思想は「政治哲学における偉大な一歩」であった。そして政治というビジネスを規定する環境のうちもっとも重要なものが、「国民性」なのである。[47]

この「国民性」がいかにして形成されるかは謎である。しかし、フランス人が現にある国民性を有していることは明らかである。まずバジョットは、フランス人の国民性は「国民的自由」(national freedom)に適しているかと問う。彼によれば、「前向きで、永続的で、かつ、広範囲にわたる自由の保持者たるべき自由人にとってもっとも本質的な精神的資質」は、「愚鈍さ」(stupidity)である。(48) ローマ人はその愚鈍さのゆえに自由でありえた。また健全な愚鈍さという点では、英国人に並ぶものはない。

じじつ、われわれが侮蔑的に「愚鈍さ」と呼ぶものは、一般社会の活力源ではないにせよ、行動の安定性と意見の一貫性を維持するために、自然がもっとも好ましいと考える資源なのである。愚鈍さは一事に専心することを強いる。学ぶのが遅い人びとは、学ばねばならないことだけを学ぶ。人びとにもっとも確実にその義務を遂行させるには、他に為すべきことを彼らに知らせないようにすればよい。もっとも確実に人びとの意見を固定させるには、彼らに反対意見を理解できなくさせればよいのだ。(49)

個人と同じく国民もまた、あまり賢こすぎると実際的でなくなり、適度に怠惰でなければ自由ではありえない。バジョットは、フランス人についてもこの「愚鈍さ」と「自由」の関係があてはまるかどうかについては将来の検討にゆだねているが、彼がフランス人を「賢こい」(clever)国民とみていることは明らかである。彼は「国民的自己統治」(national self-government)との関連で、フランス人の国民性の具体的内容を論じている。

フランス大革命は政治的自由を確立する「実験」であった。二月革命も依然として「実験」である。その間に、おそらく同種の「実験」が六回試みられ、六回とも失敗した。フランス人たちが非常なる情熱をもってそれほどしばしば樹立することを試みながらも、結局は放棄してしまうような体制しかもちえないということは、フランス人の国民性のなかに、そうならざるをえない特性ないしは特性の欠如が存在するからである。すなわち、愚鈍さの欠如である。それをより適切にいいなおせば次のようになる。

私がフランス人の性格の本質はある種の移り気（mobility）であるというとき、じつは、有能な観察者たちのあいだで意見の一致をみていることを語っているにすぎないと信ずる。すなわちフランス人の特性である、ある種の移り気とは、これまでに明らかにされてきたところでは、ある種の「現在の印象にたいする過剰な感受性」である。それはあるときには「軽率さ」としてあらわれる。というのは、それは、外観上は固定的な原則を後まわしにして、一時的な誘惑やそのときどきの気分に従うからである。またそれはときに「堪え性のなさ」としてあらわれ、現存する悪を過大視する感性へとみちびく。あるいはまた、それはしばしば「興奮」、すなわち現にある感情に身も心も溺れてしまうことであり、よりしばしば「一貫性の欠如」、すなわち現在の危難にたいして旧来の習慣を犠牲にすることである。[50]

フランスの政治体制の不安定性は、結局のところ、フランス人の「移り気」という国民性に帰せしめられる。したがって英国人の「愚鈍さ」という国民性には適合する政治体制が、かならずしもフランス人にも適合するとはかぎらない。それではフランス人の国民性に適合する政治体制は、いかなるものであろうか。またルイ・ナポレオンの提案する「新体制」は、フランス人の国民性に適合しているのであろうか。

フランスの政治体制は、今も昔も、市街戦と軍事力の行使によって消滅させられてきた。たとえば一七九一年憲法は一七九二年八月一〇日のパリ民衆の蜂起によって崩壊した。第一共和政は一七九九年のブリュメール一八日、ナポレオンのクーデタによって滅亡し、一八三〇年の七月王政は一八四八年の二月革命によって崩壊した。

このようなフランスの歴史（六〇年以上にわたる歴史）を検討するすべての分別ある英国人は、われわれの通常の国民的習慣にとってとくに同意しうる次のような結論を下すことをなんら躊躇しないであろう。すなわちフランス人の第一の欲求は、市街戦を鎮圧し、今も昔もヨーロッパを震撼させる革命と無秩序の恐るべき諸要素を抑制する能力と意志をもった人物ないし物、産業と文明の本質的かつ第一次的な前提条件である（と万人の認める）秩序と静穏を維持する能力と意欲をもった人物ないし物である、と。[51]

バジョットによれば、「この国における良い政府の第一の条件は、現実に強力な、強力だという世評を獲得した、持続的に強力な執行権力[52]」なのであり、ルイ・ナポレオンの独裁は、この「強力な執行権力」へのフランス人の欲求に適合するものである。ルイ・ナポレオンの権力は、なにはともあれ市街戦と革命を抑圧したのである。

私は（ルイ・ナポレオンの新体制について――引用者）ひとつの判断を下すに十分な知識をもっていない。私は今のところ次の点を指摘するにとどめたい。すなわちフランスの新政府は、すくなくとも理論上は、適正な部類の国家制度に属している、と。――適正な部類というのは、それがフランス人の習慣、本性、社会的利点、社会的危険にもっとも厳密に適合するということであり、さらにそこでは代表団体が――英国におけるように、至高の、ほとんど万能の、かつ排他的にイニシアティヴを握る機能をもつのではなく――諮問、審議、チェックおよび威嚇機能をもつにすぎない、ということである。[53]

バジョットは最後の書簡で次のように明言している。

私がいおうとするのは次のことである。――なにもまして私があなたに証明しようとつとめてきたのは、フランス人はその国民性からして、もっぱらかつすぐれて議会的な統治形態に適していないということ、フランスにはきわめて数多くのかつ大規模な動乱の原因が存在しているので、強力で厳格な反バリケード的執行権がいかなるリスクとコストをかけても確立される必要があろうということ、ついさき頃までフランスにみられたような議会はこの強力な執行権と両立しないということ——ひと言でいえば、暴動と革命は、可能ならば、終わらせられなければならず、合理的自由と文明社会にとってともに本質的なものである秩序と静穏との共存と両立しうる程度の自由とデモクラシーのみが、フランス国民に授けられねばならないということである[54]。

もちろん、バジョットは、ルイ・ナポレオンの新体制を手ばなしで礼賛しているわけではない。「ルイ・ナポレオンの国家体制がこの理想的な中道的体制を実現する可能性があるかどうかは、それが実際に機能するのを見るまでは疑問の余地が多分にある[55]」。しかし、バジョットはすぐに次のようにつけ加えている。「しかしながら、現体制はおよそそれが機能するかぎり永久に圧政として機能すると考えることは、大きな誤りである[56]」。ともかくもルイ・ナポレオンは「ひとつの体制を提案した」。それにたいして「英国の文筆家たち」は、たんにそれが英国的通念に反するという理由で、あるいは、理性の一般原則に反するという理由で、「彼の体制は悪しき体制であるとの宣告を下す[57]」。バジョットは、こうした「英国の文筆家たち」を批判する次のような文章をもって、七通の『書簡』全体の結論としている。

評論するのではなく、つくり出せ。誤りを見つけるのではなく、提案せよ。そして、あなたが理論的に提案し紙の上で創造したとき、その体制が実際に機能し、現実のなかで意欲をもった国民によって受け入れられるような体制であるかどうかを検討しよう。——さもなくば、あなたの仕事は無である。

そしてまた、その概略が示されるべき体制は、人びとの家庭を保護するのに適したものでなければならないことも忘れてはならない。この本質的条件を無視するならば、政体（polities）を構成するのは容易なことである。四年前、ヨーロッパは、もろもろの最新の理念、最良の理論、もっとも精巧な――もっとも芸術的な――国家体制で沸き立っていた。バルト海から地中海まで、ロシアの辺境から大西洋にいたるまで、全ヨーロッパ中の何万もの老政治家、文士、若き熱狂主義者たちの知性――それは、おそらく、概してすぐれたものだと考えられていた――が、そのために心血を注いだ。さて、それでわれわれはなにを得たか？　サルジニアの議会だけではないか！　たしかにこのことは、機能しそうもない政体を提案すること、立法能力のない議会を招集すること、涙と雄弁をもって創始されすぐさま涙と恥辱をもって放棄される憲法を制定すること、明るい未来と自由への希望の道をひらきながら、現実の危難に直面すると、不安におびえた人びとが結局はそこから一時的に（あるいは多分永久に）軍事的な絶対的支配者による庇護へと逃避してしまうような政治体制を樹立すること、これらに反対するひとつの教訓である。[58]

以上、なるべくバジョット自身の言葉に即しながら彼の『フランスのクーデタに関する書簡』を検討してきたが、ここには「後年のバジョットの政治思想が、明白に息吹いている。社会構造の維持にたいする保守的なバークの思想への傾倒、国民性と政治との重要な関連にたいするかれの信念、そしてイギリスの議会政治は輸出向けの品物ではないことへの確信[59]」が語られている。さらにつけ加えるならば、バジョットの一種の衆愚観を挙げることができる。大衆のなかに「賢こさ」ではなく「愚かさ」を見ることが、彼に、クーデタの社会心理的基盤を解明することを可能にした。バジョットは、ルイ・ナポレオンのクーデタ「成功」の原因を大衆意識のなかにもとめることが、かならずしも彼の武力行使をも全面的に肯定するものではないことにしばしば注意を促していた。ところが英国人たちは、バジョットの『書簡』をナポレオン弁護論として受けとった。一八六五年フランス再訪後、バジョットは『エコノミスト』誌に「一三年後のカエサル主義[60]」と題する評論を発表し、ルイ・ナポレオンの体制《レジーム》を再検討している。そこで彼は、「フランス帝国は、本当に、世界がこれまでに目にしたもっとも完成された（best finished）デモクラシーである[61]」とのべている。なぜなら、この体制は大衆を幸福にしたからである。

> 大衆の福祉――現存する多数者の現在の善――が政府の目的であり政治体制の法であると感じられている。帝政はフランス人たちの主要な欲求を完全に充足させ、かつまた、驚嘆すべき技量のさえをみせるほとんど芸術的な文化、すなわち、フランス人にのみ可能であり、いまだかつて類例をみないほどに完成された行政という文化を彼らに与えている。[62]

ただしバジョットがナポレオン体制を肯定的に評価するのは、その「物質的繁栄」「現在の幸福」という側面に限定されている。

> 現にあるがままのフランスは、帝政のゆえに以前よりも幸福であるかもしれない。だが未来のフランスは、帝政のゆえにより無知になるであろう。[63]

「フランスは物質的現在を獲得しているが、物質的未来を獲得していない」[64]。しかもその「物質的現在」さえも、「効率的不道徳」の黙認と「教育機構の犠牲」というコストのうえに成り立っている[65]。バジョットが第二帝政を「もっとも完成されたデモクラシー」と呼ぶことのなかには、物質的な「デモクラシーの完成」が精神的な「デモクラシーの終焉」であるというアイロニーが存在しているのだ。

しかしある政治体制を「自由」や「平等」といった超越的理念の規準で断罪することは、バジョットのもっとも嫌うところであった。これは彼の「国民性」論の帰結である。彼の「国民性」論は、各国の政治体制は相対的なものであるという認識にみちびく。フランスの政治体制を英国的規準で裁くことはできない。あくまでもフランス人の「国民性」が評価の規準でなければならない。それと同様に、英国の政治体制は英国人の国民性、すなわち、その独特な「愚鈍さ」との関連でとらえられなければならない。バジョットは政治体制（constitution）というものを、同一性の観点からではなく、それぞれの独自性の観点から理解しようとするのである。まさしく問題は The English Constitution なのである。

（1）W. Bagehot, "Letters on the French Coup D'État of 1851. Addressed to the Editor of *The Inquirer*," in *The Works of Walter Bagehot* (ed. by F. Morgan), 1891, vol. II, pp. 371-439.
七通の書簡の表題と日付は次のとおり。
Letter I. The Dictatorship（Paris, Jan. 8, 1852）.
Letter II. The Morality of the Coup D'État（Paris, Jan. 15, 1852）.
Letter III. On the New Constitution of France, and the Aptitude of the French Character for National Freedom（Paris, Jan. 20, 1852）.
Letter IV. On the Aptitude of the French Character for National Self-Government（Paris, Jan. 29, 1852）.
Letter V. On the Constitution of the French Prince-President（undated）.
Letter VI. The French Newspaper Press（Paris, Feb.10, [1852]）.
Letter VII. Concluding Letter（Paris, Feb. 19, 1852）.
以下、『書簡』からの引用は、たとえば、Letter I. p. 371 というように表記する。
（2）辻清明「現代国家における権力と自由」（『世界の名著』60「解説」）、一九頁。
（3）「『ルイ・ボナパルトのブリュメール一八日』第三版へのエンゲルスの序文」（カール・マルクス『ルイ・ボナパルトのブリュメール一八日』、村田陽一訳、国民文庫、所収）、一三頁。
（4）Cf. F. Mount, *op. cit.*, p. 4.
（5）国民文庫、一七―一八頁。
（6）国民文庫、二〇頁。

（7）「第二版（一八六九年）への序文」、国民文庫、一〇頁。
（8）国民文庫、五六頁。ただし、「政治的称号」「社会的称号」の訳文は、岩波文庫、五五頁に従った。
（9）国民文庫、五五頁。
（10）国民文庫、五九頁。
（11）国民文庫、三二頁。
（12）西川長夫「ボナパルティズムとデモクラシー——第二帝政研究の視角から」（『思想』第六一六号、一九七五年一〇月）、一七頁参照。
（13）国民文庫、四二—四三頁。
（14）カール・マルクス『フランスにおける階級闘争』（中原稔生訳、国民文庫）、七八頁。
（15）『階級闘争』、七八頁。
（16）『階級闘争』、七八—七九頁。
（17）原文では、Die Wahl Napoleons, sie war für das *Proletariat*.... Für die *kleine Bourgeoisie* war Napoleon.... Für die Majorität der *großen Bourgeoisie* war die Wahl Napoleons..., と表現されている（vgl., *Bücherei des Marxismus-Lenismus*, Bd. 23, S. 71-72）。
（18）『階級闘争』、七九頁。
（19）『階級闘争』、八〇頁。
（20）『ブリュメール一八日』、国民文庫、九一頁。
（21）国民文庫、九〇頁。
（22）国民文庫、九〇—九一頁。
（23）西川、前掲論文、二四頁。
（24）同、一四頁。
（25）国民文庫、一一九頁。
（26）国民文庫、一二二頁。
（27）西川長夫氏は前掲論文（一九頁）において、次のようなヴィクトル・ユゴーの見解を紹介している。これは、われわれの解釈にとっても興味深い。
《この大衆操作の問題をヴィクトル・ユゴーはまた別の側面から指摘している。ユゴーによれば最近の政治的指導者たちは大衆を恐がらせるために、「ジャコバン」とか「サン・キュロット」といった古い言葉の代りに「デマゴーグ」という言葉を用いるようになった。

こうして「デマゴギー」「モンターニュ派」「共産主義者」「赤」等々が五〇年代の流行語となり、デモクラシー側の著者の言葉は、たとえば「人間性」は「獣性」に、「共和政」は「虐殺」に、「社会主義」は「略奪」に、「福音書」は「金持を殺せ」に読みかえられてしまう。たとえば左翼の弁護士が「われわれは戦争に反対し死刑を廃止したい」と言えば、右翼の群衆はそれを「われわれはすべてを兵火と流血の巷と化したい」と聞いて、拳をあげて怒り狂う……。宣伝とデマゴギーの時代（大衆社会的状況）は文学と政治の双方を変質させずにはおかないのである。》

(28) 国民文庫、一四四頁。

(29) このような読み方については、柄谷行人『マルクスその可能性の中心』（一九七八）から多大の示唆を受けた。

しかしそれにしても、本来は一個の「固有名詞」であったルイ・ナポレオンがなにゆえにすべてを意味する「集合名詞」たりえたのか、あるいは逆に、「一般的な利害」（国民文庫、一四六頁）の代表者ボナパルトがなにゆえに同時に「一つの階級、しかもフランス社会で最も人数の多い階級、分割地農民を代表する」（同、一四七頁）のか、という謎は解かれたであろうか。『ブリュメール一八日』におけるマルクスは、この謎の解決を、「分割地農民」のいわば「階級であって階級でない」という特異な性格に帰せしめている。しかし、これは理論的便法にすぎないように思われる。この謎は、「困難は、貨幣（集合名詞！）が商品（固有名詞！）であることを把握する点にあるのではなく、如何にして、何故に、何によって、商品が貨幣であるかを把握する点にある」（『資本論』第一部第一篇第二章）という謎に匹敵するものである。この謎の解決は『資本論』まで待たなければならない。ただいえることは、政治の世界をシーニュの体系として読み解く経験は、マルクスにとって、おそらく、商品の世界を読み解くにあたって大きなヒントを与えたであろうということ（たとえば、「党派」の「政治的称号」と「社会的称号」の二重性は、「商品」の「使用価値」と「交換価値」の二重性を想起させる）、逆にいえば、『資本論』の論理は政治の世界（「代表するもの」と「代表されるもの」との関係）の解読にも大きな示唆を与えるだろう、ということである。

(30) 国民文庫、一四九頁。

(31) 国民文庫、一六一頁。

(32) 国民文庫、八九—九〇頁。

(33) R. H. Hutton, "Memoir of Walter Bagehot," in *The Works of Walter Bagehot*, Vol. I, p. xliv.

(34) *Ibid.*, p. xlv.

(35) *Ibid.*

(36) Letter I, p. 372.

（37）Letter I., p. 373.
（38）『ブリュメール一八日』、国民文庫、三八頁。
（39）国民文庫、一三二—一三三頁。
（40）国民文庫、一三〇頁。
（41）Letter I., pp. 373-374.
（42）Letter I., p. 374.
（43）Letter I., p. 374.
（44）Letter I., p. 376.
（45）Letter I., p. 378.
（46）Letter III., p. 391.
（47）Letter III., pp. 393-394.
（48）Letter III ., p. 397.
（49）Letter III., p. 399.
（50）Letter IV., pp. 401-402.
（51）Letter V., p. 411.
（52）Letter V., p. 412.
（53）Letter V., p. 419.
（54）Letter VII., p. 429.
（55）Letter VII., p. 430.
（56）Letter VII., p. 431.
（57）Letter VII., p. 437.
（58）Letter VII.., p. 438.
（59）辻清明、前掲書、一九頁。
（60）W. Bagehot, "Caesarism after thirteen years," in *The Works of Walter Bagehot*, Vol. II., pp. 440-447.
（61）*Ibid*. p. 441.

(62) *Ibid.*, p. 442.
(63) *Ibid.*, p. 444.
(64) *Ibid.*, p. 446.
(65) *Ibid.*

Ⅲ 『イギリス憲政論』における「政治＝演劇」論

バジョットは『ロンバード街』(*Lombard Street, a Description of the Money Market*, 1873) の冒頭で次のように書いている。

此の小論を敢えて『ロンバード街』と名付け、『金融市場』或は其れに類する成語を用いないという訳は、具体的な事実を取扱い、又其の意図を表示したいと思うからである。一般に、金融市場は何か非常に微妙なものであって、極めて抽象的な言葉を以てしなければ論ずることの出来ないものであり、したがって又之に関する書物は必ず至極難解でなければならないものとのみ考えられて居る。しかし乍ら予は持論として、金融市場なるものも他の如何なるものとも異るところなく具体的な現実的なものであり、それは普通の言葉を以て叙述され得るものであって、若しその云うところが明瞭でないならば、それは筆者の罪であると考えて居る[1]。

『ロンバード街』の代わりに『イギリス憲政論』を、『金融市場』の代わりに『一般的国家制度』といった言葉を置いてみれば、この文章はほとんどそのまま『イギリス憲政論』の執筆意図の説明となる。『イギリス憲政論』の冒頭では次のようにのべられている。

「すべて重要な問題については、論ずべきことがたくさん残されている」とミル氏はいっている。これは、イギリス憲法について最もよく当てはまる言葉である。これまでにイギリス憲法に関して書かれた文献は、おびただしい数にのぼっている。しかし生きた現実（the living reality）を考察するなら、紙上の解説と正反対であることに驚かされる。また実体を見ると、書物に書かれていないものがたくさんある。なおまた実際をありのままにながめてみると、書物に書かれているような多くの明快な理論は、見当らないのである。(2)

バジョットは『ロンバード街』においても『イギリス憲政論』においても「生きた現実」をとらえようとする。「ロンバード街」という「生きた現実」を蔽い隠しているのは「思弁的歴史」(3)である。「イギリス憲法」の「生きた現実」は、ふたつの理論によって蔽い隠されている。その第一は、「イギリスの政治体制において、立法、行政、司法の三権が完全に分離し、そのおのおのが違った個人ないし団体に委託され、しかも三権のいずれもが他の任務に干渉できないことが、体制の一原理として規定されている」と見なす理論であり、その第二は、「イギリス憲法独特の優秀性は、均衡のとれた三権の結合にあり、君主的要素、貴族的要素、民主的要素が、それぞれ最高主権を分有し、最高主権の発動のためには、この三者全部の同意が必要である」と見なす理論である。(4)

もちろん、バジョットが「思弁的歴史」や「理論」を批判しているからといって、彼が単純に理論にたいする事実、抽象にたいする具体を強調したと考えてはならない。それならば、彼の著作は、政界や金融界の事情につうじたジャーナリストの「内幕もの」と変わるところはない。『ロンバード街』や『イギリス憲政論』は、むろん、そうした性格の書物ではない。むしろ彼は、独自の仕方で「理論」的であり「抽象」的であったというべきであろう。そして彼の「理論」は、『ロンバード街』や『イギリス憲政論』自体のなかに存在している。たとえば彼はこう書いている。

われわれは、この制度（議会に超越した君主——引用者）に慣れきっているので、真にこれを理解していない。それは、以前からよく知っていた人の容貌の中に、行きずりの者でも一目でわかるような明瞭な特徴を、ふと発見して驚くことがあるのと、よく似ている。わたしの知人で、二十年間毎日妹と顔を合わせていながら、どんな目の色をしているのか知らなかった人がある。いなむしろその人は、毎日のように顔を合わせていたために、知らなかったといえる。したがって理論上の公理（the philosophical maxim）として、つぎのことが認められるのである。われわれは、思考するに当たって、おそらく最も重要であるかも知れないのに、常数的要素（the constant element）を無視し、あまり重要性をもたないのに、変数的要素（the varying element）——はやりの言葉でいえば微分的要素（the differentiating elements）——だけに注目することが多いのである。[5]

「慣れきっている（familiar with）」ものがもっとも理解しにくい。しかも「慣れきっている」もの（「常数的要素」）のなかにこそ、「明瞭な特徴」が隠されているのだ。バジョットをたんなる事実主義者から区別するのは、「慣れきった」もののなかに「明瞭な特徴」を発見する「驚き」である。この「驚き」によって、「慣れきった制度」は、あらためてその奇怪さ、複雑さを露呈する。たとえば、「われわれは、選出された大臣たちの統治に従うことに慣れきっている（accustomed）ので、全人類も同じように簡単に服従するものと考えがちである。……そしてこれほどわかりきったことは、この世の中にないように思っている。しかしそれは、最も重大な問題の一つなのである」。[6]「選出された大臣たちの統治」という「慣れきった制度」のなかに「最も重大な問題の一つ」を見いだすことは、たんなる事情通たちには不可能である。彼らは日常性（「常数的要素」）を自明なものと見るが、バジョットにとっては日常性自体が謎めいたものとして現われる。「慣れきった制度」にたいするバジョットの「驚き」は、たとえばマルクスが「商品」という「慣れきった制度」をまえにしたときの「驚き」にもっともよく似ている。[7]彼らの視線のまえでは、日常的な「慣れきった制度」自体がひとつのミステリーと化する。この視線こそが彼らの抽象力であり、思考の活力であった。日常的なものを不可解なものに化するバジョットの視線は、日常的なものに慣れきったわれわれの思考を活性化させる。そうした効果は、たとえば次のような部分にもあらわれている。彼は、先の引用につづく部分で、教区や県という空間的差異が人びとの相互不信を培養していることを論じながら、「だいたい、昔からの境界線は、ここから先は奇妙な社会であると感じるところにできているのである」(8)とのべている。これは、境界線という制度が異和感を生みだすのではなく、異和感が境界線をつくるのだというように、われわれの思考の遠近法《パースペクティヴ》（ニーチェ）を転倒させる読み方への可能性をふくんでいる。

バジョットは「生きた現実」を捉えようとするのだが、それは日常性を自明なものと見ることによってではなく、それを不可思議なものと見る視線によって可能となる。「常数的要素」を無視し、「変数的要素」だけに目を向ける理論家たちには、はじめからそれは不可能である。しかし、「生きた現実」はたんに理論家たちの「理論」によって蔽い隠されているだけではなかった。それはまた、大衆の日常意識によっても見えなくさせられている。

バジョットによれば、アメリカ国民はアメリカ憲法の本質を二重に誤解している。第一に、「複合的統治型」のアメリカ憲法は「単一統治型」の英国憲法とは正反対のものであるにもかかわらず、アメリカ人たちは「イギリス憲法を模倣している」と誤解している。第二に、アメリカ人たちはアメリカ憲法をそういうものとして優れていると誤解している。

要するにイギリス憲法は、単一の主権者を選任して十分に活動させるという原則に基づいてつくられている。これに対しアメリカ憲法は、多くの主権者を設け、権威の不足を権威の量によって補うという原則に基づいてつくられている。現在アメリカ人は、自由の制度を激賞しているが、このような自己欺瞞によって、当然受けるべき評価をみずから逸しているのである。(9)

それにもかかわらず、アメリカ憲法が有効に機能しているのは、アメリカ人の「生まれつきの政治の才能」と「遵法精神」という国民性のおかげである。

しかし政治哲学によって政治史を分析して、国民性の長所に負うものと、法の長所に負うものとを見きわめねばならない。また政治哲学によって憲法の各部門の正しい機能を注意深く測定し、ほとんどだれもが夢にも気づかないところに潜んでいる効用（the secret of utility）を見いださねばならない。こうすることによって、大衆の偶像を破壊することがあっても、やむをえないことである。[10]

アメリカ憲法が有効に機能する秘密は、アメリカ人たちが考えるところとは別のところにあった。同様に、英国憲法の「効用の秘密」、あるいはその「生きた現実」も、理論家たちや大衆が考えるところとは別のところにある。それは、「ほとんどだれもが夢にも気づかないところに潜んでいる」。バジョットは、英国の「独自の政治構造」(a structure of its own)[11]を、その独特な「演劇性」のなかに見いだすのである。

フランスやプロシアのような国々では、「いずれも行政は、ひとりの天才によって周到な配慮の下に、また特別の計画に基づいて整備された」[12]。それにたいし英国では、「むしろ、諸官庁はつくられたのではなく、それぞれかって気ままに成長した」[13]。このように、国家機構が「幾百年もかかって成長し、複雑な人種構成をもった住民を広く支配している」[14]英国のような国の制度を理解するには、これをふたつの部分に分けて考える必要がある。「その第一は、民衆の尊敬を呼び起こし、これを保持する部分である。これをかりに、威厳をもった部分と呼んでおこう。つぎにその第二は、機能する部分である。憲法はこれによって実際に活動し、支配しているのである」[15]。憲法は、「威厳をもった部分」によって「まず権威を獲得し」、ついで「機能する部分」によって「その権威を行使」する。

統治機構の威厳をもった部分は、機構に力を与えるとともに、その力を発動させるものである。機能する部分は、その力を利用するにすぎない。したがって機構のお飾り的な部分も、必要性をもっているのである。なぜなら機構の生命力が、これに依存しているからである。(16)

この部分（威厳をもった部分――引用者）は、固有の効用のためでなく、無教養で粗雑な民衆の想像力を吸収するという点で、存在理由をもっている。(17)

「威厳をもった部分」の存在理由についてのバジョットのこうした見解は、彼の次のような社会観に由来している。

大きな社会は、大きな山に似ている。すなわち大きな社会は、その内部に原生層、中生代層、第三紀層という人間進歩の各段階をもっている。下層社会の特徴は、現在の上層社会の生活よりは、むしろ古代の生活のほうに似ている。(18)

「地層」というものは時間的推移を空間的差異として表現しているが、ここでは、社会階層の上・下という空間的差異（それ自体が比喩である）が時間的ズレへと転換されている。教養ある「一万人」が知的現在を表示するとすれば、下層階級や中流階級は「二千年前の大多数とあまりかわらない連中」であるか、たかだか「一千年前の最優秀な人間と同程度の者」にすぎない。(19) バジョットは「現代」のただなかに「古代」を見るのである。

教養の低い人間、つまり未開の一段階にある人間は、すべての希望や財産を、また自分自身をも、いわゆる観念のために犠牲にしようとする。つまりかれらは、超現実的ともみえる魅力あるもののために、すべてを犠牲にしようとするのである。

この階級に属する者は、平凡でわかりきった政府の目的などには、関心を寄せていない。かれらは、それが大切であるとは考えない。またそれを達成する手段方法についても、少しもわかっていない。したがって、統治機構の最も有用な部分が、決してかれらの最大の尊敬を受ける部分でないということは、きわめて当然のことである。最大の尊敬を呼び起こしやすいものは、演劇的要素（the *theatrical* elements）、すなわち感覚に訴えるもの、最大の人間的想像の化身であると自負するもの、またある場合には超人間的起源を誇るものである。[20]

もちろん、教養ある「一万人」にも、いわば「古代人」的部分がある。すなわち「最も理知的な人間でも、自分の意志によって動かされるのと同程度に、生活慣習によっても動かされている」[21]。「威厳をもった部分」はその「演劇的要素」によって、「古代人」たる大衆や上層社会の人びとの「古代人」的部分に訴えかけることによって、憲法にたいする尊敬の念を呼び起こす。

ところで、英国憲法特有の長所は、簡明な「機能する部分」と「歴史的な、複雑な、そして威厳のある演劇的部分」(historical, complex, august, theatrical parts)[22]との独特な結合にある。前者の中心は、立法権と行政権の「不思議な結合」、「両者を結ぶきずな」たる「内閣」である。[23]後者の中心は「君主」である。「君主（The Queen）は、憲法の威厳をもった部分の頂点にすわっているにすぎない。これに対し首相は、機能する部分の頂点にすわっている。君主（The Crown）はいわゆる『名誉の源泉』であるが、財政委員会委員長たる首相は政務の源泉である[24]」。

ところが英国憲法特有の「議院内閣制」は、「機能する部分」にも「演劇的要素」を付与する。議院内閣制のもとでは、議会討論が国民教育の機能を果たす。

イギリスは、「陛下の野党」という言葉を発明したといわれている。またイギリスは、政治の批判を政治そのものにするとともに、政治体制の一部にした最初の国家であるともいわれている。このような批判する野党の存在は、議院内閣制の所産である。偉大な討論の場となり、また民衆教育および政治論争の一大機関となるのが立法院である。そこで行なわれるすぐれた政治家の議会演説や大規模な政治的団結による政党活動が、国民を刺激し、覚醒させ、またこれを教育するための、かつてない最上の手段となっている。[25]

英国国民は「聞くことが好きであり、また知りたがってもいる」[26]。なぜならば、議会討論の結末には「内閣の更迭」という重大な結果が待っているかもしれないからである。

世の中には、その重大性や劇的性格（melodrama）によって人々に甚大な衝激を与える特殊な事件があるが、内閣の更迭はその一つである。そしてこの大詰めが討論の末に待っている、あるいはその可能性があるとすれば、国民が討議に耳を傾け、またこれを深く銘記することはたしかである。[27]

それに反して、大統領制のもとにあるアメリカ国民は、「議院内閣制下の国民と違って、刺激されて世論を形成することもなく、また教育されることもない。なるほど立法部では討論が行なわれるが、それは演劇をともなわない前口上（prologues without a play）にすぎない。したがって、討論をめぐる大詰めもない」[28]。

たしかに、最近のわが国の例をみても、政変は一編の「メロドラマ」に見える。この「メロドラマ」の筋書が、大衆の深層意識のなかに潜む《原物語》ともいうべきものと一致するとき、「政権交代劇」は成功を収める。じっさい、「どんな政治体制も、国民からもらえるものは、国民のもっているものだけである」[29]。そしてこのような「メロドラマ」が上演される議会は、まさしくひとつの舞台なのだ。「もし活躍舞台（a scene of life）というものがあるとすれば、衆議院こそはまさにそれである」[30]。したがって、「イギリスの政治家は、いつも民衆の注目をひいている。かれらは、舞台の俳優（the actors on the scene）である」[31]。

衆議院は討論およびその結末に待ちかまえている「政変劇」のなかに演劇性を保持しているが、貴族院ないし貴族はその存在自体が演劇性によって支えられている。「かれら（貴族）の勢力は、はなやかな演出（theatrical exhibition）や堂々たる外観によって示されるものである」[32]。そのような貴族階級に適したビジネスは、「外交」である。

大使は、単なる代理人ではない。かれは一種の見せ物（a spectacle）である。かれが外国に派遣されるのは、本務のためであるとともに、見せ物（show）のためでもある。かれは、外国の宮廷や君主の間にはいって、自国の君主を代表しなくてはならないのである。そして貴族階級は、その本質上このような仕事に好適といえる。かれらは社交生活で、はなやかな役割を演じるように訓練されている（it is trained to the theatrical part of life）。かれらに適するものがなにかあるとすれば、それはまさにこの役割である[33]。

ところで、英国の政治体制における最大の「俳優」は、大使に自己を代表させ、みずからは国民を代表する（＝演じる！）「君主」である。バジョットによれば、君主制の秘密は、「女王がウィンザーの丘を散歩したとか、皇太子がダービーに出かけたとかいう記事[34]」、あるいは「皇太子の結婚」が、「ありふれた事実の豪華版」として世間の注目を集める[35]というところにある。換言すれば、君主制の秘密を解明するには、「引きこもっている未亡人や定職のない一青年の行動が、こんなに騒がれる理由を究明することが大切なのである[36]」。

女王や皇太子はそれ自体として見れば「引きこもっている未亡人」であり「定職のない一青年」にすぎない。そうした彼らになぜ世間の注目が集まり、君主制が強固な統治形態でありうるかといえば、そうすることが大多数の人間にとって「わかりやすい」(intelligible) からであり、君主制が「わかりやすい統治形態」(an intelligible government) だからである。(37)

多くの者に、「君主によって支配されたいと思うか。それとも憲法によって支配されたいと思うか」と問うことは、「わかりやすい方法で支配されたいと思うか。それともわかりにくい方法で支配されたいと思うか」と問うのと同じである。かつてフランスの国民はこの問題に直面し、「ルイ・ナポレオンによって支配されたいと思うか。それとも議会によって支配されたいと思うか」と迫られた。そのとき国民は、「われわれは、想像に浮かべることのできるひとりの人間によって支配されたい。想像に浮かべることのできない多数の人間によって、支配されたいとは思わない」と答えた。(38)

ルイ・ナポレオンの勝利は、なによりもまず、「わかりやすさ」の勝利であった。なにしろ彼は、すべてを意味することのできる「集合名詞」だったのだから！　フランス国民にとって、一八五一年一二月二日の争点は、独裁者対民主的議会ではなく、いずれがより「わかりやすいか」ということだった！　バジョットは「君主制」と「共和制」の相違を次のように要約している。

要するに、統治形態として、共和制は理解されにくい観念にすぎないが、立憲君主制は理解されやすい観念である。(39)

要するに君主制は、興味深い行動をするひとりの人間に、国民の注意を集中させる統治形態である。これに対し共和制は、いつも面白くない行動をしている多数の人間に向かって、注意を分散させる統治形態である(40)。

「君主制」と「共和制」の相違をこのようなレベルでとらえたものは、バジョットの他にいない。ところで英国では、「興味深い行動をするひとりの人間」は、あくまでも「女王」でなければならない。「首相」といえども「女王」の代わりをつとめることはできない。なぜなら、「四年目ないし五年目ごとに、社会の頂点に現われる人物が変わるということは、イギリス人にとっては、非常に重大な問題なのである(41)」。

> 国民がうわべの生活を飾ること（the outward show of life）に気をくばることもなく、また演劇の才能ももたず（untheatrical）、もっぱら実質面だけを重視するような国では、この問題は取るに足りないことである。……国民がみな冷静な哲学者であるなら、生活の外見がどのようにつくろわれようとも全く平気である。見せ物（show）に興味をもたない者には、だれが興行師（showman）であろうと問題はない(42)。

英国において政治の世界を「見せ物」たらしめ、女王を最高の「興行師」たらしめているのは、じつは、英国人が《theatrical》な国民であるということなのだ。たしかにマルクスがいうように、「ある人が王であるのは、他の人々が彼にたいし臣民たる態度をとるがゆえにのみなのである(43)」。そして最高の「興行師」の下で、英国社会自体が《theatrical》なものになってゆく。

バジョット自身は、そういう英国人の《theatrical》な国民性は一面で英国国民大衆の知的後進性のあらわれだとしている。彼によれば、君主は「教養が不足しているためにまだ象徴を必要とする者に対しては、目に見える統合の象徴となることができるのである」[44]。また、貴族階級も近代社会の進展とともに没落を余儀なくされるであろう。

近代社会は、平均を上げて、頂点を相対的に、いなおそらく絶対的に低くさせようとする傾向にあるが、貴族はこの犠牲になっている。社会の多彩な色どりと陰影（the picturesqueness, the featureliness of society）が少なくなるにつれて、貴族階級は、特有の勢力を維持する唯一の手段を失いつつあるのである。[45]

ヨーロッパ社会における貴族の没落ひいては宮廷社会の衰退は、道化としての狂人の排除や周縁化と相即的であったと思われる。だが彼らの存在が社会に「多彩な色どりと陰影」を与えていたこともたしかなのである。近代社会の進展、すなわち大衆が知的に向上しもはや象徴を必要としなくなったとき、貴族や狂人は社会から完全に排除されることになろう。バジョットはそうなること、すなわち、英国社会が完全に《untheatrical》になることをけっして望んではいない。なぜなら、そのとき政治の世界は「演戯」の場ではなく、端的に「闘争」の場となるからである。

なにものにもまさって君主は、尊敬されねばならない。君主について詮索しはじめると、尊敬できなくなる。君主に関する特別委員会ができると、君主制の魅力はなくなるであろう。秘密が君主の生命である。魔法を、白日の下にさらしてはならない。君主を政治的葛藤の中に引きずり込んではならない。さもないと、君主は全闘士から尊敬されなくなるであろう。[46]

君主は、その「神秘性」のゆえにこそ「相争う党派を融合させることができる」[47]。このようにみてくると、英国人の《theatrical》な性格は、「愚鈍性」のあらわれというよりも、それ自体が独特の知性であるというべきであろう。あるいは、

「愚鈍性」ということば自体が両義的であって、そこには、無知・低劣といった消極性とともに、それゆえにこそ社会の安定化をもたらすという積極性がふくまれている。「引きこもっている未亡人や定職のない一青年」は、「愚鈍な」英国国民大衆の《theatrical》な視線を媒介として、「女王」や「皇太子」として現われる。「君主制」は「ただの人」（素顔）を「権威ある人」（仮面）に変える演劇的仕掛けである。それによって英国社会は安定性を保ちうるのだ。バジョットはその「政治＝演劇」論を次のように綜括している。

> 実際にはイギリス国民の大多数は、指導者を尊敬するというよりは、むしろなにか別の人間に尊敬の念をいだいているのである。かれらは、いわゆる社会の演劇的な見せ物（the *theatrical show* of society）に敬意を払っている。かれらの面前を華麗な行列が通り過ぎる。威儀を正したお偉方《えらがた》や、きらびやかな美しい婦人たちが通って行く。そしてこのような富や享楽のすばらしい景観が展開すると、かれらはそれに威圧される。すなわちかれらは、想像の世界で屈服し、かれらの前に展開する生活ぶりをながめて、とうてい対抗できないと感じるのである。哲学者たちは承認しないかもしれないが、宮廷や貴族階級は、大衆を支配するための偉大な資格を備えている。すなわち、大衆の注目をひくもの（visibility）をもっている。宮廷人は、ほかの者のできないことができる。なるほど庶民は、舞台の俳優と張り合ってその所作事《しょさごと》をまねるように、貴族のすることをまねることができる。しかし上流社会は、第三者から見ればよくわかるように、俳優のほうが観客よりもはるかにすばらしい演技を行なう舞台なのである。
>
> この演劇（play）は、至るところで上演されている。百姓はだれでも、自分の家が身分のある者の家と違っていることを知っている。生活もそうだし、妻君もそうである。ところで、この演劇のクライマックスに立つのは、女王である。だれもが、自分の家が宮廷と違っており、自分の生活が女王の生活と同じでないことを知っている。また女王の命令が、自分の命令と全く違ったものであることも知っている。ともかくもイギリスでは、多くの者を

魅了する見せ物（a certain charmed spectacle）が上演されていて、それがかれらの空想を思うままに引っ張ってゆくのである。田舎者《いなかもの》は、ロンドンにやってくると、すばらしい見せ物やわけのわからぬ機械類の博覧会（a great show and vast exhibition of inconceivable mechanical things）を、眼前に見ているような気がする。これと同様に、人はイギリスの社会構造（the structure of our society）によって、想像することも、つくり出すこともできない、またそれに類似したものも見たこともない政治事象の一大博覧会（a great exhibition of political things）を、眼前にながめているように感じるのである[48]。

こう書くことによって、バジョットは英国君主制の秘密を暴露してしまった。しかし、彼の目的は秘密を暴くことにあるのではない。彼はすぐに次のように書いている。

哲学者たちは、こんな迷信を嘲笑するかもしれない。しかしその結果は、測りしれないほど大きい。この社会の壮麗な見せ物（the spectacle of this august society）によって、無数の無知な男女は、少数の形式上の選挙民に服従するようになる[49]。

イギリス国民の表面上の指導者たちは、華麗な行列の中でいちばん人目をひく人物に似ている。群衆はかれらに感動し、見物人はかれらに対し拍手を送るのである。ところが真の指導者たちは、目だたない馬車の中に隠れている。だれもこれに気づかず、関心ももたない。しかし人は、真の指導者を先導し、その光を奪っている者のはなやかさに目を奪われて、盲目的に、無意識的に、真の指導者に服従しているのである[50]。

ここには、『イギリス憲政論』においてバジョットが意図した知的戦略の構図が明確にあらわれている。彼が君主制の秘密を公然と語るのは、それを無効にするためではない。逆に、「真の指導者たち」にその測り知れないほどの効用を教えるためである。政治の象徴性への明晰な洞察が、象徴の政治的効用に関する戦術論に転化するのは、この地点においてである。「無数の無知な男女」「無教養で粗雑な民衆」「教養が不足しているためにまだ象徴を必要とする者」、こうした大衆を統合するには、政治の「実用的側面」だけでは不十分なのである。

女王の形式的な大権とダウニング街の真の政府との共存は、現代のような時代においては、またイギリスのような国家には、よく似合っているのである。[51]

また「純理的《ドクトリネール》な議論」を嫌悪する英国国民にたいして、政治家がどう語りかけるべきかについて、バジョットが次のようにのべるとき、彼の戦略的知性はほとんど『君主論』におけるマキァヴェリのそれを想わせるほどである。[52]

民衆を指導するのに、理屈を並べたてる必要はない。ものものしい注釈づきの議論などは、なおさら必要ではない。主として必要なのは、明確な結論を堂々と述べることである。[53]

この戦略性は、バジョットを素朴な保守主義者からも、またたんなる合理主義者からも遠ざけることになる。ヘーゲルは、「聖餅はただの捏粉だし、遺物はただの骨だ」[54]と見なすのが啓蒙的知性であるとのべているが、女王や皇太子を「引きこもっている未亡人や定職のない一青年」と見るのは、たしかにひとつの知性である。しかしバジョットはそこにとどまらない。彼は、それにもかかわらず彼らを「女王」や「皇太子」として尊敬する必要性を主張するのである。それは、いわば片目で国王の《フィジカルな身体》を見据えながら、もう片方の目ではその《シンボリックな身体》を尊敬することである。それは、いわば「醒めながら夢を見る」ことなのだ。こうした態度は、たんなる知性の欠如あるいは思考停止ではなく、合理主義的知性とは区別された、独特の知的態度なのである。そしてまさしくこの独特な知性こそが、一世紀余の時間的隔たりをこえてクランストンのなかに甦っているといえるのではなかろうか。《仮面》の背後に隠された《素顔》を暴露するのではなく、あえて《仮面》の積極性を信ずることを彼らに可能にしているのは、この独特な知性なのだ。この点で、バジョットはまぎれもなくクランストン的発想の先駆者といえる。

（1）バジョット『ロンバード街――ロンドンの金融市場』（宇野弘蔵訳、岩波文庫）、一二頁。ただし、旧字体・かなづかいは新字体・かなづかいに直した。
（2）W. Bagehot, *The English Constitution* (first pudlished in 1867), Oxford University Press, 1974 (The World's Classics: 330), p. 1〔小松春雄訳『イギリス憲政論』（『世界の名著』60所収）、六五頁〕. 以下、本書からの引用については、*Constitution*, p. 1〔邦訳、六五頁〕というように表記する。
（3）『ロンバード街』、岩波文庫、八四頁。
（4）*Constitution*, p. 2〔邦訳、六六頁〕.
（5）*Constitution*, p. 209〔邦訳、二五五頁〕. ただし、引用文中の（　）で示した原文は引用者による補足である。以下についても同様。
（6）*Constitution*, p. 225〔邦訳、二七〇頁〕. ただし傍点は引用者。以下についても同様。
（7）柄谷行人『マルクスその可能性の中心』、一〇―一一頁参照。
（8）*Constitution*, p. 226〔邦訳、二七〇頁〕.
（9）*Constitution*, p. 202〔邦訳、二四八頁〕.
（10）*Constitution*, p. 202〔邦訳、二四八頁〕.
（11）*Constitution*, p. 141〔邦訳、一九四頁〕.
（12）*Constitution*, p. 187〔邦訳、二三五頁〕.
（13）*Constitution*, p. 188〔邦訳、二三六頁〕.

(14) *Constitution*, p. 3〔邦訳、六七頁〕.
(15) *Constitution*, p. 4〔邦訳、六八頁〕.
(16) *Constitution*, p. 4〔邦訳、六八頁〕.
(17) *Constitution*, p. 186〔邦訳、二三四頁〕.
(18) *Constitution*, p. 6〔邦訳、七〇頁〕.
(19) *Constitution*, pp. 5-6〔邦訳、六九頁〕.
(20) *Constitution*, p. 7〔邦訳、七〇―七一頁〕.
(21) *Constitution*, pp. 7-8〔邦訳、七一頁〕.
(22) *Constitution*, p. 9〔邦訳、七二頁〕.
(23) *Constitution*, p. 9〔邦訳、七三頁〕.
(24) *Constitution*, p. 10〔邦訳、七四頁〕.
(25) *Constitution*, p. 17〔邦訳、七九―八〇頁〕.
(26) *Constitution*, p. 18〔邦訳、八〇頁〕.
(27) *Constitution*, p. 18〔邦訳、八〇頁〕.
(28) *Constitution*, p. 19〔邦訳、八一頁〕.
(29) *Constitution*, p. 185〔邦訳、二三三頁〕.
(30) *Constitution*, p. 101〔邦訳、一五五頁〕.
(31) *Constitution*, p. 42〔邦訳、一〇二頁〕.
(32) *Constitution*, p. 83〔邦訳、一三九頁〕.
(33) *Constitution*, p. 107〔邦訳、一六一頁〕.
(34) *Constitution*, p. 30〔邦訳、九一頁〕.
(35) *Constitution*, p. 34〔邦訳、九五頁〕.
(36) *Constitution*, p. 30〔邦訳、九一頁〕.
(37) *Constitution*, p. 30〔邦訳、九一頁〕.
(38) *Constitution*, pp. 30-31〔邦訳、九一―九二頁〕.

(39) *Constitution*, p. 34〔邦訳、九四頁〕.
(40) *Constitution*, p. 35〔邦訳、九五頁〕.
(41) *Constitution*, p. 41〔邦訳、一〇一頁〕.
(42) *Constitution*, p. 41〔邦訳、一〇一頁〕.
(43)『資本論』第一部第一篇第一章第三節〔注二二〕。
(44) *Constitution*, p. 40〔邦訳、一〇〇頁〕.
(45) *Constitution*, p. 83〔邦訳、一四〇頁。ただし、表現を若干変えた〕.
(46) *Constitution*, p. 53〔邦訳、一一一頁〕.
(47) *Constitution*, p. 40〔邦訳、一〇〇頁〕.
(48) *Constitution*, pp. 236-237〔邦訳、二七九―二八〇頁〕.
(49) *Constitution*, p. 237〔邦訳、二八〇頁〕.
(50) *Constitution*, p. 237〔邦訳、二八〇―二八一頁〕.
(51) *Constitution*, p. 258〔邦訳、三〇〇頁〕.
(52) 辻清明氏は、バジョットの思想のなかに「分析と戦術がひそかに共存している」点をとらえて、「このように見てくると、バジョットはマキアヴェリに似ているといえるだろう。マキアヴェリの『君主論』は、メディチ家の君主に捧げられた政治戦術論ではあるか、同時にそのなかには、すべての政治的支配に内在する普遍的真実への冷静な分析がある。バジョットの『イギリス憲政論』は、その意味で十九世紀イギリスの中産階級に捧げられた第二の『君主論』である」とのべている（前掲書、三二一頁）。
(53) *Constitution*, pp. 270-271〔邦訳、三一一頁〕.
(54) ヘーゲル『歴史哲学』（下）（武市健人訳）、一九五四年、三〇三頁。

おわりに

われわれは、「政治の世界は、疑いもなく、ひとつの舞台であり、政治家たちはそれぞれこの舞台の上に立つ演戯者なのである」というクランストンの発想が、すでにバジョットにおいても存在することを確認した。そしてさらに興味深いことは、クランストンがこうした発想をテコにして実証主義的政治学の超克を意図しているのに対し、バジョットはある意味で実証主義的政治学の先駆者ともみなされているというパラドクスである。たとえばE・バーカーは次のようにのべている。

バジョットが『自然科学と政治学』(*Physics and Politics*, 1873) を書いて以来政治理論家は社会心理学者に変って来た。彼らは集団生活の事実にアプローチするとき、これらの事実は集団意識の事実であるという仮定に立った、そうしてこの意識を自然科学が物的事実を叙述し、説明するために用いる方法によって、叙述し説明することこそ自分達の問題であるとしたのである。(1)

またM・J・ウィナーは、政治心理学の創始者として、バジョットをG・ウォーラスの先行者と見なしている。

政治心理学を創造しようとするウォーラスの試みには、先行者がいなかったわけではなかった。すでに一八九一年、Extension 大学での“Political Forms”に関するウォーラスの講義の文献リストには、バジョットの『自然学と政治学』(一八七二年) が挙げられていた。もちろん、それ以上に著名な『イギリス憲政論』(一八六七年) も同様にウォーラスにはよく知られていた。バジョットはこれらの著書において、「政治における人間性」の新しい見方を提示した——それは、一部はバーク的保守主義のある側面のいい換えであり、一部はダーウィニズムの政治的含意を掘り起こそうとする努力であった。彼のネオ・バーク主義とダーウィンの応用とが手をたずさえて、自由主義者、急進主義者および民主主義者たちの知性主義的心理学の根柢をくつがえそうとした。(2)

われわれは本稿の冒頭で、ウォーラス――ラスキ――オークショット――クランストンという系譜を示唆した。いまやこの系譜図は、バジョット――ウォーラス……というように延長されることになろう。ただし、ウォーラスがバジョットから直接に受けついだものと、クランストンがそれをとおしてバジョットにつながるものとは、まったく正反対の性質をもつものなのである。このことは、そういう多義的な読み方を可能にするバジョットのテクストの豊饒性によるとともに、おそらくウォーラス――ラスキ――オークショット――クランストンという《系譜》自体の再検討へとわれわれを誘う。そもそも彼らのあいだにはひとつの《系譜》を想定しうるほどの同質性が存在するのであろうか。彼らのあいだに存在するのは、ただ、LSE政治学主任教授職に就任したという関係だけではないのか。そうだとすれば、それほど異質な人びとを教授としてむかえたLSEという《場所》の特異性、たとえば「LSEの精神史」があらためて問われなければならないだろう。

しかしこうした問題はすべて、ウォーラス、ラスキ、オークショットの著作を比較検討することによってしか答えられない。その際には、たとえばウォーラスがバジョットから受け継いだものはたんに政治心理学への可能性だけだったのか、"Grammer of Politics"（『政治の文法』！）を書いたラスキのバジョットにたいする反感はなにに由来するのか、「政治における合理主義」を批判したオークショットとバジョットとの関連はいかなるものであろうか……等々というように、バジョットという共通項が彼らの独自性を照らしだす鏡となるだろう。それらの課題は、来るべき「ウォーラス論」「ラスキ論」「オークショット論」の中心テーマをなすことになろう。さしあたり「オークショット論」から始めよう。

（1）E・バーカー『イギリス政治思想史Ⅳ――H・スペンサーから一九一四年』（堀豊彦・杣正夫訳、一九五四年）、一二七頁。
（2）M. J. Wiener, *Between Two Worlds, The Political Thought of Graham Wanas*, 1971, p. 73.

5　現代英国政治思想の系譜（2）——M・オークショット論覚書（その1）〈1985〉

〔『埼玉大学紀要〔社会科学篇〕』第三三巻〕

歩きたいから歩く。すると歩くのが目的になる。考えたいから考える。すると考えるのが目的になる。それ以外の目的を以て、歩いたり考えたりするのは、歩行と思索の堕落になる如く、自己の活動以外に一種の目的を立てて、活動するのは活動の堕落になる。

——夏目漱石『それから』十一より

はじめに

一九五八年、M・オークショットは、戦後英国における「体制の自己満足」の政治学的表現としてわが国に紹介された。

前代の危機意識が、政治学にあの生々しい活気を与えたとすれば、戦後における体制の自己満足が政治学に大きな変化をもたらすのは、当然というほかない。

このようなClimate of opinionの変化、むしろComplacencyの表現としては、ロンドンスクールにラスキの講座を引継いだオークショット（Michel《〔ママ〕》 Oakeshott）の就任演説 Political Education（一九五一）にしくはないであろう。

先任者が「紳士であることの危険」を説いて、まさにこの伝統的価値体系の陥穽を最も鋭く剔抉した危機の政治学者であっただけに、この伝統擁護は余りにも目ざましい変化であった。ニュー・ステイツマン誌上におけるクロスマンの悲憤にもかかわらず、このような伝統讃仰、かつてトレルチが「自由保守主義」とよんだものが political theory の学者とは形こそことなれ、また political science の学者をも捕えていることは、見逃すにはあまりにも深刻な変化である。(1)

それから一〇年後、オークショットはすでに「旧世代に属する人びと」の一人となってしまっている。

この〔「イギリスの政治学を理論的・哲学的にリードしている人びと」――引用者〕中で、『自由の二概念』（一九五八年、邦訳もある）であまりにも有名なI・バーリンの後を承けてオクスフォードの Chichele Professor of Social and Political Theory になったプラメナッツ――彼の主要な論文は、"Man and Society ―― a critical examination of some important social and political theories from Machiavelli to Marx"(Vol. 1. 2. 1963) にまとめられています――、それにケンブリッジ出身でそのLSE教授就任講義「政治教育」で有名なラディカル・コンサヴァティヴとしてのオークショットは、日本でもよく知られており、旧世代に属する人々なので、言及を避けます。(2)

しかしこの間に、わが国においてオークショットに関する研究の格別の蓄積があったわけではない。(3) そもそも福田氏と田口氏がともに言及しているオークショットのLSE教授就任演説の邦訳自体を、われわれは一九六八年出版の永井陽之助編『政治的人間』（平凡社、『現代人の思想』16）所収の「政治教育」（阿部四郎訳）まで待たなければならなかったし、同書所収の永井氏による「解説」によってオークショットの思想の概要を知ったのである。また、田口氏のいう「ラディカル・コンサヴァティヴ」という言葉の含意――それはたとえばニーチェ的なキリスト教批判をも「逆転」させる「紳士的な反キリスト者」、あるいは保守主義とニヒリズムのあいだを揺れ動く「アナーキーなトーリー党員」というようにも表現される――を理解するためには、B・クリックの「マイクル・オークショットの世界」[4]を読まなければならなかった。そして奇妙なことには、オークショット自身の論文はいっこうに翻訳されないが、オークショットに関する外国人の研究論文の翻訳は、クリックのものを筆頭にかなりの数にのぼる。

すなわち、ケネス・R・マイノウグ「マイケル・オークショット――果てしない政治の大海」（クレスピニイ／マイノウグ編『現代の政治哲学者』（内山秀夫ほか訳）、一九七七年、南窓社、所収）（K. R. Minogue, "Michael Oakeshott —— The Boundless Ocean of Politics," in Anthony de Crespigny & Kenneth R. Minogue ed. *Contemporary Political Philosophers*, 1975）、D・ジェルミイノ『甦える政治理論――伝統的探求への照明』（奈良和重訳）、一九七一年、未來社（D. Germino, *Beyond Ideology. The Revival of Political Theory*, 1967）第七章「現代における政治理論の復活――オークショット、アレント、ジュヴネル、シュトラウス」、さらにオークショットの歴史哲学に言及したものとしては、R・G・コリングウッド『歴史の観念』（小松・三浦訳）、一九七〇年、紀伊國屋書店（R. G. Collingwood, *The Idea of History*, 1946）、W・H・ウォルシュ『歴史哲学』（神山四郎訳）、一九七八年、創文社（W. H. Walsh, *Philosophy of History*, 1960）、M・M・ポスタン『史実と問題意識――歴史的方法に関する論文集』（小松芳喬訳）、一九七四年、岩波書店（M. M. Postan, *Fact and Relevance*, 1971）などがある。また、P・ウィンチ『社会科学の理念』（森川真規雄訳）、一九七七年、新曜社（P. Winch, *The Idea of a Social Science and its Relation to Philosophy*, 1958）にも、オークショットの行為論についてのかなりの言及がみられる。

他方、わが国の研究者によるオークショット論としては、渋谷浩氏の「自然法なき保守主義――マイケル・オークショット」（飯坂・渋谷・藤原編『現代の政治思想』、一九八一年、理想社、所収）を数えるだけである。[5]おそらく意図的になされたものではなかろうが、確実に存在するこうしたアンバランスが、わが国の異文化受容の仕方における無意識裡のバイアスを表現しているとしたら、それはそれで興味ある事態ではあるが、ともかくこれが、現在われわれがオークショットを論じようとする際の前提である。

＊　＊　＊

M・オークショットは一九五一年から一九六九年までLSEの政治学主任教授の地位にあった。前任者はH・ラスキであり後任者はM・クランストンである。ラスキは *A Grammer of Politics*(『政治の文法』! 『政治学大綱』(横越英一訳)、一九五二—一九五三年、法政大学出版局)を書いた。クランストンはBBCラジオ番組の台本として *Political Dialogue*(『政治的対話篇』(山下重一訳)、一九七三年、みすず書房)を書いていることからもうかがわれるように、「話すこと」それも「独白」ではなく「対話」という形式に深い関心を示している。[(6)]「書くこと」に情熱を燃やしたラスキと、「話すこと」に執着するクランストンとのあいだにあって、オークショットは「書くこと」や「話すこと」について「考えた」。「書くこと」や「話すこと」にとどまらず、「読むこと」さらには「考えること」について「考えた」。ラスキは「書く」だけではなく、「実践的」な政治学者でもあった。一時期わが国において彼は「知識人の鑑」のごとく見なされることもあった。わが国においてラスキがもてはやされていた頃、当の英国ではG・オーウェルが「政治と英語」("Politics and the English Language," 1946)というエッセイで、ラスキの「書き方」自体の杜撰さに噛みついていた。[(7)]しかしそのようなラスキ像をわれわれはあまり知らされなかったし、あえて知ろうともしなかった。だから、「紳士であることの危険」を説く「危機の政治学者」ラスキの政治学を「イデオロギー的政治」と断じ切るオークショットの出現は、われわれの目には「余りにも目ざましい変化」として映じたのである。そしてこの「変化」は、「イデオロギーの終焉」や「現実主義」の抬頭という大きな時代変化と重ね合わせられ、オークショットの思想もそのような「保守化」の傾向のひとつのあらわれとして理解された。オークショットの思想がそれだけのものであるのならば、たしかにとくにオークショットの思想を論ずる必要はない。批判の対象としてであれ称揚の対象としてであれ、自称・他称の「保守主義者」は掃いて捨てるほど存在するからだ。しかし、果たしてオークショットの思想はそれだけのものなのだろうか。

たしかにラスキは「実践的」な政治学者であった。それにたいしてオークショットは、人間が「実践的であること」の意味について考えた。われわれはともすれば、人間の「実践」とは、ある予謀された（premeditated）「目的」ないし「理念」だけによって導かれる活動だと考えがちである。しかしオークショットはこのような「実践」観にまっこうから反対する。マノイウグが記しているように、「人間の行為には、それに加わった者の想像を越えた何ごとかが常に起るという主題[8]」を、オークショットはくり返しとりあげる。「合理的行為」（"Rational Conduct," in *Rationalism in Politics*, 1962）という論文では、この主題は、ヴィクトリア朝末期の婦人が自転車に乗る際にもっとも「合理的な衣服」を考案しようという「目的」に導かれたデザイナーたちが、なぜ「ショーツ」にまでいたらず「ブルマー」を実現してしまったのか、という形で語られる。「ブルマーは、ある種のデザインの自転車をこぐという活動にもっともよく適した衣服はなにかという問いにたいする答えではなく、いかなる衣服がそれ自身のうちに、自転車をこぐという活動にうまく適する性質と、諸般の事情を考慮して一八八〇年という時代にイギリスの少女が自転車に乗っている姿としてもっともふさわしい性質とを併せもつかという問いにたいする答えなのである[9]」。デザイナーたちの「実践」は、当時の趣味・伝統・民俗・偏見といった「社会的文脈」を離れてはありえない。「およそあらゆる現実的行為は、すでに存在する活動のイディオムの内部で発生する[10]」。

「道徳的行為」についても同じことがいえる。「道徳的理想」は、人間を「実践」へと促すべく、行動の伝統という粗鉱から分離された「純金」ではない。「道徳的理想とは澱《おり》のようなもので、宗教的ないし社会的伝統のなかを浮游し、宗教的ないし社会的生活に属するかぎりにおいてのみ、意味をもつものなのだ[11]」。行為に先行して、それとは独立に「理想」があるわけではない。「理想」は行為の過程で、あるいは行為の積み重ねの後にいわば事後的に見いだされるだけである。「理想」が優先する社会とは、文学でいえば批評が詩に優先するようなもの、宗教生活でいえば神学の探求が慈悲の実践にとって代わるようなものだ。このような社会では、「あらゆる人間的活動が有する詩的性格」が否定されてしまう。

散文的な思考の伝統によって、われわれは、道徳的活動の本質とは、分析してゆけば、あるべきものの理念の実際的現実への翻訳、理想の具体的実在への転形であると仮定することに慣れてきた。さらには詩そのものについてすら、次のように考えることに慣れてきた。すなわち、まず最初に「心底からの願い」があって、次いでその表現、言葉への翻訳が到来するのだ、と。しかしながら、思うに、この考えは間違っている。それは、芸術および道徳的生活のうえに不適切な帰納的形式を押しつけたものである。詩とは、ある心的な状態を言葉にうつし代えたものではない。詩人がいうことと、彼がいいたいと欲することとは別のものではない。一方が他方を引き継ぎ体現しながら、両者は一体不可分である。詩人は、いってしまうまで自分がなにをいいたいのかを知ることはない。[12]

人間の「実践」とはそういうものだ。人間はまずやってしまう。「理屈」は後からくるものなのだ……。オークショットは人間の「実践」というものをこのようにとらえることによって、たとえばラスキのような流儀で「実践的」であることの虚偽を曝き、ラスキを「実践的」な知識人として評価するような議論の前提そのものを解体してしまう。彼の reflection はつねに destruction でもある。「考えること」をもふくめて、人間の「活動」全般について「考えた」オークショットは、語の真正の意味において reflective（=destructive）な思想家である。

このことの重要性にくらべれば、彼が「保守的な政治哲学者」であるかどうかといったことは、じつはなにほどの意味ももたない。そもそもハイエクの『隷従への道』を評して「あらゆるプランニングに反対する一つのプランニングは、その反対物よりはまだましにしても、政治のスタイルとしては同じものだ[13]」と断言するオークショットを、「保守主義者」とよぶことすらきわめて疑わしい。オークショット自身がその reflection をとおして、保守／革新、反動／進歩といった二項対立を destruction しようとしているのだから、彼をそのような《場》で読むことは無意味である。オークショットが読まれるべき《場》はもっと別のところにある。それはたとえば次のような《場》である。

オークショットがわれわれに広く知られるようになったのは、なによりもまず「政治における合理主義」への徹底した批判によってであった。オークショットが批判する「政治における合理主義」とは、端的にいえば、「コモン‐ウェルスを作りそれを維持する技術は、算術や幾何がそうであるように、確実な諸規則によるのであって、（テニスのように、）実地だけによるものではないのである」（『リヴァイアサン』第二部第二〇章[14]）というような思考様式のことである。オークショットによれば、「なんらかの種類の技能を必要とする科学・芸術・実際的活動はすべて、いやおよそありとあらゆる人間的活動はすべて、知（knowledge）をふくむ。そして普遍的にこの知は二種類の知から成り、なんらかの現実的活動のうちにはそのいずれもがつねにふくまれている[15]」。彼はこれら「区別することはできるが切り離すことのできない」二種類の知を、「技術的知ないし技術の知」と、「実際的知」ないし「伝習的知」と名づける。前者は規則・原理・指示・格率といった形で定式化可能であり、したがって「書物」によって「学習」可能な知である。それに対し後者はそもそも定式化不可能であり、「それは通常、物事を行なう慣習的ないし伝習的やり方、あるいは端的にいえば、慣行《プラクティス》のなかで表現される[16]」しかない知であり、したがって「教授」することも「学習」することもできず、ただ「実地」のなかでいわば「体で覚える」ほかないような知である。

たとえば「野球」という「活動」を例にとろう。われわれは野球の「ルール」を「書物」によって知ることができる。審判員は「ルール・ブック」によって「ルール」の詳細を「学習」することができる（場合によっては自分自身が「ルール・ブック」になったりもする）。それならば審判員の活動は「技術的知」だけで成りたっているかといえば、そうではない。彼は、個々の具体的「プレイ」を抽象化して、「ルール」に規定されているプレイと同じものと認めるという媒介をへてルールを「適用」する。つまりルールという「原理が、実際に、とある状況に『適用される』場合には、それらの原理は、現実の状況の何らかの様相と、抽象的原理の中に含まれるある普遍的観念とを同じものと見做す他の命題の助けを借りなければならない」[17]。投手の動作を「ボーク」と判定するためには、「ボーク」とはなにかという「原理」を知っているだけでは不十分であり、個々の投手の投球フォームのクセなりに習熟していなければならないし、他の審判員がどう判定してきたかの先例を知っていなければならない。審判員の活動にしてそうならば、プレイヤーの活動はなおさらである。たしかにわれわれはフォーメーション・プレイの概要とか、打順の組み方といった野球の「実地」についての知識、さらには「ドジャース戦法」といったゲーム全体の戦略の組み立て方についてもある程度は「書物」から「学習」することができる。しかし実際のプレイは「書物」からの知識の「適用」ということだけではすまされない。たとえば「ライト前ゴロはセカンドに返せ」と書かれていても、打者走者が極端に足が遅い場合には、ファーストでアウトにしてももちろんかまわないのである。そして、このように個々の具体的場面に即して打球の処理法を説明してゆくと、記述は限りなく「実地」に近づいてゆき「定式化不可能」になってゆく。いかに「野球理論」に秀でた「知将」であっても「動物的カン」の持主には勝てない（もちろん「動物的カン」だけでも勝てない）のであり、「動物的カン」の持主も「バッティングのカン」といったものを、およそ意味のある言葉によって表現・伝達することは不可能なのである（「球が来たら、グッとしぼって、ガッと打つ」!?）。

要するに「われわれは、ゲームの規則を修得したということ、あるいは教科書を読んだということが、しかるべきやり方を知っていることとはひどく違うことを完全に熟知している」[18]。ところが合理主義者（＝理性主義者）たちは、「理性」と「技術」の同一視にもとづいて、「技術的知」だけを「知」と見なし、とくに「実際的知」を必要とする「政治」の領域をも「技術的知」だけによって運営しようという二重の誤ちを犯している。その結果、「民話《フォーク・ロア》」はそれが技術ではないという理由で無知と同一視され、そしてバークが過去と現在とのパートナーシップと呼んだものへの一切の感覚が失われる」[19]。テニスが（ホッブズのいうように）「実地だけ」のものではないように、「政治」は「技術」だけのものではない。なぜこのような転倒が生じたかといえば、オークショットによれば、一六世紀以来のヨーロッパの政治が、三つの「政治的未経験」――新しい支配者・新しい支配階級・新しい政治社会――の侵入をこうむってきたからである。マキァヴェリの『君主論』、ロックの『市民政府二論』、マルクスとエンゲルスの諸著作、アメリカの「独立宣言」は、それぞれ「絶対君主」「ブルジョワジー」「プロレタリアート」「アメリカ」という「政治的未熟者」が、自らの未熟さをカヴァーするために案出した「トラの巻」である。「合理主義者の政治」とは、また「欠如感の政治」（politics of the felt need）[20]でもある。彼らは自らの根柢になんらかの「欠如」を見いだすがゆえに、その「欠如」を補塡すべく「理性の自律性」という観念――モラルの次元では「良心」、知の次元では「意識」の絶対性――を呼びよせるのである。ホッブズは先の引用部分に続いて、「この諸規則は、貧乏人たちはそれをみいだす暇がなく、たとえ暇のある人びとでも、これまで、それをみいだすための好奇心や方法をもったことがなかったのである」と書いているが、「近代国家」とはむしろ「テニス」をする暇もない「貧乏人」たちの国家だというべきなのだ。

ところで栗本愼一郎氏は、Ｍ・ポランニーの「暗黙知」「潜入」の概念を説明するために、「テニス」を例にとりながら次のように書いている。

たとえば、学ぶ対象がテニスという技能だとすると、最も有効な方法はその全体的、つまり包括的次元を知ることである。我々人間の暗黙知は、テニスをサービスとフォアハンド・ストロークとバックハンド・ストロークと、ボレーとスマッシュの合計であるというようには理解しないものだ。むしろ、そうした諸部分の内容を、我々が、たとえ明示できなくても、全体を認知または学習することができるのである。現在、世界でテニスが一番強いのは、マッケンローとかボルグとかいう選手であるが、彼らを見ていても、異常に超人的な体力や腕力の持主であるとは思えない。

重要なことは、彼等がいわゆる過去のテニス理論から全く自由に個人的にプレーし、勝手に独自に、まず技能の全体像を作り上げていることである。日本のテニスが弱いのは、フォームの良いフォアハンドとか、バックハンドとかを教えすぎるためであって、マッケンロー選手のような、まず独断的に自分がつかまえた（つまり暗黙知がそこに働いている）テニスに勝てるわけがないのである。これは彼等が、技能における潜入を効果的に実現していることを意味している。(21)

これはほとんどそのままオークショットの「実際的知」の説明としても通用しそうな記述である。じっさいオークショットは、科学的活動にも「実際的知」がふくまれていることをのべた文章への注として、「このトピックに関するいくつかの卓抜な考察が、M・ポランニー『科学・信仰・社会』のなかに見いだされうる」(22)と記しているのである。ポランニーの「暗黙知」は、栗本氏が中村雄二郎氏の「共通感覚」との近似性を指摘しているように、あらゆる知の形態を通底する抱括的・基層的な認識能力を意味している。それに対しオークショットの「実際的知」はあくまでも知の一様態にとどまっている。そのような相違はあるものの、近代合理主義への批判――ポランニーの主著『人格的知』（*Personal Knowledge*, 1958）の副題「ポスト批判哲学に向けて」（*Towards a Post-Critical Philosophy*）はポランニーの意図を明示しており、オークショットはこの本の書評（"The Human Coefficience," in *Encounter*, XI, No. 3〔1958〕, pp. 77-80）を書いている――、そしてそれと表裏一体の関係にある道徳的熱狂主義《ファナティシズム》への批判――たとえばC・P・スノー『二つの文化と科学革命』〔第三版〕（松井巻之助訳、一九八四年、みすず書房）所収の、マイクル・ポラニ「雪の下の種子」を見よ――というモチーフにおいて両者には共通性が認められるし、オークショットがGeneral Editorを務めていた『ケンブリッジ・

ジャーナル』にポランニーの論文（"On the Introduction of Science into Moral Subjects," in *The Cambridge Journal*, Vol. VII, No. 4, 1954, pp. 195-207）が掲載されている点をも考え合わせると、「二人のマイケル」という問題設定は、現代思想史の先端部分と触れあってくるだろう。オークショットの知識類型論は、そうした広がりの《場》で捉え直す必要がある。

＊　＊　＊

オークショットは自己の定義に従って「哲学者」である。彼は「哲学」を、「自己自身にたいして批評的《クリティカル》になった経験、徹頭徹尾それ自身のために追求される経験[23]」と定義している。「哲学」は「経験の諸様態《モード》」――歴史・科学・実際的活動――と同一レベルの一様態《モード》ではない。「哲学」は他の「経験の諸様態《モード》」にたいしてメタ・レベルに立つ経験、あるいは歴史・科学・実際的活動を「限定された抽象的な経験」（すなわち「経験の様態《モード》」）と見なす見地それ自体のことだといってもよい。（じっさい、『経験とその諸様態』全体をつうじて、「哲学的経験」は「実体」としては明示されず、歴史・科学・実際的活動を「経験の様態《モード》」として見るまなざしの果てに想定されるだけである）。しかし人間の現実的生《ライフ》はつねに「経験の諸様態《モード》」のなかで生ずる。だからこそ「ひとは、哲学者であり同時にそれ以外のなにものでもないことはできない。そうであるためには、人間以上であるか人間以下であるかしなければならないだろう[24]」。「哲学者」とは、生の豊饒を裏切り「精神の明晰さ」をもとめる「思考の犠牲者[25]」である。「哲学の本質は、他人を説得することにではなく、われわれ自身の精神を明晰にすることにある[26]」。神の福音を説く者が哲学者なのではない。また、実際的な利害関心に密着した知恵の伝達者が哲学者であるわけでもない。

哲学をポピュラライズするとは、とりもなおさず、哲学の品質低下をきたすことである。万人に哲学者たれともとめることは、万人に下落した哲学者たれともとめることである。おそらく、灰色をもとめて緑をよろこんで譲り渡す人などほとんどいないであろう。だが、そうした少数者だけが哲学にいたる道の途上にあるのだ。そして福音の代わりに、（実際的生活に関して）哲学がわれわれに提供しうる最大限度は、ひとつの脱出口、それもおそらくはわれわれに開かれている唯一の完璧な脱出口なのである。(27)

あきらかにヘーゲル『法哲学』の「序文」を念頭におきながら書かれたこの文章は、同時にヴィトゲンシュタインの「ハエとハエとり壺」のメタファー（「哲学におけるあなたの目的は何か。ハエにハエとり壺からの出口を示してやること」『哲学探求』三〇九）(28)を想起させもするが、これはいわばオークショット自身の「哲学」への信仰告白でもある。

オークショットが論ずる問題領域は多岐にわたる。しかし彼はどんな問題領域を論じてもただひとつのことだけを目指している。つまり、「精神を明晰にする」ことによって「脱出口」を示す、というただひとつのことをである。「脱出口」がもとめられているかぎり、彼が論じる問題領域をめぐる状況はおおむね否定的《ネガティヴ》なものとして現われている。要するにひとつのカオスとして現われている。カオスをカオスとして知ることが、そこから脱け出すための第一条件である。K・マイノウグはそのオークショット論に「果てしない政治の大海」という副題をつけている。いうまでもなくこれは、「政治教育」のなかの次のような有名な文章に由来している。

政治的活動において、人びとは、底も知れず、果てしのない海原を航海している。そこには、避難のための港も、投錨のための底地もない。また出航地もなければ、定められた目的港もない。その企ては、船を水平にたもって浮かび続けることである。海は、友であるときもあれば敵であることもある。船乗りの技倆は、どんなに敵対的な状況からでも友を作るために、行動の伝統的なやり方のなかにある諸々の手だてを使うことにある。(29)

ことは「政治」に限定されない。オークショットにとっては、彼の眼の前に広がる「世界」自体が「海図なき海」として映じている。「海図なき海」に乗り出した船乗りが、おそらくまず最初になすことは、天空の星によって自己の位置を確認し方位を定めること、要するに「世界」を一定の仕方で「分節化」(articulate) することである。オークショットはどのような問題領域について論じる際にも、つねに「海図なき海への航海者」として振舞う。「海図なき海への航海者」がなんらかの仕方で未知の海を分節化してゆくのと同じく、彼は問題領域をめぐる混沌《カオス》状態を彼なりの仕方で整理・弁別することから議論を開始する。具体的には、「定義」というスタイルが彼の思考の出発点である。

『経験とその諸様態』では、まず「経験」を「定義」し、「経験の諸様態」を「定義」し、そのことによって「諸様態」間の混同によってもたらされる思考の混乱を斥けようとする。それが彼にとっての、少数者のみに許された「哲学」の高貴な実践であるはずだが、彼の reflection は、「哲学」そのもののなかに「なにか退廃《デカダント》したもの、なにか堕落したもの」[30]を見いだしてしまう。彼の「哲学」は、結局のところ、現実的「生」に一指も触れないままであることに彼は気づかざるをえない。「思考の犠牲者たち」は、「生への裏切り者たることを自己告白する人びと」[31]である。『経験とその諸様態』は、ヘーゲル的な「哲学」への信仰告白によってはじまり、ファウスト的な（あるいはニーチェ的ですらある）「哲学」への不信の告白によって終わる。

その後オークショットの reflection は、もっぱら「実際的活動」の世界に向かうことになる。それにともない、ターミノロジーのうえでも、「経験」は「活動」に、「経験の様態」は「活動のイディオム」に変化し、「科学」「歴史」「実際的活動」等はそれぞれに個有のイディオムによって構成される「ディスコースの宇宙」として捉えられるようになる。たんにターミノロジーが変化しただけではない。さらに重要なことは、『政治における合理主義』への「序言」において明言されている――「詩についてのエッセイは、『経験とその諸様態』における馬鹿げた文章の、遅ればせの撤回である」――ように、「科学」や「歴史」を相対化する「実際的活動」をも相対化するものとして、「詩」が語られるようになる（とくに「人類の会話における詩の声[32]」）。オークショットにとって「詩」は、「世界」を分節化するひとつのやり方ではなく、あるがままの「世界」をあるがままに「享受」することなのだ。彼は「明晰さへの意志」の限界に「詩」を見いだす。彼はホッブズの『リヴァイアサン』に関連して、「われわれは文明というものをなにか堅固で外在的なものだと思いがちだが、根底において文明とはひとつの集合的な夢なのだ[33]」と書いている。文明が人類の「集合的な夢」であるならば、「詩」とは、夢のなかのもうひとつの夢である。――「詩とは一種の隠れんぼ、生という夢のなかのひとつの夢、麦畑に生えた一輪の野生の花なのだ[34]」。

オークショットが「詩」の安らぎについて語るとき、それは「海図なき海への航海者」がふともらすつぶやきのように、われわれの胸を打つ。いっさいの先行的「目的」を拒否し、「conscience（意識＝良心）の圧政[35]」に抗して、人間の自由、真の意味での「実際的活動」を擁護しようとしてきた彼が、一瞬垣間見せるこの自己放棄にも似た姿を、いったい誰が非難できよう。彼は主観性を徹底させることで、じつは「無私」を索めていたのかもしれない。

先走りはやめよう。われわれはオークショットを「読む」ことで、結局のところは、「内省」（「灰色」の理論）の果てにその限界として「外部」（「緑に茂る生命の黄金の樹」）を見いだすという凡庸な物語を反覆することになるのかもしれない。しかしそれがオークショットの「内省」がわれわれに要求していることだとすれば、いたし方ない。オークショットの読み難い文章――じっさい彼の文章は読み難い。一単語・一文章は平明なのだが、全体としてなにか「はぐらかされた」という印象をぬぐいきれない――につきあっていると、クリックのように「おそらく、彼は理解されることを望んではいまい。もしそうなら、なぜ書くのか[36]」と啖呵を切りたくもなるが、しばらくはオークショットを「読む」こと、「オークショットの世界」自体を「分節化」する試みに専心しよう。

（1）福田歓一「イギリスにおける政治学――その戦後の問題と研究体制」日本政治学会編『年報政治学一九五八』岩波書店、一九五八年、一四〇頁。

（２）田口富久治「イギリスの政治学と政治学界」『現代政治学の諸潮流』未來社、一九七三年、五一―五二頁（初出は「未来」第三八号、一九六九年一一月号）。

（３）管見の範囲内では、奈良和重氏による書評「紹介と批評　マイケェル・オークショット『政治における合理主義、その他の論集』」（『法学研究』、第三八巻第三号、一九六五年）があるのみ。ただし、小川晃一「保守主義的態度」（『思想』第四六号、一九六一年八月号）は、直接オークショットに言及してはいないが、教義〔ドクトリン〕としての「保守主義」ではなく、保守的な「習性〔ディスポジション〕・態度〔アティチュード〕」を論じようとする姿勢において、オークショットの「保守的であることについて」（"On being Conservative," in *Rationalism in Politics*）と発想を共有している。

（４）B. Crick, "The World of Michael Oakeshott," in *Political Theory and Practice*, 1972〔バーナード・クリック「マイクル・オークショットの世界」（香西純一訳）『政治理論と実際の間』２、みすず書房、一九七六年〕. なお、cf. B. Crick, *In Defence of Politics*, 1962〔『政治の弁証』（前田康博訳）岩波書店、一九六九年〕.

（５）当然、本稿は渋谷論文から多大の示唆を得ている。とくに、オークショットにおける「哲学と生の二律背反」という指摘は、貴重なものである。なお、M. Oakeshott, *Hobbes on Civil Association*, 1975 の書評として、有馬忠宏「オークショットのホッブズ解釈について――『ホッブズの市民社会論』（一九七五年）を中心として」（『同志社法学』第二九巻六号、一九七八年）がある。

（６）この点については、拙稿「現代英国政治思想の系譜（１）――クランストンからバジョットへ」（『埼玉大学紀要』〔社会科学篇〕第二七巻、一九七九年。【本書４】）を参照されたい。

（７）G・オーウェル「政治と英語」（工藤昭雄訳）『オーウェル著作集』Ⅳ、平凡社、一九七一年、一一六―一二八頁、参照。なお丸山真男が、「ハロルド・ラスキの名は我国できわめてポピュラーである。世界の第一線に立つ政治学者のうちでも群を抜いて有名である。この名声が果してラスキの政治学者としての客観的評価に基いたものであるかどうかには若干の疑問が投げられるかもしれない。ラスキ以外の政治学者が知られている程度とあまりに懸隔があるという事実は、その疑問を一層濃化する。むしろ彼がロンドン大学の政治学講座を担当する傍ら、労働党のブレインとして華々しい活動をしていることが我国のジャーナリズムの上に彼の名を一きわ浮び上らせた所以であろう。英米の政治学界では、彼の最近の著作があまりに啓蒙的な時論に傾いて本格的な研究が乏しいという非難もあるようである」（「ラスキのロシア革命観とその推移」『増補版　現代政治の思想と行動』未來社、一九六四年、二二四頁）と書いて、上すべりのラスキ・ブームに疑問を呈したのは、一九四七年のことである。

（８）K. Minogue, "Michael Oakeshott ―― The Boundless Ocean of Polities," p. 132〔邦訳、一六七頁〕.

(9) M. Oakeshott, *Rationalism in Politics*, p. 95.
(10) *Ibid.*, p. 101.
(11) *Ibid.*, p. 36.
(12) *Ibid.*, p. 72.
(13) *Ibid.*, p. 21.
(14) 水田洋・田中浩訳『世界の大思想』13、河出書房新社、一九六六年、一三九―一四〇頁。
(15) Oakeshott, *op. cit.*, p. 7.
(16) *Ibid.*, p. 10.
(17) Minogue, *op. cit.*, p. 129〔邦訳、一六四頁〕.
(18) *Ibid.*, p. 130〔邦訳、一六五頁〕.
(19) Oakeshott, *op. cit.*, p. 23.
(20) *Ibid.*, p. 5.
(21) 栗本愼一郎『ブダペスト物語』晶文社、一九八二年、二七五―二七六頁。
(22) Oakeshott, *op. cit.*, p. 8.
(23) M. Oakeshott, *Experience and its Modes*, 1933（reprinted 1966, 1978）, p. 82.
(24) *Ibid.*, p. 3.
(25) *Ibid.*, p. 2.
(26) *Ibid.*
(27) *Ibid.*
(28) 藤本隆志訳『ヴィトゲンシュタイン全集』第八巻、大修館書店、一九七六年、二〇五頁。なお、参照、V・メータ『ハエとハエとり壺』（河合秀和訳）、みすず書房、一九七〇年。
(29) Oakeshott, *Rationalism in Politics*, p. 127〔邦訳、四〇三頁〕.
(30) Oakeshott, *Experience and its Modes*, p. 356.
(31) *Ibid.*, p. 321.
(32) "The Voice of Poetry in the Conversation of Mankind," in *Rationalism in Politics*, pp. 197-247. なお、オークショットにおける「詩」

の位置については、cf. W. H. Greenleaf, *Oakeshott's Philosophical Politics*, 1966, pp. 30-35.

(33) "Leviathan: a myth," in *Hobbes on Civil Association*, 1975. p. 150（Original Title, "The "collective dream of civilizatiion"," in *The Listener*, XXXVII, 1947, pp. 966-7).

(34) Oakeshott, *Rationalism in Politics*, p. 247.

(35) これは筆者の造語だが、オークショット自身、文脈は異なるが、「意味の専制政治」（despotism of significance）という表現をしている（*Experience and its Modes*, p. 20）。

(36) B. Crick, *Political Theory and Practice*, p. 134〔邦訳、二七頁〕.

6　現代英国政治思想の系譜（2）——M・オークショット論覚書（その2・完）

〈1987〉

〔『埼玉大学紀要〔総合篇〕』第五巻〕

I　《明晰さ》への意志

オークショットを「読む」こと

哲学者オークショットにとって哲学の使命とは、「精神を明晰にする」ことによって「脱出口（escape）」を示すことであった。われわれはそれを「《明晰さ》への意志」と名づけよう。たしかにオークショット的定義に従えば、「《明晰さ》への意志」とは範疇錯誤の批判を免れえない。なぜなら、完璧な《明晰さ》（整合性）は哲学的経験の属性であり、「意志」は実際的経験のカテゴリーだからである。しかし、オークショットは同時に、哲学とは「完全に整合的な経験の世界によってのみ満足しようとする決意」であり[1]、その決意を行き着くところまで貫き通そうとする「気分」であるとものべている[2]。「《明晰さ》への意志」は哲学の動機ではない。同様に「脱出口」もまた哲学の目的ではない。われわれは、このような了解のもとに「《明晰さ》への意志」という用語を用いよう。そしてオークショットは終始一貫、このような意味での「《明晰さ》への意志」を放棄したことはなかった。

政治哲学者オークショットの思索の集大成ともいうべき『人間営為論』の「序文」では、「哲学的反省」について次のようにのべられている。

（本書において）哲学的反省とは、すでに理解していることを他のタームで理解しようとする者の冒険と見なされている。そして、この冒険において、追求される理解（それ自体不可避的に条件つきの理解）は、享有されている理解の諸条件の開示であって、享有されている理解の代替物ではない。哲学的反省にもっともふさわしい表現形態はエッセイ、（たとえば旅行者の話のように）語ることがあたかも実際に一緒に旅をしているような気分にさせてくれるエッセイ、辿るべきコースはあるが目的地はない知的冒険である。哲学的エッセイは、しばしば、いいすぎることへの恐れからあまりにも少なく語ることによって、多くのものを読者の側に委ねる。哲学的エッセイの注意力は集中されるが、すべての議論の細部に細心の注意を払うために立ちどまるわけではない。哲学的エッセイの雰囲気は用心深くはあるが、防禦的ではない。それは個人《パーソナル》に根ざしてはいるが、けっしてたんに「主観的」ではない。それは、みずからが企投する結論の条件つきの性格を隠すことはない。それは開明するが訓令しない。要するに、哲学的エッセイは、平静なときに回想された、熟考された知的冒険にほかならない(3)。

この文章には、「オークショットの世界」を分節化しようとするわれわれの試みを刺激するさまざまな示唆が凝縮されている。まず第一に、「精神を明晰にする」とは、われわれの知識に新しい情報・知見を付加することではなく、「すでに理解していることを他のタームで理解すること」であることが示唆されている。第二に、「精神を明晰にすること」によって「脱出口」を示すとは、現にある実在に代わってまったく別の実在（代替物）を示すことではないことも示唆されている。第三に、哲学的反省が「辿るべきコースはあるが目的地はない知的冒険の旅」であることが語られている。さらに、ポランニーとの関連で「個人的《パーソナル》」と「主観的《サブジェクティブ》」の区別、および「開明」と「訓令」の区別にも注目すべきであろうが、「オークショットを『読む』こと」に関してとくに重要なのは、第三の点である。彼は「『リヴァイアサン』序説」で、哲学の文体を「黙想」型と「説教」型に区別して、ほぼ次のようにのべている。すなわち、前者のタイプの著者は読者を「彼らの精神の内奥の活動場」へと招き入れ、後者のタイプのように、精確に定式化された教義を与えて読者に門前払いをくわせることはない。「対話の形をとるか否かにかかわらず、彼らにとって哲学とは会話である」。それに対し後者のタイプの著者（もちろんホッブズはこのタイプに属する）にあっては、「彼が語ることは、すでに思考の過程での疑念やためらいから完全に解放されている。読者に与えられるのは、ひとつの残滓、留出物にすぎない。そのような文体の欠点は、読者の側には受容するか拒絶するかの二者択一しか残されていないことである。それが新鮮な思考を鼓吹するとしたら、それはただ対立によってだけである」(4)。

オークショットの「哲学的エッセイ」の文体は、いうまでもなく「黙想」型の典型である。オークショットを「読む」ことは、彼の「精神の内奥の活動場」に参入することである。オークショット論の文体がオークショット的になるのは、いわば不可避的である。また、たしかにオークショットの著作は「多くのものを読者の側に委ねている」。しかし、そこから帰結するのは読者の側における「解釈の自由」ではなく、解釈することの不自由、あるいはオークショットの議論を「別のターム」で定式化することの困難さである。彼の著作は読者に受容か拒絶かの二者択一を強制しないが、読者がそれをただ「反復」することに終始する危険性は多大である。彼の哲学的エッセイは、辿るべきコースはあるが目的地はない知的冒険の旅の回想であるという。他人の旅行記を読むことによって書かれた二番煎じの旅行記ほど退屈な代物はあるまい。おそらくオークショットが読者に委ねているものは、彼の知的冒険の旅をいたずらに「反復」することではなく、ときには彼が辿ったコースを大きく逸脱しながら、われわれ自身の旅のコースを辿ることであろう。そしてこの旅にもまた、あらかじめ定められた目的地があるわけではない。

（1）M. Oakeshott, *Experience and its Modes*, 1933, p. 347.
（2）*Ibid*., pp. 2, 83.
（3）M. Oakeshott, *On Human Conduct*, 1975, p. vii. なお本稿の目的は、『人間営為論』にいたるまでのオークショットを理解することであるので、『人間営為論』は直接には論じられない。
（4）M. Oakeshott, "Introduction to "*Leviathan*"," 1946, p. xviii. この「序説」は後に M. Oakeshott, *Hobbes on Civil Association*, 1975 に収められたが、その際にかなりの修正が施されているので、本稿の目的に即して初出に従う。

『経験とその諸様態』の議論

『経験とその諸様態』[1]は、「経験という公海」（p. 346）を「できる限り底荷《バラスト》の重さから自由に航海しようとする試み」（p. 8）である。それは経験という「海図なき海」のうえに航海可能なさまざまの航路《コース》を見いだし、底荷の重さのために「経験の抽象的世界という群島」（p. 345）に碇泊してしまった船に、その「囚われ」の状態からの「脱出口」を示そうとする試みである。以下においてわれわれは、（i）経験の一般的性質について、（ii）経験における限定としての様態的経験の一般的性質およびその代表例としての歴史的経験・科学的経験・実際的経験について、（iii）限定なき経験としての哲学的経験の一般的性質およびそれと様態的経験との関係について、という順序で、若干のコメントを付しながら、『経験』の議論を（あえて！）要約してゆくことにする。『経験』の議論についてのもっともすぐれた要約はグリーンリーフのものである。[2] しかし彼は『経験』と『人類の会話における詩の声』（これは『経験』の全面的改訂版ともいえる）とのあいだに本質的差異を認めないので、後者のターミノロジーで前者の様態論を再構成している。そのため、どこまでが『経験』の議論で、どこからが『人類の会話における詩の声』（および、それをふくむ『政治における合理主義』全体）の議論であるかが不分明になっている。われわれは、グリーンリーフとは反対に、両者のあいだには本質的差異があると考えるので、以下においては、もっぱら『経験』のタームの内で『経験』の議論を要約する。

（ⅰ）オークショットのいう「経験」とは、事後的な分析によってそこから主体と世界とが抽象として立ち現われてくるような「具体的全体」である。

「経験」とは、分析によって「経験すること」と「経験されるもの」へと分離される具体的全体である。経験することと経験されるものは、別個のものと考えられるなら、無意味な抽象である。両者は、事実、分離されえない。たとえば、知覚することは知覚されるなにものかをふくみ、意志することは意志されるなにものかをふくんでいる。……経験されるものの性質は、もっとも厳密な意味において、それが経験される様式《マナー》と相関的である。（p. 9）

そのようなものとしての経験とは、具体的にいえば、感覚・知覚から意志にいたるまでの人間の精神活動全般を意味する。オークショットはとくに、判断や思考以前に独立した感覚の領域が存在すると見なしその感覚と経験とを同視する感覚主義（sensualism）的見解を批判して、経験がなによりもまず「判断」であり「思考」であることを強調する。たしかに、われわれはまず目や耳として、次いで頭脳として世界に対面するわけではない。われわれはつねに・すでに「一体性をもった持続的自己」として世界に対面している。このような自己の相関者としての経験こそが唯一リアルな世界である。

感覚作用における自己とは、感覚作用における対象と同様に、たんなる抽象であり、あるときには視覚と、またあるときには聴覚と同一視され、つねに持続性と個体性を喪失している。（p. 13）

経験はそのもっとも原初的形態においてさえ、すくなくとも意識を包含する。たんなる無規定的な「これ」ないしはむきだしの「ここ」を意識することは不可能である。いかに単純な経験であれ、そのなかにはつねに完全には無規定的でないなにかが存在し、かつ白紙の無規定性の状態を超越してしまったものはなんであれ、同時に孤立・単一性・無関係性の状態をも超越してしまっている。あるものを意識することは、ある程度において、それを認知することである。そして、認知はただちにわれわれを判断・推論・内省・思考のなかへまき込む。意識はさらに、たんなる感覚作用の一時的状態を超越する主体を要請する。すくなくとも、ある程度において組織化された調和的な一体の相互関連づけられた諸関係を必要とする。要するに、世界・継起ないしは関連を欠いた、純然たる孤立状態にある単独者として現われるものはすべて、経験のなかにあるとの主張を維持することはできないのである。経験はつねにどこでも意味を有している。

したがって、思考ないし判断から独立した経験の一形態としての感覚作用には、自己矛盾の宣告が下されねばならない。感覚作用と思考とのかかる絶対的分離は誤りである。思考の専制政治からの解放を要求することは、端的に、可能な経験の外部にある場を要求することである。一方で、経験における所与は、感覚作用における所与に帰属する性質のものではありえない。また他方で、知られうるものはなんであれ、（感覚作用における所与については、それが可能だと信じられているのだが）バラバラの独立した形で現われそして消えることはありえない。知られうるものはすべて、一体性をもった持続的自己にたいして訪れそして立ち去るものである。（このようなものとして捉えられた）感覚作用における自己、記憶を欠き内省の能力を欠いたこの抽象的・無規定的・一時的な自己もまたひとつの矛盾である。いかなる現実的経験のうちにも、意見・先入見・習慣・知識に充たされた自己なるものが含意されている。およそいかなる経験からもこのような自己を排除することは絶対に不可能である。むろん、それが完全な姿では現われない場合もあるし、多くの場合、われわれはその現存を意識しないこともある。しかしながら、そのような自己が経験の絶対不可欠の条件であることにかわりはない。つまり、判断から離断された感覚作用は、こ

のような自己を知ることがないがゆえに、自らの経験からの疎外を宣言しているのである。(pp. 13-14)

経験は判断であり思考である。判断や思考の外部に純粋感覚（直接的・無媒介的経験）の領域を想定することは、たんなる感覚与件の受容器官としての自己を想定することと同様に、誤りである。「思考の専制政治からの解放を要求することは、端的に、可能な経験の外部にある場を要求することである」。しかしそのような場は存在しない。感覚に代わって「知覚」を、判断や思考から独立した経験の端緒と見なそうとする試みも誤りである。「われわれは、ある意味で、われわれが認知するものだけを知覚する、つまりわれわれにとってなんらかの意味ないし意義をもつものだけを知覚するのだ。意味ないし意義が存在するところには、判断がそしておそらくは記憶もまた存在するのである。思考よりも下位にある経験とは矛盾であり、どこにも見いだされえないのである」(p. 16)。

経験が判断であり思考であるとして、では判断や思考はどこから始まるのか。レンガはまず大地に据えられねばならない。判断・思考から経験が始まると考えることは、いわば空中に浮いているレンガの上にレンガを重ねるようなものではないか。――このような疑問にたいするオークショットの答えは、判断以前・思考以前という問い方そのものを止めよ、ということにつきる。

判断の領域の外部に思考にとっての端緒を見いだすことのいわゆる必然性は、なんら必然性ではない。……この誤った経験概念が暴露され解体されうるならば、われわれはもはやそれに随伴するさまざまな誤謬に悩まされることも当然になくなるだろう。思考は生《なま》の素材、それ自体は判断ではない単一の与件を必要とするという考え方、およびそこから派生する、単一の与件の性質を発見しようとする熱意、これらは、われわれが想起しうる限り、経験のなかでわれわれはつねに現実の操作過程から独立したある素材を操作していることに気づくという事実にまで遡行せられるかもしれない。だが、この事実から、操作されているものは判断ではないと推論することは誤りである。思考には、画家の絵具・建築師のレンガに類比されうるもの――つまりその使用から離れて実在する生の素材――はなにも存在しないのだ。感覚作用は意識をふくみ、意識は判断をふくむ、そして判断とは思考なのである。これら相互は、あるものが他のものに先行し、他のものがあるものの後に従うといった関係にはない。ここにはプロセスなど存在しないのであり、あるプロセスを想定することは誤った類比の影響下にあることである。どこかにプロセスが存在することは否定できない。だがプロセスが生起するのは思考の世界の内部であり、それによって思考のある様態が他の様態にとって代わるプロセスなのである。（pp. 18-19）

思考することは感覚与件から始まるのではないし、所与の感情や知覚から始まるのでもない。思考は直接的［無媒介的］なものをもって開始するのではないし、多様なもの・矛盾したもの・無意味なものをもって開始するのでもない。経験において最初に与えられるものは、単一かつ有意味な一者であって多数者ではない。思考における所与は、われわれ自身がそのなかで意識の最初の瞬間のなかにいることに気づく複合的な状況である。媒介されたもののないしはソフィスティケートされたものと対比されるような、直接的なもののないしは「自然的」なものは存在しない。ただソフィスティケーションのいくつかの度合が存在するだけなのだ。経験におけるプロセスとは、この単一の与件の持続的限定と拡大のことであり、かつこの単一の与件はたんに保存されるためにではなく変化させられるためにも経験のいたるところで与えられているのである。経験におけるこの所与と成就されるものとの関係は、しかしながら、私がそれに適切な場所で考察しなければならないもうひとつの問題である。ここでの私の任務は、所与の一般的性質を確定することだけである。そして私の見解は、経験においてわれわれは判断をもって開始しかつ終わる、ということである。（p. 20）

判断以前・思考以前という問いが不適切であるのと同様に、あるいはそれ以上に、判断・思考を「超える」経験、「思考よりも高次の経験」（p. 20）を「直観」や「意志作用」「感情」にもとめることも不適切である。「思考を超える経験の一形態は、思考がその展開度の低い形態のそれと同一視される場合のみに必然的であるように思われる。思考は、その充全的性質においては、ある理念による存在《イグジステンス》の外在的限定ではなく、存在《イグジステンス》の自己開示である」（p. 24）。判断が「原始分割」であるにしても、「判断はたんに分析および区別であるという見解が維持せられうるためには、思考をもっとも不毛な「合理主義」と同一視すること――そして合理主義を、ヘーゲルがいうように《『あれか―これか』の合言葉》と同一視することが必要である」（p. 25）。

判断・思考「より低次」の経験も「より高次」の経験も存在しない。経験とは「単一の同質的全体」（p. 26）、端的にいえば判断であり思考である。「いかなる経験も意味の専制政治から逃れられない」（pp. 25-26, cf. p. 21）。経験はつねに・すでに思考に侵され意味に汚されている。経験には《外部》がない。経験は「巨大な内閉[3]」である。

> もちろん、思考の形態にはちがいがあるし、判断はどこでもその充全的性質において実現されるわけではない。だが、思考の一形態ではないような経験の一形態はどこにも見いだされえない。私見によれば、思考でない経験は存在しないし、経験されるもので思考でないものもありえない。したがって、理念の世界ではない経験は存在しない。（p. 26）

こうして経験は、最終的には「理念の一世界（a world of idea）」と定義される。経験になんらかのプロセスがあるとしたら、それはこの「理念の一世界」の内部でのみ生起する。経験におけるプロセスが究極的に目指すのは「完全に整合的な理念の一世界（a perfectly coherent world of idea）」の成就である。それは、すでに引用した文章のタームを用いれば、

「存在の自己開示」である。それをオークショットは「哲学的経験」と名づけ、それに対し「ある理念による存在の外在的限定」を経験の「様態」と名づけるのである。

しかし、様態論に入るまえにここで経験の一般的性質について若干のコメントを追加しておこう。まず第一に気づくことは、オークショットの議論が圧倒的にヘーゲル的思考の影響下にあるということである。この点については、「『経験』の文脈」を論ずるさいに詳細に検討されるであろう。第二に、「もっとも不毛な『合理主義』」への言及は、後に展開される合理主義批判の萌芽と見ることができよう。第三に、「自己」の問題である。オークショットは、「自己」（＝主体）の観念は世界をリアルなものとしてではなく客体的（objective）なものとして捉えようとすることから派生する観念にすぎない、と考えている。世界は客体的ではなくリアルな統一体であるから、そこには主体‐客体の分離は生じえない。「リアリティは単一の全体にのみ属する。経験の孤立した項はリアルではない」（p. 60）。「自己」とは、経験という全体世界のひとつの項にすぎない。それを孤立して論ずることはできない。しかし彼は、先に見たように、「一体性をもった持続的自己」について語っている。様態論が経験という世界の変様のプロセスの記述であるなら、そのなかでこの「自己」がどのように変様するかも同時に記述されなければならないはずだが、歴史的経験・科学的経験に対応する「歴史的自己」「科学的自己」についてはほとんど論じられずに、「実際的自己」についてだけ論じられている（p. 269ff.）。第四に、「完全に整合的な理念の一世界」を成就しようとするプロセスについてである。オークショットによれば、それは文字どおり「理念の一世界」の変様のプロセスであって、それがなにか別の世界にとって代わられるということではない。「経験において成就されるものはひとつの世界であるが、more of a world である」（pp. 29, 30, 48）。「与えられた理念の一世界ないし一システムの展開としての経験において、われわれはつねに暗示（implication）を辿って進む。われわれは所与の一世界から目を離してもうひとつ別の世界を注視するのではけっしてなく、つねにその所与の一世界が暗示している統一性を発見するために、まさしくその世界に目を向けるのである。したがって、成就されるものは、胚子の状態ないしは暗黙裡に所与のもののうちにふくまれているのである」(p. 31)。これは、『政治における合理主義』で展開される「歴史の暗示理論」[4]、ひいては伝統のなかに暗示されている「共感の探求」としての政治という考え方を、まさしく「胚子の状態」で暗示している。第五に、そしてこれがもっとも重要なポイントであるが、『経験』には「言語」への論究がまったくといっていいほど欠落していることである。様態論のなかで、「歴史の言語」(p. 104, 105)「科学の言語」(p. 170)といった表現は散見されるが、経験そのものを「言語」としてとらえる視点は存在しない。後にオークショットは、『リヴァイアサン』の認識論への注釈という形で、感覚経験の限界を打ち破り人間に理性的認識(内省)を可能にするのは「言語」であるという解釈を示している[5]。この解釈を敷衍すれば、およそ人間の経験(思考・判断)は「言語」に依存するという認識が帰結するはずである。「言語」に依存しない思考・判断は存在しない(というより、考えられない)、「言語」の《外部》は存在しない(考えられない)。「言語」は「その使用から離れて実在する生の素材」ではない。人間の経験は、端的に、「言語ゲーム」にほかならない。――いうまでもなく、このような考え方はヴィトゲンシュタインによって展開されるわけだが、『経験』の含意をヴィトゲンシュタイン的タームで再構成することは十分に可能であると思われる。事実オークショット自身、『人類の会話における詩の声』では、「経験」を「活動＝想像」(実質的には言語活動)に置き換え、「経験の様態」を「それぞれに固有なイディオムによって構成される言説の宇宙」に置き換えて、『経験』の議論を再検討しているのである[6]。『経験』から『人類の会話における詩の声』への転換の意味を探求することは、本稿全体の目的である。

(ii) オークショットによれば経験とは「理念の一世界」「整合的な統一体」である。そうだとして、では現に存在する経験の「多様性」をどう説明するのか。とはいえ、グリーンリーフが指摘しているように、「彼はそもそもなぜ経験の諸様態が生ずるのかを説明しない。彼はそれらをある意味で所与のものとして、あるいは偶然的なものとしてすら受容しているように思われる」[7]。たしかに、次のような記述は、「多様性」(すなわち諸様態)がいかにして生ずるかの説明ではあっても、なぜという問いへの答えではない。

私がこれまで示唆してきた見解は、経験は単一でありかつひとつの全体だということ、そしてそれが具体的全体と見なされるとき、そこにはいかなる等級も分岐も現われないということである。しかしながら、それにもかかわらず、ある程度においてこの具体的全体を断ち切ることが可能である。経験という全体が分裂をこうむるといってもよい。あるいはこういい換えてもよい。私は、経験のなかには経験の整合的世界の成就に向けての運動が存在すると主張してきた。しかしながらこの運動は、しばしばその目的を成就せずに終わることがすくなくない。これは、目的を成就しようとする真摯な試みにもかかわらず、その試みが挫折することによって生ずることもある。しかしより多くの場合、欠陥は、過程にふくまれている充足の規準を真剣に考慮しないことに由来する。容易に到達可能なものは、究極的にはそれだけが完全な充足を与えてくれるものよりも好まれる。経験においては、具体的理念の完全に整合的な世界をもとめて進むか、あるいは抽象的理念の限定された世界を構築してその世界を探査するために経験の主流から逸脱してしまうか、という二者択一が存在する。

経験が後者の道を選んだとき、すなわち経験が完全な整合性を充足しない地点で停止（arrest）[8]してしまったとき、経験の完全な性質の変様が生ずる。すなわち経験の「諸様態」が生ずるのである。経験の諸様態とは、したがって、経験における「停止」（ないしは「囚われ」「補縛」）「限定」「変様」であり、いわば完全な整合性を目指す「経験の主流」からの「落ちこぼれ」（「逸脱」）なのである。オークショット的な「様態」の用語法は、いうまでもなくスピノザ（「様態とは実体の変様、いいかえれば、他のもののうちに存在し、また他によって考えられるもののことである」『エティカ』第一部定義5）[9]、さらにはデカルト（「……これらによって実体が影響をこうむったり、変化を受けたりすると考えられる場合には、それらは『様態』とよばれ……」『哲学原理』第一部56)[10]に由来する。じっさいデカルト＝スピノザ的な「実体」――「属性」（ないし「性質」）――「様態」という図式自体は『経験』全体において一貫して保持されている。[11]もちろん「実体」の内容は置き換えられている。デカルトの「神」（ただしこれには「属性」「様態」がない）「精神」「物体」、スピノザの「神」に代わって、オークショットにおいて「実体」の位置を占めるのは、いうまでもなく「経験」であり、その「属性」は「思考・判断」（ないし「整合性」）であり、「諸様態」として「歴史」「科学」「実際的活動」が考えられている。デカルトにおいて「実体」としての「精神（mens）」の「属性」は「思惟（cogitatio）」であり、「思惟」の「様態」としては「悟性の認知」と「意志の活動」がある。

なぜかというに、われわれのうちに経験されるあらゆる思惟様式は、二つの一般的な様態に帰着させることができる。その一つは、認知すなわち悟性の活動であり、もう一つは意欲すなわち意志の活動である。というのは、感覚する、想像する、純粋に理解する、などのはたらきは、認知のさまざまな様態にほかならず、欲求する、忌避する、肯定する、否定する、疑う、などのはたらきは、意欲のさまざまな様態だからである。（『哲学原理』第一部32）[12]

要するにオークショットは、デカルトの「悟性の認知」に「歴史」「科学」を当てはめ、「意志の活動」に「実際的活動」を当てはめているといえる。そしてこのことは、「歴史」「科学」と「実際的活動」との間にある微妙な差異、ついには『経験』の整合性を破綻にみちびく差異の由来を暗示している。

ともあれ、経験の諸様態とは、ひとつしかない経験という実体の、いわばトポロジカルな変様を意味する。このことはただちに次の諸点を含意する。第一に、経験の諸様態は経験の世界それ自体からの逸脱ではないこと。第二に、経験の諸様態は経験の特別な種類ではないこと（経験にさまざまな種類があるわけではない）。第三に、経験のある様態は、実在の分離可能な一部ではなく、「ある限定された観点から見られた全体」であること。すなわち、経験のある様態は「経験という海に浮かぶひとつの島ではなく、経験という全体性のある限定された見方なのである。それは、（字義どおりの意味で）部分的ではなく、抽象的なのである。じっさい経験に《部分》はない、分離可能な《圏域》はないのである」(p. 71)。さらに第四に、諸様態は異なった能力の産物ではないこと、最後に、諸様態は経験の前進的発展におけるさまざまの段階ないし位階ではないこと。この最後の点は、いうまでもなくヘーゲル的な歴史的目的論への批判を意味している。

こうして経験の諸様態は、最終的には、「ひとつの同質的な、しかし抽象的な理念の世界」(p. 75) として定義される。様態論、というよりも『経験』という作品の大部分は、こうして定義された諸様態の記述とそれらの相互関係の記述に費やされている。オークショットがとりあげるのは「歴史的経験」「科学的経験」「実際的経験」の三様態であるが、様態の数は「理論上無限」であるから、三様態の選択は「恣意的」なものである (cf. p. 75)。しかし彼は、歴史・科学以外のありうべきすべての様態を「実際的経験」のもとに包摂しようとしているかにも見える。そのことも、『経験』の整合性を損なう原因のひとつになっている。各様態論のテーマは、一般的ないい方をすれば、歴史哲学・科学哲学・実践哲学のテーマと重なるといってよい。とくに「歴史的経験」論において展開される過激な「整合理論」ないし「構成主義理論」は、歴史哲学の分野で多大の議論をまき起こした(13)。しかし本稿の目的は、オークショットの歴史理論をそれ自体として論ずることではないので、以下の議論展開に必要な限りで各様態論の内容を検討する。

まず「歴史的経験」について。

経験の様態とは、ある限定された抽象的理念による経験世界の変様である。このことから、歴史的経験をたんなる出来事の連鎖ないしは総計と見なす見解は、それが世界を構成しないがゆえに斥けられる。歴史的経験は、ある抽象的理念によって「囚われ」た経験の一世界である。歴史的経験の種差 (differentia) をなす理念は「過去」、より厳密にいえば「歴史的過去」である。このことによって、さまざまな非歴史的過去（「想い出としての過去」「空想としての過去」「実際的過去」、とりわけ「政治的過去」と「宗教的過去」）の理念が斥けられる。非歴史的過去が歴史以外のなんらかの目的のために過去を利用するものであるのにたいし、歴史的過去は「過去のための過去」である。しかしそれはただちに、歴史的過去とは「かつて実際に生起したこと」である、ということを意味するわけではない。

歴史において知られうることは、「かつてあったもの」「かつて実際に生起したこと」ではない。それについてわれわれはなにも知りえない。歴史がかかわるのは、ただもっぱら、「証拠物件がわれわれに信ずるように義務づけるもの」だけである。……歴史的過去は現存する証拠物件［記録］の背後に存在するのではない。それは、現存する証拠物件が現在のなかに創造する世界なのである。（p. 108）

このことは、「あらゆる歴史は現代史である」といった凡庸な見解を支持するものではない。「歴史における過去は同時代的なるものそのものの反省ではない。それは実際的過去であって、歴史の外部に位置している」（p. 110）。このようにオークショットは、さまざまな対立的見解を批判しながら、最後に歴史的経験の一般的性質を次のように規定している。

歴史は、それが経験であることからして、経験の全体世界を組織し整合的たらしめかく維持しようとする試みである。ところで歴史の種差は、そこでは経験の全体世界を過去しかもそれ自体のための過去という形式において組織化しようとする試みがなされる、ということである。歴史的過去は、経験の一独立領域として、現在の経験世界を超越しそれに対立してあるのではない。逆にそれは、現在の経験世界のある特殊な組織化であり、過去ノ相ノ下ニ（sub specie praeteritorum）経験の全体性を組織化することである。歴史的過去はつねに現在的でありながら、なおかつ歴史的経験は過去の形態においてある。そしてこの矛盾は、われわれが歴史的理念の世界のなかにとどまる限り解決されずに残らざるをえない。歴史は、それが経験であることからして現在的であり、その事実は現在の事実であり、その世界は現在の理念の世界である。だが歴史は、それが歴史であるがゆえに、つまり過去ノ相ノ下ニおける一全体としての経験についての体系的言説（formulation）であるがゆえに、過去ではない過去、現在ではない現在の不断の断言なのである。（p. 111）

これがオークショットのいわゆる過激な「歴史の整合理論」「構成主義理論」の核心である。それは端的に、歴史についての命題と歴史的事実との対応という伝統的な真理規準の放棄をせまるものである。そもそも「事実とは所与のものではなく経験において成就されるもの」であり、「事実の意義は、つねに完成された世界という前方に存するのであって、所与の世界という後方に存するのではない。事実であるということは、理念の世界のなかに、ある必然的な位置を見いだしたということを意味する」（p. 111）から、したがって歴史的事実もまた「かつて実際に生起したこと」ではなく「証拠物件がわれわれに信ずるように義務づけるもの」であり、歴史の実在的真理もまたそのような歴史的事実相互間の完全な整合性のうちにしか存在しないからである。さらに「歴史的説明の論理」としては、「因果関係」「偶然性」の形式は斥けられ「統一性と連続性」の形式における整合性が導出される。こうした論理形式のもとに完全に整合的な歴史的経験の世界を組織化することが、歴史家の任務である。[14]

次に「科学的経験」について。

科学的経験の種差をなす理念は「自然」である。「自然とは理念の一世界である。それは《非人格的》な理念の一世界であり、したがって数量的理念の一世界である」（p. 190）。「端的にいって、自然とは数量のカテゴリーのもとで整合的に理解された世界のことである。……かかる自然は科学的方法の相関物である。それは科学的思考の産物であって、その与件ではない」(*ibid.*)「自然は、半分は神がつくり半分は人間が作った混成的世界ではない。それは数量のカテゴリーのもとに理解された世界、数量ノ相ノ下ニ（sub specie quantitatis）の世界である」（p. 198）。こうして科学的経験とは、数量ノ相ノ下ニ抽象的ではあるが整合的な経験の世界を構成することであり、それは科学者の任務である。科学的経験の論理形式としては、データの観察・実験→帰納的推論による一般化という、いわば常識的な「科学的発見の論理」は斥けられる。なぜならば、歴史の場合と同様に（cf. p. 98）、仮説は観察・実験の結果ではなくその前提であり、しかもそれらの個別的仮説は「前提のシステム」(*ibid.*) ないしは「科学的経験の世界の構造的諸概念」（p. 184）によって制約されているのだから、観察・実験→一般的仮説の設定→観察・実験による仮説の検証という順序で科学が進歩するという考えは、「前後転倒」（preposterous）の誤謬を犯していることになるからである。それにたいしてオークショットは「統計学的一般化」(p. 206)「確率」論的推論 (p. 207) の適切さを強調する。かかる論理形式のもとに、科学的経験は、「共通の、均一的かつ非人格的な世界」（p. 208）を構成する。経済学も経済現象を数量的自然のタームでとらえるかぎりにおいて「自然」科学である。政治学への言及はないが、歴史科学は不当推論ないしは範疇錯誤として斥けられる。心理学は生理学に限りなく接近することによって「自然」科学を標榜しているが、実際的活動（＝意志）や哲学（＝精神・心）との結びつきを断ち切れないでいるために、「経験の偽似‐哲学的形態」（p. 243）にとどまっている。

オークショットの科学論は歴史論ほどには注目されなかった。オークショット自身によってさえ無視されているといえる。というのもすでに指摘したように、[15] 彼は後に「政治における合理主義」において、科学的活動にも実際的知が介在するとしてM・ポランニーに言及しているが、ポランニーの「個人的知（personal knowledge）」を容認するためには、科学的経験の「非人格性」そのものが再検討されなければならない。『経験』の論理の内部で科学の人格性を認めることは、文字どおり不当推論ないし範疇錯誤を意味するからである。後のオークショットはそれを科学そのものとしてではなく

「技術」（技術的知）としてとらえ直すことによって論理的整合性を維持しようとしているかに見える。

最後に、「実際的経験」ついて。

実際的経験の種差をなす理念は非実在的理念、「いまだない（'not yet'）」ところの「あるべし（'to be'）」である。「あるべし」はたんに「いまここにない」なにかではない。それは厳密には「あるべきもの（what ought to be）」、すなわち「価値」である。実践においては「いまここにあるもの」と「あるべきもの」との分裂が不可避的な前提である。ところで、「これは価値がある」という判断は同時に「価値あるこれをあらしめたい」という欲望であるから、価値評価とは意志作用であるといえる。すなわち「実際的活動とは意志の行使である。実際的思考とは意志作用である。実際的経験とは意志ノ相ノ下ニ（sub specie voluntatis）の世界である」（p. 258）。いい換えれば、「実際的活動の世界は、一つの中心をもつ円ではなく、いわば二つの中心のある楕円で、二つの中心は意志によって一つの世界に綜合される」[16]。実際的経験とは、意志の活動（行動［action］）によって、あるべきものの理念に一致するように存在の世界を改変することである。もちろんそれは、次々と出現してくる「望ましくないもの」にたいして「望ましい」現在を保持する行動もふくむ。「保持することはつねに変えることである」（p. 257）。『経験』において、「実際的経験（practical experience）」という表現はほとんど「実際的活動（practical activity）」にとって代わられてゆく。実際的活動は、そのもっとも高次の形態としての「宗教」を代表に「道徳」「芸術」など、歴史・科学以外のすべての生の領域を包含する。それは「生の営み（conduct of life）」そのものなのだ。ただし、オークショットが後に主要テーマとする「政治」については、実際的活動と歴史との間での不当推論を論じた部分で間接的に言及されているにすぎない（cf. p. 316）。

（iii）経験の諸様態がそれぞれに「過去」「数量」「意志」のカテゴリーのもとに経験の抽象的世界を構成することであるのに対し、哲学的経験はいっさいのカテゴリーによる限定なしに「完全に整合的な理念の世界」を把握することである。「哲学的経験とは、したがって、留保や囚われ、前提や要請、限定やカテゴリーなしの経験のことである」（p.

347)。哲学的経験のこのような性格づけは、容易にヘーゲルの「絶対知」を想起させる。しかしオークショットは、経験の諸様態間に生成論的にも論理的にも上下関係を認めず——つまり、実際的活動は歴史や科学にくらべて高次な段階の経験というわけではないし、また歴史は論理的にリファインされれば科学になるというわけでもない——、各様態と哲学との間にはもっぱら論理的な優劣関係だけを認めるのである。哲学的経験は各様態の「論理的根拠」であり、経験の歴史的目的ではなく「その論理的目的、その規準である」(pp. 82, 349)。ヘーゲル哲学においては、ヘーゲルの精神そのものでもある「絶対知」が歴史的「目的＝終結《エンド》」でありかつ論理的「目的＝終結」でもあった。それゆえヘーゲルは「絶対知」の成就によって『精神現象学』を完結することができた。しかし、それほどの自負も傲慢さももちあわせていないオークショットは、哲学的経験の必然性を、「抽象あるところ具体的全体もまた必ず存在し、不完全あるところ完全が含意されている」(p. 351) というブラッドリー的レトリック (もちろんそれはアンセルムス、デカルト的な「神の本体論的証明」にまで遡ることができる) によって正当化せざるをえないのである。

もちろん、『経験』は、オークショットの定義に即して「哲学」的作品であることは疑いえない。『経験』は確かに「明晰さへの意志」に貫かれている。しかしその明晰さは、「完全に整合的な理念の世界」をすでに獲得したと自負する精神の明晰さではなく、いわばソクラテス的な明晰さとして発揮されている。オークショット自身、『経験』のテーマのひとつは「不当推論 (ignoratio elenchi) の性質の解明」(pp. 5, 353) にあるとのべているが、各様態間における不当推論ないし範疇錯誤[17] (たとえば実際的過去、科学的歴史、等々) および哲学と各様態間におけるそれ (たとえば生の哲学、哲人王、等々) への批判は十分明晰になされており、それによってわれわれは不当推論によってもたらされる思考の混乱から「脱出」することができる。しかし、そもそも哲学的経験には、たんに様態的経験の様態性への批判者および各様態間の交通整理係として諸様態のメタ・レベルに立つというだけではなく、[18] 経験を経験の内で内在的に超越する (なぜなら経験の《外部》は存在しないから) という意味でメタ・レベルに立つべき課題が託されていたはずである。しかしオークショットの哲学は、実際的経験の世界を前にして、端的にこの課題を放棄してしまう。なぜそうならざるをえないのか、また「内在的超越」(19)（それはオークショットの思想の基調をなすテーマである）の課題はなにに託されることになるのか。この議論に立ち入る前に、われわれは、これまでみてきた「『経験』の議論」がいかなる思想史的文脈に属するのかを検討しよう。

（1）Oakeshott, *Experience and its Modes*. 以下本文中の（　）内の数字は、とくに断わらないかぎり、本書からの引用頁を示す。
（2）W. H. Greenleaf, *Oakeshott's Philosophical Politics*, 1966, pp. 17-36.
（3）橋爪大三郎『言語ゲームと社会理論』勁草書房、一九八五年。本稿におけるヴィトゲンシュタイン理解の多くを本書に負うている。
（4）渋谷浩「自然法なき保守主義」飯坂・渋谷・藤原編『現代の政治思想』理想社、一九八一年、一二九頁。
（5）Oakeshott, "Introduction to "*Leviathan*"," p. xxiv. なおこの点については、拙稿「ホッブズとヘーゲル——比較研究的解釈試論」『理想』第五一〇号【本書2】、一九七五年一一月号、九九頁参照。
（6）オークショットと後期ヴィトゲンシュタインとの関係に注目するものとして、H. F. Pitkin, *Wittgenstein and Justice*, 1972（本書の最終章が、「ヴィトゲンシュタインと政治——政治理論と現代の苦悶」（柴田正良訳）『現代思想』総特集ヴィトゲシュタイン、一九八五年、青土社に訳出されている）; ——"The Roots of Conservatism: Michael Oakeshott and the Denial of Politics," *Dissent* 20: 4, 1973; ——, "Inhuman Conduct and Unpolitical Theory: Michael Oakeshott's *On Human Conduct*," *Political Theory*, Vol. 4, No. 3, 1976; P. Winch, *The Idea of a Social Science*, 1958（P・ウィンチ『社会科学の理念』森川訳、一九七七年、新曜社）; W. H. Greenleaf, "Idealism, Modern Philosophy and Politics," in P. King & B. C. Parekh (ed.), *Politics and Experience*, 1968; D. Bloor, *Wittgenstein: A Social Theory of Knowledge*, 1983; C. Covell, *The Redefinition of Conservatism*, 1986 などがある。とくにコヴェルの著作は、J・ケーシー、M・コウリング、S・R・レトウィン、R・スクルートンそしてオークショットら現代英国の保守主義者たちの思想的源流を後期ヴィトゲンシュタインにもとめるという注目すべき論点を提示している。なお、ヴィトゲンシュタインの言語哲学の「保守性」については、J・ハーバーマス「ヴィトゲンシュタインの帰還」『哲学的・政治的プロフィール』（上）（小牧・村上訳）、一九八四年、未來社、一五頁。
（7）Greenleaf, *Oakeshott's Philosophical Politics*, p. 94. なお、cf., R. G. Collingwood, *The Idea of History*, 1946, p. 156.
（8）〈arrest〉についてはすでに「切り取り」（ケネス・R・マイノウグ「マイケル・オークショット」（半澤・塚田訳）『現代の政治哲学

者』、南窓社、一九七七年、一六〇頁)、「囚われ」(渋谷、前掲論文、一二二頁)、「補縛」(B・クリック「マイクル・オークショットの世界」(香西訳)『政治理論と実際の間』2、一九七六年、みすず書房、八頁)といった訳が示されている。たしかに経験の諸様態とは、ある限定された観点から経験の全体世界を「切り取る」ことであるし、あるカテゴリーの内に「補縛」され「囚われ」た経験でもある。しかし、「切り取り」が様態の部分性を含意しているとしたら、それは不適切である。後にのべるように、各様態は経験全体の一部ではない。その意味では「補縛」「囚われ」に従うべきかもしれないが、この文脈では単純に「停止」(ないし「停滞」)が適切であろう。

(9) 渋谷、前掲論文、一二二頁参照。

(10) デカルト『哲学の原理』(井上・水野訳)『世界の名著』22、一九六七年、中央公論社、三五六頁。

(11) このことは「政治における合理主義」のデカルト主義批判と矛盾するものではない。オークショットが批判するのはデカルトそのものではなく、デカルトの懐疑の徹底性を欠いた「デカルト主義」である。

《デカルトは、その懐疑主義を自ら実行することにおいて、ベーコンよりも徹底している。彼は、最後には、方法こそが唯一の探求手段であると思うことは誤りであることを承認するにいたる。技術の主権性が一転して一個の夢に転じ、実在ではなくなる。けれども、彼の後継者たちがデカルトから学んだと信じた教訓は、技術の主権性であり、誤ることのない方法の可能性についての彼の懐疑ではなかったのだ。

歴史の簡略化を許してもらえば、合理主義的性格は、ベーコンの夢の誇張とデカルトの懐疑の無視から生じたといえよう。近代合理主義とは、凡庸な精神が卓越した天才の直観から捏造したものである》(M. Oakeshott, *Rationalism in Politics*, 1962, p. 17)。

(12) デカルト『哲学の原理』、三四六頁。

(13) オークショットの歴史理論への最初の論評として、Collingwood, *op. cit.*, pp. 151-159.「整合理論」については、W. H. Walsh, *Philosophy of History*, 1960.「構成主義理論」については、W. H. Walsh, "Bradley and Critical History," in A. Mansen & G. Stock (ed.), *The Philosophy of F. H. Bradley*, 1984 および W. H. Dray, "Michael Oakeshott's Theory of History," in *Politics and Experience*. オークショットの極端な構成主義にたいしては、コリングウッド、ウォルシュを代表に批判が多いが、弁護論としては J. W. Meiland, *Skepticism and Historical Knowledge*, 1965 がある。

(14) オークショットの歴史理論をわれわれなりに再構成すれば次のようになろう。――歴史とは端的に言説の世界である。「かつて実際に生起したこと」(歴史的所与)とそれについての言説(歴史的記録)との間の写像関係についてわれわれは検証しえない。なぜなら、「かつて実際に生起したこと」についてわれわれはなにも知りえない(語りえない)からである。われわれにできることは、現在入手しうる過去の出来事についての過去の記録から過去の出来事についてのわれわれの言説を現在の時点で編成することである。そして、新たに「発見」されるでもあろう記録をも矛盾なく組み込めるように、たえずその言説を再編成しつづけることである。歴史とは、「統一性と連続性」というルールのもとに営まれる言語ゲームにほかならない。このゲームへの参加者が歴史家である。――これはけっしてわれわれの恣意的な解釈ではない。じじつオークショットは後に「歴史家たる者の活動」（"The Activity of being an Historian," in *Rationalism in Politics*）において、「さまざまな活動は、子供たちが自分たちで発明するさまざまなゲームと同様に、素朴な形で出現する」（*ibid.*, p. 137）とのべ、近代における「歴史的活動」というゲーム（言説の宇宙）の発明と、それにふさわしいゲームの規則（イディオム）について論じているのである。

(15) 拙稿「現代英国政治思想の系譜（2・その1）」『埼玉大学紀要』（社会科学篇）第三三巻、一九八五年【本書5】。

(16) 渋谷、前掲論文、一二五頁。

(17) 「範疇錯誤（category-mistake）」の概念は、G・ライルが『心の概念』（G. Ryle, *The Concept of Mind*, Penguin University Books, 1949, pp. 17ff.）において一般化したものである（G・J・ワーノック『現代のイギリス哲学』坂本・宮下訳、一九八三年、勁草書房、一三二頁参照）が、内容的にはオークショットの「不当推論」に等しい。なお、ライルの「実際知（knowing how）」およびポランニーの「暗黙知（tacit knowledge）」とオークショットの「実際的知（practical knowledge）」との類似性については、井上達夫『共生の作法――会話としての正義』創文社、一九八六年、二四五、二七〇頁参照。この点についてはH・ピトキンによる指摘がある。Cf. H. F. Pitkin, "The Roots of Conservatism," p. 499. グリーンリーフは、オークショットの政治思想と『オルド』グループ（雑誌 *Ordo* に依拠するオイケン、レープケ、リュストウ、ハイエク、ド・ジュヴネルら）との類似性に関連してポランニーに言及している。Cf. Greenleaf, *Oakeshott's Philosophical Politics*, p. 83.

(18) 「経験の諸様態への批判としての哲学の機能は、限定ないし制限なしの経験という哲学の性質に由来している。そして哲学を、経験の多様な限定が行なう論争のたんなるレフリーと見なすことは、哲学をより低次のものと見なすこと、その限りにおいて哲学以外のものと見なすことである」（*Experience and its Modes*, pp. 352, 353）。

(19) Cf. D. Germino, *Beyond Ideology*, 1967, p. 139（D・ジェルミイノ『甦える政治理論』奈良和重訳、一九七一年、未來社、二〇九頁参照）。ただし、ジェルミイノが、オークショットにおける「水平的超越性」「内在性のなかでの超越性」は「正しい秩序の神の尺度へ向かって魂をふたたび開示することにも似たものである」ととらえるのに対し、われわれは、オークショットの「内在的超越」が指し示すものは、究極的には《無》であると考える。

『経験とその諸様態』の文脈

オークショットは「『リヴァイアサン』序説」において、「（政治哲学の）傑作は、それへのたんなる注釈にすぎない二流の作品のための規準と文脈を提供する。だが、傑作それ自体の文脈、そのなかで傑作の意味が開示される背景は、事柄の本性上、政治哲学の歴史よりも狭いものではありえない」[1]とのべている。コリングウッドは『経験』とりわけその歴史理論を「英国の歴史思想の高水位標（high-water mark）」[2]と評しているが、初版一〇〇〇部を売りつくすのに三一年かかったという『経験』が全体として哲学史に大転換をもたらすほどの「傑作」であるか、あるいは「二流の作品」にすぎないかは、議論の分かれるところであろう。いずれにせよわれわれは、『経験』の文脈を考えるさいに、哲学史全体という「大きな文脈」と同時代史的背景という「小さな文脈」双方への引照を必要とする。[3]

まさしくこの点に関してオークショットは、『経験』の「序論」において、『経験』における彼の見解は「その価値あるもののすべてを、観念論（Idealism）といういささかあいまいな名称で知られているものとの類似性から引きだしている。私がもっとも多くのものを学んだと自覚している著作は、ヘーゲルの『精神現象学』とブラッドリーの『現象と実在』である」（p. 6）と明言している。このことは、『経験』を『精神現象学』と『現象と実在』への「注釈」として読むことに根拠を与えるであろう。しかしオークショットは、ひとつには「忘れてしまったために」（!）、もうひとつには「哲学における権威」を認めないという積極的理由から、『経験』における議論の出典・論拠を明示しない（cf. p. 8）ため、どこがヘーゲルに依拠する部分でありどこがブラッドリーに依拠する部分であるかは不分明である。また、オークショット自身が忘れてしまった出典・論拠をいちいち詮索することが、格別にオークショット理解に資するものとも思われない。われわれは、先の明言から、「大きな文脈」としての「観念論」およびヘーゲルと、「小さな文脈」としてのブラッドリーについて検討したい。

グリーンリーフは、オークショットのいう「観念論」を、「先験的実在論（transcendental realism）」と「経験的唯名論（empirical nominalism）」との対立を綜合・止揚する思想としてとらえている。すなわち「観念論」とは、「実在論の論理的確実性と実際の経験の世界とを結びつけるような説明の形態(4)」のことであり、「あらゆる種類の経験をもっとも整合的かつ包括的な方法で説明し、この経験に内在している論理を開示しようとする哲学ないし思惟方法(5)」として規定されるとする。たしかにオークショット自身、「唯名論の個物と実在論の普遍はともに経験の性質とは無縁である」（p. 46）とのべているように、彼の経験概念が唯名論と実在論との対立の止揚をその内容の一部としていることは疑いえない。しかし、普遍概念の実在・非実在を規準とする実在論・唯名論というスコラ哲学的概念から直接に「観念論」を説明することは、哲学史の理解として妥当性を欠く。また、オークショットが「観念論」を名のることによって対決しようとしている哲学的伝統は、実在論と唯名論そのものではない。論文「政治における合理主義」において、近代合理主義の起源をベーコンとデカルト主義にもとめていることからも理解されるように、オークショットが対決しようとしている哲学的伝統は、英国経験論（ベーコン――ホッブズ――ロック――バークリー――ヒューム）と大陸合理論（デカルト――スピノザ――ライプニッツ）の双方を意味している。そして、これら双方の一面性の克服を課題としたのが、カントの批判主義にはじまりヘーゲルにおいて頂点に達する「ドイツ観念論」の系譜にほかならない。このような意味での「ドイツ観念論」との関連を抜きにして、オークショットの「観念論」を理解することはできない。グリーンリーフは実在論と唯名論との対立の綜合・止揚として「観念論」をとらえているために、「観念論」のもっとも大きな特徴、すなわち「経験はいかにして可能か」という問いへの応答としての「観念論」の特徴を欠落させている。たしかにオークショットは、経験の構成という問題には深入りせずに、すでに構成されたものとしてある経験をその内在的論理に即して整合的に「説明」することに精力的に取り組んでいる。しかしそれだけが「観念論」のメルクマールというわけではない。むしろそれは、「アングロ・サクソンの気使いによって変容されたヘーゲル主義(6)」の特徴というべきである。

周知のように、カントは経験を超越論的主観による構成として基礎づけた。ヘーゲルはカントの超越論的主観を歴史に内在させることによって、世界そのものを「絶対精神」の自己差異化のプロセスとして理解した。カントがいわば共時的論理空間のなかで分割した理性（理論理性・実践理性・判断力）の統一性を、ヘーゲルは歴史のなかで回復したともいえる。すくなくともヘーゲル自身はそれによってカントの批判主義の「限界」を克服したと信じたのである。このような理解からすれば、オークショットの「観念論」は、「超越論的主観を欠いたカント主義」「歴史的目的論を欠いたヘーゲル主義」に見える。[7] だから、『経験』の議論はいたるところでカント的（新カント派的）であると同時にヘーゲル的でもある。カントやヘーゲルがデカルト的でありスピノザ的である限りにおいて、オークショットもデカルト的でありスピノザ的である。また、ヒュームの懐疑がカントの「コペルニクス的転回」をもたらしたという意味では、オークショットもまたヒューム的、ホッブズ的意味で懐疑的である。さらに、ロックが「内省」を観念の起源として認めた限りにおいて、ロック的でもあろう。けれどもオークショットは、ミル的、ベンサム的な《philosophe》ないしは《philosophisme》のメンタリティだけは断固として拒否するのである。

法改革者としての、またなんらかの重要性をもつ英国最初の法律学者としてのベンサムの意義は、測り知れないほど大きい。だがひとりの哲学者、思想家としての彼は、無視しうる存在である。ヘーゲルはかつて、「抽象的諸概念に向かって突進することが若者の流儀である。だが、実人生を知るようになった人間は、抽象的な「あれか－これか」には関与せずに、具体的なるものに執着する」と書いた。ベンサムは（と、ミルはのべている）「終生、少年であった。[8]

したがって、ミル的、ベンサム的な功利主義こそ英国的伝統に根ざす正統的思想と見なす立場からみれば、オークショットの「観念論」は英国的でもないし伝統的でもない。コヴェルが指摘しているように、「これらの思想家たち（現代英国の保守主義者たち）の哲学的教義は、発想においてもっぱら英国的というわけではないし、彼らが英国的であるところでは、彼らは自明的に保守的というわけでもないのである」[9]。

ところでヘーゲルに依拠しながら、ミル、ベンサム的な功利主義の克服を意図したものこそ、一九世紀末から二〇世紀初頭の英国の哲学的風景を一色に塗りつぶした観のある「絶対観念論」の潮流であった[10]。オークショット自身、一九三三年当時すでに「観念論」は「流行おくれ」になっていると書いている（p. 6）ことからみても、オークショットの「観念論」は、直接的には、グリーン、ボザンケット、ブラッドリー、コリングウッドらを代表とする、「アングロ・サクソンの気使いによって変容させられたヘーゲル主義」としての「絶対観念論」を意味している。なかでも、『経験』を書くに際してオークショットがもっとも強い影響を受けたのは、（彼自身明言しているように）ブラッドリーの『現象と実在』（初版一八九三年、第二版一八九七年）、そしてコリングウッドの『精神の鏡、あるいは知の地図』（一九二四年）であったと思われる[11]。ワーノックは「絶対観念論」の特徴を次のように要約している。

要するにそれは、世界全体の実体に関する多少皮相的で限定された特定の側面を問題にするのではなく、むしろその究極的本性を問題にすることによって、注目すべき貴重な結論を確立することを意図していた。このような「全体（the whole）」に対する哲学者の関心は、哲学以外の研究分野の関心が単に部分的、断片的であるという状況に対してつねに強い対照を示していた。「究極的な」真理に到達しようとする哲学者の努力は、たとえば、非究極的な目的に役立ち、多少任意の（もしくは、暫定的な）水準を満足させるような命題を確立しようとする科学者の試みから区別することができる。そこでは、日常的世界や実験室において真理として通用するものはすべて（またはその大半が）何らかのかたちで不完全であると考えられていた。そして、哲学者の仕事は、それにたいして付加すべき事柄を述べるだけではなく、それとはまったく異なる何ものかをも述べることにあると考えられていたのである。[12]

まさしくこのような同時代史的知的背景のもとで、完全に整合的な理念の世界への探求としての哲学的経験の見地から、経験の諸様態の限定的性質を明らかにすることこそ、『経験』の意図であった。しかしオークショットの哲学は、ブラッドリーの「絶対者」ほどの超越性を有してはいなかった。またブラッドリーが「直接経験」の自己超越によって「現象」が生ずると考えたのに対し、オークショットは思考・判断としての経験の外部に「直接経験」の領域を認めなかった。[13]さらにオークショットは、コリングウッドによる「芸術」「宗教」「科学」「歴史」「哲学」という「知の地図」の発想から多大の影響を受けながらも、それらが生成論的な段階を構成するというコリングウッドの歴史主義には批判的であった（逆にいえば、コリングウッドは、オークショットが他の様態にくらべ歴史的経験の優越性を認めないことを批判する）[14]。このように『経験』は、ブラッドリー、コリングウッドへの部分的批判をふくみながらも、基本的枠組はあくまでも「絶対観念論」のそれであった。しかし「経験」が出版された一九三三年は、ラッセルとムーアによる根底的批判によって、すでに「絶対観念論」の基本的枠組が致命的損傷をこうむった後である。もっとも、「形而上学の体系は、いわばその体系の内部にのみその論証可能性を求めることができるという奇妙な特性をもっていたために、外部からの攻撃に対する強靱な抵抗力を備えている」、したがって「このような体系にとっては論駁されることよりもむしろ飽きられることの方がはるかに致命的なのである」[15]とすれば、一九三三年の英国においては、「絶対観念論」はすでに「飽きられ」ていたのである。オークショット自身、そのことには十分自覚的であった。「ある種の哲学的観念論が哲学の正統であった時代がかつて存在した」、しかし今やそれは「すでに死せる哲学」であり「流行おくれ」になっている（p. 6）。それにもかかわらず彼が「絶対観念論」にコミットしようとするのは、「それがあえて諸々の難問をかかげて、隠蔽され批判にさらされないままにしておいた方が賢明であろうような前提を、あえて問うことをしてきたからである」（p. 7）。『経験』は、いわば「遅れてきた観念論者」による、「観念論の弁護ではなく、むしろその第一原理の再提言」（*ibid.*）を意図するものであった(16)。

（1）Oakeshott, "Introduction to "*Leviathan*"," p. viii. なお、この「序説」は洗練度・完成度の高い作品であり、英国的スタイルの、作品批評としての思想史研究、「文芸」の一ジャンルとしての思想史研究のいわば「模範例」を提供している。「作品批評」という言葉でわれわれは、超越論的な「構造」には還元されえない個性をもった作者による作品への批評を含意している。じっさいオークショットは、『リヴァイアサン』を「テキスト」に還元してはいない。ポスト・モダーン的な「様々なる意匠」（小林秀雄）からみれば、これは文字どおり「反動的な」批評形態である。

（2）Collingwood, *The Idea of History*, p. 159.

（3）A Simposium on M. Oakeshott, II Bibliographical Note, *Political Theory*, Vol. 4, No. 3, 1976, p. 295.

（4）Greenleaf, *Oakeshott's Philosophical Politics*, p. 7.

（5）*Ibid.*, p. 9.

（6）ワーノック『現代のイギリス哲学』、三頁。

（7）マイノウグが「人間の生きている世界は徹頭徹尾人間自身が創り出した物であるということこそ、ドイツ観念論の伝統からオークショットが学びとった主要な考え方である」（A. Crespigny & K. Minogue〔ed.〕, *Contemporary Political Philosophers*, 1976, p. 124〔マイノウグ「マイケル・オークショット」『現代の政治哲学者』、一五九頁〕）とのべ、ジェルミイノが「彼は最初に研究をはじめた、ブラッドレーを媒介とする理想主義哲学の遺産に多分負うているのだろうが、内在性の言語で語りつづけている」（Germino, *Beyond Ideology*, p. 139〔ジェルミイノ『甦える政治理論』、二〇九頁〕）とのべていることを、われわれはこのような文脈において肯定する。

（8）M. Oakeshott, "The New Bentham," *Scrutiny*, I, 1932-3, p. 131. オークショットは「出所失念」のためか、ヘーゲルからの引用文の出典を明示していない。おそらく、『エンチュクロペディ』第三部「精神哲学」の「自然的変化」の部分からの引用であろう。

（9）Covel, *The Redefinition of Conservatism*, p. xi.

（10）ワーノック、前掲書、一頁以下。

（11）Cf. Greenleaf, *op. cit.*, pp. 10-12. われわれは、ここでのべられているグリーンリーフの見解を批判しうるほどにはブラッドリーとコリングウッドを十分に読み込んでいるとはいい難いので、オークショットはコリングウッドの歴史主義を批判しブラッドリーの論理主義を受容したという基本的視点を、全面的にグリーンリーフに依拠している。

じっさい、外的世界は精神がそれに照らして己れの姿を映しだす鏡であり（R. G. Collingwood, *Speculum Mentis, or The Map of Knowledge*, 1924, p. 315）、そのなかで精神が描く「知の地図」――芸術・宗教・科学・歴史・哲学の五領域に分かれる――を構成しようとする（p. 39）『精神の鏡』が、『経験』に与えた示唆は多大である。ただしオークショットは、芸術等の五領域がそれぞれに「たんなる抽象ではなく、経験の具体的形態」（ibid.）であるとするコリングウッドの前提を拒否すると同時に、それらが知の発展段階を示すという見解を批判する。つまりオークショットは、ブラッドリーの「絶対者」――「絶対者とはひとつのシステムであり、その内実は直観的経験にほかならない。それゆえ絶対者は、あらゆる部分的差異を調和の裡につつみ込む単一かつ全包摂的な経験である」（F. H. Bradley, *Appearance and Reality*, 2nd ed., 1897, 9th impression, 1930, p. 129）――を「哲学」に読みかえ、コリングウッドのいう（哲学以外の）「経験の具体的形態」は「経験の抽象的形態」つまり「様態」（「現象」）にすぎないとしたのである。しかもオークショットにおいては、歴史・科学・実際的活動はなんら経験の歴史的発展段階ではなく共存的である。

『現象と実在』第XXVI章「絶対者とその諸現象」（The Absolute and its Appearances）は、タームのうえからも取扱うテーマからも、『経験』の議論と呼応している。ただしブラッドリーの場合、「純粋経験」と「絶対者」が「経験」そのものの外部に措定されているようにも読める。オークショットが経験を思考・判断と同一視し、経験の外部は存在しないことの論証にあれほど拘泥したのは、ブラッドリーへの批判を含意しているものと思われる。しかし、オークショットは哲学をも経験に内属させることによって、逆にブラッドリー的「絶対者」の超越性をも手放さざるをえなかったといえる。

なお難解な『現象と実在』を読むにあたっては、T・S・エリオット『F・H・ブラッドリーの哲学における認識と経験』村田辰夫訳、南雲堂、一九八六年、とりわけ「訳者解題」を参考にした。エリオットがブラッドリー哲学に関する学位請求論文を書いていることは、エリオットの伝統主義（たとえば「伝統と個人の才能」）とオークショットの伝統主義とを比較検討する際にきわめて示唆的である。ちなみに、先に引用したオークショットの「哲学的エッセイ」に関する言葉（「平静なときに回想された、熟考された知的冒険」）は、いうまでもなくワーズワースの詩の定義（「平静なときに回想された情緒」）を踏まえており、エリオットの「伝統と個人の才能」にもワーズワースの詩の定義をめぐる議論がみられる（T・S・エリオット『文芸批評論』矢本貞幹訳、岩波文庫、一八―一九頁）。

(12) ワーノック、前掲書、四頁。

(13) Cf. Collingwood, *The Idea of History*, p. 151.

(14) *Ibid.*, pp. 156-158.

(15) ワーノック、前掲書、一三頁。

（16）この「再提言」は、同時代史的文脈においては、おそらくラッセル流の「論理実証主義」に向けられていた。ラッセルとミルとの結びつきが強調される（ワーノック、前掲書、一一頁参照）だけに、いっそう、そう思われる。また、観念論者オークショットの日常言語学派への接近も、論理実証主義と日常言語学派との対立関係（この点については、たとえば、Ｂ・マギー編『哲学の現在』磯野友彦監訳、一九八三年、河出書房、一五七頁以下参照）から了解可能となる。しかし、この点についてはこれ以上立ち入ることはできない。

Ⅱ　「Conscience の圧政」に抗して

「哲学」から「偽似－哲学」へ

コヴェルによればオークショットは「実際的経験のプライオリティ[1]」の主張者であり、ジェルミイノによれば「彼の主たる奉仕は、実際的態度の暴圧に対するきわめて鮮明な抵抗であった[2]」。このような見解の対立は、コヴェルが『経験』におけるオークショットについてのべているのに対し、ジェルミイノは『政治における合理主義』（以下『合理主義』と略記）とりわけ「人類の会話における詩の声」（以下「詩の声」と略記）におけるオークショットについて語っていることに由来する。そしてそのことは、『経験』から『合理主義』へといたる過程でオークショットの「実践」観に大きな転換が生じたことを意味している。しかし、この転換について論ずる前に、われわれはまず、「哲学的経験のプライオリティ」の宣言で始まった『経験』がなぜ「実際的経験のプライオリティ」の承認で終わらざるをえなかったのかを明らかにしなければならない。

さきにわれわれは、経験の変様の記述は同時に（経験の内に現象するひとつの項としてであれ）「自己」の変様の記述をともなわなければならないはずだと指摘した。『経験』はこの問題にまったく触れないわけではない。しかし、歴史的経験における「歴史的自己」は「歴史家」という専門家と同視され、「歴史的過去」がそのような専門家としての歴史家によって構成された世界であるのと同じく、「歴史における個人」もまた「抽象的・不安定かつ不完全な個人」（p. 124）としてとらえられている。科学的経験はそもそも非人格的な数量の世界であるから、「科学的自己」の人格性とは、端的に範疇錯誤・不当推論である。非人格的な数量の世界の相関項は非人格的な「科学者」である。ところが、実際的経験の世界は「生の営み（conduct of life）」（p. 269）そのものである。「生の営み」（「生活世界」！）としての実際的経験のなかに現われる自己（「実際的自己」）とは、端的に、生活者そのものである。オークショットは、歴史家や科学者にくらべてかなりのスペースをさいて「実際的自己」について論じている。

「実際的経験における自己とは、別々の・独特かつ自己充足的なるものである。《人間は、類的存在としてではなく個人として生のなかに歩み入る》」（p. 269）。分離性（separateness）と独自性（uniqueness）を原理とする実際的自己をとり囲むのは、同様に絶対的なユニークさをもって「私」から分離された「他者（others）」にほかならない。

> 実際的自己は、なによりもまず第一に、同一の原理によって規定された諸事物と他の自己（other selves）という環境への対立のなかで現出する。実際的自己は「他者（others）」というひとつの世界によってとり囲まれている。……実際的自己とその利害関心は、「他者」の利害関心を前にして道を譲ることはできない。実際的自己が立ち入る諸関係は、実際的自己にとって外在的である。そして、実際的経験において、実際的自己は実在の体現そのものであるから、実際的自己の解体とは矛盾であり考えられない。（p. 270）

実際的自己にとって「他者」は絶対的な「外在性」としてある。それは実際的経験の世界を成立させる絶対不可欠の条件でありながら、歴史家にとっての歴史的過去や科学者にとっての自然と同じ意味での主観的構成ではありえない。しかしオークショットは、ここから実際的経験における「《他者》の絶対性」へと議論を進めるのではなく、（引用文の後半にみられるように）逆に「《自己》の絶対性」、実際的自己にとって「自我の解体」はありえないという方向に議論を展開してゆくのである。

生の営みにとって、自己の統一性と分離性を維持する必要性は、ヘッベルのような劇作家、D・H・ロレンスのような小説家、カントのような道徳家にとっては、心理学的観察ないしは道徳的確信の問題であったが、われわれにとってはそれは定義の問題である。実際的自己と生の営みは相関的である。一方を否定すれば他方が不可能になる。（p. 271）

しかし（と、オークショットは自問する）、「愛」においてわれわれは自他の融合を経験するのではないか。「この［他者と］分離された自己は抽象であるとわれわれを説き伏せて、この［分離された自己という］強迫観念《オブセッション》からわれわれを解放してくれるのは、けっして哲学者ではない。ときどきに、それ［自己］が幻想であると確信させるのは、恋人である」（p. 272）。しかし「愛」においてもわれわれは、究極的には実際的自己でありつづける。「無」（"Nought may endure but mutability."）を永遠のテーマとする「詩」もまた例外ではない。なぜなら「死こそ生の中心的事実である」（p. 273）からだ。こうして、歴史・科学・哲学をのぞく「生の営み」のすべての局面が実際的経験の内に包摂されることになる。この「生の営み」の豊かさにくらべれば、哲学は、経験の内在的超越どころか、むしろ「生の営み」からの「逃避（escape）」に思われてくるのである。

「生と理性のこうしたジレンマ」[3]はまた次のような局面にも現われている。すなわち、歴史的過去というカテゴリーは歴史家が歴史的経験の世界を構成するうえで必然的な前提であるという意味で、歴史家にとってのア・プリオリであり、同様に数量というカテゴリーは科学者にとってのア・プリオリである。そこから歴史的経験の論理形式としての

「統一性と連続性」および科学的経験の論理形式としての「統計学的一般化」が導出される。ところがオークショットは、実際的経験におけるカテゴリーとしての「価値」（ないし「意志」）は、カント的意味におけるア・プリオリではない、というのである。

価値の世界は、実際的存在の世界から分離不可能である。「あるべきもの」は、実際的経験に関する要請としてのア・プリオリではない。「あるべきもの」は、それぞれの地点で、実際的経験の構造的諸概念に順応しなければならないという必然性によって支配され限定されている。したがって価値の世界は、実際的経験の世界よりも高次の整合性ないしは実在性をもつことはできない。（p. 288）

要するにオークショットがいおうとしていることは、実際的経験の世界にはカントの「定言的命令」に相当するような超越性を有する実践規範は存在しない、ということである。『経験』の議論から強いてなんらかの実践規範を導出しようとすれば、実際的経験の規範形式としては、「あるべきものの理念に一致するように実際的存在を改変すべし」（cf. p. 262）という一般的形式性においてしか規定されえない。それは、オークショットの実際的経験が、カントの場合のようにもっぱら「道徳」「宗教」にかかわるいわば高級な世界ではなく、歴史・科学・哲学以外の生の全領域を包摂する「経験のもっとも通俗的な形態」（p. 296）であることにかかわっている（実際的経験は、それゆえ、カントの判断力の領域をも含んでいる）。「あるべきもの」の内容は、幸福・善・美・愛さらには無ですらありうる形式性においてしか定義されていない。ともかくも、「あるべきもの（what ought to be）」と「いまここにあるもの（what is here and now）」との分裂を、意志の活動によって宥和させようとする試みはすべて実際的経験である。ところがまさしく実際的経験のこの「通俗性」こそが、カントとはちがった意味で、オークショットにおける「実践理性の優位」、歴史・科学そして哲学にたいする「実際的経験のプライオリティ」を帰結するのである。

科学・歴史・哲学は生の営みから逃避しようとする試み、生きることの義務を放棄しようとする試みと見なされるかもしれない（じっさい、この立場からは、そう見なされるべきだと私は考える）。それらのなかに、われわれは、美術・音楽・詩が与えることができるよりもより根本的かつ完全な生からの逃避を見いだそうと願う。というのは、結局のところ、芸術のなかでわれわれは完全に実際的生活と交接させられているからである。もしわれわれの夢見るものが生の営みへの新たな試みであろうはずもないような逃避であるならば、われわれはそれを科学・歴史という非実際的な経験の諸様態のうちにのみ、そしてもっとも完全な形では哲学のうちに見いだすであろう。（pp. 296-297）

哲学とは、ニーチェやその他の人びとが示唆してきたように、生からの逃避、生からのたんなる隠れ家といえよう。（p. 355）

哲学が「生の営み」からの逃避にすぎないとしたら、その哲学に、実際的経験の限界をのりこえ、「完全に整合的な理念の世界」を成就すべき課題を託すことはもはや不可能である。生が内在的に超越されるべきものであるとすれば、その契機は生そのもののなかに見いだされなければならない。しかしそれを見きわめるためにも、オークショットは「生の営み」（「生活世界」）という「ザラザラした大地」（ヴィトゲンシュタイン）のなかに足を踏み入れねばならない。われわれは、『経験』以後のオークショットが「実際的活動」についての哲学者として現われる必然性をこのように理解する。

ところでオークショットは、「経験の非限定的変様」を「偽似 - 哲学的経験（pseudo-philosophical experience）」と呼んでいる（p. 332)。「経験の限定的変様」は「様態」そのものであり、その性質を完全に明らかにするのは哲学的経験にのみ可能だが、様態的経験を様態性の内部で反省的にとらえ返そうとする知的活動、あるいは「[すべての様態についてではなく]ひとつの特殊な経験の様態——たとえば実際的経験——を、経験の全体性の立場から眺めようとする試み」（p. 345）も存在する。それをオークショットは「偽似-哲学的経験」と称し、具体例としては「倫理学」「道徳哲学」「神学」「いわゆる政治哲学」「心理学」をあげている（p. 335）。そうだとすれば、政治哲学者オークショットとは、端的に偽似-哲学者オークショットの謂であり、コヴェルがのべているとおり「倫理と政治についてのオークショットの戦後の言説は、『経験』のパースペクティヴからみれば、《偽似-哲学的》言説である」(4)ことになる。

　コヴェルは一九四五年を政治哲学者（とりわけ保守的な政治哲学者）としてのオークショットの「出発点」と見なしている(5)。たしかにコヴェルがのべているとおり(6)、『経験』のなかにはいかなる政治的含意も、いわんや政治的保守主義の含意も見いだしえない。しかし『経験』のなかには、オークショットが「実際的活動」の世界に足を踏み入れざるをえない必然性が含意されていた。したがってわれわれは、オークショットが『経験』以後、軍籍にあった空白期（一九四〇—一九四五年）をのぞく時期に発表した五編の論文（「トマス・ホッブズ」[一九三五年]、「歴史と社会科学」[一九三六年]、「シュトラウスのホッブズ論」[一九三七年]、「哲学的法律学の概念」[一九三八年]、「政治の要求」[一九三九年]）と一編著（『現代ヨーロッパの社会・政治教説』[一九三九年]）を、コヴェルのように『経験』との連続性において読むのではなく、むしろ一九四五年以後のオークショットとの連続性において読むべきであると考える(7)。じっさい、「歴史が語ることは科学によって否定されない。それは科学にとってイレリヴァントであるにすぎない。歴史が誤認され科学が誤解される場合にのみ、両者は共通の企てにたずさわっていると考えることが可能となる」(8)とのべる「歴史と社会科学」が明確に『経験』との連続性を示している他は、むしろ一九四五年以後との連続性の方が強い。すなわち二編のホッブズ論(9)は、戦後いちはやく発表される「『リヴァイアサン』序説」への準備ノートを意味している。また論文「哲学的法律学の概念」は、法という限定された領域への哲学的反省（すなわち「偽似‐哲学」）としての法哲学の可能性を論じたものだが、『経験』においてはまったく触れられていなかった「法」という実際的活動の一局面をとりあげた点においても、また次のような「伝統」への見方をふくむ点においても、戦後のオークショットへと直接的に連続している。

英国の詩的伝統の終端に位置しているように見える英国の詩人たち（おそらくブレイク）がいるのと同様に、しきりに自らを哲学的伝統から引き離そうとしているかに見える哲学者たち（たとえばホッブズ）がいる。だが、ブレイクはシェイクスピアやミルトンそして彼自身が読んだこともなかった多くのものなしには不可能であるのと同じく、ホッブズもまたアリストテレス、エピクロス、アクィナスなしには不可能である。ある哲学者の見解がいかに新奇なものであれ、また彼が哲学上の問題の研究すなわち哲学的好奇心の充足をもとめる探求にたいしていかに新鮮な転換をもたらそうとも、哲学的伝統に精通した者は誰でも彼らの仕事のなかになにか見馴れたものを見いだすだろう。伝統のなかにはさまざまな教義が現われ、それらのなかには伝統の連続性を断ち切ろうとする力がふくまれていようとも、この伝統という統一体は生きつづけるのである。……そして、近代法律学の混乱状態のすくなくとも一部は、われわれがかかる伝統の感覚を喪失してしまったという事実から生じているのである。したがって、もしわれわれが、探求の現状が要求する新鮮な端緒を開こうとするのならば、われわれが最初になすべきことは、かかる探求の伝統への感覚を回復することである。(10)

さらに論文「政治の要求」は、政治参加が普遍的義務とも感じられた一九三九年九月の「社会的雰囲気」のなかで、文芸の徒はいかに振舞うべきかをテーマとする『スクルーティニイ』誌の特別企画「政治の要求」に応じて寄稿されたものである。寄稿者たちの多くは、「政治の要求」に無条件に応ずることへは概して消極的であり、「文化の自律性」を主張している。しかし、政治の一面としてではあれ、「政治は神秘的な天職である。政治家とは、その人民を救済すべき使命を自覚し、共通の理想への熱狂を人びとに鼓吹する力を有する人間である」[11]とのべるC・ドーソンの見解に対比するとき、オークショットの「政治の要求」への対応はよりいっそう消極的である。彼によれば、政治行動が人間にとっての普遍的義務であると合理的《リーズナブル》に見なされうるためには、二つの条件——（1）「政治活動は社会ないし人類の共同的（communal）利害にたいする感覚の唯一適切な表現である」、ないしは（2）「政治活動はそのような感覚の、他とは比較できないほどもっとも重要かつ効果的な表現である」——のいずれかが充足されねばならない。しかし、これらの条件はともに充足されない、それゆえ「私は万人にとって政治活動に参加すべき義務があるとは考えない」[12]とオークショットは結論づける。なぜなら、政治は生の一部、しかもきわめて限定的な一部にすぎないからである。

政治は共同的活動の高度に専門化・抽象化された形態である。政治は社会生活の表層で営まれ、例外的な場合を除けば、その表面下にはきわめてささいな印象しか与えないのである。[13]

ある政治システムは、本来、ある承認された法・社会秩序の保護と随時的修正のためにある。それは自己‐説明的（Self-explanatory）ではない。その目的と意味とは、それ自体をこえて、政治システムが帰属する社会的全体の内に、すなわち政治活動の創造物ではない法・慣習・伝統によってすでに規定されたひとつの社会的全体の内に存するのである。[14]

政治が社会の価値の保護者であるとすれば、文学・芸術・哲学は価値の創造者である。

詩人・芸術家そして（より狭い範囲で）哲学者の天分は、彼らの社会の価値を創造しかつ再創造することである。彼らのなかでひとつの社会はそれ自身を、つまりその全体的自己を意識し自らについて批評的になる。それは、政治的に活動的な者のなかでひとつの社会がその政治的自己を意識するようになるのと同じことである。……詩人と芸術家に、政治的ないしは他の社会的行動のためのプログラムやそうした行動への刺激やインスピレーションを提供するようにもとめることは、彼らが自らの天分に背き社会からひとつの不可欠なサービスを奪うよう要求することに等しいのである。(15)

ここには「実際的経験のプライオリティ」の主張者ではなく、「実際的態度の暴圧にたいする抵抗者」の顔がすでに現われている。しかし、『経験』以後一九四五年までの時期にオークショットの内に胚胎していた思想が、完全な明晰さで語られるようになるのは、いうまでもなく『合理主義』においてである。

ところで、われわれはこれまでの考察によって、オークショットが「実際的活動」の世界に踏み込まざるをえない必然性を了解しようと努めてきた。しかし、彼がなにゆえに「政治」を哲学的考察の対象としたかは依然として了解不能である。E・パーカーの示唆によって編まれたアンソロジー『現代ヨーロッパの社会・政治教説』の「序説」(16)からも、その必然性は了解できない。もちろん、「『リヴァイアサン』序説」における「平和」の強調のなかにオークショットの戦争体験の影を読みとることは可能だし、コヴェルが指摘しているように(17)、オークショットが『ケンブリッジ・ジャーナル』に拠りながら精力的に合理主義批判の論文を発表していた時期が、アトリー労働党政権の時期と重なることも事実である。さらに、オークショットがLSE政治学主任教授に就任した一九五一年がチャーチル保守党政権の成立した年であるという事実を見るにいたっては、「出来すぎた話」の感がしないわけではない。ともあれ、「われわれは哲学者が哲学を語るときだけ、彼らの話しに傾けるべきである」（p. 355）とすれば、彼が語る「哲学」以外の「社会状勢」や

「心理的動機」に即して哲学者オークショットを理解しようとすることは慎まなければなるまい。しかし彼自身は「政治」への転換の必然性をその「哲学」の内部では語っていないように思われる。気懸かりを残しながらも、われわれは「あらかじめ定められた目的地のないコース」をさらに辿ることにしよう。

（1）Covell, *The Redifinition of Conservatism*, p. 93.
（2）Germino, *Beyond Ideology*, p. 139〔邦訳、二〇八頁〕.
（3）渋谷「自然法なき保守主義」、二二八頁。
（4）Covell, *op. cit.*, p. 96.
（5）*Ibid.*, p. 93.
（6）*Ibid.*
（7）『経験』以前のオークショットについては資料的制約もあるので断定はさし控えたい。『経験』以前のオークショットの主要論文としては、"Religion and Moral Life"（the 'D' Society Pamphlets, no. II）" p. 13, 1927; "The Importance of the Historical Element in Christianity," *The Modern Churchman*, XVIII（1928-9）, pp. 360-371; "The Authority of the State," *The Modern Churchman*, XIX（1929-30）, pp. 313-329; "John Locke," *Cambridge Review*, LIV（1932-3）, pp. 72-73; "The New Bentham," *Scrutiny*, I（1932-3）, pp. 114-131があるが、本稿執筆中に筆者が読みえたのは「キリスト教における歴史的要素の重要性」と「新しいベンタム」の二編のみである。コヴェルによれば、最初の二編の論文の主旨は、宗教を「道徳の完成態」として実際的経験のなかに位置づける試みであり（Covell, *op. cit.*, p. 94）、「国家の権威性」におけるオークショットの国家観は「完全にヘーゲル的」（*ibid.*, p. 99）であるという。「新しいベンタム」がヘーゲル的であることはすでに指摘した。なお、「ジョン・ロック」でオークショットは「ロック的リベラリズムの『気力を萎えさせる上品さ（'paralysing respectability'）』について否定的言明をなしている」（*ibid.*, p. 93）という。
（8）M. Oakeshott, "History and the Social Science," in The Institute of Sociology, *The Social Science*, 1936, p. 81.
（9）M. Oakeshott, "Thomas Hobbes," *Scrutiny*, IV（1935-6）, pp. 263-277; M. Oakeshott, "Dr. Leo Strauss on Hobbes," *Politica*, II（1936-7）, pp. 364-379.
（10）M. Oakeshott, "The Concept of a Philosophical Jurisprudence," *Politica*, III（1938）, pp. 359-360.
（11）C. Dawson, "The Claims of Politics," *Scrutiny*, VIII（1939-40）, p. 137.

(12) M. Oakeshott, "The Claims of Politics," p. 149.
(13) *Ibid.*, pp. 147-148.
(14) *Ibid.*, p. 148.
(15) *Ibid.*, p. 150.
(16) M. Oakeshott (ed.), *The Social and Political Doctorines of Contemporary Europe*, 1939, pp. xi-xxiii.
(17) Covell, *op. cit.*, pp. 97-98. なお cf. B. Crick, "The World of Michael Oakeshott," in *Political Theory and Practice*, 1972, pp. 124-125〔邦訳、一〇―一一頁〕.

「会話」としての世界

オークショットは戦後ただちに「『リヴァイアサン』序説」（一九四六年）を発表し、その後『政治における合理主義』（一九六二年）に収録される論考をはじめとして多数の論文・書評を発表してゆく。『合理主義』は五編の既発表論文（「政治における合理主義」〔一九四七年〕、「バベルの塔」〔一九四八年〕、「自由の政治経済学」〔一九四九年〕、「合理的行為」〔一九五〇年〕、「歴史家たる者の活動」〔一九五八年〕）と三編の未発表論文（「保守的であることについて」〔一九五六年〕、「ホッブズの著作における道徳的生」〔一九六〇年〕、「大学における『政治』研究」〔一九六一年〕）、および二つの既刊単行本（『政治教育』〔一九五一年〕、『人類の会話における詩の声』〔一九五九年〕）を収録している。(1)

本書についてはすでに論じ尽くされた観があるが、ただ執筆年代順に並べただけのように見える本書の構成が、オークショット自身による「序文」の言葉（「これらの論考はある確固たる教説を構成してはいないが、ある一貫した思考のスタイルないしは気質を表わしている」〔p. vii.〕）にもかかわらず、かなりの「体系性」を有していることは意外に気づかれていない。本書において中心的重要性を有するのは「詩の声」である。それは、『経験』における「ばかげた文章」の撤回を意味するにとどまらず、『経験』の全面的改訂をも含意している。他の論考は、「詩の声」の「原理」を政治・経済

・道徳・教育といった分野に応用したものと見ることができる。しかも「詩の声」（および「ホッブズの著作における道徳的生」）は、『人間営為論』（一九七五年）にたいしても規定的「原理」として作用している。さらに「詩の声」は、日常言語学派の言語哲学への著しい接近によって特徴づけられる。(2) それによって、『経験』におけるブラッドリー的用語法はほぼ完全に姿を消す。けれども「精神を明晰にする」ことによって「脱出口」を示すというオークショットの初志は、ここでも維持されている。その意味で「詩の声」におけるオークショットは、たしかに「哲学者」なのである。彼は次のように語りはじめる。

あらゆる人間の発話（utterance）は単一のモードの内にあると確言する哲学者たちがいる。彼らは表現の一定の多様性を承認する。彼らは発話の語調（tone）のちがいを識別できる。しかし彼らはただひとつの本物の声（only one authentic voice）を聴くだけだ。（p. 197）

このように「声」は「発話」とも、たんに「話すこと（speaking）」とも呼ばれる。ある声と別の声とを区別するのは、「話すことのモード」あるいは単純に「話し方（manner of speaking）」のちがい、すなわちそれぞれの声が語る際の「イディオム（idiom）」のちがいによる。人類は長い間実際的活動の声（すなわち「神の声」）を唯一本物の声と見なしてきた。しかし人類は同時に実際的活動のイディオム以外のイディオムで語られる声を発明してきた。それらのうちもっとも注目すべきものは、「詩」「科学」「歴史」の声である。このように、さまざまの声がそれぞれに独自のイディオムにしたがいながら行き交う状況のもとでは、人間の発話の内に潜むある単一のもの（普遍的イディオム）をとり出す仕事はきわめて困難となる。それにもかかわらず、バベルは人類に下された呪いであり、哲学者の任務はそこから人類を解放することであると考え、有意味な人間の話しにある単一の性質を押しつけようとする傾向は死に絶えることがない。現代では、かつての「神の声」に代わって、「科学の声」こそが唯一本物の声と思われつつある。

しかしながら、おそらく、現代の人間の交際を構成しているさまざまな発話のイディオムには、ある合流点（meeting-place）があり、それぞれのイディオムはそこから分岐する一種の分岐管を形づくっていると想像されよう。そして、私の理解によれば、この合流点のイメージは、探求ないしは議論のイメージではなく、会話のイメージである。

会話に参加する者たちは、けっして探求や論争をしようとしているのではない。そこには発見さるべき「真理」も、証明さるべき命題も、もとめられるべき結論も存在しない。彼らは、情報を交換したり、説得したり、非難しあったりすることに関心があるのではない。それゆえ、彼らの発話が他人になるほどと思わせる力をもつのは、彼らの話しがすべて同一のイディオム内で行なわれるということには依存しないのである。彼らは仲違いすることなしに意見をぶつけあう（differ without disagreeing）、ともいえよう。（pp. 197-198）

会話はぶっつけ本番の知的冒険である。その意味で会話はギャンブルに似ている。いずれの場合にも、その意義は勝敗の結果にではなく「賭ける」ということそのもののなかにある。(3)

正確にいえば、声の多様性が存在しないところでは会話は不可能である。会話のなかで異なった言説の宇宙（universe of discourse）が出会い、それぞれはお互いを認めあい、お互いが同化しあうことを要求もせず予定もしないひとつの斜交的関係（an oblique relationship）を享有する。（pp. 198-199）

人間を動物から区別し、文明人を野蛮人から区別するのは、こうした会話に参加しうる能力であって、説得力ある推論を展開する能力でも、世界についての発見を行なう能力でも、より良い世界を構想する能力でもないのである。(p. 199)

おそらく人間が今日見るような外見になったのも、会話に参加することによってであろう。人間は、長い間お喋りに熱中して座り込んでいたために尻尾がなくなってしまったサルなのだ(!)。教育とは、こうした会話の能力の涵養に他ならない。

それぞれの声はそれぞれの人間活動への反省から生じ、会話に参加することによりそれ独自の「話し方」を身につける。したがって、会話に参加する声の数には限りがないが、もっともよく知られているものとして、実際的活動・科学・詩があげられる(歴史の声については、「歴史家たる者の活動」に詳しい)。

哲学、すなわちそれぞれの声の性質とスタイルを研究し、ある声と他の声との関係を反省しようとする衝動は、寄生的な活動(parasitic activity)と見なされねばならない。哲学は会話から生ずる。なぜなら会話こそは、哲学が反省する当のものだからだが、しかし哲学は会話になんら特別な貢献をすることはない。(p. 200)

ところでここ数世紀の間に、楽しかるべき会話が次第につまらないものになってきた。それは端的にいって、会話の場が実際的活動とりわけ「政治」と科学の声によって独占されるようになってきたからである。

会話が陥ち込んでしまった泥沼から会話を救出し、失われた活動の自在さを幾分なりとも会話に回復してやるためには、いずれにせよ、私が提示しなければならないものよりもより深遠な哲学が要求されよう。だが、追求してみる価値のある、もうひとつのよりつつましい企てがある。私の提案は、詩の声を再考してみること、それが会話のなかで語るがままの姿で詩について考えてみることである。（p. 203）

「詩の声」は七節から成り、以上は第一節の概要である。しかし、先に指摘したわれわれの観点の妥当性を示すためには、すでにこれだけでも十分であるように思われる。人間の世界は端的に言語活動（言語ゲーム）の場としてとらえられている。それぞれの言語活動に独自性を付与するのはイディオム（ゲームの規則《ルール》）である。しかし、それぞれのイディオムを統括する普遍的イディオムないしメタ・イディオムの可能性は斥けられている。したがって、さまざまな声は「唯一本物の声」（実在）の「様態」としてあるのではなく、たんにさまざまな「話し方」のちがいとしてあるにすぎない。『経験』の場合と同じ《mode》というタームが用いられてはいるが、その用語法は完全に変化している。要するにオークショットは、ブラッドリー的言語ゲームから日常言語学派的言語ゲームに乗り換えたのである。あるいは、ここにオークショットにおける「言語論的転回」を見いだすこともできよう。

さまざまの声はそれぞれに独自な・共約不可能なイディオムに従いながら言語ゲームを遂行している。そしてそれぞれの声が織りなす「斜交的関係」の交点に、オークショットは「会話」の場を想定する。しかしそれは、それぞれの声の間に「対話」や「コミュニケーション」の可能性を開くものではない。「対話」や「コミュニケーション」は、ある声が他の声に「同化」するか、あるいはそれぞれの声を超越した普遍的な声の実在を前提にしなければ不可能である。しかしオークショットはそれを否定する。オークショットの「会話」とは、いうならば「さまざまな声の戯れの場」のことなのである。

それぞれの声は、会話に参加するなかで遊びを覚え、くつろいだ会話のなかで自分を知るようになり、自分自身をさまざまな声のなかのひとつの声として承認するようになる。会話の名手である子供の場合と同じく、遊びは真面目であり、真面目は結局のところ遊びにすぎないのである。（p. 202）

したがって、オークショットがこのような「会話」の場を想定することの意味は、遊びの場に本気を持ち込むことの無粋さ、あるいは会話の場で自分だけが「唯一本物の声」で語っていると思い込む傲慢さをたしなめることにある。「会話においては、それぞれの声がそれ自身のイディオムで語り、ときにあるひとつの声が大声で語ることもあるが、どれかひとつの声が自然的優越性をもつことはない」（p. 241）。オークショットは、実際的活動と科学の大声によってかき消されそうな「詩」の声にも会話の参加者としての地位を確保してやろうというわけである。それは哲学者の任務である。しかし哲学は「寄生的な活動」として、『経験』における超越性を完全に失っている。また、『経験』においては実際的経験の内に包摂されていた詩が、独自の声として識別されているだけでなく、それは「実際的活動のプライオリティ」を相対化するものと見なされているのである。

オークショットの文体につられて比喩的に語りすぎたかもしれない。彼自身、第二節以下ではより「哲学」的タームで語っている。

私の理解するところでは、実在する世界とは、そのなかで自己と非‐自己が内省にたいして露わになるところの、経験の一世界である。……ある場合に自己と見なされるものは、それが現存する非‐自己と区別されるがゆえにそう見なされるのである。自己と非‐自己の生成は相互的である。（p. 204）

自己は活動（activity）であり、活動は想像すること（imaging）と等置される。したがって自己とは「イメージをつくり認識する自己、さまざまのイメージのあいだを、それぞれのイメージの性質にふさわしいやり方で、さまざまな程度の適切さをもって動きまわる自己」（p. 204）として規定される。「こうして、感覚・知覚・感情・欲望・思考・信仰・観照・推定・認識・選好・是認・笑うこと・泣くこと・踊ること・愛すること・歌うこと・干草をつくること（making hay＝混乱させること）・数学の証明を案出すること、等々は、それぞれに識別可能な想像作用の様式であり、かつある種のイメージのあいだを適切なやり方で動きまわることである」（pp. 204-205）。けれども想像は完全に自由になされるわけではない。なぜなら、想像はつねに・すでに、ある「言説の宇宙」に内属しているからである。このような想像の主体としての自己と相関的に生成する非-自己とは、したがって「イメージ」のことであるが、それもまた同様にある「言説の宇宙」に内属している。[4]

　このような前提のもとに、オークショットは「実際的活動＝想像」「科学的活動＝想像」「詩的活動＝想像」をそれぞれに識別しようとする。結論的にいえば、実際的活動とは「意志ノ相ノ下ニ」および「慣習ノ相ノ下ニ（sub specie moris）」想像することであり、科学的活動は「数量ノ相ノ下ニ」想像することであるのに対し、「詩」は「観照すること（contemplating）」すなわち「たんなるイメージをつくりそれを歓待するという活動」（p. 221）、あるいは単純に「喜ぶこと（delighting）」（p. 222）と見なされる。「実際的活動」および「科学」と「詩」との差異は、次のようにも語られる。

　たとえば「水（water）」という語は実際的イメージを表わす。だが、科学者はまず最初に「水」を知覚し次いでそれをH_2Oに分解するのではない。科学（scientia）は「水」が背後に置き去られてしまったときにだけ開始する。「水の化学式」としてのH_2Oについて語ることは、混乱したやり方で語ることである。H_2Oはひとつのシンボルであって、その行動のルールは「水」というシンボルを支配するルールとは完全に異質なのである。そして同様に、観照的活動はけっして実際的ないし科学的イメージの観照的イメージへの「転換」などではない。詩的イメージの出現は、実際的および科学的想像活動がその権威を失ったときにのみ可能なのである。（p. 222）

H・ピトキンは、この文章について、「もし『水』と『H_2O』とがたんなるラベルであるならば、それらは『同一物』に言及するために使用されるであろう。しかしそれらはたんにラベルではない。それらは、非常に異なった機能を遂行する根本的に異なった言語ゲームにおいて用いられるシグナルである(5)」とコメントしながら、さらに次のように注記している。

ヴィトゲンシュタイン的パースペクティヴからすれば、［オークショットの見解にたいして］次のような反論がなされるかもしれない。すなわち、「水」という語は、実際的であれなんであれ、そもそもなんらかの「イメージを表わす（stand for）」ことはない、関連性《レリヴァント》を有するルールが支配するのは語の「行動」ではなく、われわれの語の使用である。H_2Oを「水の化学式」と呼ぶことになんの「混乱」も要しない、と。しかしオークショットの基本的論点はまったく妥当である(6)。

われわれもまたピトキンの指摘は「まったく妥当である」と考える。「詩の声」が『経験』の全面的改訂を意味すること、そしてそれは日常言語学派への接近によってもたらされていることは、すでに明らかであろう。ところがグリーンリーフは、正当にも「詩の声」におけるターミノロジーの変化に注目しながらも、それは結局のところ、『経験』では実際的経験の一局面として示唆されていたにすぎない美的・芸術的経験を、独立した「経験の様態」として取り入れるためのものであって、「詩をひとつの独立した様態として承認することによってもたらされる表現の変化は、オークショットの教説の本質それ自体に影響を与えたというよりもむしろ、認識論が記述される様式に影響を与えたにすぎない」と結論づける[7]。だが、『経験』では経験＝思考・判断であったのが、「詩の声」では思考は活動＝想像の一様式と見なされている。しかも《mode》の用語法は完全に変化している。また『経験』では実際的経験と実際的活動との区別は不明確であった。したがって、「詩の声」において人間の為すことのすべてを統括する語として「活動」が選ばれていることは、人間の為すことのすべては（『経験』の用語法でいえば）「実際的経験」（＝意志ノ相ノ下ニ）であることを意味する。だからこそ「実際的活動」を識別するメルクマールとして「慣習ノ相ノ下ニ」が付加されなければならないし、「科学的活動」（こう表現すること自体、『経験』の用語法のもとでは不当推論ないし範疇錯誤として斥けられるであろう！）の実際的性格が強調されることになる（たとえば、「いわゆる科学的探求の《方法》なるものは、活動の過程のなかで現われる」[p. 214]）。哲学はかつての「論理的規準」としての特権性すら失い、「寄生的活動」と見なされるようになる。『経験』のオークショットは哲学に経験世界からの「脱出口」を期待した。しかし哲学は結局のところ「生の営み」からの「逃避」にすぎなかった。オークショットはもはや「生の営み」そのものからの完全な「脱出」を断念している。もとめられているのは「イメージの迷宮からの出口（exit）」（p. 221）ではない。彼はもっとつつましく、実際的活動と科学に被いつくされた現代の「生の営み」からの束の間の「隠れ家」を詩にもとめるのである。

> 実際的企て・道徳的努力・科学的探求、これらには、そこから「逃避」することが悔まれるようななにか神聖なものはまったくない。じっさい、これらの活動は、本来できることなら解放されたい重荷にみちた活動である。それに、これらの声だけが聴かれるような会話は退屈なものである。だからこそ、詩のなかで、欲望し苦しむ自己、認識し論争する自己は、観照する自己にとって代わられるのである。（p. 242）

しかし「観照する自己」に訪れるのは、束の間の安らぎにすぎない。

詩の声に耳を傾けることとは、勝利を享受することではなく、一時的な解放、束の間の陶酔を享受することである。……要するに、観照的生（vita contemplativa）などありはしない。好奇心と企ての流れから抽象され救いだされた観照的活動の瞬間があるだけなのだ。詩とは一種の隠れんぼ、生という夢のなかのひとつの夢、麦畑に生えた一輪の野生の花なのだ。（p. 247）

これはすでに「認識論が記述される様式」上の変化を超えているといわざるをえない。そして、『合理主義』に収められた他の論考がすべて「詩の声」における「原理」の応用（前後関係からいえば、先行する諸論考の思索が「詩の声」に結実したわけだが）であることも明らかであろう。たとえば、「政治における合理主義」「合理的行為」「政治教育」における「合理主義批判」と、「バベルの塔」における（「行為の慣習」のモラリティと区別された）「道徳的規準の反省的適用」のモラリティへの批判は、ともに「ひとはルールに私的に従うことはできない」（いわんやルールを私的に創りだすことなど問題外である）というヴィトゲンシュタイン的原理の応用である。コヴェルが指摘しているように、「ヴィトゲンシュタインと同じくオークショットは、普遍的に適用可能な方法へのデカルト主義的探求は自己 - 破滅的であった、ということをいおうとしている。すべての方法のルールは——料理であれ哲学であれ大工仕事であれ——それらが構成する実行に内在している。さらに、すべての知はある歴史的次元を有するのだが、方法的探求の普遍的権威へのデカルト主義的強調はそれを無視してしまったのだ[8]」。

オークショットは『詩の声』出版の翌年（一九六〇年）に「ホッブズの著作における道徳的生」を書いている[9]。そこでは、（1）「共同的結合（communal tie）のモラリティ」、（2）「個体性（individuality）のモラリティ」、（3）「共通善（common good）のモラリティ」が区別され、ホッブズは「個体性のモラリティ」の代表者と見なされている。それぞれのモラリティは、それが属する社会の形態の区別でもある。「共同的結合のモラリティ」は、いまださまざまな声（＝道徳的目的）の分化を知らない社会のモラリティであり、「共通善のモラリティ」は人びとを強制的に「唯一本物の声」のもとに統合しようとする社会のモラリティであり、「個体性のモラリティ」は多様に分化した声のあいだでの会話を可能にする条件としての「平和」を第一義的目的とする社会（＝civitas）のモラリティである。これが「『リヴァイアサン』序説」と「詩の声」の思索を深化させながら、『人間営為論』における《universitas》と《societas》（ないし《civitas》）との区別へと直結していることは明らかであろう。

（1）以下本文中の（　）内の数字は、とくに断わらない限りすべて単行本 *Rationalism in Politics* からの引用頁数を示す。また初出の執筆年は "A Bibliography of M. Oakeshott," in *Experience and Politics*, pp. 409-417 にしたがう。『合理主義』についてのもっとも詳細かつ明晰な批判的論究は、H. F. Pitkin, "The Roots of Conservatism," *Dissent* 20: 4, 1973, pp. 496-525 であろう。ピトキンは、オークショットの合理主義（的政治）への批判が、結局のところ「政治の否定」に帰着すると主張するのだが、われわれがオークショットのなかに見いだす「政治の否定」はピトキンのそれとは若干異なる。

（2）Cf. H. F. Pitkin, "Inhuman Conduct and Unpolitical Theory: Michael Oakeshott's *On Human Conduct*," *Political Theory*, Vol. 4, No. 3, 1976, p. 302. ピトキンは『人間営為論』について日常言語学派の影響を指摘しているのだが、それは「詩の声」についてもいえる。注（6）参照。

（3）このようないい方はただちにパスカルを連想させる。じじつオークショットは「政治における合理主義」において、デカルトへの批判者としてのパスカルに言及している（cf. p. 19）。ちなみにオークショットは競馬好きらしく、G. Griffith and M. Oakeshott, *A Guide to the Classics: or How to Pick the Derby Winner*, 1936 を出版し、一九五七年には新版もだしている。パスカルに言及したすぐ前のパラグラフへの注で、オークショット自身、技術的知と完全な知との相違に関連して、勝馬当ての公式化には限界があるとしてこの自著に言及している。なお、cf. N. Wood, "A Guide to the Classics: The Scepticism of Professor Oakeshott," *The Journal of Politics*, Vol. 21, 1959, pp. 658 ff.

（4）このような「自己―非‐自己」関係は、実際的活動の領域では次のような形であらわれる。すなわち、実際的活動における自己と相関的に現われる非‐自己は、他の自己のイメージ（他我）である。実際的活動を「意志ノ相ノ下ニ」おける活動としてとらえる限り、この「他我」は、自己の欲望の対象としての「物」のイメージと異なるところはない。「欲望する自己は他我という《事実》を承認するが、それらを自己として承認すること、つまりそれらの主観性を承認することを拒否する。……かかる自己の関係は不可避的な万人対万人ノ闘イである」（p. 208）。しかし、実際的活動は同時に「慣習ノ相ノ下ニ」おける活動でもある。そこには「他我の真正かつ絶対的な承認が存在する」（p. 210）。すでに見たように、『経験』における自己―他者関係は絶対的な非対称的関係としてとらえられていた。したがって、自己―他者のあいだに超越的な規範を設定することはできなかった。しかしみられるように、「詩の声」のオークショットは「慣習」をいわば超越論的相互主観性としてとらえることによって、自己―他者間の相互承認の可能性を認めている。この点も『経験』と徹底的に異なる点である。

『経験』と「詩の声」のいずれにおいても、「実際的自己」の議論がヘーゲルの「自己意識」論に依拠していることはいうまでもない。

（5）H. F. Pitkin, *Wittgenstein and Justice. On the Significance of L. Wittgenstein for Social and Political Theory*, 1972, p. 142.

（6）*Ibid.*

（7）Greenleaf, *Oakeshott's Philosophical Politics*, pp. 34-35.

（8）Covell, *The Redefinition of Conservatism*, p. 114. Cf. p. 113.

（9）これはノッティンガム大学での講義をもとにしている。Cf. M. Oakeshott, *Hobbes on Civil Association*, 1975, p. vi.

政治を超えて、あるいは無私の探求

オークショットは「『リヴァイアサン』序説」のなかで、「政治哲学の傑作はすべて境涯の新しい光景から発している。政治哲学はそれぞれに救出の一瞥あるいは治癒の示唆である」と書いている。(1) それでは、彼自身の政治哲学はわれわれの境涯をどのようなものとしてとらえ、そこからの救出・治癒をどのように示唆しているのであろうか。彼はわれわれの境涯を「過剰な自意識」として開示する。「バベルの塔」（これ自体がわれわれの境涯の端的なイメージである）では、「道徳的規準の反省的適用」に関して次のようにのべられている。

これは、個人的ないし社会的な自意識に特別な価値が帰属させられるような道徳生活の形態である。規範ないし理想が反省的思考の産物であるのみならず、規範ないし理想の状況への適用もまた反省的活動である。（p. 66）

> さらに、道徳的理想はすべて潜在的に妄執である。道徳的理想の追求は、特殊な対象を「神」と見なす盲目的崇拝である。……ひとつの理想の過度の追求は、しばしば他の理想、他のすべての理想の排除へと導く。正義を実現しようとする熱意のなかで、われわれは慈悲心を忘れ去る。正しさへの情熱は、多くの人びとを過酷・無慈悲にさせてきた。じっさい、その追求が幻滅に導かないであろうような理想などありはしない。この道を辿る人びとにとって最後に待ちうけているものは、悔恨の念である。（p. 69）

これが「政治における合理主義」における「理性」批判とパラレルであることはすでに指摘した。「理性」と「理想」はともに「過剰な自意識」の両側面である。政治における合理主義批判は、独我論的な私的理性によって普遍的なルールが創りだせると錯覚するまでにいたった自意識の倒錯への批判であり、道徳における理想主義批判は、同じく独我論的な個人の内面的良心の声に従うことが道徳であると錯覚する自意識の倒錯への批判である。conscience はわれわれの強迫観念なのだ。だが conscience の声に従うことが悔しさ・無念さしかもたらさないとすれば、人はそこから救出されなければならない。「conscience の圧政」はさしあたり「慣習」の声によってやわらげられる。しかし、政治ひいては科学をも制圧しつつある「conscience の圧政」から逃れるためには、自意識そのものの否定、すなわち詩の声に耳を傾けなければならない。なぜなら「詩的イメージは、コウルリッジが《unthinkingness》と呼んだものを映しだす。すなわち詩的イメージは、かならずしも文字どおり意味をなすことを期待される必要はない[2]」からである。

オークショット自身が「詩」（美的・芸術的活動＝想像、すなわち「観照と喜悦」）のなかに、「欲望し苦しむ自己」「認識し論争する自己」からの解放と安らぎをもとめていることは確かである。しかし彼は「詩」を「哲学」に代わる新たな超越性として語ることはしない。そもそも人間はなんらかの「言説の宇宙」の外部にでることはできないのだ。人間の活動は言語に取り憑かれている。詩的言語も言語の一形式であり、詩的活動も言語ゲームの一形式にほかならない。ましてや「美的政治」などは問題外である。それはいわば究極の範疇錯誤である。「保守的であることについて」では、保守的な気質が現在を尊重するのは、それが遠い過去と結びついているからではなく、またそれが他の可能な選択よりも好ましいからでもなく、さらにそれが美しいからでもなく、それがわれわれにとって「馴れ親しんだもの（familiarity）」だからであることが強調されている。保守的気質のモットーは、「とどまれ、汝はかくも美わしいから」（「ファウスト」）ではなく、「私のもとにとどまれ、私はあなたに親しんでいるがゆえに」である。

誰にとっても若い日々はひとつの夢、悦ばしい愚行、甘美な独我論である。そこではなにものも確固たる形をもたず、なにものも定価をもたない。すべては可能性である。われわれはいわばツケで幸福にくらしている。守られるべき義務はない。簿記をつける必要もない。世界はわれわれの欲望を映す鏡である。暴力的な衝動の誘惑は抗し難い。若いときには、われわれは世界に譲歩しようなどとは毛頭も考えない。われわれは――クリケットのバットでもなければ――自分の掌中で事物のバランスを感じたりはしない。……しかし、大部分の人びとにとっては、コンラッドが「影の線」と呼んだものがあって、われわれがそれを踏み越えると、そこには確固とした事物の世界――それぞれの事物が確固とした形とそれ自身の平衡点とそれ自身の価格とをもった世界がひろがってくる。すなわち、詩的イメージの世界ではなく、ある物を得るために金や労力を費やしたなら、もはや他の物を得るためにそれらを費やすことのできない事実の世界、あるいは、われわれの他にも、われわれ自身の情動のたんなる反映に還元されえない他者によって住まわれている世界がひろがってくるのである。そして、もしわれわれにその気があり、思慮をめぐらすべきより良きものをなにももたないとすれば、この平凡な世界に精通することこそが、（政治学のいかなる知識もなしえないことだが）保守的気質の持主が政治的活動と見なすところのものに参与する資格をわれわれに与えてくれるのである。（pp. 195-196）

人は「歌のわかれ」によって政治に足を踏み込むわけだが、しかし「詩」をもふくみ込んだ人間活動の全体性の観点から政治を見直すことはできる。そこから人間活動全体についての「会話」のイメージが形成され、（ホッブズに即しながら）「会話」のイメージを中心に構成される「社交体（societas=civitas）」の理念が提示され、「会話」を可能にする条件としての「平和」が強調される……。われわれはこのようなオークショットの反省的思索のプロセスを「無私の探求」と名づけよう。「無私」とは、すぐれた宗教家がきびしい修業の果てに辿りつく境地のことではない。また、卓越した芸術家だけに許された特権でもない。それは、われわれが楽しい会話のなかでふと「我を忘れる」あの経験にほかならない。我を忘れて会話に没頭した時間を回想するときわれわれを訪れるものは、けっして喪失感や徒労感ではなく、ある種の充実感・解放感・共生感である。我を忘れて会話に没頭することこそ、「相互性としての社会」（藤田省三）の原初的経験である。これこそが、オークショットによって示された境涯からの「脱出口」なのだ。

しかし、それとても人類の境涯からの究極的救済ではない。オークショットは「『リヴァイアサン』序説」の最後の部分で、「政治を超えて（Beyond Politics）[3]」というテーマを論じている。政治哲学は「政治と永遠性との関連についての考察」である。しかし、政治が「人間活動の二流の形態」であるかぎり、政治が人間にたいして真正の永遠性にいたる道、究極的救済への道を指し示すことはありえない。プラトン、アリストテレス、アウグスティヌス、アクィナス、スピノザらはみなそのことを十分に承知していた。この点にかんして、ホッブズには疑惑の目が向けられるかもしれない。なぜなら、「このいわゆる絶対主義の使徒は、市民社会を天国と見なすことによって、それを地獄と化する危険のなかにいるように思われるであろう」[4]からだ。だが、これは根拠のない疑惑である。なぜなら、ホッブズが指し示しているのは「にせの永遠性」ではなく、あくまでも現世的な「至福（Felicity）」と各人による自由な至福追求の条件としての「平和」の必要性だからである。「平和こそ……ホッブズの理論によれば、人間生活のなかで永久的に確保されうる唯一のものである」[5]。人間が不死なる神のもとで平和を維持するためにつくりだした可死の神リヴァイアサン（『リヴァイアサン』第一七章）を、われわれは見くびる必要もないし過大評価する必要もない。――オークショットはこのように論じながら、「『リヴァイアサン』序説」を次のような引用文でしめくくっている。

> 水源が涸れると、魚はすべて干上がった土地のうえにとり残される。魚たちはお互いの湿り気で水分を補い合い、お互いの粘液で乾きから身を守ろうとする。しかしこれとても、川や湖のなかでお互いを忘れ去ってしまうことは較べられうべくもない[6]。

人類の境涯とは、干上がった川底・湖底でわずかに残された水分を分かち合うために身を寄せ合っている魚の境涯である。その共生の様はいじらしく、ときに美しくさえもある。しかし、それとても、満々と水をたたえた川や湖のなかで、お互いのことをまったく忘れて泳ぎまわることの自由さとは比較されえないのだ。たしかにわれわれは、「市民社会を天国とみなすことによって、それを地獄と化する危険」を避けるためには、「市民社会」あるいは「ヒトノ間ニオケル（inter homines）」生（p. 248）そのものを「地獄」と見なす視線、すなわち「政治を超える」イメージをたえず持ちつづけなければならない。しかし、オークショットが「政治を超えた」ところに指し示すイメージは、端的に《無（nought）》でしかない。まさしくそれゆえに、われわれはオークショットの「社交体」をオークショット自身に即して「天国」と見なすわけにはいかないのである。彼は平和と自由を尊重するリベラルである。しかし人間の究極的救済には懐疑的である。このような sceptical liberal を conservative と呼ぶならば、彼は保守的である。人間の限界内での自由に満足しようという決意において保守的である。だが彼は、人間は《無》においてのみ癒されると考えることにおいてニヒリストである。[7] おそらく（政治哲学者としての）彼の墓石には――小津安二郎と同じく――《無》の一字が刻まれるだろう。

＊　＊　＊

われわれはかつてＪ・Ｇ・Ａ・ポーコックの論文「政治的行為の言説化――スピーチの政治学に向けて」に関連して、対話の暴力性、言語の抑圧傾向について論じた。また、そのさいＭ・クランストンについて見たように、政治家が「語る」ことはときに「騙る」ことでもあった。[8] オークショットは、人間にとって言語を不可避的なものとして承認したうえで、「会話」という言語活動のなかに、言語の抑圧傾向からの束の間の解放、他者にたいする暴力行使とならないような言語活動の可能性を見いだそうとしているといえよう。

ともあれ、オークショットにおける「会話」のイメージは、変容をこうむりながらもＬＳＥの彼の後任者Ｍ・クランストンに受け継がれている。[9] ではオークショットの先任者ウォーラスとラスキにおいては、「言語と政治」の問題はどのように扱われている（あるいは、いない）であろうか。われわれはつぎにそのような観点からウォーラスとラスキについて考察し、さらに「人類の政治的会話」『自然学と政治学』について語ったバジョットへの再訪を試みるであろう。

（1）Oakeshott, "Introduction to "*Leviathan*"," p. xi.
（2）Greenleaf, *Oakeshott's Philosophical Politics*, p. 32.
（3）Oakeshott, *op. cit.*, pp. lxiv-lxvi. なお cf. M. Oakeshott, *Hobbes on Civil Association*, 1975, pp. 72-74. 旧版における《Beyond Politics》

は新版では《Beyond Civility》に訂正されている。その他、この部分における表現上の変更を列挙すれば、旧《Politics》→新《civil association, civitas, communitas politica》、旧《The end of politics》→新《civitas》、旧《political activity》→新《civil association》、旧《civil society》→新《civil association》。

（4）*Ibid.*, p. lxv.

（5）*Ibid.*, p. lxvi.

（6）*Ibid.*〔なおこの文章は『荘子』からの引用である。『リヴァイアサン序説』（中金聡訳）法政大学出版局、二〇〇七年、九九頁を参照。この点についてご教示いただいた中金教授に感謝する――二〇一五年付記〕

（7）Cf. B. Crick, "The World of Michael Oakeshott," in *Political Theory and Practice*, p. 134〔邦訳、二六―二七頁〕. クリックによるオークショット批判の要点は、オークショットが「伝統に従え」といいながら、同時に近代西欧米（なかんずくアメリカ）の「伝統」自体が合理主義によって（根源的にはキリスト教によって）汚染されていると主張することは「決定的なディレンマ」ではないか、との指摘にある。したがって、オークショットは保守主義者と称されながらも「保守」すべきなにものをも具体的に示しえない。「オークショットの助言は保守主義とニヒリズムの間をゆれ動いている」（p. 134〔邦訳、二七頁〕）。われわれは、そこにいたる筋道は異なるが、結論としてクリックの見解を肯定する。ちなみに、クリックの論文の原題は "The World of Michael Oakeshott, or the Lonely Nihilist," *Encounter*, Vol. XX, No. 6, 1963 である。ただし、オークショットの《無》への傾斜が「東洋的うぬぼれを気どっている」（p. 133〔邦訳、二四頁〕）とのクリックの見解にたいしては判断を保留する。また、クリックものべているように（*ibid.*〔邦訳、二四頁〕）、オークショットの思想にとってアメリカは「躓きの石」であるはずだが、そのアメリカで「オークショットを読むことは、魅惑的であるとともにアイロニックな経験である」ことについては、H. F. Pitkin, "The Roots of Conservatism," p. 525. 同様に、東洋的無常観の文化風土のなかでオークショットを読むことも、かなりアイロニックな経験である。

（8）拙稿「現代英国政治思想の系譜（1）――政治の象徴劇――クランストンからバジョットへ」『埼玉大学紀要』（社会科学篇）、第二七巻、一九七九年【本書4】。

（9）クランストン自身によるオークショット論としては、M. Cranston, "Michael Oakeshott's Politics, Conservative Sceptic," *Encounter*, Vol. XXVIII, No. 1, 1967, pp. 82-86. ただし、これは直接的にはグリーンリーフの本への（かなり否定的な）書評である。

7 「政治哲学者」オークショットの形成――『経験とその諸様態』から『政治における合理主義』へ〈1988〉

〔M・オークショット『保守的であること――政治的合理主義批判』澁谷浩ほかと共訳、昭和堂、所収〕

マイケル・オークショット（Michael Oakeshott）は、一九〇一年一二月一一日イングランドのケント州チェルスフィールド（Chelsfield, Kent, England）に生まれた。父親はフェビアン社会主義の論客として知られるジョセフ・オークショット（Joseph Oakeshott）である。セント・ジョージ校（St. George's School, Harpenden）で学んだ後、ケンブリッジのゴンヴィル・アンド・キーズ・カレッジ（Gonville and Caius College）で歴史学を修めた。一九二三年同カレッジを優秀な成績で卒業後は、同カレッジの歴史学のチューターを務め（一九二四―三九年）、一九二五年以降同カレッジのフェローの地位にある。一九四〇年から四五年までの間、軍務に服した後、戦後は母校で歴史学の講師を務め、一時期（一九四九―五〇年）オックスフォードのナフィールド・カレッジ（Nuffield College）で教えたこともあったらしいが、一九五一年H・ラスキの後を継ぎロンドン・スクール・オヴ・エコノミクス・アンド・ポリティカル・サイエンス（LSE）の政治学教授のポストに就いた。以後、一九六九年M・クランストンにこのポストを譲るまで、LSEという「怒れる知的孤児たちの家」（V・メータ）にあって悠然としてその独特な保守主義を論じ、今日英国ではOakeshottiansと呼称される人びとを生みだすほどに多大の思想的影響力を及ぼした。LSE退職後は名誉教授（Emeritus Professor）の称号を与えられ、現在オークショットはイングランド南部ドーセットシャーの田舎で悠々自適の生活を送っているとのことである。

オークショットの著作活動は、軍務に従事していた一九四〇年から四五年までの空白期を境い目として、大きく前期と後期に分けられる。前期の代表作は、『経験とその諸様態』（*Experience and its Modes*, Cambridge UP, 1933. 以下『経験』と略記）である。その他前期の著作としては、次のものがある。

▼*A Guide to the Classics, or, How to Pick the Derby Winner*, Faber, 1936（G. T. Griffith との共著。『古典《クラシックス》案内』とはいっても書物や音楽についての本ではなく、競馬についての本！

▼*The Social and Political Doctrines of Contemporary Europe*, Cambridge UP, 1939, 2nd ed., 1941（同時代ヨーロッパの社会・政治思想の基調を「代議制民主主義」「カソリシズム」「コミュニズム」「ファシズム」「国家社会主義《ナチズム》」に分類し、それぞれの代表的思想家の主張を抜粋・編集したアンソロジー。E・バーカの「序文」を付す）。

戦後の著作活動は、Blackwell's Political Texts の一冊として長文の「序説」を付した Hobbes's *Leviathan*（Basil Blackwell, 1946）を編集・出版することから始まる。また、一九四七年創刊の *The Cambridge Journal* の編集長を務め（一九四八―五四年）、自らも同誌上で健筆を揮った。後に単行本『政治における合理主義』（以下『合理主義』と略記）に収められた四編の論文（「政治における合理主義」「バベルの塔」「自由の政治経済学」「合理的行為」）は、最初は同誌に発表されたものである。以後、現在まで単行本の形で出版された著作は以下のとおりである。

▼*Political Education*, Bowes and Bowes, 1951（LSE教授就任演説。後に *Rationalism in Politics* に再録。「政治教育」（阿部四郎訳）、永井陽之助編『政治的人間』平凡社、一九六八年、所収）。

▼*The Voice of Poetry in the Conversation of Mankind*, Bowes and Bowes, 1959（『経験』ではあまり触れられなかった「芸術」という人間活動の一様態について論じたもの。後に *Rationalism in Politics* に再録）。

▼*Rationalism in Politics and Other Essays*, Menthuen, 1962（本訳書は本書所収の一〇編の論考のうち七編を訳出した

もの。独訳あり。*Rationalismus in der Politik*, Luchterhand, 1966).

▼*Hobbes on Civil Association*, Basil Blackwell, 1975（「『リヴァイアサン』序説」をふくめ、これまでに書かれたホッブズ論の集成）.

▼*On Human Conduct*, Oxford UP, 1975（『人間営為論』——以下『営為論』と略記——。オークショット政治哲学の集大成）.

▼*On History and Other Essays*, Basil Blackwell, 1983（歴史哲学に関する三編の論文と、『営為論』のテーマに関連する「法の支配《ルール》」および「企業的結社における人びとの運命に関する寓話」〔J・リディントン〕たる「バベルの塔」を収める）.

これらがオークショットの Biography と Bibliography についての事実の概要である。[1] なかでも、「保守主義者」オークショットがヴィクトリア女王の治世の終焉の年、新時代二〇世紀の開始の年に社会主義者を父として生まれたという事実は、かれの思想形成過程におけるありうべき内面のドラマについてのさまざまな想像をかき立てる。しかし「生」と「哲学」を峻別し、「われわれは哲学者が哲学を語るときだけかれらの話しに耳を傾けるべきである」[2] とするオークショットは、「哲学」というものを人生観の表白や社会意識の反映——それらはオークショットによれば「実際的活動」すなわち「生の営み」の一部でしかない——とは違ったレベルに位置づけている。この区別は、われわれがオークショットの「哲学」を読むときにも要求されているのであって、かれの思想形成を単純に伝記的事実に還元することはできない。しかしそのことは、オークショットの「哲学」を理解するにさいして伝記的事実をいっさい無視してもよい、ということではないし、オークショットが文字どおり二〇世紀という「時代の子」であることを否定するものでもない。

たとえば一九〇三年生まれのG・オーウェルや一九〇六年生まれのH・アレントについてはきわめて詳細な伝記的研究が出版されており、「二〇世紀の怪物」たる全体主義との格闘というかれらの思想的モチーフの展開が、かれらの生のドラマと重ねあわされ見事に描きだされている。オークショットについてはその種の研究は存在しないし、また伝記的事実に関する情報も極端にすくないが、「一九〇一年生まれ」という事実はそれだけでなにがしかの時代の刻印をかれの「哲学」に刻みつけている。すなわち、オークショットもまたオーウェルやアレントの同時代人として、一九〇〇年前後に生まれた多くの思想家たち――一八九八年生まれのマルクーゼ、一八九九年生まれのハイエク、シュトラウス、一九〇一年生まれのフェーゲリン、一九〇二年生まれのポパー、一九〇三年生まれのアドルノ、ジュヴネル、一九〇五年生まれのアロン、サルトル――と同じく、「全体主義」との対決、より広くいえば「第二次世界大戦」の経験のなかから自らの思想的モチーフを掴みとっていった世代に属する、とはいえよう。またそのことは、同時にかれらが「ヴェルサイユ以後に成人した世代」（H・ラスキ）として、英国についていえばT・E・ヒュームに代表されるようなモダニズムの洗礼を戦間期に経験していたことをも意味する。オークショットの芸術論のなかにモダニストの相貌を見いだすことは、さほど困難なことではない。たとえば「詩」を「真理」の重圧から解放し（プラトニズム批判）、内面的「情緒の表出」という観念にまとわりつくセンチメンタリズムの湿気を排し（ロマン主義批判）、なにものをも再現＝表象することのない非‐象徴的言語＝イメージの表層的戯れとしての詩的言語の自律性を強調するオークショットの立場は、ほとんどそのまま『思索集』におけるヒュームの見解と一致している。また、「この月光の美には歴史がない」（W・H・オーデン、傍点引用者）の一節をオークショットが引用してもなんの異和感もないであろう。モダニズムとは要するに、「真理」や「善」から分化・自立した「美的なるもの」の自己主張にほかならないが、過激なモダニストのなかには逆に「美」によって「真理」や「善」をも制圧しようとして「政治生活の美学化」（ベンヤミン）としてのファシズムへと傾斜していった者もすくなくなかった。「詩の声」のなかに「生の営み」からの束の間の解放・安らぎをもとめるオークショットは、そのような倒錯とは無縁である。またかれは、美と実際的活動との混同を、成熟した保守的気質とは対蹠的なものとして捉えている。「美的政治」などは青年期に特有な錯乱でしかない。しかしオークショットはけっして「美的モデルネ」（ハーバーマス）の遺産を無視しているわけではない。かれは「真」「善」「美」の分化を事実として承認し肯定する。そのうえで、それらのいずれかが他の領分を侵犯したり暴君として振る舞ったりすることにたいして、かれは執拗な抵抗を試みるのだ。かれは「真理」が同時に「善」でもあり「美」でもあった時代（古代ギリシア？）への回帰を説く反動家などではない。かれはまぎれもなくモダンな保守的思想家なのである。

前述したように、オークショットは自らが生きた時代の経験を生《なま》の形でその「哲学」のなかに反映させることを禁じている。それはただ——かれの好きな言葉を用いれば——「暗示」されるだけである。またかれは、ひとつには「忘れてしまったために」、もうひとつには「哲学における権威」を認めないという積極的理由から、論文中の引用箇所についてすら出典を明示しない場合が多い。そのためオークショットの「哲学」が位置する思想史的文脈を全体的に理解することはけっして容易ではない。これまでのべたモダニズムとの関連も、わたくしなりに「暗示」の糸を辿った末の推測にすぎないが、その糸はすでにオークショットの「哲学」の中心部分にわれわれを導いている。オークショットが構成した「哲学的言説の宇宙」の探査へと歩みを進めることにしよう。

Oakeshottians の一人、というより自らが現代英国の代表的保守主義者の一人でもあるR・スクルートンが編集を担当している『ソールズベリー・レヴュー』は、オークショットの『経験』のペーパー・バック版の出版にさいして短文の書評を掲載している。そのなかで評者（Ian Crowther）は次のようにのべている。

> 本書は、オークショットの後の著作とともに、ある「囚われた」経験の様態にもとづいて世界観を構築しようとすることにたいする一貫した警告にほかならない。さまざまな言語が、たとえば科学の数量的諸概念が存在する。それらはあるひとつの世界には適合的だが、それを拡張してそれ以外の世界を排除したり、あるいは経験全体についてのある見方を押しつけたりすることがあってはならない。オークショットの「人類の会話」のイメージは、これら多様な自律的世界の相互的交わりの有様を生き生きと伝えている。これが社会の理想的イメージである限り、

このイメージはオークショットの政治的立場を照らしだしている。「政治における合理主義」にたいするかれの批判は、（「第二性質」に満ちあふれた）実際的生活は（「第一性質」のみを知る）科学には同化されえない、という見解にもとづいている。それゆえ、異なった二つの経験の様態の混同にもとづく科学的政治なるものは不可能である。限定されたパースペクティヴの超越を目指す哲学が、それにもかかわらずこのように、科学や実際的活動といった限定されたパースペクティヴにたいしてかくも深い尊敬の念を示すことは、多分に逆説的であるといえる。[3]

さすがに行き届いた理解というべきだが、ただ『経験』から『合理主義』への展開は評者が示唆するほど単純かつ直線的なものではなかった。なによりも「多様な自律的世界の相互的交わり」としての「人類の会話」のイメージが語られるのは『合理主義』においてであり、『経験』ではむしろ多様な世界の自律性の方に主張の力点が置かれている。『経験』は元来「政治哲学」の書物ではなく、人間の経験世界についてのある包括的な「知の地図」（コリングウッド）の作製を意図する、いうならば純粋哲学の書物であり、その大部分は認識論に関する議論から構成されている。

オークショットによれば、人間の経験はつねに・すでになにがしかの判断・思考を内包している。たとえばわれわれが木を見るとき、われわれは「この木」を見ているのであって、そこには「あの木」と「この木」との区別（＝判断）が介在している。判断・思考以前の生の感覚体験は抽象にほかならず、同様に判断・思考より高次の本質直観といったものが存在するわけでもない。「思考の専制政治からの解放を要求することは、端的に、可能な経験の外部にある場を要求することにほかならない[4]」。あるいは、「いかなる経験も意味の専制政治から逃れられない[5]」。経験はつねに・すでに思考に侵され意味に汚されている。「もちろん思考の形態にはちがいがあるし、判断はどこでもその充全的性質において実現されるわけではない。だが、思考の一形態ではないような経験の一形態はどこにも見いだされえない。私見によれば、思考でない経験は存在しないし、経験されるもので思考でないものもありえない。したがって、理念の世界ではない経験は存在しないのである」[6]。こうして経験は「理念の世界」として捉えられることになる。人間の経験は、究極的には「具体的理念の完全に整合的な世界」をもとめて進む。それが「哲学」的経験である。しかし誰もがこの道を究極まで辿ることができるわけではない。多くの経験は完全な整合性に到達しない地点で停止し、ある限定的な理念の世界に囚われてしまう。そこに経験の「様態」が生ずる。すなわち経験の諸様態とは、ありうべき「実体」的経験の変様態にほかならず、ある「限定されたパースペクティヴ」から世界を見ることである。たとえば、巨大な樫の木を祖先の誰かが植えたものとして見るとき、われわれは「歴史」的経験――「過去ノ相ノ下ニ」――の世界に属し、炭素と水素の合成体としてそれを見るとき「科学」的経験――「数量ノ相ノ下ニ」――の世界に属し、この樹を切り倒して薪にしようとするときには「実際」的経験――「意志ノ相ノ下ニ」――の世界に属することになる。しかし、それではいっさいの限定・留保・囚われから解放された「哲学」的経験の世界とはどのようなものなのかは、ポジティヴな形では語られない。むしろ、歴史・科学・実際的活動を「限定された」経験と見なすこと、その限定性の性質を明らかにすることが「哲学」の任務であるとされる。

オークショット自身、『経験』のテーマのひとつは「不当推論（ignoratio elenchi）の性質の解明」[7]にある、とのべている。「不当推論」とは、歴史・科学・実際的活動がそれぞれの妥当範囲を越えて他の領分を侵犯したり、それぞれが自らの限定性を弁《わきま》えずに絶対的優越性を僭称したりすることを指す。たとえば「生の哲学」「哲人王」といった観念は「実際的活動」と「哲学」との間での「不当推論」の所産であり、また「科学的歴史」「科学的政治」といった観念も、それぞれ「歴史」と「科学」、「科学」と「実際的活動」との間での「不当推論」に起因する謬見である。『経験』はたしかに『「不当推論」批判』としては十分にその「哲学」的任務をまっとうしている。しかし、オークショットにとって「哲学」とは、たんに様態的経験の様態性への批判者および各様態間の交通整理係より以上のなにかであった。「経験の諸様態への批判としての哲学の機能は、限定ないし制限なしの経験という哲学の性質に由来している。そして哲学を経験の多様な限定が行なう論争のたんなるレフリーと見なすことは、哲学をより低次のものと見なすこと、その限りにおいて哲学以外のものと見なすことである」[8]。すなわち、「哲学」的経験は、「歴史」「科学」の世界そして《政治》、《経済》、《宗教》、《芸術》等を包含する「生の営み」そのものである「実際的活動」の世界をも超越するより高次の経験と見なされている。「哲学者」とは、生の豊饒にあえて背を向け「精神の明晰さ」をもとめる「思考の犠牲者」であり、「哲学」は欲望と苦悩に満ちた生の世界からの「脱出口（escape）」をわれわれに開示してくれるはずである。『経験』はそのような「哲学」にたいする信仰告白の言葉によって開始されながら、次のような「哲学」への不信の告白で閉じられる。「おそらく哲学とは、ニーチェやその他の人びとが示唆してきたように、生からの逃避（escape）、生からのたんなる隠れ家なのかも知れない。……完全に整合的な経験の世界を達成しようとする試みには、どうやらなにか退廃《デカダント》したもの、なにか堕落したものさえあるようだ」[9]。「哲学」とは端的に、「生きることからの逃避」「生の否定」である、とものべられる。ここには「完全に整合的な経験の世界」をもとめる「哲学者」の自負はなく、むしろ「生の営み」そのものへの畏怖の念が表白されている。『経験』は本来「哲学的経験のプライオリティ」の主張を意図するものであったが、奇妙なことにその結論は哲学的経験の無内容さの露呈、様態的経験のそれなりの有効性の証明、とりわけ「実際的経験のプライオリティ」（C・コヴェル）の主張に帰着する。

オークショットはこうした「パラドキシカルな」転回を経て、以後とくに戦後はもっぱら「実際的活動」の世界、なかでも「政治」の世界へと関心の焦点を移動させてゆく。この転回は、論理的筋道としては次のことを意味する。すなわち、オークショットは「〔すべての様態についてではなく〕あるひとつの特殊な経験の様態――たとえば実際的経験――を、経験の全体性の立場から眺めようとする試み」を「偽似‐哲学的経験」と称し、具体例としては「倫理学」「道徳哲学」「神学」「いわゆる政治哲学」を挙げている[10]。そうだとすれば、政治哲学者オークショットとは端的に偽似‐哲学者オークショットの謂であり、「倫理と政治についてのオークショットの戦後の言説は、『経験』のパースペクティヴから見れば、《偽似－哲学的》言説である[11]ことになる。だがそれにしてもなぜかれは「科学哲学」や「歴史哲学」ではなく、「人間活助の二流の形態[12]」でしかない《政治》を対象とする「政治哲学」者への道を歩むことになったのだろうか。わたくしはこの問いにたいする明解な答えを持ちあわせていないが、そこにはおそらく論理的整合性の問題を超えたオークショット自身の生のドラマが秘められている、とだけはいえるように思う。

オークショットの戦後の著作のなかで、『経験』のパースペクティヴから見ても「哲学」的著作と称されうるものは、「人類の会話における詩の声」であろう。それは『経験』における「馬鹿げた文章」の撤回にとどまらず、『経験』が描きだした「知の地図」の全面的改訂を意味している。その異同の要点だけをかいつまんで列挙すれば、(一)日常言語学派の言語哲学への接近により用語上の著しい変化が認められる、(二)『経験』におけるきわめて主意主義的な「実際的活動」観から、実際的活動の累積としての伝統を重視する観方への変化(「実際的活動《プラクティス》＝実践《プラクシス》」から「慣行《プラクティス》」へ、「道徳ノ相ノ下ニ」の付加)、(三)「哲学」はかつての可能性としての超越性すら喪失し、たんなる「寄生的活動」へと格下げされる。(四)欲望と苦悩に満ちた「生の営み」からの逃避は「詩的観照」にもとめられる。こうした変化を経て、オークショットの世界イメージはいわば「多様な声の戯れの場」(＝「人類の会話」)として示されるにいたる。そうした「人類の会話」のなかでなにかある一つの声が会話の場を独占することへの抵抗と、ささやかな小さき者たちの声にも耳を傾けようとする寛容の精神は、『経験』以来一貫したものであり、そしてそれは、「人類の会話」のイメージを政治社会のレベルに適用した『営為論』においても持続しているといえる。

(1) Biographyについては、*International Encyclopedia of Social Sciences*, Vol. 18, pp. 601-603における「オークショット」の項(執筆はクランストン)、およびGreenleaf, W. H. *Oakeshott's Philosophical Politics*, 1966の"Biographical Note"を主として参照した。なお詳細なBibliographyについては、cf. Greenleaf. *op. cit.*, pp. 99-101, King, P. & B. C. Parekh (eds.), *Politics and Experience. Essays*

Presented to Michael Oakeshott, 1968, pp. 409-417, Auspitz, J. L., "Bibliographical Note," *Political Theory*, Vol. 4, No. 3, 1976, pp. 295-300.

（2） Oakeshott, *Experience and its Modes*, p. 355.

（3） *The Salisbury Review*, Vol. 5, No. 3, 1987, p. 71.

（4） Oakeshott, *op. cit.*, p. 14.

（5） *Ibid.*, pp. 25-26.

（6） *Ibid.*, p. 26.

（7） *Ibid.*, pp. 5, 353.

（8） *Ibid.*, pp. 352-353.

（9） *Ibid.*, pp. 355-356.

（10） *Ibid.*, p. 335.

（11） Covell, C., *The Redefinition of Conservatism*, 1986, p. 96.

（12） Oakeshott, "*Introduction to Leviathan,*" p. xiv. ただし *Hobbes on Civil Association*, p. 72ではこの言葉は抹消されている。

8 バジョット——権威・信用・慣習〈1995〉

〔藤原保信・飯島昇藏編『西洋政治思想史・Ⅱ』新評論、第二九章〕

一 バジョットの〈眼の構造〉

バジョット（Walter Bagehot 1826-1877）の著作は「小説のように読める」[1]。それはたまたまかれに「どんなに複雑な素材にも物語の雰囲気を与えることのできる能力」[2]が備わっていたからという理由だけによるものではない。かれは「一八五〇年代に入ってジャーナリズムのテンポ全体が加速度的に速くなった」[3]状況のなかで、きわめて自覚的に、多くの人びとが気軽に読める批評を書こうとした。「エディンバラ・レヴューの最初の批評家たち」を論じたエッセイにおいて、一八五五年当時の英国ジャーナリズムのすさまじい変化——鉄道の売店には青や黄や深紅色の本が並び、人びとはサンドウィッチを買うように軽い読み物を買いもとめる。書物の外観の変化は読者の側での嗜好の変化に対応している。重厚な装丁の『アリストテレスとかれの哲学』といった書物に精魂を傾けるような読者はもはやいない。……。——を踏まえながら、かれはつぎのように書いている。

今のところ、善意の旅行者に本を読むことを強制する法律は存在しない。もしあなたが旅行者に本を読んでほしいと思うのなら、あなたは読書を楽しみにさせなければならない。あなたはかれに短評と平明な文章を与えてやらなければならない。……今の世のなかの人間は、今の世のなかが耳を傾けるであろうことを語るためにこき使われているのだ。要するに、今の世のなかの著作家は世間が気ままに楽しげに読むであろうものを書かなければならない。（"First Edinburgh Reviewers," 1855, *CW* 1, 311-312）

J・グロス（John Gross）がいうように、ここでのべられていることは「バジョット本人の理想ばかりでなく、（言葉づかいの一、二をやわらげれば）かれが実際にやっていたことを、公正に要約したものといえる」[4]。そして、ここでいわれているようなバジョットの著作の〈軽さ〉は、「お喋り批評」「どうにでも使えるアフォリズムの名手」[5]といった評価を生みだすことになる。そのような評価の極限を、われわれはH・フェアリー（Henry Fairlie）による「エンタティナーとしての政治ジャーナリスト」[6]という規定に見いだすことができる。C・H・シッソン（C. H. Sisson）の『バジョットの症例』は、その表題が示しているように、バジョットという患者をとおしてヴィクトリア朝英国中産階級にとりついた〈自己満足〉という病気の諸相を仮借なく暴きだそうとする書物だが、かれによれば「バジョットの書物はたしかに軽い読み物である。……バジョットは非常に育ちのよい著述家というわけではない。今日われわれが迷惑を被っている訳知り顔のコメンテイターの群れはバジョットと本当によく似ている」[7]。

しかし「銀行家たちに対しては知識人、知識人たちに対しては銀行家」[8]であったバジョットを「一つの公式で割り切るわけにはいかない」[9]。じっさい、〈軽薄〉ともみえるバジョットがいる一方で、かれを一八世紀のバーク、一九世紀のトクヴィル、ミル、そして二〇世紀のウェーバー、ウォーラス（Graham Wallas）に匹敵する「ヨーロッパの思想家」の列に加えようとする見解もある。[10]「ある二元的な対立、異質なものの共棲」[11]こそがバジョットの思想的特質であるとすれば、〈軽さ〉と〈重さ〉の同時存在もまたバジョット的両義性の一つの現われといえよう。そして、バジョットの著作のあらゆる局面にみられるこの両義性は、「短評と平明な文章」を旨としたバジョットの著作に、ある種の不透明さを与えている。それは、かれの著作群をある一つの原理＝中心へと還元することを拒否するような不透明さであり、かれの著作群からある確定的なバジョット像を確立することを困難にさせるような不透明さである。それはバジョット自身が語っている英国社会の都市の成り立ちと国制の成り立ちにまつわる不透明さ——気まぐれに蛇のように曲がりくねった街路と、境界線をめぐるそのときどきの憲法上の葛藤の跡を示す不規則性とあいまいさに満ちた国制——に似ている。

J・シェビア（John Shebbeare）は一八世紀の英国が完成した〈英国式庭園〉を「規則性を無視した無限の多様性」（infinitive variety without regularity）によって特徴づけた。〈フランス式庭園〉の「原理」が「視野の尽きる地点までまっすぐ太い展望線を貫通させる方式」であるとすれば、〈英図式庭園〉は「うねうねとした遊歩道を木立ちのなかに見え隠れに走らせる方式」に従っていた。[12] これを単純に〈人工〉対〈自然〉の対立として捉えることはできない。なぜなら、「規則性を無視した無限の多様性」に満ちた空間を創出しようとする情熱自体が、きわめて人工的なものだからである。ともあれ「規則性を無視した無限の多様性」、「うねうねとした遊歩道」のなかにこそ英国文化の独自性があるという認識はこの時期に確立され、以後強力に英国人の精神を拘束し続けることになる。

「直線」にたいする「曲線」、「規則」にたいする「不規則」は、バジョットのディスコースを特徴づけるキー・タームである。

なおイギリスの政治制度には、無数の変則があるが、これも地方自治の場合と同じ原因から生じているのである。わが国の最もすぐれた批評家たちのなかには、この変則に悩まされるために、これを嫌悪している者がいるが、正直なところわたしは必ずしもこれに同調することができない。……理論的な政治家は、医学者が珍しい病気に対するのと同じ態度で、政治上の変則をながめる。それは、かれにとっては『興味深い病気の例』である。（*EC, CW* 5,

395.二九八―二九九）

しかし政治の場合、極端に例外的な事件にとらわれてはならない。また、通常の明白な確率に安心してよりかかっていてもならない。数学的にいうと、政治の曲線の先点や共役点に心を奪われていると、曲線の不変のコースを容易に見失うおそれがあるのである。（*Ibid*., 180-181. 三二一）

政治を単純な「直線」の組み合わせによって理解しようとすることは論外である。バジョットが『イギリス憲政論』（*The English Constitution*, 1867. 2nd ed., 1872）の冒頭で混合政体論という「紙上の解説」と権力分立論という「紙上の提言」との双方を否定したのは、それらが多様な「曲線」からなる「規則性を無視した無限の多様性」としてある「生きた現実」をみようとしないからにほかならない。しかしまた、「政治の曲線」上の特異点にだけ目を向けることも、「曲線の不変のコース」を見失うことになる。それは「変数的要素」ないしは「微分的要素」にだけ注目することである。

われわれは、この制度（植民地の総督政治――引用者）に慣れきっているので、真にこれを理解していない。それは、以前からよく知っている人の容貌のなかに、行きずりの者でも一目でわかるような明瞭な特徴を、ふと発見して驚くことがあるのと、よく似ている。わたしの知人で、二〇年間毎日妹と顔を合わせていながら、どんな目の色をしているのか知らなかった人がある。いなむしろその人は、毎日のように顔を合わせていたために、知らなかったといえる。したがって理論上の公理として、つぎのことが認められるのである。われわれは、思考するに当たって、おそらく最も重要であるかもしれないのに、常数的要素を無視し、あまり重要性をもたないのに、変数的要素――はやりの言葉でいえば微分的要素――だけに注目することが多いのである。（*ibid*., 354-355. 二二五）

またバジョットはこうものべている。

ある場所またはある人物について最もよく知っている人が、それを最もよく語ることができるとはかぎらない。あまり親しく知りすぎてしまうと、それを言葉にいい表わすことができなくなるものだ。("Bishop Butler," 1854, CW 1, 260)

そういってよければ、まさしくここにバジョットの現実認識上の「公理」、すなわちわれわれが日常的に慣れ親しんでいるものこそがじつは最も不可解で語り難いという洞察が、存在するといってよい。われわれが日々そのなかで生活している「慣れきった制度」を認識し記述することの難しさは、われわれがある人物の「顔」を認知し記述することの難しさと同じである。M・ポラニー（Michael Polanyi）は、「われわれは語ることができるより多くのことを知ることができるという事実」の一例として、人間の「顔」の認知について論じている。「われわれはある人の顔を知っている。われわれはその顔を千、あるいは一万もの顔と区別して認知することができる。しかし、それにもかかわらず、われわれが知っているその顔をどのように認知するかを、ふつうわれわれは語ることができないのである。そのため、この知識の大部分は言葉におきかえることができない[13]」。たしかにわれわれはある人物の顔を、特徴ある各部分の寄せ集めとして認知しているわけではない。「行きずりの者でも一目でわかるような明瞭な特徴」に気づくまえに、われわれはその人物の顔を明確に他から区別している。妹がどんな目の色をしていたかに気づかなくとも、われわれは妹を他人と見間違うことはない。要するにわれわれは、ある人物の顔を、特徴的な「微分的要素」の集合として「知っている」わけではない。モンタージュ写真は、われわれが「その顔をどのように認知するか」を語っているのではなく、逆にわれわれの顔の認知そのものに依存している。バジョットが試みようとしたのは、英国社会の「顔」を認識し記述することだといってもよいかもしれない。

M・J・ウィーナー（Martin J. Wiener）はヴィクトリア朝英国社会のありようを「ヤヌスの顔」と表現している。[14] バジョットの目にも英国の国家構造は「威厳をもった部分」と「機能する部分」という二面性をもつ「ヤヌスの顔」として映じた。

> さてイギリスないしその他の国ぐにの諸制度は、幾百年もかかって成長し、複雑な人口構成をもった住民を広く支配している。こういう制度の考察にとりかかる場合には、これを二つに区分することが必要である。すなわち、このような国ぐにの憲法には二つの部分がある。（実際にはそれは、顕微鏡的な正確さで区別できるものではない。なぜなら偉大なものの特質は、はっきりと区別できないからである。）その第一は、民衆の尊敬の念を呼び起こし、これを保持する部分である。これをかりに、威厳をもった部分と呼んでおこう。つぎにその第二は、機能する部分である。憲法はこれによってじっさいに活動し、支配しているのである。さていかなる憲法も立派に機能するためには、つぎの二大目標を達成しなければならない。そしておよそ古くからの有名な憲法なら、この目標を見事に達成してきたにちがいない。すなわちあらゆる憲法は、まず権威を獲得し、ついでその権威を行使しなければならない。いいかえれば、まず人びとの忠誠や信頼を獲得し、ついでその信従を統治活動に利用しなければならない。（*EC*, *CW* 5, 206. 六七—六八）

『イギリス憲政論』の政治理論的含意はほぼここに集約されているといえるが、それについての検討は次節以下にゆずり、ここでは「威厳をもった部分」と「機能する部分」とが「顕微鏡的な正確さで区別できるものではない」とされている点に注目したい。このことは第一に、しばしば誤解されていることだが、「威厳をもった部分」と「機能する部分」とのあいだにクリアー・カットな分割線を引くことはできないということを意味している。たとえば、君主および貴族院イコール「威厳をもった部分」、庶民院および内閣イコール「機能する部分」、というような単純な区分はできないということである。いいかえれば、君主および貴族院にも「機能する部分」が存在し、庶民院および内閣にも「威厳をもった部分」が存在している。それらは統治機構のある「部分」に張りつけられるべきラベルではなく、文字どおり「役割（part）」なのである。第二に、このことは「威厳をもった部分」と「機能する部分」とが相互依存的であることを意味している。つまり、混合政体論や権力分立論が統治機構の各部分はそれぞれにアイデンティティを保持しながら抑制・均衡機能を果たすと考えるのにたいして、バジョットの「威厳をもった部分」と「機能する部分」はそれぞれ単独ではアイデンティティを保持することはできない。両者は相互に依存し合いながらセットとしてしか存在しえないことを意味している。さらに第三に、このことはバジョットが「生きた現実」を見る眼差しの特異性を示唆している。

「威厳をもった部分」と「機能する部分」のこのようなありかたは「肉眼」ではみえない。かといって「肉眼」の補助装置たる「顕微鏡」を用いればみえてくるというものでもない。現実を「微分」していけばみえてくるといった性質のものではない。バジョットがみようとしているのは、微細な実証的データの蓄積によってはとらえられないような差異である。「顕微鏡」に象徴される実証主義的眼差しの深化によってではなく、現実を見る眼差し自体の転換によってはじめて獲得される光景である。それはいわば、日常的な現実そのものをミステリィに化するような眼差しである。日頃見慣れたものを「見慣れない」ものにしてしまうような〈眼の構造〉がバジョットにはあった。

バジョットの終生の友人R・ハットン（Robert Hutton）によれば、バジョットは「最も平凡な事柄が最も驚嘆すべき事柄にみえ、最も驚嘆すべきものが最も本質的な蓋然性をもつものにみえるところの、いわば幻想的な性格」[15]の持ち主であった。このことは、バジョットの「リアリズム」といわれるものに複雑な屈折を与えずにはおかない。バジョットは「植物学者が樹木や植物を楽しむのと同じやりかたで、人間についての研究を楽しんだ」（ブライス卿[16]）わけではけっしてない。当時の自然科学を「退屈な観察や聞き取りによって、くだらない事実が事実であることを確かめようとしている」にすぎないとしたバジョットの眼が、博物学者のそれのようなものであるはずはない。バジョットの眼には、ダーウィンの進化論という「わが国の最も野心的な科学でさえ」事実中心的でつまらないものにみえた（*EC, CW*5, 363-364. 二六六―二六七）。またバジョットが「紙上の解説」を斥けて「生きた現実」をみようとしたのは、「実際をありのままにながめてみると in the rough practice、書物に書かれているような多くの明快な理論 many refinements of the literary theory は、見当たらない」（*ibid.*, 六五）からである。つまり「紙上の解説」は本質的にラフな現実（「ザラザラとした大地」）をあまりにもリファインしすぎるのだ。それは本質的に不透明な現実に過剰な透明さを与えようとする錯誤の産物である。〈rough practice〉のただなかにいる人びとはそうは考えない。

抽象的に物事を考えるということは高い地位にいる人びとにはけっして期待すべきものではない。現在行われている一流の取引を処理するということは、非常に専心に行われるべき仕事であって、これにあたる人びとは普通理論上の問題を考えるというようなことはほとんどない。（*LS, CW*9, 137. 一七二）

かれらは「取引」という現場の不透明さのなかで生きている。かれらにとって必要なのは明快な、あまりに明快な「理論」ではなくして、「信用のゲーム」を生き抜くための知恵でありタクティクスである。バジョットにたいしてあくまでも辛辣なシッソンですらこう書いている。「『ロンバード街』は多くの点でバジョットの著作のなかでも最もパーソナルなものである。かれの心を占めていたものは貨幣だけではなく信用のゲームでもあった。それをかれはサマセットの父や叔父から受け継いでいた。かれは、銀行業のありかたはたえず変化し続けることを知っていた。正確にいえば、個人銀行は終わりをむかえるであろうことを予期していた。そうした状況の生涯——それはかれ自身の生涯でもある——を言寿《ことほ》ぐかれの文章は、かれが書いたどの文章にもまして詩に近づいている」[17]。興隆しつつある「株式銀行業にたいして潜在的敵意をいだく」(*ibid.*, 183. 二四九) バジョットによる「個人銀行業」への挽歌。『ロンバード街』(*Lombard Street*, 1873) にたいする一つのきわめて魅力的な解釈ではあるが、それだけではたとえばつぎのようなバジョットによる記述の由来を説明しえない。

> それ（「思弁的歴史」による銀行業発生についての説明——引用者）は、設立されるときわめて都合よくその働きをなすものは、設立されることもきわめて都合よくゆくものとし、また日常慣れ親しまれているとき簡単にみえるものは、かかる親しみのない場合にも、きわめて容易に人びとからその真価を認められるものと仮定している。しかるに事実はまさにその正反対である。確実に設立されたのちに簡単にみえ、具合よくゆくものも、多くは新しい人びとのあいだにこれを設立することは非常に困難であり、かれらにこれを説明してやることもそう容易ではない。預金銀行業もこの種のものである。その真髄は、非常に多数の人びとが非常に少数の人びと、あるいは誰か一人の人を信用することを承知する点にある。(*Ibid.*, 85. 八五)

〈多数の人びとが少数の人びと、あるいは誰か一人の人を信用すること〉は、バジョットにとって「預金銀行業の真髄」であるだけではなく、〈権威〉という現象（『イギリス憲政論』）、〈慣習の固塊〉の発生という現象（『自然学と政治学』*Physics and Politics*, 1872. *CW* 7, 32. 三二）に共通する事態とみなされている。「取引における信用は、政治に於ける忠誠のようなものである。……全体は、慣習と歳月とによってつくり出された本能的信頼を基礎としている」(*LS*. *CW* 9, 81. 七八)。権威・信用・慣習というこの平凡きわまりない現象にたいして、あたかもそれを初めてみるかのように接することを可能にしたのは、「最も平凡な事柄が最も驚嘆すべきものにみえ」てしまうバジョットの〈眼の構造〉なのである。

二　「生き生きとした眼」とヴィクトリア朝文化

G・ヒンメルファーブ（Gertrude Himmelfarb）は「もしバジョットの著作がアイロニーとパラドックスに満ちているとするなら、それはかれの現実感覚が多面的であり、単純なものと複雑なもの、平凡なものと深遠なものとによって形づくられているから」であり、「この不釣り合いと不条理の感覚がかれの歴史・政治・社会・文学の著作に浸透している」とのべている。[18] じっさい、「宇宙への信頼感」（*PP, CW* 7, 140. 二六三）について語ったバジョットは、同時につぎのような「世界の不条理感覚」[19] について語るバジョットでもあった。

> 全体としてみれば、宇宙は馬鹿げている。人間の精神とそれが行うこととのあいだには、どうしようもない矛盾があるように思われる。いったいどうすれば霊魂が商人になれるのか。亜麻仁の価格、バターの暴落、獣脂の風袋、麻の仲買、これらが不死の存在とどんな関係があるというのか。……霊魂が靴の紐を結ぶ、精神が洗面器で手を洗う。すべて釣り合わない。（“First Edinburgh Reviewers”, *CW* 1, 338）

こうした「不釣り合いと不条理の感覚」を育てたものが、「人生のどんな苦労も、狂気に比べれば、笑いごとにすぎない」というかれ自身の感慨が暗示する母親の精神異常に起因するのか、あるいは両親の信仰上の対立による自己分裂に起因するのか、断定しがたい。ただいえることは、こうした感覚がバジョットから世界の自明性の感覚を奪い、平凡でありながら謎に満ちた現実をあらためて見直し、あたかも初めてそれを見るかのような眼差しで見慣れた制度を見る「生き生きとした眼」の持ち主たらしめたということと、おそらくそれがヴィクトリア朝社会におけるバジョットの位置と関連しているということである。

B・デクスター（Byron Dexter）によれば、バジョットは「その報告があまりに正確であるために、叙述された事柄がわれわれの目に新しいものとして映じる」ような「生き生きとした眼」の持ち主であった[20]。そしてそれを可能にしたものは、バジョットが当時の〈favoured society〉に「帰属」しながら「離脱」していたという両義性にあったとしている。すなわち、「政治の世界において偉大な活動的役割を果たすべき定めにある人びとは、ひとしく、当時の〈favoured society〉のはるか外部から来るか、あるいはその中心から来るかのいずれかである。それに対し、偉大な報告者は通例、ほとんどそこに帰属しながら、しかし完全にそこに帰属しきっているわけではないような人びとである。……バジョットは英国の支配階級の外部で生まれたが、それを見るのに充分な近さにいた」。叙述対象にたいするこの微妙な距離（detachment）が、かれの叙述に「客観性」を付与する。しかし、「離脱 detachment は孤立 isolation である。――それは一般に必然の産物であり、選択の行為ではない」とするならば、バジョットをそうした場所に立たせたものは、ふたたびかれの生活史の「必然」のなかにもとめられなければならないのかもしれない。しかしそれについてわれわれにできることは、「ただ推測すること」だけでしかない[21]。バジョット自身こうのべている。「われわれは隣人の一面しかみていない。ちょうどわれわれが月の一面しかみていないように。いずれの場合にも、われわれには未知の暗い半面があるものなのだ。われわれは皆ディナーのために食堂に集まる。しかし誰もがそれぞれに自分だけの部屋をもっている。他人の内面生活を研究しようと思うのなら、まず自分自身の内面生活から始めるべきことが本来であるように思われる」（"Shakespeare — The Individual", 1853, *CW* 1, 195）。

本章においては、バジョットの著作の意味をかれの生活史から説明するという方法はとらない。バジョット的両義性をかれのライフヒストリーが強いた必然として捉えるのではなく、ヴィクトリア朝社会の〈文化〉が強いた必然として捉えたい。もちろんここで〈文化〉というのは、M・アーノルド（Matthew Arnold）が〈無秩序《アナーキー》〉にたいして擁護しようとした〈教養《カルチャー》〉を指すのではなく、野蛮人・俗物・民衆が生み出した〈無秩序〉そのものを指すことはいうまでもない。それは、アーノルドにいわせれば、「その理念からみて集合的国民の表現であり、いわば国民の最善の精神の公定の証人である国王そのものをも、各個人の凡庸な自我の健全な、あるいは不健全な発明品に宣伝と信用を与えるためにつくられた一種の壮大な広告馬車 advertising van に変えてしまおう[22]」とするような〈文化〉である・バジョットもまたこう書いている。「アメリカ人にとっては、ビジネスについては何も知らない皇太子が、壮大な抱負をいだいて世界漫遊をしているのをみると、移動広告 locomotive advertisement のように思われる」（*EC, CW* 5, 365. 二六八）。かれらにこうした表現を選択させたものは、もちろんかれらの眼前に「広告馬車」や「移動広告」が事物として存在したこと、そしてさまざまな「発明品に宣伝と信用を与えるために」考案された新奇な広告装置を要求する商品文化の蔓延という歴史的現象である。ただし、アーノルドがこうした現象のなかに嫌悪すべき頽廃を見たのにたいして、バジョットは〈無秩序〉としての〈文化〉そのもののなかに積極的意義を見いだそうとしたといえる。

「バジョットがフランスのクー・デタによって教育された年は、大博覧会の年でもあった[23]」。一八五一年ロンドンで開催された世界最初の万国博覧会は、八九年のパリ万博とともに一九世紀ヨーロッパの商品文化を象徴する一大イヴェントであった。両者はそれぞれにクリスタル・パレス（後に焼失）とエッフェル塔という象徴的な建造物を生んだ。ロンドンはパリとならんで、まぎれもなく「一九世紀の首都」であった。「万国博覧会は商品という物神《フェティッシュ》の霊場である。……万国博覧会は商品の交換価値を神聖化する[24]」。ロンドン万博のプロモーターであったアルバート公の功績を讃えるために醜悪なアルバート公記念碑が建てられ、ロンドンの街路や施設にアルバートやヴィクトリアの名がつけられた。「このようなあらゆる方法でロンドンっ児たちは、われわれのただなかに王室がいるということを意識させられ、それをロンドン生活の正規の特色として頼りにしていた[25]」。『イギリス憲政論』における政治の演劇論的な見方、ショー・マンとしての君主、王室・貴族の存在理由としての〈visibility〉といったバジョットの見解[26]の背後には、ロンドン万博およびそこで英国王室が果たした役割についての英国民大衆の経験とそれについてのバジョットなりの洞察が存在することは疑いない。『イギリス憲政論』は、バジョットによる「政治的事物の一大博覧会」(“a great exhibition of political things”, *EC, CW* 5, 379. 二八〇)観覧記なのである。

三　〈二重政府〉と〈二重思考〉

〈double〉という語はバジョットの著作を読み解くうえでのキー・ワードである。『イギリス憲政論』は第二次選挙法改正直前の英国政治のありかたを、「女王の形式的な大権」と「ダウニング街の真の政府」とによって構成される「二重政府」(double government)として捉えた(*ibid.*, 396. 三〇〇)。ここで〈double〉は、〈triple〉および〈single〉(ないしは〈simple〉)と対立させられている。

よく知られているように、『イギリス憲政論』においてバジョットは、まず第一に、「イギリスの政治体制において、立法、行政、司法の三権が完全に分離し、そのおのおのが違った個人ないし団体に委託され、しかも三権のいずれもが他の任務に干渉できないことが、体制の一原理として規定されている」と考える〈権力分立論〉と、第二に、「イギリス憲法独特の優秀性は、均衡のとれた三権の結合にある」、そして「君主政的要素、貴族政的要素、民主政的要素が、それぞれに最高主権を分有し、最高主権の発動のためには、この三者全部の同意が必要である」と考える〈混合政体論〉との、双方を批判した(*ibid.*, 204-205. 六六。傍点は引用者)。ただし両者にたいする批判の論理は異なっている。前者にたいしては、行政権と立法権の融合である「内閣」が対置され、議院内閣制のもとでは国家機能を三つに分節すること自体が不適切であるとされる〈〈triple〉にたいする〈double〉〉。〈権力分立論〉が純粋に妥当するのは大統領制のもとにおいてだけである。

これに対し、後者については、イギリス憲法の構成要素を君主、貴族、庶民の三身分に分節すること自体が批判されているわけではない。そうではなくて〈混合政体論〉が「君主・貴族・庶民がイギリス憲法の外形 the outward form を構成するだけではなく、その内部で活動する本体 the inner moving essence、すなわち憲法の生命力であると強調する」点が批判されている（*ibid.* 六六）。つまり、イギリス憲法を〈形式〉と〈本質〉とが一致している単純な体制であると見なす考え方が批判されているのである（〈single〉ないし〈simple〉にたいする〈double〉）。つまり、バジョット的〈double〉の論理は〈権力分立論〉の〈triple〉および〈混合政体論〉の〈single〉〈simple〉双方への批判を含意しているが、力点は圧倒的に後者にある。

〈混合政体論〉によれば、君主・貴族・庶民が相互に「牽制・均衡」をつうじてすばらしい統一体をつくりあげてきたことが、イギリス憲法の「外形」であるとともに「本体」であるから、「イギリス憲法の主要な特質は、君主政ないし貴族政をもたない国には適用できないと信じられている」（*ibid.*, 205. 六六）。それにたいして、バジョットは「威厳をもった部分」と「機能する部分」という〈double〉の論理を導入することによって、君主政および貴族政的要素はあくまでもイギリス憲法の「外形」にすぎず、その「本体」は「議院内閣制」にあること、したがって「議院内閣制」自体は英国的伝統を有しない国にも適用可能であること、さらに「議院内閣制」は「大統領制」よりも優れていること、を示そうとする。すなわち、「イギリス憲法の本質は、近代的簡潔性のために強靭であり、その外観は、堂々たるゴシック時代の壮麗さを帯びて威厳をもっている。その簡素な本質は、細部に必要な修正《ムタティスムタンディス》を加えるなら、種々さまざまな多くの国家に移植することができる。しかしその威厳をもった外観、すなわち大多数の者に威厳を感じさせる部分は、イギリスと類似した歴史や同じ政治的素材をもった諸国民だけにしか、移植できないのである」（*ibid.*, 210. 七二―七三）。

「威厳をもった部分」と「機能する部分」との区別が提起されるのはこのような文脈においてであるが、引用部分にみられるように、〈「外形」／「本体」〉という〈double〉の論理が結果的にもたらすものは、「議院内閣制」という「本体」

の他国への移植可能性よりもむしろ「君主政・貴族政」という「外形」の移植不可能性の強調である。じっさい、君主政・貴族政という「外形」をともなわない「議院内閣制」の可能性については、第八章「議院内閣制の必要条件、ならびにそのイギリス的特殊形態」においてごく簡単に触れられているにすぎない。たしかにバジョットの論理にしたがえば、「立法部によって選出される委員会の政治」（*ibid.*, 367. 二六九）たる「議院内閣制」という「本体」は、君主政・貴族政的伝統のない国においても存立可能なはずである。しかしそれには条件が必要であるとバジョットは考える。「ともかくも、平等主義の政治体制、すなわちすべての者が一人一票の投票権を行使する政治体制において、社会に健全な教育が行われ、知識が普及している場合には、議院内閣制は成立する可能性があるといえる」（*ibid.*, 377. 二七八）。現在は「大統領制」を採用しているが、アメリカ合衆国のニューイングランド諸州が独立した場合にはその可能性がある。だがそうした条件が満たされないかぎり、「議院内閣制」は「尊敬心をもった国民」、「賢明な少数者の統治を希望する愚鈍な多数者を擁した国民」（*ibid.*, 378. 二七八）のあいだにだけ成立する可能性がある。こうして「議院内閣制」は、現実には、「二重政府」、「偽装された共和政」という英国独自の形態においてのみ存立するものと見なされることになる。

では、なぜイギリス憲法は「議院内閣制」を「本体」とし「君主政・貴族政」を「外形」とする「二重政府」としてしか存立しえないのか。

> イギリスでも（ギリシア都市国家と同じく――引用者）、君主政の付随的制度が変化して、共和政という実体ができた。ただしイギリスだけは、政治的にきわめて異質な多くの人間をかかえていたため、昔ながらの外観を保ちながら、ひそかに新しい実体を差し入れることが必要であったのである。（*ibid.*, 392. 二九五。傍点は引用者）

イギリス憲法の複雑さは英国社会の複雑さ――空間的には「複雑な人口構成をもった住民」（mixed populations）と、

時間的には「人類の発展不均等」(the unequal development of the human race) ――を反映している。「イギリスのような巨大な社会には、開化の程度からすれば、二千年前の大多数の人間とあまり変わらない連中がうようよしている。またそこには、千年前の最優秀な人間と同程度の者もいる。下層階級や中流階級は、教養ある『一万人』を標準にしてみると、やはり無知偏狭で、向上心をもっていない」(*ibid.*, 203. 六九)。また「最も理知的な人間でも、自分の意志によって動かされるのと同程度に、生活慣習によっても動かされている」(*ibid.*, 204. 七一)。要するに、英国の国家構造が「二重政府」であるのは、英国社会の二重性、ひいては人間存在の二重性(意志と慣習、理性と感情、合理と非合理)に起因していると、バジョットは論じる。

しかし、下層階級や中流階級の大多数の現実意識のなかでは英国の国家構造は「二重政府」ではない。かれらにとって「君主政」は「本体」そのものである。また、当の君主や貴族たちも、自分たちを国家機構の「お飾り的な部分」とは考えないだろう。そうだとすれば、英国の国家構造が「二重政府」として映じるのは、英国社会の二重性、人間存在の二重性を認識しうる複眼的な眼差しの持ち主にとってだけだということになるだろう。いうまでもなくそれはバジョット自身であり、おそらくはバジョットがみずからの著作の名宛人と考えた『フォートナイトリー・レヴュー』や『エコノミスト』誌の読者たち、つまりは「教養ある『一万人』」なのである。そしてかれらはのちにG・オーウェル(George Orwell)が「二重思考」(double think)と呼んだ思考様式に類似した思考操作を要請されることになる。かれらは女王や皇太子が「引きこもっている未亡人や定職のない一青年」(*ibid.*, 226. 九一)にすぎないことを知りつつ同時にそれを尊敬しなければならない、少なくとも尊敬しているふりを装わなければならない。なぜなら、「君主政の神話と伝説は、それらを宣伝する人びとがみずからの宣伝を信じているかぎりにおいてのみ、大衆にとって信用される」[27]からである。「二重政府」の「本体」を構成する「教養ある『一万人』」は、こうしていわば「二重人格」を演じなければならないのである。

R・H・S・クロスマン(Richard H. S. Crossman)は、「バジョットの法則」(Bagehot's law)の発見を政治理論家としてのバジョットの最大の功績とみなしている。「バジョットの法則」とは、国家構造の新しい「本体」の出現によりそれまでの「本体」は「外形」に転化するが、しかし〈「外形」／「本体」〉という形式自体を維持しつつ時代変化に対応してゆく英国国家構造の運動原理のことである。じじつ、「首相政治（Prime Ministerial government）の到来とともに、内閣は、バジョットが発見した法則に従って、憲法の他の威厳をもった諸要素の仲間に入る」[28]。バジョットの時代には合議体としての「内閣」が「本体」であり、首相は「同輩者中の首位者」にすぎなかったが、クロスマンの時代には議会・閣僚にではなく政党・官僚制に基礎をおく「首相」こそが「本体」となり、「内閣」（および「庶民院」）は「君主・貴族院」とともに「外形」の一部を構成するようになった。そして、おそらく「首相」が「外形」に転化するのもそう遠い将来のことではない。というよりも、国家構造のある部分が「本体」だと公言されるようになったときには、真の「本体」は別の所に移動しているというのが、「バジョットの法則」から得られるもう一つの洞察だといえるからである。

「バジョットの法則」によれば、英国の国家構造におけるかつての「本体」部分は国家構造から根本的に排除されることはなく国家構造の「外形」部分に累積してゆくことになる。このことは一面で、英国政治の歴史的連続性と時代変化にたいする柔軟な対応を保障するが、他面で、国家構造の全面的変更を不可能にする。労働党の理論家クロスマンをも馴致せしめた「バジョットの法則」の実践的帰結は、「偽装された共和政」の永遠化であり、純粋共和政の不可能性の宣告である。「神聖な英国的生活様式へのもっとも不敬な帰依者」[29]バジョットは、（君主政もふくめ）英国の国家構造からいっさいの神秘性を剥奪しながら、同時にそれを永続させようとする「神話作者」[30]でもあったのである。

〔テクストについての注記〕

バジョットの著作からの引用はすべて *The Collected Works of Walter Bagehot*, 15 Vols. ed. Norman St John-Stevas（London: The Economist, 1965-84）（*CW* と略記）により、本文中に該当ページを示した。*The English Constitution*（*EC*）, *Physics and Politics*（*PP*）,

Lombard Street（*LS*）については、それぞれ小松春雄訳『イギリス憲政論』（中央公論社、一九七二年）、大道安次郎訳『自然科学と政治学』（岩崎書店、一九四八年）、宇野弘蔵訳『ロンバード街』（岩波文庫）を参照し該当邦訳頁を示したが、訳文は必ずしも原文どおりではない。

（1）Bryan Dexter, "Bagehot and the Fresh Eye," *Foreign Affairs*, vol. 24（1945）, p. 117.

（2）*Ibid.*

（3）John Gross, *The Rise and Fall of the Man of Letters*, London: Weidenfeld & Nicolson, 1969〔橋口稔・高見幸郎訳『イギリス文壇史――一八〇〇年以後の文人の盛衰』みすず書房、一九七二年、六二頁〕.

（4）グロス、前掲邦訳、七三頁。

（5）同書。

（6）Henry Fairlie, "Walter Bagehot or, the Political Journalist as Entertainer," *Encounter*, vol. 36, No. 3（1971）, pp. 30-41.

（7）C. H. Sisson, *The Case of Walter Bagehot*, London: Faber & Faber, 1972, p. 62.

（8）Bernard Crick, "Bagehot, Walter 1826-1877," *Makers of Nineteenth Century 1800-1917*, ed. J. Wintle, London: Routledge & Kegan Paul, 1982, p. 22.

（9）グロス、前掲邦訳、七四頁。

（10）Max Lerner, "Bagehot, Walter-II. Political Contributions," *International Encyclopedia of the Social Sciences*, vol. 1, ed. David L. Sills, London: The Macmillan & The Free Press, 1968, p. 500.

（11）岩重政敏「W・バジョットにおける『権威』の問題――『英国国家構造論』を中心に」日本政治学会編『年報政治学・一九七三年』岩波書店、一九七四年、八一頁。

（12）川崎寿彦『庭のイングランド――風景の記号学と英国近代史』名古屋大学出版会、一九九三年、三四一―三四二頁参照。

（13）Michael Polanyi, *The Tacit Dimension*, London: Routledge & Kegan Paul, 1966〔佐藤敬三訳『暗黙知の次元』紀伊国屋書店、一九八〇年、一五頁〕.

（14）Martin J. Wiener, *English Culture and the Decline of the Industrial Spirit, 1850-1980*, Cambridge: Cambridge University Press, 1981〔原剛訳『英国産業精神の衰退――文化史的接近』勁草書房、一九八四年〕.

（15）Robert Hutton, "Memoir of Walter Bagehot," 1877, in *CW* 15, p. 84.

（16）Cf. *CW* 15, p. 76.

（17）Sisson, *op. cit.*, p. 98.
（18）Gertrude Himmelfarb, *Victorian Minds*, Cloucester, Mass.: Peter Smith, 1975, p. 222.
（19）Norman St John-Stevas, *Walter Bagehot: A Study of His Life and Thought together with a Selection from His Political Writings*, Bloomington: Indiana University Press, 1959, p. 27.
（20）Dexter, *op. cit.*, p. 111.
（21）*Ibid.*, pp. 111-113.
（22）Matthew Arnold, *Culture and Anarchy and Other Writings*, ed. Stefan Collini, Cambridge University Press, 1993, p. 117〔多田英次訳『教養と無秩序』岩波書店、一九六五年、一四七—一四八頁〕.
（23）Sisson, *op. cit.*, p. 132.
（24）Walter Benjamin, "Paris, die Hauptstadt des XIX Jahrhunderts"〔川村二郎訳「パリ——十九世紀の首都」『ベンヤミン著作集』6、晶文社、一九七五年、一八頁〕.
（25）R. J. Mitchell & M. D. Leys, *A History of London Life*, London: Longmans, Green and Co., 1958〔村松赳訳『ロンドン庶民生活史』みすず書房、一九七一年、二〇六頁〕.
（26）この点につき詳しくは、拙稿「現代英国政治思想の系譜（一）——政治の象徴劇——クランストンからバジョットへ」『埼玉大学紀要』（社会科学篇）第二七巻、一九七九年【本書4】参照。
（27）Richard H. S. Crorssman, "Introduction" to Fontana Classics Edition of *The English Constitution*, Glasgow: Fontana/Collins, 1963, p. 33.
（28）*Ibid.*, p. 54.
（29）Richard H. S. Crossman, *The Myths of Cabinet Government*, Cambridge, Mass.: Harvard University Press, 1972, p. 27.
（30）グロス、前掲邦訳、七六頁。

9　ナチズム・戦時動員体制・企業国家――マイケル・オークショットの思想形成と戦争体験〈2002〉

〔宮田光雄・柳父圀近編『ナチ・ドイツの政治思想』創文社、所収〕

一　はじめに

死が忘却ではなく記憶の再生をうながすこともある。オークショットの死から一〇年余、それまではあまり知られることのなかった彼の生活や人柄にまつわるさまざまなエピソードが多くの人びとによって語られるようになった。そこには政治哲学者オークショットを理解するうえで重要なことがらもあれば、どうでもよいと思われるようなこと――黄色のヴェルヴェットのジャケットの襟に真紅のバラをつけて講義をした、女性との「会話」をことのほか好み、あるパーティーのおり若いすてきな女性に"Just call me Mickey"とささやくのを聞いた、晩年ドーセットのコテッジに住むようになってからも青のMGを愛用していた、云々――もある。これらの挿話はたしかにかつてトーリー・ダンディーと呼ばれたオークショットの姿を彷彿とさせるものではある。しかし、それらのどれをとっても没後でなければ話題にできないたぐいのものとも思われない。ともかく存命中の情報の過少さを補おうとするかのようにオークショットをめぐる語りの環境はある種の過剰な活況を呈している。

もちろんオークショットの思想理解にとって重要な事実の開示もおこなわれている。イエール大学出版局から継続的に出版されている『選集』に収められた「信念の政治と懐疑主義の政治」[*PFPS*]や一九五八年のハーヴァード講義「近代ヨーロッパにおける道徳と政治」[*MPME*]は、今後オークショットについて論ずる際に無視できない基本資料となるだろう。また、一九二〇年代に彼が二度にわたりマールブルク大学とチュービンゲン大学を訪れており、当時読んだヘーゲル『精神現象学』のペーパーバック版にはきめ細かい注釈が書き込まれ分厚い覚書の束が挟み込まれていたという事実は、オークショットの処女作『経験とその諸様態』（一九三三年）理解にとってきわめて興味深い。

戦間期におけるドイツ留学が彼の思想形成にもたらしたものの解明は、未公刊資料の編集・出版によって今後ますます進展してゆくだろう。だが、かつての留学先ドイツ――ヴァイマル・ドイツではなくヒトラー・ドイツ――との戦争体験が彼のその後の思想形成にどのような影響を与えたかについての解明もまた、それにおとらず重要である。本稿は、オークショットの戦争体験に焦点をあてながら、彼のナチズム理解、戦時動員体制の本性についての彼の洞察が、その後に展開される合理主義批判・集産主義批判ひいては戦後英国社会のあり方全般にたいして彼が終生いだいた違和感と密接に結びついているゆえんを説明しようとするものである。

一九〇一年生まれのオークショットは広い意味で「ヴェルサイユ以後に成人した世代」（ラスキ）に属する。(1) 英国にそくしていえば、この世代こそN・アナンのいう「われらが時代（Our Age）」の中核をなす人びと、第二次大戦を身をもって経験し戦後英国の政治・経済・文化・社会を設計・建設・管理・運営してきた人びとである。アナンはJ・プラムが編集したトレヴェリアン記念論文集『社会史研究』（一九五五年）に収められた論文「知の貴族制」[Annan 1955]によって知られる人物である。この論文以降一般に流布されるようになった「知の貴族制」という用語は、ヴィクトリア朝期に、大土地所有ではなく高度な知性を共通基盤として形成されたエリート層を意味する。それはまずパブリック・スクールに、ついでオックスクス・ブリッジに人脈を形成していった。その中心にはマコーリ、トレヴェリアン、アーノルド、ハクスレーといった人物たちがいた。アナン論文に添付された家系図を見ると、L・ストレイチー、L・スティーヴン、E・M・

フォースター、J・M・ケインズといった二〇世紀初頭以降の現代英国文化の主要な担い手がすべてなんらかのかたちでパースナルなつながりをもっていることに驚嘆させられる。アナンがいう「われらが時代」のふたつの精神――モダニズムと集産主義――はこの「知の貴族制」の遺産である。第二次大戦中は情報将校として活躍し、戦後英国の文化政策の中心的人物であり、一代貴族にも叙せられたアナン卿は、「知の貴族制」の正統的な遺産相続人といえよう。そのアナンから見るとオークショットは、「われらが時代」の三人の「逸脱者（deviant）」のひとりである（他のふたりはE・ウォーとF・R・リーヴィスである）。なぜそうなのか。オークショットのなかのなにが、「われらが時代」という標準からの偏向を余儀なくさせたのか。もしかしたら「われらが時代」そのもののほうこそが英国の長い歴史と伝統から見れば途方もない逸脱だったのではないか。本稿の基底にある問いはそういったものである。

二　ソルジャー／シティズン・オークショット

M・オークショットは一九〇一年一二月一一日イングランドのケント州チェルスフィールド（現在はグレーター・ロンドン内に組み込まれているようである）で生まれた。(2) 兄が一人と弟が一人の三人兄弟だった。母親はロンドンのとある教区牧師の娘で看護婦としての訓練経験をもっていた。第一次大戦に際しては軍に属する小規模な病院の婦長を務めたこともあった。彼女は生涯をつうじて慈善活動に深い関心をいだきつづけ、夫となるべき人物と最初に出会ったのもそうした活動のなかでだった。父親はニューキャッスルのとある郵便局長の息子で、一六歳で内国歳入庁の役人になり最後には同庁長官の地位にまでのぼりつめた。彼はB・ショーの友人であり、フェビアン協会の一員として救貧法改革についてのフェビアン・パンフレットの著者でもあったが、政治的な野心とはおよそ無縁で選挙ではいつも自由党に投票していた。ただしロイド・ジョージにたいしては大きな侮蔑感をいだいていた。幼少年期のオークショットは、教育熱心な両親のもとで、豊かとはいえないが教養ある公共心にあふれた中産階級の子弟として育てられた。

彼は中等教育期間（一一歳から一八歳まで）を、ロンドンからM1を四〇マイルほど北上したルートン近郊のハーペンデンという町にある私立学校セント・ジョージズ・スクール（St. George's School, Harpenden）で過ごした。同校はM・モンテッソーリの教育思想に共感する聖職者C・グラント師が設立し校長を務めた男女共学校だった。後年オークショットは同校での学校生活を回顧してつぎのように書いている。

セント・ジョージズ・スクールについての私の記憶は、およそ途切れることのない幸福の記憶だ。これはたしかに一部は幻想だろう。だが、大事なのは、精神的に緊張した頃もあれば思いどおりにゆかないこともあったし失意に打ち沈んだ時期を思いだすこともできるが、それらのどれひとつとしてつぎつぎに現れる幸福を途切れさせたことはないように思えるということだ、と私は考える。あれやこれやの発見をして多幸症気味のときもあった。しかし幸福とは心の平穏さの一種である。成長するとは喜びをもって受け入れられるべきなにかであって、たんに成し遂げられるべき仕事のようなものではない。そこには緊張感はあったが圧迫感はほとんどなかった。私にはおよそうんざりしたという記憶はない。ひとがいくばくかの喪失感をいだくあの時代は陰鬱というよりむしろ刺激的だった。これは大方は私の気質のせいだろう。セント・ジョージズ・スクールが与えてくれたもの、それを数えあげればきりがないが、安心感ときわめて多種多様な感情のはけ口と誘いかけの種だったとはいえる。男女共学ということがこの点でどんな役割を果たしたか私にはわからない。私の感覚としてはそれはさして大きなものではなかった。私の学校生活の日々のかなりの部分は、戦争のせいで、当のセント・ジョージズ・スクールにとってさえ異常なものだった。学校で習得することが期待されるものを習得する課程での正常な前進などといえた代物ではまったくなかった。そういう視点からすれば、私の学校生活はきわめて非効率的なものだった。だが、これも大方は状況のなせるわざである。それに、私の幸福が、当時の私たちに与えられた途方もないほどの自由を許されたおかげ――あるいはときにはこれこそが真実なのだが、放りだされあてもなく歩き回ることを許されたおかげ――だとは、私は考えない。私の幸福は、実に広範囲にわたるまったく非公式のいろいろな機会のおかげだった。私の母校は、うっそうと生い茂った堅固な頼りがいのある生け垣に囲まれた場所だった。そして、この生け垣の内部は、ひとに誘いかけるいろいろな活動と関心事からなる世界だった。それらの活動と関心事の多くはグランド校長自身の発案だったし、多くは教職員の私的な企てであり、なかには自分だけの楽しみのためにやっている人もいた。笑い声と陽気な騒ぎが満ちあふれていた。そして、たくさんの真剣さがそこにはあった。[*PR*: 17-18]

ながながと引用したのには理由がある。ここには、オークショットが考える人びとの間での結合様式のある理想的なあり方が暗黙のうちに語られているからである。うっそうと生い茂った堅固な頼りがいのある生け垣に囲まれた場所、その内部では多種多様な戯れと探究と企てが共存可能となるような空間の成立条件の解明、それこそが政治哲学者オークショットの生涯を賭けた夢であった。彼は第二次大戦後の早い時期に書かれた短いエッセイにおいて、文明とは「根底においてひとつの集合的な夢なのだ」とのべている。芸術家はより深く夢見ることによってこの「集合的な夢」をいっそう豊かにする。科学者は人びとを夢想から覚醒させようとするが、「彼らのよこしまな天分は、自らは覚醒しているという夢を見ることなのだ」[*HCA*: 151]。では、哲学者はどんな夢を見るのだろう。「哲学者の夢とは、自分は目覚めているということではなく、自分はその夢を理解し解釈しているということである。人生というサーカスでの哲学者の職分はなにかと尋ねるならば、それは、この見世物は補助金で賄われており、この場に居合わせないスポンサーのおかげで可能になっていると見物客に向かって語りかけ、ついでに最終列車にお乗り遅れのないように注意をうながす、司会者の仕事である。……哲学者は自分が死ぬ前に自分は天国にいることを夢見るのだ」[*Orr* 1992: 45]。

セント・ジョージズ・スクールがある種の「天国」だったとしても、ひとはいつまでもスクールボーイのままでいることはできない。「死ぬ前に天国にいることを夢見る」哲学者となるには、オークショットにとって、あくまでも醒めきった目で「地獄」を凝視する経験が必要だった。リベラルな彼の母校の学校生活にも第一次大戦がなんらかの「異常さ」をもたらしたことは、さきの引用からも見てとれる。その具体的内容については不明だが、軍事教練といったものが課せられたのかもしれない。一九一六年一月に施行された兵役法により、英国の一八歳から四一歳までの独身男性に兵役が義務づけられた。このまま戦争がつづけば、多くのスクールボーイたちが卒業後にゆくべき場所は軍隊と戦場であった。オークショットが徴兵年齢に達する前に戦争は終わった。しかし大戦は、「あっというまにそんなにもたくさんの上級生の生命を要求することによって、彼のうえに深い印象を残した出来事」[Grant 1991: 107]として記憶された。一九一九年から彼はケンブリッジのゴンヴィル・アンド・キーズ・カレッジに進学し歴史学・神学・哲学を学ぶ。ヴァイマル・ドイツへの留学（一九二三年ないしは二五年）、フェローとしての出身カレッジへの復帰（一九二七年）、処女作の出版（一九三三年）と、青年期オークショットにとって第二次大戦勃発までの「長い週末」は充実したものであり未来は明るく輝いているように思われた。だが週末のつぎにくるのは憂鬱なウィーク・デイ（ブルー・マンディ）ときまっている。それよりもなによりも、第一次大戦は、一個人の努力や野心や才覚によってはいかんともしがたいほどの不可逆的な変化を英国社会にもたらした。端的にいえば、英国に生きる人びと（The British People）は一九一四年八月以降はじめて本来的な意味での英国市民（The British Citizen）になったのである。

A・J・P・テイラー『イギリス現代史』冒頭の叙述[Taylor 1965=1992: 1-2／五―六頁]ほど、一九一四年八月の砲声が英国社会にもたらした衝撃をあざやかに描いたものはない。「一九一四年八月までは、分別があり法を守るイギリス人が、一生をすごし、郵便局と警察官以上には、ほとんど国家の存在（the existence of the state）に気づかずにいることが可能であった」。彼は登録番号や身分証明書ももたずに、どこでも好きな場所で好きなように生活することができた。パスポートなしに海外旅行ができたし、永久移住することも自由だった。外貨交換、個人輸入になんの制限もなかった。外国人登録制度のたぐいもなかった。大陸諸国のような徴兵制はなく、「国家（the state）がその市民（citizen）に兵役を要求することもなかった」。政治参加の義務と権利は拡大しつつあったし、陪審員のつとめに応じなければならない場合もあったが、「それ以外には、ただそうしたいと思うものだけが 国家に協力したのである」。イギリス人が払う税金は国民所得の八パーセントに満たなかった。それを財源にして、住民の健康・安全・福祉・教育にかかわる国家活動は増大しつつあった。一九〇五年の自由党政権成立以降、社会サービスへの財政支出は倍増した。しかしなお、国家活動の目的は「自ら助けることのできない人を助けること」に限定されており、成人市民は原則として国家による庇護と統制の埒外に放置されていた。

ところが、「こうしたことのすべてが、大戦の衝撃により一変した。イギリスに住む人びとの大多数（the mass of people）が、はじめて、能動的な市民（active citizens）になった」（傍点、引用者）。五〇〇万人の男子が強制されて軍隊に参加した。国家による統制は衣食住の基本条件からメディア、街灯の明るさにまでおよび、イギリス人にとって「神聖なる」飲酒の自由も干渉を受けた。一九一六年にはサマータイムが導入され、すべてのイギリス人はそれまでにくらべて夏一時間早く起きるようになった。「国家が市民の上に勢力を確立し、その勢力は平時に緩和されてもけっして除去されることなく、やがて第二次大戦が再びそれを増大させた。イギリスの国家（the English state）の歴史とイギリスの人びと（the English people）の歴史がはじめてひとつに統合された」。

二〇世紀の英国社会について考える際に、テイラーがここでのべていることの意義をわれわれはけっして軽く見てはならない。テイラーがいおうとしているのは、要するに、英国の国民国家《ネイション・ステイト》は第一次大戦以後はじめて現実化されたということだ。ステイトがピープルをその日常生活の細部にいたるまで全面的に把握するようになったときネイション・ステイトが産出される。無定形な「人びと《ピープル》」は、ネイション・ステイトの構成員として「国民《ネイション》」と呼ばれ、国王の臣民《サブジェクト》ではなく英国国家の能動的市民《アクティヴ・シティズン》として自己形成を遂げることになる。第一次大戦まで英国の「人びと」が享受していた自由には、ある意味で、大英帝国というより大きな枠組みの実在が本国における国民国家化をかえって遅らせていたためという面もある。しかし、第一次大戦の「能動的市民」産出の効果は、国民国家の先進国フランスもふくめて全ヨーロッパ的現象であった［Ignatieff 1984=1994: 138-139／一九一頁］。

第一次大戦によってヨーロッパの八〇〇万以上の人命が失われた。ロシア革命、衛生状態の悪化によるインフルエンザやチフスの流行、二〇年代初頭まで継続する地域紛争の犠牲者もふくめれば、その数は一三〇〇万人にのぼる。フランスでは働き盛りの成人男性の実に一〇人に一人が死んだ。近現代ギリシア史家でもあるM・マゾワーがいうように、二〇世紀のヨーロッパこそまさに「暗黒大陸」なのだ［Mazower 1998］。二〇世紀を生きるヨーロッパの人びとにとってシティズンであることは生の基本的条件となった。シティズン・オークショットの戦間期の仕事についてここでくわしく検討する余裕はない。ただ、リーヴィスが主宰する雑誌『スクルーティニー』の特集「政治の要求」に寄せたエッセイについてはふれておく必要がある。

ヒトラー・ドイツによるポーランド侵攻によって第二次大戦の火蓋が切って落とされた一九三九年九月、文芸季刊誌『スクルーティニー』は、政治的信念の表明と政治行動への従事が人びとの普遍的義務とも感じられた社会的雰囲気のなかで、文芸の徒はいかにふるまうべきかをテーマとする誌上シンポジウムを掲載した。オークショットをふくめて八人の見解が掲載されたが、そのなかにはC・ドウソン、S・ステッビング、R・H・トーニーらがいた。寄稿者たちの多くは「政治の要求」にたいして無条件かつ無制約に応じることには概して懐疑的であり、全体化しつつある政治から自立した文化の領域を守ろうとしている。たとえばドウソンは、文学者や哲学者も一シティズンとしての政治的義務を有するのは当然だという。しかし、彼らにはそれ以上の義務があるとして、つぎのように論じる。「文人の社会的責務は一シティズンとしてのその義務と同一視されえないし、自らがメンバーである国家の利害に従属させられてはならない。文人は文化全体の利害について考えるとともに、そうした利害に最も良く奉仕できる方向に向けて自らの活動方針を定めなければならない」[Dawson 1939: 140]。一見したところオークショットがのべていることもこれと同じように見える。しかし、決定的なところでちがいがある。彼がいおうとするのはむしろ、「文人の社会的責務」などというものはない、文人には「文化的責務」があるだけだ、一シティズンとしてはシティズンとしての義務を果たせばよい、というものである。

彼によれば、政治活動が人間にとっての普遍的義務であるという見解が筋のとおったものと見なされるためには、つぎのふたつの条件が満たされなければならない。第一に、政治活動は社会ないしは人類の共同的利害にたいする感覚の唯一適切な表現であること、第二に、政治活動はそうした感覚の最も重要かつ最も有効な表現であること、このふたつである。ところが、この二条件はいずれも充足されえない、それゆえ「私は万人にとって政治活動に参加すべき義務があるとは考えない」と彼は断言する。その論拠は、政治は人間の共同生活の一部にすぎず、しかも「共同活動の高度に専門化・抽象化された形態」だという、『経験とその諸様態』で獲得された彼の認識である。どんな社会にも一定の価値体系があるが、政治の限定された職分は既存の社会的価値の擁護者たることだ。擁護されるべき価値を創造するのは、文学・芸術・哲学の職分である。

詩人や芸術家、そしてそれよりは少ない程度において哲学者の天分は、社会の価値を創造しかつ再創造することである。彼らのなかでひとつの社会はそれ自身を、つまりその全体的自己を意識し自らにたいして批評的になる。それは、政治的に活動的な者のなかでひとつの社会がその政治的自己を意識するようになるのと同じことである。……詩人や芸術家に、政治的ないしは他の社会的行動のための綱領やそうした行動への刺激や霊感を提供するようにもとめることは、彼らが自らの天分を欺き社会からある不可欠な営みを剥奪するよう要求するに等しいのだ。

[Ibid.: 150]

こうした政治の全体化にたいする懐疑と危機感をいだきながらも、シティズン・オークショットはあくまでも英国の一シティズンとして軍務に従事することになる。ヒトラー・ドイツとの開戦と同時に彼はただちに陸軍に入隊し、最終的には連合軍総司令部連絡調整連隊（GHQ Liason Regiment）「ファントム」の一分隊で、当時はオランダ駐留カナダ第二軍に所属していた「B」分隊の指揮官になった。彼の陸軍内での地位は、当初は砲兵隊員（gunner）だったが、のちに「ファントム」情報将校に昇格した。「ファントム」は通信隊をよそおったフリーランスの情報収集活動部隊で、その主たる任務は、前線にあって弾幕砲撃の効果を観測し砲兵隊に連絡することだった。当時オークショットの部下であったジャーナリストのP・ウォーソーンによれば、その控えめな態度、冷静沈着な統率力、戦場での日々の実戦上のこまごまとした事柄への熟練、これらいずれの点でもオークショットは卓越した指揮官だったという（[Grant 1990: 16], cf. [Auspitz 1993: 23]; [*The Times* 22/Dec. /1990]）。オークショット自身は、職業軍人と軍務に従事する民間人（ソルジャー／シティズン）とのちがいについて、後年つぎのように書いている。

「戦時中の軍隊は訓練された人と教育された人との相違を観察する絶好の機会だった。聡明なシヴィリアンは苦もなく軍隊の指導・指揮の技術を獲得できた。しかし、（『青年将校へのアドヴァイス』等々の虎の巻が与えられたにもかかわらず）専門職として教育された正規の将校にくらべて、シヴィリアンはつねに不利な状態にあった」（[*CJ*: 156]. ただし、単行本『政治における合理主義』では、「正規の将校、すなわちその専門職の実践におけると同様に感覚や情緒（feelings and emotions）においても教育されていた人物」という補足が加えられている［*PR*: 34／昭和堂版三四五頁、勁草書房版四〇頁］）。これは、論文「政治における合理主義」のなかで、今日では専門職業教育は通信教育でも可能なたんなる技術習得と同一視されてきているが、「偉大な専門職につきものの伝統と基準を構成するニュアンス」はそれによっては学ぶことができないということを論じた本文への注として書かれた文章である。しかし、オークショットの意図とは別に、この文章からわれわれは訓練と教育に関する彼の重要な洞察を読みとるべきである。つまり、軍隊に典型的に見いだされる規律訓練は、ほかならぬ「感覚や情緒」への、さらにいえば魂への教育であったということなのだ。しかし、オークショット自身は軍隊においてあくまでも「聡明なシヴィリアン」としての自己を保持しつづけた。そしてそれはけっして「不利な状態」と見なされるべきではないのだ。

終戦とともにソルジャー／シティズンはシヴィリアン／シティズンにもどる。晩年になっても彼は戦友会に出席することはあった［Auspitz 1993: 23］が、戦時の功績にたいして勲章のたぐいを授与されたことはない。彼はドクター・オークショットですらなかった。公的な叙勲やいくつかの大学からの名誉博士号も拒否した。ただ、以前彼の学生だった者の推薦によるコロラド大学、ダラム大学、ハル大学の名誉博士号だけは快く受諾した［*The Times* 22/Dec. /1990］。彼は終生ミスター・オークショットだった。次節では、まず戦時動員体制の絶頂《クライマックス》ともいうべきナチズムについての彼の見解を瞥見し、つぎに『ケンブリッジ・ジャーナル』誌上で展開される、戦時動員体制が英国国家・社会にたいして与えたインパクトにかんする彼の議論を検討する。

三　ナチズム／戦時動員体制／合理主義／統一体としての国家

一九三九年一月、オークショットはE・バーカーによる序文を付した『現代ヨーロッパの社会・政治的教説』というリーディングスをケンブリッジ大学出版局から刊行した。オークショットをケンブリッジにおける自分の後継者にと考えていたバーカーは、オークショットにたいして、現代ヨーロッパの五つの思潮（リベラル・デモクラシーないしは代表民主政、カソリシズム、コミュニズム、ファシズム、ナチズム）の教説を原典にそくして一次資料に基づいて示すような書物をまとめてみてはともちかけた。この示唆によって編まれたのが本書である。英語以外の原典からの翻訳は原則としてオークショット自身がおこなった。その際、バーカーが「(自分は相談に応じただけで) 仕事をしたのは彼だ」とのべていることからみて、各思潮の表明としてどのようなテキストのどの部分を選ぶかについては、オークショット自身の意向が反映されていると考えてさしつかえないだろう。

オークショット自身が執筆した「序論」では、現代ヨーロッパの五つの思潮は、「一七八九年以降西ヨーロッパの身も心も虜にしたとまではいわないにしても少なくとも西ヨーロッパの心をうっとりとさせた、広くリベラリズムと呼ばれるべき政治・社会的教説にたいする深刻かつ当然の不満」[*SPD*: xi] の表明と見なされている。つまり、本書でとりあげられる五つの思潮は、フランス革命以降西ヨーロッパの正統思想として君臨してきたリベラリズムが「知的に飽きられてしまった」ところで、リベラリズムによってこれまで抑圧されてきたヨーロッパ文明の伝統の他の要素が自己主張を再開し始めたものとして理解すべきだというのである。たとえば、カソリシズムは自然法理論の伝統の再提言であるというように。したがって本書ではまず、「代表民主政」というタイトルのもとに古典的リベラリズムの聖典から現代的修正の試みにいたる諸文献がとりあげられ、以下、「カソリシズム」「コミュニズム」「ファシズム」「ナチズム」の順で、各思潮の根幹をなす文書・制定法等がリベラリズム批判という視点のもとに提示される。

オークショットのいう「代表民主政」とは、T・H・グリーンによって補正されたJ・S・ミルの教説のことであり、他の四つの教説にくらべればこのほうが「われわれの文明のより包括的な表現を含んでいる、と私は信じる」というのがこの時点でのオークショットの判断であった。いかにも凡庸な理解というべきだが、彼の非凡さはむしろ「代表民主政」に対抗する諸教説を表明する原資料の選択と翻訳の点で発揮された。オークショットによれば、ナチズムこそ「代表民主政」にたいする根本的な敵対者であり、「人種と血、およびリーダーシップについてのその教説は、ナチズムを現在流通している他のいっさいの教説から隔絶したものにしている」[*ibid.*: xxii]。たとえば最悪の形態の「代表民主主政」とコミュニズムとの間には、両者とも「物質主義的」であるという共通点がある。さまざまな教説は観念論か唯物論か、右か左かといった見地から区別されるべきではなく、「社会にたいしてなんらかの生活様式を計画し押しつける」ような教説と、「社会の運命をいかなる役人たちの集合体にも譲り渡すことを拒否するだけでなく、社会の運命を計画するという観念全体を愚かしくかつ非道徳的と考える」ような教説との区別こそが重要である［ibid.: xii, n. 1］。いうまでもなくこの区別は、のちに「企業的結社」と「公民的結社」の区別へと洗練されてゆくわけだが、ナチズムは前者のなかでも突出したものである。

ところで、ナチズムの本義を示すものとして彼が選択したのは、国民社会主義ドイツ労働者党綱領からの抜粋、ヒトラー政権掌握後に制定されたいくつかの法律（一九三五年六月二六日制定の「労働奉仕法」、同年九月一五日制定の「帝国市民権法」と「ドイツ人の血と名誉を保護する法」およびこれらの法律に基づきユダヤ人とその混血児の法的地位を明確に規定した同年一一月一四日の政令、一九三三年九月二九日制定の「世襲家産に関する帝国法」など）、そして『我が闘争』と『二〇世紀の神話』に関するオークショットによるコメント「『我が闘争』の教説についてのノート」である。彼は『我が闘争』のなかの最も重要だと見なした部分（第一巻第一一章「民族と人種」および第二巻第一章「世界観と党」、第二章「国家」、第四章「人格と民族主義国家の思想」）からの抄訳掲載を望んだが、当時ヒトラーは不穏当な箇所を削除した英訳版の出版しか認めていなかったため、当該箇所の訳出について版元の許可がえられなかったのである。本書においてこの「ノート」だけが原典からの直接引用という基本原則の例外だったのは、そういう理由による［Auspitz 1993: 14］。

これらの選択および「ノート」からうかがえるのは、オークショットがナチズムの特異性として、なによりもその人種論、血の同一性に基づいて政治体を構成しようとするその思考の異様さを読者に提示しようとしていることである。「ノート」によれば、『我が闘争』に現われている社会と国家に関するナチズムの根本教説の最も重要な表明は、人種、民族、国家と社会、そして個人性とリーダーシップを論じた各章にふくまれている。ヒトラー以外の者たちがナチズム教説を現代西ヨーロッパの政治・経済的カオスの上に構築しようとしてきた、つまりその教説を第一次的には現代という時代状況への応答として提示しようとしているのにたいして(3)、ヒトラーにとってナチズムの教説全体は彼が「自然の鉄則」と呼ぶ基盤の上にうちたてられた上部構造と考えられている、というのがオークショットによる『我が闘争』理解の出発点である。ヒトラーが「自然の鉄則」「自然法則」「自然の意志」等々と呼ぶのは、動物はそれぞれ同じ種に属するものとだけ群れをつくるという「明白な真理」のことである。ここから、アーリア人種の卓越性、ドイツ民族の血の純粋性、凡庸な大衆（マス）を指導すべき個人（エリート）の使命へといたるヒトラーの議論をわずか八頁弱の分量で要約・紹介するオークショットの手際は見事というほかない。そして、いっさいの評価を抑制した一見したところ淡々としたその文体の背後には、なにか途方もない妄想とつきあっているのではないかというとまどいのようなものが感じられる。

もちろん「ノート」を書いていた時点でのオークショットの想念を推定させるような直接の材料はない。ただ、一九五九年に出版された『チェンバーズ百科辞典』の項目執筆「ナチズム」において、ナチ党教説の第一原理は「社会構造における人種の第一次的重要性」であり、第二原理は「ある社会の生命を決定する要因は地理である、つまり人びとはその人種と大地の所産であるということだ」、そしてこれら二原理から「人種－国民（民族）国家」という理念、つまり単一人種の全成員を包摂し人種的純粋性の保持こそが政府の主要な機能であるような国家という理念が出現する [CE: 738]、とのべていることは、オークショットのこだわりのありかを示唆している。おそらくオークショットがこだわったのは、本来知的で自由な行動主体たるべき人間を「人種」という疑似生物学的カテゴリーに還元することのおぞましさである。物理－生物学的「過程」の世界と知的－道徳的「手続き」の世界を厳密に区別する『人間営為論』のオークショットならば、「人種」という疑似生物学的観点から政治社会の構成員としての市民を定義するナチズムの途方もない迷妄を「範疇錯誤」の一言のもとに切って捨てることができただろう。そしてなによりも、自然の決定論があらゆる世界の最高カテゴリーとして君臨するとき、「自己開示」としての個人的実存の自由と責任は無効化されてしまう。

成熟したオークショットが人間についての「本質」規定を断固として拒絶した（「人間には『歴史』はあるが『本質』はない」[*OHC*: 41]）のには理由があったのである。

ところで、個人的実存の自由と責任を無効にするのはナチズムだけではない。ナチズムに対抗した国ぐににおける戦時動員体制もまた同断だった。第一次大戦以降、英国に住むすべての人びとは否応もなく「国民」という帰属のあり方を強制された。それは「階級」というこの国に伝統的な帰属のあり方よりもいっそう包括的で強力だった。「万国の労働者は団結」せずに、敵国の労働者を殺す兵士として動員されていった。英国労働者階級の独特な生活規範であるモラル・エコノミーの衰退は決定的なものになり、国家経営術という本来の意味でのポリティカル・エコノミーが生活の全領域に浸透していった。戦時にあっては「デモクラシーの勝利」、平時にあっては「国民福祉の向上」という単一の事業（エンタープライズ）に向かって組織化された国家およびそのメンタリティとしての集産主義・合理主義的気質に対抗してシヴィリアン／シティズンにとっての「自由のポリティカル・エコノミー」を構想すること、戦後のオークショットの仕事はその一点にかかっていたといっても過言ではない。文字どおり「自由のポリティカル・エコノミー」（一九四九年一月）と題する論文で彼はこうのべている。

集産主義とは、ある社会を一元的活動に向けて動員することである。現代世界にあってそれは、不完全な競争から生じる不完全な自由を癒す救済策として登場しているが、実のところは自由を圧殺することで救済をはかろうとするものなのだ。これはなんら驚くにたらないのであって、集産主義の真実の源泉は自由への愛ではなく戦争への愛だからだ。戦争の予期は集産主義への巨大な誘因となるし、戦争遂行は巨大な集産主義化過程にほかならない。大規模な集産主義は本質的に好戦的である。集産主義こそが適切だとみなされるような事態がついに登場するのである。戦争という事態は自由の喪失に向かって二重の機会を提供している。つまり、集産主義的組織化それ自体とその組織化が向けられている目的とである。集産主義は自分のことを「福祉」の一手段だといって売り込むのだけれども、それが追求しうる唯一の「福祉」――集権化された国家的「福祉」――は、国内にあっては自由に敵対的であり、国外にあっては組織化された敵対相手の出現という帰結を生む。［*CJ* 2: 224. cf. RP: 52-53／勁草書房版五九頁］

以下では、このような認識がオークショットのなかでどのような論者のどのような議論に対抗して獲得されてきたのか、またそうした認識はいったい誰を名宛に語られているのかを、『ケンブリッジ・ジャーナル』誌に発表された論文・書評を材料にして検討する。かつてB・クリックは、ナチズムもコミュニズムも、戦争も福祉もいっしょくたに論じるオークショットの議論を目して、異種の概念を「区別することの、異様ともいえる失敗」となじった［Crick 1972: 125／一一頁］。しかし、もしかしたらそれは「失敗」ではなかったのかもしれない。その「失敗」のなかに「洞察」を読みとれなかった側にこそ、より大きな「失敗」があったのかもしれない。オークショットを「われらが時代」の異端者たらしめたもの、それはクリックが「失敗」となじる議論に込められた「洞察」であったということ、少なくともそれだけはたしかである。

＊　＊　＊

『ケンブリッジ・ジャーナル』は一九四七年一〇月に第一巻第一号が発行された月刊誌である。当初からオークショットは編集委員会のメンバーであり、四八年二月発行の第一巻第五号から五四年九月に第七巻第一二号をもって同誌が終刊にいたるまで編集委員長を務めた。第一巻第二、三号に彼の代表論文「政治における合理主義」が分載された。ここでは近代ヨーロッパ諸国の日常の実際政治が「合理主義」という悪徳におかされるようになった直接的な原因として「戦争」が言及されている。いわく、「戦争は合理主義社会がほとんど抵抗力をもたない病いである。それは合理主義政治に内在する特定の種類の無能さから容易に生じてくる。だが、戦争は合理主義の精神的気質が政治を制圧する傾向を確実に強化してきたし、さらにいえば、戦争の災厄のひとつは、本質的に合理主義的な戦争用語が政治に適用されることが今では習慣になってしまったことである」〔*CJ* 1: 151. cf. RP: 28. 2／昭和堂版三四四頁、勁草書房版四〇頁〕。彼自身が同誌に寄稿するのは第六巻第四号（一九五三年一月）に掲載されたD・フォーブスの本（*The Liberal Anglican Idea of History*）への書評が最後になるが、その間にオークショットは九編の論文（「科学的政治」「現代英国政治」「科学と社会」「バベルの塔」「自由のポリティカル・エコノミー」「大学論」「合理的行為」「カー氏の〔『ボルシェヴィキ革命』〕第一巻」「BBC」）と多数の書評を同誌に発表する。のちに単行本『政治における合理主義』に収録される四論文（「政治における合理主義」「バベルの塔」「自由のポリティカル・エコノミー」「合理的行為」）はもちろん、その他の論文の中心的テーマも「合理主義」批判にある。(4)

論文「科学的政治」（一九四八年三月）はH・モーゲンソー『科学的人間対権力政治』（一九四六年）にたいする論評を中心に展開される。オークショットによれば、モーゲンソーの書物の意義は、グロティウスから国際連合までの「平和の科学」の理論と実践の歴史を、国内政治で一定の成功（と失敗）を収めたリベラルで合理主義的な企てが国際政治の領域に拡張されたときどのような試練に直面したか、その企てにたいする歴史的「審判」として描こうとした点にある。オークショットの不満は、端的にいえば、モーゲンソーがそれにふさわしい歴史家ではないということにあった。たとえばそれは、モーゲンソーのファシズム理解にも現われている。モーゲンソーは単純にファシズムを「現在広く流布している企てにたいする反動、すなわち合理主義とリベラリズムの拒絶」ととらえる。しかしオークショットによれば、「ファシズムが拒絶したものは、ドイツとヨーロッパ大陸が概していえばただ気まぐれに享受しけっして理解しなかったあるもの、すなわち議会政治の諸制度と価値観である。そしてファシズムが表現したものは、ドイツと大陸がきわめてよく理解したもの、すなわち合理主義的政治だったのだ」〔*CJ* 1: 351〕」。あまつさえモーゲンソーは、多くのアメリカ人やほとんどすべてのヨーロッパ大陸の著述家がおかす過ち、すなわち「議会制度は合理主義的政治の所産である」

という「弁明の余地のない誤り」におちいっている。イングランドの歴史を知る者にとっては明らかなのだが、議会政治の諸制度はいささかも合理主義的ではない中世に端を発し、その眼目は合理主義的な社会秩序の促進などではなく、政治権力の行使の制限といかなる形態であれ僭主政にたいする反対にあった。「いわゆる「民主的」理論の根源は、人間社会の完成可能性についての合理主義的なオプティミズムではなく、そうした完成の可能性についての懐疑主義と、人間の生活がある人物の圧政によって歪められたりある理念の圧政によって窮屈なものにさせられたりすることを断じて許さないという決然とした意志である。議会制度とそれが表現する価値観が合理主義的政治にたいして有する根源的な対立点を見極め説明することができないという事態は、少年・少女たちが自分の社会の本当の歴史から、自分たち自身の政治的伝統へのなんらかの洞察を獲得する代わりに、公民科の子供じみた授業に四苦八苦する（彼らはかってはラテン語の文法に四苦八苦したものだったが、そのほうがまだしも得るところはあった）ような教育制度がもつ危険についてのもうひとつの証明である」［*ibid.*, 357-358］。アメリカの初等・中等教育における「公民科」がそのようなものだとしたら、高等教育における「政治の科学」も同断であろう。H・ラズウェルの『政治行動の分析』（一九四八年）についての書評で、オークショットは「もし諸君がびっくりしたいのなら本書を読みたまえ。文明生活の終わりの前兆として、本書は原爆などよりもはるかにひとをめげさせる」［*CJ*/I: 326］、といってのけている。

もちろん批判されるのはアメリカの著作家だけではない。モーゲンソーにおける歴史的センスの欠如にたいする批判は、E・H・カーの『ボルシェヴィキ革命　一九一七—一九二三』第一巻（一九五〇年）を批評した論文「カー氏の第一巻」（一九五一年三月）でもくりかえされる。その舌鋒はいっそう辛辣である。オークショットはカーによる「歴史の書き方」「歴史叙述の問題」にこだわる。オークショットによればカーの本書は徹頭徹尾「勝ち組」の歴史でしかない。「失われた大義、流産に終わった試み、無に帰した企て、粛清された人びと」はほとんど登場しない。「カー氏の歴史は「成功」によって「正しさが立証」された人びとの物語である」［*CJ* 4: 345］。カーの書物に最も似ているのは建国当初のアメリカ合衆国のいくつかの歴史書であり、「ソビエト・ロシアの歴史にたいする彼の態度は、ローマ帝国の歴史にたいする聖アウグスティヌスの態度とほとんどうりふたつである」[*ibid*.: 352]。同時期にオークショットはT・H・マーシャルの名著『市民権と社会階級』（一九五〇年）についての短文の書評を書いている。彼によれば、福祉国家の必然性を歴史的に論証しようとしたマーシャルの書物も「比類なく深遠で哲学的」ではあるが、イングランド人民の権利の歴史としては「合理的に拵えあげられた物語（histoire raisonnée）」であり、「具体像にはほど遠い」[*CJ*4: 629]。

モーゲンソー、カー、マーシャルら当代一流の著作家たちにおける歴史感覚の欠如は、オークショットの目から見ると現実政治の要求からの距離のとり方の不足に由来した。要するに、「ディタッチメント」が足りないのだ。オークショットの批評の矛先はE・M・フォースターにまでおよぶ。LSEに移る一九五一年頃からオークショットの文筆活動の場も次第に『スペクテイター』に移行してゆくのだが、『ケンブリッジ・ジャーナル』への最後から二番目の寄稿になる『民主主義に万歳二唱』（一九五一年）への書評は、フォースターが代表するケンブリッジ的個人主義・自由主義への訣別の論のようにも読めるし、なによりもオークショットがどのような気質の人間を「文明人（シヴィライズド・マン）」と考えていたかをよく示している。本書の姉妹編『アビンジャー・ハーヴェスト』（一九三六年）が「真にシヴィライズされた精神の表現」（『リスナー』）とかつて評されたように、オークショットも本書を「すぐれてシヴィライズされた気質」の表明として読む。その気質は「過剰にシヴィライズされることなくシヴィライズされている、オリュンポスの神々然として超然たることなくディタッチしている、しなやかではあるが軟弱ではない、共感的ではあるが感傷的ではない」という特性を有する。そのような気質の「文明人」としてフォースターはいっさいの「偉大さ」を疑いの目で見る。かといって彼は「卑小さ」への退却を勧めるわけではない。彼が至上の価値をおくのは「人としてのつながり（personal relations）」、すなわち「個としての人間がその仲間および世界の物事との間でもつ触れ合い」である。だがこの世は、今も昔も「人としてのつながり」の追求を鼓舞するような仕方で組み立てられてはいない。「（「人としてのつながり」の追求という）この種の活動は、いかなる政治・社会的組織にもある曖昧さのなかで享受されうるだけだ。この見方からすれば、人生とは整然と組織化された作戦行動ではなく偶発的な遭遇戦であって、あちらこちらで点をかせぐことは望めようがせちがらい世間という軍勢を最終的に打ちのめすことはとうてい望むべくもない、攻撃したらすぐ逃げる（クリケットのチップエンドランのような）不意打ちゲームなのだ。だから、フォースター氏の気質は進歩的であることなしに楽観的である。氏は改革者であることなしに反抗者なのだ。……彼は、この点で、代表的な文明人である」[*CJ* 5: 435]。ところが、こうした称賛すべき気質の持ち主であるフォースターにしてからが、文明人にふさわしい物の見方を支持する論証を展開する段になると、その議論は表層でも深層でもない奇妙な中途半端のレヴェルを漂うことになる。彼はエラスムスの寛容、ギボンの貴族的ディタッチメント、モンテーニュの懐疑主義をことのほか称賛するが、彼自身は「不幸にもブルームズベリに安住するモンテーニュ」のように見える。「彼の懐疑主義が口当たりのよいものにとどまっており燃え立つような懐疑主義にはけっしてならない、と不平をいうとしたら、それは彼の欠陥を誤解しているというものだろう。フォースターに欠けているもの、それは深い懐疑主義なのである」[*ibid*.: 438]。

おそらく彼としては、フォースターにできなかった「文明人」にふさわしい気質の論証的議論をおこなったのが、『人類の会話における詩の声』（一九五九年）だといいたいところだろう。たしかにこの書評には、七年後に刊行される『人類の会話における詩の声』へとつながるアイデアがちりばめられている。ただしここには、「詩の声」を「麦畑に生えた野性の花」にたとえる洗練はない。その代わりに用いられているのは、「作戦行動（campaign）」「遭遇戦（skirmish）」「不意打ち（tip-and-run）」といった身もふたもない軍事用語である。軍事から最も遠くへだたった事柄を語るためにすら軍事用語が用いられるという倒錯がここにはある。そのことにオークショットがどれだけ自覚的だったのかはわからない。しかし先にのべたように、政治の領域への軍事用語の侵入にたいしては、彼はある種の危機感をいだいていた。論文「現代英国政治」（一九四八年五月）は、戦後英国の日常の実際政治がどれほど「本質的に合理主義的な戦争用語」と戦時動員体制の思想と行動に侵食されているかを論じて圧巻である。

一九四七年初めペンギン・ブック社は労働党の下院議員ジョン・パーカーと保守党の下院議員クインティン・ホッグ（のちのヘイルシャム卿）に、両党の政治信条を解説する本の執筆を依頼した。同一分量・同一価格で同時に出版したいという意向であった。ところが、ホッグの本はパーカーの二倍の分量になってしまった。そこで、同社はパーカーの本（『労働党は進軍する』——この表題自体が「戦争用語」の政治への進入の好例である！）を一シリングで、ホッグの本（『保守主義弁護論』）を二シリングで四七年末に出版・販売した。論文「現代英国政治」はこれら二冊の本についての論評であり、オークショットが書いたもののなかではおそらく最も時務情勢論的色彩の濃いものである。

オークショットはつぎの四つの論点——（一）両党の「哲学」のちがい（命令委任の哲学と自然法の哲学）、（二）両党が戦後英国の難局にたいして政策的対応をする際の現状認識のちがい、（三）戦後英国政治における非伝統的カテゴリー（左派／右派という大陸的対立軸の侵入、新種の政党の出現、野党というものの本性と機能に関する誤解）について、そして（四）両党が提示するヴィジョンのちがいについて——を設定し、両党の異同を検討してゆく。ここでは、論点（二）と（四）に関するオークショットの議論を要約・紹介しておこう。

彼によれば、現代英国政治の企てと方法の主要な源泉は、大量失業と戦争というふたつの伝説である。なぜ「伝説」と呼ぶかというと、「大量失業と戦争は現にわれわれの時代を制圧しているふたつの経験ではあるが、われわれの政治はこれらの経験そのものからよりも、その経験をもとにしてつくりあげられてきたなにものかから生じているからである」［*CJ* 1: 476］。戦間期にあって人びとは不況と失業におびえていたとパーカー氏がのべるとき、彼は経験そのものについて語っている。ところが、その彼が「これまで『自由』経済のもとで完全雇用が確保されたためしはなかった」、アメリカ合衆国にあって不況は不可避的であり、大量失業を回避する唯一の方法は中央計画経済制度によるほかはないことをケインズが証明した、と断言するにおよぶとき、そこからひとつの伝説がはじまる。この伝説は労働党の政策の源泉になっているが、失業問題への専心は両党に共通している。「そして、どんなに重要であれ、ある単一の問題に妄執することは、政治においていつでも危険である。戦時をのぞいて、どんな社会といえども、そのなかのあるひとつの要素を中心にしていっさいの政治活動を包含する円をつくることができるほど、単純な生命を有してはいない」[*ibid.*]。しかも、奇妙なことに失業問題は両党にとって、適切な措置を講じさえすれば「解決可能な」問題と見なされている。そうだとすれば、大量失業は、それを防止しようとして施されるある種の治療法がもたらす帰結をのぞけば、そもそもわれわれが大げさに苦にやむこともない病いだということになりはしないか。「われわれの最初の大きな不運は、したがって、一九四五年の英国政治の主要源泉が、われわれの状況に直接的に関連しない経験なり伝説だった、ということなのだ」[*ibid.*: 477]。

政策と方法の第二の源泉である「戦争」の伝説に関しては、両党間にもっとはっきりとしたちがいがある。保守党にとって戦争は「倒錯した社会（a perversion of our society）」を産みだしたと思われた。そして、現代政治の目標はその倒錯を癒すことでなければならない。われわれの社会を戦争状態から平和状態へと転換させるには時間がかかり多くの困難をともなうであろうが、それは現実的かつ不可欠な転換なのだ。保守党の考えはそのようなものだが、社会主義者はこれと正反対の見解をとる。彼は留保なく戦争の伝説をとりいれる。この伝説は、その単純かつ情動的な形態においては、「民衆は戦争中に与えられたのと同じくらいに力強い目的を平時にあっても欲しがった」（パーカー）という見解のなかに表現されている。なかでもK・マンハイムはこの伝説により知的な表現を与えた。いわく、「戦争が必要とするものにやむをえず順応してゆくことが、多くの場合、新時代が必要とするものに順応してゆくための諸原理を含んでいるということを人びとは必ずしも認めているわけではない」[Mannheim 1943: 38／二九二頁]。「要するに、戦時の社会状況はいささかも倒錯とは思われておらず、したがってその状況を変えようなどというつもりは毛頭ないのだ。プロパガンダの必要上、「戦時経済から平時経済へのスムーズな転換」を口にはするが、彼らの本当の信条は、戦争が社会にもたらした効果の積極的な価値にこそある」[*ibid.*: 477]。

この信条の理由はなにかといえば、ひとつには社会主義の政治は危機の政治であって、社会主義がチャンスをつかむためには危機が保存され促進されなければならないということ、ふたつには戦時計画経済は大成功であって、無駄を省き生産を簡素化しあらゆる事業のモデルと見なされうるという素朴な自信にある。「そして、この信条はたしかに間違っているのだが、戦争が社会にもたらした効果――自由の剝奪と、消費者をみだりに欲しがってはいけない者にではなく、与えられるものを心から喜んで受けとらなければならない者へと変えること――をも有益なものとしてすすんで受容する態度の半分も有害ではない」[*ibid.*]。中央計画経済の、したがってまた中央計画社会の企てが戦争の伝説に由来するとすれば、その企ては労働党のみならず保守党をも、さらには称賛すべき『計画はさいなむ』(*Ordeal by Planning*, 1948. アガサ・クリスティのミステリー *Ordeal by Innocence* が『無実はさいなむ』と訳されているのにならった)において反計画経済論を展開する、マンチェスター大学のジュークス教授をも汚染している。ジュークス教授がいうように、中央計画経済は「多くの邪悪な考えと同様に、それが戦争遂行のためのテクニックと見なされた一九一四年から一八年にかけてのドイツで生まれた」[Jewkes 1948: 2]というのはおそらく真実だろう。だが、銘記されなければならないのは、その考えがレーニンのような野心家だけではなく、エキセントリックでもエゴイスティックでもない政治家たち、要するに無知なだけの政治家と選挙民にも熱狂的に歓迎されたことだ。中央計画社会というものは、経済・政治・社会のいずれの面でもあらゆる社会のなかで最も単純な社会である。人びとは「安全と繁栄という幻想の約束」に駆り立てられてこのような社会にたどりついた。ブルクハルトがいうように、「安全への過剰な欲望と希望こそ、ヨーロッパ人の生活と政治に侵入しそれを荒廃させた情動」(『世界史的諸考察』、一九〇六年)であってみれば、あらゆる合理主義的政治の理想である中央計画社会は容易には消滅しないだろう。保守主義は合理主義の政治と中央計画に反対する。ただし、ホッグ氏はこの点に関して十分に明快ではないのだが、計画経済ないしは社会に対抗するのは「自由放任(レッセ・フェール)」

経済ないしは社会ではない。そもそも純正「自由放任」社会などいまだかつて地上のどこにも実在したことはなかった。純正「自由放任」社会の実在を妨げてきたのは中央計画経済などではなく、「私人たちの関係にあって権利と少なくともおなじくらいに義務にも重きをおく法の支配」だったのだ。

以上、労働党と保守党の政策の源泉に関するオークショットの認識を見てきたが、つぎに両党が提起するヴィジョンに関する彼の見解を簡単に見ておこう。労働党のヴィジョンは「真に生き生きとした社会民主主義」の実現にあるという。具体的には、「計画された基盤に立つ英国経済の再建」である。計画経済が計画社会でもあることに、パーカー氏はなんの疑いもいだいていない。しかし、ジュークス教授の書物が明らかにしているとおり、計画経済・社会が個人の生活にもたらす災厄は途方もないものである。そこでは、消費者は「与えられる物をただ受けとるだけの者」になり、消費財は「人間機械を効率よく維持し労働へのインセンティヴを提供するための手当て」に姿を変える。個人性は最小限許容される「個人財産」によってかろうじて守られるのだ。労働党の光輝く将来ヴィジョンは、「万人が政府に雇われる者であるような社会、雇われ人根性という致命的な制圧力がしっかりと埋め込まれてしまったような社会、万人が『共同体』によって与えられた『ポスト』につくような社会、『産業であれ、大学であれ、芸術や政府機関であれ、最良の個人が最も重要なポストにつくよう選抜する』社会」［*ibid*.: 483］である。こうして、一九五〇年までに六〇〇万人以上の雇用を「公的事業」に吸収することが労働党の誇るべき数値目標になる。

これに反して、保守党には新時代に向けての光輝くヴィジョンはない。それはひとつには保守派がヴィジョンというものに懐疑的だからであり、もうひとつには「政治とは限定的な活動であって、なくてはならないがあくまでも二流の事柄である」と判断しているからだ。では、そうした保守派が政治の現状にたいしてなすべきことはなにか。ひとつは社会における権力集中を阻止することであり、もうひとつは現在の社会にあるさまざまな災いや不具合を率先して探しだし、法原則にしたがってそれらを正すことである。ホッグ氏は社会を統合するに際しての法の重要性を十分に理解している。しかし、彼の自然法的社会観がわざわいして、法によって権利と義務を定めることを自然的自由への「制限」と見なし、権利・義務を調整することを「干渉」と見なすきらいがある。「しかしながら、真実は、われわれは自由であることから人生を始めるのではないということだ。われわれの自由の構造は、長く苦悩にみちた人間の努力によってわれわれの社会のなかに確立されてきた、まさにその権利と義務にほかならないのだ。個人性は自然的なものではない。それは人間による偉大な達成なのだ」[*ibid.*: 488]。このような理解に立てば、保守党が追求すべき政策は明らかである。「それは、最近五〇年間にわれわれの社会のなかで肥大してきた病的な権力集中をすべて分散する政策である。ただし、（それ自体が病的な権力集中をふくむ）上からの計画によるのではなく、個人の権利と義務における小規模な調整によってである」[*ibid.*]。英国はこのような調整を積み重ねるなかで民主政とそのもとでの自由を成熟させてきた。それらは海外にも移植されていった。ところが、その過程で、元来もっていた柔軟性が失われていった。イングランド人の具体的権利として海を渡ったものが抽象的な人権に姿を変えて帰国して、われわれ英国人の政治を混乱させその精神を蝕んでしまったのだ。「今のわれわれに必要なのは、その自由と組織化が押しつけられた計画からではなく、諸個人の間で喜びをもって受け入れられる権利と義務（彼らの個人性そのものが、事実、それら権利と義務を喜んで受け入れることによって生まれてくる）の広大かつ精妙なまとまりがもつ統合力から生じるような社会、その自由と組織化が自然の賜物ではなくわれわれ自身の経験と創意の産物であるような社会、そうした社会への失われた感覚を回復すること、そして、われわれの法を、達成された権利と義務の集合体、たんなる政治的権利が比較的に重要でない地位を占めるような自由の組織体、そういうものとしてのみならず、社会統合の生き生きとした方法、かつて人類によって考案された最も洗練度の高い（civilized）かつ効率的な方法として理解する力をもあわせて回復すること、これなのである」[*ibid.*: 490]。

以上、単行本未収録の論文・書評を中心に『ケンブリッジ・ジャーナル』時代のオークショットの歴史認識を見てきた。まず第一に確認できることは、のちに『人間営為論』で展開される「公民哲学」の基本的なアイデアはすでにこの時期から存在するということである。また、誰を相手に、誰に向かって論じているのかという、先に設定した問いに関連していえば、オークショットが不倶戴天の敵と考えていたのは、おそらくK・マンハイムである。オークショットは論文「現代英国政治」で引用した『現代の診断』におけるマンハイムの文章がよほど腹にすえかねたと見え、論文「大学論」（一九四九年六月）においても同一箇所を再度引用している。この論文はサー・ウォルター・モバリーの『大学の危機』（一九四九年）への論評とオークショット自身の大学教育論を展開したものだが、「社会的計画」という大きな流れのなかで「社会的ニーズ」に応え「社会正義」を実現するために大学改革という事業に着手すべきだと説くサー・ウォルターの議論を「ナンセンス」の一語で片づけたあとで、オークショットはこうつづける。「（サー・ウォルターの——引用者）第二の論拠はより重要である。なぜなら、それこそが現時点にあって最も災いをなす誤謬のひとつだからである。われわれはまさに総力戦の状態から脱したばかりだ、それゆえ（と、この議論はつづく）、今こそ社会の全面にわたる有益な改革を実行するのに最適な時なのだ。数年前、K・マンハイムはわれわれに、『戦争が必要とするものにやむをえず順応してゆくことが、多くの場合、新時代が必要とするものに順応してゆくための諸原理を含んでいるということを人びとは必ずしも認めているわけではない』、と語った。それ以来、性急な改革者たちはみな、陰険にも、いっさいの危機は神が与えたもうた社会改造のための好機として歓迎される、というこの叫びに唱和してきたのだ」［CJ 2: 525］。

一九三三年、英国に亡命したマンハイムはLSEを拠点にして社会学研究に従事した。戦時中はオックスフォード、ケンブリッジ、ロンドン、ノッティンガムなどの大学で時局講演をしてまわった。『現代の診断』はそうした講演をもとに執筆された論文を集めた「一社会学者の戦時評論」である。ナチズムの「人種」概念にあれほどこだわったオークショット自身にレイシズムのバイアスがあったとは思われないが、ハンガリーからの亡命ユダヤ知識人が説く危機の理論に「唱和」する英国の知的世界のありさまが、オークショットには苛立たしかったにちがいない。それが、この時期の彼の議論にある種の「イングリッシュ・バイアス」とでもいうべき、イングランドの歴史と伝統にたいする過剰な思い入れと身びいきを付加しているとも解釈できる。この点は、彼の「公民哲学」はどのような意味でカルチャー・フリーなのかというグラントの指摘［Grant 1990: 84-86］とも関連するが、この時期のオークショットには「イングリッシュネス」がかなり露骨に看取できる。ちなみに、戦後マンハイムは、自由放任主義でも全体主義（コミュニズムとファシズム）でもない、民主主義的な自由のための計画という「第三の道」を提起する。これは、昨今もてはやされているA・ギデンズやブレアー／シュレーダーによる「第三の道」レトリックの原型というべきものではあるが、ここで立ち入って検討する余裕はない。いずれにせよ、この時期の（そして、おそらくは現在の）労働党の政策にオークショットが一片の共感をもいだけなかったことは納得できる。では、保守党の政策にはコミットできたのだろうか。そもそも、オークショットにとって信ずるにあたいする味方は誰だったのだろうか。

　総力戦の「伝説」からの解放を志向するかぎりにおいて、オークショットが保守党に相対的な希望を託していたことは明らかである。ただし、保守党の政策の代弁者ホッグの考え方、とくにその自然法的保守主義には懐疑的であった。ジュークスらマンチェスター学派の経済的自由主義にたいしても、それが「法の支配」という自由の実現にとって最も肝心な要件を無視ないしは軽視する点で批判的であった。ジュークスは計画化の試みを「もうひとつのバベルの塔」になぞらえているが［Jewkes 1948: viii］、オークショットが生涯こだわった「バベルの塔」のたとえの直接的な由来がここにあることはたしかだろう。権力集中と計画化と総力戦の五〇年が英国社会にもたらした「倒錯」は、保守党の「政策」によっては、またたんに経済運営原則の転換によっても癒されはしない。必要なのは依然として「自由のポリティカル・エコノミー」なのだ。

四　おわりに——動員解除の政治思想

論文「自由のポリティカル・エコノミー」（一九四九年一月）はシカゴ大学の経済学者H・サイモンズ『自由社会のための経済政策』（一九四八年）への論評であり、オークショットが著者にたいする共感を率直に表明している稀な事例のひとつである。彼はサイモンズの「自由」論を敷衍しつつ、「われわれの自由の最も普遍的な条件」は、端的にいって「われわれの社会における圧倒的な権力集中の不在」にある、と論ずる。結社・財産所有・言論の自由は権力集中の阻止、逆にいえば権力分散を保障する制度装置として重要なのだ。だから、たとえば「強制的な自発的」結社といったものは、「われわれが自由と呼んでいるものにとって現実的または潜在的に破壊的であるような、権力の集中にほかならない」。戦争という事態が自由にとって忌まわしいのは、ひとつには自発性の強制というこの背理をやすやすと実現してしまうからだ。そこでは人びとはたんに忍耐を強いられるのではなく、「与えられるものを心から喜んで受けとらなければならない者」になることを強制される。サンディカリズムとならんで現代における自由への敵対者たる集産主義は、戦争および戦争遂行のための動員体制を、自発性の強制というメンタリティが社会に広まる絶好の機会としてとらえた。戦後の福祉国家はこのメンタリティを清算できたのか、政治・経済・社会の次元での動員体制とならんで、いわば精神の動員体制にどう決着をつけるかということが復員したオークショットにとって大きな思想的課題だった。

本論文はのちに単行本『政治における合理主義』に収録されるのだが、その際にオークショットは原論文にかなり大幅な改訂を加えている。いま言及した集産主義とサンディカリズムを自由社会の敵として名指しで論駁するパラグラフの直前に、原論文では、英国社会の現状を構成する三要素――（一）自由論的伝統にたいする無知の蔓延、（二）権力集中の巨大な蓄積、（三）社会の本性を知らない人びとが善意から敢行した改革の弊害――に関連して、（一）と（三）についてはサイモンズの『サンディカリズムについての若干の考察』（一九四四年）と『ビヴァリッジ・プログラム』（一九四五年）が参考になる、という趣旨の文章があり、そこにはつぎのような注記が付されているのだが、それらは単行本では削除されている。注にいわく、「われわれの時代の大きな不幸のひとつは、ビヴァリッジ・プログラム公刊に際して、もしかしたらサイモンズの本にふくまれているのと同じくらいに力強い批判をそのプログラムに浴びせたかもしれないわが国の人びとが、大部分、ほかの仕事で手一杯だったということである」〔*CJ* 2: 222. n. 1〕。ビヴァリッジ報告が公刊されたとき（一九四二年）、オークショットはまさに戦場にあった。オークショットにとって許しがたいと思われたものは、「戦争国家」と「福祉国家」の双方になんの違和感もいだかずにコミットできる人びとの精神の奇怪さであったであろう。ビヴァリッジ報告が多分に戦局対応の産物であり、「欠乏は戦後再建の道に立ちふさがる五大巨悪のひとつにすぎず、それはいくつかの点で最も攻撃しやすい敵である。それ以外のものとは、病気、無知、不潔、怠惰である」という表現を典型に、戦時レトリックと革命レトリック（「この報告で提案されているスキームはいくつかの点で革命である。ただし、より重要な点で、それは過去からの当然な発展である。それはまさに英国革命（a British revolution）なのである」）に満ちあふれていることは、よく知られた事実である〔cf. Timmins: ch. 1 & 2〕。「戦争国家」と「福祉国家」が、目標をすげ替えただけで、国家の性格としては同一のもの（企業国家）だとすれば、後者を称揚しつつ前者を断罪することはできないし、後者の卑俗さをあざ笑いながら前者の英雄性を礼賛することもできないはずだ。戦争こそ最大の「公共事業」だといえないことはないし、そして「戦争はすべて全体主義的である」（ハイエク）のだから。必要なのは、「戦争国家」と「福祉国家」を双生児としてとらえることを可能にするカテゴリーの構築であり、両者を異質なものとして見ることの欺瞞性を暴露することだ。それは、とりわけ精神的な動員解除の実現にとって不可欠な作業である。論文「自由のポリティカル・エコノミー」には、動員と動員解除をめぐるつぎのような屈折した文章がある。

かくして、自由論者（libertarian）は集産主義へと向かう全般的傾向が障害物であることに気づく。しかし、生き残りを賭けた戦争に従事する自由社会（libertarian society）に出現した不可避的な（そして極度に不経済な）集産主義は、埋め合わせがきかないこともない邪悪として容認される。集産主義の信奉者は当然に戦争を逸すべからざる好機と見なす。社会の動員解除など彼のプログラムのどこにもないのだ。一方、自由を信奉するものの、動員解除にはためらいをおぼえる人びとに向けて、サイモンズはつぎのような賢明な言葉を語りかけている。「戦争が頻発するなら、おそらく勝利は動員体制を継続している者の手にわたることになるだろう。……(だが)動員解除によって——つまり自由な社会への復帰によって——生き生きとした創造力が解き放たれることになれば、この動員解除によって生じるリスクをなんなく補うに充分なだけの強さを国民は手にすることができよう」。戦争によって自分が選んだ職業から無理やり引き離されていた人びとはみな、いつ解き放たれてもよい鬱積したエネルギーをかかえて職場にもどってきた。個人についていえることは、この点に関してはおそらく経済についてもいえるだろう。動員解除は、ふたたび活力をとりもどしいっそう有効性を高めた競争経済が飛躍する機会（集産主義者たちはまさにその機会をわれわれから奪ったのだ）を現に提供したのだが、それは同時に、われわれが将来の戦争によりよく耐えることを可能にしてくれたはずだ。自由論の伝統をもつ社会にとっては、動員と動員解除が交互に刺激を与え合うことのなかに、もし収穫されうるならばの話だが、一定の潜在的な利得が存在するのである。一民間人（シヴィリアン）が平和の合間には一民間人でいられる（しかも、軍隊のなかで飲んだくれているのでもない）からこそ、民間人は戦時にはよく闘うのだ（というのも、彼には闘うべき目標があるからだ）。ちょうどそれと同様に、平時にあってはのびのびと背筋をのばし手足の屈伸をさせてもらえた経済は、いざ戦争に動員されても、恒久的に動員されつづけている経済よりもすぐれた体力（スタミナ）をもっていることに気づかされるだろう。〔*CJ* 2: 227. cf. *RP*: 55-56／勁草書房版六二一—六二二頁〕

ここでは、個人についても経済についても、やがては反復される動員をより効果的なものにするための手段として動員解除が語られている。この点は、オークショットの成熟した「公民哲学」は果たして「戦時動員なき社会」、究極的には戦争の存在をまったく予定しない社会を前提にしたものなのかという問いを提起する。周知のように、『人間営為論』の第三編では、ヨーロッパにおいて国家が「社交体」としてよりも「統一体」として理解される傾向を助長してきた契機として、近代ヨーロッパ諸国がいわば恒常的な臨戦態勢にあったという事実が強調されている。むろんこの事実的条件は第二次大戦の終結によって一掃されたわけではない。そして、この条件は、『人間営為論』第二編における「公民的結合」の理論化に際してオークショットが付したふたつの重大な留保の理由を説明してくれる。彼がいう「公民的結合」とは、法という形式的なルールの権威性を承認するというただその一点で結びつく「公民」たちの関係であり、なんらかの実質的な共通目的の実現という点で結びつく人びとの関係である「企業的結合」とは厳密に区別されなければならない。ところがこの「公民的結合」をたんに形式的ルールの制定と執行という見地からだけでは説明できない例外的事態がある。治安維持と戦争ないしは内乱である。原則として、「公民的結合」のメンバーたる公民は統治者から特定の実質的行為を指令されることはない。ところが、公民的秩序全体を維持する職務に従事する者は、統治者にたいして特定の実質的労務を提供し報酬を受けるという関係（企業的結合）に入らざるをえない。公民的結合における統治者と公民との関係を「公的」と呼べば、これは「私的」な関係である［*OHC*: 145／五九―六〇頁］[5]。また、「公民的結合」が解体ないしは破壊の脅威にさらされるとき、あるいは公民的秩序という避難所ないしは休息所が公民から奪われるときには、公民たちを結びつける絆である「共通の関心事」が「共通目的」になり、統治者は公民的秩序の防衛という共通目的追求のための管理者に、そして公民は強制的な企業的結合におけるパートナーないしは役割遂行者になる［*ibid*: 146-147／六一―六二頁］。公民はソルジャー／シティズンになる可能性から完全に自由ではないのだ。

このようにみてくれば、「オークショットの場合に完全に欠落しているのは、分裂と敵対関係、すなわち『敵』の側面である」［Mouffe 1993: 69／一三九頁］などというC・ムフの指摘は、明らかな誤読である。N・オサリヴァンが正当に指摘しているように、オークショットの公民的結合が排除する唯一の関係は「公民的ルールと両立不可能な

〈*incompatible*〉関係」だけであって、たんに「異なって〈*different*〉」いるだけの関係を排除することはない［O'Sullivan 1999: 83］。宗教、人種、性、階級、国籍のちがいは、それだけでは「公民」たる資格を剥奪される理由にはならない［*ibid.*: 86］。もちろん、性的指向のちがいも問題にはならない。だからこそ、A・サリヴァンはゲイの権利を擁護する最も道理にかなった立場を探究するその「公的推論〈public reasoning〉」において、オークショットを援用することができたのである［Sullivan 1996］(6)。しかしながら、当該公民的結合のルールと「両立不可能な」敵の存在をオークショットはけっして否定してはいない(7)。うっそうと生い茂った堅固な頼りがいのある生け垣の内部で個人性の企てと冒険のページェントが保障されるためには、生け垣そのものを破壊しようとする敵を防がなければならない。しかし、生け垣防衛のためになされた公民的結合の一時的停止を恒常化したり、動員体制を平時にあっても理想的な社会運営の様式と見なすことには、オークショットは断固として反対する。「病気よりも治ったあとのほうがひどい」［*RP*: 58／勁草書房版六六頁］(8)ということになりかねないからだ。オークショットの政治思想を動員解除の政治思想として理解することの含意は、平時にあっては動員は当然に解除されなければならないという、つつましくまっとう《ディーセント》な、しかし現代にあっても依然としてレリヴァントな主張として受けとめようということにある。

（1）この世代の時代精神の一端については、拙稿「イギリス政治思想における〈ヴァイマル共和国〉の影――W・ルーイスを中心に」（宮田光雄編『ヴァイマル共和国の政治思想』、創文社、一九八八年）を参照されたい。

（2）以下、オークショットの伝記上の事実については、主として［Grant 1990, 1991］,［Auspitz 1993］,［*The Times* 22/Dec.／1990］による。

（3）ナチズムを分析し批判する側もまた、たとえばラスキ自身のファシズム論［Laski 1940］やラスキが序文を寄せているR・ブラディ『ドイツ・ファシズムの精神と構造』［Brady 1937］に見られるように、資本主義的政治・経済体制の問題に焦点をあててきた。

（4）「科学的政治」は［*RPML*］に、「大学論」は［*VLL*］に収録されている。本稿で言及できなかった論文「科学と社会」（一九四八年八月）および「BBC」（一九五一年六月）について要点をのべておく。前者はC・D・ダーリントン『科学と社会の葛藤』とA・D・リチー

『科学と政治』にたいする論評であり、ダーリントンの統計学万能主義の科学オプティミズムにたいする批判と、リチーの技術論、とりわけ「人間活動をコントロールできる社会技術」としての法という考え方への言及が注目される。後者はＢＢＣによる放送の独占の功罪を論じている。

（５）この公／私の区別はきわめてカント的である。オークショットは「公民的結合」という考え方の系譜を、アリストテレス、ホッブズ、ヘーゲルにもとめ、カントについてはほとんど言及していない。しかし、「企業的結合」が他のパートナーを自己の欲望充足の手段と見なす関係であるのにたいして、「公民的結合」にあって公民は自由な責任主体にして自己目的的な存在である、というように、カント的な見地から理解することも十分に可能であろう。オークショットによるカントへのまとまった言及は［MPME: 59-64］に見られる。

（６）自らがホモセクシャルであることに気づくようになった経験から語りはじめられる本書が、「公的推論」ではなく「自己検証（personal testimony）」（ひらたくいえば、「自分探し」）の書物として読まれることは心外だと著者はのべている［Sulivan 1996: 209-210］。政治思想の「語り口」、論じ方を考えるうえで傾聴すべき言葉であろう。

（７）オークショットにもある種のアゴニズムは存在する。それがバーリンの場合とどう違うのかについての探究は今後の課題である。ちなみに、単行本所載の「自由のポリティカル・エコノミー」には、「自由」についての分析哲学的アプローチを批判している箇所があり、「積極的自由」「消極的自由」という表現も用いられている（［*RP*: 39／勁草書房版四四頁］。ただしこの部分は原論文には存在せず、単行本に収録する際に加筆されたものである）。オークショットがバーリンを「意識」していたのはたしかだろう。アナンは彼らを「多元主義」というひとりの女性を争奪し合う好敵手に見立てている。ちなみに、ＬＳＥ主催の「オーギュスト・コント記念講義」の第一回目の講師としてバーリンが招待されたときに司会を務めたのはオークショットだった。聴衆のなかにはカール・ポパーもいた。バーリンを「講演者のなかのパガニーニのような人」と称賛するオークショットの「とげのある」［Ignatieff 1998: 205］講師紹介の言葉には、「絹につつんだような敵意」が感じられたという。このときのバーリンの講演は彼の人生で最悪の出来だった［Annan 1990: 542］。

（８）これは単行本所載「自由のポリティカル・エコノミー」末尾の文章だが、これものちに加筆されたものである。とくに原論文の最後の部分は、ほとんど原形をとどめないくらいに書き直されている。

文献

＊オークショットの著作からの引用は以下の略記号で示す。略記号のあとのアラビア数字は原著頁を、漢数字は邦訳書頁を示す。ただし、訳文はかならずしも邦訳書どおりではない。

＊その他の引用の出典および参照箇所は、本文中のかっこ［　］内にアラビア数字で原書頁を、漢数字で邦語文献頁を示す。なお、邦

文はかならずしも邦訳に忠実ではない。

Ⅰ　オークショットの著作

[*SPD*]: *The Social and Political Doctrines of Contemporary Europe*, London: Cambridge University Press, 1939.

[*CP*]: "The Claims of Politics," in *Scrutiny*, Vol. VIII, No. 2, September, 1939（[*RPML*: 91-96]）.

[*CJ*]: *Cambridge Journal*（[*CJ* 1] = *Cambridge Journal*, Vol. 1, 1947-48）.

[*CE*]: "*Nazism*," in *Chamber's, Encyclopaedia*, 9, 1959.

[*RP*]: *Rationalism and Politics and Other Essays*, London: Methuen, 1962（New and Expanded Edition, Foreword by Timothy Fuller, Indianapolis: Liberty Press, 1991）〔渋谷浩他訳『保守的であること』〔抄訳〕、昭和堂、一九八八年、嶋津格他訳『政治における合理主義』勁草書房、一九八八年〕.

[*PR*]: "Two Personal Retrospects. (i) By a Scholar," in *S. George's School, Harpenden*（*1907-1967*）*: A Portrait of the Founders*, complied by H. W. Howe, Harpenden: S. George's School, 1967.

[*HCA*]: *Hobbes on Civil Association*, Oxford: Basil Blackwell, 1975.

[*OHC*]: *On Human Conduct*, Oxford: Oxford University Press, 1975〔野田裕久訳『市民状態とは何か』〔部分訳〕、木鐸社、一九九三年〕.

[*VLL*]: *The Voice of Liberal Learning: Michael Oakeshott on Education*, ed. by Timothy Fuller, New Haven and London: Yale University Press, 1989.

[*MPME*]: *Morality and Politics in Modern Europe: The Harvard Lectures*, ed. by Shirley Robin Letwin, New Haven and London: Yale University Press, 1993.

[*RPML*]: *Religion, Politics and the Moral Life*, ed. by Timothy Fuller, New Haven and London: Yale University Press, 1993.

[*PFPS*]: *The Politics of Faith and the Politics of Scepticism*, ed. by Timothy Fuller, New Haven and London: Yale University Press, 1996.

Ⅱ　その他

[Annan, N. 1955] "The Intellectual Aristocracy," in *Studies in Social History: A Tribute to G. Trevelyan*, ed. by John Harold Plum, London: Longmans（Reprinted, New York: Books for Libraries Press, 1969; also reprinted in his *The Dons: Mentors, Eccentrics and*

Geniuses, London: HarperCollins, 1999〔中野康司訳『大学のドンたち』、みすず書房、二〇〇二年は本書の抄訳だが、論文「知の貴族制」は訳出されていない〕.

[———1990] *Our Age: The Generation That Made Post-war Britain*, London: Weidenfeld and Nicolson.

[Anon. 1990] "Obituary," in *The Times* 22/Dec. / 1990.

[Auspitz, J. L. 1993] "Michael Joseph Oakeshott (1901-90)," in *The Achievement of Michael Oakeshott*, ed. by Jesse Norman, London: Duckworth.

[Brady, R. A. 1937] *The Spirit and Structure of German Fascism*, Foreword by Professor H. J. Laski, London: Victor Gollancz.

[Crick, B. 1972] "The World of Michael Oakeshott," in *Political Theory and Practice*, London: Allen Lane The Penguin Press〔香西純一訳「マイケル・オークショットの世界」、『政治理論と実際の間』2、みすず書房、一九七六年〕.

[Dawson, C. 1939] "The Claims of Politics," in *Scrutiny*, Vol. VIII, No. 2, September.

[Grant, R. 1990] *Oakeshott*, London: The Claridge Press.

[———1991] "Inside the Hedge: Oakeshott's Early Life and Work," in *Cambridge Review*, 112.

[Hogg, Q. 1947] *The Case for Conservatism*, West Drayton, Middlesex: Penguin Books.

[Ignatieff, M. 1984] *The Needs of Strangers*, London: Chatto & Windus (London: Vintage, 1994)〔添谷・金田訳『ニーズ・オブ・ストレンジャーズ』、風行社、一九九九年〕.

[———1998] *Isaiah Berlin: A Life*, London: Chatto & Windus. [Jeweks, J. 1949] *Ordeal by Planning*, London: Macmillan.

[Laski, H. 1940] *Where Do Go From Here?*, Harmondsworth: Penguin Books〔堀真清訳『ファシズムを超えて』、早稲田大学出版部、二〇〇〇年〕.

[Mannheim, K. 1943] *Diagnosis of Our Time: Wartime Essays of Sociologist*, London: Kegan Paul, Trench, Trubner & CO, LTD〔長谷川善計訳「現代の診断」、『マンハイム全集』5、潮出版社、一九七六年〕.

[Mazower, M. 1998] *Dark Continent: Europe's Twentieth Century*, London: Penguin Books.

[Mouffe, C. 1993] *The Return of the Political*, London and New York: Verso〔千葉眞・他訳『政治的なるものの再興』、日本経済新聞社、一九九八年〕.

[Orr, R. 1992] "A Double Agent in the Dream of Michael Oakeshott," in *The Political Science Review*, Vol. XXI.

[O'Sullivan, N. 1999] "Visions of Freedom: The Response to Totalitarianism," in *The British Study of Politics in the Twentieth Century*,

ed. by Jack Heyward, Brian Barry, Archie Brown, Oxford: Oxford University Press.
[Parker, J. 1947] *Labour Marches On*, Harmondsworth, Middlesex: Penguin Books.
[Sullivan, A. 1995] *Virtually Normal: An Argument*, New York: Alfred A. Knopf（New Edition with Afterword, New York: Vintage Books, 1996）.
[Taylor, A. J. P. 1965] *English History 1914-1945*, Oxford: Oxford University Press（Oxford Paperbacks edition, 1992）〔都築忠七訳『イギリス現代史』〔新装版〕、みすず書房、一九八七年〕.
[Timmins, N. 1995] *The Five Giants: A Biography of the Welfare State*, London: HarperCollins.

第二部　世論、および選挙研究

10 政治とコミュニケーション——政治コミュニケーション・アプローチ〈1994〉

〔「平成5年度文部省特定研究報告書」東北大学大学院情報科学研究科人間情報学専攻〕

はじめに

一九九三年七月の総選挙は、非自民党政権の成立を帰結した選挙として歴史に記録されるとともに、あるいはそれ以上に、政治とマス・メディア（とりわけテレビ・メディア）との関係のあり方が問われた選挙としても記憶されるであろう。ことの発端は特定のテレビ・メディアの「偏向」の有無であったが、この問題をめぐる論議の過程で浮上してきたさまざまなトピックスは、広く政治と情報についての理論的・実証的検討を迫る潜在的インパクトを有している。

まず規範的な観点からいえば、「偏向」批判はいうまでもなく批判者自身の側における「公平・中立」観念を、さらには民主政の下でメディアが果たすべき本来的役割についての一般的観念を、前提としている。たとえばミラー（Miller, 1991: 200-206）はメディアの役割についての三つの競い合う見方——（1）mobilising view（メディアは国家に従属すべきである、政府は国益の擁護者であって、メディアは国家／政府によって定義されたその国益を促進すべきである）、（2）libertarian view（メディアは原則として出版・報道の自由を有し、公衆は読む・見る自由を有すべきだが、国家の安全保障と公序良俗維持のために国家／政府によって課せられる最小限度の制約には服する）、（3）public service view（政府がその活動にたいして責任をもって応答し、公衆にレスポンスよく反応するように、政府を監視することこそがメディアの権利、いや義務でさえある）——を識別し、さらにマーシュ（Marsh, 1993: 333-335）はこれら三つの見解がそれぞれに、民主政そのものについての三つの見方—（1）conservative view、（2）'new right' view、（3）participatory view——と対応していることを明らかにしている。この図式にてらしてみれば、「椿発言」という特定の論点については対立するかもしれない二つの党派も、メディアの役割についての動員論的見方とデモクラシーについての保守的見方を共有しており、いうならば「偏向」の方向が自分寄りでない点が争われているだけだということも充分にありうる。メディア・バイアスをめぐる戦線はけっして一次元ではありえない。

「椿発言」以後、「テレビ政治」とか「テレビが決める日本の政治」といったいささか煽情的とも思える言葉が飛び交ったが、今回の総選挙において当初から「テレビと政治」の関係が問題視されていたわけではない。たとえば、公示から投票までの期間中に『朝日新聞』が扱った関連記事は、「テレビ文化人」の立候補動向（一九九三・七・三夕刊）と政見放送の視聴率低迷（一九九三・七・一五）に関する二件のみである。「テレビと政治」の関係をめぐるさまざまな個別的トピックスが新聞、雑誌、テレビをつうじてさかんに語られるようになるのは、連立政権成立以後、とりわけ「椿発言」が新聞メディアによって問題視されるようになってからの事態であることを確認しておかなければならない。そして、その後に展開された論議はメディアの健全な自己批評性を示すよりもむしろ、大衆社会におけるメディアの特性である自己言及性の病理を増幅しているようにさえ思われる。したがって、以下に列挙するトピックスのなかには、「椿発言」以後いわば事後的・遡及的に「発見」され、過剰な意味づけを与えられているものもふくまれているが、新聞、雑誌、テレビをつうじて語られた個別的なトピックスを時系列順にひろいあげれば以下のようになる。

〔選挙前〕（解散・自民分裂に関連して）

1．田原インタヴューおける宮沢首相の発言（いわゆる「うそつき」発言）

2．私邸を訪れた若手自民党代議士にたいする宮沢首相のぞんざいな対応の映像
〔選挙時〕
3．自民党の悪役イメージの増幅
4．非自民候補者の露出度の高さ
5．投票率の低さと政治報道番組の視聴率の高さ（いわゆる「観客民主主義」）
〔選挙後〕
6．さきがけ・日本新党の動向決定に際してのファックスの効果
7．細川新首相のテレジェニック演出
8．若手政治家のテレビ出演の増加、政治的論争の活性化の必要性
9．国会中継の高視聴率、ワイドショーでの政治関連テーマの取り上げ
10．政治家と政治記者の癒着、政治記事の取材・報道のあり方への反省
11．小沢一郎氏のメディア対応（記者会見はサービスか）

「椿発言」以後の議論では、有権者の投票行動にたいするメディアの影響力についての（それ自体議論の余地のある）強力効果説を当然の前提としつつ、メディア・バイアスを批判しあるいは容認する議論が多かったように思われる。しかし、うえに列挙した個別的トピックスは、政治と情報をめぐる、多様な方向へと展開可能な興味深い論点を潜在的に内包している。たとえば英国のマーシュ（Marsh, *op. cit.*）は三つの論点――（1）メディア・バイアス、（2）選挙民の投票行動にたいするメディアの影響力、（3）政府の情報操作――に限定して、一九九二年英国総選挙における政治とメディアの関係を論じているが、それとの対比でいえば、わが国における議論では（3）の問題がほとんど論じられ

ていない点（「椿発言」との関連で、特定政党幹部による特定番組スポンサーにたいする「圧力」の有無が問題にされたことはあるが、その後立ち消えになった）が特徴的である。また、（1）に関し英国で問題とされているのはタブロイド紙の「偏向」であり、テレビ・メディアの報道にたいする信頼性は概して高い。テレビについて「偏向」が問題とされるとすれば、それはプロデューサーによる意図的な誘導ではなく、テレビというメディアそのものの特性からくる非意図的な効果（たとえば、労働争議を報道する際、小奇麗なオフィスでの経営者側へのインタヴュー映像とスト現場での労働者側へのインタヴュー映像の対比的提示は、容易に秩序／混乱という「虚像」を視聴者に植えつけることになる）である、という。こうした簡単な対比からさえ、わが国の政治とメディアをめぐるこれまでの議論と状況そのものの特徴が浮かび上がってくる。いうまでもなく、それは圧倒的な「テレビ化」の進展である。

わが国においても、マスコミ研究の分野で（2）に関する実証的研究の蓄積があり、マスコミのアジェンダ・セッティング機能に関する理論的検討の深化もみられるが、「テレビ化」社会を視野に収めた政治とメディア、政治と情報に関する研究は皆無に等しい。問題の性質上それは学際的アプローチを必要とする。本稿では、アメリカを中心に発展してきた、そして推進者自身がその学際的性格を強調している「政治コミュニケーション論」が、こうした問題にたいする一つのアプローチとして有効なのではないかという前提に立ち、以下において次の三点を論ずるものである。

まず〔I　政治コミュニケーション論――その歴史・概念・射程〕では、政治と情報をめぐるさまざまな問題への一つのアプローチとして、「政治コミュニケーション論」をとりあげ、その歴史・概念・射程を検討する。つぎに〔II　政治的言説の構造とパターン――D・V・J・ベル『権力、影響力、権威』をめぐって〕では、「政治コミュニケーション論」において理論的に最も重視されているテーマの一つである「政治と言語」の関係について、デヴィッド・ベル『権力、影響力、権威』を素材に検討する。最後に〔III　選挙研究への一視角――選挙の三極構造・モデル〕では、さまざまに意味づけ可能な民主政の下での選挙について、これまでのオーソドックスな選挙研究においては見落とされていた視点を提出し、今後の選挙研究のための一つの戦略的視点を提示する。

I　政治コミュニケーション論——その歴史・概念・射程

本節では、一九八一年と一九九〇年の時点で「政治コミュニケーション」研究の過去・現在・未来を包括的に論じている二つの論文集（Nimmo & Sanders, 1981; Swanson & Nimmo, 1990）を中心に、主としてアメリカにおいて「政治コミュニケーション」研究がいかにして出現し成熟していったかを、一つの〈学際的研究領域〉の成立と発展という限定された視点から概略的にスケッチする。

「政治コミュニケーション」（political communication）という用語のアカデミックな使用は、一九五〇年代にまで遡る。すなわち、一九五六年に出版されたハインツ・ユーローらによる編著『政治行動』（Eulau, H. Eldersveld, S. J. & Janowitz, M.（eds.）. *Political Behavior*. New York: Free Press, 1956）において、「一方における公式の政治制度と他方における市民の投票行動との」間で、「政治的影響力が動員され伝達される際に用いられる手段としての」三つの「介在過程」（intervening process）の一つ（他の二つは、政治的リーダーシップと集団構造である）として言及されたのが最初である。この「一九五六年宣言」における「政治コミュニケーション」の概念化は、それを〈公式の統治機構と市民の投票行動との間に介在する過程〉として定義することによって、「政治コミュニケーション」研究の一応の境界線を確定した。一九五六年当時、ユーローらが「政治コミュニケーション」研究の具体例として挙げているのは、三つの事例研究——一九五二年大統領選挙におけるテレビの効果を吟味するための事後的な実験研究、プロパガンダの有効性を評価するためのフィールド調査報告、政治言語の内容分析——であった。

その後、とくに一九七〇年代に「政治コミュニケーション」研究は研究・出版・教育の各側面で量的に膨大化し質的に多様化していった。「一九五六年宣言」から二五年後の一九八一年、ニモとサンダースが「一つの研究領域として の政治コミュニケーション論の出現」について語るまでの期間に起こったことは、ユーローらによって暫定的に確定された境界線の果てしない拡大・拡散と「一つの研究領域」としての学問的アイデンティティの模索の歴史であった。一九八一年の時点でニモとサンダースは次のようにいう。「政治コミュニケーションはもはやたんに〈公式の統治機構と市民の投票行動との間に介在する過程〉とはみなされず、いろいろな顔をもっている。この研究領域を構成する実質的分野としては、政治言語の研究、政治レトリック、政治広告と宣伝、政治ディベート、政治的社会化、選挙キャンペーン、世論、公共政策、政治運動、政府‐ニュース・メディア間関係、政治のイメージ、政治のシンボリズム、およびその他ますます増大しつつある数多くの特定研究が挙げられる」。用いられる方法論もまた、数量的方法から批判理論にいたるまで幅広い学際性を有している。

こうした発展は当然に、この研究領域の厳密な実質内容の特定、研究領域の境界線確定の問題を提起する。それは端的に、「政治コミュニケーション」をどう定義するかという問題である。実際これまでにさまざまな定義の試みがなされてきた。「かなりの程度まで政治システムの働きによって形作られ、あるいはそれにたいして影響を及ぼす、シンボルないしはメッセージの交換」、「現実的であれ潜在的であれ、それが政治システムの働きにとって有する影響の点で、政治的とみなされるコミュニケーション活動」、「政治過程のなかでのコミュニケーションの役割」、「紛争状態にある人間の行為を調整するという（現実的および潜在的）効果の点で、政治的とみなされるコミュニケーション（活動）」、「国家ないしはその他の政治的実体の働きにたいする現実的ないしは潜在的効果をともなうコミュニケーション」、等々。たしかにこれらの定義では、一方に「コミュニケーション」と呼ばれる活動があり（しかしその活動内容については研究者たちのあいだで意見の一致がない）、他方に「政治」と呼ばれるもう一つの活動があり（同様に、その活動がなにであるかについては意見の一致がない）、前者が後者に影響を与える場合、そこに「政治コミュニケーション」がある（しかしさらにまた、その影響の本性は同意事項ではない)、という点での一致があるにすぎない。しかし、一九八一年の『ハンドブック』では、「学術的研究領域の厳密な性格づけの問題」に関するそれ以上の追求は放棄されており、むしろあるがままの多様性をいわば「豊かさ」として認めようとするスタンスがとられている (Nimmo & Sanders, 1981: 27-28)。

それに反し、一九九〇年の『新動向』では、これまでの「政治コミュニケーション」研究はその個別内容の多様性にもかかわらず依然として「選挙キャンペーンにおけるコミュニケーションがこの研究領域の範例を構成してきた」ことが強調され、そうした「投票者説得パラダイムの彼方」(beyond the voter persuasion paradigm) に、「政治コミュニケーション」研究の〈ファンダメンタルズ〉をもとめようとする姿勢がみられる。

一九九〇年の時点でのスワンソンとニモの診断によれば、一九八一年当時の「多様化」はいまや「断片化」にまで加速化されている。一九八一年以降、「政治コミュニケーション」研究の主流を形成してきたものは、「政治的キャンペーンという形で縮図化されるプロセスのなかで政治的事柄について公衆にたいして影響を及ぼす仕事、という政治コミュニケーションについての共有された観念」を暗黙の前提としながら、「投票者説得パラダイム」に従って行なわれてきた諸研究である。しかし、こうした主流にたいしては、ネオ・マルクス主義者の文化研究、政治経済学的分析、構造主義および記号論的観点、イデオロギー批判などをふくむ、広く「批判理論」と総称されるスタンスからの批判が投げかけられた。その内容は多岐にわたるが、中心的論点は、キャンペーンの文脈が学術研究の射程範囲と論題を規定していることがもつイデオロギー性である。批判者たちはいう。――コミュニケーションをとおして政治家やジャーナリストたちが投票者たちの意志決定にいかに影響を及ぼしているかを研究することは、「メディアが描く選挙の姿は自由民主政国家における権力構造を正統化する演劇化された儀礼を構成している」という、より大きな、かつより重要な真理をわれわれに見えなくさせている。政治的キャンペーンは選択の幻想を提供するにすぎず、その幻想のなかでさまざまなオルターナティヴのあいだでの差異は消失する。こうして選挙は、「代表民主政、政治的平等、および集合的自己決定の神話を支える」ことに手を貸し、「教育制度、主要な政治機構、および国家装置によってさかんに推奨されている政治的価値観」を補強している、云々。こうした認識にもとづき批判理論家たちは、選挙キャンペーンを特権化することなく、たとえばハーレクイン・ロマンやテレビの娯楽番組といった一見「非政治的」に見えるごくありふれた日常的コミュニケーションのなかに、既存の社会・経済秩序への順応を強制するという意味で「政治的」な、コミュニケーション研究の主題をもとめていった。その帰結が先にのべた「断片化」である。

もちろん、とりうる道としては「投票者説得パラダイム」を中心に、狭く「政治コミュニケーション」研究のアイデンティティ確立をはかるという方向も考えうるが、スワンソンとニモが示唆する「新動向」はそれとは異なる。そこには、「学際的研究領域」の生成と発展についての次のような考えが反映している。

そもそも「学際的研究領域」というものは、いくつかの異なった個別専門分野の研究者たちの関心が、研究にとってのある特定の文脈（たとえば、政治キャンペーン）とか現象（たとえば、認知過程）といったなんらかのトピックに収斂するときに出現する。そのトピックについての個別専門分野ベースの研究が量的に増加してゆくにつれて、そのトピックの研究者たちは結果的に、他の個別専門分野で行なわれている関連研究に気づき、個別専門分野の境界線を横断する相互交流を許容する非公式的および公式的な枠組みをもとめ始める。学際的学会やグループが形成され、そのトピックについての学際的会議が催され、学際的出版物が刊行される。この時点でそのトピックは一つの研究領域として制度化され、その領域の研究者たちは、それぞれのもともとの個別専門分野に劣らず、その学際的領域にアイデンティティをもち始め、一つの研究共同体として合体しようとし、さらには、多種多様な関心を調和させ他の領域にたいしてその領域の独自性を描写することができるなんらかの定義を構築しようと努めるようになる。多くの場合、新しく出現してくる研究領域の定義はトピックに即したものとなる（たとえば、「われわれは政治におけるコミュニケーションのあらゆる側面を研究している」とか「われわれは保健衛生サービスにおけるコミュニケーションのあらゆる側面を研究している」、というように）。

『ハンドブック』出版時点までの「政治コミュニケーション」研究の発展は、この段階にある。

ところが、学際的研究領域がさらに多種多様のタイプの研究をも包含するまでに成長・拡大してくると、トピックに即した定義は、現に研究されつつある事柄についてのまったく違った見方を提供し、研究トピックの初期の記述に暗黙のうちにふくまれていた前提や観点を批判にさらす新しいアプローチを取り入れる必要によって、緊張を強いられるようになる。同時に、その領域の研究者たちの関心は内向的になる、つまりかれらの第一次的関心は当該領域そのものとその領域で産出される（二次的）文献に向けられるようになる。トピックに即したルースなまとまりとしての当該領域の定義をこえて、より実質的な、個別専門分野類似の定義をもとめる圧力が高まってくる。それは、『ハンドブック』では放置されていた「政治とコミュニケーションとはいかにあい交わるかという基本的な問いに基礎を置く統合的なフレームワーク」の探究であり、「コミュニケーションを『政治的』にするものはなにか」「『政治的』であるコミュニケーションは、そのことによって、特殊な形態、特殊な機能ないし結果、特殊な内容をもつようになるのか」「政治コミュニケーションは、人間生活のある特殊な場で営まれるものなのか」といった、総じてメタ・レベルの問いに答えようとすることにほかならない。『新動向』出版時点での「政治コミュニケーション」研究の発展は、この段階にある。

たしかに『新動向』に収められた八編の個別論文はそれぞれに「投票者説得パラダイムの彼方」を志向している。たとえば、ジョスリン論文は選挙キャンペーンを「公民教育の機会」として捉え直そうとし、マンスフィールド論文は政治家――選挙民のあいだでのコミュニケーションではなく「決定作成グループにおける政治コミュニケーション」のモデル化を試みている。編者たちの意図は、さきにのべたような「根本的問い」を基礎に置きつつ個別対象に関して展開された多様な、ときには相互に競い合う個別研究のあいだで、それにもかかわらず共通に保持されているもの（すなわち、政治コミュニケーション研究を活気づけている基本的論点のいくつかについての共有された観念）を照らしだすことであって、「政治コミュニケーション」のメタ理論を構築することではない（コーコラン論文はそうした色彩が強いが）。しかし、率直にいって、編者たちの意図は実現されているとはいいがたく、「政治コミュニケーション」の〈ファンダメンタルズ〉は（「情報科学」にとっての「情報」と同様に！）依然として不明確である。『新動向』以後に出版された『行政・政治学事典』の「政治コミュニケーション」の説明は、「投票者説得パラダイム」を超えて「政治コミュニケーション」をポジティヴに定義しようとする試みとして評価できる。

政治コミュニケーションは政治とともに古いといえるが、最初に政治コミュニケーションの体系的探究の発達をもたらし、今日政治コミュニケーション研究といえばそのトピックを研究することだという同一視を帰結したものは、政治的目的のための、とりわけ選挙キャンペーンの遂行に際しての、現代マス・メディアの組織的利用であった。しかしながら、政治コミュニケーションはたんに政治的キャンペーンより以上のものである。Sey-mour-Ure の用語によれば、政治コミュニケーションには〈水平的〉次元と〈垂直的〉次元の双方がある。前者は、同一政治エリートのメンバーたちであれ、相互に交流し集い会う市民たちであれ、同等者間のコミュニケーションに関わる。垂直的コミュニケーションは政府（ないしは諸政党）と民衆（原理上かれらは政府か民衆かいずれか一方に目を向けている）のあいだで生じる。政治コミュニケーション研究が当初キャンペーンに力点を置いたことは、垂直的次元での（政府ないしは政党から市民およびフォロアーに向かう）「トップ・ダウン」的流れに注意を集中させることになった。ところが、このことはエリート内部でのコミュニケーションと個人間のインフォーマルなコミュニケーションを無視させることになった。われわれは、投票「フィードバック」、世論調査結果という形態、あるいは政治家および政府による他の形態の情報収集にみられる、「上向きの」、政治的「トップ」に向かうコミュニケーションの流れにも留意すべきである。

こうして政治コミュニケーション研究は、制度化された政治活動の経路に参加する者たちによって営まれる、〈事実、意見、信条等々をふくめ）情報の伝達、交換および探索の全過程に関わる。もっとも実際的には、われわれは、政治生活の「公的領域」に属する諸活動にわれわれの注目を限定することができる。つまり、公開の政治的論争の内容とそうした論争が行なわれる「アリーナ」との双方に関わるということである。そうしたアリーナは、政治的論争のために特別に指定されたいくつかの場と同様に、制度的に保証された社会空間を構成している。

実際上、政治コミュニケーション研究は次のような領域をカヴァーする。

1　政党およびそれと同様の政治運動の形成、動員、展開に向けられた諸活動
2　意見および行動（と選挙の成り行き）に影響を及ぼすことによって、政党、大義、政策ないし政府への政治的支持を獲得するためにデザインされた組織的キャンペーンの全形態
3　世論の表明、測定、流布および「管理」をもふくむ多くの過程（これはインフォーマルな個人間の議論もふくむ）
4　政治的事件を報告ないし論評するに際しての既成マス・メディアの活動
5　政治政策に関連する公開された情報と論争の過程
6　インフォーマルな政治的社会化と政治意識の形成と維持（McQuail, 1992: 472-473）

マクウェイルの要約を筆者なりに補足すれば、「政治コミュニケーション」という研究領域の概念図は〔図I―1〕として示すことができる。

こうした主としてアメリカを中心とした「政治コミュニケーション」研究の着実な蓄積と発展に比較して、わが国では「政治コミュニケーションは、いまだ学問領域として確立されていない」（岡部、1992: i）。実際、政治学会の「専門別分類一覧」にその項目は存在しないし、コミュニケーション研究者による著作も岡部（1992）を数えるのみである。

〔図Ⅰ—1〕

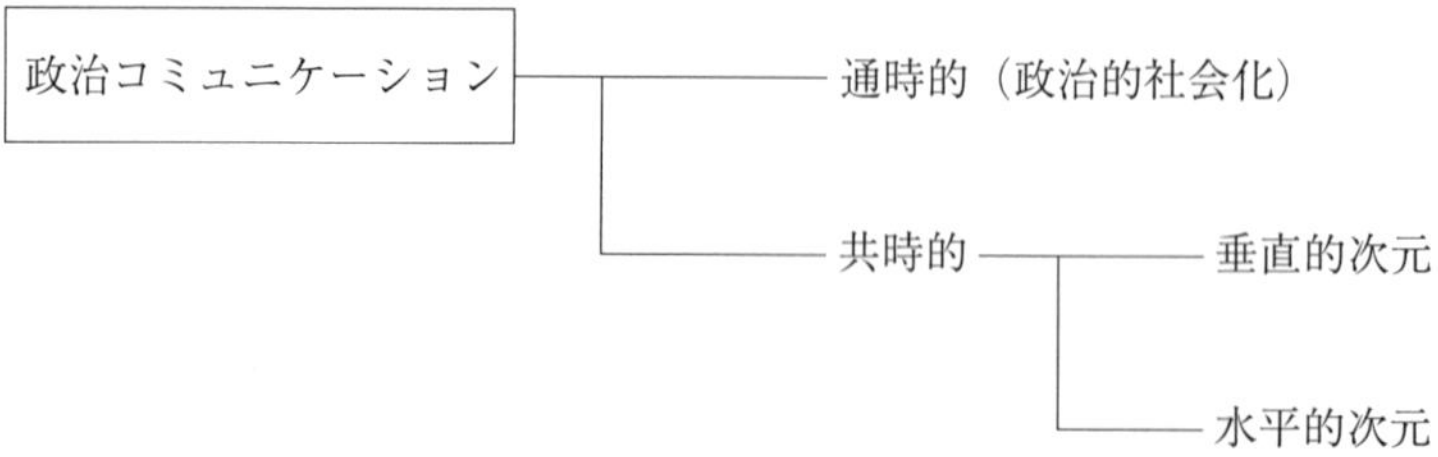

もちろん「政治コミュニケーション」研究にふくまれる個別的テーマの研究は、わが国でも（政治学の側からは）「政治意識論・世論研究」「政治情報・マスコミ論」「選挙分析・投票行動論」の専門研究者たちによって行なわれているし、社会学・社会心理学の側からのアプローチも存在するが、〈政治〉と〈コミュニケーション〉の交差領域を直接研究対象として設定するという発想は乏しい。あるいはそこには、「政治であまり『語る』ことが奨励されない文化に育ち、人前で『語る』ことをあまり得意としない日本人から見ると、アメリカの大統領に代表される政治家が国民に向かって説得的に『語る』ことに情熱を燃やしている姿は、少々異常なのではないかとさえ思われる」（岡部、1992: i）という事情が関係しているのかもしれない。しかし、「はじめに」でのべたように、主としてテレビ・メディアと政治をめぐる昨今の事態の進展は、〈テレビというメディアをつうじて語る人〉としての政治家、〈テレビというメディアをつうじて語られる出来事〉としての政治、〈テレビというメディアをつうじてなされる言語的・非言語的メッセージ伝達によって構成される一つの情報現象〉としての政治、総じていえば、〈コミュニケーションとしての政治〉という観点の重要性をあらためてわれわれに突きつけているといえる。

Ⅱ　政治的言説の構造とパターン――D・V・J・ベル『権力、影響力、権威』をめぐって

「政治コミュニケーション」の研究者たちは、〈政治〉と〈コミュニケーション〉の不可分な関係を重視するかれらの観点を正当化するために、しばしばアリストテレスが『政治学』の著者であると同時に『弁論術』の著者でもあったという事実を強調する。しかし『国家』の著者プラトンは、いわば黒を白といいくるめる技術としての法廷弁論術や超越的な美の規範ではなく気まぐれな観客の拍手と喝采によって芸術的パフォーマンスの善し悪しが決められる「劇場支配」（Theatrocracy）にたいする激しい批判者であった。説得の技術としての弁論術にたいするプラトンとアリストテレスの評価の相違は、「真実正しくあるもの」すなわち必然的な哲学的真理だけが政治を導くべきなのか、あるいは「正しいと思われるもの」すなわち蓋然性をともなう説得推論による議論こそが人間の営みとしての政治的活動を特徴づけるものなのかという、より深いレベルでの見解の相違を反映している。

「政治コミュニケーション」研究の始祖としてアリストテレスを選択することは、「子供が神々とともに暮らすことを望むなら哲学を教えなければならないが、人間と一緒に暮らすよう望むのなら、弁論術を教えなければならない」というアンティステネスの言葉に同意することでもある（政治的ディスコースにたいするプラトンとアリストテレスの対立については、cf. Oakeshott, 1991）。

サンダースとニモによれば、〈政治〉と〈コミュニケーション〉を関連づける一般理論化の試みには、大きく三つのタイプ――（1）政治のコミュニケーション理論（a *communication theory of politics*）、（2）政治コミュニケーションの理論（a *theory of political communication*）、（3）コミュニケーションの政治理論（a *political theory of communication*）――がある。（1）はカール・ドイッチュ（Deutsch, 1963）に代表される、「あらゆる政治活動を通信と制御のシステムと

みなす」理論であり、（2）はチャフィー（Chaffee, 1975）にみられるように、「政治はすべてコミュニケーションであるとも、またコミュニケーションはすべて政治であるともみなさず」、既存の「政治コミュニケーション」研究の個別成果から政治的な意味をもつコミュニケーション現象（たとえば政治的リーダーシップとか政治的社会化とか公共政策決定過程とか）に関して一般化を試みるものであり、（3）は、ベル（Bell, 1975）やミューラー（Mueller, 1973）に代表される、「コミュニケーションは社会秩序をつくり上げたり打ち壊したりする点で政治的である。それゆえコミュニケーションには重要な政治的次元——権力、影響力、権威、統制、交渉、象徴的相互行為、等々——がある、ということを思弁する研究者たち」による仕事である（Nimmo & Sanders, 1981: 28）。

今日、（3）のタイプの理論的研究は、おそらくベルの著作の副題（An Essay in Political Linguistics）に由来する「政治言語学」（Political Linguistics）という名称で呼ばれ、「政治コミュニケーション」研究の重要なサブ領域を構成している。『ハンドブック』では、グレーバーによる「政治言語」に関する論文（Graber, 1981）は第二部「政治における説得コミュニケーションの様態と手段」を構成する四論文の一つという位置づけを与えられていたにすぎないのにたいして、『新動向』ではコーコランによる「政治と言語」が第一部「政治コミュニケーションの基礎——政治言語と政治学習」の第一論文に位置づけられていることは、「政治コミュニケーション」研究全体における「政治言語学」の比重の高まりをうかがわせる。そしてそのことは、哲学から人文・社会科学へと波及してきた「言語論的転回」と無縁ではない（Corcoran, 1990: 6f.）。

本節では、政治研究における「言語論的転回」の先駆けとして評価されているベルの著作（Corcoran, 1990: 66-67）に焦点を絞り、かれの言語コミュニケーション・モデルによる政治理解の枠組みにいくつかの修正・補足を加えることによって、それを現実の政治現象分析のために使用可能な〈working theory〉へと洗練化することを試みたい。

ベルによれば、「政治とは語りである」（Bell, 1975: 10）。言葉と概念はわれわれが世界をみる際の〈概念的レンズ〉で

〔図Ⅱ－1〕Model of Individual's Decision-Making Process (Bell, 1975: 73)

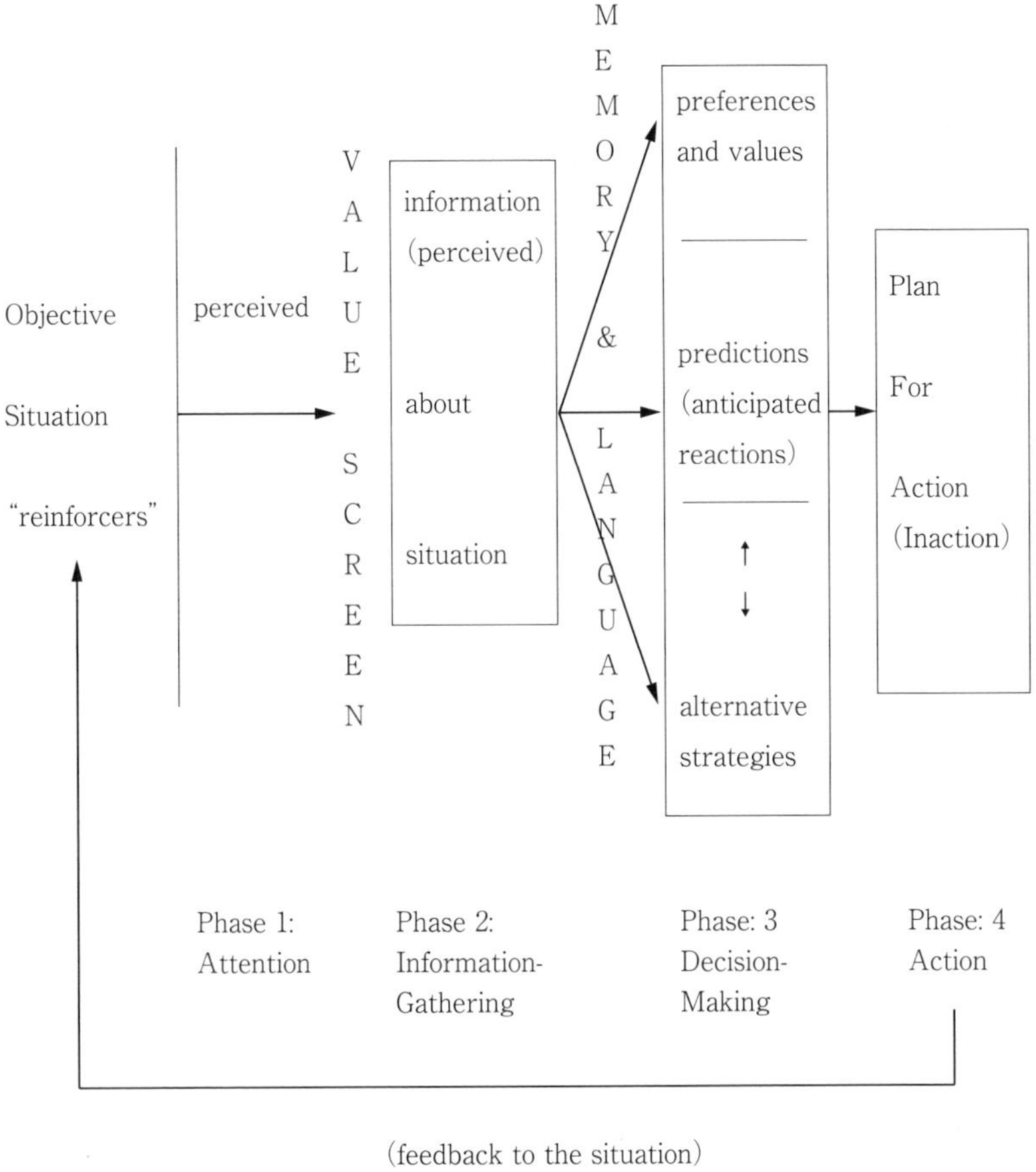

あり、それらはわれわれの知覚・思考・行動を直接に左右する。「行動と同様に、価値、態度、信条および知覚に関して、諸個人ないしは諸集団が他の諸個人ないしは諸集団にたいして影響を及ぼすこと」(Bell, 1977: 226) として定義される政治、すなわち他者の存在を必須要件とする政治は、他者が介在しない「私事」でもありうる「獲得」(getting) のタームによってよりもむしろ「語り」のタームによってこそ、より包括的にとらえられる (“who gets what, when, how”から“who talks to whom, when, how”へ)。

ラズウェル・モデルによれば手段価値と目的価値との組合せによって六四の権力〔ないしは影響力〕の形態が識別されるが、ベルは「誰が、誰に、何時、如何に語るか」に即して、〈権力〉〈影響力〉〈権威〉を識別しようとする（〔図Ⅱ―2〕参照、cf. Bell, 1975: 15f.）。

さらにベルは、〔図Ⅱ―1〕のような個人の意思決定過程についての一般モデルを前提に、権力言説、影響力言説、権威言説がそれぞれに、その受け手の意思決定過程のどの部分に作用するものであるかを区別している（Bell, 1975: 700f.）。

いずれの言説もその最終的な目的は受け手に行為Xをさせる〔ないしは、させない〕ことである。その際、権力言説は、メッセージの送り手が行為Yをする〔ないしは、しない〕という「客観状況」そのものの変更〔についての情報〕によって、受け手に行為Xをさせる（ないしは、させない）という結果をもたらそうとする。権力言説は受け手がいかなる熟慮の結果、行為Xをする〔ないしは、しない〕という選択を行なったかには関心をもたないのに対し、影響力言説は、「客観状況」はそのままにしておき「客観状況」を理解する仕方や意思決定の内的構成要素に働きかけることによって、行為Xを導きだそうとする。「影響力のベースは、環境のコントロールではなく、環境についての知識および諸個人がそれぞれの環境のなかでいかに行為すべきかを選択するために用いられる意思決定過程への洞察である」。「知は権力ではなく、影響力である」。権力言説と影響力言説はともに、受け手の側における「選択」の可能性を許容する。しかし、権威言説は「選択の可能性そのもの、いやもっと正確にいえば、その必要性そのものを否定する」。つまり、権威言説は「行為Xをせよ」という言明から直接的に〔すなわち、そうすることが得だからといった利害計算なしに〕行為Xを導きだそうとする。権威を受容するとは、〔図Ⅱ―1〕における個人の意思決定モデルのフェイズ2とフェイズ3を無化すること、あるいは「自分自身の意思決定過程を誰か他人の手に委ねてしまうこと」、を意味する。権威言説の正統性根拠は、ウェーバーに従って「カリスマ的」「伝統的」「合法的」に類型化できる。以上の議論は〔図Ⅱ―3〕のように要約できる。

〔図Ⅱ―2〕

	言説形態	含意
権力（Power）	If you do X, I will do Y.	威嚇ないし約束
影響力（Influence）	If you do X, you will do Y.	予測（助言、勧告、警告）
権威（Authority）	Do X.	命令

〔図Ⅱ―3〕

	ベース	作用局面	正統性根拠
権　力	実力、利益	客観状況	
影響力	知	意思決定の内的諸要素	
権　威	実存価値	意思決定過程そのもの	カリスマ、伝統、合法

〔図Ⅱ―1〕と〔図Ⅱ―3〕の含意を総合し、さらに筆者自身による修正・補足を加えたモデルを〔図Ⅱ―4〕に示す。これによって筆者が提示したいと考える論点は、（1）権力および影響力と権威とを、個別的意思決定次元と正統性次元とに分けること（この点については、丸山（1994=1988）を参照）。（2）権威言説はカリスマ、伝統、合法いずれかの根拠によって正統化され、それが権力言説、影響力言説における〈do X〉を正統化する場合には、権威づけられた権力言説、権威づけられた影響力言説というヴァリエーションがありうるが、それらは実質的には権威言説に解消される。（3）権威言説が個別的意思決定の全領域を覆い尽くすような政治システムを全体主義と呼ぶ。権力言説、影響力言説、権威言説の多元的併存は、自由民主主義体制の必須要件である。また、それぞれの社会での政治的論争における三つの言説形態の出現頻度から、当該社会における政治の性格づけがある程度まで可能となる（たとえば、利益誘導型政治、テクノクラート優位の官僚主導政治、イデオロギー政治、等々）。（4）それぞれの言説形態は、京極（1986）における「状況」「制度」「理念」、山口（1987, 1989）にお

〔図Ⅱ—4〕

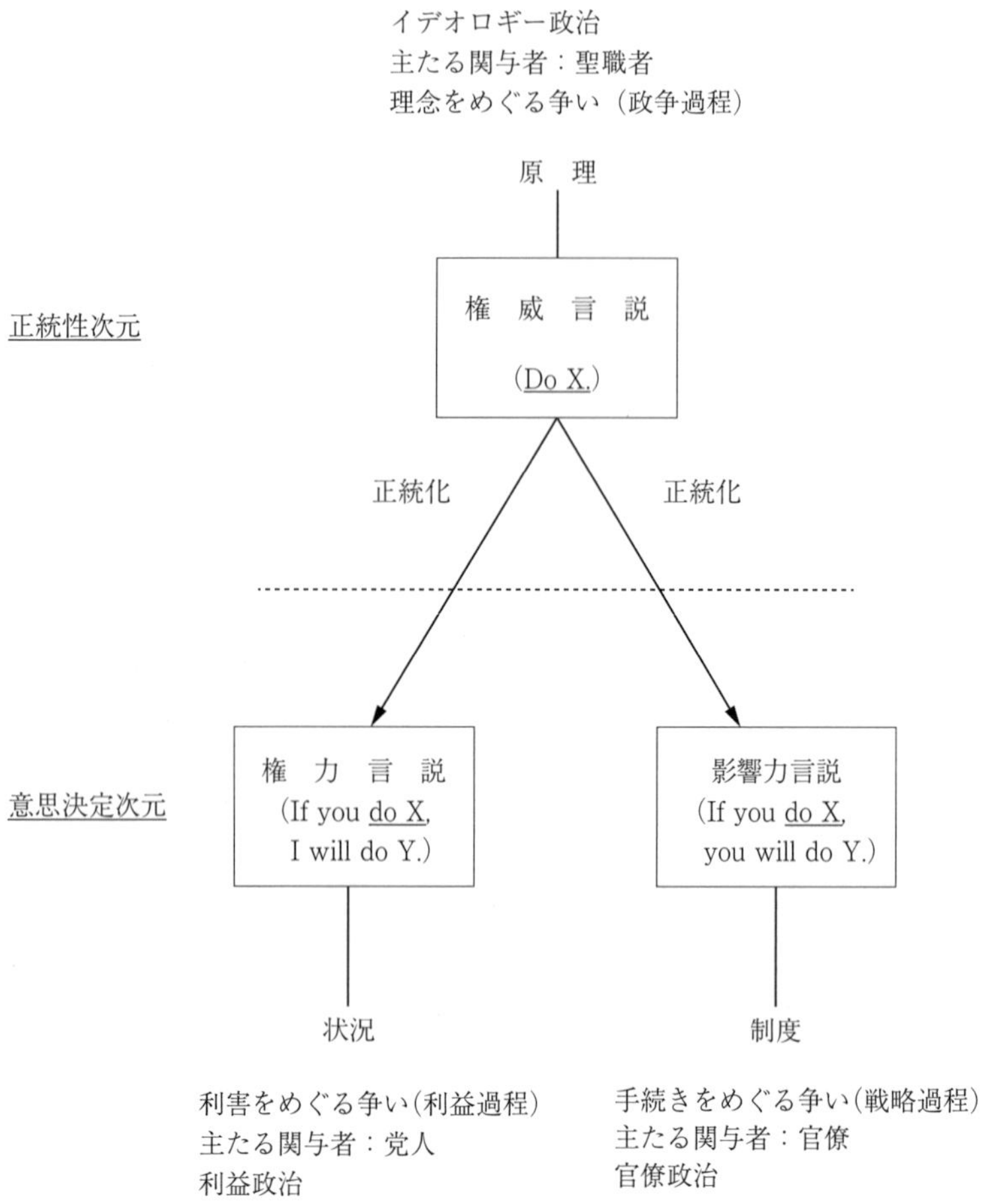

ける「利益過程」「戦略過程」「政争過程」に対応させて理解可能であること。そう理解することによって、われわれは政治家の言葉、官僚の言葉、イデオローグの言葉を、それにふさわしい文脈において聞き分けることができるようになる。

「政治は力、力は数、数は金」という等式において見事に欠落しているのは、言葉である。しかし、この等式を忠実に実行しようとした政治家自身、言葉を失うと同時に政治力を喪失した。丸山（1994=1988）が、ベルの著作に言及しつつ上代における「政事」にまつわる語彙の探究から、「下から上への奉仕事（まつりごと）」としての日本的な政治の観念と、究極的権威の不在（ないしは、無限後退）という日本政治文化の特質を抉りだしたように、政治の語彙に即して現代日本政治の特質を明らかにすることは、依然としてわれわれの課題である。

Ⅲ　選挙研究への一視角——選挙の三極構造・モデル

選挙が政治のすべてでないことはいうまでもないが、代表民主政における選挙が政治研究にとっての主要テーマであることは依然として事実である。選挙結果の事前予測と事後解説は、すくなくとも世間的には政治学者の資格要件とみなされている。

しかし、そもそも選挙とはなんなのだろうか。ハンス・ケルゼン（1927=1977）によれば、選挙とは「被指導者のなかから指導者を選別する特別の方法」である。それはイデオロギー的および純粋形式的の両面から解釈可能である。イデオロギー的には選挙とは、選挙人から被選挙人への「意志の譲渡」を意味する。しかし、ルソーがいうように意志は実際には譲渡しえないから、選挙に基づく民主政は「内的・論理的不可能」である（イギリス人が自由なのは選挙のときだけだ！）。選挙後も選挙人が自由の擬制を保持するためには、選挙人と被選挙人との擬制的な同一視が必要とされ、さらに選出母体と被選出者集団とのあいだでの「代表性」（representativeness）と「比例性」（proportionality）を保障するさまざまな選挙制度が考案される。選挙制度の問題は技術的争点なのではなく、イデオロギー的争点なのである（cf. Beetham, 1993）。

純粋形式的に観察すれば、選挙の本質は「一つの機関選定方法」である。選挙を他の機関選定方法（たとえば、専制政に特有な機関選定方法である「任命」）から区別するメルクマールは、（1）「単一機能ではなく、多数の部分機関が協力する合成機能であること」、および（2）「選挙によって選定される機関は選定機関の上位に立つということ」である。そしてこの第二のメルクマール、すなわち「被指導者が指導者を、規範服従者が規範定立の権威を創設するということ」こそが、意志譲渡というイデオロギー的擬制に導く根拠なのである。ここからケルゼンは、いわば選挙の社会心理学的・文化人類学的解釈とでもいうべき興味深い議論を展開している。そもそも、宗教的、社会的、その他あらゆる権威の原体験は、人間がその成長過程で最初に遭遇する権威、すなわち〈父〉にある。だからこそ、王は「国父」とされ、神は「父なる神」とされるわけだが、「こうした社会的権威の心理学的起源は、権威が権威服従者によって創設されると観念することを阻害するのである。すなわち、こう観念することは、父が子によって産み出され、創造者が被創造者によって創り出されるということになるからである。たとえばトーテミズムの未開状態では、氏族員がある熱狂的な祭りの際に氏族の祖宗である聖なる崇拝動物の仮面を被り、暫時自ら父に扮して社会的秩序の一切の束縛を解脱することがある。これと同じように、民主政のイデオロギーによれば、規範に服従する人民は、不可譲ではあるが機能の面でのみ譲渡可能な、それゆえ被選挙人に反復更新的に譲渡しうる権威の役を演じる。人民主権論もまた――きわめて洗練され霊化されてはいるが――トーテムの仮面に他ならない」（ケルゼン、1977: 122-123）。

ケルゼンの議論を敷衍していえば、代表民主政における選挙とは、通常の権威服従者がそのときだけは権威者の仮面を被り、いわば〈子〉が〈父〉を産みだすという倒錯的な自由の幻想に酔い痴れる非日常的な祝祭にほかならない。こうした見方は、たとえばルソーの一般意志論を〈祭り〉における自他融合の経験と結びつけて解釈するジャン・スタロバンスキー（Starobinski, 1971）の見解にもつうじるものであって、従来のオーソドックスな選挙研究に欠けているのはこうした視点である。従来の多くの選挙研究では、選挙は、「民意の表明」としてイデオロギー的に解釈されるにせよ、あるいは集合的意志決定の代行機関の設定として形式的に理解されるにせよ、選挙人に関しては「政治的に見識のある市民という理想」〈the ideals of a politically well-informed citizenry〉（Joslyn, 1990: 86）が当然の前提とされてきた。「政治コミュニケーション」研究は、そうした規範的見方から離れ、選挙を候補者―メディア―有権者のあいだで行なわれるコミュニケーション現象としてとらえることによって、選挙キャンペーンにおける儀礼的要素や演劇的要素について数多くの研究を産みだしてきた。しかし、そこにおいてさえ、「投票者説得パラダイム」という用語が示唆するように、投票行為は候補者からの説得に従う合理的選択行為である（あるいは、あるべき）ことが想定されており、研究の中心テーマは、有権者の投票行動調査の分析から選挙キャンペーンの説得効果を測定することにあった。

第Ⅰ節でみたように、批判理論家たちの批判点はまさしくそこにあったわけだが、かれらは選挙キャンペーン以外の領域に目を向けることによって「投票者説得パラダイム」を乗り越えようとした。しかし、ケルゼンの議論が示唆する「〈祭り〉としての選挙」という視点は、選挙キャンペーン研究そのものの内部から「投票者説得パラダイム」の彼方を目指そうとするものである。また、筆者が従来の選挙研究にたいする一つのオルターナティヴとしてこうした視点を提示しようとするのは、筆者（たち）の次のような経験に基づいてもいる。筆者（たち）は一九七二年以来、衆議院議員選挙に際して仙台市の有権者を対象とする意識調査を実施してきた。その際、たんに有権者対象のアンケート調査データ（1）のみを問題にするのではなく、候補者サイドのさまざまな選挙戦略・戦術の実際（2）、マス・メディアによる当該選挙の意味づけ・事前予測・事後解釈（3）、これら（1）（2）（3）の三者を立体的に関連づけることによって、一つの社会事象としての「選挙」の全体像把握を意図してきた。候補者サイドの情報はいわゆる選挙参謀と呼ばれる人びとにたいする聞き取り調査から得られたが、かれらが選挙について言及する際に用いる語彙は「玉」「神輿」「お祭り」等々であり、キャンペーンの目的は「政策を訴える」ことよりも、支持者たちのあいだにある種の興奮状態を醸成し持続させることだという冷徹な認識が語られてもいた。それをローカルな選挙の特性、あるいは「正しい」選挙のあり方からの逸脱として排除するのではなく、それをふくめて選挙という事象を経験的実態に即して理解するために、筆者（たち）は〈選挙の三極構造・モデル〉を提起したい。

〔図Ⅲ－1〕

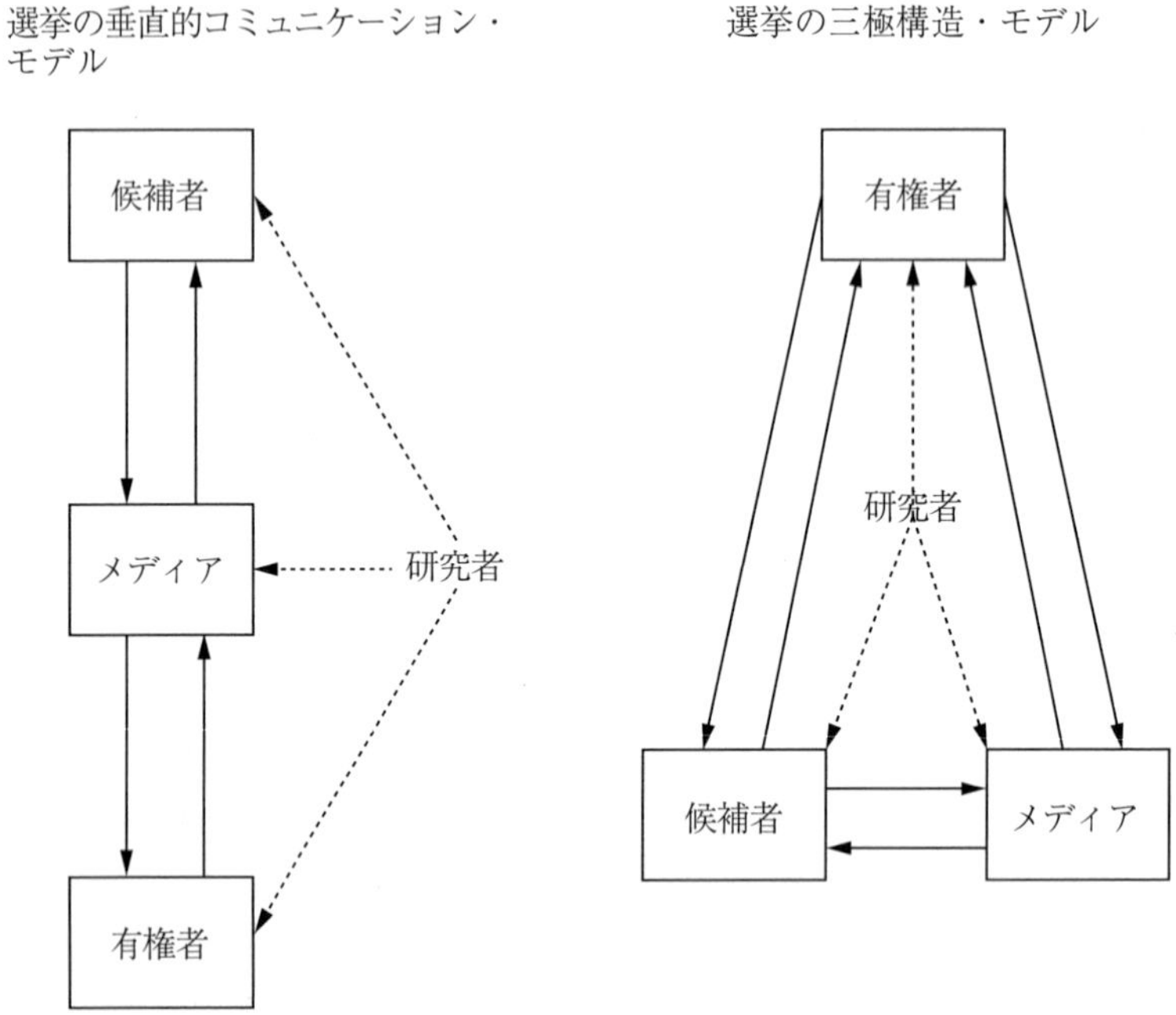

〔図Ⅲ―1〕に、従来の選挙研究が前提に置いている〈選挙の垂直的コミュニケーション・モデル〉と、〈選挙の三極構造・モデル〉との対比を示す。その含意を要約的に示せば以下のようになる。（1）「政治コミュニケーション」研究の最近の動向はコミュニケーションの「下から上への」流れを重視するが、そこにおいても候補者、メディア、有権者が選挙において占める位置づけは直列的である。〈三極構造・モデル〉は選挙というイヴェントへの関与者の対等性と、三者の相互関係の直接性と媒介性の両面をうまく表示できる。（2）〈垂直的コミュニケーション・モデル〉はとくにメディアの位置づけに関して、それがあたかも透明な媒体であるかのような誤解を与える点で不適切である。〈三極構造・モデル〉は選挙におけるメディアの当事者性を強調する。（3）〈三極構造・モデル〉は選挙という事象にたいする研究者の視線の内在性を強調する。政治研究者はたとえばエリート内部の政治コミュニケーション過程にたいして外部

観察者として振る舞うことができる。しかし、民主政下に生きる市民でもある研究者は、自らが属する政治社会における選挙というイヴェントにたいして純粋な外部観察者であることは原理的に不可能である。「〈祭り〉としての選挙」という視点を維持するならば、選挙研究者は、未開社会の風俗・習慣を観察・記述する人類学者の立場はとりえない。おそらく、選挙というイヴェントにたいしてそそがれるべき選挙研究者のまなざしのモデルは、民俗現象にたいしてそそがれる民俗学者のまなざしにもとめられよう。そして、民俗学が「自己認識の学」たろうとしたように、選挙研究の究極目的もまた、研究者自身が帰属する政治社会の「自己認識」になにがしかの貢献をすることにある。

文献

岡部朗一（1992）『政治コミュニケーション』有斐閣。

京極純一（1986）『日本人と政治』東京大学出版会。

丸山真男（1994）「政事（まつりごと）の構造」『現代思想』一九九四年一月（= MARUYAMA MASAO, "The Structure of *Masturigoto*: the *basso ostinato of Japanese political life*," in Henny S. & Lehmann, J-P.（eds.）*Themes and Theories in Modern Japanese History*, London: The Athlone Press, 1988）.

山口二郎（1987）『大蔵官僚支配の終焉』岩波書店。

――――（1989）『一党支配体制の崩壊』岩波書店。

Beetham, D.（1993）"Political Theory and British Politics," in Dunleavy, P. et al.（eds.）, *Developments in British Politics 4*, London: Macmillan.

Bell, D. V. J.（1975）*Power, Influence, and Authority*, New York: Oxford UP.

Chaffee, S.（ed. 1975）*Political Communicatiton*, Beverly Hills, London: Sage.

Corcoran, P. E.（1990）"Language and Politics," in Nimmo, D. D. & Swanson, D. L.（eds.）, *New Directions in Political Communication*, Newbury Park: Sage.

Detsch, K.（1963）*The Nerves of Government*, New York: Free Press.

Graber, D. A.（1981）"Political Language," in Nimino, D. D. & Sanders（eds.）, *Handbook of Political Communication*, Beverly Hills: Sage.

Joslyn, R. A.（1990）“Election Campaigns as Occasions for Civic Education,” in Nimmo, D. D. & Swanson, D. L.（eds.）, *New Directions in Political Communication*, Newbury Park: Sage.

Kelsen, H.（1927）“Demokratie,” in *Schriften der deutschen Gesesllschaft für Soziologe*, I Serie, V. Band, Tübingen〔布田勉訳「民主制」、ケルゼン選集9『デモクラシー論』、木鐸社、1977）.

Marsh, D.（1993）“The Media and Politics,” in Dunleavy, P. et al.（eds.）, *Developments in British Politics 4*, London: Macmillan.

McQuail, D.（1992）“Political Communication,” in Hawkesworth, M. & Kogan, M（eds.）, *Encyclopedia of Government and Politics 1*, London: Routledge.

Miller. W. L.（1991）*Media and Voters*, Oxford: Clarendon Press.

Mueller. C.（1973）*The Politics of Communication*, New York: Oxford UP.

Nimmo, D. D. & Sanders, K. R.（1981）“The Emergence of Political Communication as a Field,” in Nimmo, D. D. & Sanders（eds.）, *Handbook Political Communication*, Beverly Hills: Sage.

Nimmo, D. D. & Swanson. D. L.（1990）“The Field of Political Communication: Beyond the Voter Persuasion Paradigm,” in Nimmo, D. D. & Swanson, D. L.（eds.）, *New Directions in Political Communication*, Newbury Park: Sage.

Oakeshott, M.（1991）“Political Discourse,” in *Rationalism in Politics and Other Essays*（New and Expanded Edition）, Indianapolis: Liberty Press.

Starobinski, J.（1971）*Jean-Jaques Rousseau —— La transparence et l’obstacle*, Paris: Editions Gallimard.

11 世論〈1999〉

〔佐藤正志・添谷育志編『政治概念のコンテクスト』早稲田大学出版部、第九章〕

一 はじめに

本章はユルゲン・ハーバーマス（Jürgen Habermas, 1990）やエリーザベト・ノエル-ノイマン（Elizabeth Noelle-Neuman, 1971）のように、「ブルジョア階級による批判的公論」や「匿名の法廷として作動する社会的統制力」といった特定の世論概念を前提にして、その起源・展開・変容をたどる包括的な思想史研究を意図するものではない。また、ポール・パルマー（Paul A. Palmer, 1936）やJ・A・W・ガン（J. A. W. Gunn, 1989）のように、欧米全体をふくむ広がりのなかで世論概念の変遷を概観するものでもない。さしあたり本章は、もっぱら英国における政治的ボキャブラリーとしての「オピニオン」および「パブリック・オピニオン」が、いかなる歴史的文脈のなかで、他のどのようなボキャブラリーとの関連において、どのような意味をもつものとして用いられてきたかを概観しようとする。

今日「オピニオン・ポウル」といえば当然に「世論調査」と訳されるが、歴史的にみれば「オピニオン」という語が直ちに「世論」を意味したわけではない。英国の政治言論界で用いられてきた「オピニオン」および「パブリック・オピニオン」という語は、時代と文脈に応じて「意見」や「通念」とも「公議輿論」や「世論」とも訳されるべき多様な意味を担っている。本章の中心的主題は今日的な「世論」概念の来歴を記述することにあるが、その前提として、まず理性的真理に対立する曖昧な、しかし人間を動かす強大な力をもつ観念としての「意見（オピニオン）」をめぐる一七、一八世紀英国における諸言説の検討から始め（二、三節）、次いで一八世紀末から一九世紀にかけての「世論（パブリック・オピニオン）」の登場とそれへの礼賛と懐疑の諸言説を検討する（四、五節）。その際に選択される文脈は、紙数の制限とともに現代政治のあり方、とりわけ今日的な「世論」概念がそのなかで果たしている役割についてのわたくし自身の問題意識に依存したかなり限定的なものになっている。

今日「世論」は、たとえばわが国では首相が選任した大臣を罷免させたり、英国では大衆的人気をもつ元皇太子妃の死にたいする王室の「冷たい」態度を変更させるほどの力を有している。「民の声は神の声（Vox populi, Vox Dei）」という諺が初めて記録されたのは中世初期（八世紀）、カール大帝に宛てたイングランドのアングロサクソン人神学者アルクイン（Alcuin）の書簡においてであるといわれるが（Boas, 1973, p. 498〔邦訳、二七二頁〕; Noelle-Neuman, 1993, pp. 175-196〔邦訳、二〇五―二〇六頁〕）、およそ支配者が民意にたいして一定の配慮を示さなければならないことは政治支配の発生とともに古い事態だといえる。しかし近代以前の支配者による民情視察は民意を汲み取り統治に反映させるためというよりも、支配機構内部での上位者による下位者の首のすげ替えやしばしば「腐敗」として現われる支配機構のタガの締め直しの口実とされたり、逆に民意は宮廷革命の大義名分として捏造されもした。今日的な「世論」概念の来歴を検証する試みは、少なくとも近代民主政の成立以前にまで遡ることはない。ところで、では首相の権力を左右し王室を動かすほどの力をもつ「世論」とはいったいなんなのだろうか。結局のところ、それは民意を装った第四権力としてのマス・メディアの意見（オピニオン）にすぎないのではないか。

その数約五〇にのぼるという世論の定義（Davidson, 1968）が理論家を悩ませるように、実務家にとっても世論調査の数字をどう解釈するかは困惑の種であろう。マーガレット・サッチャー（Margaret Thatcher）にたいする仮借ない批判で知られる保守党の政治家イアン・ギルモア（Ian Gilmour）はこう書いている。「世論（オピニオン）というものは人びとの心のなかに潜在している場合もあればそうでない場合もある。つまり、多くの質問について人びとがおよそ意見（オピニオン）をもっていない場合も多いのだ。かれらは調査員にたいして自分たちが考えていることを告げる。しかし、いかなる意味でかれらがそれを考えているのか、さらに、もしかりに質問を受けなかったらかれらがそれを考えていたかどうかは、しばしば疑わしいのである。この種の生《なま》の世論（オピニオン）は心霊術師の心霊体（エクトプラズマ）のようなものだ。それを実在させる、あるいは実在しているように思わせるためには、政党ないしはギャラップ調査という媒体が必要なのだ」（Gilmour, 1971, p. 414）[1]。

それにもかかわらず、今日の政治舞台からこのエクトプラズマが消え去る気配はない。それどころか、電子情報通信技術の急速な高度化と社会への浸透はテレ・デモクラシーという名のオプティミズムを技術的には十分に実現可能な領域に近づけつつある。さらに、代表制の機能不全はさまざまな形態の直接民主政への要求を生み出しつつある。しかし、電子的霊媒によって「実在化」された世論の支配がより善い統治をもたらすという保障はどこにもない。自由主義と民主主義、討論と同意、リーダーシップと民意の尊重、世論の失敗にたいする責任の所在、指導力と権力欲を合わせもった職業政治家の存在意義、こうした古典的問題は依然としてオープンなままである。一八世紀末から一九世紀初めにかけての英国で、公式的な権力の外におかれた人びとによる政治的完全雇用をもとめる運動のなかで誕生した「パブリック・オピニオン」は、その要求が充足された状況下にあっても、つまり権力内への人びとの参加ないしは包摂が原則的にほぼ完全に実現された状況下にあってもなお、理論的および実践的有効性をもちうるのだろうか。これが、本章の根底にある基本的問題意識である。

二　意見（オピニオン）、情念（パッション）、利害関心（インタレスト）／理性

相当の財産をもっている独身の男なら、きっと奥さんをほしがっているにちがいないということは、世界のどこへ行っても通る真理（a truth universally acknowledged）である。

つい今し方、近所にきたばかりのそういう男の気持ちや意見（the feelings or views）は、知る由もないけれど、今言った真理だけは、界隈の家の人たちの心にどっかりと根をおろして、もうその男は、自分たちの娘の誰か一人の旦那さんと決められてしまうのである。


アラスデア・マッキンタイア（Alasdair MacIntyre）が「古典的伝統の最後の代表者」と称賛するジェーン・オースティン（Jane Austen）『高慢と偏見』冒頭からの引用（富田訳、岩波文庫・上、七頁）である。ここで「意見」と訳されている原語は〈views〉であるが、ＳＯＥＤによれば〈views〉（複数形）は「ある主題に関していだかれる、あるいは主張される、個人的ないしは思弁的な性格をもった意見、考え、ないしは理論（opinions, ideas, or theories）」を意味するから、〈views〉はほぼ〈opinions〉と同義と解してよいであろう。そしておなじくＳＯＥＤによれば、〈opinion〉とは「完璧な論証が不十分な根拠にもとづく判断」である。要するに、偉大なる常識人ジェーン・オースティンによる用法が明らかにしているように、近代英語の日常用法において〈opinion〉〈view〉〈feeling〉は、〈truth〉に対置されるなんらかの曖昧さを含んだ観念を意味している(2)。

理性的真理にもとづく政治秩序を構想しようとした近代初頭の政治哲学者たちにとって、真理と意見の対立は娘の結

婚問題とは比較にならない切実さをもっていた。トマス・ホッブズ（Thomas Hobbes）を例にとって考えてみたい。自然的な階位と序列を基盤とする「オールド・トーリー」（Beer, 1982）の政治秩序の解体が「内乱」というかたちで現われた一七世紀中葉の英国で、「現在の不秩序によってひきおこされた、政治的および教会的統治についての、わたくしの論究」（Hobbes, 1991, p. 491〔邦訳・第四分冊、一七二頁〕）を執筆したホッブズにとって、人間の行動を根本のところで規定しているものはなにか、その根本的動機につき動かされる人間相互の間でいかにして（殺し合いの回避というミニマムな意味での）秩序は可能かという問いは、かれ自身の「自己保存」をまっとうするためにも切実な問いであった。従来ともすれば自然科学的方法の政治学への応用として片づけられてきたホッブズ政治思想の、いわば「実存的意味」を解明しようとしたレオ・シュトラウス（Leo Strauss）の研究は、その後の思想史的パースペクティヴの進展のなかでかなりの修正を必要とするとはいえ、ホッブズの思想形成過程における「人文主義期」への注目、プラトンやアリストテレスの古典的政治学との対決をとおしての独特に「近代的」な政治学の確立者としてのホッブズ像の提示は、現在もなお新鮮さを失ってはいない。現代におけるホッブズ研究の第一人者クエンティン・スキナー（Quentin Skinner）は、思想史方法論の上ではシュトラウス学派と対照的な立場にあるが、最近著では、シュトラウスが端緒を開いた「人文主義期」ホッブズに注目しつつホッブズにおける「修辞と理性」の関係を主題的に論じている。以下では、両者の研究を引照しながらホッブズにおける「意見（オピニオン）」の位置づけについて検討する。

シュトラウスによれば、「ホッブズ哲学にとっての重要性という点で、『弁論術』の重要性とおおよそにせよ比較されうるような古典古代の他の作品を見つけ出すことは、きわめて困難であろう。かれの人間学（Anthropologie）の中心的諸章、おそらくかれがそれ以外に書いたすべてのもの以上に、文筆家および人間認識者としてのかれの名声を不朽のものたらしめたこれらの諸章は、その執筆者が『弁論術』の門下生とまではいわないにしても、その熱心な読者ではあったということを、文体のうえでも内容の点でも明らかに示している」（Strauss, 1965, p. 43〔邦訳、四六頁〕）。具体的には

『法の原理』第一部第八、九章、『リヴァイアサン』第一〇章、『人間論』第一一、一二、一三章と『弁論術』の当該箇所とを詳細に比較して、人間における「情動という現象」をホッブズが記述するに際していかに多くをアリストテレスに負っていたかをシュトラウスは明らかにしている。

しかし、幾何学の創始者ユークリッドの学問体系に触発されてホッブズに閃いた数学的に厳密な「新しい政治学」、情念〔パッション〕や意見〔オピニオン〕にではなく理性に導かれた政治学の確立にとっては、アリストテレスはもはや手本にはなりえなかった。情念や意見すなわち人びとの日常的価値評価にたいする批判を放棄したアリストテレスではなく、「通念に反する」〔パラドックス〕真理の開示を哲学の職分と考えたプラトンこそが手本にならなければならない。「ユークリッドへの転回は、まずもってプラトンへの回帰なのである」（*ibid.*, p. 135〔邦訳、一七二頁〕）。ただしプラトンとホッブズ、古代政治論と近代政治論との原理的な対立は、前者がポリス住民の日常的な語らいのなかで用いられる語彙・観念を「対話術」をとおして批判的に吟味することによって「隠された真理」を開示しようとするのにたいして、後者は人びとの日常的な語らいによる方向づけそのものを根本的に放棄する点にある。両者はともに「通念に反する」ものではあるが、その性格はまったく異なる。すなわち、前者のパラドックス性が「自然的価値評価から、そのなかに隠されている真理へと遡及し、そしてそれゆえかれ〔プラトン〕は、新しいことや、前代未聞のことは何も語ろうとせず、むしろすべての人びとによって意識されてはいるが理解されていないことを想起させようとする」点にあるのにたいして、後者では「自然的価値評価を原理的に拒絶しつつ、このような価値評価を越えて進み、さらに新しい未来の、そして自由に立案すべき『ア・プリオリな』政治論へと向かっていく」。前者のパラドックスが「目立たない古いもの、永遠なるもののパラドックス」であるのにたいして、後者のそれは「驚異的に新しいもの、前代未聞の冒険のパラドックス」である。換言すれば、前者のパラドックス性は「肉体に縛られている人間の『洞窟的』存在と同じように、破棄できないのにたいして、ホッブズ的道徳哲学は、遅かれ早かれ、パラドックスから世論（public opinion）の受け入れられた一部へと変化することを運命づけられている」(*ibid.*, American ed., pp. 163-164〔邦訳、一九九頁〕、傍点、引用者)。シュトラウスのホッブズ研究全体をとおして最大のアイロニーがここに込められている。通念を拒否したホッブズ政治学は通念として世間に受け入れられることによって完成される。ホッブズ政治学にあっては自己否定が自己完成なのだ。新奇なものの登場とその陳腐化、それにたいするさらに新しい新奇さの登場と瞬く間もないほどいち早い陳腐化、この果てしない反復こそが「近代性」の実相なのだとシュトラウスはいいたいのであろう。そしてこれはホッブズが、あるいはそもそも近代思想全体が、「欠けるところのない尺度〔基準〕の確実性としての厳密性」への問いを放棄し、「あらゆる環境のもとでの応用が可能であるという意味での厳密さ」を志向したことの帰結なのである(*ibid.*, p. 146〔邦訳、一八四頁〕)。

ところで、ホッブズ政治学がそのような性格のものだとして、あるいはそのような性格のものであればこそ、問われるべき問題連関が存在する。それは、そもそもある思想はいかにして「世論の受け入れられた一部」となるのか、それに関してホッブズ自身はどう考えていたのか、という問いである。

シュトラウスは、ホッブズにとって『弁論術』はさまざまな情動の観察・記述として意味をもったと考えるのだが、本来「弁論術」とは説得術のことであり、キケロ(Cicero)が構想した「公民学(Scientia civilis)」には、「一般的には弁論術として知られている、かの技巧的な雄弁の形態、その働きは説得しようともくろまれたやり方で語ることであり、その目指すところは言論によって説得すること」であるような雄弁術が必須の部門としてふくまれていた(Skinner, 1995, p. 2)。ルネサンス人文主義は古代ギリシア・ローマの弁論術の伝統を復興し、その余波はテューダー期末のイングランドにも及んだ。スキナーはシュトラウスの研究よりもはるかに広範かつ精緻に、「人文主義期」ホッブズがこの復興された伝統に「深く没入していた」ことを明らかにしている。ところが一六三〇年代末、ホッブズが自前の体系的政治学を構築する時期にいたるや、理性と修辞、学問と雄弁の結合というルネサンス人文主義の理想にたいする批判が前面に押し出されてくる。『法の原理』（一六四〇年）や『市民論』（一六四二年）では、われわれが経験にもとづく諸前提から直線的に推論を進めるならば、われわれは学問的真理に到達できるだけではなく、われわれ自身が保持しているのと正確に同じ考えを他人たちのなかに教え込み生み出させることができる、と主張される。説得と教授とはカテゴリー的に区別されなければならず、説得術は教授のプロセスのなかでしかるべき場所を占めることはないとされる（Skinner, 1995, p. 3）。

それから一〇年後、『リヴァイアサン』の英語版（一六五一年）およびラテン語版（一六六八年）ではいっそう顕著なかたちで、理性と学問がそれだけでは人びとの間に受け入れられるには無力であり修辞と雄弁によって補完されなければならないという、ホッブズの「変心（change of mind）」にわれわれは出会う。そして、この「変心」の理由を、「集団的狂気」の四〇年代を回顧するかたちで一六六〇年代の終りに執筆された『ビヒモス』に即して説明しようというのが、スキナーの研究の概要である（Skinner, 1995, pp. 3-4）。かれの結論をかいつまんで紹介すればこうである。――『ビヒモス』におけるホッブズによれば、四〇年代の破局、その数「一〇万人」にのぼる内戦での死者にたいして責めを負うべきは、イングランド長老派の「狂信的な」聖職者たちと、これら聖職者たちが教会のなかで欲したものに劣らないほどに国家のなかでの民衆による支配を欲した庶民院の民主政を支持する紳士たちであった。ホッブズが体系化した「正義と不正義の科学」の原則に照らしてみれば、反乱と裏切りを使嗾するかれらの主張はたんなる意見、不条理、端的に狂気なのだが、それがある人びとの利益に適い煽動者たちの卓越した雄弁によっていわば「受け入れられた世論の一部」になったのである。この経験がホッブズの「変心」をもたらした。ただしかれは狂信にたいしてもうひとつの狂信を雄弁に主張しようとはしなかった。かれの修辞は、敵対者たちの愚かさを語る際の独特なスタイル、声調の点で発揮された。「その声調は、まさしく、四囲を狂信主義と愚かさによって包囲された、正気の穏健な碩学のそれである。この声調は暗に次のことを語ろうとしている。すなわち、つねに多数派であるのは愚かさと無知なのだから、われわれは理性が勝利することを期待することはできない。しかし、すくなくともわれわれは、嘲りという武器を振るい、愚かな多数派の行き過ぎた行為をあざ笑い、かれらの誤謬に冷笑を浴びせ、われらが読者をして、多数派の人びとの方向感覚喪失を侮蔑する陣営に引き入れることによって、多数派の人びとの裏をかくことは望めるのだ」（Skinner, 1995, p. 436）。

スキナーはホッブズの「変心」の一証左として英語版『リヴァイアサン』末尾の「総括と結論」から次の箇所を引用している。

さらにすべての熟慮において、すべての弁論において、確固とした推理の能力が必要であって、なぜなら、それがなければ人間の決意は性急であり、かれらの判決は不正であるからなのだが、そうではあっても、もしそこに強力な雄弁があって注意と同意を獲得しないならば、理性の効果はわずかなものでしかないであろう。しかしながら、それらは、対立する能力なのであって、というのは、前者は真理の諸原理にもとづき、後者は真偽いずれであれすでに受容された意見に、そして人びとの情念や利害関心にもとづくのであり、情念や利害関心はさまざまでありしかもかわりやすいのだからである（Hobbes, 1991, p. 483〔邦訳・第四分冊、一五七頁〕）。

理性の無力さと、真理の諸原理にもとづかない「中断された論究」あるいは「定義にもとづかず、三段論法にかなっていない論究からみちびかれる結論」である〈意見（オピニオン）〉（『リヴァイアサン』第七章、*ibid.*, p. 48〔邦訳・第一分冊、一一八頁〕）、人間の動物的欲求に発する〈情念（パッション）〉、人によってさまざまに変化する〈利害関心（インタレスト）〉、これらを動員する「雄弁が人を動かす力（moving force of eloquence）」の否応もない承認は、『リヴァイアサン』の他の各所にも見いだすことができる。たとえば「雄弁は力である」が、「科学は、ちいさな力である。なぜなら、それは、どんな人においても、目だたず、したがってみとめられず、また、それは少数の人びとをのぞいてはまったくなく、かれらにおいても、少数のものごとについてしかないのだからである」〔第一〇章、*ibid.*, p. 63〔邦訳・第一分冊、一五二頁〕〕。道徳・政治学の真理はいうまでもなく、「三角形の三つの角は、とうぜん、正方形の二つの角にひとしい」という数学上の真理さえ、もしそれが「ある人の領土についての権利、あるいは領土をもつ人びとの利害関心に反することであるとすれば、その学説は、論争されないとしても、幾何学のすべての書物をやくことによって、関係者としてできるかぎり、抑圧されたであろう。このことを私は、うたがわない」〔第一一章、*ibid.*, p. 74〔邦訳・第一分冊、一七六頁〕〕。また、「自分たちのあたらしい意見に（どのように背理的なものであろうと）はげしい愛着をもち、頑強にそれを維持しようとする人びと」〔第七章、*ibid.*, p. 48〔邦訳・第一分冊、一一九頁〕〕は後をたたない。

かつてフランシス・ベーコン（Francis Bacon）は、想像力を情念から引き離し理性の味方に引き入れることによって、さらには情念同士を闘わせることによって、理性の無力さを克服しようとした（cf. Strauss, 1965, p. 94〔邦訳、一一七―一一八頁〕. 全般的に、Hirschman, 1977）。ホッブズの戦略は意見・情念・利害関心という非理性的なるもののすべてを理性の味方につけることによって、敵対者の意見・情念・利害関心にもとづく主張に対抗しようとするものだったといえる。その際ホッブズにとって、意見・情念・利害関心が理性にたいしておよぼす影響力の強度について明確な区別があったわけではない。しかし、かれが『リヴァイアサン』を執筆していた時期に亡命先フランスから流入してきた「インタレスト」の観念は、英国においても次第に人間行動の根本的動機づけとして、さらには国家統治術の枢軸的理念としても、理性はいうまでもなく意見・情念にも優越する地位を獲得していった。

三　意見（オピニオン）／利権構造（インタレスト）

「インタレスト」が英国の政治的ボキャブラリーのなかで重要な地位を占めるようになったのは、一六四〇年代以降のことだといわれる。そして、英国における「インタレスト」の普及に最も貢献したのは、ユグノー派の指導的政治家であったローアン公爵（The Duke of Rohan）の『キリスト教世界における君主と国家の利益について』（一六三八年）であったというのがほぼ定説になっている（Raab, 1964; Gunn, 1968; Hirschman, 1977; Skinner, 1995）。ローアンによれば「君主は国民に命令し、利益は君主に命令する」。国政を司る君主は「無秩序な欲求」に身を任せたり、「激しい情念」に従ったりしてはならない。「……私たちは理性だけに導かれた私たち自身の利益に身をゆだねるべきである。それが私たちの行動規範となるべきなのである」（Hirschman, 1977, p. 34〔邦訳、三二―三三頁〕）。みられるように、ローアンにあって「インタレスト」はいまだ理性との結びつきを失ってはいないし、（情念によってではなく）「理性だけに導かれた利益」に身をゆだねることが規範的命令として語られている。その意味でローアンの「インタレスト」は、ハーシュマンがいうように、情念の破壊力と理性の無力性のいずれをも免れた「第三のカテゴリー」として出現したといえよう（Hirschman, 1977, pp. 43-44〔邦訳、四二頁〕）。

ところが、ローアンに心酔したイングランド人のひとりサー・ジョン・サックリング（Sir John Suckling）は、知人への手紙（一六四〇年）のなかでローアンの文章を引用しながら、「国王は間違えるかもしれないし、側近の者たちは買収されるかもしれない。しかし、真の利益だけは（と、ローアン公はいった）けっして誤ることはない」と書き記した。宮廷詩人であったサックリングのメッセージは（ローアンの場合とおなじく）国王を名宛としていたが、四〇年代すでに「インタレスト売り（"interest-mongers"）」の中心人物のひとりとして知られていたマーチモント・ニーダム（Marchmont Nedham）になると、国王のみならずイングランド中のあらゆる党派の行動が「インタレスト」に従って理解され、「インタレストは顧問会議室から公衆全般へと第一歩を踏みだしたのであった」（Gunn, 1968, p. 555）。そして、一六五九年に出版されたかれのパンフレットの表題（"Interest Will Not Lie or a View of England's True Interest"）に由来する「インタレストはうそをつかない」は、一七世紀後半の英国に流布する最も有名な格言となっていった。

「インタレスト」は英国でもフランスでも次第に「経済的願望」のみを意味するようになるが、もともとマキァヴェリ以後の政治・道徳論的著作において用いられた「インタレスト」、とくにフランスのモラリストたちが用いた「アンテレ」の観念は、「権力、影響力そして富を増大させるにはなにが必要かということについての秩序立った理解」を指していた（Hirschman, 1977, p. 38〔邦訳、三六頁〕）。一六五〇年までにイングランドのパンフレット作者たちがこぞって、「シティ」「軍隊」「さまざまな宗派」を指して「インタレスツ」（複数形）と呼んでいた（Gunn, 1968, p. 552）のは、このような意味においてである。こうした「インタレスト」の用法は、周知の「ランディッド・インタレスツ」「マニィド・インタレスツ」「オレンジ公のインタレスト」などの表現に受け継がれている。「マニィド・インタレスツ」が「金融界」や「経済界」と訳される場合があるように、「インタレスト」（とくに複数形の「インタレスツ」）はある個人ないしは集団が保有する「利権、利権を用いた影響力、利権によって形成された人脈・地盤、或いは漠然たる評判まで様々な意味を含んでいた」（水谷　1987、一六八頁）。

王政復古、「名誉革命」、オーガスタン期イングランドの政治・経済・社会をトーリーとウィッグという二大党派の機軸だけで理解することは不可能であり、地方《カントリー》と宮廷《コート》、土地所有を中心として組織化された利権構造（ランディッド・インタレスト）と貨幣所有を中心として組織化された利権構造（マニィド・インタレスト）などの補助線が必要であること、とりわけ内乱期にフランスから導入された「インタレスト」がそのための有力なキー概念であることはもはや常識になっている。以下では、一八世紀英国の政治・経済・社会の新しいパラダイムとなってゆく「利権構造」という意味での「インタレスト」との対比において、「オピニオン」という語彙がどのように用いられたかの一点についてだけ検討しておこう。

名誉革命後、スコットランド人ウィリアム・パターソン（William Paterson）とウィッグ党員の財務府長官チャールズ・モンタギュー（Charles Montague）によって創出されたイングランド銀行と恒久的国債制度は、「財政革命（The

Financial Revolution)」と呼ばれるほどの大きな影響を英国社会におよぼした(Dickson, 1967; Pocock, 1975, 1985; 高濱 1996)。直接的にはウィリアム三世の対外戦争のための安定的戦費調達を目的として考案されたこの財政制度は、スコットランドを押し退けてイングランドを「交易国家(trading nation)」たらしめ、長期的には大英帝国と産業革命の土台となっていったが、短期的には、高利回りを保障するウィッグ政府とそれを期待する投資家たちの思惑とがからみあってウィッグ寡頭制と呼ばれる「政治的安定」をもたらした。当然この現象は、「『金融界』(マニィド・インタレスト)が王への助言の影響力を高めることに妬みをもったトーリー党の地方ジェントルマンたちから、疑いの眼で見られた。政治的、宗教的共感という点で圧倒的にウィッグ寄りであったシティは、名誉革命から生まれたこの長期貸付け制度によって、いっそう強くウィッグ党に結びつけられた」(Trevelyan, 1926〔邦訳・第二巻、二一六頁〕)。

カントリー・トーリーの代表的イデオローグであったチャールズ・ダヴェナント(Charles D'Avenant. ホッブズと親交のあったSir William D'Avenantの子)が、名誉革命後に主流につき宮廷・財界・議会(鉄の三角形?)を牛耳る「インタレスト」にもとづいて行動するモダーン・ウィッグ(whig out of interest)を、王政復古下の「プリンシプル」にもとづいて行動するオールド・ウィッグ(whig out of principle)に対比して戯画化したことはよく知られている(D'Avenant, 1771, vol. 4: 水谷 1987、一六九頁以下;高濱 1996、一八二頁以下)。かれによれば、「人びとの心のなかにだけ実在するすべてのもののなかで、公債ほど空想的で素晴らしいものはほかにない。それはけっして力ずくで押さえつけられえない。なぜならそれはオピニオンにすがりついており、希望と恐怖というわれわれのパッションに依存しているからである。それはもとめられもしないのに幾度も出現し、しばしば理由もなく消え去り、一度失われるや完全に回復されることはほとんどない」(D'Avenant, 1771, vol. 1, p. 151; cf. Pocock, 1975, p. 437f.)。「マニィド・インタレスト」を支える公債制度は人びとの「オピニオン」と「パッション」に依存しており、ダヴェナントがモダーン・ウィッグを「インタレスト」にもとづいて行動する人びとと呼んだ際に意味した「インタレスト」とは、要するに「オピニオン」「パッション」、もっと端的にいえば「投機的思惑《スペキュレーション》」のことなのである。

　かれは別の箇所でさらにこうものべている。「オールド・ウィッグが原理をもっているのにたいして、われわれ（モダーン・ウィッグ）にはそれがない。かれらの所領が相続されたものでありかれらがそれに満足しているのにたいして、われわれの貪欲と野心には際限がない。国制を維持することがかれらの利益に適っているのにたいして、われわれはそれを破壊する以外には安全でいられない」（高濱 1996、一八三頁より再引。表記を変更）。相続された所領（まさしく「ランディッド・インタレスト」）だけが貪欲と野心にふけることを妨げ、「原理」によって生きることを可能にする。[3] ダヴェナントはウィリアム・ペティ（William Petty）とともに、一国の「国勢、国力、貿易、富、財政収入」を算定する新しい方法としての「政治算術（Political Arithmetic）」の推奨者でもあった（D' Avenant, 1771, vol. 1; cf. Letwin, 1963, p. 113）。その完成者であるペティは、「オピニオン」を政治算術の対象から排除している。すなわち、政治算術とは「思弁的な議論をするかわりに、自分のいわんとするところを数（Number）・重量（Weight）・尺度（Measure）を用いて表現し、感覚にうったえる議論のみを用い、自然のなかに実見しうる基礎をもつような諸原因のみを考察するという手つづき」に従うものであって、「個々人のうつり気・意見・欲求・情念（the mutable Minds, Opinions, Appetites, and Passions of particular Men）に左右されるような諸原因は、これを他の人たちの考察にまかせておくのである」（Petty, 1690=1963, p. 244〔邦訳、二四頁〕）。

　「自然のなかに実見しうる基礎（visible Foundations in Nature）」の最たるものは土地と住民である。商業活動の広がりとともに成立してくる政治経済学（Political Economy）においては、パッションと一体化した「利己心（Self-Interest）」が人間の行動原理とされ、ディヴィッド・ヒューム（David Hume）においては「利益についての意見（opinion *of* interest）」こそがあらゆる政府の基礎であるという、これまでの「オピニオン」／「インタレスト」の用法からみれば異様と思える表現が用いられてくる（Hume, 1752=1985, pp. 32-33〔邦訳・上、二二六―二二七頁〕）。ジョン・ロック（John Locke）の評判法の観念につらなるこうした利益の意見化は、他者という鏡に照らして自己の意見＝利益を形成する商業社会に生きる個人はいかにして揺るぎない自己利益を保持しうるのかという、やっかいな問題を生みだすことになる。

　しかし現実政治運営の現場では、土地所有にもとづく緊密な人間関係の網の目の正統性と有効性は長期にわたって存続する。それはサミュエル・ビア（Samuel Beer）が「オールド・ウィッグ政治」として定式化したものだが、そこでは「腐敗選挙区と『影響力《インフルエンス》』は、凡人たる選挙民を満足させることはないかもしれないが、上質の精神と性格をもった人物に議席を与えることができるという理由で擁護され」（Beer, 1982, p. 16）、「パトロンとクライアント、地主と借地人との上下関係の絆が、選挙に際して行使される影響力《インフルエンス》の典型的な回路を提供した」（*ibid.*, p. 21）。「世論（パブリック・オピニオン）」は、「ランディッド・インタレスト」に基礎をおく緊密な利権と人脈のネットワークとしての地域共同体を基盤として制度化された権力構造から排除されてきた人びと――典型的には新興商工業都市に住む中産階級《ミドル・クラス》――による議会改革運動として出現した。

四　世論（パブリック・オピニオン）の興隆と分岐

「一九世紀政治において、一八世紀からの最も際立った変化は、おそらく世論（パブリック・オピニオン）の興隆であった」（Beer, 1982, p. 43）。このことは否定しがたい事実である。「パブリック・オピニオン」というボキャブラリー自体は一七八〇年代にフランスの財政家ジャック・ネッケル（Jaques Necker）の著作をとおして英国にも流布され、ペインの人権論とアメリカ独立戦争の実践およびルソーの人民主権論とフランス革命の実践に鼓吹された急進派（ラディカルズ）の議会改革運動をなによりもまず「世論」の運動として展開させていった（Palmer, 1936; Gunn, 1989; 小川 1992）。ジョン・ウィルクス（John Wikes）のアジテーションに始まり一七七九年のヨークシャー協会の結成と各州への拡大、憲法情報協会（一七八〇年）、ロンドン通信協会（一七九二年）、人民の友協会（一七九二年）などの自発的政治結社の誕生と政治ジャーナリズムの隆盛は、この時期の顕著な特徴である。

しかしながら、なぜ「パブリック・オピニオン」なのだろうか。これまでみてきたように、「オピニオン」という語には「理性」に比しても「インタレスト」に比してもいささかもポジティヴな価値は付与されていなかった。それがなぜ庶民院議員職をふくめた官職任命を左右する公式・非公式の権力である強固な「パトロネージ（patronage）」を操作する地方名望家層の伝統的支配に対抗し、それを打破する力にまでなりえたのか。ひとつの答えとしては、ハーバーマスのように「パブリック」に力点をおいて啓蒙的理性の進展による批判的公論の直線的成長として解釈する立場がある（Habermas, 1972, 1990）。だがそれはあくまでも「ブルジョア的公共性（Bürgerliche Öffentlichkeit）」の物語ではあっても、〈Public Opinion〉の歴史ではない。かつて〈reason〉に反したものとみなされた〈opinion〉は、〈public〉なものになることによってなぜ〈rational〉なものとなりえたのか。これこそが問われなければならないのである。(4)

ジェレミー・ベンサム（Jeremy Bentham）は「邪悪な利益（sinister interests）」を追求するアリストクラシーの寡頭体制に対抗して社会統制の手段としての「世論」の重要性を主張し、晩年に執筆された『憲法典』や『悪政に対する安全保障』では、悪政から民衆を守るための「世論法廷（Public Opinion Tribunal）」を構想した（Bentham, 1962, vol. 8 & 9; cf. Rosen, 1983）。そのベンサム自身、『道徳および立法の諸原理序説』（一七八九年公刊）では、「世論」という語の使用についてためらいをみせているのである。かれは「道徳的または民衆的な制裁」という用語に付した注において、次のようにのべている。「フランス語の世論 opinion publique ということばは、その守護者的な力につけられた名称であって、これについては最近、きわめて多くのことがのべられ、かつなされている。しかし、世論という名称は、不幸であり、不明瞭である。なぜならば、意見が実質的になりうるのは、意見が感情と意志の媒介をつうじて、行動に影響を与えうる場合だけであるから」（Bentham, 1780=1962, vol. 1, p. 14〔邦訳、一一一頁〕）。ベンサムにあって意見（オピニオン）は行動（アクション）に影響を与えるかぎりで、すなわち政府の政策決定に影響を与える議会外の運動に結実してはじめて、有意味なものになると考えられていたといえよう。

　これにたいして、「世論の最盛期（Heyday）」一八一〇年代末にあって、「世論」はむしろその「非暴力性」のゆえに社会的認知を獲得したのではないかという、ドロア・ワーマンによる解釈（Dror Wahman, 1995; 1996）も存在する。かれの研究は全体として、現在も一九世紀英国史を支配している英国版ブルジョワとしての「中産階級《ミドル・クラス》神話」の解体を意図している。かれはたとえばE・P・トムスンの名著『イギリス労働者階級の形成』の向こうを張って『イギリス中産階級の形成』といった書物の最新版を書こうとしているのではなく、「そのような書物がなぜ書かれえないかを説明する」。かれの問いはこうである。「英国人はいかにして、なぜ、そしていつ、自分たちは『中産階級』を中心にして展開される社会のなかで生きていると信じるようになったのか」（Wahrman, 1995, p. 1）。この関連においてかれは、従来、中産階級の興隆と一体不可分のものとみなされてきた「世論」の興隆をめぐる、主としてハーバーマス派の神話的物語を批判する。「世論」に関連する同時代の膨大な図像、雑誌論説、演説記録の分析にもとづくかれの研究を要約することは困難だが、かれの主張の概要は次のようなものである。

　一八一〇年代末から二〇年代初めにかけての時期は、英国における「『世論』の最盛期（The Heyday of 'Public Opinion'）」である。『エディンバラ・レヴュー』や『イグザミナー』では、「世論」の「魔法にも似た力」についての言説がくりかえし語られる。いわく、「世論の寝ずの番こそが国制の偉大な守り手だ」「世論と呼ばれる新しいリヴァイアサンが成長してきた」「王位は世論次第である」「選挙区を売り買いする人びと（Borough-mongers）は、世論の満場一致の、畏怖すべき、かつ全能の声のなかで姿を消すことになろう」「世論こそが人間のいっさいの価値の偉大な究極的裁定者である」、云々。ところが、時代を遡って一七九〇年代には世論の力についての懐疑が数多く語られ、一八二〇年代後半からは世論をめぐる大げさな議論の沈静化が生じる。一八一〇年代末から二〇年代初めにかけての時期は、その意味で、世論概念の歴史からみて「尋常ならざる時期」なのである。

この時期の特異性を説明するために、ワーマンはピータールーの虐殺（一八一九年八月一六日）とジョージ四世の王妃キャロラインにたいする離婚訴訟事件（一八二〇年六月）、および当時急進派のなかでペイン的な「自然権の言語」に対抗して広く受け入れられつつあったカートライト（John Cartright）的な「国制論の言語」（ないしは「民衆的立憲主義」）という政治言語の環境に注目する。この時期に世論が沸騰したのは、とりわけキャロライン事件においてであった。世論はキャロラインを支持し、トーリー政府は王妃にたいする断罪法案をとり下げる。ナポレオン戦争を闘い「英国史における最大の勝利」をもたらしたトーリー政権は、ウォータールーの勝利を帳消しにするピータールーの不手際に続いて、世論のまえに敗北したのである。この事件は「世論の勝利」としてさまざまな図像的表現――邪悪な大臣の口から吐き出される「断罪」の毒気を吹き払う天使に擬された世論の力強い息吹、国制上のいっさいの構成要素（国王、貴族・庶民院、軍、国教会、急進主義運動）を含んだ巨大な時計の頂点に祭り上げられたジョン・ブル（中産階級＝世論の象徴）――によって人びとのなかに定着していった。こうした図像的表現からも理解できるように、この時期に「世論」は明確に国制内の一要素として位置づけられている。それは、いわば国制を自由に破壊・創造しうるペイン的な超歴史的「自然権」のシンボルではなく、あくまでも「英国国制とその歴史の『真の』意味」をもとめ歴史上の先例に依拠する「民衆的立憲主義」のカートライト的な「国制論の言語」を前提にしている。

さらに、むきだしの武力行使をもたらしたピータールーの虐殺の記憶が生々しいこの時期にあって、キャロライン事件での「世論の勝利」は非暴力の象徴としても歓迎された。一八二〇年の前半までに執筆された『政府論』で、ジェイムズ・ミル（James Mill）がおそらくはピータールーを念頭におきながら「二、三時間、あるいは二、三日間、ある特定の町を混乱に陥れる――多くの場合半分以上少年や女性が占める――モッブの無秩序な行動」（Mill, 1924 or 25=1992, pp. 41-42〔邦訳、一八二頁〕. 傍点、引用者）と表現していることからうかがわれるように、非暴力的な「世論」はまた、か弱い王妃キャロラインを守るという意味でも、成熟した男性性を含意していた。さらに、古代ギリシア・ローマ以来の

Public（=Political=Civic）/Private のジェンダー的差異をとおして定義されることによって「『世論』は、一方で、政治に精通した――『聡明な（"intelligent"）』――男性の排他的領野にして、かれらの健全な判断力の体現としての政治という特殊な概念化と、他方で、男性の公的／政治的行動をとおして開示されかつその行動のなかで具現される男性性という特殊な概念化とを、結合したのであった」（Wahrman, 1995, pp. 384-385）。

この卓抜な（と、わたくしには思える）解釈の当否を全面的に判定するための準備はないが、ワーマンが露呈させたこうした無意識の条件が「世論」を成人男子の選挙権獲得運動へと向かわせ、一八二八年に出版された最初の包括的な「世論」研究書『大ブリテンおよび世界の他の地域における世論の興隆、進歩、および現状について』において著者ウィリアム・マッキノン（William MacKinnon）が、一定の富と徳と知識をもった中産階級の政治的主張として「世論」について語ることを可能にしたことは確かであろう（MacKinnon, 1828=1971; cf. Qualter, 1985, p. 8）。こうして、現代の世論研究者は一九世紀において世論が果たした役割について次のように記述することになる。すなわち、マッキノンに代表される「一九世紀のほとんどの評釈者たちがそう理解したように、世論は中産階級の発言力あるメンバーたちの意見と同義語であった。意志堅固で責任感があり安定的で理性的な中産階級は、一方で国王の絶対主義と貴族階級の避けがたい悪逆非道と階級インタレスツから、また他方で学問が無く読み書きもできない大衆の非合理的な民衆騒擾から、社会を守ったのであった」（Qualter, 1985, p. 8）。

中産階級の台頭はその意見を代弁する庶民院議員たちにもある種の「自由」を与えることになった。ビアによれば「第一次と第二次議会改革法の間の時期は、『平議員の黄金時代』（the "golden age of the Private M. P."）と呼ばれてきた。オールド・ウィッグのパトロネージの圧制的な手からのがれ、近代的な政党規律のよりいっそう圧制的な手にいまだ服することもなく、国会議員はもし望むならば自らをリベラルな理想からさほどかけ離れていないものとしてまことしやかに思い描くことができた。すべての議員が自らについてこのように考えたわけではない。議員のなかのある人びとはパトロンの恩義にあずかり、他の人びとはかれらが世論とみなしたものの恩義にあずかった。さらにさまざまな方法で政党は得票数の大きな部分に影響を与えた。しかし総じて平議員は、これ以前あるいはこれ以後にくらべて、おそらくより独立していたのである」（Beer, 1982, pp. 48-49）。

ウィッグ史観の生みの親マコーレー（Thomas Babington Macaulay）自身、ウィッグの大貴族ランズダウンのパトロネージによって庶民院議員の議席を与えられた（小川 1992、二四三頁）ことをみればこの「独立性」もかなり疑わしいものに思われるが、「マコーレーはかれの散文を称賛する爵位貴族によって議席を提供された。ディズレーリは言葉によって政界の高みに昇った」（Watson, 1973, p. 138）といわれるように、独立独歩の個人としての政治家たちが論争を戦わせる闘技場《アリーナ》としての議会という古典的リベラルの議会政治の表象はこの時期に定着し、幕末から明治初期にわが国で「公議輿論」と訳された「パブリック・オピニオン」はこの時期の概念を受け継いでいる。まさしく「議会制度は説得の上に打ち立てられ、そして説得は言語によって達成されるのである」（*ibid.*, pp. 136-137）。一八三四年の火災以前の庶民院議場にはリポーター用の傍聴席といったものはなく、一七八〇年代まではメモをとることも公式に禁じられていたが、議会討論の非公式的な報告は折にふれてなされてきた。サー・ヘンリー・キャヴェンディッシュ（Sir Henry Cavendish）が一七六八年から七四年にかけて庶民院でとったメモにもとづくエドマンド・バーク（Edmund Burke）やチャールズ・フォックス（Charles James Fox）らの議会演説集が一八三九年以降公刊され、一八四七年には「英国における雄弁の黄金時代」と呼ばれる一八世紀中葉から末にかけての雄弁家たちのスピーチを集めた「近代雄弁集」が出版されている（*ibid.*, p. 113. 一般的に、一九世紀初めまでの議会審議の非公開性については、青木 1997、七八―八〇頁参照）。さらに、ディズレーリの三部作（『コニングスビィ』『シビル』『タンクレッド』）をはじめとして、政治家の議会活動をプロットの中心にすえたアンソニー・トロロプ（AnthonyTrollope）、ジョージ・メレディス（George Meredith）、ヘンリー・ジェームズ（Henry James）らによる「議会小説（Parlamentary Novel）」と呼ばれるジャンルが繁栄したのもこの時期であった（*ibid.*,

p. 133f.)。

もちろん、リベラルな議会政治という観念の流布と現実政治の実態との間には、タイムラグもあれば地域的偏差も存在した。第一次議会改革法以降のニューカッスルを中心としたイングランド北東地域における「インフルエンス、オピニオンおよび政治的慣用語法《イディオム》」を実証的に分析したT・J・ノシターの研究（T. J. Nossiter, 1975）によれば、個人のオピニオンにもとづく投票が全国的な規模で政治を動かす力になるのは、秘密投票制が導入された一八七二年以後のことだという。ノシターによれば、この時期の英国の有権者たちが政治を概念化する際に用いたイディオム（それはまた、それぞれの投票を動機づける要因でもあった）は三つあった。「インフルエンス」「マーケット（ないしマネー）」「オピニオン」である。〈インフルエンス・ポリティクス〉は「有機的な社会概念」にもとづいており、各人はその政治行動に際して（典型的には「所領」のような）自らが帰属する有機的社会関係の一切を考慮することが期待され、かつその投票は「かれがその一部であるインフルエンス（複数）のネットワークを表現する」ものであるとみなされる。〈マーケット・ポリティクス〉は、つきつめればマネーの力にもとづいている。票は政治的な需要と供給の法則に従って売り買いされる経済的資産である。しかもこれは必ずしも「腐敗《カラプション》」として片づけられるべきものではなく、最高値をつけた者に投票するという点では、ある種の道具的合理性は存在する。「浮動投票者（floating voter）」は「『相場に応じて』投票する者（"quoting" voter）」でもあったのだ。これらにたいして〈オピニオン・ポリティクス〉——それは最初は「煽動」、中盤では「良心」、最後には秘密投票として具体化された——は、「政治的なるもの以外のいかなる考慮事項をも排除しようとする政治の概念化」である。それは個人主義の政治である。もちろん有権者の見解は不可避的に社会的文脈から、かつそのなかで生じてくるが、「かれは政治的根拠だけにもとづいて、——ある北東地域の新聞の表現をかりれば、インフルエンスではなく『政治科学の抽象的真理（"the abstract truths of political science"）』を熟考して投票することが期待されたのである」（*ibid.*, pp. 6-7）。

英国における「かの高貴なる政治の科学」〈That noble science of politics〉の探究はすでに一八世紀半ばから、とくにエディンバラ大学の道徳哲学教授デュガルド・ステュワート（Dugald Stewart）を中心とするスコットランド・ウィッグによって開始されるが（Collini, Winch, Burrow, 1983; 小川 1992、二四一頁）、それにしても一般有権者にたいして「政治科学の抽象的真理」に従って投票することをもとめる〈オピニオン・ポリティクス〉とは、なんとも途方もない要求というべきだろう。そもそも、「社会」でも「経済」でもない「政治」とはいったいなんなのか。〈オピニオン・ポリティクス〉の要求は政治科学のいっそうの洗練と拡大を促し、かつて「政治算術」から排除された「オピニオン」は来るべき大衆社会の解剖学としての科学的政治学の不可欠の構成要素となってゆく。大衆社会（マス・ソサイエティ）とはまさしく「マス」（量）だけが問題になる社会にほかならないが、マス・オピニオンに変質した世論はその定量化可能性のゆえに計量政治学のほとんど唯一の存在根拠となってゆくのである。

また、もともと急進主義運動にふくまれていた「煽動」（アジテーション）の側面は、「社会」でも「経済」でもないすぐれて「政治的なるもの」を集団的イデオロギーとして理解する人びとを生みだしていった。これまでみてきた、個性的輪郭を有する個人が公開の場で発する政治的主張としての「世論」を、「パブリック・オピニオン」の自由主義的概念（公議輿論）と呼べば、それは「パブリック・オピニオン」の民主主義的概念（世論）の分岐であり、社会・経済的にみれば（中産階級という観念が当然に予定しているより下層の人びと、つまり）労働者階級の台頭であり、文化的には「公衆」の「大衆」への変質であり、政治的文脈でみれば規律ある近代的組織政党の誕生である。秘密投票制の導入以後はじめて実施された一八七四年の総選挙で、英国政治史上最初の労働者議員（Alexander Macdonald と Thomas Burt）が誕生した。

五　〈世論〉に抗して

秘密投票制度は、「有権者にたいする社会的圧力を極小化するために」導入された。しかしそれは同時に「共同体《コミュニティ》の催し事《イヴェント》としての総選挙がもつ活力《バイタリティ》」を失わせ、「公的な責務としての投票という理念」の根底を揺るがすことになった(cf. Harrison, 1995, p. 38)。このような懸念から、ジョン・ステュアート・ミル(John Stuart Mill)やウォルター・バジョット(Walter Bagehot)が秘密投票制度に反対したことはよく知られている(Mill, 1861=1977, vol. 19, p. 488f.〔邦訳、二五五—二八四頁〕; Bagehot, 1859=1965-1986, vol. 6, pp. 310-313)。おそらくかれらが恐れたのは政治の世界の匿名化の増大であった。それは、候補者の側からみれば、誰が誰に投票したかが確認不可能な世界のなかで集票活動をしなければならないことを意味する。そのための不可欠な手掛かりとして、新聞をとおして報道される「世論の動向」がかれらにとっての情報源としてますます重要性を増してゆく。とはいえ、投票という具体的行動を行なうのは〈世論〉ではなく個々の有権者である。匿名の集合体として現われる選挙民集団のなかから、自分に投票してくれる者を選別するためのさまざまな戦術——請願、戸別訪問、公約、集会、デモ行進——がルーティン化してくるのもこの時期からである。総選挙が「最高の世論確認装置」(京極 1976、一二五頁)となるための条件は整ったというべきであろう。

一八八四年の第三次議会改革法は戸主選挙権を州選挙区にまで拡大し、農業労働者や鉱山労働者も選挙権を獲得した。デモクラシーの発展・拡大(5)にとって寿《ことほ》ぐべきこうした事態は、英国では〈世論〉への不信の念を表明する数多くの議論の出現を促した。サー・ヘンリー・メイン(Sir Henry Maine)は『民衆政治』(一八八五年)においてこうのべている。「民主政が有するあらゆる難点のなかで最大の、最も執拗かつ根本的なものは、人間本性の組成そのものに深く根ざしている。民主政は統治の一形態であって、そしてあらゆる統治において国家活動は意志の行使によって決定される。だが、群衆はいったいいかなる意味で意志行為をなしうるのか。政治の研究者が自らに提起する疑問で、これ以上に当を得たものはありえない。疑いもなく、卑俗な意見によれば、個人がするのと同様に群衆は決断をする、つまり人民は君主と同様に決定する、ということになる。誰でも知っている数多くのいい回しはこの信念にとって有利な証拠となる。『人民の意志（"will of the People"）』『世論（"public opinion"）』『国民の至上の快楽（"sovereign pleasure of the nation"）』『民の声は神の声（"Vox Populi, Vox Dei"）』などがその類であって、実際これらは政治綱領や新聞が用いるありきたりの在庫品のかなりの部分を構成している。しかし、そもそもそうした表現はいったいなにを意味しているのだろうか」（Maine, 1885, p. 88）。もともと「民衆政治（Popular Government）」と「民衆司法（Popular Justice）」はともに古代ギリシア・ローマの民主政と共和政に起源を有するが、古代の人びとの関心は圧倒的に前者よりも後者、すなわち「公的な事柄の管理」よりも「民事および刑事司法管轄権の行使」の方にあった。事実、その後民衆政治は全面的に君主政や貴族政に取って代わられていったのにたいして、民衆司法は（「国王司法（Royal Justice）」の台頭にもかかわらず）イングランドでは「陪審制（the Jury）」として命脈を保ってきた。しかも、群衆が潜在的にもつ付和雷同の危険性を避け、案件処理の効率性や判断の専門性を配慮して、陪審員は一二名に制限され、かれらの職分は「イエス」か「ノー」を表明することに限定された。人民裁判や人民投票（plébiscite）の危険性を承知しているはずの人びとが、なぜ統治に関してだけは群衆を無条件に信頼し「民主政の熱心党（zealots of democracy）」になってしまうのか（*ibid.*, p. 89f.）。メインが投げかける問いは深刻である。

これを「古代法」の専門家メインの保守的イデオロギーに帰せしめることはできない。自由党の議員にして『近代民主政治』（一九二一年）の著者ジェームズ・ブライス（James Bryce）もまた、『アメリカ共和国』（一八八八年）において「世論による統治の明白な弱点は、世論を突きとめることが難しいということにある。……世論表明機関はほとんど人民たち自身と同じほどに多数であるように思われ、人民たちはすべてかれら自身の見解を『人民』のそれとして代表することに従事しているのである」（Bryce, 1888, vol. 3, pp. 144-145）、とのべている。もちろん、A・V・ダイシー（A. V. Dicey）による一九世紀英国における「立法的世論」の擁護論も存在するが、かれはまた「法律の発達に影響する世論は、少なくとも近代のイギリスにおいては、しばしば一人の思想家または思想家の学派にはじまった」ことを強調している（Dicey, 1905, p. 21〔邦訳、七六頁〕）。かれが問題にするのは、たとえばアダム・スミスの教義としての自由貿易論でありベンサム主義としての個人主義の発展であるが、その後に登場する「団体主義（Collectivism）」だけが個人名と結びつかないチャーティズムであることは象徴的である。余人をもってしては代替不可能な「個人（individual）」が政治の舞台から消え去り、ファナティックな超個人的観念（人民、国民、民族、人種、階級、そして世論）の人格化（personification）として異常に肥大化した「人物（person）」への倒錯的な崇拝に耽る時代がすぐ間近にせまっていた。

アーネスト・バーカー（Ernest Barker）の『現代政治の考察』（一九四二年）は、マス・デモクラシー下における政治の集団化・匿名化・非人格化（「集団の噴出」）とそれに反発する「パーソナルなものの噴出」現象の同時進行をとらえて間然するところのない名著である。かれの処方箋（集団の自由に先行する個人の自由の擁護、民主政の本質としての討論の強調）が今日どれだけ有効かは議論の分かれるところであろうが、「個人的人格のインテグリティ（the integrity of individual personality）」をなにものにも譲り渡そうとしない断固たる姿勢がかれの政治思想の「イングランド性（Englishness）」の重要な構成要素であることは疑いない（cf. Stapleton, 1994）。

今日の世界で、おそらく英国ほど政治家の伝記が数多く出版されている国はないであろう。ほとんど毎週発表される世論調査の数字とならんで伝記という様式での個性記述が存在することは、政治が押しボタン式投票によっては置き換えられない、リーダーシップとともに権力欲をそなえた人間による営みであることをわれわれに想起させてくれる（京極 1976、一三五頁以下参照）。さらに、生い立ちから学生時代の成績はいうにおよばず、クリケットの試合で獲得した点数まで調べ上げる伝記作者と読者の存在は、政治家の品質管理の面でもかなり有効に機能しているように思われる。かつて「公議輿論」の概念を一九世紀英国から受け入れたわが国が、今日ますます昂進しつつあるマス・オピニオン政治の病理にたいする解毒剤として英国政治の過去と現状から学ぶべき点はまだまだ多いといえよう。

（1）わが国の一政治家もこうのべている。「昔は世論と言わずに輿論と言った。輿論は『公の事柄についての公論で、公の場所での議論に耐えるもの』と言ってよかろう。個人に発し、同志を徐々に加えて社会を動かした。一方、世論は当節の感覚の趨勢を測るものであり、輿論の持つ確固たる方向性と底力に欠ける。／輿論は傾聴すべきものであり、世論は眺めるものといえようか」（椎名素夫「輿論のすすめ」、『アステイオン』No. 41、一九九六年、二九四頁）。

（2）ノエル-ノイマンは、英語の〈opinion〉には元来〈publicness〉が含意されていたためシェイクスピアの時代にはあえて〈public opinion〉という表現は用いられなかったとのべているが（Noelle-Neuman, 1933, p. 65〔邦訳、七〇頁〕）、このことは、ラテン語〈opinio〉から派生した〈opinion〉がプラトンの〈doxa〉やヘーゲルの〈Meinung〉と共有する「不確実な、まだ十分に立証されていない判断、臆見」という語義を否定するものではない（cf. Habermas, 1990, p. 11〔邦訳、一二八頁〕）。

（3）水谷（一九八七年、六四頁以下）は、土地所有の潜在的な影響力の大きさと活動の範囲・領域の広さという二つの機軸によって、一七世紀イングランドの土地貴族を「教区ジェント」「県ジェント」「全国型土地貴族」に分類し、内乱期に政治的急進主義や冒険主義に走った人びとはしばしば「教区ジェント」層から供給されたように思われると指摘している。これは、英国におけるイデオロギー政治の起源を考えるうえできわめて示唆的である。

（4）もちろんハーバーマス自身、「オピニオン」から「パブリック・オピニオン」へいたる経過が単純な「一直線の発展」ではなかったことを十分に承知してはいるが（Habermas, 1990, p. 162f.〔邦訳、一二九頁以下〕）、大筋としてかれのナラティブが啓蒙的進歩の物語に従っていることは否定できない。

（5）ちなみに英国陸海軍将校職を特権的地主階級子弟にとっての名誉職的なものにしていた休職給と買官制は一八七一年に廃止され軍事領域での民主化が進行し、六七年改革を受けて教育の民主化（公教育制度）が開始されるのは一八七〇年である。

文献

Bagehot, Walter（1859 = 1965-1986）. "The Practical Difficulties of Secret Voting," in *The Collected Works of Walter Bagehot*, ed. by Norman St John-Stevas, Vol. 6, pp. 310-313, London: The Economist.

Barker, Ernest（1942）. *Reflections on Government*, Oxford: Oxford University Press〔足立訳『現代政治の考察』勁草書房、一九六八年〕.

Beer, Samuel H.（1982）. *Modern British Politics*, London: Faber & Faber.

Bentham, Jeremy（1780 = 1962）. *An Introduction to the Principles of Moral and Legislation*, in *The Works of Jeremy Bentam*, 11 vols., ed. by John Bowring, New York: Russell & Russell〔山下訳『道徳および立法の諸原理序説』〈世界の名著〉38、中央公論社、

一九六七年〕.

Boas, George (1973). "Vox Populi," in *Dictionary of the History of Ideas*, ed. by Philip P. Wiener, vol. 4, New York: Charles Scribner's Sons〔杉田訳「民の声」『西洋思想大辞典』3、平凡社、一九九〇年〕.

Bryce, James (1888). *The American Commonwealth*, 3 vols, London: Macmillan.

Collini, Stefan; Winch, Donald; Burrow, John (1983). *That Noble Science of Politics*, Cambridge: Cambridge University Press.

D'Avenant, Charles (1771). *The Political and Commercial Works of Charles D'Avenant*, Vol. 1, 4, ed. by Charles Whitworth, London.

Davidson, W. Philips & Leiserson, Avery (1968). "Public Opinion," in *International Encyclopedia of the Social Sciences*, ed. by David L. Shills, Vol. 13, New York: The Macmillan Company & The Free Press.

Dicey, A. V. (1905). *Lectures on the Relation between Law and Public Opinion in England during the Nineteenth Century*, London: Macmillan〔清水訳『法律と世論』法律文化社、一九七二年〕.

Dickson, P. G. M. (1967). *The Financial Revolution in England*, London: Macmillan.

Gilmour, Ian (1969, 1971). *The Body Politic*, London: Hutchinson.

Gunn, J. A. W. (1968). ""Interest Will Not Lie": A 17th-Century Political Maxim," *Journal of the History of Ideas*, Vol. 29, No. 4, pp. 551-564.

——— (1989). "Public Opinion," in *Political Innovation and Conceptual Change*, ed. by Terence Ball et al., Cambridge: Cambridge University Press.

——— (1995). ""Public Opinion" in Modern Political Science," in *Political Science in History*, ed. by James Farr et al., Cambridge: Cambridge University Press.

Habermas, Jürgen (1962,1990). *Strukturwandel der Öffentlichkeit*, Frankfurt am Main: Suhrkamp〔細谷・山田訳『公共性の構造転換』〔第二版〕、未來社、一九九四年〕.

Harrison, Brian (1996). *The Transformation of British Politics 1860-1995*, Oxford: Oxford University Press.

Hirschman, Albert O. (1977). *The Passions and the Interests*, Princeton: Princeton University Press〔佐々木・旦訳『情念の政治経済学』法政大学出版局、一九八五年〕.

Hobbes, Thomas (1651 = 1991). *Leviathan*, ed. by Richard Tuck, Cambridge Texts in the History of Political Thought, Cambridge: Cambridge University Press〔水田訳『リヴァイアサン』(一)〜(四)、岩波文庫〕.

Hume, David（1752 = 1985）. *Political Discourses*, in *Essays, Moral, Political, and Literary*, ed. by Eugene F. Miller, Indianapolis: Liberty Press〔小松訳『市民の国について』（上）（下）、岩波文庫〕.

Letwin, William（1963）. *The Origins of Scientific Economics*, London: Methuen.

MacKinnon, William A.（1828 = 1971）. *On the Rise, Progress and Present State of Public Opinion in Great Britain and Other Parts of the World*, Shannon Ireland: Irish University Press.

Maine, Sir Henry Sumner（1885=1918）. *Popular Government*, London: John Murray.

Mill, James（1824 or 25=1992）. *Essays on Government*, in *Political Writings*, ed. by Terence Ball, Cambridge Texts in the History of Political Thought, Cambridge: Cambridge University Press〔小川訳『教育論・政府論』岩波文庫〕.

Mill, John Stuart（1861=1977）. *Considerations on Representative Government*, in *Collected Works of John Stuart Mill*, ed. by J. M. Robson, Vol. 19, Toronto: University of Toronto Press〔水田訳『代議制統治論』岩波文庫〕.

Noelle-Neuman, Elisabeth（1984, 1993）. *The Spiral of Silence*, Chicago and London: The University of Chicago Press〔池田訳『沈黙の螺旋理論』ブレーン出版、一九八八年〕.

Nossiter, T. J.（1975）. *Influence, Opinion and Political Idioms in Reformed England*, Brighton, Sussex: The Harvester Press.

Palmer, Paul A.（1936）. "The Concept of Public Opinion in Political Theory," in *Essays in History and Political Theory in Honor of Charles Howard McIlwain*, New York: Russell & Russell.

Petty, William（1690=1963）. *Political Arithmetick*, in *The Economic Writings of Sir William Petty*, Vol. 1, ed. by Charles Henry Hull, New York: Augustus M. Kelly, Bookseller〔大内・松川訳『政治算術』岩波文庫〕.

Pocock, J. G. A.（1975）. *The Machiavellian Moment*, Princeton and London: Princeton University Press.

———（1985）. *Virtue, Commerce, and History*, Cambridge: Cambridge University Press〔田中訳『徳・商業・歴史』みすず書房、一九九三年〕.

Qualter, Trence H.（1985）. *Opinion Control in the Democracies*, London: Macmillan.

Raab, Felix（1964）. *The English Face of Machiavelli*, London: Routledge & Kegan Paul.

Rosen, Frederick（1983）. *Jeremy Bentham and the Representative Democracy*, Oxford: Oxford University Press.

Skinner, Quentin（1995）. *Reason and Rhetoric in the Philosophy of Hobbes*, Cambridge: Cambridge University Press.

Stapleton, Julia（1994）. *Englishness and the Study of Politics*, Cambridge: Cambridge University Press.

Strauss, Leo（1965）. *Hobbes' Politische Wissenschaft*, Neuwied am Rhein und Berlin: Luchterhand（English ed., *The Political Philosophy of Hobbes*, 1936, Oxford: The Clarendon Press; American ed., 1952, Chicago and London: The University of Chicago Press)〔添谷・谷・飯島訳『ホッブズの政治学』みすず書房、一九九〇年〕.

Taylor, Miles（1992）. "John Bull and the Iconography of Public Opinion in England c. 1712-1929," *Past and Present*, No. 134.

Trevelyan, G. M.（1926, 1942, 1952）. *History of England*, London: Longmans, Green & Co.〔大野監訳『イギリス史』1—3、みすず書房、一九七三—七五年〕.

Wahrman, Dror（1995）. *Imagining the Middle Class*, Cambridge: Cambridge University Press.

———（1996）. "Public Opinion, Violence and the Limits of Constitutional Politics," in *Re-reading the Constitution*, ed. by James Vernon, Cambridge: Cambridge University Press.

Watson, George（1973）. *The English Ideology*, London: Allen Lane.

青木康（1997）『議員が選挙区を選ぶ』山川出版社。

小川晃一（1992）『英国自由主義体制の形成』木鐸社。

京極純一（1976）「輿論の政治」（日本人研究会編『日本人研究』第四号、特集・世論とは何か、至誠堂）。

高濱俊幸（1996）『言語慣習と政治』木鐸社。

水谷三公（1987）『英国貴族と近代』東京大学出版会。

12　世論概念の変容と世論確認装置〈2002〉

〔平成一二年度～平成一三年度科学研究費補助金（基盤研究（B）（1））研究成果報告書『世論調査環境の変容と「世論」概念及び政治意識の変化』、第二章〕

はじめに

本稿は世論概念の変化を世論確認装置との関連において記述することを課題とする。この課題設定は、世論なるものがなんらかの装置によって確認されるべきものだという考えを前提としている。しかし、欧米の「パブリック・オピニオン」の歴史をふりかえってみれば、あらゆる「パブリック・オピニオン」概念がそのような性格をもっているわけではない。なんらかの装置、とりわけ統計学的な標本調査によってその所在、内実が確認されることを必要とする世論概念の成立には、一定の歴史的条件がかかわっている。

プライスがいうように、たしかに「今日では、世論についてのおそらく最もありふれた概念化によれば、世論とは、複数の個人意見の多かれ少なかれ端的な集計（aggregation）、すなわち『世論調査が測定しようと試みるもの』と同じものだと考えられている」（Price 1992: 22）。今日、「世論」という言葉をふくむ言明はかならずといっていいほどなんらかの調査結果の数値に言及する。（しかもその言明は、たんに事実確認にとどまらず、一定の行為遂行的性格を有する。）それはメディアであれ政治家であれ研究者であれ変わりはない。その意味で、わが国における世論調査の開拓者である林知己夫のつぎのような言葉は、今日ではなんら極論ではない。

世論という概念をどのように規定しても、それが調べられなければなんにもならないではないか。だから私は世論の概念などセンサクしない。私のやっているいわゆる〝世論調査〟というものも、私にいわせれば〝意見調査〟なのだ。……私には、調べもせずに〝世論に従って行動する〟などという政治家のことばは、まったくのナンセンスにきこえる。(『朝日新聞』一九五七年七月二六日、岡田 2001: 90 より再引)

林はこういう世論概念の普及と洗練化に尽力してきた。それはひとつの戦いとも称されるべきものだが、いったいかれはどのような敵と戦ってきたのか。「私のこれまで世論や世論調査について書いてきたもののある意味の要約になっており、また集大成ともなっている」という論説「世論をどうつかまえるか」では、こうのべられている。

世論とは、『世論調査の方法』によって明らかにされるものであり、われわれが目ざす対象――これも具体的にわれわれが定義せねばならない――のある時点におけるある問題群に対しての意見構造・分布(それを支える態度構造をふくめて)、あるいは意見構造・分布の動態を言う。(林 1976: 7)

林がこの定義によって排除しようと考えているのは、「世論調査によって測られる世論、測られぬ世論」という議論、および「『世論は世論調査によって測られ、世論調査は世論を測る』という甘い期待」である。林によれば、世論調査によって「測られぬ世論」は端的に「世論」ではなく、「単なる概念であって、科学的情報としては無縁のもの」と断定される。また、世論調査によって測られる世論はあくまでも「意見構造・分布」であって「一つの数字であらわせるもの」ではない。つまり、相対多数の意見を「世論」というわけではないし、その意見の担い手として単一の集合体を実体化しないということであろう。

ここには林が考える「社会過程制御の道具作り、技術」としての政治・行政観が関連しているが、ここでは立ち入らない。確認しておくべきことは、林の「世論」定義自体が、一定の政治・行政観と関連し、しかもそれは一定の歴史的条件と結びついているということである。後述するように、戦後日本における政治行動・意識の統計学的手法による調査研究は占領軍による民主化政策と緊密に連動していた。抽出標本による集計データとして世論をとらえようとした人びとがどのような意図で、どのような未来を展望しながら調査作業にたずさわったのかは、戦後精神史のいまだ書かれざる一章を構成するであろう。

ところで、欧米の世論概念の歴史的変化について論じた多くの論者たちは、一九世紀から二〇世紀の転換点に、世論概念の大きな変化があったということではほぼ一致している。そしてその変化は、つぎのようなタームで説明されてきた。いわく、質から量へ、批判的公論から操作的世論へ、公論から衆論へ（パブリックからマスへ）等々。

私見によれば、歴史的に政治ボキャブラリーとして用いられてきた世論概念にはつぎの三種類がある。（1）公開の場で個人ないしは集団によって表明された意見、（2）実体化された「公衆」という集合体の意見、（3）標本調査による集計値として表示される個別意見・態度の構造・分布およびその動態。（1）と（2）（3）の差異は明らかだが、（2）と（3）はしばしば混同される。したがって、歴史をたどるまえに、あくまでも理念型的に、統計学的な標本調査によって確認されることが必要となる世論概念の条件、概念的特性を考えておこう。

概念的考察

小冊子ながらもプライスの『パブリック・オピニオン』は欧米におけるパブリック・オピニオン概念の歴史的・概念的整理としてすぐれている。プライスによる概念史の特徴は、古代から現代までの「パブリック」と「オピニオン」の変化をそれぞれ別個に整理している点である。かれは、それぞれ別個に変化してきた概念がルソーの「ヴォロンテ・ジェネラール」において結びつけられて、ネッケルの「オピニオン・プブリーク」が成立したとみる。これが「パブリック・オピニオン」の古典的概念である。

ついでプライスは一八世紀における「パブリック・オピニオン」の古典的概念の成立から現在までの歴史を、同様に「パブリック」概念の変化と「オピニオン」概念の変化の両側面から明らかにする。二〇世紀初頭にまず「パブリック」概念の変化が生じ、ついで一九三〇年代から四〇年代にかけて「オピニオン」概念の変化が生じて、今日的な「パブリック・オピニオン」概念が成立したと考える。古典的概念では、「パブリック」は「オピニオン」の形容詞と考えられていた。「パブリック・オピニオン」とは、なによりも「パブリック」な性格をもつ問題に関する「オピニオン」であり、かつ「パブリック」な場で表明される意見であった。したがって、この概念では、「パブリック・オピニオン」は特定可能な個人ないしは集団によって表明された言明群としていま・ここに実在する。それはつねに陽表的（explicit）であり、その実在性にはなんの神秘性も存在しない。

ところが、二〇世紀初頭になって、「パブリック」は意見の持ち主を意味すると考えられるようになった。ここでは、「パブリック・オピニオン」とは「公衆の意見（opinion of a public）」のことなのである。この時期には、政治的思考のなかに他のさまざまな集合的概念が登場した。たとえば、「群衆」「大衆」がそうであり、のちには「階級」「民族」などが付加されることになる。研究者の関心は、こうした他の集合的実体と「公衆」との差異を定義しその「本性」を明らかにすることに集中した。プライスはこうした「パブリック」概念の変化によってもたらされた概念変化を、「パブリック・オピニオン」の「社会学的概念」ないしは「超個人的（supraindividual）」概念と呼ぶ。ここでは、「公衆」とはだれであるかは自明ではないし、どのようにしてある種の意見を集合的実体としての「公衆」に結びつけるかが問題になる。つまり、ここでは意見は陽表的（explicit）であるがそれを担う主体が不可視なのである。

一九三〇年代になって、「オピニオン」概念での変化が生じる。それをプライスは「集計的な『一人一票』概念（an aggregate "one person, one vote" conception）」（Price 1992: 34）と呼ぶ。ここでは、意見ないし態度は調査をまってはじめて明らかになる非陽表的（implicit）なものとみなされ、かつ意見ないしは態度の担い手は個人であるが、それはあくまでも標本（サンプル）としての個人なのである。

一九三〇年代に起こったこの変化は、「パブリック・オピニオン」を「超個人的、集合的現象」と見なすクーリーに代表される「社会学的」概念から、「ある指定された人口集団内部での諸意見の集計（an aggregation of opinions within some designated population）」を「パブリック・オピニオン」と見なす「より個人主義的な見方」への転換であった。プライスによれば、この転換を促した要因は二つあった。ひとつは心理学的測定法の発展、とりわけ態度を尺度化する技術の発展であり、もうひとつは科学的にデザインされた標本抽出技法の発展であった。これらの要因は「オピニオン」そのものを心理学化し、「態度」という言明・行動・心理を複合した観念を生みだすことになる。

ところで、プライスによって社会学的概念の代表者と目されているクーリーは「一〇〇人の人々によって作られた一隻の船と、銘銘の個人によって作られた一〇〇隻の船」という卓抜な比喩で集合現象としての「パブリック・オピニオン」を表現したことがある（岡田 2001: 102）。いうまでもなくクーリーは「パブリック・オピニオン」を一〇〇人の人々すなわち「公衆」によって作られた単一の集合的産物としてとらえるわけだが、集計的概念はすべてを一〇〇隻の船の個別性に解体するというものではない。それは、比喩的にいえば、三〇隻の船に関する情報から一〇〇隻の船全体についてなんらかのことを言明しようとするものである。社会学的概念は集合的全体について実念論（リアリズム）の立場をとるが、集計的概念は唯名論（ノミナリズム）の立場をとる。しかし、全体に関していっさいなにも言明しないというのではない。むしろ、周到に設計された調査によってこそ、全体に関する意味ある命題が立てられると考えるのである。集計的概念によれば、一隻一隻の船は目に見えるし実在性を有するが、一〇〇隻の船全体に関する情報は調査をまってはじめて陽表化される。それまでは非陽表的にしか存在しない。

以上の考察をまとめれば、以下のようになる。

古典的であれ、社会学的であれ、集計的であれ「パブリック・オピニオン」概念はすべてだれか（主体）のなにか（対象）について言及している。上記三概念を、主体と対象に即して分類してみよう。

	主体（だれ）	対象（なに）
古典的概念	特定可能な個人ないしは集団	公共的性格をもつ問題についての言明
社会学的概念	触知不可能な集合的実体	明示的主張およびその基盤としての心意
集計的概念	操作的に設定された母集団	提示された質問にたいする標本としての個人の反応としての意見の集合ないしは態度

古典的概念によれば「パブリック・オピニオン」はあらためて確認することを必要としない。それはつねにいま・ここに陽表的に顕在している。社会学的概念としての「パブリック・オピニオン」は端的に調査不可能であり、たかだか評論の対象になるだけである。集計的概念の開発者の一人であるオールポートの警告は今でも有意性を失ってはいない。彼は「パブリック・オピニオン」に関する伝統的理論の誤りをつぎの八点に要約している（牧田 1977、池田 1977 参照）。

(1) 世論それ自身を独自の行動主体とする人格化の誤り。——世論の人格化の誤謬
(2) 公衆を単一の意志主体と見なし、世論をこの主体の所産としてみる誤り。——公衆の人格化の誤謬
(3) 「公衆は平和を望んでいる」といった例の如く、理論的には世論を担う集団が多様な個人によって構成されることを認めながら、不用意に「公衆」という集合名詞を使用する誤り。——公衆概念にふくまれる実体論の誤謬
(4) 「一定の問題に関して共通の関心をもつ人びと」といった誤った定義を公衆という言葉に与えている。——「公衆」という用語を使用する際の部分的編入（partial inclusion）の誤謬
(5) 観念的実体を設定する誤り。ある特定の意見が essence であり、これに同意することを前提とする。——観念的実体を設定する虚構
(6) 世論を集団内の討議の結果、創造的に産出されるユニークな存在と見なす誤り。世論を各個人の見解や意見の平均や、彼らのあいだのコンセンサスとは質的に異なった高次の特性をもつものとしている。——集団の所産説あるいは出現説（"emergent theory"）の誤謬
(7) (6) のさらに極端な形で世論はつねに個人の能力を超え、超個人的な知恵を発揮するとする。——賛美論（the eulogistis theory）の誤謬
(8) 主としてマス・メディアをつうじて公表された意見を、そのまま公衆一般の意見と受けとる誤り。——世論と意見の公示とを混同する誤謬（the journalistic fallacy）

では、こうした特性をもつ集計的概念はいかなる歴史的条件の下で成立したのであろうか。

歴史的考察

今日のわが国で「世論」という言葉がどのような意味で用いられているかを示す好例がある。二〇〇一年一二月二一日付『毎日新聞』(一一版)の連載記事「ユーロ前後　後戻りできない欧州③——チャーチルの夢」は、「現実重視の英世論」の見出しの下つぎのような論説を展開している。——一二月四日、ベルファストの北アイルランド議会で英ポンドとユーロを公式通貨とすべきだとする「二重通貨制」の採用をもとめる動議が提出されたが、あえなく否決された。二〇〇二年一月からユーロが公式通貨になるアイルランドと地続きである北アイルランドの特殊性を考慮しての動議だったが、英国内では欧州連合の旗を見かけることはまれで、「ヨーロッパ市民」の意識は薄く、ユーロ加盟に国民の六～七割が反対している。大半の国民は「経済がうまくいっているのに、うまくいっていない経済圏の通貨に変える必要があるのか」と現実重視の姿勢でいる。ところが、ブレア首相は五〇年前の欧州石炭鉄鋼共同体以来、はじめは傍観者、後に加盟をくりかえす戦後英国対欧州政策を総括し、「甚大な損害をもたらした」と批判した。「世論に挑むようなブレア首相に、〝政治的野心〟を見る向きもある」。

「八月末、欧州中央銀行のドイセンベルク総裁はユーロ紙幣公開の場で「ユーロを手にした三億人は、一二カ国どこにいても『わが町にいるようだ』と実感することだろう」と語った。

第二次大戦後の四八年、この日を夢み、統合を呼びかけた人物がいた。「欧州のすべての人びとが、この広大な地のどこに行っても、『わが町にいるようだ』と心から思える、そんなヨーロッパができないものか」。英国の元首相ウィンストン・チャーチル氏である。

参加の是非を問う国民投票は早ければ〇三年前半。「チャーチルの夢」と世論の溝は埋まるのだろうか。」

ここでは、おそらくはなんらかの調査結果にもとづく「国民の六～七割」という数値が「英世論」と等置されている。

そして、ユーロ加盟に積極姿勢を示すブレア首相のリーダーシップは「世論に挑む」〝政治的野心〟と解説される。さらに、ブレアの積極姿勢の先行者として「チャーチルの夢」が言及され、政治家のリーダーシップと世論の溝が指摘される。今日これは「世論」という用語のきわめて常套的な使用法といえるが、かつて世論（ないしは輿論）とは、世の中を導く議論すなわちリーダーシップをこそ意味した。歴史的考察が必要となるゆえんである。

ところで、これまで「世論」と「パブリック・オピニオン」とを置き換え可能なものとして論じてきたが、欧米の「パブリック・オピニオン」の歴史とわが国の「世論」（ないしは「輿論」）の歴史は単純に同一視できない。欧米の「パブリック・オピニオン」に関してもBook-lengthの歴史的研究は、依然としてハーバーマスとノエル-ノイマンの二冊にとどまっている。前者は英国、フランス、ドイツにおける批判的公論の興隆と衰退を記述して、いまでも同種の研究の範例となっている。後者はたしかに古代から現代にいたる「パブリック・オピニオン」という観念の歴史ではあるが、それがあつかう対象はわが国でいう「空気」（山本七平）にむしろ近い。幕末から明治維新にかけての「処士横議」「公議輿論」「万機公論に決すべし」といった観念から、第二次大戦後に登場し猛威をふるうことになる「世論」にまでいたる通史はいまだ書かれていない。

近年わが国においてもハーバーマスやアレントへの関心の拡大にともない、「公共性」概念との関連で、着実な歴史研究が蓄積されつつある。たとえば、東島誠の著書『公共圏の歴史的創造――江湖の思想へ』（東島 2000）や論説「公はパブリックか?」（東島 2002）は、日本の「公」と欧米の「パブリック」のあいだにある齟齬を検証し、鎌倉末期に起源を有し近世、近代へと受け継がれてゆく「江湖」（ごうこ）という言説空間こそハーバーマスのいう文芸的および政治的公共圏に対応するものであると論じている。用いられる用語はさまざまであろうが、欧米での古典的概念や社会学的概念に相当する観念はおそらくわが国にも存在するであろう。また、欧米の「パブリック・オピニオン」の訳語として「輿論」が用いられるようになると、歴史的文脈抜きで「輿論」とは元来こういうものだという議論が行なわれるようになる。末広重恭のつぎのような議論（「輿論とは如何なる者ぞ」、明治一三年）はその典型である。末広は聴衆に向かって「諸君ヨ、諸君ハ口ヲ開ク毎ニ輿論ノ勢力ハ此ノ如ク、輿論ノ効用ハ如何ント称道セリ。然レドモ諸君ハ果シテ輿論ト云フ文字ノ意味ヲ解釈シ得ルカ」と問いかけ、簡単に説明すれば輿論とは「国民ノ多数意見ヨリ成立スル議論」のことだが、三五〇〇万国民全員の議論、過半数の議論、一〇人以上、一〇〇人以上、一〇〇〇人以上の同意を得た議論を輿論というわけではない。要するに、数の問題ではない。「家の者に相談してこう決めた」というとき、家内中の全員に相談することが期待されているわけではない。「此ノ場合ニ於テ家内ト言フハ、一家ノ智識アリ分別アル者ヲ指スノ言語ナレバナリ」。一国についても同じで通例英国人といえば、もっぱら「其ノ中等社会ヲ指スニ在ルヲ知ルベシ。故ニ之ニ準ジテ英国人民ノ意即チ輿論ナル者ハ、其ノ智識アリ財産アル中等社会ヨリ成立スルヲ断言ス可キナリ。……下等人民ノ意見ニ従フテ政治ノ方向ヲ左右スルコトヲ希望セザル者ハ、即チ下等社会ハ一国ノ政治ニ与カルヲ得ズシテ公議輿論ハ中等社会ヨリ成立シ、人民ノ多数ヲ以テ之ヲ決定ス可カラズト為スニ因レバナリ。余ハ是ニ至リテ輿論ナル者ノ性質区域ハ既ニ明々白々ナリト信ズルナリ」（『日本近代思想大系』11《言論とメディア》岩波書店、一九九〇年、六三―六五頁）。

長谷川如是閑になるとさすがに歴史的文脈への理解は正確である。

（然し）往々政治学その他に於いてその時代の民主的乃至共和的観念を以て今日の民衆乃至大衆を理解しやうとする傾きがある。例えば古代又は近代の政治に於ける、『公衆』又は『輿論』というやうなものを所謂大衆的現象であると解釈する。然し、公衆とか輿論といふものは、元来支配階級内の量的勢力を言ひ表はしたものであって、民主的乃至共和的支配に於いて何等かの意味の投票権を持つ者の間の現象である。……輿論といふのも、……いろいろな制限を設けて、支配勢力の固定を防がうとしたのと同じ概念であって、それは公衆といふ概念を、その意見の側から言ひ表はしたものであった。（「政治的概念としての大衆」（一九二八年）、『長谷川如是閑選集』第五巻、岩波書店、一九九〇年、三四五頁）

またつぎのような見解にあらわれている「輿論」は、欧米における「パブリック・オピニオン」の古典的ないしは社会学的概念と置き換え可能である。

元来輿論は必ずしも多数じゃないし、また名論でもない。……ただそのときの力強い階層の説として現れるもの……輿論とはむしろ有力な階層の少数意見であり、新聞はその輿論をつかまえてゆくべきものなのです。（『時代と新聞』秋元律郎ほか編『政治社会学入門』有斐閣、一九八〇年、八八頁より再引）

現代にあっても如是閑的「輿論」概念に執着するひとはいる。椎名素夫はこのように書いている。「昔は世論といわずに輿論と言った。輿論は『公の事柄についての公論で、公の場所での議論に耐えるもの』と言ってよかろう。個人に発し、同志を徐々に加えて社会を動かした。一方、世論は当節の感覚の趨勢を測るものであり、輿論の持つ確固たる方向性と底力に欠ける。輿論は傾聴すべきものであり、世論は眺めるものといえようか」（「輿論のすすめ」『アステイオン』No. 41、一九九六年、二九四頁。なお、「輿論」と「世論」の含意のちがいについては、京極 1976 参照）。

いずれにせよ欧米の「パブリック・オピニオン」とわが国の「世論」が、集計的概念として直接に連動するようになるのはすぐれて戦後的現象である。

＊　＊　＊

以下では、まず欧米の「パブリック・オピニオン」の歴史に即して古典的概念、社会学的概念、集計的概念の歴史を粗描し、ついでわが国の戦後初期における集計的概念の誕生について概観する。

ハーバーマスの『公共性の構造転換』（初版一九六二年）は、わが国ではいたずらに難解な社会哲学的議論として受けとられてきたが、素直に読めばそれは英国、フランス、ドイツにおける古典的および社会学的概念としての「パブリック・オピニオン」の歴史叙述にほかならない。ハーバーマス自身一九七八年出版のレキシコン『国家と政治』によせた「公共性」の項目解説で、「公共性という言葉によって、われわれはまず、公（世）論が形成されるような、われわれの社会生活の一領域を理解する」と明言している（谷 1993: 152）。かれの理解によれば、一七世紀から一八世紀にかけて英国のコーヒーハウス、フランスのサロンを典型に、文学や芸術を論じ合う人びとの集まりが形成される。それは家族という私的生活圏からもまた私的所有にもとづく市場からも独立した、そういう意味で公共的なコミュニケーション空間であった。一八世紀を経過するなかで、この文芸的公共空間は政治的機能をもつようになる。フランスではブルジョワジーと呼ばれ、英国ではミドル・クラスと呼ばれた、在来の公式的な権力構造から排除されてきた人びとが、フランスでは王権に、英国では「ランディッド・インタレスト」の寡頭支配に対抗して、自分たちの意見こそが政治秩序の基盤となるべき「公論（パブリック・オピニオン）」だと主張しはじめたのである。われわれの用語でいえば、古典的な「パブリック・オピニオン」概念の誕生である。

ハーバーマスがこの時期の「パブリック・オピニオン」を美化しすぎていることは、一九九〇年新版への序言でかれ自身も認めていることであるが、一九世紀末から徐々に進行する「社会福祉国家」化の動きにともなって、黄金期の「パブリック・オピニオン」がいかに変質してゆくか――批判的審級から受容的審級へ、あるいは「パブリック・オピニオン」概念の社会心理的解体――を叙述する筆致は、ひたすらに暗い。古典的概念から社会学的、集計的概念への変化はフォローされているが、その原因は現代国家の操作的管理機能の拡大に還元されている。かれは集計的概念をこう批判する。「アンケート調査の資料——任意の住民群の任意の意見——は、政治的に重要な検討、決定、措置の資料とされるだけでは、まだ世論（公論）としての資格を帯びるわけではない。調査基準で表明される集団的見解を、政治や管理の過程なり、あるいは示威的もしくは操作的に展開されるパブリシティに影響された政治的意志形成なりへ関係させてみても、世論という国法的擬制と、その概念の社会心理的解体とのあいだの裂け目をふさぐことはできない。世論についての歴史的に有意味な、規範的には社会福祉国家体制の要請をみたすような、理論的に明晰で経験的に実証されるような概念は、公共性そのものの構造変化から、公共性の発展推移の次元から得られるよりほかはないのである」（ハーバーマス 1994: 329-330）。

さきに『公共性の構造転換』は歴史叙述として読むべきだとのべたが、じつは歴史家からはまさにその点での杜撰さが指摘されている。筆者自身、英国の社会史家による批判を紹介したことがあるが（添谷 1999）、ハーバーマスの公共性概念が白人の成人男性中心主義的に構成されてしまった理由の一端は、歴史のディーテイルに分け入る繊細さの精神の欠如にありそうなのだ。以下では、英国の歴史に即して「パブリック・オピニオン」の興隆と変質について粗描を試みる。

英国における古典的な「パブリック・オピニオン」概念の創始者として、しばしばヒュームがとりあげられる。たしかにかれは「政府の第一原理について」（一七四一年）において、「政府の基礎は意見（オピニオン）だけ」という「格率（maxim）」について論じている。しかしそれはいかなる事態を意味しているのだろうか。たとえば、ノエル－ノイマンは「ヒュームとともに、意見概念に関心を寄せるわれわれの視点は、個人への意見の圧力から、政府に向かう圧力へと移行する」と解釈し、ヒュームのこの格率が「アメリカ合衆国の建国者たちの教理となった」とのべている（ノエル－ノイマン 1988: 83, 86）。しかし、いうまでもなく合衆国憲法には「オピニオン」が政府の基礎だなどという明文の規定は存在しないし、近代民主政国家のどの憲法にもそのような規定はない。厳密さを要求する法規範のボキャブラリーが

てゆくのである。

比される、主観的であいまいな観念をも意味していたからである。だから、ヒュームが「政府の基礎は意見だけ」というとき、その含意は民主政原理の高らかな宣言などではなく、およそ政治的統治に一般的な脆弱性の暴露へとつながってゆくのである。

ヒュームの悪意は、この時期に圧倒的な客観的現実性をほこっていた「インタレスト」――大土地所有にもとづく人脈と官職配分のネットワークとしての利権構造――という観念にもおよぶ。たしかにかれは「オピニオン」を、「インタレストについてのオピニオン（opinion of interest）」と「ライトについてオピニオン（opinion of right）」に区別し、前者が「国中に、あるいは実力を掌中ににぎる人びとのあいだに広まっていけば、それはどんな政府にも大きな安心感（security）をあたえるだろう」とのべている。その際にヒュームは、「インタレストについてのオピニオン」とは、「現に確立されているこの特定の政府は、あるいはもっと容易に安定化されるかもしれない他のどんな政府とも同じくらいに都合のよいものだという信念（persuasion）」と「政府というものから獲得されるあの利便性（advantage）全般についての感覚（sense）」のことだと定義しているのである。つまり、ヒュームにあっては「インタレストについてのオピニオン」が感覚や信念へと主観化・個人化されているのである。おそらくそこには、あなたがインタレストだと思うもの（your opinion of interest）にてらして、わたしがインタレストだと思うもの（my opinion of interest）を形成することによって成り立つ、商業社会の原理への洞察が存在する。ロックの評判法、スミスの「公正な観察者」概念は、こうした文脈にこそ位置づけられなければならない。ヒュームが敢行したインタレストの主観化（オピニオン化）はやがて政治社会に重大な「意図せざる帰結」をもたらすことになるが、その問題性が露呈するのはもうすこし後になってからである。[1]一八世紀の末になると、「パブリック」という形容詞を付された「オピニオン」は、利権構造という意味での「インタレスト」に対抗する組織化のシンボルになってゆく。

英国において「パブリック・オピニオン」は、「ランディッド・インタレスト」に基礎をおく緊密な利権と人脈のネットワークとしての地域共同体を基盤として制度化された公式の権力構造から排除されてきた人びと――典型的には新興商工業都市に住むミドル・クラス――による議会改革運動として出現した。「パブリック・オピニオン」というボキャブラリー自体は、一七八〇年代にフランスの財政家ネッケルの著作をとおして英国にも流布され、ペインの人権論とアメリカ独立戦争の実践およびルソーの人民主権論とフランス革命の実践に鼓吹された急進派（ラディカルズ）による議会改革運動を、なによりもまず「パブリック・オピニオン」の運動として展開させていった。ジョン・ウィルクスのアジテーションに始まり、一七七九年のヨークシャー協会の結成と各州への拡大、憲法情報協会（一七八〇年）、ロンドン通信協会（一七九二年）、人民の友協会（一七九二年）などの自発的政治結社の誕生と政治ジャーナリズムの興隆は、この時期の顕著な特徴である。まさにハーバーマスのいう「批判的公論」の黄金期である。

英国の社会史家ドロア・ワーマンは、英国の政治言論界における「パブリック・オピニオン」の最盛期はむしろ一八一〇年代末から二〇年代初めにかけてであって、ピータールーの虐殺（一八一九年）とジョージ四世の王妃キャロラインにたいする離婚訴訟事件（一八二〇年）という偶発的な出来事をきっかけにして、「パブリック」という語に非暴力性と成人男性の特権的事項としての政治という観念が付着することによって、「パブリック・オピニオンこそが人間のいっさいの価値の偉大な究極的裁定者である」といった言明が可能になったゆえんを解明している（添谷 1999: 304 以下参照）。じっさい、興味深いことに、その後「パブリック・オピニオン」の運動はミドル・クラスの成人男子の選挙権獲得運動へと収斂してゆく。こうして、一九世紀をとおして「パブリック・オピニオン」はミドル・クラスの発言力あるメンバーたちの意見と同義語であった。意志堅固で責任感があり安定的で理性的なミドル・クラスは、一方で国王の絶対主義と貴族階級の避けがたい悪逆非道と階級インタレスツから、また他方で学問がなく読み書きもできない大衆の非合理的な民衆騒擾から、社会を守ったのである」（Qualter1985: 8）という通念を固定化させてゆくことになった。

フランスでは、一七五〇年代にひとつのクライマックスを迎える王権と高等法院との確執のなかから「超越的な審級」としての世論が誕生してくる。それがルソーを経て一七七〇年代に「至上の法廷」として力をふるうようになる経緯については阪上孝の研究（阪上 1997, 1999）にゆずるとして、英国でもフランスでも共通にみられるのは、世論が正邪善悪を判断する司法的機能を有するものとして表象されていること（ベンサムの「世論法廷」）と、「民の声は神の声（Vox populi Vox Dei）」がしばしば引用されるように、世論は「声」というヨーロッパの音声中心主義からすれば最も直接的な真理の現前として語られたことである。ハーバーマスのいう公論の「社会心理的解体」とは、「声」から「心」への力点の移動であり、それにともなって「パブリック・オピニオン」はその公然性（陽表性）を失い、社会心理のなかへと潜在化してゆく。[2] それを陽表化するための確認装置が要請されるゆえんである。そして、この変化をもたらしたのは、じつに逆説的ではあるが、「パブリック・オピニオン」運動の社会への拡大・浸透そのものであった。

上述したように、英国における「パブリック・オピニオン」は既成の権力構造への「外部からの圧力（pressure from without）」（Hollis 1974）であった。それが外部にとどまるかぎり、既成の権力構造の腐敗や堕落を公然と批判する正論を主張することができた。ここで「パブリック」とは、閉鎖的で腐敗した議会の外にある自由で開かれた言論の場というほどの意味であり、そういう公開の場で正論をのべる人びとが「公衆（the public）」と同一視された。ところが、「外部からの圧力」が言論をとおしてもとめたものは、政治市場への新規参入、つまりは権力構造への「内部化」であった。一九世紀中葉以降の英国政治史の焦点は参政権の拡大であるが、それをブルジョワ・デモクラシーの漸進的発展として語ることはできない。そこには「帝国」運営に必要な国民的一体感を醸成する必要や、戦争遂行に必要な女性の動員などの要因が複合的に関係している。腐敗選挙区の廃止と選挙権の漸次的拡大の開始を告げる一八三二年の第一次選挙法改正から、一九二八年の女性参政権の完全実施にいたるほぼ一〇〇年間に、英国における政治的完全雇用は完成される。

政治権力が（形式的には）全有権者の意志の合成とみなされるようになったとき、すなわち権力の外部が存在しなくなったとき、「外部からの圧力」として誕生した「パブリック・オピニオン」はその存在理由を失うことになる。総選挙の結果として出現した政権が自分の意に満たないとき、それを「パブリック・オピニオン」に反すると言明することは自己矛盾の迷路に踏み込むことになろう。もちろん、投票に際しての圧力や腐敗、議席配分の不均衡、さらには虚偽意識やメディアによる操作等々を理由にして、選挙結果を批判することはできる。しかし、それらの障碍を排除するためにこそ、複数投票権の廃止、秘密投票制の導入、腐敗防止法の制定、定数是正措置、選挙区割りの定期的見直し、公職選挙法の整備がなされてきたのではなかったか。一九二〇年から一九三〇年代にかけて、すなわち普通平等選挙権（全有権者、一人一票制）とその実質的行使を保障する制度的条件が定着するにともない、総選挙は「最高の世論確認装置」と見なされるようになる。しかしそれは同時に、「真の世論」「本当の公衆」という言説（社会学的概念）と、莫大なコストを必要とする公式の総選挙に代わる模擬的な総選挙としての標本調査による「パブリック・オピニオン」のアドホックな陽表化への要請を生みだすことになった。

一九二一年に出版されたブライスの『近代民主政治』は、総選挙が「最高の世論確認装置」となった条件下で、「真の世論」「本当の公衆」（「輿論」）をどう根拠づけるかという、その後もくりかえし出現するタイプの議論の典型事例である。ブライスによれば、「あらゆる権力の源泉は国民にある」という公理が承認されれば、つぎに起こる問題は、国民はいかにしてその権力を行使するか、いかなる方法によってその心意が表示されるのか、である。あらゆる立憲国家は「投票によって」と答える。それは「頭を打ち割る代わりに、数を算える」方法である。古代ギリシアの民主政、古代ローマの共和政に発するこの投票という方法は、今日、国民に直接判断をあおぐ方法としても、代表者を選出する方法としても、およそあらゆる文明国において採用されている。ところが、国民の権力行使の標準的様式としての投票が完全な満足をあたえたためしはない。それには三つの理由がある。第一に、選出された代表者と有権者とのあいだにはつねになんらかの齟齬があるから、第二に、有権者のなかにはそもそもなんの考えもなしに他人のいいなりに投票する者がいるから、第三に、明敏な判断力を有する者も庸愚の徒も同一平面に置かれ、かれらの意見はただ計算されその軽重を問われることはないから、である。第一の理由からは、国民投票の多用や代理者原理の強化が導かれる。第二の理由に関しては、明白な恐喝や買収を取り締まることはできるが、有権者の無知・無定見に対処するすべはない。第三の理由にいたってはさらに対処が困難で、有権者の知性に不均衡があるのは事実だとしても複数投票権の復活を提唱する者はいない。

然らば民衆がその意見を発表し、その権力を行使し得べき方法が他に存在するか？　選挙が与え得ぬものを補う可き方法を他に見出し得るか？　投票によって下された判断即ち頭数の計算が輿論と同一物であるか？　投票は従来発明された、民衆の意志を表明する、唯一の明瞭な様式である。けれども投票によって下された判断が必ずしも常に投票者中の思慮に富む分子の見解を表明するか？　又投票所に於て或る判断を表示する為めに何等の法定の機会も賦与されてをらぬとしたら、その見解は道義的な権威を発揮し得ぬことがなかろうか？（松山武訳、岩波文庫1、一八二―一八三頁。ただし旧字体を新字体に変更）

こうしてブライスは「投票」とは別のところに、「思慮に富む分子の見解」にしてかつ「あらゆる方法の投票よりも伸縮自在に、逆用される惧れ少く、民衆がその勢力を発揮し得る手段或は方法」としての「輿論」を設定し、その成立条件を縷々考察してゆくのである。いまその詳細を検討する余裕はないが、ブライスが悪戦苦闘した問題は、論理的に定式化すれば、全体集合と部分集合に同じ名辞が与えられることからくる混乱である。それは、ある集合を構成する部分集合が他の部分集合から自己を差別化するというのではない。部分集合が全体集合から自己を差別化するために、全体集合の名辞を用いるというのである。「花」の一種に「花」という名辞を与えかつそれは「花」ではないというのだから混乱するはずであろう。おそらくこの時点で、混乱を避けるためにとりうる戦略がすくなくともひとつはあった。それは、およそいっさいの政治体制がデモクラシーを名のる状況下にあって、ロバート・ダールがデモクラシー一般からリベラル・デモクラシーを差別化するために、つまりはリベラル・デモクラシーの種差を設定するために、「ポリアーキー」という新語を作ったように、投票によって確認される世論とは区別される「輿論」に別の名辞をあたえることである。それが試みられていたら、世論をめぐる議論のその後の混乱はかなりの程度緩和されていたであろう。政治理論家の怠慢といわざるをえない。

ところで、ブライスの『近代民主政治』出版の一年後にリップマンの『世論』（一九二二年）が出版される。皮肉なことに、リップマンの著作の含意は、ブライスが営々と構築した「輿論」の足元を掘り崩すことになった。急速に進化する新しいメディア環境は、人びとの認知機構そのものの次元で「思慮分別」といった語を死語にさせかねないのである。公衆が「幻の公衆（The Phantom Public）」と化すのは必然であった。『近代民主政治』と『世論』を読み比べてみると、これらが同時期に出版されたことが信じがたく思われるほど、両者の現実認識には隔たりがある。もちろん、八二歳のブライスと三三歳のリップマンの年齢差を考えれば、ある意味で当然のことではあるが、おそらくそこには英国とアメリカのメディア環境の格差、第一次大戦が著作完成にとって「邪魔になる事件」だった者（ブライス）と、情報担当陸軍大尉として前線にあって戦争がもたらす視野狭窄を身をもって経験した者（リップマン）とのちがいが反映している。じっさい、戦争ほど「数ある原因と結果を単純化する抽象作用」たる「仮想現実（ヴァーチャル・リアリティ）」の創出に依存する事態は、ほかにないからである（cf. Ignatieff, M., *Virtual War*, Chatto & Windus, 2000, p. 6）。ともあれ、公衆を幻と断じたリップマンがその後ある種のエリート主義へと傾いてゆくことはよく知られている。それを非難するにせよ肯定するにせよ、現在のメディア環境がリップマンの洞察の延長線上にあることはたしかであろう。

ところで、リップマンが洞察したメディア環境の急速な変化は公式的な選挙、投票という様式そのもののあり方をも変容させていった。その後ラジオは、候補者が選挙民にアプローチする有効な手段として認知されていった。アメリカにおけるラジオの政治的利用は一九一九年、ウッドロー・ウィルソンによる大統領演説に始まる。ラジオから流れてくるのはまぎれもなく候補者の「声」ではあったが、それは選挙民の側での「声」の回復にはいささかも貢献しなかった。むしろ選挙民は熱狂した群衆の喧騒から解放されて、静かな居間での聴取者（リスナー）へと個別化されていった。全国放送のリスナーを抽出調査することによって視聴率が測定できるように、政治市場の全国化は標本抽出による全国規模での世論調査が可能となる条件を整えていった。こうしたなかで、候補者、選挙民、メディアそれぞれの思惑に促がされて一九三五年にギャラップ調査が開始された。一九三六年の大統領選挙ではルーズベルトの充分な勝利を予想するのに成功することによって、世論調査自体が世論によって認知され、一九三七年には『パブリック・オピニオン・クォータリー』が創刊され、世論調査は学術的研究の対象かつ手段にもなってゆくのである。標本調査のそもそもの起源は市場調査にあった。理論的には、「市場の声」と「民の声」（世論）とは同型的に対応している（吉田 1948: 73 以下参照。吉田によれば、商業調査から発達した「米国における輿論調査は、今日輿論に関する『毎週決算』を可能ならしむるほどに進歩した」）。しかし、日々変動する株価と同じように、政治指導を日々変動する国民のオピニオンと直接的に連動させるべきかどうかは、また別個に考慮すべき事項である。

＊　＊　＊

日本での世論調査がいつはじまったかについては、その定義の仕方によって諸説あるが、「一定の事柄にたいする人々の意見や態度を量的に測定して世論の動向を示す調査」としての信頼性ある世論調査の開始は戦後からであり、一九五五年前後にその方法が確立された（西平 1995 参照。以下、戦後初期の世論調査に関する記述は西平による項目解説と吉田 1994 を参照した）。当初は連合国軍総司令部（GHQ）民間情報局（Civil Information and Education Section: CIE）の分析・

研究部（Analysis and Research Division）内に設置された、ハーバート・パッシンを責任者とする「世論・社会調査課」（Public Opinion and Sociological Research Unit: POSR）が中心となり、政府やマス・メディアなどに世論調査の実施を奨励し専門家をアメリカから呼び寄せたり、関係論文を取り寄せるなどの援助を与えた。専門家のなかには、後に政治的社会化研究で名をなすハーバート・ハイマンなどがいた。

全国規模の世論調査が可能となるためには、「全有権者、一人一票」制度つまりは普通平等選挙権の確立、全国人口についてのデータの整備、標本抽出法の洗練、調査への社会の信頼などの条件が必要となる。戦後日本の世論調査は普通平等選挙権だけではなく調査技法をもアメリカから「押しつけられた」わけである。ただし、全国人口についてのデータの整備の面では日本には独自のアドヴァンテージがあった。アメリカでは一九四八年の大統領選挙でデューイにたいするトゥルーマンの勝利を予測するのに失敗したことによって世論調査への社会の信頼は一時的に低下するが、その主たる原因は割り当て法にあることが指摘された。日本では、米穀配給台帳からのランダム・サンプリングが使われていたので、その後もこの手法による調査は順調な発展をとげた。いうまでもなく米穀配給台帳は食糧管理制度という戦時動員体制の産物である。「四二年体制」の象徴としての食管制度が廃止され農産物の輸入自由化が実現するのは一九九四年のことである。皮肉なことに、戦後民主化の手段ともみなされた世論調査の基本的条件のひとつは戦時動員体制の産物に支えられていたのである。

世論調査にたいする社会からの信頼調達という面では、日本にはディスアドヴァンテージがあった。当初は調査にたいする国民の理解は薄く、「思想調査だろう！」とか「税務署にいうな」などの警戒の目でみられることが多かったという。戦時体制の記憶はこの面では世論調査の定着にとって不利にはたらいたのである。しかし、「世論（輿論）」というシンボル自体への懐疑の念は薄く、それを挺子にして世論調査は隆盛をきわめていった。戦後初期において世論調査を正当化する典型的な議論はつぎのようなものであった。

今や日本においては、あらゆる社会組織や制度が、民主主義化の一大変動の過程のうちに在り、古きものが破壊され、新しきものが建設されつつあるのであるが、輿論調査はこの民主化の変革過程を促進するものとして、又民主化測定のバロメーターとして、はじめてこの国に誕生した最も新しい科学の一分野なのである。（小山 1948: 65）

完全なる民主政治が実現されるためには、人民の自由な意志、即ち民意に基礎を置き、輿論の動向に準拠した政治が行われなければならない。しかしリンカーンもかつて述べたように民衆が何を望んでいるかを的確につかむことは、決して容易なことではないのであって、ここに輿論政治の最大の困難が存在したのである。一般に民主主義国では、自己の代表者を選挙によって選び、その人の意見を通して輿論を表現するという方法をとり、それによって輿論政治を運営せんとしているのであるが、時々刻々に起ってくる国家的重大な問題に関して代表者たちの意見は、必ずしも民衆大多数の意見とは一致しないであろう。従って理論的には、時々に起りきたる問題毎に、その問題に関する一般国民投票を行えばよいのであるけれども、そのようなことは莫大な経費と、手数と時間とを要するから度々実行することは不可能である。しからば、かかる犠牲を払わずして、しかも的確に輿論を把握するには、どうしたらよいか。これに解決を与えたものが、最近米国において発達した科学的輿論調査法である。（同上：71-72）

どことなくアイディア商品を売り込むセールスマンの口調に似ているが、これが最新の科学的世論調査を普及させようとする人びとを駆り立てた情熱の一端ではあったのだろう。占領の最初の一年間に世論の研究を目的として一〇〇近い組織が結成された。一九四七年二月の時点でも日本全国に約六〇の調査機関が存在した。専門の調査機関としては、東京の輿論調査研究所が最も早く（一九四五年）、以後、京都の永末輿論研究所（一九四六年二月）をはじめ九州、北陸などの各地に相次いで民間研究所が設立された。また、一九四六年一一月には、社団法人「輿論科学協会」が農林省の研究団体として発足している。マスコミ関係では毎日新聞社が一九四五年九月に調査室を設けたのをはじめ、中日新聞社、共同通信社、朝日新聞社が同年中に世論調査部門を設置し、翌一九四六年には時事通信社と読売新聞社が、そしてNHKも同年放送文化研究所を設立した。政府機関としては、一九四五年一〇月、内閣情報局のなかに「輿論調査課」が設けられた。先に引用した小山栄三はその嘱託の一人である。同年一二月の情報局解散にともない、一時、内務省地方局に移籍されたが、翌四六年一月に内閣審議室「輿論調査班」となった。一九四七年以降、クライド・クラックホーン（ハーバード大学人類学部教授）、レイモンド・バゥワーズ（義務兵役システム全国本部）、ハーバート・ハイマン（ブルックリン大学助教授）らの専門家が全国の大学を巡り、社会調査に関する人的・技術的資源の蓄積状態について視察を行なっているが、その評価は概して低いものであった。学術研究の一環として調査が認知されるのはもうすこし後のことである。

一九四七年三月二五、二六日の二日間、内閣審議室が中心となり、新聞社・民間輿論調査機関・学会が共同して「世論調査協議会」がワークショップの形で開催された。これをきっかけにして、翌四八年一月に「日本世論調査協会」が結成され、二年後には財団法人化される。世論調査に関係のある学会、新聞・通信社、世論調査諸団体を統合するエキスパートシステムの誕生である。

（1）戦後日本の進歩勢力がインタレストにとらわれずにオピニオンにしたがって投票することが民主政治の本義だと訴えたことが、今日のオピニオン政治の蔓延とどう結びついているのかは興味深い論点ではある。「空気」が支配する文化風土にあって、オピニオンにしたがうことは端的にD・リースマンのいう「他人指向」と区別がつけ難いし、自己利益の合理性をも腐食させることになろう。

（2）ある争点をめぐって他者と議論をかわす経験の前後で人びとの意見が変わることに注目して、「審議民主主義」を推奨するフィシュキンがその著書に「人びとの声（The Voice of the People）」というタイトルを用いているのは象徴的である（cf. Fishkin, J. S. *The*

Voice of the People, Yale University Press, 1995)。それは、心理学化した世論概念に「声」を復活させようという意味であろう。

ちなみに、世論から声が失われたのは、秘密投票制の導入と密接に関連している。ブライスによれば、古来、集会において意思決定するさいには「賛成」「反対」の発声をもとめるのが通例であった。英国でも、一八七二年の選挙法改正による秘密投票制の導入によって「国会議員選挙壇」が廃止されるまでは、議会の選挙の際に行なわれていた。議会内では一九二一年当時まだ存続しており、議長は法案にたいする「賛成」「反対」の発声をもとめ、採決を命ずるのはいずれかの党派が、議長による「賛成者」あるいは「反対者」いずれかの「勝利」の宣言に異議を申し立てた場合に限られる、という。

もちろん、秘密投票制は有権者に加えられる無言の圧力を排除するためのものではあったが、それは有権者の投票行動を徹底して主観化することになった。無言の圧力の排除は世論の無言化を帰結したのである。世論がもつ社会心理学的拘束力に関する理論が「沈黙の螺旋理論」と呼ばれることには、たんなるレトリック以上の意味がある。国会議事堂を取り囲みシュプレヒコールを叫ぶ大衆行動にたいして「声なき声」を対置した岸信介は、現代的世論なるものの本質をよく理解していたといえようか。

文献（本文中に記載したものを除く）

ハーバーマス、J.（1994）『公共性の構造転換』第二版、細谷・山田訳、未來社。

Hollis, P. (ed. 1974) *Pressure from Without in Early Victorian England*, Edward Arnold.

ノエル‐ノイマン、E.（1988）『沈黙の螺旋理論』池田訳、ブレーン出版。

Price, V.（1992）*Public Opinion*, Sage.

Qualter, T. H.（1985）*Opinion Control in the Modern Democracies*, Macmillan.

池内一（1977）「世論研究の基本問題」輿論調査研究会編『世論調査の現状と課題』至誠堂。

岡田直之（2001）『世論の政治社会学』東京大学出版会。

京極純一（1976）「輿論の政治」日本人研究会編『日本人研究』4、至誠堂。

小山栄三（1948）「輿論調査」田邊壽利編『社会学大系12 輿論と政治』国立書院。

阪上孝（1998）『統治技法の近代』同文舘。

――――（1999）『近代的統治の誕生――人口・世論・家族』岩波書店。

添谷育志（1999）「世論」佐藤正志・添谷育志編『政治概念のコンテクスト』早稲田大学出版部【本書11】。

谷喬夫（1993）「公共性」佐藤正志・白鳥令編『現代の政治思想』東海大学出版会。

西平重喜（1995）「世論調査」佐々木毅他編『戦後史大事典（増補縮刷版）』三省堂。

林知己夫（1976）「世論をどうつかまえるか」日本人研究会編『日本人研究』４、至誠堂。

東島誠（2000）『公共圏の歴史的創造――江湖の思想へ』東京大学出版会。

――（2002）「公はパブリックか？」佐々木毅・金泰昌編『公共哲学』３、東京大学出版会。

牧田稔（1976）「はじめに」輿論調査研究会編『世論調査の現状と課題』至誠堂。

吉田潤（1994）「占領軍と日本の世論調査」『ＮＨＫ放送文化調査研究年報』第三九集。

第三部　その他のエッセイ

13 L・シュトラウスとA・ブルームの「リベラル・エデュケイション」論〈1992〉

〔東北大学法学会『法学』第五五巻第六号〕

はじめに

「大学教授がこれは絶対に確実だと言えることがひとつある。大学に入ってくるほとんどすべての学生は、真理は相対的だと信じていること、あるいはそう信じている、と言うということ」（*CAM*, p. 25〔邦訳、一七頁〕）。

アメリカにおける大学教育が「社会のニーズ」にたいして過剰なまでに「開放的」（open）であることが、結果的にアメリカ精神の「閉塞」（closing）をもたらしたとするA・ブルーム『アメリカン・マインドの終焉』の「序論」は、こうしたいささかショッキングな文章で始まっている。ショッキングな、というのはほかでもない。もしもブルームの観察が正確であるとすれば、「大学は真理探究の場である」といった言説はその主張の根拠を喪失し、「最高学府」といったそれでなくとも大時代的なシンボルは一挙に冗談と化することになろうからである。もちろんブルームの著作の意図は、学生のみならずおそらくは大学教授自身も共有しているであろう「真理の相対性」への「確信」こそが、大学の自己否定と崩壊をもたらすというアイロニカルな事態を、ただたんにシニカルに描いてみせるところにあるのではない。かれはアメリカの大学の現状を真面目に憤り、そうした現状をもたらした原因を真面目に探究し、かつすこぶる真面目に改革への処方箋を提示しようとしている。ブルームの不幸（あるいは幸福？）は、そうしたかれの真面目さ・真剣さがかえって冗談のようにみえてしまうことにあるといえる。

出版社自身二〇〇〇部も売れれば上出来と考えていたというこの本が大ベストセラーに化けたことの背景として、この本を一種のエンタテインメントとして消費した膨大な読者層の存在を想定してみることは充分に可能であるように思われる。たとえばかれは男性の育児休暇についてこう書いている。「生物学的にいって、女性は出産のための休暇をとるよう余儀なくされている。法律によって男性も同様の休暇をとるよう強制することもできるだろう。しかし、それによって男性に期待どおりの感覚を覚えさせることはできない。この二種類の休暇には相違があり、後者がわざとらしくどこか滑稽であるのを理解できないのは、イデオロギーによほど取り憑かれた人間だろう。法律は男性の乳首を女性の乳首と平等に扱うよう指示することはできても、だからといって男性の乳首から乳が出るわけではない」（CAM, pp. 130-131〔邦訳、一二五頁〕）。ブルームが真面目な分だけ「滑稽」にみえてくる一例であるが、しかしまたこういう主張を「滑稽」とはとらずに、文字どおりの「正論」と見なした人びともすくなくはなかったであろう。それはレーガン・イデオロギーの確信的信奉者たちだけではなく、ヤッピーとかディンクス（もっともかれらは「男性の育児休暇」には無縁の人びとではあるが）といった言葉で表現される風潮にたいして反感を抱く非エリート・大衆層をも含んでいる。おそらくかれらは、六〇年代以降の果てしない相対化とけじめのない開放化のなかで、ヤッピーやディンクスといった豊かで優雅な都市生活をエンジョイするエリート層を産出するアメリカの大学が実際には恐ろしいまでに空洞化していることを辛辣に批判するブルームの議論に快哉を叫び、またかれの愚直なまでの真剣さが生みだす意図せざる「滑稽さ」を楽しみもしたのではなかろうか。

もとよりこれらは、わたくしが『アメリカン・マインドの終焉』を読んでの感想・憶測にすぎない。いずれにせよ、L・シュトラウスが『自然権と歴史』において近代西欧文明全体にたいしてくだした診断を、現代アメリカ文明とりわけ大学教育の分野に応用したともいえる、その意味ではかなりアカデミックな内容をもつ本書がひとつの社会的「現象」とも呼ばれるポピュラリティを獲得した原因は、かなり複合的なものであるとはいえよう。もちろん、政治哲学者ジョン・ロックとロック歌手ミック・ジャガーについて同じくらいの蘊蓄をかたむけるブルームの才気はきわだっている。それだけに、当世学生気質を縦横に論じた高等世相巷談的な第一部「学生」や、ウッディ・アレンの『カメレオンマン』をダシに使いながら、健全なアメリカン・マインドを蝕む邪悪な「ドイツ・コネクション」を暴き出す第二部「アメリカン・スタイルのニヒリズム」の思想的アクロバットの面白さに比べ、著者本来の意図である大学教育論を展開した第三部「大学」はあまりにも反時代的・高踏的・反動的な印象を与える。とくにわが国では、本書はより多く現代アメリカ文明論として読まれており、「リベラル・エデュケイション」の充実というブルームの積極的主張の方がかえって後景に退いているようにさえ思われる。

本稿は「教師の見方から書く」（CAM, p. 19〔邦訳、一一頁〕）というブルームの意図を尊重しつつ、現代英国の保守思想家M・オークショットの「政治教育」論や「社会主義者」を自称するB・クリックの「政治的読み書き能力」論さらにはR・ペイナーの「政治的判断力」論との対比を念頭におきながら、(1)ブルームおよびかれに多大の思想的影響を与えているL・シュトラウスの「リベラル・エデュケイション」論の紹介と若干の考察を試みようとするものである。以下においては、まず〔I〕、しばしばブルームの『アメリカン・マインドの終焉』と並び称されるE・D・ハーシュの『カルチュラル・リテラシー』〔邦訳『教養が、国をつくる。』〕との対比においてブルームの文化論・教育論の特質を明らかにする。つぎに〔II〕、シュトラウスが「リベラル・エデュケイション」を直接に主題としている二つの論考（「リベラル・エデュケイションとはなにか」「リベラル・エデュケイションと責任(2)」）に即して、かれの狭義の教育論の内容確認と、それがかれの思想の全体構図とどうかかわるかの検討を試みる。

I　ブルームの文化論・教育論――「寛大」のパラドックス

一九八七年、アメリカでは『アメリカン・マインドの終焉』と『カルチュラル・リテラシー』という二冊の教育論が読書界の話題をさらった。両者はそれぞれに現代アメリカの若者たちの知的レベルの低下を問題にしている。ブルームは「若者がアメリカ史とその英雄と見なされた人々についてごくわずかしか知らなくなってしまった」（*CAM*, p. 34〔邦訳、二六頁〕）ことを嘆き、ハーシュは、ラテン語はラテン・アメリカ諸国の日常語でありホメロスの書いた叙事詩は『アラモ』であると思い込んでいる青少年を問題にしている（*CL*, p. 6〔邦訳、二三頁〕）。

教育論がベストセラーになる下地はあった。一九八〇年一一月に発足したレーガン政権は、教育問題にたいして当初はむしろ冷淡であった。[3] レーガニズムと称される政策原則に従って、教育の分野では（一）カーター政権の負の遺産ともいえる教育省の廃止、（二）州および地方にたいする連邦の教育援助の大幅縮減、あわせて連邦による教育介入の縮小、（三）私立学校への公費補助および公立学校における宗教教育の実現などの政策課題を設定し、教育長官として当時ユタ州の州高等教育委員長であったテレル・H・ベルを任命した。ベルは教育行政の最高責任者として、機構改革や予算削減要求には抵抗しつつも、他方では州・地方教育当局にたいして教育の現状改革、教育内容の引き締めを強く要請し、一九八一年八月「教育におけるエクセレンスに関する全国審議会」（National Commission on Excellence in Education）を設置した。同審議会の最終答申『危機に立つ国家――教育改革への至上命令』（*A Nation at Risk: The Imperative for Educational Reform*, 1983. 4）は大きな反響を呼び、教育問題が国家的課題であることを国民および政府に認識させることに貢献した。同答申はアメリカの教育に蔓延する「凡庸の流れ」（Tide of Mediocrity）を批判し、国民および教育機関は「教育におけるエクセレンス」の実現にコミットすべきであると主張した。「エクセレンスの追求」は一方で、レーガニズムが目指す「小さな政府」に反する連邦政府による多大の財政支出と教育への介入を必要とし、他方で、リベラル派の「機会均等」や多様性擁護に反する「非民主的エリート主義」にもつながりかねない要素をはらんでいた。同答申が「ダイナマイトを抱えている」ことに無自覚であったレーガン自身も教育問題の重要性を無視することはできず、八四年大統領選挙においては教育の質の改革問題が重要な争点となった。レーガン再選確定後ベルはただちに辞任を表明し、後任として全米人文科学基金（NEH）会長ウィリアム・J・ベネットがレーガン政権第二期目の教育政策を担うことになった。ベネット長官もまた『危機に立つ国家』の高等教育版を自称する報告書『学習への取組み――アメリカ高等教育の可能性を発揮するために』（*Involvement in Learning — Realizing the Potential of American Higher Education*, 1984. 10）をはじめとして、主に高等教育を対象とした一連の報告書を発表している。

ハーシュは自著の序文において、ベネットが「カルチュラル・リテラシー」という着想を支持してくれたとのべている（*CL*. p. xiv）。ブルームはそうした背景には言及していないないし、かれ自身八〇年代になって突然に、あるいは教育改革論議の時流にのって教育論に目覚めたわけではない。すでに六〇年代にかれは二編の教育論（「リベラル・エデュケイションの危機」と「大学の民主主義化」[4]）を書いている。そこには『アメリカン・マインドの終焉』で展開される議論がより鮮明なかたちで示されている。しかし、ブルームやシュトラウスにとってのキーワードである「エクセレンス」がベル審議会の報告書のキーワードでもあること、とりわけブルームの文化論・教育論を一貫している民主主義的「凡庸」と「卓越」の対比は同報告書を貫く基本的アイデアであること、さらにベネットの主席秘書官ウィリアム・クリストルがシュトラウス学派につらなる人物であること[5]、「ベネット報告」と略称される『遺産の復権――高等教育における人文系諸学問に関する報告』が「アメリカの社会と文化の根源は西欧文明にあると断言し、ヨーロッパの古典・大著の学習を共通必修とすることを要求するいくつかのユニークな勧告を行った[6]」こと、こうした事実は『アメリカン・マインドの終焉』という書物をとりまく社会的背景として強調されなければならないであろう。

S・アロノウィッツとH・A・ジロウはその共著『ポストモダン・エデュケイション』において、「レーガン政権の第二期目以来、教育論議は新たな転換を遂げた」と指摘している。かれらが「新たな転換」と見なすのは、これまでも教育論議の論調を設定してきた右派の立場が、より多く「経済」よりも「文化」に傾いてきたことである。すなわち、「教育改革を大企業のニーズと結びつけることの重要性は、教育論議に影響を及ぼしつづけてきた。しかし、学校は国内生産や海外での資本拡大に必要な技能を提供するという要請は、次第に、学校を文化生産の場（sites of cultural production）として重視する立場に道を譲っていった。……学校における文化生産についての右派の立場は、つぎのようなコンセンサスから生じている。つまり、合衆国が直面している諸問題は、もはや、コンピューター・プログラミング、金融分析、電子機器修理といった領域における高・中級職に就くために必要な技術教育を学生に与えるという問題には還元されえないというコンセンサスである。そうではなく力点は、現在の文化的危機に向けられなければならない。そしてこの文化的危機を遡れば、第二次世界大戦後のカリキュラムを支配した進歩的教育運動にふくまれる、いくつかのより広範なイデオロギー的信条に行き着く。そうした信条には、西欧の知的伝統の規準的テキストは他のテキストに比べ特別に優れていると考えられてはならないと見なす文化的相対主義の教義、生徒の実体験を活力ある知識の形態として認めるべきだという考え、民族・人種・性およびその他の諸関係は中心的な知的文化の発展や影響を説明するに際して重要な役割を演じているという着想、がふくまれている。こういうわけで一九六〇年代は、西欧文化が受け継いできた諸徳の保存にとって潰滅的打撃を与えるものであった。相対主義は、『偉大な書物』が保持する優れた知識と『低俗な』文化態度が突発的に生みだす雑文のたぐいとに同等の比重を与えることによって、基本的な文学および哲学的伝統の価値を意図的に下落させてしまった。右派のいい分によれば、最近の二〇年間は、西欧の遺産の核心を構成するこれら尊敬に値する伝統が事実上失われてしまったことを証拠立てた。新たに出現した不幸な遺産は、結局のところ文化的な文盲を生みだすことに終わった。この見方によれば、アメリカの経済だけではなく文明そのものが危機に立たされているのである」[7]。

アロノウィッツとジロウはこうした文化主義的右派の代表としてブルームとハーシュをとりあげ、両者の主張の異同を詳しく比較検討している。たしかに、「文化」の強調、デューイを典型とする進歩的教育観への批判、教育における「規準」の必要性、マイノリティやサブカルチャーの軽視など両者に共通する点は多い。だからこそ「両者はしばしば一緒に書評され論じられており、そこではあたかもブルームが大学にたいして成したことをハーシュは初等中等教育にたいして成したかのように、さらには、ハーシュによる教育の現状批判にブルームが哲学的基盤を提供したかのように取り扱われている」わけだが、しかし、R・ローティが正当に指摘しているように、「これほど互いに異なる本も珍しいといわねばならない」[8]。ただし、両者のちがいはローティが考えるのとは別のところにあると思われる。ローティによれば、ブルーム＝シュトラウスのプラトニズムに対し、ハーシュは（そのルソー＝デューイ批判にもかかわらず）基本的にプラグマティズムの流れを受け継いでいる。「ハーシュは学生が民主社会のより良き市民たることを望んでいる。具体的には、学生が慣用的ないい回しにもっと敏感になり、多くの討論に加わり、読書量を増やし、権力者の意図を読みとり、そして様々な事情を考慮して一票を投ずることを願っているのである。デューイが健在なら、ハーシュを応援したにちがいない」[9]。たしかにブルームにくらべてハーシュは「プラグマティック」である。しかしそれはつぎのようなきわめて卑俗な意味においてである。

ハーシュ自身は自らの「カルチュラル・リテラシー」論の基礎づけを「人類学的な教育理論」にもとめ、「プラトンの理論」および「ルソーの理論」に対置している。ルソー（およびデューイ）は、大人の文化は児童にとって「不自然」だと信じ、「共同体が共有する特定の情報」を児童に伝える必要性を軽視した。プラトンは児童に伝えられる具体的な内容こそが教育だと信じ、「学童が大人の文化を学習するのは自然なことだというプラトンの確信は正しかったが、哲学が最善の文化を生み出すと想定したのはプラトンの行きすぎだった」（CL, p. xvi〔邦訳、一四頁〕）。ハーシュの考える「カルチュラル・リテラシー」の内容は、dollar とはなにか、アメリカでは右側通行といった「万人が所有する日常的な知識水準を超えたところ、そしてまた、専門家しか知らない専門水準以下のところ」（*CL*, p. 19〔邦訳、四四頁〕）に定められている。それはまさしく「すべてのアメリカ人が知っておく必要のあること」の一覧表にほかならない。すべての人間社会はそうした意味での「特定な共通情報」という基盤の上に成り立っており、「アメリカ人はドイツ人と異なり、そのドイツ人と日本人とは異なっているというのは、いずれの集団も具体的に異なっているカルチュラル・リテラシーを有しているからであり、人類学的観点に立てば、人間社会における教育の根本目標は、『文化への順応』（acculturation）すなわち集団や国家《ポリス》の成人たちが共有する具体的な情報を児童に伝えることにある」（*CL*, p. xvi〔邦訳、一三頁〕）。したがって、ドイツ人にはドイツ人の、日本人には日本人の「カルチュラル・リテラシー」が存在し、その具体的内容はそれぞれに異なっているはずである。その意味で「人間文化は相対的である」ことをハーシュは認める。ハーシュがしばしば「反文化相対主義者」と見なされるのは、アングロ・サクソン文化を絶対視しているからではなく、共同体を国民共同体すなわち国家と、読み書き能力を標準英語の書き言葉の習得と、共通文化を「主流文化」と、安易に同一視する点である。ハーシュにとって「カルチュラル・リテラシー」がなぜ必要かといえば、「国家という共同体（our national community）の中で、相互に効率よく意思の疎通をはかることができるようになる」（*CL*, p. xvii〔邦訳、一四頁〕．傍点、引用者）ためなのだ。「バベルの塔」の寓意は、相互の意思疎通が崩れれば事業も頓挫するということを人類に教えることにある。「全国民にゆきわたった読み書き能力（national literacy）の機能は、全国規模での効率的な意思疎通を促進することである。時空を超えての意思疎通の手段は、標準国語であり、それは全国民にゆきわたった読み書き能力によって支えられる。成熟した読み書き能力だけが塔を立てることができ、企業の健全経営を可能にし、旅客機の墜落を防止することもできるのだ」（*CL*, p. 2〔邦訳、一九頁〕）。しかも読み書き能力はたんなる技能以上のものであって、たとえば「潮時というものがある」というシェイクスピアからの引用を商業文において用いることができる能力、すなわち「カルチュラル・リテラシー」と相まって育まれてゆくものなのだ。アロノウィッツとジロウが皮肉を込めてのべているように、「ハーシュにとって、新しいサービス経済は、ある特定の文化的文脈のなかでメモを書き読むことができ、西欧文化のキーワードから成る国語をとおして意思疎通することができるような働き手を必要としている」(10)。このように見てくると、ハーシュの「文化」的関心は結局のところ「経済」に従属しているといえる。

それにたいしてブルームの立場は、「経済」はいうまでもなくおよそ一切の「効率性」とも無縁である。一五歳のある日、はじめてシカゴ大学を訪れた際の印象をブルームはつぎのように回顧している。「私はそれまでそのような建物群を見たことがなかったし、少なくとも注目して見たことがなかった。それは、必要性や有効性とは異なる明らかにもっと高貴な目的のために捧げられた建物であって、たんに雨風をしのいだり、ものを作ったり、売買したりするために奉仕するのではなく、何か目的それ自体のために捧げられた建物だった」(CAM, p. 243〔邦訳、二七一頁〕。傍点、引用者)。民衆の住まい、企業の建物、寺院、市庁舎、議事堂、そうしたなにがしかの「必要性や有効性」とは無縁の建物としての大学。「哲学者」の住まいとしての大学。『アメリカン・マインドの終焉』という書物は、その仰々しいアカデミックな装いにもかかわらず、一五歳の少年ブルームが「大学」というものにたいして抱いたこの無垢な第一印象を回復しようとする、きわめてパースナルでノスタルジックな衝動の産物のように思える。そしてブルームもまた、過去の美化、ありもしない「古き良き昔」の捏造というノスタルジアの通弊を免れてはいない(11)。

風俗・思想・大学という異なった文化領域を論じながらブルームが変奏するテーマは、六〇年代以降の「寛大」の風潮が奇妙な排他性・自閉性・「アメリカ的同調主義《コンフォーミズム》」——いうならば「現在」への囚われ、「いま・ここ」への自閉——を帰結したというパラドックスである。理性にたいする感性の解放は、「一三歳の少年がウォークマンのイアホーンを耳にあてて——あるいはMTVを見ながら——自宅の居間で数学の宿題をしている光景」(CAM, p. 74〔邦訳、七二頁〕)を生みだした。ニーチェ、フロイト、ウェーバー、ハイデガーらの「ドイツ・コネクション」によってアメリカにもたらされたニヒリズム、価値相対主義、文化相対主義、歴史主義は、六〇年代以降のアメリカをいわば三〇年代ドイツの「喜劇的」な再演の場たらしめた。「新しいアメリカ式のライフスタイルによって、ワイマール共和国は、家族みんなのためのディズニーランドになったのである」（CAM, p. 147〔邦訳、一五四頁〕）。偽りの「寛大」に迎合することによって、真の寛大――それは「現在をわれわれにとって居心地良くしているあらゆる魅力を排する、という意味での排他性のことである」（CAM, p. 42〔邦訳、三五頁〕）――へと学生を導くはずの「リベラル・エデュケイション」を放棄し、「一般教育」や「混成科目」で「リベラル・エデュケイション」の空虚を埋めようとする大学の空しい努力は、精神が「狭く」かつ「浅い」学生を生みだしている。「『狭い』というのは、彼らにとって最も必要なもの――現状に対する不満と、それに取って代わるものが存在するという意識を生む真の基礎――が欠けているからである。彼らは現在にかなり満足しているし、そもそも現在から逃れることすらあきらめている。……また『浅い』というのは、彼らが事物に対する解釈をもちあわせず、詩情も解さねば想像力の働きもないために、魂が本性〔自然〕の鏡ではなく身のまわりの事物の鏡に堕しているからである」（CAM, p. 61〔邦訳、五五頁〕）。

ブルームはしばしば反文化相対主義の旗手と目されている。[12] しかし、かれが文化相対主義を批判するのは、西欧文化が他の文化に比べ一つの文化として優れていると考えるからではない。ブルームによれば、西欧だけが文化を超える自然という観念を、ひいては自然への探究としての哲学すなわち科学を生みだしたからなのだ。異文化への「寛大」を説く文化相対主義は、西欧がもつこの特別の性格を相対化してしまうことによって（すなわち、西欧をたんに数ある文化のなかの一つの文化として位置づけることによって）、かえって人類に一般的な「自民族中心主義」を強化し、「排他性にたいする寛大」（openness to closedness）をもたらしてしまったのである。この傾向はとりわけ教育において著しく、相対主義が〔自然的に〕善き生活の探求という教育の本来の動機を消してしまったことによって、若者はいま・ここという「時代と場所」を超える関心を喪失してしまった。もちろん第三世界の諸国に関心をもち、その近代化を援助しようとする若者もいることはいる。「だがこれは他者から学ぶことではなく、恩を着せること、偽装された新しい帝国主義である」。そこにあるのは、たかだか「平和部隊の精神」にすぎない。「実際、寛大（openness）はアメリカ的同調主義《コンフォーミズム》を生んだのである。つまり、アメリカ以外の世界の国にはたんに価値が相対的であることを教えているだけの、単調で面白くもない多様性が存在するだけだが、ここアメリカでわれわれは、どんなライフスタイルでも創ることができる、というわけだ。われわれの言う寛大とはわれわれには他者が要らない、という意味なのである。だから偉大な始まり（opening）として宣伝されたものは、実は偉大な終わり（closing）にすぎない」（CAM, p. 34〔邦訳、二七頁〕. 傍点、引用者）。

ブルームの批判は文化相対主義という教義にたいしてだけではなく、「文化」という観念そのものにたいしても向けられている。ブルームは「反文化相対主義者」というよりもむしろ「反文化主義者」である。かれにとって「文化」とは「洞窟」にほかならないのだ。それはシュトラウスにとって「都市」（共同体）が「洞窟」であるのと同様である。古代ギリシアに起源をもつ「哲学」は、そして「哲学」だけが「文化」への囚われからわれわれを解放してくれる。自分たちのやり方（one's own way）と最善のやり方（the best way）との同一視——これこそが「自民族中心主義」の定義であり、「寛大」の教育が推奨する「異文化研究」は、こうした意味での「自民族中心主義」が人類に普遍的な現象であることをこそ教えるべきである。しかし、実際には、世界には多くの文化があるという事実、「われわれは皆仲良くしなければならない、という意識から引き出される甘ったるい道徳」（CAM. p. 35〔邦訳、二七頁〕）が教えられているにすぎない——を進んで疑おうとする態度は、西欧の国々、すなわちギリシア哲学の影響を受けた国々にだけ見られる。「ギリシアの哲学者は、われわれの知るかぎり、自民族中心主義の問題を提起した最初の者だった。善そのものと自分のもつ善、自然（本性）としきたり、正義と適法性との区別は、そうした思想の動きを示す兆候である。……もし完全に人間となるべきなら、人々は自分の文化から得たものに甘んじることはできない。これはプラトンが『国家』において、洞窟の比喩を使い、われわれをその中の囚人として表すことによって示そうとしたことである。文化は洞窟にほかならない。プラトンの提唱しているのは、洞窟のもつさまざまな制限を解消するために、他の諸文化を巡歴してみよ、というようなことではない。われわれが自分および諸民族の生活を判断する規準は自然（本性）であるべきだ。歴史や人類学ではなく、哲学が最も重要な人文科学である理由はそこにある」（*CAM*, p. 37-38〔邦訳、三〇頁〕. 傍点、引用者）。

　ブルームが『国家』を「教育に関する唯一の書物」（*CAM*, p. 381〔邦訳、四二二頁〕）と見なし、「〈偉大なる書物〉を教授するという方法」「一般に認められた古典文献を読むこと、とにかく読むこと」（*CAM*, p. 344〔邦訳、三八一頁〕）として要約される「リベラル・エデュケイション」を復権させようとする理由もまた、ここにあるといえる。かれは西欧文化の「やり方」が最善かつ絶対的なものだといっているわけではない。そうではなくギリシア哲学の影響を受けた西欧の国々にだけ、自らの「やり方」と「最善のやり方」を同一視する「自民族中心主義」を相対化する「自然」というより高次の規準への探究としての「哲学」が存在する、大学はなによりもまずそうした「哲学」の府であるべきだ、というのがブルームのさまざまな主張を支える確信である。それこそがよりいっそう手の込んだ「西欧中心主義」ではないか、という批判ももちろん可能であろう。また、ローティがのべているように、われわれは「自然」という永遠不変の規準の存在を前提としなくとも、「他の諸文化を巡歴する」ことによって得られる道徳的想像力の拡張によって、自民族中心主義という「洞窟」からの批判的距離を取ることができるのではないか[13]、と切り返すことも可能であろう。しかし、われわれはブルームの確信の真面目さ・真剣さを疑うことはできない。ただ、その真面目さ・真剣さ自体が現代アメリカ文化という「洞窟」のなかで消費されたとき、いかなる「凡庸化」をこうむるかは別問題である[14]。

　『アメリカン・マインドの終焉』には、「いかにして高等教育は民主主義を損ない今日の学生の魂を貧困にさせてきたか」というサブタイトルがつけられている。しかし、ローティやウォーリンが指摘しているように[15]、これほど内容にそぐわないサブタイトルもめずらしい。ブルームにとって大学が学生に与えなければならないものは、「民主主義社会においては得られない経験」（*CAM*, p. 256〔邦訳、二八五頁〕）である。かれは民主主義に内在する平準化・凡庸化・ファナティシズム化への傾向を批判し、それへの歯止めとして「エクセレンス」を強調する。それは本来、現存する社会の内部で経済的・政治的・文化的なエリートになることを意味しない。むしろそれは、現在への囚われからわれわれを解放するための「選択肢」を指し示す能力を意味している。かれが期待をかけるのは、「われわれにとって宿命的ともいえる傾向——ここといまがすべてだという信念」（*CAM*, p. 64〔邦訳、六〇頁〕）に逆らい、「人間の本性〔自然〕にそなわるあらゆる潜在性が実現されること」としての「善」（*CAM*, p. 37〔邦訳、三〇頁〕）を追求するような少数の学生である。

かれは六〇年代に書かれた二編の教育論においてすでにつぎのようにのべている。民主主義社会における「大学の存在は、エクセレンスと平等、理性と被治者の同意、これらを結びつける手段であった」（*G&D*, p. 366）。ところがスプートニク・ショック以後、大学は「共同体のニーズ」にたいして過敏になり、University は Multiversity になってしまった。「こうした強力な潮流に直面して、リベラル・エデュケイションの未来とはなにか。リベラル・エデュケイションによって私は、自由のための教育、とりわけ魂の自由——それはなによりもまず最も重要な人間の選択肢を自覚することにある——のための教育を意味している。そうした教育は主として、過去の最も深遠な思想家たちの研究にささげられる。なぜならば、かれらの仕事は、われわれが文明人でありつづけるために保持しなければならないひとまとまりの知を構成しており、なにか新しいもので真剣に受けとめなければならないものはかならずかれらの仕事に基づきかつそれらを考慮しなければならないからである。こうした研究がなければ、ひとの魂はほとんど必然的にかれが属する特定の時代と場所の囚人に、つまり民主主義においては世論の最も根本的な前提ないしは偏見の囚人になってしまう。この研究は長い間、合衆国においてわずかな支持しかもたなかった。そして、現在最も脅かされているのはこの研究なのである。この研究こそが、若者の訓練と拘留のための上級ハイスクールといったものとは異なる大学の唯一の存在理由なのである」（*G&D*, p. 374）。

一時の「絶望」にもかかわらず、『アメリカン・マインドの終焉』まで一貫しているのはこうした信念である。要約しよう。大学を社会から閉ざすことによって、社会にたいしてより高次の「選択肢」への窓を開くこと、いうならば真の寛大のための排他性（closedness for openness）、ブルームの提唱する「リベラル・エデュケイション」の究極的目標はそこにある。

Ⅱ　シュトラウスの「リベラル・エデュケイション」論

ウォーリンによれば、『アメリカン・マインドの終焉』は「大衆読者にたいする『シュトラウス主義』の最初のお目見え」であり、ブルームの読者は実際には「レオ・シュトラウスの著作の jazzy version」を読んでいたとさえいえる。[16]実際、ブルームの中心的思想――その独特な「哲学」概念、基本的に「洞窟」の住人である知識人・ジェントルマン・聖職者・市民に対置される「哲学者」像、人間の共同体と人間の理性との本質的対立、「人間的卓越」「人間的偉大さ」としての「徳」の観念、これらのどれひとつとしてシュトラウスのアイデアに基づかないものはない。ただ、〈jazzy version〉にふさわしく、シュトラウスが「エソテリック」に語ったことを、ブルームはあからさまに語りすぎているというちがいはあるが。

シュトラウスの錯綜した思想の世界を端的に要約することは困難だが、かれの思想的営為を貫く基本的モチーフが「近代性」批判にあることは確かである。そして、「近代性」の重要な構成要素として「歴史主義」がある。「古代人にしたがえば、哲学することは洞窟から立ち去ることを意味するのに対し、我々の同時代人によれば、哲学することはすべて本質的に、『歴史的世界』、『文化』、『文明』、『世界観』、すなわちプラトンが洞窟と呼んだところのものに属することになる。我々はこの見解を『歴史主義』と呼ぶことにする」（*NRH*, p. 12〔邦訳、一六頁〕）。こうした「歴史主義」にたいする「選択肢」としてシュトラウスは、古代ギリシアの「哲学」およびそれが発見した「自然」を対置する。「哲学が可能であるのは、歴史的に変化する地平ないし洞窟とは対比的な絶対的な地平あるいは自然的地平が存在する場合に限られる」（*NRH*, p. 35〔邦訳、四三頁〕）。では、「哲学」を可能にする「自然」とはなにか。それはたんに無差別な「現象の総体」を指すのではない。「というのは、自然の発見は、まさにその総体を自然的現象と非自然的現象へと分割することにおいて成り立つのだからである。つまり『自然』は区別を表わす言葉（a term of distinction）なのである」（*NRH*, p. 82〔邦訳、九三頁〕. 傍点、引用者）。古代的「自然」概念は、一方で、万人の無差別な平等を基礎づける近代的「自然」概念と対置され、他方で、哲学以前の生活（神話的世界）を特徴づける「善いものと先祖のものとの原始的同一視」を断ち切り、慣習的権威によって保証された善いものとは区別された「自然によって善いもの」という観念を生みだす。要するに、「自然の発見は人間の可能性の現実化、少なくともそれ自身の解釈に従えば、超歴史的、超社会的、超道徳的、そして超宗教的な人間の可能性の現実化と同一のことである」（*NRH*, p. 89〔邦訳、一〇〇頁〕）。

「自然に従う」ことは、いま・ここにある歴史的、社会的、道徳的、宗教的同一性を絶えず「超えてゆく」ことにほかならない。つまり、「哲学することは洞窟から立ち去ることを意味する」。ただし、「哲学者」が目指すのは同一性そのものの解体ではなく、いわばより高次の同一性（イデア）である。しかし、社会のエレメントである意見に問いを投げかける「哲学者」は、洞窟の住人にとってつねに危険人物である。ソクラテスの運命とトラシュマコス的処世術を回避しながら、「哲学者」と洞窟の住民双方の生を保証しようとプラトンによってあみだされた窮余の一策が「高貴な嘘」である。ブルームによれば「ゆるやかな欺瞞の技術」（*CAM*, p. 279〔邦訳、三一〇頁〕）と表現されるこうした考えに従って、古来「哲学者」はそのときどきの権力者を「教育」することによって、「真理をもとめる者の共同体」を延命させてきた。ところで、現代の大衆民主主義社会における最大の権力者は「大衆」である。ブルームの「大衆」および「大衆」と結託した「知識人」（たとえばロールズ）にたいするあからさまな敵視には、「高貴な嘘」にまつわるソフィスティケイションのかけらさえ感じられない。しかも『アメリカン・マインドの終焉』という書物自体、大衆批判そのものが大衆的に消費されるという大衆社会の自己言及的構造からけっして自由ではない。『アメリカン・マインドの終焉』を読んで、いったいどれだけの学生が「哲学者」をこころざしたであろうか。ブルームの師シュトラウスの教育論は、大衆民主主義社会におけるリベラル・エデュケイションの意味を問いながら、もうすこし慎重な「著述の技法」をこころがけている。そもそもかれは、ブルームのように、われわれに「哲学者」たれと命じたりはしないのだ。

シュトラウスは、「ある意味で教育は、わたくしの教育・研究の主題そのものであることを自認する」（*LAM*, p. 9）とのべている。しかしかれは、教育を直接に主題とする論文を二編しか発表していない。それらが収められた『リベラリズム　古代と近代』は、シュトラウス政治哲学の全体的意図——近代的偏見によって歪められた自然、権利、理性、哲学、等々の古代的意味（シュトラウスによれば、真の意味）を回復することによって、全体主義を帰結した近代にたいする「選択肢」を示すこと——に沿って、近代に特有と思われるかもしれないリベラリズムの古典古代的意味を明らかにしようとする。リベラリズムは、いま・ここではコンサーヴァティズムに対立するものとして理解されている。たとえば、六〇年代のアメリカにおいては貧困との戦いを支持しヴェトナム戦争に反対するのがリベラルであり、その逆がコンサーヴァティヴである、というように。しかし、〈Liberal Education〉の反対は〈Conservative Education〉ではなく〈Illiberal Education〉であることから窺えるように、「リベラル・エデュケイション」における「リベラル」はいま・ここことは異なるかつて・かしこにおける意味を残存させている。「原義においてリベラルであるとは、気前よさ(liberality)の徳を実践することを意味する」（*LAM*, p. vii）。「元来リベラルな人とは、奴隷とは異なる、自由人にふさわしいやり方で振る舞う人のことであった。だから『気前よさ』は奴隷制度と関連し、かつそれを前提としていたのである」（*LAM*, p. 10, 28）。こうした点で、原義におけるリベラルはむしろいま・ここでのコンサーヴァティヴの姿勢に相つうじる面をもっているとすらいえるが、しかし単純にコンサーヴァティヴと等置することもできない。「近代以前の政治哲学、とりわけ古典古代の政治哲学は、言葉の原義においてリベラルである。それは、万人は自然により、先祖伝来のものすなわち伝統的なもの（the ancestral or traditional）をではなく善いもの（the good）を追いもとめる、という自覚によって導かれるがゆえに、単純にコンサーヴァティヴではありえないのである。他方、古典古代の政治哲学は、普遍的かつ同質的な国家（コミュニズムおよびそれに共感するかぎりでのリベラリズムを意味する——引用者）にたいしてひとつの実質的な原理を対置する」（*LAM*, p. viii）。シュトラウスの「リベラル・エデュケイション」論は、こうした独特な「リベラル」概念を前提としかつそれを補強することを意図している。

本書の「第一章」として収録されている論文「リベラル・エデュケイションとはなにか」では、大衆民主主義社会における「リベラル・エデュケイション」の「紳士教育」としての性格が強調される。民主政は「すべてのあるいは大部分の成人が徳と知恵を身につけているような体制、すなわち、すべてのあるいは大部分の成人がその理性を高度に発展させきった社会、つまり理性的な社会そのもの」という意味で、「普遍的な貴族政にまで拡張された貴族政」と考えられてきた。現代の政治科学のほとんど唯一のテーマは、民主政の理想と現実の対比にある。それによれば、現代民主政の現実は普遍的な貴族政どころか、大衆支配（mass rule）にほかならない。大衆とは、新聞のスポーツ欄やマンガ記事以外はまったく読まない人びとのことである。したがって現代民主政の現実は、大衆支配というよりも大衆文化（mass culture）というべきである。大衆文化とは、およそいかなる知的・道徳的努力をも欠いた最も卑俗な能力の持ち主たちによって、しかもきわめて安価に専有されうる文化である。しかし、そうした大衆文化にしても、いわゆる「創造的精神」による「新しいアイデア」の補給を必要とする。つまり「民主政は、たとえそれが柔らかい大衆文化を保護する硬い殻と見なされるにすぎないとしても、長期的には、まったく異なった種類の資質、つまり献身、集中、広さ、深さといった資質を必要とする。こうしてわれわれは、いま・ここでリベラル・エデュケイションがなにを意味するかを、最も簡単ながら理解している。リベラル・エデュケイションとは、大衆文化にたいする、大衆文化の腐食効果にたいする、『精神や理想なき専門家と心情なき享楽人』しか生みださない大衆文化の本来的傾向にたいする、解毒剤なのである。リベラル・エデュケイションは、われわれが大衆民主政から元来意味されていた民主政へと上昇するための梯子である。リベラル・エデュケイションは、民主政的な大衆社会のなかに貴族政を樹立するために必要な努力である。リベラル・エデュケイションは、聴く耳をもつ大衆民主政のメンバーたちに、人間的偉大さを想起させる」(*LAM*, p. 5)。

「完璧なジェントルマンシップへの教育、人間的卓越への教育、リベラル・エデュケイションの本質は人間的卓越、人間的偉大さをひとに想起させることにある」(*LAM*, p. 6)。そのための具体的方法は、「最も偉大な精神たちの会話に耳を傾けること」である。教育とは基本的に教える者―学ぶ者の関係の連なりである。現在の教師もかつては誰かの生徒であった。しかし。この連なりはけっしてたんなる「無限後退」ではなく、誰の生徒でもないいわば絶対的な教師が存在する。かれらこそが「最も偉大な精神たち」であり、かれらの書き残した書物が「最も偉大な書物」である。もちろん、「われわれが耳を傾けるべき最も偉大な精神たちは、けっして西洋の最も偉大な精神たちに限られない。われわれがインドや中国の最も偉大な精神たちに耳を傾けることを妨げているのは、不幸な必然性にすぎない。つまり、われわれはかれらの言語を理解しない、そしてわれわれはすべての言語を学ぶことができるわけではないのである」(*LAM*, p. 7)。シュトラウスにはあってブルームに欠けているものは、こうしたソフィスティケイションである。もっとも、郊外文化や非行少年の文化といった用法を否定するシュトラウスにとって、文化とは結局のところ西洋のハイ・カルチャーにほかならないのだが。

「リベラル・エデュケイションとはなにか」は、その当初の発表形態にふさわしく[17]、かなりの程度、聴衆を意識した部分があるように思われる。それは表面的には、「太った豚になるより痩せたソクラテスになれ」という訓話と同じようなものとして受け取られたかもしれない。それに反し、三年後に書かれた「第三章」「リベラル・エデュケイションと責任」では、「紳士」と「哲学者」の根本的なちがい(*LAM*, p. 13)と、「民主政的な大衆社会のなかに貴族政を樹立する」ことのむしろ不可能性(*LAM*, p. 15)が強調されている。近代民主政の擁護者たち(たとえばミル)が「リベラル・エデュケイション」に託した希望――市民の陶冶や官僚制の改革――は、「無価値とはいわないにしても不充分」である（*LAM*, p. 18ff.）。なぜなら、原義における「リベラル・エデュケイション」を根拠づけていた「古典的哲学」自体が変質してしまったからである。「哲学すなわち科学」（philosophy or science）は「哲学」と「科学」に分裂し、しかもそれらは自己目的以外の「万人の目的」に奉仕するものと見なされている。「この点で、近代の哲学概念は根本的に民主的である」（*LAM*, p. 19）。こうした時代にあって、「リベラル・エデュケイション」の将来展望はいかなるものなのか。それはさしあたり「偉大な書物をともに読むこと」であり、それが「ユニヴァーサル・エデュケイション」になることを期待してはならず、つねに「少数者の義務と特権」でありつづけるだろう。「最後になったがしかしけっして軽んじられてならないのは、リベラル・エデュケイションは人間の魂に関係しており、したがってどんな機構も必要としない、ということである。もしそれが機構や産業になるとしたら、それは、収入と人気の点でではないにしても、虚飾と魅惑の点で、娯楽産業となんら異ならないものになる。しかし、リベラル・エデュケイションの本質はあくまでも静かで小さな声に耳を傾け、それゆえ拡声器には耳を閉ざすことにある。リベラル・エデュケイションは光をもとめる。それゆえ、脚光を避けるのである」（*LAM*, p. 25）。おそらくシュトラウス自身は、大衆民主主義社会の「低俗さ」に抗して「偉大な書物」をともに読む少数者の特権的集団を維持すること以上の期待を、「リベラル・エデュケイション」に託してはいない。「リベラル・エデュケイションとは低俗さからの解放である」（*LAM*, p. 8）。師の忠告に反し、ブルームは「リベラル・エデュケイション」に脚光を、しかも過剰な脚光を当ててしまったといえよう。

＊　＊　＊

政治教育を当該政治社会のメンバーとして必要とされる知識・技能・情報の伝達過程と考えるならば、政治社会（特殊シュトラウス的にいえば「都市」）を基本的に「洞窟」と見なすシュトラウス＝ブルームの「リベラル・エデュケイション」論は、根本のところで反・政治教育論と呼ばれるべきであろう。すくなくともそれは、デューイ＝ローティ的な市民教育論とは対蹠的なものである。また、現代民主政下の市民はいわば古代ギリシアの自由人であるという認識に基づく、アドラーやハッチンズの「グレート・ブックス・プログラム」とは、たんに名称を共有するだけで、その実質はまったく異なるといえる。[18] 先に見たようにシュトラウスは、「自然によって善なるもの」にではなく「先祖伝来のものすなわち伝統的なもの」に従うことをコンサーヴァティヴ（シュトラウスによれば、その原型は古代のコンヴェンショナリズムにある）と呼び、かれ自身の立場は「原義においてリベラル」であると自称する。もちろんわれわれは、シュトラウスの立場を「反動的」あるいは「時代錯誤的」と呼んでもよいわけだが、[19] シュトラウスによって「コンサーヴァティヴ」と呼ばれた立場は、さらにいま・ここでのコンサーヴァティヴ、リベラル、ソーシャリストたちは、政治教育に関しどのような議論を展開しているであろうか。それらの検討は別稿に委ねざるをえない。

（1）Cf. T. Fuller (ed.), *The Voice of Liberal Learning. Michael Oakeshott on Education*, Yale University Press, 1989; B. Crick and A. Porter (eds.), *Political Education and Political Literacy*, Longman, 1978; R. Beiner, *Political Judgment*, Methuen, 1983〔浜田義文監訳『政治的判断力』法政大学出版局、一九八八年〕.

（2）"What is Liberal Education?" (an address delivered at the tenth annual graduation exercises of the Basic Program of Liberal Education for Adults, University College, the University of Chicago, on June 6, 1959); "Liberal Education and Responsibility" (C. Scott Fletcher, ed. *Education: The Challenge Ahead*, Norton, 1962, pp. 49-70), in *LAM*, pp. 3-25.

（3）以下、レーガン政権下における教育政策の動向については、今村令子『教育は「国家」を救えるか——質・均等・選択の自由』東信堂、一九八七年の記述に依拠する。

（4）"The Crisis of Liberal Education"; "The Democratization of the University", in *G&D*, pp. 348-387.

（5）「アラン・ブルームとシカゴの知識人」『みすず』第三二八号、一九八八年五月、四九頁。

（6）今村、前掲書、二七三頁。

（7）S. Aronowitz and H. A. Giroux, *Postmodern Education. Politics, Culture, and Social Criticism*, University of Minnesota Press, 1991, pp. 24-25.

（8）R・ローティ「あの昔懐しき哲学」（新井・高田訳）『現代思想』第一七巻第八号、一九八九年七月、一〇五頁。

（9）同、一〇六頁。

（10）Aronowitz and Giroux, *op. cit.*, p. 25.

（11）Cf. R. Scholes, "Three Views of Education: Nostalgia, History, and Voodoo," in *College English*, Vol. 50, No. 3, March 1988, p. 324.

（12）青木保『文化の否定性』中央公論社、一九八八年、一二三頁以下参照。

（13）ローティ、前掲論文、一〇四頁。鶴見俊輔「西欧近代――その残した遺産」（岩波講座『転換期における人間』、別巻「教育の課題」岩波書店、一九九一年）をも参照。

（14）アメリカの大学における「エクセレンス」の追求がどのようなものとして実現されているかは、たとえば、ギリー、フルマー、リースリングシューファー『アメリカ大学の優秀戦略』（小原・高橋・田中訳）玉川大学出版部、一九九一年を見よ。わが国でも提唱されている、先端技術開発を中心とした「センター・オブ・エクセレンシー」の構想は、ブルームの目から見ればスウィフトの『ガリヴァー旅行記』にでてくるラピュタ島のようなものと見なされよう（cf. *CAM*, pp. 293-294〔邦訳、三二六頁以下〕）。

（15）ローティ、前掲論文、一〇五頁。S. Wolin, *The Presence of the Past. Essays on the State and Constitution*, The Johns Hopkins University Press, 1989, p. 51.

（16）*Ibid*., p. 50, 51.

（17）注（2）を見よ。

（18）松浦良充「すべての人にとっての最良の教育――学習社会のリベラル・エデュケイション」『現代思想』第一七巻第八号、一九八九年七月、八八頁以下参照。ブルームによればアドラーは、「〈偉大なる書物〉を商売にして大もうけをした」（*CAM*, p. 54〔邦訳、四七頁〕）。

（19）S. B. Drury, *The Political Ideas of Leo Strauss*, Macmillan, 1988は、シュトラウスの「古代回帰」の真意はニーチェ的な「哲学者‐超人」（Philosopher-Superman）の支配を目指す「ポストモダン・プロジェクト」にあるという、大胆な議論を展開している。同書にたいするわたくしなりの評価については、拙稿「新旧論・ノート――レオ・シュトラウスの政治思想をめぐる断章」（小野紀明編『知のフロンティア』木鐸社、一九九二年、所収）を見よ。また、寺島俊穂「レオ・シュトラウスの政治哲学」『法学研究』（慶応大学）第六四巻第三号、一九九一年三月、四八頁参照。

〔引用文献記号〕

CAM　A. Bloom, *The Closing of the American Mind. How Higher Education Has Failed Democracy and Impoverished the Souls of Today's Students*, Simon and Schuster, 1987〔菅野盾樹訳『アメリカン・マインドの終焉』みすず書房、一九八九年〕.

CL　E. D. Hirsh, Jr., *Cultural Literacy. What Every American Needs To Know*, Houghton Mifflin Company, 1987=Vintage Books, 1988〔中村保男訳『教養が、国をつくる。』TBSブリタニカ、一九八九年。ただし、一部訳文を変えた〕.

G&D　A. Bloom, *Giants and Dwarfs. Essays 1960-1990*, Simon and Schuster, 1990.

LAM　L. Strauss, *Liberalism Ancient and Modern*, Basic Books, 1968.

NRH　L. Strauss, *Natural Right and History*, The University of Chicago Press, 1953〔塚崎・石崎訳『自然権と歴史』昭和堂、一九八八年〕.

14 〈Active Citizenship〉と保守主義の「深化」〈1994〉

〔一九九四年度日本政治学会研究会報告（分科会A） 一〇月一日 関西大学〕

はじめに

かつてダグラス・ハードが第三期サッチャー政権の内相時代、閣外大臣として彼を補佐したジョン・パッテンは、最近「保守主義の深化」と題する講演で、一九八〇年代がトーリーにとっての「経済的一〇年間」であったとすれば九〇年代は「社会的一〇年間」になるだろうとのべている（Patten, 1994)。その趣旨は、八〇年代をとおして経済運営、防衛、外交をめぐる知的・政治的論議で勝利を収めたトーリーが九〇年代に取り組もうとしているのは、社会政策（social policy）という「長い間、トーリーの政策作成者たちにとってタブーであった、それでいてわれわれの生き方に大きな影響を及ぼす」領域における勝利であるというものである。かつて「社会などというものはない、あるのは個人とその家族だけだ」と断言したサッチャーにとって「社会」という領域は「彼女自身のもっとも傷つきやすいポイント」（Pimlott, 1988)、「サッチャリズム自身のアキレスの踵」（Jacques, 1988）であった。それは「コミュニティ」といい換えても解決困難な問題をはらむ領域であった。

一九八七年六月の総選挙に勝利し第三期目に入ったサッチャー政権は社会政策の分野での成果をもとめはじめた。サッチャー自身の言葉によれば、「われわれは第一期に経済を回復させ、労働組合法を改正した。第二期には富と資本所有を以前よりもずっと広い範囲にまで拡大した。そして、第三期には、公共サービスにおいて裕福な者がすでに享受しているのと同じ種類の選択と質を普通の人びと（ordinary people）に与えようとしたのである」（Thatcher, 1993: 572）。彼女が「普通の人びと」と見なすのは「持ち家で子供を私立の学校に通わせる余裕があり、あるいは多額の投資をしている人たちだけではなく、こうした恩恵に与かれない人たち」であり、「保守党の政策は、社会主義が罠に掛け、志気を低下させ、そして軽蔑的に無視している人たちを解放し力を与えなければならない、と私は信ずる。もちろんこれこそが、まさに、社会主義者たちがもっとも恐れていることであり、またパターナリスト的な一部のトーリーたちをも不安にさせることなのだ」（*ibid.*）。しかし、まさにその「普通の人びと」に不安をいだかせたものは、「英国の社会地理に消えることのない傷痕を残す新しい不平等であれ、ビールに酔って嫌がらせをする者たちや犯罪の増加によって縮図化される反社会的行動の頻発の拡大であれ、市場にとり憑かれた社会がもたらす社会的帰結」（Jacques, *ibid.*）でもあった。サッチャーが着手しつつも実現を果たせなかった教育、住宅、医療、家族、文化などの改革は、コミュニティ・チャージの破産とともに、メージャー政権に受け継がれていった。

パッテンによれば、こうした課題に対処するために必要なのは保守主義の「右」ないしは「左」へのシフトではなく、その「深化」である。彼がいう「保守主義の深化」とは、漸進的変化、基底価値への信頼、イデオロギーやドグマにではなく常識に裏打ちされた問題解決へのアプローチなど、伝統的な保守主義の原則を再確認することである。

英国保守党におけるトーリー的伝統の再提言は、パッテンに限らず、たとえばジョン・グレイ（Gray, 1993a, b）やディヴィッド・ウィレッツ（Willetts, 1992）にも共通した最近の傾向である（cf. Milne, 1994）。グレイによれば、八〇年代の西側世界全般について見られる政治思想と実践における顕著な現象は、「ニュー・ライトの理念と教理による保守主義の制圧」（Gray, 1993b: 272）である。彼は、いわば全能の政府を全能の市場によって置き換えたにすぎない、そういう意味では「啓蒙の合理主義教理」の嫡出子ともいえるニュー・ライトによって無視されてきた伝統的保守主義の声に耳を傾ける必要を説く。八〇年代に実行された経済的自由主義改革の不可逆性を認めながらも、「一つの国民のなかにある共感と共同体にたいする伝統的トーリーの関心の再提言」(Gray, 1993a: 63) だけが、保守政権がここ一〇年間に達成した自由市場の成果の保持を可能にする、と彼は考える。

ウィレッツは、英国の政治的伝統を「リバタリアニズム」と「コレクティヴィズム」の相剋——その保守党内での現われが、「トーリー・パターナリズム」と「リバタリアン・ストランド」の相剋である——として捉えるグリーンリーフの大著『英国の政治的伝統』に依拠しつつ、伝統の擁護者でありながら同時にアダム・スミスの信奉者でもあったバーク以来、「自由市場と共同体の調和」こそが保守党の伝統であったと見なす。彼によれば、「サッチャー夫人はレッセ・フェールの剥きだしの単純さをけっして受入れはしなかった。——彼女はわれわれが他人にたいして道徳的義務をもつことを理解していた」(Willetts, 1992: 181)。こうしてサッチャーはバーク、ディズレーリ、戦後の「一つの国民」グループ、という英国保守党の正統的伝統のなかに位置づけられることになる。

パッテンのディスコースに特徴的なのは、限定された国家の役割を補完する「シティズン」の役割の強調である。国家の役割を防衛、治安維持、および弱者保護という任務に限定することを可能にするのは、責任ある社会への信頼である。「国家の役割を限定することは、社会のなかの他の人びとにたいする責任を限定することではない」。「保守主義者は活動的な政府 (active government) にたいして活動的な市民 (active citizen) を強調する。社会主義者にとっては、強調点は逆である」(Patten, 1994: 73)。

パッテンの議論のモデルはトーリー・パターナリストの代表者ダグラス・ハードによる〈Active Citizenship〉論である。「相手側の言語を横取りすることも政治闘争のひとつである」(Jacques, 1988) にしても、英国の、とくに保守党の政治ボキャブラリーのなかで〈citizen〉〈citizenship〉の使用頻度はけっして高くはなかった。ディヴィッド・マーカンドによれば、英国の政治的伝統において「英国人とは君主の臣民 (subjects of a monarch) であり、国家公民 (citizens of a state）ではないのである」（Marquand, 1991=1994: 239）。バーナード・クリックもまた、英国における公式レトリックを'subjects of the King'から（'fellow citizens'とまでは行かないにせよ）少なくとも'citizens of the realm'ないしは'British citizens'へと転換させたのは、「一九一六年の大量戦死と徴兵制の危機であったと信ずる」と述べている（Crick, 1992: 275）。また最近の調査結果によれば、現代英国の若者たちは〈citizen〉〈citizenship〉の意味について漠然とした観念しかいだいていないという（Marquand, *ibid.*）。ところが、一九八〇年代末から「突然に」、〈citizen〉〈citizenship〉はあらゆる政治的肌合いの政治家、学者および評論家が口にする言葉になった（Hall & Held, 1989）。九〇年代に入り、〈citizen〉〈citizenship〉関連文献の数は急速に増加している。

本報告はまず、こうした最近の動向のきっかけとなったダグラス・ハードによる〈Active Citizenship〉論とそれをめぐる論争経過を辿り、つぎにそれが伝統的な保守主義の理念とどう関連するのかを考えてみたい。かつてディズレーリのパターナリズムは英国を「一つの国民」としてまとめ上げようとしたわけだが、ハードら現代のパターナリスト・トーリーたちは英国を「活動的なシティズンたち」（Active Citizens）の国に変えようとしているのか。そのなかで、伝統的なパターナリズムはどう変質し、本来左翼的シンボルであったシティズンシップ概念はどう再構築されようとしているのか。それによってはたして保守主義は「深化」されたのか。

〈Active Citizenship〉論争の経緯

一九八八年、英国の政治言論界は〈Active Citizenship〉という聞き慣れない言葉の侵入によって、〈citizenship〉概念への「唐突な関心」（Heater, 1991）を呼び起こされた。「一九八〇年代末には英国政治の言語のなかに遍在」（Wright, 1994: 126）するまでになり、「シティズンシップは九〇年代の大きな政治的テーマの一つになるだろう」（Pimlott, *ibid.*）

と予測された。ところで、この「唐突な関心」には仕掛け人がいた。*New Statesman*（*and Society*）とダグラス・ハードである。

『ニュー・ステイツマン』誌には一九八七年の後半から、サッチャリズムの経済的自由主義が英国社会にもたらした逆機能を「〈citizenship〉の腐食」「〈citizen〉の死」という観点から取り上げる論説が目立ち始める。たとえばラルフ・ダーレンドルフは、過酷な競争原理と失業の増大が、市民社会そのものからドロップアウトした新しい「下層階級」を生みだしつつあることを警告する。またサラ・ベントンは、保健社会保障大臣ジョン・ムーアによる、「過保護国家（nanny state）への依存」からの脱却と福祉の領域においても個人とその家族の自助努力が自由と幸福をもたらすという主張に反論して、「ムーアの計画の本質は福祉を政治的権利から引き離すこと」であり、それは結果的には、歴史のなかで順次拡大されてきたシティズンの活動領域としての「公的」領域、政治的なものの境界を恣意的に狭めようとするものだと論じた（Benton, 1987）。

ハードの〈Active Citizenship〉論は左翼によるこうした批判にたいする応答であるとともに、保守党内部のサッチャライトにたいする一定の批判をも含意していた。

一九八八年二月、当時の内相ダグラス・ハードはロバート・ピール生誕二〇〇年を記念して生誕の地タムワースで講演を行なった。後に「第二次タムワース宣言」と呼ばれることになるこの講演で彼は初めて〈Active Citizen〉という言葉を用いた。それはつぎのような文脈においてであった。

ピール自身がその体現者でもあるいわゆる「ヴィクトリアン・ヴァリューズ」はたんに「自己利益と私的な富の蓄積」を意味するものではない。「良きヴィクトリア朝時代人としてのピールをおそらく驚かせまた困惑させるのは、われわれの一般的生活水準のこの上昇が、ヴィクトリア朝時代の繁栄に随伴した品行水準の上昇をともなうというよりもむしろ、宗教、規律、法にたいする尊敬の衰退をともなっていることであろう」。

富の創出は社会進歩の必要条件ではある。しかし、個人および彼ないしは彼女の家族が豊かになるということは、一九九〇年代に向けての保守党のアジェンダの一部であるにすぎない。ピールならば、私的な富の蓄積こそが政策の最終目的であるなどということにけっして同意しなかったであろうし、現政府も同意しなかった。もしわれわれがこの国により大きな社会的結合を回復することができないならば、経済的成功の果実は酸っぱいものに変わりかねないだろう。

そうならないためにも、人びとの共同体にたいする義務が強調されなければならない。

ヴィクトリア朝の人びとがかつて発見したように、われわれは、制定法上のスキームの範囲をつねに超えているであろうようなわれわれの社会の諸部分に到達する技術と道具を発見しなければならない。社会生活のあらゆる局面で〈Active Citizen〉を鼓舞激励しやる気を起こさせることこそが鍵だと私は信ずる。〈Active Businessman〉として人は芸術振興や雇用創出の手助けができるし、〈Active Parent〉としては子供たちの教育機会を拡大することができるだろうし、〈Active Citizen〉としては〈Neibourhood Watch Scheme〉や〈Crime Prevention Panel〉の役割を理解できるようになるだろう。

ピールとヴィクトリア朝時代の人びとによって形づくられた英国の驚くべき社会的結合は、現在修復の必要がある。二〇世紀の残された期間内に、われわれはそれを再び編み上げる仕事に着手しなければならない。

一九八八年四月一五日号『ニュー・ステイツマン』誌はその巻頭言として「市民ハード」を掲載し、第三期サッチャー政権がその強調点を経済的自由主義から社会的権威主義にシフトさせるにつれて、その思想的ルーツはミルよりもむしろホッブズになってしまったようだと皮肉った。ここでは、「シティズンシップ」とは、「相互自衛クラブへの加入承認」にすぎず、そもそもトーリーたちは「われわれを市民とは考えずに、臣民と考えている」。ローソンの予算案にいたっては、われわれはすべて社会に関与しているのだという信念が統治意識から完全に消滅してしまったことを示している。

本来左翼が埋めるべきこの「ぞっとするような真空」に果敢に立ち向かおうとしているのが、「ドライを装うウェットを装うドライ」ダグラス・ハードにほかならない。しかし、「第二次タムワース宣言」やその後の発言（たとえば「力ある人びと、能力ある人びとは自分自身とその家族にたいして責任を有するだけではなく、コミュニティ内の弱者や恵まれない人びとにたいしても責任を有している。……成功した人びとは税金を収めるだけではなく、自分の金と時間を自発的に同胞市民に分け与える義務がある」）にてらしてみるかぎり、彼の議論は大部分が「高い身分にともなう義務（ノブレス・オブリージ）という古来のハイ・トーリーの美徳」を繰り返しているにすぎない。目新しさがあるとすれば、そのハードにおいてすら「蓄財」がわれわれにとっての第一の義務であり、しかる後にはじめてわれわれはハード流のモデル市民になれる。つまり「ドライを装うウェットを装うドライ」ダグラス・ハードにおいて「シティズンシップ」そのものが「プライヴァタイズ」されているのだ。

こうした「挑発」にたいしてハードは同誌の四月二九日号で反論する。「トーリー・デモクラシーにおけるシティズンシップ」と題する論説で彼はまず、現政府が「いかにして個々の市民、ビジネス、ボランタリー・グループが資源と余暇をコミュニティ援助のために用いることができるかの再定義」に向けて進んでいることを認めたうえで、その際政府は「ホッブズを守護聖人とするつもりはない」と断言する。代わって召喚されるのはバークである。政府の起源を説明するための神話を創出したホッブズとは違って、バーク以来の保守主義者たちは、政府がなぜ出現したかについて思弁をめぐらして時間を浪費することは比較的にすくなかった。保守主義の伝統は、権力はどのように配分され行使されるべきか、自由と責任との間の正しい均衡をいかにして達成するか、という論争に集中している。保守主義者は、自分たちが扱っているのは過ちを冒しやすい人間という生き物とそういう人間がつくりだした制度であること、および政治家が取り組まなければならないのは特定の歴史的・文化的状況によって形づくられてきた諸問題であることを、当然のことと考えている。保守党の社会政策を支えているのは、そうした保守主義の哲学にとって中心的な重要性をもち、かつ英国（とりわけイングランド）の歴史に根ざした三つの伝統――権力の分散、公民としての義務、および自発的奉仕（the diffusion of power, civic obligation, and voluntary service）である。とくに重要なのは権力の分散という伝統であり、これこそが専制と腐敗にたいする砦、「活動的で責任感あるシティズンシップ」（active and responsible citizenship）にとっての鍵である。国家と市民との関係によって支配されてきた左翼の社会像は現実の青ざめた幻影にすぎない。人びとは多くの集団組織にたいして――サッカー・クラブからコーラス・サークルまで、あるいは政党にたいしてさえも――愛着と忠誠心をもっている。しかし最も強い忠節が捧げられるのは家族、近隣集団、そして国民にたいしてである。バークがいうように、「社会のなかで自分が属している小さな一劃に愛着をもつこと、その小さな一隊（the little platoon）を愛することは、公的愛情の第一の動機（いうなれば萌芽）である。それこそ、われわれを導いて、祖国愛からひいては人類愛へと進ませる長い連鎖の最初の輪なのだ」（『フランス革命の省察』）。政府政策が推進しようとしているのは、要するに、権力を外に向けて、つまりコーポラティズムの大部隊（the corporatist battalions）から小隊（the small platoons）へと転移させることなのだ。

これは現行の公式的な地方制度を前提とする「地方分権」の主張ではない。地方政府、地方教育当局、地域保健当局などは「官僚的、大規模、疎遠」であるために、バークのいう「小さな一隊」にふさわしくない。教育における両親、治安における近隣組織、保健医療における家族やローカル・ホスピタルなどがバークのいう「小さな一隊」である。中世以来のその「自発的奉仕」「慈善」の伝統を動員することがハードの趣旨である。しかしこれは『ニュー・ステイツマン』が批判するような「ネオ封建主義」ではなく「トーリー・デモクラシー」である、とハードは主張する。前世紀まで、社会的義務の伝統は権力を有する少数者にたいして自制的・陶治的役割を果たした。それは本質的に貴族的なものだった。だが、われわれが普通選挙権、全般的繁栄、機会の平等を手にしている今日、われわれは、公民としての義務感もまた万人の財産であるという考えを鼓舞する必要がある。公民としての義務感は民主主義化（democratised）されてきたのだ。

　コミュニティのために時間と金を与える個人としてのハード的〈Active Citizen〉は、ジョー・ロガリーがいうように「サッチャー政府によって推進された自由市場は過酷で優しさに欠けているという議論への応答として考案された」（Rogaly, 1988）ものであるとともに、「フーリガニズムやその他の反社会的行動の形態への関心の増大に直面して社会的結合を生みだそうとする試み、つまり、『社会などというものはない』という首相による有害な断言に対抗する試み」（Lister, 1990: 14）としても解釈された。マルキスト左翼マーティン・ジャックも「社会問題が議題に上るようになるにつれて、九〇年代のトーリイズムは幾分よりウェットな道を辿ることになろう」（Jacques, 1988）と予測した。たしかにハードのレトリック（たとえば、"The creation of wealth is the necessary condition of social progress. But the enrichment of the individual and his or her family is *only a part of the Conservative agenda for the 1990s*"）は、サッチャリズムの酷薄さを示すものとして左翼の批判者たちが好んで引用するサッチャー自身によるレトリック（"There is no such thing as society. There are individual men and women, and there are families." Interview with *Woman's Own*, 31 October 1987）を充分に意識している。一九八八年五月二一日、サッチャーはスコットランド教会総会でのスピーチ（しばしば「サッチャーの山上の垂訓」と呼ばれる）でつぎのように語った。「悪いのは蓄財そのものではなく、金銭それ自身のために金銭を愛することです。霊的な次元は、その富でもってなにをするかを決めるに際して顕れます。……ほとんどのキリスト教徒は、同胞の男女を助けることは個人としてのキリスト教徒の義務だと見なすでしょう。しかし、もし私たちがまずもって仕事に勤しみ必要な富を産みだすために私たちの才能を用いることをしないならば、どうして私たちは助けをもとめるたくさんの声に応答し、未来のために投資し、あるいはその作品が神の栄光を讃えることにもなる素晴らしい画家や工芸家を援助することができるでしょう」。その二四時間後、ハードはＩＴＶの番組『ウイークエンド・ワールド』に出演しこう語った。「なぜわれわれが個人の業績を強調するかといえば、その理由はたんにわれわれが個人の小さな富の山を積み重ねることができるためにというだけではなく、この国をもっと品格ある場所にするためにです。きわめて繁盛している人びとに向かってわれわれはこういわなければなりません。——見なさい、あなたもまた所属しているコミュニティがそこにある。そのなかで、Active Citizen たれ、と」。労働党は直ちにハードの発言を捉えて、これは「暗に首相を攻撃するもの」との見解を示したが、保守党の議員たちは、ハードの発言は、経済的自由にともなう個人的義務の行使を強調しつつある首相自身の信念を表明したにすぎないと考えた（*The Times*, 23 May 1988）。

「第二次タムワース宣言」の際に『ガーディアン』紙は、これは「サッチャー夫人にたいする反乱」をほのめかすものではないし、ハード自身には党首の地位を窺おうとする意図もないと報じた（*The Guardian*, 6 February 1988）。

ダンリーヴィが描く保守党のイデオロギー・マップでは正反対のポジションに位置づけられるハードとサッチャー（cf. Dunleavy, 1993: 127）の関係は良好なものではなかったようだが、その後サッチャー自身が〈When you have finished as a taxpayer, you have not finished as a citizen〉と語るようになるところを見ると、この論点に関する限り、両者の距離は大きくはなかったと見るべきであろう。実際、ハードはその後もサッチャー辞任まで内相、外相として閣内にとどまっている。一九八九年一〇月の内閣改造で外相になる直前の九月の『インデペンデント』論説は、彼の〈Active Citizenship〉論の総括である。そこで彼は〈Active Citizenship〉に明解な定義（「自らがメンバーであるコミュニティにたいする自発的な義務を諸個人が自由に受け入れること」）を与え、最後にこうのべている。

〈Active Citizenship〉という理念は、エンタープライズ・カルチャーにたいする不可欠な補完物である。かつては公共への奉仕はエリートの義務であったかも知れないが、今日ではそれは時間と金の余裕がある人たちすべての義務である。近代の資本主義は財産所有を民主主義化した。そしてわれわれは今、責任感あるシティズンシップの民主主義化を目の当たりにしているのである。

この間に、一九八八年一二月には下院議長によって全党派参加のコミッションが設置され、一九八九年には、チャールズ皇太子によって、一六歳から二五歳までの青少年が三ヵ月間コミュニティ活動に従事する一〇万人規模の「ボランティア・コミュニティ・アーミー」の設立が提唱されるといった動きが見られた。また、コミッションの報告草案は、英国におけるシティズンシップは一八世紀における市民的権利、一九世紀における政治的権利、そして二〇世紀における社会的権利へと進化してきたとするマーシャルの古典的研究（cf. Marshall & Bottmore, 1992）を、コミッションが試みようとしている「シティズンシップ」概念定義の出発点として認めながらも、これら三領域を越えた「第四の次元」を強調した。すなわち、「この第四の次元は、個人としてあるいはお互いに協力しあいながら活動するシティズンたちの社会にたいする自発的な貢献のなかにその経験を見いだす公共善と公民的徳の理想をふくむことになるだろう」（cf. Davies, 1990/91: 77）、と。こうした動きのなかで、一時はハードの離反を期待していたかにみえる左翼論壇は、コミッションにメンバーを送った労働党執行部にたいしてさえ、一斉に批判を始める。

ジャーナリストのノエル・アシャーソンは一九八八年一〇月いちはやく、ハードを辛辣に批判した。「よろしい、それはなるほど〈active citizen〉の一種ではある。政府が政策を作成する。不慮の事態の手当ては〈active citizen〉が引き受ける。若年失業の時代には両親が一〇代の非行を咎める。警察のリソースが乏しいときには自宅所有者たちが近隣街区を見回る。大企業がインナー・シティー・スキームに金銭を与える……。なぜなら、地方自治体予算は削減されてきたのだから……。〈active citizen〉の活動とは、自由市場の犠牲者たちと沈没した福祉国家の漂流生存者たちを拾い上げることなのだ」（Asherson, 1988）。

一九九〇年に出版されたコミッション報告書 *"Encouraging Citizenship"* からは「第四の次元」という表現は姿を消しているが、従来公的セクターが担ってきた福祉供給を「ボランティア・セクター」に肩代わりさせ、またそのボランティア活動への参加をとおして、失なわれた「社会的連帯」を回復しようという意図は明確に存在する。とくにこのコミッション報告を特徴づけているのは、「シティズンシップを鼓舞する」ための手段としての教育の役割の重視である。一八項目にのぼるコミッション「勧告」の冒頭に「シティズンであるための学習」を置き、九項目の具体的勧告を行なっている。この勧告に従い、「シティズンシップ教育」は初等・中等教育カリキュラムを「横断する」テーマとなった。また一九九一年七月には、公的セクターによる公共サービスの受け手である「シティズン」にたいして、効率的かつ良質な公共サービスのガイドラインを示すための「シティズン憲章」が制定された。ここでも、フォーマルな警察活動を補完するものとしての「ネイバーフッド・ウォッチ・スキーム」の役割が重視されている（*The Citizen's Charter*, 1991: 24. ちなみに、「法と秩序」政策におけるUターンを明確化した一九八九年の報告書 "Tackling Crime" への序文でもハードは、「（治安維持のために従来とられてきたタフ・アプローチに代わる新しいアプローチは）犯罪の事前防止のために、刑事司法システムのフォーマルな構造を越えて、より広範なコミュニティ——ビジネス、ボランタリー組織、およびシティズンとしての各人——の役割に注目する」とのべている。Cf. Reiner, 1990: 478-479）。このように、ハード・モデルの〈Active Citizenship〉概念は着々とさまざまな政策領域にまで浸透しているといってよい。

批判と展望

〈Active Citizenship〉論争は、〈citizenship〉〈citizen〉を九〇年代の政治ジャーナリズムの中心的アジェンダに押し上げただけではなく、アカデミックな政治思想や歴史研究にたいしても大きな刺激を与え、すでにいくつかの成果を生みだしている（cf. Roche, 1992; Oldfield, 1990a, b; Finlayson, 1994）。〈Active Citizenship〉論争から引きだしうる論点は多岐にわたるが、ここではパターナリズムとの関連とシヴィック・リパブリカニズムとの関連にのみ論点を絞って、〈Active Citizenship〉論争が英国の保守思想にとって有する意義について若干の考察を試みたい。

福祉国家とパターナリズムの行方

一九九二年総選挙で『自由民主人』（*Liberal Democrats*）のマニフェスト作成の中心的人物であったリチャード・ヒューム（元・自由党党首）は、九〇年代の政治的課題を端的に「ポスト・パターナリズム」と捉えている。彼がいう「パターナリズム」とは、アメリカ人たちが「大きな政府」と呼んでいるものより以上のなにかである。今日、「大きな政府」の後退は世界のいたるところで見られる現象であるが、「しかし、政治が営まれる様式としてのパターナリズムは、政府権力の境界の移動や政府のイデオロギー色の変化にほとんどかかわりなく、現代民主主義の時代における英国の公的生活の顕著な特徴であった。それは政党のちがいを横断し、今世紀初頭には高潔なフェビアンと貴族的な保守党員を結びつけ、後には、マクミランとクロスランドを、政府の主要な役割は物質的繁栄を創出することだという信念において結びつけるものであった。パターナリズムは、最良の場合には、『われらが民』（'our people'）のための生活向上をもとめる理想主義であり、最悪の場合には、権力を維持するために無邪気な臣民たち（childlike subjects）の反応を操作するシニシズムであった」（Holme, 1992: 404）。パターナリズムは自然の統治階級としての高い身分にともなう義務感に基づく介入主義（ベネヴォレント・パターナリズム）に限られるものではなく、「同胞市民（fellow citizens）を親としての目で眺める左翼にも共有される統治意識である。戦後の福祉国家はビヴァリッジ報告だけの産物ではなくトーリー・パターナリズムとの合作であるという観点はつとにグリーンリーフ（Greenleaf, 1983）が強調しているが、ヒュームは戦後左翼が「同胞市民」の欲望を政府によって創出された物質的繁栄の享受としてのみ理解する「欲望の貧困」が「過大な国家と過少なコミュニティ」をもたらし、君主や貴族にではないにせよ福祉サービスの生産・供給者としての政府に依存するサービス消費者としての市民たちの間でパターナリスト文化を再生産することになった点を批判する（Holme, 1992: 407）。では、そうした左右のパターナリズムに支えられた戦後の福祉国家はなぜ八〇年代にいたり不信の目で見られることになったのか。また、自立した個人の「自助努力」をスローガンとするサッチャリズムは、果たしてパターナリズムを克服しえたのか。

この点について、ディヴィッド・マーカンド（社会自由民主党創設メンバーの一人、現シェフィールド大学政治学教授）はつぎのように分析する（Marquand, 1991=1994）。戦後の福祉国家を支えたものは、統治者の側のパターナリズムとともに一般民衆の側の「戦時の連帯感」であった。ところが、戦後の英国において、戦時の連帯感の記憶が色褪せ、英国の経済・政治文化にとってつねに中心的であった個人主義的な、功利の極大化をもとめる快楽主義が舞台の中央に復帰するにつれて、こうした絆は弱々しいものになっていった。経済環境がまだ良好であった六〇年代まではまだその危害は顕在化しなかった。だが七〇年代に入り経済環境の悪化とともに、社民政府および疑似社民政府は、自らの政策を実効あらしめるために、非快楽主義的根拠に基づいて、たとえば公民としての義務や社会的連帯といった根拠に基づいて、支持をもとめなければならなくなった。彼らは、そうしたアピールのための文化的基盤が欠けていること、そうした基盤を組み立てるための言語が彼らにはないこと、さらには、彼らがそうした用語で語るとき一人の聴衆もいないことを、発見した。その結果生じた政治的真空を充塡すべく、ニュー・ライトが殺到してきた。（ハーシュマンのいわゆる）「告発」（Voice）が口ごもり「退出」（Exit）が勝利したのは、要するに「ロイヤルティ」が欠如していたからである。勝利したニュー・ライトは戦後合意の集産主義的価値観を体現する中間諸制度（労働組合、地方自治体、教会、大学、等々）を貶めその力を低下させ、かつ市場秩序が必要とする企業家的価値観を促進するためにもくろまれた、国家主導の文化改造という野心的プログラムを発進させた。つまり、将来いつか国家が撤退できるように、いたるところで国家の強大化が行なわれたのである。しかしながら、伝統的に英国の保守主義者たちは、独特な英国的いい回しを用いれば、国家の侵蝕に対抗して「臣民の自由」(the 'liberties of the subjects') を保護することができる強力な中間諸制度をともなう、活力に満ちた市民社会 (civil society) の擁護者であった。集産主義的価値観によって侵蝕された社会からそれらを根絶するために国家権力を用いる急進的ニュー・ライト政府の光景は、幾人かの保守主義者たちを不安にさせた。もちろんハードはその一人であり、マーカンドはこうした保守主義者の思想を「コミュニタリアニズム右派」と呼んでいる。そして、ニュー・ライトによるいわば「将来の自由のために在来の自由を奪う」最悪のパターナリズムとそれが累積させてきた「社会問題」にたいする「保守主義の答えは、〈Active Citizen〉をマーシャル、クロスランドおよび戦後合意の社会的シティズンシップの代替物にすることなのだ」。

マーカンドの分析に従えば、マーシャルの社会的シティズンシップ論に頑なに固執する労働党左翼はいうまでもなく、サッチャーの保守党もまたパターナリズムを脱却しえなかった。ただしハード流のパターナリズムは、やはり従来のエリート主義的なベネヴォレント・パターナリズムとは異なっている。「高い身分にともなう義務」が「金持ちの義務」に変わることによって、それは「民主主義化」されただけではなく同時に経済主義化されている。〈Active Citizen〉であることは「たんに小切手を切るという問題ではない」というパッテンの言明 (cf. Oliver & Heater, 1994: 125; Patten, 1988a, b) にもかかわらず、それは国家の侵蝕に対抗してコミュニティ住民の自由を保護するものではなく、福祉領域からの国家の撤退を経済的に補完するものでしかない。従来のトーリー・パターナリズムの介入主義には、経済自由主義がもたらす「社会問題」にたいする道徳的批判とともに、「社会問題」の介入主義的解決によって社会の安定を図るという政治的意図があった。それはたしかに一つの政治的保守主義であった。しかし、経済的援助を必要とする者が他人の不確実な善意に頼らざるをえない社会はおそらく長期的な安定性に欠けるし、そもそも「最も広く認められている福祉国家の長所は、まさに私的慈善を不要ならしめた点であった」（Dore, 1990〔邦訳三五頁〕）。また、〈Active Citizenship〉がダーレンドルフのいう「排除的地位身分」（Dahrendolf, 1987）として機能するならば、ボランタリー・サービスに従事する時間と金の余裕のある者とそうでない者とを分断し、〈Active Citizenship〉の条件を充足しえない「二級市民」を生みだすことになろう。もちろん、ハードの議論にも道徳的含意は存在する。しかし、それがただ人びとの善意に訴えかけるだけならば「道徳的ナルティシズム」にすぎないし、うがった見方をすれば、かつては宗教倫理が提供した、自由市場が機能するために不可欠でありながら市場そのものによっては供給されない公共財——社交性、誠実、相互信頼、連帯感、等々——を、世俗的コミュニティにおける自発的な慈善行為によって生みだそうとしているともいえる。サッチャリズムが「自由市場と強い国家」（ギャンブル）であったとすれば、ハードの立場は「自由市場と強いコミュニティ」（Milne, 1994: 30）といえるが、そのハードにおいても優先順位は自由市場にある。経済自由主義とそれを補完する政治的・社会的・文化的・道徳的保守主義（むしろ、コンフォーミズムというべきか）という構図に変わりはない。ニュー・ライトのヘゲモニーは揺るぎないように見える。

〈Active Citizen〉はいかなる意味で〈Citizen〉なのか

戦後英国のパターナリズム文化を批判するヒュームのつぎのような言葉は、それだけ取り上げればハードの議論と区別がつかない。「ポスト・パターナリズムの第一の柱が経済における競争市場の受容であるとすれば、第二の柱は相互的な権利と責任という社会的エートスの創造である」（Holme, 1992: 409）。また、マーカンドはハードの「第二次タムワース宣言」以前にすでに「活動的な国家（active state）は、自分たちの諸活動が包含するもろもろの義務の分担をすすんで引き受ける活動的な市民（active citizen）を必要とする」（Marquand, 1988b）とのべているし、一九八八年初頭に出版された著書では、「……栄えるコミュニティはより小規模な集合体のモザイクとなるだろう。それらの小集合体は、より大規模なコミュニティをまとめ上げる相互的な忠誠と信頼の感情を育てる苗床の役割を果たし、そしてこの小集合体において自治の技能が学習され実践されることになろう」(Marquand, 1988a: 239) とのべ、ハードとまったく同じバークからの引用を行なっているのである。それにもかかわらず彼らは、ハードの議論との決定的な相違を主張する。端的にいえば、ハードのいう〈Active Citizen〉は、じつは「シティズン」の名に値しないというのである。

その際にマーカンドが援用するオールドフィールドの研究 (Oldfield, 1990a, b) によれば、近年の「シティズンシップ」論争においては、本来区別されるべき二つの「シティズン」概念が混同されている。一つは、ホッブズ、ロックに連なる「自由・個人主義的概念」であり、もう一つはアリストテレスからマキァヴェリ、ルソー、ヘーゲル、トクヴィルへと受け継がれてきた「シヴィック・リパブリカニズム的概念」である。前者にとってシティズンシップとはあくまでも個人の「ステイタス」を意味する。それは〈要求〉〈権原〉(entitlements) の言語を生みだし、これらはシティズンという「ステイタス」の自然な〈権利〉と見なされる。シティズンという「ステイタス」は、主権的かつ自律的な個人にたいして、最小限公共的な (civic) 義務――同様に主権的かつ自律的な他の個人の権利を尊重すること、税金を払うこと、政治体が脅かされたときにはそれを防衛すること――以上の、一切の〈義務〉を課さない。これは本質的に「私的な」概念である。政治的・公共的領域への積極的関与はシティズンの〈義務〉ではないし、〈権利〉を行使しなくともシティズンという「ステイタス」を失うことはない。これに反し、後者にとってシティズンシップとは政治社会のメンバーであることにともなう「プラクティス」を意味する。それは〈義務〉の言語を生みだし、それらの〈義務〉の遂行は他のシティズンたちの間で個人をシティズンとして確立するために必要不可欠と見なされる。これは共同的に基礎づけられた概念であり、諸個人はあるコミュニティのメンバーとしてのみシティズンである。「私的なシティズン」は形容矛盾である。彼らはシティズンとして活動できるために〈権能〉(empowering) を必要とする。諸個人をシティズンにするのは、彼らが関与する義務をもつある「プラクティス」への共同参画であり、それによって社会的連帯やコミュニティの結合が創出され維持される。コミュニティはそれを脅かす者たちに対抗して守られなければならない。それゆえ、ミリタリー・サービスはシティズンシップの最も重要な義務の一つである。こうした「プラクティス」に参画しない者、あるいは参画するために必要な〈権能〉を有さない者は、端的にシティズンとは見なされない。こうした「プラクティス」は、人間的自然からおのずと生まれてくるものではなく、厳しい訓練・教育によって獲得されるものである。つまり、シティズンシップは「非自然的なプラクティス」(unnatural practice) なのだ。「政治社会におけるシティズンシップの義務と責任の実行には、心地好い温もりなどいっさい存在しない。シヴィック・リパブリカニズムは硬派である。というのも、シティズンは自らのアイデンティティーの保持そのものに関わる過酷で重要な任務を要求されるからである。そこにもなんらかの帰属感は存在するかも知れない。いや、存在するべきである。しかしその帰属感は、精神的安らぎとは結びつけられえないであろう。たとえそういうことがあったとしても、それは、くつろいだ私的な余暇を許容するような、いわんや公共的関心事への軽蔑を許容するような種類の安らぎではないのだ」(Oldfield, 1990b: 182)。シヴィック・リパブリカニズムはシティズンに自由を認める。ただしそれは、自由・個人主義における非干渉としての自由ではなく、自己統治としての自由なのである。こうした観点からすれば、「たとえば、人びとが他人にたいして『善をなす』というハードの〈Active Citizen〉も『プラクティス』という支えがなければ、シティズンシップ概念としては空虚である」(Oldfield, 1990b: 177) し、社会主義的コミュニタリアンの議論は、シヴィック・リパブリカニズムの「過酷さ」を無視して、自由・個人主義的権利と共同体的連帯感の「温もり」を都合よく結合しようとする安易な思想だといえる。

マーカンドによれば、オールドフィールドが分節化した二つの伝統のいずれにてらしてみても、ハードの〈Active Citizen〉は「不完全で、デフォルメされた生き物」(Marquand, 1991=1994: 246) である。なぜならば、それはシティズンの〈権利〉についてはなにも語らない点で自由・個人主義的伝統に反するし、シヴィック・リパブリカニズムにおいて至高の公民的義務である都市の統治に参加するという「過酷で重要な任務」を要求することもないからである。実際、「〈Active Citizen〉がもつ美徳は、自発的な社会奉仕という利他主義である。（活動的、というよりも）善きシティズンとなるために、個人は積極的、批判的な政治的関心を放棄しなければならない、という印象を受ける。〈Active Citizen〉とは、彼ないしは彼女が帰属するローカル・コミュニティのなかでのボランティア・ワーカーのことなのだ」（Oliver & Heater, 1994: 130）。これに反し、シヴィック・リパブリカニズムの伝統をその「過酷さ」とともに受け継ごうとするヒューム、マーカンド、オールドフィールドは、マーシャルの「政治的シティズンシップ」をシヴィック・リパブリカニズム的に再構築することによって状況の打開を図ろうとしている。つまり、基本的に〈権利〉のタームで語られているマーシャルのシティズンシップ論において、一九世紀に確立されたとされる政治的〈権利〉は形式的な参政権でしかなかった。「政治的シティズンシップ」をより積極的な「自己統治」への〈権利〉および〈義務〉として再構築することが、侵蝕されつつある「社会的シティズンシップ」を担保する道でもある。したがって彼らのいうコミュニティは、ハードのいうボランティア活動の場ではなく、政治的プラクティスの場なのだ。

　しかし、ハードにおいてもマーカンドらにおいても回避されているテーマがある。それはミリタリー・サービスの問題である。シヴィック・リパブリカニズムはシティズンにたいして「祖国のために死ぬ」（カントロヴィッツ）義務だけではなく、戦闘要員として「国家のために生きる義務」（ウォルツァー）、いわば勝手に死んではならない義務をも課してきた。ジャノウィッツが指摘するように、近代国家形成、シティズンシップの範囲拡張に際して「軍事的制度のインパクト」は決定的に重要な役割を果たしてきた。「西洋の国民国家におけるシティズンシップは、たんに工業化、都市化、およびそれらと結びついた社会政治的運動だけの結果ではない。事実、私（ジャノウィッツ）の分析の要点は、『外見に反し、強制的なミリタリー・サービスは、民主主義の担い手としては普通選挙権にまさる』というエンゲルスの定式のなかに具現されている。一九六〇年代に、徴兵制に基づく大衆軍事制度は、より小規模な、より『自発的な』

兵力（志願兵制）へと転換され始めた。――社会構造、政治権力、およびナショナリズムにとって深刻な含意をともないながら」（Janowitz, 1976=1994: 354）。おそらく、シティズンシップ論争の随所に軍事的比喩が見え隠れしていること（platoon, battalion, Charlie's army, volunteer community army, active citizen in uniform, the new moral soldier, battle for the high ground of citizenship. ... etc.）は、シティズンシップとミリタリー・サービスの結びつきの深さを物語っている。〈active〉であれ〈good〉であれおよそシヴィック・リパブリカニズムにおけるシティズンをミリタリー・サービスという義務の遂行なしに育成することは可能なのか。いわば強制的なボランティア活動とシティズンシップ教育の規律だけで、シティズンシップという「非自然的なプラクティス」を身につけることは可能なのか。おそらくこれが、左右を問わず、シヴィック・リパブリカニズムの伝統の再評価によって政治的公共性の再生を図ろうとするコミュニタリアン的思考にとって最後に残る問いなのではないだろうか。そしてそのときには同時に、シティズンがそのメンバーであるナショナル・コミュニティとシヴィル・レリジョンの問題が正面から論じられなければならないだろう。議論はまだそこまで熟してはいないが、保守主義の「深化」と真価が問われるのはそのときであろう。

文献

Ⅰ〈Active Citizen〉をめぐる言説

Asherson, N.（1988）“Citizen put on the active list,” *The Observer*, 16 Oct.

Barnett, A.（1989）“Charlie's army,” *New Statesman & Society*, 22 Sept.

Benton, S.（1987）“Death of the citizen,” *New Statesman*, 20 November.

――（1988）“Citizen Cain's silenced sisters,” *New Statesman & Society*, 2 Dec.

Brown, A.（1989）“Cold charity that threatens to usurp the seat of justice,” *The Independent*, 1 Sept.

Commission on Citizenship（1990）*Encouraging Citizenship*, London: HMSO.

Corrigan, P. et al.（1988）“Citizen gains,” *Marxism Today*, August.

Crick, B.（1989） “The state of our civil liberty,” *Political Quarterly*, Vol. 60, No. 2.

———（1992） “Citizenship and education,” Jones, B. and Robins, L.（ed.）, *Two Decades in British Politics*, Manchester: Manchester University Press.

Dahrendorf, R.（1987） “The erosion of citizenship and its consequences for us all,” *New Statesman*, 2 June.

Davies, 1.（1990/91） “Are you an active citizen?” *Talking Politics*, Vol. 3, No. 2

Foster, S. & Kelly, R.（1990/91） “Citizenship: perspectives and contradictions,” *Talking Politics*, Vol. 3, No. 2.

Hall, S. and Held, D.（1989） “Left and rights,” *Marxism Today*, June.（= “Citizens and citizenship,” Hall, S. and Jacques, M.（eds., 1989） *New Times*, London: Lawrence & Wishart）

Heater, D.（1991） “Citizenship: a remarkable case of sudden interest,” *Parliamentary Affairs*, Vol. 44, No. 2.

Holme, R.（1992） “After paternalism,” *Political Quarterly*, Vol. 63, No. 4.

Hurd, D.（1988a） “The second “Tamworth Manifesto””（speech at Tamworth, to celebrate the bicentenary of the birth of Sir Robert Peel）, reported in John, C.（1988）“Restrain greed, Tories urged by Hurd,” *The Guardian*, 6 Feb.

———（1988b） “Citizenship in the Tory democracy,” *New Statesman*, 29 April.

———（1988c） ““Active Citizenship” and law and order”（speech to Tory Party annual conference）, reported in Sharrock, D. and Linton, M.（1988） “Electronic tags hailed as part of assault on “dependency culture””, *The Guardian*, 13 Oct.

———（1989） “Freedom will flourish where citizens accept responsibility,” *The Independent*, 13 Sept.

Ignatieff, M.（1989） “Caring just isn't enough,” *New Statesman & Society*, 3 Feb.（adapted from his article “Citizenship and moral narcissism,” in *Political Quarterly*, Vol. 60, No. 1, 1989）

Jacques, M.（1988） “Alternative British citizens by the left quick march,” *The Sunday Times*, 16 Oct.

June. Bauman, Z.（1988） “Britain's exsit from polities,” *New Statesman & Society*, 29 July.

Marquand, D.（1988a） *The Unprincipled Society*, London: Jonathan Cape.

———（1988b） “The old politics is over,” *The Observer* 31 January.

———（1988c） “Richesse oblige: the new Tory wave,” *New Statesman*, 3

———（1989） “The subversive language of citizenship,” *The Guardian*, 2 Jan.

———（1991=1994） “Civic republics and liberal individualists: The case of Britain,” *Archives Europeenes de sociologie*, Vol. 32, in Turner

& Hamilton（ed., 1994）.
Mouffe, C.（1988） "The civics lesson," *New Statesman & Society*, 7 Oct.
Oldfield, A.（1990a） *Citizenship and Community: Civic Republicanism and the Modern World*, London: Routledge.
——（1990b） "Citizenship: an unnatural practice?' *Political Quarterly*, Vol. 61, No. 2.
Oliver, D.（1991） "Active citizenship in the 1990s," *Parliamentary Affairs*, Vol. 44, No. 2.
Patten, J.（1988a） "Launching the active citizen," *The Guardian*, 18 Sept.
——（1988b） "Active citizens," *The Sunday Times*, 11 Dec.
——（1994） "The deepening of Conservatism," *Talking Potitics*, Vol. 6, No. 2.
Phillips, M.（1989） "Battle for the high ground of citizenship," *The Guardian*, 8 Sept.
Pimlott, B.（1988） "Opposition citizens unite!," *The Guardian*, 24 Oct.
Reiner, R.（1990） "Tackling crime," *Political Quarterly*, Vol. 61, No. 4.
Rogaly, J.（1988） "The active citizen for all parties," *The Financial Times*, 5 Oct.
The Citizen's Charter: raising the standard Cm. 1599（1991）, London: HMSO.
Wilsher, P.（1988） "When neighbours are not enough," *The Sunday Times*, 27 Nov.

Ⅱ 関連文献

Barker, R.（1994）*Politics, Peoples and Government: Themes in British Political Thought since the Nineteenth Century*, London: Macmillan.
Dore, Ronald（1990）*Will the 21th Century Be the Age of Individualism ?*〔加藤幹雄訳『21世紀は個人主義の時代か』サイマル出版会〕
Dunleavy, P.（1993）"Political parties," *Developments in British Politics* 4（ed. by Dunleavy, P., et al.）, London: Macmillan.
Finlayson, G.（1994）*Citizen, State, and Social Welfare in Britain 1830-1990*, Oxford: Clarendon Press.
Gamble, A. & Wells, C.（ed., 1989）*Thatcher's Law*, London: Basil Blackwell.
Gray, J.（1993）*Beyond the New Right: Markets, Government and the Common Environment*, London: Routledge.
——（1993）*Post-Liberalism: Studies in Political Thought*, London: Routledge.
Green, D. G.（1993）*Reinventing Civil Society*, London: IEA Health and Welfare Unit.

Greenleaf, W. H.（1983）*The British Political Tradition*, Vol. 2, London: Methuen.
Heater, D.（1990）*Citizenship: The Civic Ideal in World History, Politics and Education*, London: Longman.
Janowitz, M.（1976=1994）"Military institutions and citizenship in western societies," *Armed Forces and Society*, Vol. 2, in Turner & Hamilton（ed., 1994）, Macmillan.
Lister, R.（1990）*The Exclusive Society: Citizenship and the Poor*, London: Child Poverty Action Group.
Marshall, T. H. & Bottomore, T.（1992）*Citizenship and Social Class*, London: Pluto Press.
Milne, K.（1994）"Community: the Tories fight back," *New Statesman & Society*, 22 July.
Oliver, D. & Heater, D.（1994）*The Foundations of Citizenship*, London: Harvester Wheatsheaf.
Plant, R. & Barry, N.（1990）*Citizenship and Rights in Thatcher's Britain: Two Views*, London: IEA Health and Welfare Unit.
Roche, M.（1992）*Rethinking Citizenship: Welfare, Ideology and Change in Modern Society*, Cambridge: Polity Press.
Thatcher, M.（1993）*The Downing Street Years*, London: HarperCollins Publishers〔石塚雅彦訳『サッチャー回顧録』上・下、日本経済新聞社〕.
Turner, B. S. & Hamilton, P.（ed., 1994）*Citizenship: Critical Concepts*, 2Vols., London: Routledge.
Willetts, D.（1992）*Modern Conservatism*, London: Penguin Books.
Wright, T.（1994）*Citizens and Subjects: An Essay on British Politics*, London: Routledge.

15 「秩序」についての諸観念〈2002〉

〔東北大学大学院情報科学研究科社会情報学専攻共同研究成果報告書〕

本共同研究の目的は「情報社会の平衡秩序」を探求することにある。この課題に答えるためには、共同研究参加者間での「秩序」概念についての一定の合意が必要であると思われる。おそらく自然科学における「秩序」概念と人文・社会科学におけるそれとの間には大きな相違が存在するであろうことは容易に想定できるし、実際に後者においても論者によって「秩序」の意味は多様である。

冷戦構造の解体、エスノ・ナショナリズムの暴走、原理主義的テロリズムの頻発、失業の増加にともなうインナー・シティの無秩序化、等々を契機として、現代社会哲学においても、ネーション・ステイト間およびネーション・ステイト内の、あるいは在来のネーション・ステイトに代わる経済・文化・政治社会の秩序構想は、現在ある意味で活況を呈しているといってよい。たとえば、現代の代表的な政治哲学者であるジョン・ロールズは、両立不可能だがそれぞれに「筋のとおった」(reasonable) 包括的世界観が複数併存しているという事態こそが近代の民主社会の特徴でありかつ人類史が達成した成果であると見なし、それをなんらかの最も合理的な (rational) 単一の包括的世界観によって統括するのではなく、「さまざまに異なった善の観念をもつ人びとはいかにして相争うことなく共生できるか」あるいは「この多元主義を所与としながら、自由かつ平等な市民たちが正義にかなう安定した社会を持続的に維持することがいかにして可能か」という問いこそが現代の政治的リベラリズムにとっての最も核心的な問いであるという。ロールズにとっては〈justice as fairness〉〈unity〉〈stability〉の観念が〈the well-ordered democratic society〉の構成要素であり、彼はそうした社会の実現を「重なり合う合意」(the overlapping consensus) というアイデアに託している。

また、マルクス主義にも理解を示すユニークな合理的選択学派の社会哲学者ヤン・エルスターは、社会秩序の二つの概念を区別するべきだと主張している。一つには、「安定的・規則的・予測可能な行動パターン」(stable, regular, predictable patterns of behaviour) としての社会秩序であり、二つには、「協力行動」(cooperative behaviour) としての社会秩序である。この区別に対応して無秩序の二概念が存在する。一つは、「予測可能性の欠如」としての無秩序であり、これは「マクベス」における「白痴のおしゃべり同然、がやがやわやわや、すさまじいばかり、なんの取りとめもありはせぬ」という生のヴィジョンに表現されている。二つ目は、「協力の欠如」としての無秩序であり、これは「孤独で、貧しく、剣呑で、残酷、しかも短い」というホッブズによる自然状態における人間の生のヴィジョンに表現されている。従来経済学者たちは「予測可能性」と「協力」の代わりに「均衡」(equilibrium) と「パレート最適」(Pareto optimality) について語ってきたが、エルスターはこの用語法をあえて用いない。なぜならば、「社会諸規範は均衡の外部で予測可能性を保証し」「協力はパレート劣位の結果をもたらすことがありうる」からである。

以上の例示からだけでも「秩序」概念の多様性は充分に看取できる。こうした概念状況の下で、自然科学と人文・社会科学を横断する唯一「正しい」秩序概念をポジティヴに提起することは筆者の能力を越えている。以下では、社会秩序の問題を中心に、本研究参加者間での「秩序」概念に関する〈overlapping consensus〉を達成するためのたたき台を提供できればと考えるものである。

社会科学とりわけ社会学の分野には「秩序問題」とか「ホッブズ問題」と呼ばれる問いの領域が存在する。現在では、たとえば日常世界のミクロな場面における相互了解の可能性といったエスノメソドロジー的な問いもふくめて「秩序問題」と呼ばれることが多いが、これは元来はパーソンズがその初期の著作において、ホッブズの『リヴァイアサン』を引照しつつ、各個人の行為の目的のランダム性を前提にしかつ目的実現のための手段の選択に関するいっさいの制約を認めない功利主義は「無限の権力闘争に陥らざるをえない」ことを論証しようとした際に提起されたもので、文字どおり「社会秩序はいかにして可能か」という大問題を正面から論じようとするものであった。

パーソンズがこういう問いとしての「秩序問題」の起源をホッブズの社会理論にもとめたことは思想史的にも妥当である。政治が果たすべき役割は人類の「生存」（サバイヴァル）を確保することにあるのか、あるいはそれ以上に「正しい生存」（ジャスティス）を実現することにあるのかについては、政治思想家たちの間で意見の分かれるところであるが、「はっきりしているのは、正しい社会が存在するためには、あらかじめ組織化された一つの社会が正されるべくそこに存在していなければならないということである。その意味で、『秩序』こそが政治生活の第一次的概念である」（Crick: 1987）。プラトンの「国家」、アリストテレスの「国制」は、「あらかじめ組織化された一つの社会」の存在を当然の前提として、「正しい」あるいは「最善の」社会秩序とはなにかを問うものであった。モアが「最善の政体」にたいして「ユートピア」（どこにも無い場所）という名称を与えたときでさえ、そのアイロニーにもかかわらず「あらかじめ組織化された一つの社会」秩序そのものの自明性は疑われていない。そして、これらの思想家において社会秩序はきわめてリジッドでハイアーキカルなものとして表象され、その「正しさ」は神や自然といった人間社会にとって外在的な観念によって正当化されてきた。「ユートピア」（理想郷）の反動性と退行性が批判されるようになったのは近年にいたってからであるが、実際それは牢獄のようにさえ見える。

ホッブズが「万人対万人の争い」を人類の「自然状態」と考えたとき、「秩序」観念の決定的な転機が画された。彼にとって混沌と無秩序こそがナチュラル（自然、当然）であり、それを克服するためには人為が動員されなければならない。その意味でホッブズには、「個人状況ないし個人の行動というものはエントロピカルなもので、本来、混沌と無秩序をその実存的中核としている」という洞察が存在し、「人間の秩序とか制度というものは、anti-entropical なもの、つまり無秩序と混沌の負として観るという発想」（永井：1971）がまぎれもなく見いだされる。もちろんホッブズにおいても混沌と無秩序を克服する「国家」は、彼以前の思想家たちが描いた社会秩序像以上に抑圧的・権力的なものではあった。しかし、ホッブズと彼以前の思想家たちとの決定的なちがいは、ホッブズにとって「国家」はあくまでも個人の生命を維持するために個人たちによって設立されたものである以上、「国家」がその職務をまっとうできなくなった場合には、個人は「国家」への服従契約を破棄して自然状態に復帰してもよいという点にあった。それは個人の権利ですらある（抵抗権）。彼にとって社会秩序はあくまでもテンタティヴなものでしかない。ルソーはホッブズの構想にふくまれる暫定性を「強制的民主国家」とでもいうべきヴィジョンによって克服しようとし、スミスからハイエクにいたる市場経済派はホッブズ問題の非ホッブズ的解（自生的秩序）をもとめて悪戦苦闘することになる。

ホッブズ問題にたいするパーソンズ自身による解についてはここでは立ち入らないが、その議論の過程で彼は、われわれの当面の課題にとって重要ないくつかの指摘を行なっている。まず彼は、「事実的秩序」（factual order）と「規範的秩序」（normative order）を区別する。前者は、「確率論の統計法則に従う現象の厳密な意味におけるランダム性ないしは偶然性」の「反対物」として定義され、それは「本質的に論理的理論、とりわけ科学というものによって理解可能だということを意味している。偶然的な変化は、この見地に立てば、理解不能あるいは法則に還元不能だということを意味している。偶然性あるいはランダム性とは、理解不能あるいは知的な分析が不可能だということを指し示すための総称的用語である」。カオス理論が科学理論として語られる現在、パーソンズの記述は訂正を要するが、とにかく彼にとって「事実的秩序」とは科学的に理解可能な状態を意味し、事実的に非秩序であるとは科学的には理解不可能な状態を意味する。したがって、科学に関する進化論的観点に立てば、「事実的秩序」の範囲は時間的に拡大することになるし、科学に関するパラダイム論的観点に立てば、「事実的秩序」はそれぞれの科学者集団が採用するパラダイムに応じて相対的だということになる。しかし、パーソンズはここでいう科学を「経験科学」「実証主義」と等置しているので、観察・データ収集・実験・仮説検証といった手続きによって法則性が確定できないような状態はすべて非秩序と見なされることになる。

他方、「規範的秩序は、それが目的であれあるいは規則であれあるいは他の規範であれ、つねに規範あるいは規範的要素の一定の体系と相関的なものである。このような意味での秩序は、その規範的体系によって設定された仕方に即して過程が生起するということを指示している」。「規範的秩序」の内容そのものに関するパーソンズの記述はほぼこれに尽きるといってよいが、見られるようにここでは「規範的秩序」とは「どのような状態であるか」という形での定義はいっさい与えられていない。必要なのは、「規範的体系によって設定された仕方に即して過程が生起する」とはいかなる事態を意味するのかを示すことであるはずなのに、それはまったく明示されていない。たとえば、「人を殺すなかれ」という規範を採用する社会において、一件でも殺人があった場合その社会は規範的に無秩序と見なされるのか。そうした当然に問われるべき問いを放置したまま、彼は「事実的秩序」と「規範的秩序」の相互関係の方へ論を逸らせていってしまう（たとえば、「生存競争」はキリスト教の規範的観点からはカオスと見なされようが事実的にもカオスなわけではない、云々）。

しばしば誤解されていることだが、「事実的秩序」と「規範的秩序」の区別は自然秩序と社会秩序の区別と同一ではない。自然界について「規範的秩序・非秩序」という概念は当てはまらないが、社会秩序については双方の概念が適用可能である。そしてパーソンズはこの点に関してまったく断定的に、「社会秩序は、それが科学的分析を受けつけるものである限りつねに事実的秩序であるのだが、しかしそれが長く維持されるとすれば、何らかの規範的要素といったものが効果的に機能しなければ決して安定しえないようなものなのである」とのべているのである。つまり、パーソンズによれば長期的に安定的な社会秩序は規範の介在なしには事実的秩序としても存在しえない、いい換えればそこにはまったくランダムで偶然的な行為があるだけだということになる。パーソンズの社会学が規範主義と称されるゆえんであるが、これは脱‐規範的社会科学そのものの自己否定をもたらしかねない。

パーソンズの論述にふくまれる曖昧さと混乱にもかかわらず、彼が提起した問題群と概念群は「秩序問題」を問おうとする者にとって依然として一つの範例となっている。たとえば、エルスターによる二概念は「事実的秩序」と「規範的秩序」の区別とオーヴァラップするし、ロールズの構想は正義・統一・安定を実質内容とする「規範的秩序」の提案として理解できる。しかし、パーソンズの「秩序問題」の扱いに見られるさまざまな難点は、彼がそれを外部観察者として問おうとしているのか内部当事者として問おうとしているのかが曖昧であることに由来する。「事実的秩序」概念が「科学」概念と相関的であるように、あるいはそれ以上に「規範的秩序」概念はそれを問う者の「規範」概念と相関的である。おそらく社会科学における「秩序問題」には、自然科学における観察者問題と同型的な困難が存在する。規範というものにたいしてわれわれは二つの立場をとりうるのだ。第一に、それを一つの社会的事実として扱う立場、第二に、自らをも拘束する遵守すべき当為としてそれに関わる立場、この二つである。そして、このいずれに立つかによって、ある社会の状態を「規範的秩序」と見なすか否かの判断は異なりうる。たとえば、カニバリズムを規範とする社会における人肉食は「規範的体系に即して生起した過程」であり、当該社会の内部当事者にとってはもちろん外部観察者としての人類学者にとってもその社会は「規範的秩序」を有すると判断されるだろう。しかし、近親相姦とともにカニバリズムを絶対的タブーとしてきた多くの「文明」社会の内部当事者にとっては、その社会は端的に「規範的無秩序」と映ずるだろう。『リヴァイアサン』におけるホッブズの立場は、従来の社会規範の全面的解体（内乱）に直面して、自分自身をも拘束する遵守すべき当為としての「規範的秩序」を内部当事者として構想するというものであったといえる。ホッブズにあって「規範的秩序」の中心をなすものは「自己保存」「平和」という価値であった。そしてある人びとにとっては、ホッブズによる「平和」のマニアックな追求は「自由」の価値と両立不可能に見え、『リヴァイアサン』の出版そのものがさらに混乱を倍加させることになった。近代社会における秩序構想は必然的に〈self-reflective〉な性格を帯びざるをえない。

以上の考察から、「情報社会の平衡秩序」を問う際の「問い方」について、つぎの選択肢が可能となろう。（1）情報社会を構成するサブシステム内および間に事実として存在する秩序（科学的に認識可能な規則的パターン）を外部観察者として記述する立場、（2）情報社会に生きる人間の行動がどのような「規範体系に即して生起」しているのかいないのかを外部観察者として記述する立場、（3）情報社会に適合的な「規範的秩序」を内部当事者としてポジティヴに提案する立場。「情報社会の平衡秩序の探求」という課題は、究極的にはこれら三つを総合するものでなければならないだろうが、その際に最も必要なのは、いうまでもなくわれわれ自身の「哲学」なのである。

文献

Crick, B.（1987）*What is Politics?* Edward Arnold〔添谷・金田訳『現代政治学入門』新評論、一九九〇年〕.

Elster, J.（1989）*The Cement of Society: A Study of Social Order*, Cambridge University Press.

Parsons, T.（1937）*The Structure of Social Action*, McGraw Hill〔稲上・厚東訳『社会的行為の構造 1』木鐸社、一九七六年〕.

Rawls, J.（1993）*Political Liberalism*, Columbia University Press.

盛山・海野編（1991）『秩序問題と社会的ディレンマ』ハーベスト社。

永井陽之助（1971）『政治意識の研究』岩波書店。

藤原・飯島編（1995）『西洋政治思想史　II』新評論。

16 「見知らぬ人びと」の必要——M・イグナティエフの問題提起をめぐって〈2014〉

〔明治学院大学『法学研究』第九七号〕

はじめに

三〇年後の『ニーズ・オブ・ストレンジャーズ』

『ニーズ・オブ・ストレンジャーズ』が出版されてから三〇年が経過した。この三〇年は人類史のうえでも稀なほどに大事件が頻発した時期であった。その間に、著者であるイグナティエフの問題関心も社会的立場も大きく変わった。「謝辞」の最後で、「わたしにわたしのニーズを教えてくれた」と感動的な言葉をささげたスーザンとの離婚という個人的な危機もあったようだ。しかし、本書で彼が提起した問題は依然として今日的重要性を失ってはいない。一九九七年に発表した論文「帰属の政治学」（日本語版に「付論」として収録）で彼自身がのべているとおり、「一〇年以上も前に『ニーズ・オブ・ストレンジャーズ』でわたしが書いたように、『いかなる福祉システムであれ、個々人を平等に遇することと個々人を尊敬をもって遇することとのあいだでのこの矛盾を調停することができるかどうかは、依然として決まった答えのない問いなのだ』」（邦訳、二二〇頁）。この状況は今日でもなんら変わっていない。

一九九三年に出版された本書のドイツ語版の裏表紙には、サルマン・ラシュディによるつぎのような推薦文が掲載されている。「マイケル・イグナティエフの書き方には人を引きずり込むような力があるとともに強く訴えかける力も同時にかねそなえている。読んでよかったと思わせるようなやり方で、彼は、自著で論じているもろもろの考えが本当に重要なものであることを読者に納得させずにはおかない」。最高の賛辞というべきであろう。

では、『ニーズ・オブ・ストレンジャーズ』という書物で、著者イグナティエフが読者にたいして「強く訴えかけ」ようとした問いとはいったいなんなのだろうか。それを理解するためには、ドイツ語版タイトル『人はなにによって生きるのか：社会のなかで人間的に生きるとは、いかなることなのか』(Wovon lebt der Mensch: Was es heisst, auf menschliche Weise in Gesellschaft zu leben) が示唆的である。シェイクスピアの『リア王』における老王リアのせりふ「えぇい、必要（ニード）を論ずるな」をめぐる、ある種パセティックな文章にはじまり、ボッシュの絵画、アウグスティヌス、エラスムス、パスカル、ヒューム、ボズウェル、スミス、ルソー、マルクスの思想をフィーチャーした本書は、「人はなにによって生きるのか」という永遠の問いをめぐる一種の哲学的エッセイともいうべき性格の書物である。その問いに取り組んだ他者の思考を読むことによって触発されたイグナティエフの思考をたどることによって、確実に読者は「人はなにによって生きるのか：社会のなかで人間的に生きるとは、いかなることなのか」を自問することへと「引きずり込」まれる。

イグナティエフのスタイルと本エッセイの目的

本書は二重の意味で、「福祉」や「福祉社会」という問題群と関連づけてとりあげるにはふさわしくない書物かもしれない。第一に、本書は直接的に「福祉」や「福祉社会」の思想と実践をテーマとしたものではない。第二に、本書は一義的に明快な「答え」を与えるためのものではなく読者に「問い」を喚起するためのものである。本書から得られる最大限の政策的含意（ポリシー・インプリケーション）があるとすれば、おそらくそれは、福祉社会の個別的政策を考えるに際して、私たちが行なう選択の暗黙の前提と、そこから帰結するであろうものについて幾分かの明晰さを与えてくれることであろう。

このスタイルはイグナティエフが書くものに一貫している。一九九〇年前後の時期から彼の問題関心は急速にナショナリズムの領域へとシフトしてゆくのだが、民族紛争や現代戦争の現場で悪戦苦闘する人びとの行動につきしたがって彼が考えたことも、けっして直接的な政策的含意をもつものではないし、またそれを目的ともしていない。『ヴァーチャル・ウォー』の「はじめに」で彼はこう書いている。「本書が目指すところは、これに先立つ二冊の書物（『民族はなぜ殺し合うのか』、『仁義なき戦場』）と同様に、ごくつつましいものである。私は政治家たちにむけての政策処方箋も、将軍たちにむけての助言ももちあわせてはいない。私は市民たちにむけて書いているのであって、それは、いずれきっとそういう場面に直面することになるだろうが、私たちがふたたび戦争に行くようもとめられたときに、自分がなにについて発言しているのかわきまえていられるように、そして自分がわきまえていることにもとづいて行動できるようにするためなのだ」（邦訳、九頁）。ハーバード大学ケネディー行政大学院の「人権政策論」講座主任教授の地位にあった二〇〇五年の時点でも、また同教授職辞任後にカナダ自由党首になってからもそれは変わっていない。

このエッセイでの私自身の目的もまた「ごくつつましいものである」。「人はなにによって生きるのか」という問いをめぐるイグナティエフの思考を理解すること、そしてそれをとおして、現在の「福祉社会」をめぐる諸問題について私たちがみずから考える際に手がかりとなるいくつかの洞察を示すこと、以上の二点に尽きる。そのために、以下においてはまず、『ニーズ・オブ・ストレンジャーズ』という書物がイグナティエフ自身の個人史という文脈においていかなる位置にあるのかを確認することが試みられる（1）。その際に、イシュトファン・ホントとの共著論文「『国富論』における必要と正義」（本論文はイシュトファン・ホント『貿易の嫉妬――国際競争と国民国家の歴史的展望』（田中秀夫監訳、昭和堂、二〇〇九年）に再録された）との関連に注目する。つぎに、『ニーズ・オブ・ストレンジャーズ』におけるイグナティエフの思考を、「福祉社会」というテーマに関連するかぎりで吟味する（2）。その際には、「ニーズ論」と「福祉国家論」

という二つの文脈に着目する。最後に、アヴィシャイ・マーガリットの「品位ある社会」やリチャード・セネットの「尊敬」という概念との関連で、今日のわれわれが「社会のなかで人間的に生きる」ことについて考える際に、イグナティエフの議論が示唆するいくつかの手がかりを探求する（3）。

1．『ニーズ・オブ・ストレンジャーズ』の文脈（1）

イグナティエフの個人史における『ニーズ・オブ・ストレンジャーズ』の位置

これまでにイグナティエフは、小説をのぞき以下の一五編の単行本（共著一編、編著一篇をふくむ）を刊行している。

① *A Just Measure of Pain: The Penitentiary in the Industrial Revolution 1750-1850*, New York: Pantheon, 1978.
(Co-edited with Istovan Hont)

② *Wealth and Virtue: The Shaping of Political Economy in the Scottish Enlightenment*, Cambridge: Cambridge University Press, 1983〔『富と徳――スコットランド啓蒙における経済学の形成』水田洋・杉山忠平監訳、未來社、一九九〇年〕.

③ *The Needs of Strangers*, London: Chatto and Windus, 1984〔『ニーズ・オブ・ストレンジャーズ』添谷育志・金田耕一訳、風行社、一九九九年〕.

④ *The Russian Album*, Toronto: Viking, 1987.

⑤ *Blood and Belonging: Journeys into the New Nationalism*, London: BBC Books, 1993〔『民族はなぜ殺し合うのか――新ナショナリズム6つの旅』幸田敦子訳、河出書房新社、一九九六年〕.

⑥ *The Warrior's Honor: Ethnic War and the Modern Conscience*, London: Chatto and Windus, 1998〔『仁義なき戦場――民族紛争と現代人の倫理』真野明裕訳、毎日新聞社、一九九九年〕.

⑦ *Isaiah Berlin: A Life*, London: Chatto and Windus, 1998〔『アイザイア・バーリン』石塚雅彦・藤田雄二訳、みすず書房、二〇〇四年〕.
⑧ *Virtual War: Kosovo and Beyond*, London: Chatto and Windus, 2000〔『ヴァーチャル・ウォー——戦争とヒューマニズムの間』金田耕一・添谷育志・髙橋和・中山俊宏訳、風行社、二〇〇三年〕.
⑨ *The Rights Revolution*, Toronto: House of Anansi Press, 2000〔『ライツ・レヴォリューション——権利社会をどう生きるか』金田耕一訳、風行社、二〇〇八〕.
⑩ *Human Rights as Politics and Idolatry*, Princeton and Oxford: Princeton Universioty Press, 2001〔『人権の政治学』添谷育志・金田耕一訳、風行社、二〇〇六年〕.
⑪ *Empire Lite: Nation Building in Bosnia, Kosovo and Afghanistan*, London: Vintage, 2003〔『軽い帝国——ボスニア、コソボ、アフガニスタンにおける国家建設』中山俊宏訳、風行社、二〇〇三年〕.
⑫ *The Lesser Evil: Political Ethics in an Age of Terror*, Edinburgh: Edinburgh University Press, 2005〔『許される悪はあるのか?——テロの時代の政治と倫理』添谷育志・金田耕一訳、風行社、二〇一一年〕.
⑬ (Edited) *American Exceptionalism and Human Rights*, Princeton: Princeton University Press, 2005.
⑭ *True Patriot Love: Four Generations in Search of Canada*, Toronto: Viking, Canada, 2009.
⑮ *Fire and Ashes: Success and Failure in Politics*, Cambridge, Massachusetts: Harvard University Press, 2013〔『火と灰——アマチュア政治家の成功と失敗』添谷育志・金田耕一訳、風行社、二〇一五年〕.

その間に彼が取り組んできた思想的主題をあらわすキーワードを、おおまかな時代順に示せば、第Ⅰ期（一九七八—一九八四）：モダニティ、第Ⅱ期（一九八四—一九九三）：シティズンシップ、第Ⅲ期（一九九三—二〇〇〇）：ナショナリズム、第Ⅳ期（二〇〇〇―）：人権ということになるだろう。そして、これらすべてを貫通するテーマは、見知らぬ人びとからなる社会（アダム・スミス）としての近代社会において、なにかに、あるいはどこかに帰属することの意味と可能性の探求である。あきらかにフーコーの仕事に触発されたと思われる一八世紀から一九世紀にかけてのイングランドにおける刑務所改革に関する歴史研究（①）と、スコットランド啓蒙が近代経済学の形成に果たした役割に関する思想史研究（②）が、モダニティへの関心によって導かれていることは、あえて説明するまでもないであろう。この方向で彼が歴史家としての道を歩んでいたなら、ロイ・ポーターやサイモン・シャーマのような存在になっていたかもしれない。しかし彼は歴史家としての道を断念し、ロンドンをベースとするジャーナリストとして活躍することになる。

モダニティ擁護論としての『ニーズ・オブ・ストレンジャーズ』

スコットランド啓蒙研究の「余滴」とも思われる『ニーズ・オブ・ストレンジャーズ』は、なによりもまずモダニティ論であり、モダニティにたいする幾重にも屈折した肯定論であることを強調しておかなければならない。本書第三章「形而上学と市場」にもとづいてイグナティエフが脚本を執筆し、ジョナサン・ミラーが演出したテレビドラマ「暗闇での対話」の抜粋版が、オープン・ユニヴァーシティのビデオ教材シリーズ『啓蒙主義』の一巻として収録されている。そのことからもうかがわれるように、無神論者ヒュームの死に際しての平静な姿と、それに恐れおののくボズウェルのいかにもぶざまな姿を描いた第三章は本書の白眉である。そこで表明されているのは、モダニティに随伴する全般的世俗化がその始まりの時点ではいかに強固な意志によって支えられていたかということへの驚嘆と賞賛であると同時に、私たち現代人が世俗化をなんの緊張感もなしにあたかも自明のものとして受け入れている、その屈託の無さにたいするやりきれない思いである。「臨終に際して、人間たちが共通にもつ慰藉をもとめるニーズに屈することに対するかれ（ヒューム）の嘲笑的な拒絶には、ある種の崇高さがある。以来、世俗的文化はこの崇高さを保ってはこなかった。今日、世俗主義と言えば、端的に、あらゆるカテゴリーにおいて人間の霊的ニーズについては沈黙する文化の普遍化を意味するにすぎない。ヒュームのソクラテス的な死にあっては、世俗主義とはこれら霊的ニーズを主義（プリンシプル）として断固拒絶することを意味したのだ」（邦訳：一四四―一四五頁）。

だから彼は、霊的ニーズは物質的ニーズが満たされれば消え去るといったコンドルセやマルクスの屈託のない「啓蒙主義」には冷淡であるが、霊的ニーズの歴史的相対化というモダニティの趨勢自体を否定するわけではない。「ボズウェルに衝撃を与えた死は、今やわたしたちのものである。だが、それでいてわたしたちはいまだにそれを理解してはいない。わたしたちはいまだに、宗教的慰藉という囲いの外で死ぬとはいったい何を意味するのかという問いと折り合いをつけていないのだ」（邦訳：一四七頁）。モダニティにたいする幾重にも屈折した肯定論とのべたのは、このような意味においてである。

モダニティにたいするアンヴィバレンスは、『徳と富』の序論であるイシュトファン・ホントとの共著論文「『国富論』における必要と正義」にも特徴的である。この論文でのイグナティエフ－ホントによる議論はつぎのように要約することができる。（1）『国富論』でスミスが取り組んだ問題は、平等だが貧しい原始社会と不平等だが豊かな商業社会とを比較した場合、それぞれの社会の最も恵まれない人びとの基本的必要を満たすことができるのは後者であることを論証することであった。（2）その意味で『国富論』の中心的関心は正義の問題であり、所有の不平等と所有から除外された人びとの基本的必要の充足とを両立させうる経済秩序の発見こそがスミスの政治経済学の目標であった。（3）このスミスの立場は、有徳な富者が貧民の必要に応えるべきだとするシヴィックな理念と、基本的な財は神が万人にくだされた共有財産だとするキリスト教的理念の双方から「商業社会を非難した人びとに対して、近代を擁護する意図」（邦訳：二頁）をもっていた。（4）そうしたスミスの議論が依拠した言語体系は大陸自然法学の伝統であり、「自然法学の哲学者たちこそ、所有する者の請求と所有から排除された者の請求との理論的和解が、分析の言葉を権利の言葉から市場の言葉に転換することによって達成できることを最初に提起した」（邦訳：三〇頁）。

とくに（3）の論点に関連して注目すべきは、イグナティエフ－ホントがシビック・ヒューマニズムの反動性あるいはそのノスタルジア的性格を強く指摘していることである。ヒューム－スミス的な議論における「正義」とそれを可能にする「富」の中心的重要性にたいして、シヴィックな議論の中心的関心は「徳」にあるが、それは「財産をもつエリートの政治的積極主義」にほかならない。たしかにスミスは高潔な人格というシヴィック的理念に共感をいだいてはいたが、彼にとってはあくまでも「貧民の必要に対する正義こそが、公民的な徳に優先すべきなのである」（邦訳：九頁）。また、付随的文脈においてイグナティエフ－ホントが、貧者の必要を満たすためのもうひとつの選択肢としてイングランド民衆によって発動されたモラル・エコノミーに対しても、ポリティカル・エコノミーに代替する位置づけをあたえてはいないこともまた注目すべき点である。『ニーズ・オブ・ストレンジャーズ』では、ルソーとマルクスがそれぞれシヴィック的反動とモラル・エコノミー的民衆主義の変形版（ヴァリエーション）として論じられているが、Ｅ・Ｐ・トムスン的モラル・エコノミーという、当然に考慮されるべき選択肢についてはまったく論じられていない。[1] この事実は、『ニーズ・オブ・ストレンジャーズ』をモラル・エコノミーの福祉社会版として読むことの妥当性に限定を付すものであろう（この点については、次節で検討する）。

シティズンシップと福祉国家

『ニーズ・オブ・ストレンジャーズ』はモダニティ論であると同時に、福祉国家内部での見知らぬ人びとの間にある、ニーズを媒介とする道徳的関係への問いをも含んでいる。一九八〇年代後半の英国では、「社会などというものはない。あるのは個人とその家族だけだ（There is no such thing as society. There are individual men and women. And there are families）」というサッチャーの言葉をめぐって、シティズンシップ論争と呼ばれる議論が論壇をにぎわした。[2] イグナティエフ自身もその一翼をになない、『ニーズ・オブ・ストレンジャーズ』での問題関心をシティズンシップ論として展開してゆくことになるのだが、そこでのイグナティエフの位置もまた両義的なものであった。ダグラス・ハードを代表とする保守党の伝統主義・貴族主義的部分が主張するパターナリズム的処方箋（自発的なコミュニティ・ボランティア活動の動員による帰属意識と社会的結束の回復――それは今日のキャメロン―クレッグ連立政権の「Big Society」というスローガンとしてよみがえっている）は論外だとしても、労働党による社会権的シティズンシップへの固執（義務をともなわない一方的な請求権としての権利言語）にも、リベラル・デモクラッツによるシヴィック・パラダイムの復活（過剰に政治的・公共的な義務言語）にたいしても彼は異論を唱えるのだ。彼は基本的には近代的リベラルの伝統を肯定し、私的領域における自由とまさしくそれを確保するために要請される公的・政治的領域への参加としての現代的シティズンシップの再構築をもとめるのである（"Citizenship and Moral Narcissism," *The Political Quarterly*, Vol. 60, 1989）。

シティズンシップという考え方は政治体（ポリティ）の実在と一体不可分であって、納税者（タックスペイヤー）・消費者（コンシューマー）という経済的カテゴリーでしか個人をとらえられないサッチャリズムの論理的帰結は政治体そのものの解体である。それは近代リベラリズムにふくまれる要素のひとつの極限形態ではあるが、なんらかの意味でシヴィックな次元を想定しないシティズンシップ概念は用語矛盾である。そのかぎりで彼は、ビヴァリッジ／ケインズ的な福祉国家の意義をつぎのように肯定する。「ウィリアム・ビヴァリッジとジョン・メイナード・ケインズの名前は、普通にはシティズンシップ概念の歴史と関連づけられることはないが、彼らは、一九四五年から一九七〇年代までに広く浸透した市民間での取引（シヴィック・バーゲン）の諸条件を定義するに際して決定的に重要な地位を占めている。シティズンシップについてのこの新しい構想では、市民は権利の問題として、みずからが貢献してきた共通の基金によって、病気、老齢、失業から守られていると期待することができた。福祉給付は万人に適用されるものであった。その新しい市民間での取引は必要（ニード）をベースとする『持てる者』と『持たざる者』との間での取引ではなかった。だからこそ税金は明示的に、見知らぬ人びととの間でのシヴィックな連帯を構築するための道具と考えられたのだ。シヴィックな連帯は、ある市民が国家から受け取る分が増えれば増えるほど、彼はみずからの私的利益を公共に結びつけることがますます容易になるはずだ、という想定に立って構築されたのである」("The Myth of Citizenship," A Lecture given at Queen's University on 22 Sept. 1987; revised version: *Theorizing Citizenship*, ed. by R. Beiner, ch. 2.)。

「リベラル・リアリスト」という両義性

近代における政治体の標準的様式は国民国家（ネーション・ステート）であるが、一九八〇年代末から九〇年代初めにかけての時期は、人（マン）が市民（シティズン）でありうる条件としての政治体、およびその近代的様式である国民国家そのもののあり方が大きく揺らぎだした時期でもあった。グローバリゼーションの進行と民族紛争の勃発である。カナダ人としてイグナティエフはこうのべている。「グローバル経済のパラドックスは、国際的領域においてわれわれの利益を定義しわれわれの問題を解決するための手段として、国民国家の重要性が減少するのではなくますます増大するということである。……われわれカナダ人はわれわれのローカルな利益に応答する強力な地方政府（ローカル・ガヴァメント）を欲するとともに、グローバルな領域でわれわれの主張を代弁する強力な連邦政府を必要としている」("The Myth of Citizenship")。

しかし、国民国家の崩壊に直面している人びとにとっては、これは贅沢な悩みというべきであろう。エスニック・ナショナリズムをめぐる紛争現場からの報告である『民族はなぜ殺し合うのか』（⑤）以降、イグナティエフの問題関心は国民国家の解体と再生、ステートとポリティクス、ステートをもたない人びとにたいする最後の保障としての人権（あくまでもポリティクスとしての人権、とくに⑩参照）といった問いを中心に展開されることになる。その過程で彼は、コスモポリタン・リベラルという特権的地位の欺瞞性・偽善性に否も応もなく気づかされ、統治機構という意味でのステートの存在、それによって確保される秩序のプライオリティを断固として擁護する立場を鮮明にしてゆく。また、それとともに、『ニーズ・オブ・ストレンジャーズ』において表明されていた権利とニーズの関係、人権の普遍性にたいする懐疑主義もまた修正を余儀なくされてゆく（「日本語版序文」）。

こうしたイグナティエフの立場は多くの人びとによって猜疑の目で見られることになった。コソボはまだしもイラクにたいする彼の武力行使容認論はリベラルの間で彼を孤立させることになり、さらには「リベラル・ホーク」、「リベラル・インペリアリスト」、「リベラル・デモクラティック・インターナショナリスト」といった性格づけがあたえられることになった。「軽い帝国」アメリカが現に保有するパワーは人権抑圧国家にたいするレジーム・チェンジとその後の国家建設、破綻国家における秩序回復のために利用可能なひとつの資源である、とする彼の政治的リアリズムは幾重にも屈折しており、「リベラル・リアリスト」というあり方がいかに困難な選択であるかを示している。彼の父親ジョージはピアソン首相の時代に国連大使を務め独自の平和路線の確立に貢献した外交官であり、「ピース・モンガー（平和屋）」を自称した人物であった。また、彼の母方の叔父ジョージ・グラントはカナダ・ナショナリズムを鼓吹する『ある国民への哀歌』の著者として国民的人気をほこる哲学者であった。マイケルの選択は、そうしたイグナティエフ—グラント一族の家族的伝統への裏切りであり、カナダの国民的伝統からの離反とも見なされたのである。(3)

しかしイグナティエフにいわせれば、ある政治的な選択をその当人の道徳的アイデンティティに直結させて論じること自体が非政治的であり、イデオロギー的なのである。「（かつてベトナム反戦デモで手を組んだ）私の友人たちはまた、イラク戦争で私がだれと手を組んでいるかによって私がどんな種類の人間であるかが定義される、といおうとしている。だから、私たちがみなどんな立場をとるかが、私たちの道徳的アイデンティティのリトマス試験紙となってきた。だが、そうであってはならないのだ。戦争に反対したからといって、その人びとが反グローバル主義者、反ユダヤ主義者、反米主義者になるわけではないのと同様に、戦争を支持したからといって、チェイニー流の保守主義者やアメリカ帝国主義の擁護者とはならないのだ」（"I Am Iraq," *New York Times Magazine*, March 23, 2003）。

しかし、彼の政治的選択が道徳的判断とまったく無縁なわけではない。『軽い帝国』には、アルカイダは「抑止も強制も通用しない不可視の細胞」であり、ボスニア、コソボ、アフガニスタンは「生命維持装置」につながれることでかろうじて命脈をたもっている地域であるといった不用意な表現が散見される。コソボ空爆を支持したスーザン・ソンタグはかつて「隠喩としての病」の危険性を指摘したことがあった。また、永井陽之助も国際関係を疫学的比喩でとらえることの危険性を指摘したことがあったが、それとは別の意味で、一過性の帝国的後見支配を自立に向けての介入的「治療」としてとらえているようにみえるイグナティエフの表現は、筆がすべったというだけではすまされない論点を提起する。すなわち、「頑固にリベラル」であることとパターナリズムとの両立可能性の問題だが、これは『ニーズ・オブ・ストレンジャーズ』にも伏在する問題であった。

2.『ニーズ・オブ・ストレンジャーズ』の文脈（2）

三つの問い

『ニーズ・オブ・ストレンジャーズ』の「はじめに」のなかで著者が明言するところによれば、本書においてイグナティエフはつぎの三つの問いに取り組んだ。すなわち、（1）「見知らぬ人びとのニーズを代弁することが正当なのはどういう場合なのか」、（2）「人間がその才能を開花させて生きるために何を必要としているかを定義することははたして可能なのか」、およびそこから派生する問いとして、「政治的および社会的権利の言語によって特定されうるニーズとそうはできないニーズとの区別」、（3）平等と尊敬、連帯と自由のように「他のニーズをある程度犠牲にしなければ充足されえないようないくつかのニーズが存在するのではないだろうか」、この三つである。つきつめればこれらの問いは、「見知らぬ人びととはだれのことか」と「人間的必要とはなにか」の二つにまとめることができる。そしてこれら二つの問いが交差するところに、「見知らぬ人びとが必要とするもの（ニーズ・オブ・ストレンジャーズ）」を充足するシステムとしての「福祉国家」への問いが浮上してくる。

さらに、これらの問いに取り組む際の著者の姿勢は「歴史家」のそれであるが、ただし論じられているのは「ニードの歴史ではない」とものべられている。だから、先に本書を「ある種の哲学的エッセイ」とよんだのはいささか正確さに欠けている。本書は哲学的な「他者論」や「ニード論」ではないし、「福祉国家の政治哲学」を論じたものでもない。つまり、人間がなにかを必要とするという事態についての抽象的・哲学的な考察ではなく、またその事態を表現する言語の連続的な歴史的変化をたどったものでもない。このような性格の書物から、なんらかの実践的含意をもった示唆を得ようとする読み方そのものがじつに邪道なくわだてに思えてもくるのだが、それもひとつの読み方と思い定めて、以下ではニード論と福祉国家論の文脈においたときに浮かび上がってくる本書の含意を検討したい。(4)

ニーズ論の文脈――ニードとニーズ

ニードないしはニーズという言葉は、たとえば「消費者のニーズ」「住民のニーズ」というようにマーケティング業界や行政サービスとの関連で頻用される日常語のひとつとしてほぼ定着している。その際に意味されていることは、必要・要求・要望・需要、総じて消費者や住民が「もとめるもの」という、もとめる側の積極性が含意されている。しかし、英語としての「ニード」ないしは「ニーズ」はむしろ「なにかが欠如している、だからそのなにかを必要としている」という受動性を特徴とする。そのニュアンスを十分に伝えられなかったことは、翻訳にたずさわった者として反省すべき点である。しかし、それ以上に気にかかっていることは、「ニード」と「ニーズ」をイグナティエフがどう区別しているのかという点にかならずしも十分な配慮がなかったことである。彼自身この両者を厳密に区別して使っているわけではないが、「ニード」という場合は、抽象名詞として「なにかが必要であるということ」、「なにかが欠如しており、そのなにかが必要である」という事態を指す場合が多い。それにたいして「ニーズ」という場合には、欠如している具体的なものが想定されている場合が多い。ただしそれらはかならずしもすべてが物理的実在性をもったものというわけではない。たとえば「愛情」や「連帯」もまた人びとが「必要とするもの」として数ある「ニーズ」のなかのひとつである。また、「究極の意味をもとめるこのニード（this need for ultimate meaning）」といったいささかぎこちない翻訳で意味されていることは、「人生には究極的意味が必要である」という事態のことであり、その事態の解消のためには信仰というニーズが想定されている。つまり、「ニード」という事態には必然的に「ニーズ」というものが随伴し、「ニード」の解消のためには「ニーズ」が充足されなければならないわけである。

「ニードロジー（needology）」という言葉で揶揄されることがあるように、社会福祉政策という学問分野にとって「ニード」ないしは「ニーズ」は最も中心的な概念である。たとえば『福祉社会事典』では、「ニード」という事態はつぎのように定義されている。

必要とは、ある主体にとって何らかの望ましい状態を想定することができるとき、その状態に照らしてみて何らかの客体が欠けている状態にあることを意味する。市場システムがひとの欲求や需要に対応するとすれば、それを補完するものとしての福祉システムはひとの必要に対応するものである。ここで需要は主観的な概念であるのに対して、必要は間主観的な概念である。必要が当事者によって判断される場合でも、当事者を超えた社会通念に基づいている。社会福祉の実際においては、必要は専門家や政策決定者によって判断される場合が多いが、概念自体が温情主義の危険を内包しているのである。（庄司ほか編　1999：八二五頁。執筆者、山森亮）

この定義は、イグナティエフの用例に即した私の解釈と共通する部分が多い。『福祉社会事典』における定義は、おそらく武川正吾による一連の「必要」についての考察を踏襲している。武川は「必要」という状態を解消するためのものを「資源」とよぶが、それは「必要とされるもの」としてのニーズに対応しているといえるだろう。また、欲求・需要の主観性にたいして必要の間主観性とそれゆえに内在するパターナリズムの危険性もまたイグナティエフが強調している点である。しかし、欲求・需要の充足は市場システムで、必要の充足は福祉システムでという単純な二分法はイグナティエフのとるところではない。福祉システムによっては充足されない、いやそもそも社会的集合財というかたちでは充足されないニーズがあること、福祉システムの内部においてすら両立不可能なニーズがあることを強調している点こそが、イグナティエフによる最大の問題提起である。その意味で『ニーズ・オブ・ストレンジャーズ』は、既存の社会福祉政策的思考にたいして限界への自覚を促す社会福祉政策的理性批判の意味合いをもっている。

イグナティエフのニーズ概念の独自性

「ニード」ないしは「ニーズ」という概念をめぐって社会福祉政策的思考が見逃している論点がさらに存在する。すなわち、(1) ニーズと責務との一体不可分性、およびある種のニーズは権利としてその充足を他者にたいして要求できるのに、なにゆえにある種のものはそうではないのかという問い、(2) ある種のニーズの充足を追求することは必然的に悲劇をもたらすというニードに内在する悲劇性の問題、(3) ニーズが認知されるためには公共的言語によって表現されなければならないというニードと言語表現の問題、この三点である。(2) および (3) の論点はあまりにも「文学的」であり、社会科学の一分野としての社会政策学の関知するところではないのかもしれない。しかし、(1) の論点は社会政策学が正面から取り組むべき論点であり、英国では一定の蓄積がある。

ところが、(1) の論点に関してイグナティエフ自身は厳密な議論を展開しているわけではない。第一章「自然的なものと社会的なもの」と題する『リア王』論の冒頭で彼は、まったく論拠を示さずに、欲望（ディザイアーズ）と必要（ニーズ）を区別するものは責務であると断言している。すなわち、われわれには他者の欲望に応えるべき義務はないが、あるものが「必要」だという訴えにたいしては応えるべき義務を負う、というのである。しかしこれはけっして自明な命題ではないし、「ニード」の語用論から必然的に導出される公理でもない。おそらくイグナティエフによる断言の背景としては、レイモンド・プラントたちによる『政治哲学と社会福祉』（一九八〇年）の第二章「ニーズ、権利および福祉」（この章はプラントによる単独執筆であり、「ニーズは責務を創出する」というシモーヌ・ヴェーユの言葉がエピグラムとして引用されている）におけるニーズ（needs）とウォンツ（wants）をめぐるつぎのような議論が念頭にあったと思われる。

「ニードの概念は現代の社会政策と福祉国家を理解するために絶対的に根本的なものである。何人かの論者の見方では、ニードの承認と充足こそが現代国家の福祉機能を他の機能から区別するものであり、それと同時にニーズと権利の関係こそが、福祉給付の受給者の側でのスティグマというさかんに議論されている問題の核心にあるものなのだ」(Plant, et al. 1980: 20)。一般的に、ニーズは社会的サービス（わが国でのいい方では「福祉」）の領域に、ウォンツは市場システムに対応している。ウォンツ一般が社会的サービスの対象だとすれば、奇妙な結果をもたらすことになる。たとえば人びとはカラーテレビや新車が欲しい。しかしそれらを社会的サービスによって提供することの妥当性にたいしてわれわれの直感は異議をとなえる。なにかが欲しいという場合、通常われわれは市場での購入というかたちでその欲求（ウォンツ）を充足させる。そこではスティグマの問題はなんら生じない。なぜなら対価を支払って商品を購入することは、われわれの正当な権利だからである。ニーズにもとづく福祉給付にスティグマがまとわりつくとすれば、ニーズにもとづく請求が正当化されていない、すなわち権利として確立されていないからである。では、ニーズの訴えに正当性・権利性を付与するもの、逆にいえば、その訴えに応えることをわれわれの責務とさせるものはなんなのか。

わが国で「必要」の概念について最も意義のある議論を展開している武川は、「自動車が欲しい」という表現と「自動車が要る」という表現のちがいを吟味することによって、需要——主観的——欲望——利害——市場システム、必要——客観的（間主観的）——道徳——善悪——福祉システムという対比を導出している（武川 1991、1996、とくに 2001：二三頁以下）。しかしプラントは、"X wants Y for Z"と"A needs B for C"との間にはいかなるちがいも存在しないという。いずれの表現も主体（誰が）と客体（なにを）と目的（なんのために）という三要素によって構成されている（武川のいう「望ましい状態」が、プラントのいう目的に相当する）。武川は「欲しい」と「要る」との間にはそれ自体としてちがいがあると見なしているようだが、プラントは両者のちがいは相対的なものであり、ある種のニーズに正当性・権利性を付与するものは目的の特異性だと考えるのである。「それゆえ、『基礎的な人間的ニーズは存在するか』という問いは、万人にとって欲せられるなんらかの基礎的な人間的目的は存在するか、という問いに転ずるのである。その際に、基礎的ニーズとはそれらの目的の追求と実現にとって無くてはならない手段のことだということになる」（Plant, et al. 1980: 33）。そしてプラントは、そうした基礎的な人間的目的（生存、自律）が中立的・客観的なものとして存在し、その目的追求と実現の手段としての基礎的ニーズは権利として正当化されると考えるのである。

イグナティエフが批判するのはまさしくこうした道徳的客観主義である。彼によれば、「わたしたち人間の本性に内在するなにかがあって、それがあるものに対する権原をわたしたちに付与するなどということはけっしてないのだ」（「はじめに」、邦訳：二二頁）。『リア王』をめぐるニーズの悲劇性に関する考察によって彼が確認しようとするのは、人間的ニーズの徹底した歴史化・社会化である。「社会的なものの基層には自然的なものが存在すべきだ。わたしたちを個々人と結びつける複数の義務の基底には、わたしたちとかれらの関係いかんにかかわらずおよそいっさいの男女とわたしたちを結びつけるひとつの義務が存在すべきだ。ところが、社会的なもの、歴史的なものの基底には、実はまったくなにも存在しないのだ」（「第一章」、邦訳：八二頁）。

このような思考にしたがえば、ある種の「ニーズ」を「権利」に転換するのは、結局のところ、ある種の目的（たとえば「健康で文化的な生活」）は人間にとって基礎的なものであるということに関するそのときどきの社会的合意であるということにならざるをえない。戦時の連帯感の記憶、経済成長にうらづけられた福祉合意は、普遍主義的な福祉給付を権利として定着させるかに見えた。しかし、経済衰退と財政危機、公的セクターの非効率性にたいするネオリベラルによる批判は、福祉国家という枠組み自体の信頼性（クレディビリティ）を失墜させた。衣食住へのニーズの権利化でさえ、歴史と社会の状況に左右されるのである。しかも、権利化されうるニーズは数あるニーズのなかのごく一部でしかないし、福祉システムの内部でそれらのニーズを満たすやり方もけっして「品位ある」ものとはいえない。福祉国家という歴史的産物はいかなる種類のニーズに、いかなるやり方で応えようとしたものであり、その意義と限界はいかなるものなのだろうか。

福祉国家論の文脈

ここで「福祉国家」というのは、英国において『ビヴァリッジ報告』（一九四二年）によって打ちだされた社会保険制度を柱とする、国家主導による一連の社会的サービス提供システムのことである（富永 2001）。そういってしまえば味も素っ気も無いこのシステムの構築は、その誕生と衰退に関して「伝記」が描かれるほどの物語性を有するひとつの「国民的プロジェクト」（イグナティエフ）でもあった。ナチス・ドイツという「いまここにある」脅威との戦いの最中に提示された戦後復興の青写真は、欠乏・病気・無知・不潔・怠惰という平時における「五大巨悪」とのもうひとつの戦いへと国民を動員していった。そして二〇世紀のリヴァイアサンたる全体主義に打ち勝った英国国民は、みずからがつくり出したもうひとつのリヴァイアサンに囚われていることに気づかされるようになった。ティンミンスが描く「福祉国家の伝記」はそういうものである。

ビヴァリッジが五大巨悪と名指したものは、それぞれ豊富・健康・知識・清潔・勤勉という「望ましい状態」にてらしてみた場合の欠如状態としてのニードにほかならない。その欠如を充足するために所得保障、医療保健、教育政策、住宅政策、雇用政策が整備されていった。ビヴァリッジによっては明示されなかった六番目の巨悪としての依存（それに対比される「望ましい状態」が自立である）というニードに対処するために対面的社会サービス（いわゆる「ケア」）がのちに付加されることになるが、一般に福祉国家という場合に問題とされるのは年金・医療・介護の三領域である。このようなものとしての福祉国家にたいするイグナティエフのスタンスもまた屈折したものである。

彼は私的慈善から公的給付へという転換を基本的には肯定する。『ニーズ・オブ・ストレンジャーズ』において彼は、イヴァン・イリッチのような脱制度論者を批判する文脈でこう明言している。「もしわたしたちが道徳的関係のうえでお互いに見知らぬ他人同士であることをやめたいと願うならば、わたしたちはおそらく国家による福祉という仕組みそのものを解体しなければならないのだろう。だが、わたしの住まいの戸口の年金生活者たちが息子や娘たちの気まぐれな慈悲心か、あるいは慈善団体の不確実な施ししか頼りにできなかった時代に戻りたがっているかといえば、わたしには疑わしく思われる。官僚機構をつうじての所得移転は、贈与関係に随伴する隷属から各人を解放してきたのだ」（「はじめに」、邦訳：二七―二八頁）。しかしこうして獲得された「自由」は依然として「連帯」を保障するものではないし、福祉給付にともなう屈辱感も解消されてはおらず、さらに福祉システム内部での個人としての尊厳と画一的な処遇との間の原理的矛盾にたいする答えも見いだされてはいない。

モラル・エコノミー批判

このような状況下で、いわゆるケア、とりわけ高齢者ケアの領域からモラル・エコノミーの福祉版ともいうべき主張がなされており、その際にイグナティエフが援用されている。しかしこのアプローチにはいくつかの問題がある。

アン・ロバートソンの論文「終末論的人口学を超えて：相互依存のモラル・エコノミーに向けて」は、「わたしたちが生きる時代にふさわしい」新しいニード言語を創造するというイグナティエフが提起した挑戦への応答を意図している。その際の切り札が「モラル・エコノミー」と「相互依存」なのである。彼女によれば、少子高齢化の趨勢を未来に延長して財政的・社会的カタストロフにおびえる言説にはいくつかの誤った前提がある。現在の高齢者は一方では「自立」をよしとする社会倫理（social ethic）と、他方では高齢者を「依存者」として構成するサービス倫理（service ethic）との間に囚われているが、その原因は、ニードをめぐる議論を非政治化する近代的な個人主義の遺産と脱近代的な癒しの倫理（therapeutic ethic）との癒着にもとめられる。したがって「自立」と「依存」の二分法をのりこえるためには、個人主義的な権利言語と専門家中心的な癒しの言語の双方を批判し、「ニーズの政治学」を回復する必要がある。そして彼女は「ニーズの政治学」が展開されるべき場を、市場と国家（ポリティカル・エコノミー）から共同体（モラル・エコノミー）へ転換するべきだというのである。

ロバートソンによるこうした考えの背景には、社会学的構築主義（cf. Robertson 1991）とウォルツァーやサンデルのコミュニタリアニズムがある。また、ナンシー・フレーザーが正確に指摘しているように、「ニーズの政治学」という場合、ニーズ充足の政治学とニーズ解釈の政治学とを区別するべきなのだが（Fraser 1989）、ロバートソンの場合にはそれらが混同されている。後者の問題領域においてニーズ解釈の当事者主権を回復しようとすることと、ニーズ充足のための資源配分を非市場的かつ非政府的かつ非家族的な公共性の領域としてのコミュニティにおける「相互依存」と「互酬」にゆだねることとは別問題であろう。

ロバートソンが応答しようとしたイグナティエフは、日本語版序文のなかで「国家干渉の範囲を拡大するためにニーズ論を援用するという考えには馴染めない」とのべているが、不用意なニーズ論が呼び寄せるのは国家干渉の拡大だけではない。コミュニティもまたパターナリズムの温床である。ロバートソンによる過剰にコミュニタリアン的な言説はそのことの危険性に無自覚すぎるし、イグナティエフの問題提起にたいする的確な応答とはいいがたい。必要なのは依然としてニーズのポリティカル・エコノミーなのである。

3. 『ニーズ・オブ・ストレンジャーズ』の射程

権利化可能／不可能なニーズ

ニーズ充足のための適正な資源配分のためには、われわれは依然として国家や市場という制度に頼らざるをえないとして、そのことはすべてのニーズが法律上の権利となればよいということではない。『人間的ニードの理論』(一九九一年)においてドイヨルとガフはこうのべている。

「イグナティエフは、法律上の権原というかたちでは表現されえないいくつかのニーズが存在するという力強い訴えを行なっている。『友愛、愛情、帰属感、尊厳、そして尊敬の念、これらが権利のひとつとして算え入れられないからこそ、わたしたちはそれらをニーズとして特定すべきなのであり、わたしたちが自由に使いこなせる味気ない制度的手続きのなかで、そうしたニーズの充足をごくありきたりの人間的慣行にするように努めるべきなのだ』。だが、この命題は矛盾しているようにみえる。というのもこの命題は、そのような『ごくありきたりの』慣行によっては申し分のない結果がもたらされない場合には、それ相応の権利を法律によって定めることが適切だということを含意しているからである。換言すれば、法制化ということは、民主政国家は最も私的な生活領域のなかであっても深刻な危害にたいして重大な関心をもっていることを強調しているのである。多くの国では夫を妻にたいする強姦罪で告発することができないようになっているが、それは不当なことだと広く見なされているという事実は、私生活にたいする立法措置の妥当性を例証している。同様な指摘は、成人による児童にたいする——動物にたいしてすら——処遇をめぐってもなされうるし、そのことはそれ相応な立法と司法的支援の道徳上の論拠と重要性を強調するものである」(Doyal and Gough 1991:

304-305)。

イグナティエフとしてもこれをニーズ論の援用による国家干渉の拡大とは考えないだろう。イグナティエフがいおうとしているのは、そうした立法措置によっては満たされないニーズが依然として残るということなのだ。家庭内暴力を傷害罪として罰することができるようになったからといって、妻は夫の愛情を回復することができるのだろうか。いじめを刑法犯罪として規定したからといって、いじめにあった子どもの孤独は癒されるのだろうか。ドイヨルとガフも「紙の上の権利は、すべての法律家が知ってのとおり、たんにそれだけのものだ」とのべて、たんなる立法では不十分であることを認めている。しかし問題は、制定法上の権利が公正で誠実な司直によって担保されなければならない、というより以上のものなのだ。事実イグナティエフはこうのべていたのではなかったか。「今日、行政当局が示す善意とは、人格としての個人の品位を貶めておきながら、個人の権利は尊重することであるらしい」(「はじめに」、邦訳：一一頁)。

「品位ある社会」とは

ドイヨルとガフがイグナティエフの「矛盾」をつくために引用した文章では、つぎのような重要な一節が省略されている。「どんな社会であれおよそ品位ある社会（any decent society）というものがなぜ人格としての人間がもつニーズについての公的言説を要請するかといえば、それは、尊敬の念を示す人間の身振りを金で買うことはできないし、権利はそうした身振りを権原として保証することもできないからだ」(邦訳：二一頁)。さらに、つぎのパラグラフではこうのべられてもいる。「わたしが言っているのは、品位ある人間らしい社会（a decent and humane society）というものは善についての言語の共有を要請するということだ」(邦訳：二二頁)。

今日「品位ある社会」への道徳的構想に正面から取り組んでいるは、アヴィシャイ・マーガリットである。彼によれば「品位ある社会」とは、その制度が人びとに屈辱感を与えないような社会であり、その社会の個々の構成員が他者に屈辱感を与えない「礼節ある社会（civilized society）」とは区別される。だから、かつてのチェコスロバキアは「礼節ある社会」ではあったが「品位ある社会」ではなかった。マーガリット自身も認めているように、制度が具体化されるのは個々人の行動をとおしてであるかぎり、具体的場面で「品位ある社会」と「礼節ある社会」を区別することは困難である。それにもかかわらず彼があえて「制度」に焦点を当てようとするのは、彼の関心が「ミクロ倫理学」ではなく「マクロ倫理学」にあるからであり、後者の主流である「正義にかなった社会」（ロールズ）への批判を意図しているからである。

このようにみてくると、イグナティエフのいう「品位ある社会」はむしろマーガリットのいう「礼節ある社会」の概念に近いといえる。イグナティエフが問題にしているのは、囚人や患者にたいする「目つきや身振りやとり扱いのなかに、管理する側がひそかに抱いている侮蔑」や、福祉受給者にたいする役人の「相応の尊敬と思いやり」の欠如であり、貧しい高齢者にたいする年金給付や医療介護サービス提供の際のマナーなのである。「つまり、わたしの住まいの戸口の見知らぬ人びとが身の上話をするときにソーシャルワーカーの人たちがそれに耳を傾けてくれるかどうか、集合住宅の急な階段を運び降ろすときに救急隊員の人たちがかれらを激しく揺すぶることがないように気を配ってくれるかどうか、かれらが病院で独りきりで怯えているときに看護婦の人たちが付き添っていてくれるかどうか、それが問題なのだ。尊敬と尊厳はこのような身振りによってこそ授けられる。こうした身振りは人間的な技《わざ》の部分があまりに多すぎて、融通のきかない行政の定型業務にはなじまないのだ」（邦訳：二五頁）。

この部分だけをみるとイグナティエフは、ミクロ倫理学的な心がまえを説いているだけのようにも思われる。つまりは、見知らぬ人びとにたいしても礼節をもってふるまう人びとのパーソナルな関係の集積が品位ある社会をつくる、と考えているようにもみえる。しかし、それだけならば道徳家のお説教となんら変るところはない。いやそれどころか、「感情労働」というそれでなくても全人格的コミットメントを暗に要求される福祉現場における労働強化を正当化する論拠に転用されかねない危うさをもっている（渋谷 2003）。「頑固にリベラル」であるイグナティエフと、ネオリベラルによる福祉国家批判およびコミュニティを基盤とする「思いやりの保守主義」との距離を強調しておく必要がある。彼の言説は、公的年金制度と国民医療保険制度の存在が「自尊心と尊厳を保つうえでの必要条件」であることを認めたうえで、それだけでは「十分条件ではない」ことを問題にしているのである。

見知らぬ人びとの間で礼節ある関係が実現されるためにこそ、ある種の制度的媒介が必要なのだ。イグナティエフはまったく言及していないが、彼に先立って匿名の制度的媒介が見知らぬ人びとの間での協力関係（互酬関係）にとってプラスに作用することを論じた著作が存在する。リチャード・ティトマスの『贈与関係』（一九七〇年）である。リチャード・セネットはこの著作の含意をよく理解したうえで、『不平等世界における尊敬』（二〇〇三年）においてティトマスによる発見の意義をつぎのように要約している。

血液の無償贈与の動機を説明するために、ティトマス――意味の無い調査屋などではない――は、「私にとって見知らぬ人とは誰のことか」という抽象的な問いを提起しなければならなかった。それによって彼は、Hタイプ（ティトマスは献血者を、Aタイプの売血者からHタイプの「ボランタリー・コミュニティ・ドナー」までの八タイプに分類している――引用者補足）の動機に関する最も重要な事実、すなわちこれら自発的かつ無償の献血者たちは自分の血液がどこに、また誰のもとにゆくことになるかということなどまったく念頭においていない、という事実を示そうとしたのだ。彼らはかつて自分の家族が利用した血液を返そうとしていたのではないのと同様に、受け手との対面的交流などありえなかった。彼の見方では、その種の交流が必要とされない場合にコミュニティは強力であり、贈与が人格化される場合にコミュニティは弱体である。（Sennett 2003: 199）

福祉システムが受給者にとってスティグマを残さないためには、このような匿名性が絶対的要件であろう。見知らぬ人びとの必要に応えるためには、おたがいに見知らぬ人びとであることが必要なのである。それでは、そうした匿名のシステムをになう個々の人びとが礼節あるマナーで応対し、ひいては社会を品位あるものにするためにはなにが必要なのであろうか。おそらくそれはコミュニタリアンがいう「善い社会」を支える「心の習慣」とは違った意味でのひとつの慣行、「市民社会の日常的慣行、〈会話〉のなかで身につける以外にはない」（金田2000:二一八頁）なにかなのであろう。「礼節」といい「品位」といい、これらは形式的な美徳である。すなわち、これが「礼節」であり、これが「品位」であると、実質的に定義できないものである。スティーヴン・ルークスはマーガリットの「屈辱」の事例があまりにも多様であり集約点をもたないことを批判しているが、「品位」とは元来が「時と場合と相手に応じて適切」という意味であり、品位をそこなうものとしての屈辱は当然に多様なものでしかないことを見逃している。

したがって問いはこうなる。人びとが「時と場合と相手に応じて適切」にふるまうことができるようになるためにはなにが必要なのか、と。ジェリー・ミューラーがそのアダム・スミス研究において、『道徳感情論』と『国富論』に通底するモティーフを「品位ある社会のデザイン」として捉えていることは示唆的である。実際、スミスにおいて「適宜性」と「品位」は互換的に用いられている。また、スミスにたいしても「適宜性」の状況依存的性格が徳としての実質性をあいまいにしているという批判がなげかけられるが、これも「品位」との共通性を示唆している。

スミスにあって行動の「適宜性」すなわち「品位」を担保するものは、他者への同感（道徳的想像力）の相互交換と、そこから生まれる「公平な観察者」という抑制装置によってもたらされる「内部の人」すなわち「良心」であった。それは「狭雑物から真実の欲望を選り分ける能力をもった全能の自我を一貫して想定」することによってのみ可能な「経済人の非妥協的な個人主義」である。「頑固にリベラル」であるイグナティエフの道徳的構想力の帰着点は、なにより も自己と自己とが「和解」しているような、それゆえにこそ見知らぬ人びとへの道徳的想像力をもつことができる「逞しい個人主義」（井上達夫）である。イグナティエフはヒューム、スミス的な個人主義を「資本主義的な経済人の意志の力に信頼という重い賭け金を投じるものなのだ」とのべているが、同じことは彼自身の道徳的構想についてもいえるのではないか。自分が自分と和解できるための物質的・精神的条件はなににによって保障されるのか。こうして問いははじめに戻ることになる。すなわち、「人はなににによって生きるのか：社会のなかで人間的に生きるとは、いかなることなのか？」。

この問いはわれわれに投げかけられたものだが、それを抽象的・一般的な人生論的問いへと拡散させないために、イグナティエフが英国の「自由民主人（リベラル・デモクラッツ）」の一九九八年の年次党大会に招かれた折の発言を最後に引用しておこう。彼はみずからが信奉する共和政的自由に関しての思想史的概説に続けてこうのべている。

いまお話したことはすべて抽象的なことのように思われるかもしれません。しかし、それはただちにきわめて具体的なものになります。なぜなら、もしみなさんが住宅手当や住宅建設計画に責任を有する立場にあるとしたら、みなさんは「自分はこれらの人びとを市民（シティズン）として遇しているだろうか」と自問しなければならないからです。それは生々しくて具体的な問いです。これはアカデミックな代物などではなく、リアルな問いなのです。「自分はこの人物を尊敬しているだろうか、自分はこの人物を辱めているだろうか、自分はこの人物に屈辱を与えているだろうか、あるいは自分はこの人物を理性的行為主体として遇しているだろうか」。これこそがリトマス試験紙なのです。問題なのは同情などではなく尊敬です。尊敬こそが、シティズンシップのリベラルな定義の核心にあるものなのです。慈悲心や同情ではありません。市民たちが意図するもの、欲するもの、実現しようとするもの、目標とするもの、それらを尊重することが問題なのです。（*Identity and Politics: A Discussion with Michael Ignatieff and Sean Neeson*, Centre for Reform Paper No.2, London: Centre for Reform, 1998: 27)

(1)『ニーズ・オブ・ストレンジャーズ』第四章「市場と共和国」と相前後して執筆されたと思われる、“Smith, Rousseau and the Republic of Needs,” in Smout, T. C. (ed.) *Scotland and Europe 1200-1850*, Edinburgh: John Donald Publishers, 1986では、スミスとルソーの対比がより詳細に論じられている。そして、商業社会がラット・レースにならないための歯止めをスミスの「個人主義」にもとめてこう書いている。「もしスミスのなかになんらかの個人主義が存在するとすれば、それはこの点において、すなわちそこで必要と欲望との間での選択がなされなければならない領野としての政治に対する相対的な軽視という点においてである。スミスにとってそれは『胸中の公平な観察者によって』なされる選択である。ルソーにとっては、政治というフォーラムにおいてなされるべき選択なのだ」(204)。

(2)老境にあるサッチャーを主人公とする映画『マーガレット・サッチャー――鉄の女の涙』は、「ソサエティ」を否定した彼女の個人主義の帰結を図らずも描き出している。

(3)イラク戦争をめぐる論争におけるイグナティエフのスタンスに関しては、『軽い帝国』の訳者解説「リベラル・デモクラティック・インターナショナリストによる帝国是認論――マイケル・イグナティエフと対イラク武力行使をめぐる論争」を参照。「リベラル・インペリアリスト」というネーミングはEurope Stability Initiativesのウェブ・サイト(http://www.esiweb.org/europeanraj/)で用いられており、他にバーナード・クリック、ロバート・クーパー、セバスチャン・マラビィらがそう呼ばれている。New Liberal Imperialismといういい方は、トニー・ブレアの外交政策顧問であったクーパーの論文「ポスト・モダン国家」を紹介する際に『オブザーヴァー』紙が用いている。

(4)「見知らぬ人びととはだれのことか」という問いは、ナショナリズム論で展開される。また、本書から、「見知らぬ人びとが必要である」という含意を読み取ろうとすることも興味ある論点だが、英語の解釈としては無理があるし、本章では割愛する。

文献(本文中に示したイグナティエフの著作は除く)

庄司洋子・木下康仁・武川正吾・藤村正之編　1999『福祉社会事典』弘文堂
武川正吾　1991「社会政策・社会行政論の基礎概念」大山博・武川正吾編『社会政策と社会行政』法律文化社
武川正吾　1996「社会福祉と社会政策」井上俊・上野千鶴子・大澤真幸・見田宗介・吉見俊哉編『岩波講座　現代社会学26・社会構想の社会学』岩波書店
武川正吾　2001『福祉社会――社会政策とその考え方』有斐閣

富永健一　2001　『社会変動の中の福祉国家――家族の失敗と国家の新しい機能』中公新書

渋谷望　2003　『魂の労働――ネオリベラリズムの権力論』青土社

金田耕一　2000　『現代福祉国家と自由――ポスト・リベラリズムの展望』新評論

Doyal, L. and Gough, I. 1991　*A Theory of Human Need*, London: Macmillan.

Titmuss, R. 1970　*The Gift Relationship: From Human Blood to Social Policy*, London: George Allen & Unwin.

Sennett, R. 2003　*Respect in a World of Inequality*, New York: Norton ＝ 2004　*Respect: The Formation of Character in An Age of Inequality*, London: Penguin Books.

Plant, R. et al. 1980　*Political Philosophy and Social Welfare: Essays on the Normative Basis of Welfare Provision*, London: Routledge.

Muller, J. Z. 1993　*Adam Smith in His Time and Ours: Designing the Decent Society*, Princeton: Princeton University Press.

Timmins, N. 1995　*The Five Giants: A Biography of the Welfare State*, London: HarperCollins.

Margalit, A. 1996　*The Decent Society*, Cambridge, Mass.: Harvard University Press.

Lukes, S. 2003　*Liberals and Cannibals: The Implications of Diversity*, London: Verso.

Fraser, N. 1989　"Talking about Needs: Interpretive Contests as Political Conflicts in Welfare-State Societies," *Ethics* 99: 291-313.

Robertson, A. 1991　"The Politics of Alzheimer's Disease: A Case Study in Apocalyptic Demography," Minkler, M. and C. L. Estes (eds.), *Critical Perspectives on Aging: The Political and Moral Economy of Growing Old*, New York: Baywood: 135-150.

Robertson, A. 1997　"Beyond Apocalyptic Demography: Towards a Moral Economy of Interdependence," *Aging and Society* 17: 425-446.

第四部　書評、短評、訳者あとがき

17　紹介：C. B. Macpherson, *The Political Theory of Possessive Individualism*（Oxford University Paperback, 1964）をめぐって〈1974〉

〔東北大学法学会『法学』第三七巻第三号〕

マクファースン氏のホッブズ論

本書は、『現代世界の民主主義』（岩波新書）の著者としてわが国でも知られている、カナダの政治学者C・B・マクファースンの主著である。本書における「マルクス主義」的視角からする一七世紀英国政治思想の鋭利な分析は、「ホッブズおよび一七世紀英国政治理念の、現在行なわれているような解釈にたいするひとつの挑戦」（I・バーリン）[1]として、大きな反響をよんでいる。

著者は、一九一一年トロント生れ、トロント大学を卒業後、ロンドン・スクール・オヴ・エコノミクスに学び、一九五六年以後トロント大学政治学教授。主要な著書としては、本書（独訳あり）の他、

（1）*Democracy in Alberta, The Theory and Practice of a Quasi-Party System*（1953）

（2）*The Real World of Democracy*（1965）〔独訳、邦訳あり〕

があり、ペリカン版『リヴァイアサン』に「序説」を書いている。

本書を一貫する著者のライトモチーフは、現在さまざまな欠陥を露呈しているリベラル＝デモクラシー国家およびそ

の政治理論に内在する障碍を、その源泉たる一七世紀英国の政治的実践と理論にまで遡及して解明すること、さらに、リベラル＝デモクラシーが二〇世紀の今日なお生きながらえうるためには、いかなる修正が必要かを暗示すること、この二点に要約できる。そうした観点から、本書ではホッブズ、レヴェラーズ、ハリントン、ロックが取り上げられ、これらの政治理論が「所有的個人主義」の名の下に綜括されているのである。「所有的個人主義」の概念内容をふくめ、本書全体の結論については、すでに『現代世界の民主主義』の訳者粟田賢三氏による要を得た紹介解説がある。したがってここでは、量的にも質的にも著者がもっとも力を入れて論じており、それだけ議論の余地も多いホッブズ論に問題を限定し、著者の所説を紹介するとともに、若干の論評を加えてみる。

ホッブズ論（Hobbes: The Political Obligation of the Market）は、Sect. 1: Philosophy and Political Theory, Sect. 2: Human Nature and the State of Nature, Sect. 3: Models of Society, Sect. 4: Political Obligation, Sect. 5: Penetration and Limits of Hobbes's Political Theory, の五節から構成されている。以下、かならずしも著者の論証過程に従わず、トピック毎に著者の所説を要約紹介しようと思うので、はじめに各節の内容の概略を紹介しておく。

第一節で著者は、過去のホッブズ研究史をふりかえり、それとの対照において著者の解釈方法を呈示する。第二節では、その解釈方法に従い、ホッブズの「自然状態」論を検討する。そして、それが自然的人間ではなく、社会的人間に関する議論であることを示す。その際、(イ)生理学的存在としての人間から社会学的存在としての人間への転位は、ホッブズの議論の行程のどの地点でなされているのか、（ロ）その社会学的存在としての人間とは、いかなる種類の社会における人間であるのか、が考察される。第三節では、三種類の社会モデルが呈示され、（ロ）の議論が深められる。第四節では、事実から義務を導出しようとするホッブズの義務づけの理論が再検討され、第五節では、ホッブズ政治理論の意義と限界が綜括的にのべられている。

一　学問とカルチャー

ホッブズの「自然状態」が《自然》状態などではなく、近代《社会》のすがたにほかならぬことをいちはやく洞察したのは、ルソー（『人間不平等起源論』）であった。さらにヘーゲルは、ホッブズの「自然状態」を手がかりに、自己意識の自然状態ともいうべき「承認のための生死を賭する戦い」と、そこから成立する政治社会の原型としての「主と僕」の論理を展開した(2)（『精神現象学』）。しかし、一九世紀末から相次いであらわれたホッブズ・モノグラフの多くは、ホッブズ政治思想を、社会性も意識性も捨象したまさに機械的唯物論として解釈するのが一般的であった。F. Tönnies の *Hobbes, Leben und Lehre*（1896）の出現により、ホッブズ政治思想の社会的・歴史的意味への探求がはじまり、その傾向はとくにドイツ社民系の研究者たちによって推進された。また、それまでの伝統的解釈によって不当に無視されてきた、ホッブズ政治思想の意識性をきわだたせ、その人間論的ないし倫理的意味を解明したのが、L. Strauss の *Political Philosophy of Hobbes*（1936）であった。彼は、ヘーゲルに即して、とくにホッブズの初期著作における貴族的な「虚栄」ないし「雅量」の価値意識と市民的な「暴力による死の恐怖」の価値意識との対立のうちに、ホッブズによる「新しいモラリティ」の確立を読みとったのである(3)。同じ頃、A. Taylor の *The Ethical Doctrine of Hobbes*（1938）は、ホッブズの自然法がカントの「定言的命令」にも比すべき性格をもち、その倫理学説は利己主義的心理学とは無関係な厳密な義務論（deontology）である、と主張した(4)。

最近のホッブズ研究のうち、ドイツ語圏の学者の研究は、テンニース、シェトラウスの伝統を継承し、社会的・歴史的アプローチと人間論的・倫理的アプローチの双方を加味しているが(5)、英語圏の学者の研究は、テンニース以後のリプスやボルケナウによるホッブズ研究については、文献目録においてすら言及しないものが多い。そうしたなかで、「カナダに生れ、英国に学んだマルクス主義者」という経歴をもつ著者が、どのような仕方でホッブズ政治思想に接近しているか、注目に価するといえよう。

著者の解釈方法は、一言にしていえば、ホッブズ政治理論の「社会的および歴史的考察」(一四頁)である。つまり著者は、ホッブズ政治理論を「所有的市場社会」というすぐれて歴史的な文明化された「社会における人間の対人的行動様式」(同)の理論、ないしは「社会のなかの人間の必然的関係の理論」(一六頁)として、「歴史的」および「社会的」コンテクストにおいて考察するのである。こういう見地から著者は、テイラー命題のラディカル化ともいうべきH. Warrender の *The Political Philosophy of Hobbes* (1957) をしりぞける。なぜなら、ホッブズの政治的義務論を自然法にもとづく道徳的義務論として再構成しようとするウォリンダーは、ホッブズ政治理論の論理連関のみを追求し、ホッブズ自身が望みもしなかったであろうような体系的整合性をもとめるあまり、ホッブズ政治理論の歴史的背景への考慮を欠落させているからである。さらに著者は、あらゆる社会性・歴史性から抽象された「生理学的人間」に関する議論としての人間本性論と政治理論とを無媒介に直結する伝統的解釈にも反対している。

このような著者の立場を、バーリンは「情熱的な歴史主義」とよんでいる。[6] そして、この立場からする著者の研究は英国学界にたいするひとつの「挑戦」であるとしていることは、先にのべた。「挑戦」が著者自身の意図するところであることは、著者のウォリンダーにたいする酷評にもみてとれる。ところが、著者自身ののべるところによると(四八頁)、「所有的市場社会」とはマルクス、ウェーバー、ゾンバルトらのいう「資本主義社会」と内容的に同じであるという。そうであるなら、ホッブズ政治理論を「所有的市場社会」の政治理論とみなす著者の見解は、たとえば「ホッブズの国家理論は、たんにブルジョワ階級の理論ではなく、ブルジョワ国民の理論である」とするボルケナウの見解と比較するとき、「挑戦」どころか「正統的継承」とみることができる。しかも、ホッブズ政治思想の歴史的・社会的研究は、ボルケナウの問題提起にもかかわらず、ボルケナウ自身もふくめて「ホッブズはいかなる党派の政治的代弁者か」という問題に視点がズレた感があるが、そのなかで著者の研究は、むしろ研究視角を正道にもどしたとすらいいうるであろう。このようにみてくると、著者は、批判に急なあまり、自分が伝統のなにを継承しなにに対立しているのかということへの明晰さ、という意味での自己測定において欠けるところがあるといわねばならない。じっさい、ドイツでは本書はボルケナウとの関連において「マルクス主義的ないし擬似マルス主義的」と評されており、(7)「マルクス主義」者たるには非常に厳格な資格要件を必要とするわが国では、著者のやや粗雑な資本主義分析のゆえに、「著者はマルクス主義者ではない」と評されている。(8)いずれにせよ、ここには著者を「挑戦者」とみなすニュアンスはない。

これだけの素材から一国の学問的カルチュアについて云々することはできないが、ただつぎのようなことはいえる。つまり、英国の一知識人によれば、著者はウェーバーやトーニーなど「マルクスによって深く影響を受けたがそれによって盲目になることはなかった」人びとの正統的継承者とすら認め難いほどの硬直したマルクス主義者であり、(9)わが国の一知識人によれば、「著者はマルクス主義者ではない」。著者にたいするこのまったく正反対の評価を比較するとき、日英両国の知識人にとって「マルクス主義」ということばが有する意味およびシンボルとしての効果の点で、大きなズレのあることが推測される。

二　「自然状態」は社会か

「自然状態」の歴史的実在性については『リヴァイアサン』刊行当時から幾多の議論があったが、今日では、それをフィクションとみなす見解が一般的である。しかし、それをどのような種類のフィクションと考えるかにおいて、見解は二つに分かれる。一つは、市民社会の通時的《ダイアクロニック》な「起源」(Genesis)を説明するための歴史的仮説とみなす見解であり、他は、市民社会の共時的《シンクロニック》な「構造」(Structure)を説明するための論理的仮説とみなす見解である。著者の見解は後者に属する。しかし、論理的仮説とはいっても、「自然状態」論は歴史的に獲得された人間の諸性質を完全に排除した「自然人」に関する議論ではない。それは、「歴史的に獲得された行動様式や欲望をもった文明人の社会生活から主権を排除した場合に彼らが陥るであろうと想定される状態」（二二頁）として構成されている。つまりヨリ完全な主権の必要性を論証しようとするホッブズの論理構成にとって不可欠な仮説という意味で、論理的仮説というのである。ホッブズの「自然状態」が現存する人間の社会的諸性質を前提としていることは、ホッブズが「自然状態」の原因としてあげている（*Lev.*, ch. 13）「競争」「不信」「誇り」について考えてみれば明らかである。前二者は、たんに生きる、つまり自己運動をつづけようという欲望以上に、快適に生きようという欲望から生ずるものだし、「誇り」は、文明化された社会に住むことによって、その価値の尺度を形成した人間に典型的な情念である。ホッブズの『自然状態』は、このように「同時代の社会の表面直下をみすえることによって」（二六頁）えられたのである。にもかかわらず、それがあたかもいっさいの社会性・歴史性を捨象した「自然人」の状態の如くにみなされてきたのは、じつはホッブズが生理学的前提から「自然状態」をみちびく途上で彼の議論に導入した社会モデルそのものが、「自然状態」と同じほど「断片化」された社会であったからである。つまり、ホッブズが前提とする社会モデル（すなわち「所有的市場社会」）は、法と秩序の枠内においてすら、「自然状態」におけると同じ「力への欲望」を内在させているのである。

以上が、「自然状態」に関する著者の所説の概要である。

ところで、「自然」ということばはきわめて多義的であり、あるときには規範的概念として、あるときには逆に規範的に中立的な記述的概念として用いられる。[10] したがって、これをどういう意味に用いるかによって、「自然状態」への理解も異なってくる。「自然」は「社会」にたいする概念であるとともに、「歴史」にたいする概念でもある。したがって、「歴史」の一段階として「自然状態」を想定し、そこから人類の歴史的展開（進歩であれ堕落であれ）を説くことは用語矛盾である。「自然状態」は一種のメタ・ヒストリカルな概念である。さらに、「文明」にたいする「未開」という意味に「自然」を解するとすれば、「自然状態」は「未開状態」ということになる。しかし、未開人が文明人以上に強固な規範と秩序のなかにいることは、文化人類学をまつまでもなく明らかである。「未開状態」はホッブズが描いているような無秩序状態としての「自然状態」には対応しない。そこで著者のように、現存する社会からそれを規制している規範を仮定的に排除した場合に現出するであろうような状態として「自然状態」を考える見解がでてくる。そして、ホッブズがそのような無規範状態を「自然状態」とよんだことのうちには、無秩序こそが自然＝常態であり、秩序の方がむしろ反自然＝例外事態であるという、世界観上の大きな転換がある。であればこそ、例外事態を常態とすべく努力せよという格率が意味をもってくるわけである。

T・パーソンズは、factual な無秩序と normative な無秩序とは区別しなければならない、としている。factual な無秩序とは、事象に統計学的に予測可能な規則性がないという事実判断であり、normative な無秩序とは、ある規範体系に即して事象が進行していないという価値評価である。したがって、normative な観点からすればカオス状況と見なされる事態のなかには factual な秩序も存在しない、ということにはならない。「生存競争」は、キリスト教倫理からすればカオス状況とみなされるであろうが、そこには factual な秩序が存在する。いなむしろ、normative な秩序観を否定するところに、factual な秩序としての法則認識の可能性が生ずる。(11)

ホッブズが「自然状態」を無秩序というのは、もちろん normative な意味においてであって、そこには factual な秩序は存在する。各人が自己保存という自然法則に即して活動すればこそ normative にはカオス状況となるのである。そして、ホッブズが道徳的価値評価に汚されない目をもってこのようなカオス状況こそ自然とみなしたのは、当時勃興しつつあった自然科学の影響とともに、彼の眼前にあった内乱状態における人間の行動や、そしておそらくは著者の指摘するように市場社会関係への洞察にもとづくであろうことは、理解できる。しかしながら、ホッブズの用語法に即するかぎり、「自然状態」は「市民社会」に対立する概念であり、「自然状態」即「社会」とはいい難い。ところが、ホッブズのいう「市民社会」とはすなわち「コモンウェルス」であり、これは今日の用語でいえば「国家」である。したがって、実質的意味に即していえば、「自然状態」＝「社会」、「コモンウェルス」＝「国家」といい換えた方が、今日のわれわれにとっては理解し易いとはいえる。

しかし、それでもなお問題は残る。というのは、「自然状態」が現存社会から仮定的に規範を排除した状態であるかぎり、現存社会そのものではない。あくまでも抽象化された社会である。しかも、それは未開社会の現実とも一致しない。とすれば、ホッブズの「自然状態」は現実界にその「客観的相関物」（T・S・エリオット）をもたないというべきである。エリオットにならっていえば、ホッブズの「自然状態」は当時の社会状況によって喚起されたものでありながら、それに匹敵しない、というべきである。[12] じっさい、「継続的な恐怖が存在し、人間の生活は孤独で、貧しく、険悪で、残忍でしかも短い」という「自然状態」は、金庫に鍵をかけるというような日常的事例には、どう考えても匹敵しないのである。そして、思想表現が説得力をもちうるのは、表現されたものに対応する「客観的相関物」が現実界に存在することが最低の条件であるとすれば、ホッブズがいかなる経験をしたために、本来表現しえないような事態を表現しようとしたのかは謎である。ここからは、思想家における「経験」と「表現」という興味深い問題が展開されるであろうが、著者が「自然状態」を論じながらこの問題性に一歩も踏み込んでいないことは惜しまれる。

三　生理学から社会学へ——相対性と平等

著者によれば、ホッブズの感覚論、認識論、情念論等はメカニカルなシステムとしての人間の生理学的運動に関する議論である。しかし、先にのべたように「自然状態」は、歴史的・社会的存在としての人間に関する議論であった。そこで、ホッブズの議論の行程のどこかで、生理学的存在としての人間から社会学的存在としての人間への転位がなされていなければならない、と著者は考える。ホッブズの理論にこのような問題連関《プロブレマーティク》が存在することは、わが国でもすでに太田可夫が指摘している。[13] しかし、著者の分析は十分にオリジナルなものである。著者はつぎのように議論を展開する。ホッブズの方法は分析‐構成的方法とよばれる。それは、現存する社会をその最小の要素（自己運動する物体）にまで分析し、しかる後に論理的全体としての社会を構成するのである。『市民論』においてはこの分析過程がしめされているが、『リヴァイアサン』、『法の原理』では分析の終わったところから叙述が開始されている。そこで、ホッブズの議論の展開過程のどこから社会的契機が介入してくるかを検討する必要がある。

著者によれば、それは『リヴァイアサン』第一〇章および第一一章における〈力〉の定義からである。第一〇章冒頭において〈力〉は、「近い将来に明らかに善となると思われるものを獲得するために、かれが現在もっている方法」と定義されている。著者はこれを「〈力〉の中性的定義」（三五頁）とよぶ。ところが第一一章では「全人類の一般的性向として、つぎからつぎへと力をもとめ、死によってのみ消滅する、やむことなくまた休止することのない意欲」があげられている。そして、この意欲が第一一章における「自然状態」をみちびくのである。ところで、「〈力〉の中性的定義」は、自己運動する物体が運動を持続しようとする欲求という生理学的運動の前提から導出されうる。しかし、「〈力〉の中性的定義」から「〈力〉をもとめるあくなき意欲」への移行は必然的ではない。この辺にカギがありそうである。ホッブズは「〈力〉の中性的定義」にすぐつづく箇所で、〈力〉を「本源的（ないし自然的）力」と「手段的力」とに区別し、前者を「身体または精神の諸能力の卓越性」と定義している。ここで注目すべきは、人間の自然的力が彼の自然的能力（強さ、賢さ等々）そのものとしてではなく、彼の能力の「卓越性」（Eminence）として定義されていることである。つまり、ここで人間の〈力〉は、絶対的質としてではなく、相対的な量として把握されているのである。他の人間の能力の量を超えた部分が、すなわちある人間の〈力〉なのである。「各人がおのれの欲するものを獲得しようとする能力は、他者の能力と対立させられるということの〈力〉の再定義のなかには、新しい前提がふくまれている」（三六頁）。ここにおいて、人間は「他者」との関係性を捨象した孤立的な自己運動する物体としてではなく、「他者」との相対的な関係において捉えられているのである。それ以後のホッブズの議論は、まさに「社会（学）的」である。ホッブズは、富や財産も「他者にたいする防禦的および攻撃的強さ」を与えるがゆえに〈力〉であるとのべ、人間の「ねうち」ないし「価値」および「名誉」も、その人の〈力〉の効用にたいして与えられる価格であり、他者の必要と判断に依存している、とのべている。こうして、ホッブズは〈力〉を一種の商品とするような市場社会を描いているのだと、著者は結論する。

この解釈は新鮮である。ホッブズは、ここで著者は人間の社会的存在の相対性を徹底して認識した思想家としてホッブズを解釈しているからである。というのは、ホッブズにおいて人間はなによりもまず〈力〉ある存在である。[14] そして、その〈力〉が他者の必要と判断とに依存しているとすれば、人間そのものが相対的な存在にすぎないということである。それは、いい換えれば、各人はそれぞれに完全な存在だということである。相対性の認識のこの側面がホッブズにおける「平等」の観念と結びつく。ここから、おのれの価値をおのれ自身の判断に委ねている者への批判が生ずる。「虚栄心すなわち自分自身のねうちの馬鹿げた過大評価」は犯罪の原因の一つと目される（*Lev.*, Ch. 27）。相対性の認識は近代思想の流れの末においてニヒリズムを生みだした。しかし、その端緒においては平等の観念と結びつき過剰な自負心の観念を否定する健全さをもっていたことは、注目されてよいことである。

四　義務はどこから来るか

ホッブズによれば、「自然状態」における人間はあらゆるものにたいして自由で平等な権利（自然権）を有している。しかし、そのことは換言すれば、なにものにたいしても権利を有していないことであって、「自然状態」は事実的な力が支配する戦争状態である。この「自然状態」を脱けだすために、人間は「平和をもとめるべし」という自然法に従って、主権に拘束される義務を承認しなければならない。しかしながら、生来自由な人間がなぜ自由の拘束としての法および主権への義務を承認しなければならないのか。ホッブズ自身は、この義務づけを経験的事実から導出し、しかもその義務は道徳的義務であると自認している(*Lev.*, ch. 14, 15, 17, 32)。しかし、主観的意図と客観的達成とは別の事柄であって、とくにヒューム、カント以後一般化したザイン＝ゾルレン二元論からすれば、ホッブズの議論はまさに背理といわねばならない。「ホッブズはいかにして人間の自然的傾向性とそれについて為さるべきこととの間のギャップを架橋したのか？」[15]。この問いが多くの解釈者を苦しめてきたゆえんである。

　この問題に関して著者は、「ホッブズは彼が為したと言明しているとおりのことを為した」と仮定することから出発する。そして、まず、ホッブズがその必然性を論証した義務は「打算的義務」にすぎない、という見解をしりぞける。この見解によれば、ホッブズの義務は、自己利益のためにはこうしなければならない（逆にいえば、自己利益に反する場合にはそうしなくてもよい）という意味での「打算的義務」(Prudential Obligation) にすぎず、それならば自己利益という motivation から導出されうる、とする。それにたいし、ホッブズの義務が自己利益のいかんにかかわらず拘束する「道徳的義務」(Moral Obligation) だと解するならば、その根拠は人間論の事実の外に、たとえば神の命令としての自然法にもとめられなければならないだろう。しかし著者は、「打算的義務」と「道徳的義務」とを区別すること自体に反対する。この二元論には、後者の方が前者よりもすぐれているという暗黙の前提がある。「打算的義務」は目先の自己利益と衝突する場合には拘束力をもちえないのにたいし、「道徳的義務」は普遍的な拘束力をもつ。「実効性」の観点からして「道徳的義務」の方がすぐれている、というのである。しかしながら、ホッブズは伝統的な「道徳的義務」の拘束力を疑うところから出発しているのである。そして、両者の優劣を決定する規準が「実効性」にあるとすれば、問題はどちらがヨリ実効的な拘束力を現実に有しているかという実践的検証にゆだねられる。そうするとき、「ホッブズは、彼が提唱する新しい義務づけの方が、人間の能力と欲求にヨリ密接に関連しているがゆえに、ヨリ実効的であると考えたのである」（七三頁）。また、ホッブズの提唱した義務づけが人間の自己利益ないし恐怖という情念にもとづくとしても、それは同時に人間の理性にも基礎をおいている。そして、ホッブズは、人間が欺瞞的な宗教のサンクションを持ち込むことなしに生きてゆくことを最上の道と考え、不可知の神に依拠するよりもおのれ自身の理性に立脚する方がヨリ道徳的だと考えたのである。そうだとすれば、ホッブズの義務論を「道徳的」とよんでもいっこうかまわないだろう。こうして著者は、ホッブズはもっとも実効性ある（右のような意味で「道徳的」な）義務づけの原理を、市場社会関係という経験的事実のなかに見いだしたのだ、とする。

ホッブズ前後の道徳家たちも、自己の主張する道徳理論が彼ら一個の主観的な思い込みではなく、万人が承認すべき正当性を有していることをしめすために、人間の本性からして人間はかくすべきであるとか、人間はかくかくの権利を有しているとかいう論理展開を試みた。しかしながら、彼らのいう人間本性は、すでに経験的事実の外部から持ち込まれた価値規準（「自然の目的」とか「神の意志」とか）によって定められた階統的秩序を有しているのだから、これを経験的事実からの権利ないし義務の導出とはいい難い。これにたいして、ホッブズは、人間の「平等な不安定」および「市場への平等な下属」という価値的に中立的な市場社会の経験的事実から、（ある人びとのみではなく）万人が等しく主権に拘束される必然性を論証した。したがって、「ホッブズは、なにか空想的なものを事実のなかに持ち込むことなしに、事実から権利と義務を導出した最初の人間であった」（七八頁）ということになる。

M・オークショットは、ホッブズの「万人は平和をもとめるべし」という道徳的戒律はいかなる根拠によって正当化されるか、という問題を提起し、これにたいする従来の解釈を、（1）理性的計算、（2）実定法、（3）自然法、の三種類[16]に分類している。著者は、これらにたいし“Obligation of the Market”というテーゼをかかげたものといえる。しかし、著者の議論は、事実から当為は導出しうるかという問いへの答えにはなっていない。というのは、著者は what is から what ought to be を導出するということの意味をかならずしも明確にしていないが、論旨に即するかぎり、万人がある道徳的義務に従って行為せざるをえない必然性の論証という意味に理解しているフシがある（八三頁）。そして、市場社会の特殊な条件下でのみこれが可能であるとしている（八五頁）。しかしながら、市場社会の内部にある人びとの間に、ある種の規範感情が生じ、それに従って人びとが行為するということ、および、市場関係のうちに一種の規制力が存在するということ、このこと自体は経験的事実の問題である。つまり、著者は義務の正当性根拠を問うているのではなく、義務的行為の必然性原因を問うているのである。したがって、オークショットがシュトラウスに向けているつぎのような批判は、そのまま著者にもあてはまる。著者は、規範的に正当と評価される行為の原因（causa）と規範そのものが正当とされる根拠（reason）とを混同している[17]、と。

しかし、著者は、この議論を展開するにさいして著者自身あまり重きをおいていない部分で、重要な指摘をしている。著者によれば、市場関係において「価値」は「純粋に主観的でも、超自然的でもない」（八〇頁）という特殊な性格を有している。同様に、市場関係にもとづく義務づけも「純粋に主観的でも、超自然的もない」、そのかぎりで「超個人的」であるがゆえに道徳的原理としての要請を充足しうる、とのべている（同）。この「純粋に主観的でも、超自然的でもない」共同主観性（Intersubjektivität）の領域の発掘は、現代マルクス主義の最大の貢献であるが、著者がこの問題性を自覚しているかどうかは、不明である。しかし、「ホッブズは、人間の現実的な相互関係の現世的事実から直接に義務づけを導出しうる可能性を認識した最初の政治思想家である」（八八頁）という著者のことばは、「……から国家成立の秘密を解明する可能性を認識した最初の政治思想家である」と読みかえることができる。そのとき、ホッブズは現代マルクス主義の課題を先取りしていた思想家ということになる。そして、じっさいホッブズの国家論は、そういう読み込みを可能にするアクチュアリティを有しているのである。著者の着眼点は高く評価しうるが、それをいかなる問題として構成するかという点では、多くの疑問点を残しているといわざるをえない。

五　「市場社会のパラドックス」――『リヴァイアサン』は捕まったか

これまで紹介してきた著者の所説からも明らかなように、著者は首尾一貫してホッブズの政治理論を「所有的市場社会」の政治理論として解釈する。「慣習的ないし身分社会」および「単純市場社会」と比較して、「所有的市場社会」の特徴は、各人が自己の労働力の所有主体として承認されていること、および労働力の譲渡可能性である。このような社会においてのみ万人が平等に不安定であり、それゆえ万人が平等に主権に服する必然性が存在する。ホッブズの政治理論は、このような社会的諸条件を前提としてはじめて成立し、その条件が存続するかぎりにおいて妥当性を有する。ただし、ホッブズは「所有的市場社会」に内在している階級結合をその理論に組み込むことに失敗したため、主権をself-perpetuatingなものとして措定せざるをえなかった。しかし、この点を除けば、ホッブズの政治理論は「一七世紀英国の所有階級の肖像画」（二〇六頁）である。

このような解釈からすれば、ホッブズ政治理論のパースペクティヴは歴史的および社会的には限定されるが、「所有的市場社会」における妥当性はそれだけ強化されることになる。ここから、著者は、ホッブズの「歴史的限界」を高踏的に指摘するのではなく、ホッブズ弁護論を展開する。つまり、ホッブズの政治理論が「所有的市場社会」の、かつそのための理論と見なされるならば、彼のペシミスティックな人間観にたいしてしばしば向けられる道徳主義的批判は、ホッブズ個人への批判から彼の描いた社会のモラリティへの批判に転化する。ホッブズの理論が非人間的色彩をおびているとすれば、それは市場社会そのものが非人間的だからである。同様に、自由に始まり圧制に終わる「ホッブズの個人主義のパラドックスは、彼の理論構成のパラドックスではなく、市場社会のパラドックスである」（二〇六頁）。

ホッブズの論敵ジョン・ブラムホーム司教が『リヴァイアサン』狩りを試みて以来、何人もの猟師がこの怪獣を捕え、解剖しようと試みた。著者は、この怪獣に相応の敬意を払いつつも、これら「所有的市場社会」という檻のなかに封じ込めようとしているかに見える。というよりも、むしろ著者は、『リヴァイアサン』を市民的同質性にもとづくリベラル＝デモクラシー国家の「守護神」と見なし、この同質性の崩壊にともなう『リヴァイアサン』の死を宣告する。つまり、「所有的市場社会」の仮説が現実との対応関係を有していた一九世紀半ばまでは『リヴァイアサン』は生きていた。しかし、その後「所有的市場社会」に根本から対立する労働者階級の出現により『リヴァイアサン』は死んだ。リベラル＝デモクラシー国家は、その国民にたいし政治的義務を賦課する内在的根拠を失った、というのである(二七二頁以下)。しかし、著者のこの議論は、二〇世紀国家がまさに『リヴァイアサン』の名で呼ばれるゆえんを説明しえない。その意味で、著者は『リヴァイアサン』の大きさを測定しそこなったといえる。

　これに対し、C・シュミットは、『リヴァイアサン』は社会主義社会にも棲息しているという。超越者↑↓普遍的信仰箇条↑↓解釈者↑↓権力↑↓保護と服従↑↓自然状態という循還シェーマは、社会主義国家にも妥当する。「可死の神」リヴァイアサンはシュミットによって zeitlos な生命を与えられたかの如くである。[18]ホッブズ政治理論の妥当範囲を拡大しようとするこの主張の背後からは、『リヴァイアサン』を人間にとって克服不可能な「運命」として甘受せよとの悪意に満ちた声がきこえてくる。あるいは、シュミットはこの怪獣を自由に遊ばせておくことが狩りの要諦と悟ったのかも知れない。しかし、そう諦めたものでもあるまい。ただ、いかなる狩りにおいても、獲物の大きさと習性に関する正確な予備知識がなければならない。著者は、『リヴァイアサン』の柔和な半身しか見ていない。

『リヴァイアサン』はまだ捕まっていないといわなければならない。

（1）I. Berlin, "Hobbes, Locke and Proffessor Macpherson," in *Political Quarterly*, Vol. 35（1964）, pp. 444-468.
その他本書への批判的論評としては、K.Thomas, "The Social Origines of Hobbes's Political Thought," in *Hobbes Studies*（ed. by K.

C. Brown), 1965, pp. 185-236.

なお、本書に関する邦語文献としては、田中正司氏の論文（「財産の自由と市民革命思想――マクファースンならびにコックスの所論を中心にした序説」『横浜市大論叢』第一六巻第二号）と平井俊彦氏の書評（「《書評》マクファーソン『所有的個人主義の政治論――ホッブズからロックへ』」『京大経済論叢』第九四巻第三号）があるが、ともにロックを中心に論じている。

（2）Vgl. I. Fetscher, "Der gesellschaftliche »Naturzustand« und das Menschenbild bei Hobbes, Pufendorf, Cumberland und Rousseau," in *Schmollars Jahrbuch*, Bd. LXXX（1960）, S. 649.

（3）シュトラウスのホッブズ解釈がヘーゲルのブルジョワ概念に依拠していることは、K・トーマスが指摘している（K. Thomas, *op. cit.*, p. 186）が、私は直接ヘーゲルにというより、シュトラウス自身が言及している（L. Strauss, *Political Philosophy of Hobbes*, p. 58）A・コジェーヴのヘーゲル解釈に、という方がヨリ正確であると思う。

（4）ホッブズ解釈史については、W. H. Greenleaf, "Hobbes: The Problem of Interpretation," in *Hobbes-Forschungen*（hrg. von R. Koselleck u. R. Schnur）, 1969, S. 9-31.

（5）B. Willms, *Die Antwort des Leviathan*, 1970. なお Willms の "Von der Vermessung des Leviathan,"（*Der Staat*, vl, 1967）は、最近のホッブズ研究の手ぎわよい批判的紹介である。

（6）I. Berlin, *op. cit.*, p. 448.

（7）H. Rumpf, *Carl Schmitt und Thomas Hobbes*, 1972, S. 96.

（8）『現代世界の民主主義』訳者あとがき、一七九―一八〇頁。

（9）I. Berlin, *op. cit.*, p. 456.

（10）John F. Danby, *Shakespear's Doctrine of Nature*, 1948 は『リア王』を素材に、フーカー的な「慈悲深い自然」とホッブズ的な「邪悪な自然」との対立として、「自然」概念のこの両価性について興味深い議論を展開している。

（11）T. Parsons, *The Structure of Social Action*, Free Press Paperback edition（1968）, Vol. 1, pp. 91-92.

（12）T・S・エリオット『ハムレット』（弥生書房版『選集』第二巻、吉田健一訳、一三六―一三九頁）参照。

（13）太田可夫『イギリス社会哲学の成立』（弘文堂、一九四八年）、六〇、九二頁以下。

（14）H. Schelsky, "Die Totalität des Staates bei Hobbes," in *Archiv für Rechts- und Sozialphilosophie*, Bd. xxxl（1938）, S. 186.

（15）M. Oakeshott, "The Moral Life in the Writings of Thomas Hobbes," in: *Rationalism in Politics*, 1962, p. 263.

（16）Oakeshott, *op. cit.*, p. 264ff.

（17）Oakeshott, *op. cit.*, p. 265.

（18）Vgl. H. Rumpf, *op. cit.*, S. 74-76, 95-97.

18　書評：五木寛之『鳥の歌』（講談社、一九七九年刊）〈1979〉

〔『Book and Memory』埼玉大学生協〕

五木寛之の作品は、とにかく面白い。そして「面白い」作品を読者に提供するということは、「物語作者」としての五木氏の深い自覚に根ざしている。本書『鳥の歌』と同時に刊行された長編エッセイ『旅の幻燈』のなかで、氏は、人間の記憶というものは多かれ少なかれ「作られたもの」でしかないとのべている。どんなに赤裸々な告白、どんなに生々しい体験談のなかにも、意識的・無意識的な「虚構」が介入せざるをえない。要するに、どんな小説もすべて「作り話」（物語）なのだ。そうだとすれば、小説家はむしろ自覚的に「物語作者」に、あるいは「語り部」に徹するべきではないのか。これが、「物語作者」としての五木氏の自覚である。

五木氏の作品の「面白さ」は、その「物語」性の豊かさのなかにこそある。『鳥の歌』についても同じことがいえる。したがって、本書の筋書をくわしくのべることは、たとえば映画『スティング』のオチを話してしまうのと同じくらいの暴挙である。とにかく読んで下さい。「面白さ」は保証します。

ただ、「おとぎ話」にも固有の思想があるように、この物語にも作者の独自な思想がこめられている。それについてのべておこう。おそらく半村良あたりならば、『鳥人伝説』といった伝奇小説に仕立てあげたであろうようなミステリアスな要素をはらみながら進行するこの物語において、五木氏がわれわれに語りかけようとしているのは、柳田民俗学にいう「山人」（漂泊民）と「常民」（定住民）の交流の問題である。この漂泊と定住、あるいは山口昌男流にいえば、「中心と周縁」の対立・交流の問題が五木氏の作品のなかで中心テーマとなってきたのは、おそらく『戒厳令の夜』以降である。五木氏は、明治以来の近代日本がかつては存在した自由な漂泊民を抹殺し、すべての国民を無理矢理に一定の土地に縛りつける方向に進んできたと認識する。その延長上には、住所・氏名・職業・年齢さらには思想・信条といった個人データをも国家が集中的に管理しＩＤカードがなければいっさいの市民権・信用を付与されない管理社会が存在する。五木氏をとらえている危機感はかなり深刻なものである。しかし、氏はたんに「定住」よりも自由な「漂泊」を、といっているのではない。氏は、作中人物「サク」や「みつ子」の自由な生き方とともに、「晶平」や「謡子」の定着志向をも容認している。つまり、五木氏によれば、社会はいわば一個の有機体であり、人間の体内を血液が流動することによって人間の生命が維持されるように、すべて人間が「定住民」たることを強制され「流動民」を許容しないような社会は活気を失なう。定住民と流動民の自由な交流を許す社会こそが活気ある社会である、というのである。

このようにみてくると、五木氏の「思想」は、進歩的というよりもむしろ、かつて日本の民俗《フォークウェイズ》のうちにあった「山人」と「常民」の自由な交流を復活させようとするものであるといえる。イデオロギー的な保守派が管理社会を推進し反体制派が復古的な民俗思想に依拠するということは、現代日本の思想状況の一特徴であるが、ここにもそれがあらわれているといえよう。

最後にひとつ、あえて疑念を提出しておきたい。かつて五木氏にとって、デラシネ（根なし草）の喪失感は悲哀であった。いま氏にとって、「根をもたない」ということは、ほとんど「身軽さ」と同義にまでなっている。『鳥の歌』の〝明るい〟結末は、いまの五木氏にとってデラシネの感情が暗い負い目ではもはやなく、一種の特権意識にまでなっていることをうかがわせる。これは果たしてわれわれ読者にとって喜ばしいことなのであろうか。私自身としては、初期作品にみられる暗い悲哀の方をむしろ好ましく思う。また、自分の母親を「謡子さん」と呼ぶ子供を、私は好きになれない。どうやら私は根っからの「定住民」であるらしい。

19　「政治哲学の復権」をめぐって――藤原保信氏の所説を中心に〈1982〉

〔『社会科学の方法』第一五巻第一〇号、御茶の水書房〕

われわれは一方では寄せ集めの知識、他方では道徳的説教という陥穽を避けつつ、なおかつ、社会科学者としてまた道徳的秩序内の一市民としての責任を回避することない実証理論のより適切な枠組みを必要としている[1]（D・スミス）

近年わが国においても「政治哲学の復権」をテーマとする書物がいくつか出版されている。藤原保信氏の著書（『正義・自由・民主主義――政治理論の復権のために』（御茶の水書房、一九七六年）、『政治哲学の復権――新しい規範理論を求めて』（新評論、一九七九年）、飯坂・渋谷氏との共編『現代の政治思想――課題と展望』（理想社、一九八一年、以下では〔F七六〕〔F七九〕〔F八一〕と略記）を代表に、藤川吉美『正義論入門』（論創社、一九七五年）、小野修『政治における理性と情念』（世界思想社、一九八二年）も藤原氏と共通する問題意識に立脚している。翻訳ではD・ジェルミイノ『甦える政治理論』（奈良和重訳、未來社、一九七一年）、クレスピニイ／マイノウグ編『現代の政治哲学者』（内山秀夫他訳、南窓社、一九七七年、以下〔G七一〕〔C／M七七〕と略記）、そして英米における「政治哲学の復権」を決定づけたとされるJ・ロールズ『正義論』（矢島均次監訳、紀伊国屋書店、一九七九年）などがあげられる。

これらのなかで『正義論』が個別の研究領域をこえた関心を喚起している[2]以外は、現在のところ「政治哲学の復権」

というテーマをめぐる議論への関与者はほぼ西洋政治思想の研究者に限定され、テーマへの接近も思想史的形態をとるものが多い。しかし「今日、『政治哲学の復権』が叫ばれているのは、政治哲学がふたたび価値や倫理との緊張関係を取り戻し、新しい規範理論として歴史と社会の未来に方向づけを与えることが切に求められているから」（〔F八二〕一一頁）であり、「政治的現実に対する政治思想の有意性の回復」（同一二頁）が意図されているのであるなら、このテーマをめぐる議論は日本政治思想の研究者やわが国の「政治的現実」の分析者たちの関心を喚起し、それをもまき込んだ形で展開されるべきであろう。だが現実にはそのような動きはほとんどみられない。

　たしかに問題提起の仕方・議論の展開の仕方にも問題がある。たとえば藤原氏の（メタ政治哲学と区別される）「実質政治哲学」（〔F七九〕一二五頁）のモデルはロールズの『正義論』であるが、これは「ベトナム戦争、黒人問題、若者の叛乱、都市の荒廃等々という一九五〇年代末から六〇年代にかけてのアメリカ社会の危機意識」（同）の産物であり、これら現実的難局を克服するための政策論への理論的根拠づけとして意味をもつとされる（ただしその実効性については留保されている）。そうであるなら、わが国における「政治哲学の復権」の主張はなによりもまずわが国の「政治的現実」に即して語られねばなるまい。しかし引照される現実は、主として「現代世界のニヒリズム」という一般的思想状況か欧米の学界動向かである。また具体的な議論の内容も、（一）一九五〇年代以降英米のアカデミズム内部での争点であった「政治哲学の死と再生」という議論についての議論、（二）「政治哲学の復権」という観点からの西洋政治思想史、（三）「政治哲学者」と称される人びとの〝「第一次」的言説〟[3]についての議論がほとんどで、自己の〝「第一次」的言説〟としての「政治哲学の復権」の主張や「実質政治哲学」の体系的構築の試みは稀少である。

　しかしそれにもかかわらずここでわが国における「政治哲学の復権」をめぐる議論をとりあげようとするのは、第一には、私自身現代英国政治思想に関心をもつ者として、政治思想研究が「現実」にたいして存在証明を試みるとき果してこのような形態しかとりえないのかという疑問をもつからであり、第二には、この議論にふくまれる問題意識自体は社会科学の他の研究領域においても共有されるべきものと考えるからである。以下においては、わが国においてもっとも精力的に「政治哲学の復権」を主張している藤原保信氏の所説を中心にその思想的含意を検討しようとするものである。

＊　＊　＊

「政治哲学」概念の多様性に応じてその「復権」の意味も多様である。たとえばジェルミイノやクレスピニイたちの「政治哲学」概念と藤原氏のそれとは明確に異なる。〔F七九〕に紹介されているつぎのようなエピソードは両者の差異を端的に物語っている。——氏がマイノウグを訪ねた際に政治学の目的とはなにかが話題になった。氏が「やはり月並みによりよき社会の建設という以外にないのではないかといったところ、〔マイノウグは〕いったいなにをもってよい社会とするのか、その基準などないのではないかと反論してきた」（五〇頁）という。じっさい藤原氏の「政治哲学」とは端的に「よりよき社会の建設」を目指すものであり、「よき社会」と「悪しき社会」を区別する基準の提示を課題としている。それにたいしクレスピニイたちは、明らかにM・オークショットによる歴史・実際的活動・科学・哲学の区別をふまえながら、政治研究の態様を（一）記述・説明（二）指令（三）理解に分類し、政治哲学は「政治を理解する特殊な試みであり、論理的には指令とまったくかかわりをもたない」（〔C／M七七〕八頁）とする。「よりよき社会の建設」へ向けて人びとを「説得すること」は「党派によってつくられた政治的教説」の目的であり（同四頁）、「政治哲学とは本質的に指令的ないし『規範的』なのだ」と考えるのは「間違った見方」である（同六頁）。このような考え方は、教義や《イズム》と政治理論とを区別することによって「現代における《政治理論の没落》はひとつの神話だ」（〔G七二〕二九頁）と語るジェルミイノにも共通している。そして彼らはこのような「政治哲学」（ないし「政治理論」）概念にもとづいて、「政治哲学」の《リバイバル》というよりもむしろその《サバイバル》を主張するのである。

いうまでもなく《リバイバル》の主張は、過去における政治哲学の「死」ないし「没落」を前提とする。しかしクレスピニイらにおいては、五〇年代におこなわれた「政治哲学の死」という言説自体が疑問視されている。彼らにとってP・ラスレットによる政治哲学の死亡宣告は、「ある争点なりある制度なりの死を公表することで、その争点なり制度なりを劇化する」（〔C／M七七〕五頁）ニーチェ的方法の適用にすぎない。さらには、自ら編集した論文集（*Philosophy, Politics and Society*）に注目を促そうとする「セールスマン」の言葉にすぎない！　ラスレットにどれほどの戦略的意図があったのか定かではないが、たしかに彼の死亡宣告が政治哲学の「復権」や「再生」をより劇的なものにするためのレトリックとして機能したことは確かである。じっさい、「政治哲学の復権」という言説自体が「政治哲学の死」という言説の存在によって可能となったのであり、それによって、分析哲学と行動主義の挟撃のもとに一度は死を伝えられた「政治哲学」は、死の淵から甦った悲劇的英雄としての姿をとることができたのだから。「政治哲学の死と再生」は見事なまでにひとつの物語的構図のなかにおさまってしまう。

象徴的な〈死〉の経験が〈生〉の新たな段階への飛躍のための通過儀礼として位置づけられる場合もあるが、「政治哲学の死」はむしろ強大な敵を前にして弱い動物が自己防衛のためにとる死の擬態のようにみえる。そうだとすれば、五〇年代におけるラスレットらによる死亡宣告の存在によって可能となった「政治哲学の死と再生」のメロドラマにこれ以上つき合う必要はないように思われる（ただ、この論争にはかつてV・メータが『ハエとハエとり壺』で描いてみせたような「知の生態学」的関心をそそるものは存在する）[4]。

しかし、こうした物語的構図から逸脱したところで、いわば「現代における人間の運命」の問題として「政治哲学の死と再生」を論じていた人物がいる。レオ・シュトラウスである。藤原氏の「政治哲学」概念はシュトラウスとの関連抜きには語れない。

藤原氏は〔F七六〕においてみずからの学問的経験をふりかえりながら、氏が「たえず抜け出ようとしながら、結局たち返らざるをえなかったのは、つねに理想主義的な何ものか」であり、「たえず模索してきたのは、……たんなる『欲望の極大化』を理想とする功利主義的な人間像をこえた何ものかであり、政治学的にはたんなる事実の経験的分析をこえた積極的な価値の基準であった」（ⅱ頁）とのべている。たしかに「T・H・グリーンにおける政治義務論の理想主義的転回」にはじまる氏の研究をフォローしてみれば、氏の価値理念がいかに強く英国理想主義の影響のもとに形成されているかが理解できる。氏にとって学問研究が、「経験的・没価値的分析（empirical value-free anaysis）に終始する現代政治学の傾向に反対し、価値を中心においた『規範理論』（normative theory）」（同二二六頁）の形成を課題としなければならないことは当然の前提であった。しかしそれが「政治哲学の復権」というタームで語られるためには、『近代政治哲学の形成』（早稲田大学出版部、一九七四年、以下〔F七四〕と略記）としてまとめられたホッブズ研究を介してのシュトラウスとの出会いが必要であった。

じじつ六〇年代に書かれた論文をふくむ〔F七六〕では、政治哲学の概念、政治哲学の存在意義といった議論はあまりみられない。むしろこれは「われわれ自身の政治判断の基準を提供しようという意図に貫ぬかれている」（ⅰ頁）。それにたいし、オックスフォード留学記という体裁をとった〔F七九〕および〔F八二〕所収のシュトラウス論では、実質的内容をもった「基準」の提示はなされず、むしろ「基準を提供しようという意図」の説明・根拠づけが議論の中心をなしている。つまり前者の方がより「実質政治哲学」に近い内容を備えている。そして、このように「実質政治哲学」構想への試みの後にその試みの意味確認があらためて「政治哲学の復権」という形で問われているということ、氏における「政治哲学の復権」の主張がたんに英米の学界・思想界の動向の移入・紹介を動機としているのではない（氏においてそれは、氏自身の「いかに生きるべきか」への問いという、より深い動機に根ざしている）ことを示すとともに、「実質政治哲学」への秘かな懐疑をも物語っているように思われる。

〔F七六〕では、（一）「社会のすべての成員の人間的諸能力の実現」という究極の価値（＝「正義」）を頂点とする諸価値（自由、平等、平和など）の序列化・体系化、（一）そのような価値体系がもっともよく実現されるための社会・経済的諸制度の検討と政治機構の吟味、（三）そのような価値とそれを実現する手段の体系にもとづく現実の諸制度にたいする批判、が意図されている。しかしこの「意図」は十全な形では実現されておらず、とくに（二）の制度論への具体化の試みはほとんどなされていない。たしかに個々の争点を論ずる際に氏が採用する基準（もっともリファインされた形では「継続的かつ蓄積的で、しかも他人のそれに積極的に貢献しうるような形での『能力の実現』」と定義され、これは「『生命』の保全」よりも優先するとされる（二一三頁））は見事なまでに一貫しており、本書における試みを予備作業として、洗練された社会契約論にもとづくロールズの『正義論』とはちがった形での、功利主義に代わる価値体系と制度論の構成は可能かもしれない（ただし、そのためには、ロールズがおこなったように「人間能力の実現」という価値についてのメタ倫理学的正当化の手続が必要であろう。あるいは分析哲学それ自体への積極的批判が必要である）。しかし本書において構想されたような形での「実質政治哲学」の体系化が今後氏自身によっておこなわれることはありえないように思われる。なぜなら、氏においてこのような構想を動機づけている現実にたいする「理想主義」的な構え方自体が変化してきているからである。

〔F七九〕および〔F八一〕所収のシュトラウス論において、藤原氏はシュトラウスの「政治哲学の復権」の主張——彼にとって「政治哲学」は〈古代ギリシア的なもの〉のメタファーであり、その「没落」は近代文明の病理学、その「復権」は〈古代ギリシア的なもの〉の直接的回復による近代の超克を意味する——の非歴史性にたいする一定の批判をふくみながらも、「政治哲学の概念」および「政治哲学の存在意義」については基本的にシュトラウスの認識を受け入れている。とくに「なぜ政治哲学か」という問題については、シュトラウスを引き合いにだしながら語られるつぎのような認識につきるといってよい。すなわち、「（〝歴史をこえ状況をこえて、つねにどこにおいても普遍的な妥当性をもつ客観的な基準。究極の目的〟としての）自然権への問いかけを拒否し、科学的たらんとする没価値的な今日の社会科学は、まさに価値についての相対主義であり、それは結局ニヒリズムに通じざるをえないというのです。……そこにはすべてのことが同等の資格をもって許される完全な価値の相対主義とニヒリズムが現出し、結局は内容の正しさよりも決断にかける狂信的な蒙昧主義を生みださざるをえないというのです」（〔F七九〕一二一―一二二頁）。同趣の主張は「なぜ政治哲学か」が問題にされるところではくり返し現われている（同四一頁におけるケルゼン、シュミット批判、一四七頁におけるウェーバー主義批判など）。

〔F七六〕では政治哲学を現実の政治システムと関連づけようとする意図は存在した。しかし〔F七九〕で言及される「政治的現実」は、みられるように「現代世界のニヒリズム」という一般論に帰着してしまう。ここには「現代はあらゆる価値が相対化されている、この危機を克服するためには絶対的価値が必要だ」という同義反復的主張があるだけのように思われる。あるいはわれわれはここに「絶対的・普遍的価値」への氏の信仰告白をみるべきなのかもしれない。いみじくも氏はシュトラウスとロールズの相違にふれて、『正義論』は「『いかに生くべきか』という究極の価値」との関連を欠いているという（〔F七九〕一二三頁）。したがってシュトラウス的基準からすれば『正義論』は「真の政治哲学」ではないとされる）。じっさい氏の政治哲学は、氏自身の「いかに生くべきか」をめぐる自己省察の表明なのである（同三五―三六頁参照）。

これは〔F七九〕が「若い読者」向けの書物であり、〔F七六〕がアカデミズム内部での論文集であることからくる相違ではない（ちなみに氏は、「概念的には明断であっても（それもアカデミズムの世界での一定の了解事項に基づいて）およそ人びとの動機づけ体系に訴えかけるものをもたず、政策的提言をもたない理論よりも、素朴ではあってもそのような責任を分担しうる理論を好みます」（〔F七九〕三九頁）という）。そうだとすれば「政策的提言」を意図する〔F七六〕のような書物こそ、「人びとの動機づけの体系に訴えかける」ような形式で書かれるべきなのではないか。そもそも「人びとの動機づけの体系に訴えかける」「政策的提言」をふくむ理論としての「政治哲学」の名宛人としては誰が想定されているのであろうか。アカデミズムの同僚なのか、革新官僚なのか、政治家なのか、一般市民なのか、それとも政治哲学者自身が「哲人王」になることが予定されているのだろうか。「政治哲学」が究極的には論者自身の「生き方」に収れんするという考え方は、すでに〔F七四〕のなかにもみられる。氏はホッブズとその読者との関係を医者と患者ないしはチェスの教師と生徒との関係になぞらえるワトキンスの見解を批判して、「ホッブズの政治哲学の意味しているところは、たんに患者たる読者が医者たるホッブズの処方によって行動することではなく、まさに読者自身が医者になることであり、ホッブズ自身がなしたように、ものを考え、分析し、そしてそれによって行動していくことなのである」〔一八頁〕とのべている。E・ミラーもそのシュトラウス論を、「シュトラウスはわれわれに、われわれ自身が政治哲学者たらんとすることを命ずる」〔C／M七七〕一二四頁〕と結んでいる。こうした「政治哲学」は究極的には、「汝ら、われの如く生きよ」という訓戒に帰着する。

もちろんこれは論者のパーソナリティの問題ではない。あくまでも思想の構造、究極的には個人の「生き方」に収れんしてしまう「理想主義」の構造の問題である。

ところで藤原氏の「理想主義」は現在大きな転換期にさしかかっている。それは具体的には、シュトラウスの反歴史主義から〔歴史そのもののなかに「規範の源」をみるC・テイラーを介しての〕ヘーゲルへの関心の転換としてあらわれている。氏をヘーゲル研究へと向かわせたものは「カントの道徳主義にたいするヘーゲルの批判」〔F七九〕八五頁〕であり、「規範や理想を現実の外に立て、それによって現実を裁く超越的な規範主義の立場よりも、存在の根底に帰り、分裂したもののうちになおも宥和と統一をみようとするヘーゲルの立場」〔同八六頁〕への共感である。われわれには、「超越的な規範主義」を克服しようとするヘーゲル像のなかに、「理想主義」を克服しようとする藤原氏自身の姿がオーバーラップしてみえる。

ヘーゲルは「もろもろの理想・構想・当為・希望等々が、それらに適合しない現存世界にたいしてなす緊張」を「若者」とよび、「すでに現存しているでき上がった世界の客観的必然性と理性性の承認」を「大人」とよぶ（『精神哲学』）。とすれば、われわれは氏の理想主義からの転換のなかに氏の思想的「成熟」をみいだすべきであろう。それはちょうど、「個々の実存を本質にてらして、特殊な現実を理念にてらして量ることが批判なのである」（『学位論文』）という青年ヘーゲル派の理想主義からの転換が、マルクスにとって思想的「成熟」であったのと同じ意味においてである。現在のところ氏のヘーゲル研究は「理想と現実との宥和」「人倫の再興」というテーマのもとに、ヘーゲルの思想形成の跡づけ、『精神現象学』の社会・政治理論的解読・再構成として展開されている。これらの研究成果をふまえて今後藤原氏が、C・テイラーにその可能性をみたような「下からの社会創造の理論」（〔F七九〕八二頁）をどのように構想し、ヘーゲルのいう「現実との熱き平和」（『法の哲学』）を達成してゆくか、大いに注目されよう。そのとき「政治哲学」は、〈読者〉にとってそれを読むことが道徳的師表としての〈教祖〉との同一化への強制であるような、本質的に不自由な〈教典〉としてではなく、それを読むこと自体が「自由」の経験であるような、開かれた〈作品〉として存在することになろう。

＊　＊　＊

一九六〇年以降わが国においても「現実主義」の抬頭のまえに「理想主義」は衰退を余儀なくされた。六〇年代末の大学闘争は「理想主義」の最後の砦であったアカデミズムそのものに批判の矢を投げかけた。後に残ったのは、理念的な真空状態とそこを軽やかに浮游するさまざまな「解釈学」であった。藤原氏の「政治哲学の復権」の主張は、このような理念的な真空状態にたいする危機意識に発していたといえよう。

しかし索漠とした現実から理念の高みへと上昇し「道徳的説教」者として振る舞うのではなく、またひたすら現実と戯れ合うのでもなく、分断された生の現実そのものの「解読」と他者との「交信」のなかから新たな社会形成の原理を萌芽としてであれさぐろうとする努力（それは現在藤原氏がとりくんでおり、〔F八一〕所収の引田・谷・佐藤氏らの論文で探求されている課題である）は、わが国の政治学の世界にかぎってもすでにいくつか現われている。たとえば、経験の消滅という「最後の経験」のなかから「更めて『精神』と『経験』とを（すなわち相互性としての、「社会」を）蘇らせ」ようとする藤田省三『精神史的考察』（平凡社、一九八二年）、日本型管理社会の解剖学をふまえて「身体と身体との間に管理社会を超える具体的な領域を予兆のように見出すこと」をプランとする栗原彬『管理社会と民衆理性』（新曜社、一九八二年）などである。われわれはこれらの〈作品〉のなかにこそ（藤原氏的なタームでは語られないにせよ）わが国における「政治哲学の現存」を確認するべきなのである。

（1）D. Smith, "Political Science and Political Theory," in *ASPR*, Vol. 51 (1957)（ジェームス・アレン・データ「ライオンか梟か」（『立教法学』4、一九六二年、一四二頁）より引用）.

（2）たとえば、小坂勝昭「ロールズとノジック――ロールズの分配公正原理の検討」（『公共選択の研究』創刊号、一九八一年）、藤川吉美「ロールズによる哲学の復権――社会的決定原理としての正義原理」（『理想』一九八二年七月）。

（3）P・リクール『現代の哲学Ｉ』（坂本・村上・中村・土屋訳、岩波書店、一九八二年）、二六二頁。

（4）この間の議論については、「規範的理論」と「経験的理論」の二元論を超克する理論枠組の提示もふくめて、佐藤正志「政治理論の構造転換」（片岡寛光編『政治学』成文堂、一九八〇年）がすぐれた展望を示している。ただ、政治学における理論の性格づけとしては「了解モデル」「Ｂ・Ｂモデル」の二分法がより適切である。「政治哲学」は、いうまでもなく生産者・消費者双方の「了解」に依拠する理論・モデルである。そして同じ「政治哲学」のなかでも、〝認識体系〟の了解をもとめるものと、〝信念体系〟の受容を命ずるものとが区別される。私が以下で問題にするのは、「政治哲学」が「了解」に依拠することそのこと自体の当否についてではなく、いわば了解のもとめ方、その帰結についてである。

20 書評：小野紀明『フランス・ロマン主義の政治思想』（木鐸社、一九八六年刊）〈1986〉

〔『木鐸』第三四号〕

懐かしさについて

われわれは時折いいようもない「懐かしさ」の感情に襲われることがある。それはまさしく「襲われる」と呼ぶにふさわしい経験で、「途方もない懐かしさの領域」（蓮實重彦）に拉致された意識のなかで日常的時間は停滞し亀裂を生じ、失われた時が「現前化」する。失われた時をもとめることは、時を失うことでもある。こうした経験は機会偶然的なもので、そこになんらかの法則性があるとは思えない。プルーストにとってはマドレーヌ、蓮實氏にとっては「ゾケサ」なる不可思議な生物のイメージ、そして渋沢龍彦氏にとっては一冊の写真集といった具合である。渋沢氏はこう書いている。「ノスタルジアとは、まことに阿片のようなものだ。それは言おうようなく甘美で、しかももの悲しく、ひとを酔わせる働きをもっている。『東京昭和十一年』（晶文社刊）という写真集をつくづく眺めて、私はプルーストのプティット・マドレーヌではないけれども、記憶の底から少年時代の想い出がもやもやと湧き起こり、ほとんど私を圧倒せんばかりになるのを感じないわけにはいかなかった。これは毒だな、と私は思った」（「ノスタルジアについて」）。

ノスタルジアに「毒」を感じた渋沢氏はきわめて鋭敏かつ健全な感覚の持主というべきで、元来ノスタルジアは一六八八年スイスの医師ヨハネス・ホーファーによって「発見」され一九世紀にいたるまで死病として恐れられた純然たる「病気」であった。そして、ノスタルジアの「毒」を現実批判の方法として思想化したのがロマン主義者たちであったことはいうまでもない。小野紀明氏の労作『フランス・ロマン主義の政治思想』は、「直線的時間への反逆」こそが「ロマン主義の本質的特徴」であり、「シャトーブリアンにとって思い出とは、現在と過去との間に存在する時間的距離を認識した上で、客観的に過去を回想することではなく、この時間的距離が消滅して過去が現前し、文字どおり過去を生き直すことに等しい」ことを間然するところなく明らかにしている。さらに、このようなシャトーブリアンの「思い出」の時間構造とプルースト、ベルグソン、フッサールのそれとを比較した後に、氏が「寧ろ彼ら二〇世紀の思想家の方がロマン主義の後継者なのであり、彼らはいわばロマン主義の作品を包んでいる本質的雰囲気を概念的に基礎づけたにすぎないというべきであろう」と断定するにいたるまでの叙述は、本書においてもっともスリリングかつ創見に満ちた部分である。われわれは氏の考察に促されて、キルケゴールの「反復」、ベンヤミンの「プルースト的想起」、ブロッホの「希望」、バタイユの「連続性への郷愁」、オーウェルにとっての「記憶」の意味などの再考へと誘われるであろう。

おそらくわれわれは、意識的・無意識的に「ロマン主義の後継者」たる宿命を免れえないのかも知れない。「懐かしさをキー・ワードとする大江・井上・筒井三氏による座談会（『へるめす』創刊記念別巻）、「喪失の経験」（『経験の喪失』ではない！）のなかから「対抗文化への一つの意志」を掘り起こそうとする藤田省三氏の試み、さらには「郷愁的ノスタルジア」（細川周平）、これらすべてはノスタルジアのなかに現代への批判力を回復しようとする試みといえる。しかし反面、ノスタルジアは結局のところアイロニーでしかありえないのではないかという疑念も生じてくる。すくなくとも、ノスタルジアに直接的な政治的有効性をもとめようとする試みはつねに裏切られざるをえない。それは、「老人の頻りに愛惜する昔風は、言はば彼らの当世風」（柳田国男）という、ノスタルジアの帰着点の恣意性によるだけではない。「……の喪失」という言説はつねにありもしない「起源」を捏造し、そのことによって、捏造された「起源」への回帰と「起源」

の未来における再獲得という、物語的時間を延命させてしまう。それはロマン主義者たちが陥った罠でもあるが、それを回避しながら、F・ジェイムソンがベンヤミンのなかに見いだそうとした「革命的刺激」(「ヴァルター・ベンヤミンあるいはノスタルジア」)としてのノスタルジアの概念をいかに掘り起こすか。小野氏の労作を前にして私はそういうことを考えた。

21　書評：R・ニスベット『保守主義――夢と現実』（富沢克・谷川昌幸訳、昭和堂、一九九〇年刊）〈1990〉

〔『週刊読書人』一九九〇年八月六日〕

源泉と教養と成果を究明――保守主義に関する基本文献の一つ

八〇年代の「保守主義ルネサンス」現象にうながされて、わが国においても「保守主義とはなにか」に関するいくつかの文献が翻訳されてきた。たとえば、H・セシル『保守主義とは何か』、F・ピム『保守主義の本質』、L・アリソン『新保守主義の政治理論』などであるが、これらは英国保守党の現実政治的「統治術」の理論と実際の要約というおもむきがつよい。それにたいして、アメリカの思想史家・社会学者ニスベットによる本書は、自由主義および社会主義と並んで、西欧における過去二世紀の主要な政治的イデオロギー（現実政治と観照的様式との中間に位置する「前‐政治的なもの」というレベル）の一つである保守主義の「教義体系の解剖」を意図しており、英国にかぎらずフランス、ドイツ、アメリカにおよぶ保守主義の「主要な視座、本質的な洞察と主張、知的な衝撃力」（本書1「保守主義の源泉」、2「保守主義の教義」、3「保守主義の成果」に対応している）を究明し、小著ながら保守主義に関する概説書としては基本文献の一つといえる（ただし本書に先行して、R・スクルートン『保守主義の意味』〔*The Meaning of Conservatism*, 1980: 2014〕が、政策と哲学との中間に位置する教義に着目する保守主義の「教義学（dogmatics）」を展開している）。

ニスベットによる保守主義論は、いわば疎外論的保守主義論と性格づけることができる。すなわち、フランス革命と産業革命（個人化と合理化）のなかで疎外された人間性を、中世封建制をモデルとする共同体的関係の再評価をとおして回復しようとすること、あるいは、国家主義と個人主義への分極化（その典型がベンサムのパノプティコン）にたいして、伝統的中間集団（家族・地方共同体・教区・近隣関係・さまざまの相互扶助集団）の役割を重視することによって、一方では国家の肥大化を抑制し他方では個人の「大衆」への頽落を防止すること、こうした観点に保守主義イデオロギーの核心をみるのである。ここから、歴史と伝統の重視、理性にたいする偏見の優位、権威の必然性、団体的自由、土地所有の絶対性、形式的／制度的宗教の必要性といった個々のドグマが派生し、さらに「国家」でも「個人」でもない「社会」（正確には「共同体」）という独自の次元の発見がジンメル、テンニース、デュルケムらの「社会学」を生みだしていった経緯が辿られる。

総じていえば、本書は「（伝統的）保守主義がなんであったか」についてはひとつの見取図を提供しているが、「保守主義の現在」あるいは「保守主義の未来」についての考察は不十分である。４「保守主義の展望」においていくつか示唆的なことが語られてはいるが、たとえば、バークとマルクスの連帯に「未来を見いだす文化ゲリラ」の可能性を展望するかのようなニスベットの立場は、保守主義的妥協とよぶのもためらわれるたんなる無原則にすぎまい。また、ニスベット流の「社会学」にではなく、解釈学・現象学・分析哲学に依拠しつつ保守主義の再定義を試みようとする現代保守主義の理論的動向も、ほとんど顧慮されていない。フランス革命から二〇〇年後の「民主化」革命が、もしその性格と規模においてフランス革命に匹敵するものであるとすれば、われわれはむしろこれからの現代のバーク、トクヴィル、そしてド・メストルの出現を期待するべきなのかもしれない。

全体的に訳文は読みやすく、訳者による「文献ノート」の整理・追加も親切である。

22 訳者あとがき：L・シュトラウス『ホッブズの政治学』（添谷育志・谷喬夫・飯島昇藏訳、みすず書房、一九九〇年刊）〈1990〉

本書はL. Strauss, *Hobbes' Politische Wissenschaft* (Luchterhand, 1965) の全訳である。「序文」でのべられているように、もともとこのホッブズ研究は英訳版（*The Political Philosophy of Hobbes. Its Basis and Its Genesis*. Translated from the German Manuscript by Elsa M. Sinclair, foreword Ernest Barker, The Clarendon Press, 1936. American edition, with a new preface, The University of Chicago Press, 1952）の形で出版された。本書が底本としたドイツ語版は、英訳版にいう the German Manuscript に、内容的に関連のふかいシュミット論（初出は *Archiv für Sozialwissenschaft und Sozialpolitik*, LXVII, 1932, pp. 732-749. 本論文については、シンクレアによる英訳〔L. Strauss, *Spinoza's Critique of Religion*, Schocken Books, 1965, pp. 331-351〕とシュワーブによる英訳〔C. Schmitt, *The Concept of the Political*, Rutgers University Press, 1976, pp. 81-105〕があり、訳出にさいして参照した）を「付録」としてくわえて一書にまとめたものである。

たしかにシンクレアによる英訳はすぐれたものであり、スピノザ研究の英訳も彼女が担当していることからみても、その理解力・翻訳能力にたいするシュトラウスの信頼のほどがうかがい知られる。つまり、これらの英訳版はシュトラウス自身によって（ホッブズ的な意味で）オーソライズされていると見なすことができ、事実、シュトラウスのホッブズ研究、スピノザ研究に言及する論者のほとんどは、英訳版を用いている。また、シュトラウス自身、一九三七年の "der

Ort der Vorsehungslehre nach der Ansicht Maimunis" という論文を最後に、以後ドイツ語による論文・著書は（"Zu Mendelssohns 'Sache Gottes oder die gerettete Vorsehung,'" 1962を唯一の例外として）いっさい発表していない。しかし、それ以前の時期のシュトラウスが基本的にドイツ語で思考していたことは確かであり、なによりもシュトラウス自身が直接執筆したドイツ語草稿が公刊されている以上、かれのオリジナルな思考を理解するためにはこれに即することが妥当と考え、ドイツ語版を底本とした。ただし、英訳版では、たんなる翻訳技術上の省略や敷衍的説明以上の大幅な補訂がシュトラウス自身によってなされている。そこで、訳出にさいしてはあくまでもドイツ語版を底本とし、五二年初版のアメリカ版を参照しながら英訳版における補訂部分を明示する（削除箇所はそのむね注記し、補足箇所は〔　〕で示す。なお、〔　〕は訳者補足であり、原文イタリックは傍点で示した）ことによって、ドイツ語草稿のオリジナル性と英訳版のメリットの双方を生かすように努めた。また、ドイツ語版のとくに「注」の部分に散見される意味不明確な略語等も、英訳版に従って適宜訂正した。

ドイツ語版を底本としたことから、邦訳書名は『ホッブズの政治学』とした。これについては、若干の説明が必要である。そもそもドイツ語草稿では、〈Politische Philosophie〉という表現は一度も用いられていない。英訳版の〈Political Philosophy〉は、ドイツ語版の〈Politische Wissenschaft〉ないしは〈Politik〉の訳である。ただⅣ章のタイトル〈Die neue politische Wissenschaft〉は〈The New Political Science〉と訳されている。つまり、英訳版は〈Wissenschaft〉を、〈philosophy〉と〈science〉の両方の意味をふくむものとして理解している（形容詞〈wissenschaftlich〉は、おおむね〈scientific〉と訳されている）。ホッブズにおいて〈history〉と対比される〈science〉は、〈philosophy〉とも呼ばれる（『リヴァイアサン』第九章）から、Wissenschaft — science — philosophy の等置は誤りではない。しかし、英訳版が〈Politik〉をも〈Political Philosophy〉と訳している点は、問題がないわけではない。というのは、シュトラウスは〈Politik〉という語を、ひろく政治思想一般という意味とともに、より限定的に、〈Politische Wissenschaft〉とは明確に区別して、学問以前のたんなる政治的臆見という意味でも用いているからである。このような用語上の関連にくわえ、一八世紀以降のドイツ哲学のヴォキャブラリーにおいて〈Wissenschaft〉はラテン語の〈scientia〉に対応していること、そして本書においてシュトラウスはなによりもホッブズにおける「人間と国家についての新しい学（*nuova scienza*）」の成立を問題にしていること、さらに〈philosophy〉と〈science〉を区別し〈philosophy〉の〈science〉化を批判することにこそシュトラウス政治哲学の眼目があること、こうした事情をふまえて、われわれは〈Politische Wissenschaft〉に「政治学」の訳語をあて〈Politik〉を「政治論」と訳した（したがって、〈wissenschaftlich〉は原則として「学問的」としたが、「自然科学」と関連する文脈では、「科学的」とした場合もある。なお、〈Politik〉と並置される〈Moral〉は「道徳論」とした）。

本書はシュトラウスによるホッブズ研究であることから、大きく二とおりの読み方ができよう。ひとつは、ホッブズ研究史のなかで本書がどのような位置を占めるかという観点からの読み方であり、もうひとつは、ホッブズ研究をとおして表明されたシュトラウス自身の政治哲学への関心からの読み方である。

前者についていえば、シュトラウスによるホッブズ解釈の基本的モティーフとそれが従来の解釈にたいして有する意味に関しては、「序言」「序文」においてシュトラウス自身によってこのうえなく明晰に語られているので、あえて訳者が要約する必要はないであろう。訳者としては、この新しい視点の正当性を論証しようとするシュトラウスの解釈の冒険――ときには舌をまくほど鮮やかな、ときには頭をかかえこむほど執拗かつ晦渋な論理の運び――を、読者自身が熟読翫味されることを望むだけである。ホッブズ研究史上、本書はすでに「古典」の評価を獲得している。それはいいかえれば、日進月歩のホッブズ・インダストリーにあっては「骨董品」とも見なされかねないということでもある。事実、シュトラウス自身、本書がホッブズ研究としていくつかの「欠陥」を有し「補訂」が必要であることを承認している。シュトラウスは言及していないが、本書出版後に明らかになった事実で、ホッブズの「初期の著作」を重視する本書にとって重要な資料上の問題をひとつだけ挙げておく。近代自然科学の影響以前の、しかも反伝統的なホッブズの「道徳的態度」を明らかにするために、シュトラウスはとりわけ二つの英文の「『弁論術』抜粋」を重視しているが、その後の研究によって、本書において「より簡略な『弁論術』抜粋」として言及されているもの（'The Art of rhetoric plainly set forth.' 本訳書六二頁以下および二四八頁注（30）を見よ）は、ホッブズの著作ではなくイングランドのラムス主義者 Dudley Fenner の *The Artes of Logike and Rhetorike* (Middleburg, 1584) のなかのレトリックの部分の翻刻であったことが明らかにされている（佐藤正志「歴史における真理と修辞――初期ホッブズにおける方法の問題」、渋谷浩編著『啓蒙政治思想の形成』、成文堂、一九八四年、六七頁。また、『社会思想史書誌シリーズ1・名古屋大学附属図書館所蔵イギリス近代思想史原典コレレクション目録』、社会思想史学会、一九八三年、vii頁における水田洋の指摘、参照）。

こうした「欠陥」にもかかわらず本書が今日なお注目に値するのは、ホッブズ研究史上の「古典」としてだけではなく（シュトラウスと問題関心を共有しながら、シュトラウス以後の研究成果をふまえた最近のホッブズ研究として、佐藤、前掲論文および佐々木力「リヴァイアサン、あるいは機械論的自然像の政治哲学（上）（下）」、『思想』第七八七、七八八号）、『自然権と歴史』の邦訳出版（塚崎智・石崎嘉彦訳、昭和堂、一九八八年）によりわが国でもようやく広く知られるようになってきたシュトラウスの政治哲学そのものへの関心からでもある。

シュトラウスは、一八九九年九月二〇日ドイツのヘッセン州キルヒハインで生まれた。かれは正統派ユダヤ教徒として育てられ、ギムナジウム教育を受けたのち、マールブルク、フランクフルト、ベルリン、ハンブルクの各大学で数学、物理学、哲学等を学んだ。一九二一年、ヤーコビの認識論に関する研究でハンブルク大学より哲学博士の学位を授与されたが、二二年フライブルク大学に赴き、そこで当時哲学教授職にあったフッサールとかれの助手を務めていた若きハイデガーから大きな思想的影響を受けた。その後、一九二五年から三二年の間、かれはベルリンのユダヤ主義研究所（The Academy of Jewish Research）の研究員を務め、一七世紀における聖書批判の研究、とりわけスピノザの神学‐政治論研究に取り組むとともに、M・メンデルスゾーンの哲学的著作の編集にも従事した。また、ベルリン時代にかれは、F・ローゼンツヴァイク、A・コジェーヴ、K・レーヴィット、J・クライン、H-G・ガダマー、A・コイレたちと交流した。三二年、ロックフェラー財団の援助により、パリを経て英国に渡り、三八年までケンブリッジに滞在しホッブズ研究に取り組んだ。その後はアメリカに定住し、四九年までニューヨークのニュー・スクール・フォー・ソーシャル・リサーチ、六八年までシカゴ大学で政治哲学を講じた。シカゴ大学退職後は、Claremont Men's College, St. John's College で研究・教育に従事したが、一九七三年一〇月一八日メリーランド州アナポリスにて没。シュトラウスは現代の政治哲学者たちのなかで唯一「学派」（the Straussians）を形成した人物であり、その人脈はアカデミズムをこえる広がりを有しているといわれる。『アメリカン・マインドの終焉』の著者A・ブルームも「シュトラウス学派」の一人である。

シュトラウスの著書・論文に関する網羅的なビブリオグラフィーは、L. Strauss, *Studies in Platonic Political Philosophy* の巻末におさめられている。著書のみを年代順に挙げておこう。

Die Religionskritik Spinozas als Grundlage seiner Bibelwissenschaft: Untersuchungen zu Spinozas Theologisch-Politischem Traktat. Berlin: Akademie-Verlag, 1930.（Reprinted with an Introduction by Nobert Altwicker, Hildesheim: Georg Olms Verlag, 1981. English Translation, *Spinoza's Critique of Religion*. New York: Schocken Books, 1965）

Philosophie und Gesetz: Beiträge zum Verständnis Maimunis und seiner Vorläufer. Berlin: Schocken, 1935.（English Translation, *Philosophy and Law: Essays Toward the Understanding of Maimonides and His Predecessors*, Foreword by Ralph Lerner, Philadelphia/New York/Jerusarem: The Jewish Publication Society, 1987）

The Political Philosophy of Hobbes: Its Basis and Its Genesis. Oxford: Clarendon Press, 1936.（Reissued with a new preface, Chicago: University of Chicago Press, 1952, pbk ed., Chicago and London; Midway Reprint, 1984）

On Tyranny: An Interpretation of Xenophon's Hiero. New York: Political Science Classics, 1948.（Reprint. Glencoe, Ill.: Free Press, 1950, Revised and enlarged, including Alexandre Kojève, "Tyranny and Wisdom," New York: Free Press of Glencoe, 1963）

Persecution and the Art of Writing. Glencoe, Ill.: Free Press, 1952.（pbk ed., Chicago and London: Uiversity of Chicago Press, 1988）

Natural Right and History. Chicago: University of Chicago Press, 1953.

Thoughts on Machiavelli. Glencoe, Ill.: Free Press, 1958.

What is Political Philosophy? Glencoe, Ill.: Free Press, 1959.（pbk ed., Chicago and London: University of Chicago Press, 1989）

History of Political Philosophy. Coeditor, Chicago: Rand McNally,1963.（3rd ed. 1987）

The City and Man. Chicago: Rand McNally, 1964.

Socrates and Aristophanes. New York: Basic Books, 1966.

Liberalism Ancient and Modern. New York: Basic Books, 1968.（With a new foreword by Allan Bloom, Ithaca and London: Cornell University Press, 1989）

Xenophon's Socratic Discourse: An Interpretation of the "Oeconomicus." Ithaca: Cornell University Press, 1970.

Xenophnophon's Socrates. Ithaca: Cornell University Press, 1971.

The Argument and the Action of Plato's Laws. Chicago: University of Chicago Press, 1975.

Political Philosophy: Six Essays by Leo Strauss. ed. by Hilail Gildin. Indianapolis and New York: Bobbs Merrill/Pegasus, 1975.

Studies in Platonic Political Philosophy. Foreword by Joseph Cropsey, Introduction by Thomas Pangle. Chicago: University of Chicago Press, 1983.

その後、つぎの二著が新たに出版された。

An Introduction to Political Philosophy: Ten Essays by Leo Strauss, ed. with an Introduction by Hilail Gildin. Detroit: Wayne State University Press, 1989.（前掲 *Political Philosophy: Six Essays by Leo Strauss*, 1975 に、新たに四編の論文を追加したもの）

The Rebirth of Classical Political Rationalism: An Introduction to the Thought of Leo Strauss — Essays and Lectures by Leo Strauss. selected and introduced by Thomas L. Pangle, Chicago and London: University of Chicago Press, 1989.

これらの著作をとおしてシュトラウスが一貫して追究したことは、「近代性」（Modernity）批判という一事につきる（シュトラウスの業績に関する個別論文はかなりの数にのぼるが、まとまった著書としては、'The first book devoted exclusively to Leo Strauss' たる Kenneth L. Deutsch and Walter Soffer (eds.), *The Crisis of Liberal Democracy. A Straussian Perspective*. New York: State University of New York Press, 1987 がある。また、ブルームによる追悼論文 "Leo Strauss: September 20, 1899 — October 18, 1973," *Political Theory*, Vol. 2, No. 4, 1974, pp. 372-392 は、シュトラウスの生涯と作品についてのすぐれたイントロダクションとなっている）。ここで「近代性」とは、富沢克の適切な表現を（若干修正して）かりれば、「ある特定の原理もしくは〈形而上学〉に基づいて特定の方向に向けて秩序づけられた新しいもの（modern）の一形態」（富沢克「レオ・シュトラウスと近代性の危機──自由主義的理性批判序説（1）」、『同志社法学』第三九巻第三・四号、一九八七年、四〇八頁）という意味であり、より実質的・限定的にいえば、合理主義・個人主義・自由主義（包括的には人間中心主義）という原理もしくは〈形而上学〉に基づく産業化・民主化・分化への運動によって特徴づけられる文明の一形態のことである。「近代性」が自明のものとして信じられ、あるいは獲得されるべき普遍的価値と見なされていた間は、それは問題として浮上してくることはなかった。近年「脱-近代性」（post-modernity）との関連で「近代性」が問題視されてきたのは、「近代性」の限界ないしは危機──産業化が人類の生存条件そのものを破壊し、民主化がある種の衆愚政治を帰結し、分化がきわめて狭隘な趣味の領域への自閉をもたらす、といった──への認識が広い範囲で共有されてきたことのあらわれである。

政治思想の領域でこうした認識の共有化に貢献したのは、二〇世紀の「新しいリヴァイアサン」たる全体主義の経験への真剣な反省から独自の政治思想を形成していった一群の政治哲学者たち──シュトラウス、アレント、オークショット、フェーゲリン、ジュヴネルなど、そしてその背後にはフッサール、ハイデガー、ヴィトゲンシュタインたちがいる──である。かれらに共通しているのは、全体主義を「近代性」からの逸脱ないしは「近代性」の未熟さの結果としてとらえるのではなく、まさしく「近代性」そのものの危機としてとらえる発想である。本書においてシュトラウスは、「ニヒリズムか、あるいは実際上それと同じことだが、狂信的な蒙昧主義かに転化」してしまった近代的思惟の流れを遡行して、その源泉をホッブズに見いだす。ホッブズこそ、伝統的政治哲学からの絶縁と合理的な政治科学の創造（合理主義）、国家の個人意志への還元（個人主義）、国家と宗教の分離（自由主義）を、自覚的かつ体系的に展開した最初の政治思想家といえるからである。その後シュトラウスは、「近代性」の創始者はホッブズに先行するマキァヴェリ（「近代性」の第一の波）であり、ルソー（第二の波）、ニーチェ（第三の波）によりいっそう純化されるとともに、その問題性が露呈されてくると考えるようになる（"The Three Waves of Modernity," *Political Philosophy: Six Essays By Leo Strauss*. pp. 81-98）が、「近代性」についてのシュトラウスの基本的な見解は萌芽的な形ですべて本書にふくまれている。

本書におけるシュトラウスによるホッブズ解釈の要点は、ホッブズ政治学の独創性を「新しい道徳的態度」――暴力による死への恐怖を善と見なし虚栄心を悪と見なす道徳意識――、ないしは「ホッブズにとって基準となる信念」にまで遡って明らかにすることにある。それはたんにホッブズ政治学の「動機」であるだけではなく、同時にそれこそが「近代性」の最下・最深の層にあるいわば近代文明の無意識でもある。つまり、シュトラウスは『リヴァイアサン』によってはかえって隠蔽されてしまうホッブズ政治学のもともとの「動機」の解明をつうじて、同時に「近代性」そのものの精神分析を行なったといえる（本訳書七―八頁参照）。たとえばシュトラウスは、「愉快な事柄」に関するアリストテレスとホッブズの見解の、ともすれば見落とされかねない微妙な差異のなかに、（古代的意識と対比される）近代的意識の特徴――「安らぎ」ではなく「前進」こそが「愉快」であるとする意識、端的にいえばヘーゲル的な「自己意識」――を見いだしているが（本訳書一六五頁以下）、ここからも窺えるように、シュトラウスのホッブズ解釈は、決定的な点でA・コジェーヴによるヘーゲル解釈に依拠している。コジェーヴは、最近評判になったF・フクヤマの論文「歴史の終焉？」のなかでの言及によってあらためてその重要性が注目されつつある思想家である。本書で予告されているシュトラウスとコジェーヴの共同研究（二五三頁、注(60)）は実現されず、*On Tyranny* においてかれらは正面から対立するにいたるが、人間の生と死、自然と歴史、支配と隷従をめぐるかれらの論争は、シュミット論における自由主義批判（文化が自然の陶冶〔文化〕であることを隠蔽・忘却した自由主義の行き着く果ては、娯楽の世界である！）とともに、今日ますますアクチュアルな関心を呼び起こしつつある（山之内靖「思想の言葉」、『思想』第七九一号、一―四頁参照）。本書は、こうした観点からもわれわれに「真剣な」思考を、つまり自由主義的な「誠実さ」でもロマンティッシェ・イロニーの「真面目な戯れ」でもない「真剣な」思考を、促し続けているのである。

本訳書は訳者三名による共同作業の成果である。まず、各自が全体を通読し基本的な用語・表記等について、翻訳作業を進めるうえでの共通原則を確認した。ついで、それに従って各自が分担部分について草稿をもちより、お互いに検討しあうなかで全体的な調整・統一をはかり最終稿を作成した。そのための会合は十数回にのぼり、議論は句読点の打ち方にまでおよんだ。したがって、本訳書の長所・短所の双方に三名はそれぞれなにがしかの貢献をなし、あるいは責任を有している。草稿段階での分担はつぎのとおりである。序言、Ⅶ、Ⅷ——飯島。序文、Ⅰ、Ⅱ、Ⅲ、Ⅴ、Ⅵ——添谷。Ⅳ、付——谷（ただし、序文とⅠ、Ⅱ、Ⅲ、Ⅳは、添谷・谷の共訳により『埼玉大学紀要』（社会科学篇）第二六、二七、二八巻に一度発表したが、今回全面的に改訳した）。本文中の引用箇所については、既訳のあるものは参照させていただいた（『リヴァイアサン』からの引用は、原則として水田洋・田中浩訳『リヴァイアサン〈国家論〉』（世界の大思想・13）、河出書房新社、一九六六年に従った）が、文脈上訳し変えたものもあり、訳者諸氏にはお礼とともにお詫びしたい。ともかく、こうして「あとがき」を書くところまでこぎつけることができ、訳者一同精神的負債の幾分かからは解放された、というのが偽らざる実感である。

最後に、諸般の事情により中断していた添谷・谷の訳稿に目をとめ、強く翻訳の継続を勧められるとともに、飯島というすぐれた共訳者をご紹介いただいた、早稲田大学の藤原保信先生には感謝の言葉もない。先生のさまざまなご配慮がなければ、本訳書が日の目を見ることはなかったであろう。また、牛歩のようなわれわれの仕事の進行に辛抱強くおつきあいいただいた、みすず書房の守田省吾氏の「寛容と忍耐」にたいしても、謝意を表する次第である。

23 訳者あとがき：B・クリック『現代政治学入門』（添谷育志・金田耕一訳、新評論、一九九〇年刊）〈1990〉

政治学の受講者諸君へ

本書はBernard and Tom Crick, *What is Politics?*, Edward Arnold, 1987から、バーナードによって執筆された「本文」のみを訳出したものである。トムによる「付録」は原書八八頁のうち一六頁ほどを占めるが、内容が英国の各大学の政治学関連学部の評価など、日本の読者には直接に「役立つ」ものではないので省略した。その代わりに、訳者たちによる日本の読者向けの「付録」をつけ加えようとも思ったが、知識不足とともに、諸般の事情を考慮して（その際、「大学」という業界での我が身の将来への配慮が念頭をよぎらなかったわけではない）今回は思いとどまった。実際、大学の評価は一般にいわれるほど容易ではない。かなり評価システムが定着しているらしい英国においても、学部の評価についてはクリックがいつになく慎重ないい方をしていることからみても（本書「序文」参照。あながちそれは、息子トムにたいする父親としての配慮だけからではあるまい）、それがいかに微妙な問題かがうかがい知られる。東大と京大、早稲田と慶応のどちらの政治学が優秀かを明解にランクづけできる基準は、なかなか見いだしがたい。ひとついえることは、もし本書の訳者であるわれわれがランク表をつくるとすれば、埼玉大学と宇都宮大学はかなり上位に位置づけられるだろうということである。

原著者クリックについては、主要著作のほとんどが邦訳されており、その人となりもふくめて内山秀夫氏、前田康博氏、田口富久治氏、河合秀和氏らによる詳しい紹介がすでに存在する。屋上屋を重ねることになるが、本書の読者のためにクリックの経歴と著作について若干の紹介を試みたい。

バーナード・クリックは、一九二九年生まれ。ロンドン大学のユニヴァーシティ・カレッジを卒業後、一九五〇年から五二年までＬＳＥの研究生（Research Student）としてラスキとオークショットの教えを受けた。その後四年間のアメリカでの研究・教育（Teaching Fellow, 1952-54; Assistant Professor, McGill, 1954-55; Visiting Fellow, Berkeley, 1955-56）の後英国に戻り、一九五七年から六五年までＬＳＥの講師を務めた。六五年から七一年までシェフィールド大学の「政治理論および政治制度論」の教授、七一年から八四年までロンドン大学のバークベック・カレッジ（英国における社会人学生専用の唯一のカレッジ）の「政治学」教授。退官後は、同大学の名誉教授、エディンバラ大学の名誉研究員。一九八六年にはベルファストのクィーンズ大学から、一九九〇年にはシェフィールド大学からそれぞれ名誉学位を授与されている。現在はエディンバラに住み、長期的計画として、ブリテン諸島に住む人びとの相互関係についての三部作を準備中で、おそらくはその第一部となるのであろう、『解決不能な三つの問題：北アイルランド、パレスチナおよび南アフリカについての一考察』（*Three Insoluble Problems: A Meditation on Northern Ireland, Palestine and South Africa*）の執筆に取り組んでいる。なお、趣味は polemicing, book-and theatre-reviewing, hill-walking, bee-keeping とのことである。

彼の政治学者としての活動は以下に掲げるような著作活動に限定されず、『ポリティカル・クウォータリー』の編集、主として「政治教育」の問題に関心を置く「政治学協会」（Politics Association）の会長（一九七〇―七六年）なども務め、さらには英国における成文憲法制定をもとめる大学人、知識人の運動である「憲章八八運動」（The Charter 88

Movement）の中心的活動家としても活躍している。

主要著作（共著・編著をふくむ）は以下のとおりである。

The American Science of Politics, University of California Press, 1959（Greenwood Press, 1982）〔内山秀夫他訳『現代政治学の系譜——アメリカの政治科学』時潮社、一九七三年〕.

(Ed. with M. Alman) *A Guide to Manuscripts relating to America in Great Britain and Ireland*, Oxford Universjty Press for the British Association for American Studies, 1961.

In Defence of Politics, Weidenfeld & Nicolson, 1962 (Pelican Books, 1964, 3rd ed., 1982)〔前田康博訳『政治の弁証』岩波書店、一九七二年〕.

The Reform of Parliament, Weidenfeld & Nicolson, 1964（2nd ed., 1968）.

Parliament and the People, Hamish Hamilton, 1966.

(Ed.) *Essays on Reform, 1967: A Centenary Tribute*, Oxford University Press, 1967.

(Ed. with an Introduction) *The Discourses of Niccolò Machiavelli*, Pelican Books, 1970（Penguin Classics, 1983）.

Political Theory and Practice, Allen Lane The Penguin Press, 1972〔田口富久治他訳『政治理論と実際の間』一・二、みすず書房、一九七六年〕.

Basic Forms of Government: A Sketch and a Model, Macmillan, 1973〔小林・石田訳『政府論の歴史とモデル』早稲田大学出版部、一九七七年〕.

Crime, Rape and Gin: Reflections on Contemporary Attitudes to Violence, Pornography and Addiction, Elek & Pemberton, 1975.

(Ed. with DereK Heater) *Essays on Political Education*, Falmer Press, 1977.

(Ed. with Alex Porter) *Political Education and Political Literacy*, Longman, 1978.

George Orwell: A Life, Secker & Warburg, 1980 (pbk ed., Penguin, 1982)〔河合秀和訳『ジョージ・オーウェル――ひとつの生き方』上・下、岩波書店、一九八三年〕.

(Ed.) *Orwell's Nineteen Eighty-Four*, The Clarendon Press, 1984.

Socialist Values and Time, Fabian Tract 495, Fabian Society, 1984〔のちに短縮されたかたちで、Socialism, 1987 の第六章に収められた〕.

(With Tom Crick) *What is Politics?*, Edward Arnold, 1987〔本書〕.

Socialism, Open University Press. 1987〔佐藤正志訳により、昭和堂から近刊予定〕.

(With David Blunkett) *Labour's Aims and Values: An Unofficial Statement*, Spokesman Press, 1988.

Essay on Politics and Literature, Edinburgh University Press, 1989.

Political Thoughts and Polemics, Edinburgh University Press, 1990〔『タイムズ文芸付録（TLS）』[No. 4555, July 20-26, 1990] には、「世論の寡頭支配者たち」と題されたジョン・ヴィンセントによる本書（および他の三著）への書評が掲載されている。ヴィンセントは、このクリックの最新著をつぎのように酷評している。「『政治についての思想と論駁』は、バーナード・クリックが一九七〇年代と八〇年代に書き散らした短文をかき集めたものであるが、それらはこの国の知識人の臆面の無さをまざまざと示している。ここには学識も、知識も、読書量のかけらもない。クリック、ラスキ、そして労働党のパンフレットのたぐいを除いて、その他の本や著者はぼんやりとした小さな影にしか見えない。……云々」。私にはとてもそうは思えないが、「論駁すること」が趣味というクリックのこと、その後の展開を期待したが、いままでのところTLS紙上にはクリックによる反論は掲載されていない。おそらく無視したのであろう。その代わり、バークベック・カレッジのベン・ピムロットによる反論の「手

紙」が、［No. 4556］に載った〕.

われわれが本書の翻訳を思い立ったのは、これを大学における政治学教育、とりわけ一般教育・政治学の教科書として利用しようという意図からである。またそこには、大学における政治学教育、とりわけ一般教育・政治学という科目のあり方についての、われわれなりの一定の判断がふくまれている。

一つには、政治学という学問のアイデンティティに関わる問題がある。「経済一流、政治三流」とは、わが国の経済と政治のあり方を端的にいい表す標語としてしばしば用いられる。いわれるほどわが国の経済は素晴らしく政治はみすぼらしいわけではないし、それがただちに「経済学一流、政治学三流」を意味するものでもないが、最近の学生諸君の選好は政治（学）よりは経済（学）に傾いているようである（別に僻んでいるわけではない）。受講科目決定に際しての学生諸君の動機はさまざまであろうが、政治学を敬遠する理由としてその分かりにくさを挙げる者もかなりいる。

政治学を「よく分からない学問」と感じるのは、学生諸君だけではないらしい。『朝日新聞』（一九九〇年七月一四日夕刊）の「窓」欄は、東京女子大学に「女性学研究所」がつくられたという話題をとりあげ、「女性学」の学問としての自立性への疑問とともに、「政治学」に関してもつぎのようにのべている。「もっとも、世間には、よく分からない学問は他にもある。たとえば『政治学』の中身だ。どこの大学の授業でも、法学、社会学、史学、哲学などの寄せ集めで、独自のものは少ない。『民主主義を発展させるための応用学です』と説明する政治学者もいる」。

「民主主義を発展させるための応用学」であることに政治学のアイデンティティをもとめるかどうかは意見が分かれ得るし、「女性学」と並んで言及されていることを名誉と感じるか屈辱と感じるかも人によってさまざまであろう（英国でも「政治学」と「女性研究」の複合学位は、さすがに認められていないようだ）。しかし、政治学の授業についての指摘は、（少なくとも私自身としては）肯定せざるを得ない。とりわけ、私自身が担当している一般教育・政治学についてはそうである。

事実、不心得な学生のなかには、時たま答案用紙の講義科目名欄に堂々と「社会学」などと書いて平然としている者もいたりする。ただ、そうした政治学の「寄せ集め」的性格（人によってはそれを、政治学はオープン・システムである、などともいう）を、私は単純にネガティヴなものとは考えないのだが。しかしそうはいっても、自分が受講しているのが「政治学」なのか「社会学」なのか、はたまた「哲学」なのか分からないというのは、大いに問題ではあろう。教科書の存在は、少なくともこうしたバカげた間違いから諸君を救ってくれるであろう。本書を手にしているあなたの受講科目は、（くれぐれも間違えないでほしい）「政治学」なのである！

もちろん教科書は、受講科目名を間違えないためにあるのではない。数年前から私は、「政治学講義概要・文献目録」と称する自家製のワープロ資料を用いて講義を行なってきた（結果的にそれは、かなり本書の内容と似かよったものになった）が、学生諸君には概ね好評であった。これは強調しておきたいが、われわれが学生の頃にこんな親切な教師は一人もいなかった。また最近の一般的傾向として、学生諸君はなんらかの指定教科書があると安心するようでもある。こうして学生と教師の利害関心がめでたく一致する。問題は、一般教育・政治学の適切な教科書はなにかである。

近年、政治学の各専門分野については、わが国の政治学におけるいわば「第一次戦後派」とでもいうべき人びとの長年の研究・教育成果をまとめた教科書的著作が相次いで出版されている。また、その後継世代によって学部レベルのスタンダード・リファレンスも整備されつつある。しかし、一般教育・政治学については、学生の側から見ても教師の側から見ても満足のゆく教科書はなかなか見当たらない。一般教育・政治学という科目を担当していていつも苦慮するのは、現実政治上のさまざまな具体的「事件」を素材として、それらを政治思想や政治学理論の問題へとどのように結びつけてゆくかという点、さらには政治制度とそれを支える理念との関連をどのように理解させるかという点である（わが国の代表的な政治学教科書の用語でいえば、状況・制度・組織の相互連関、政治学の三本柱である政治史・政治哲学・政治機構論のバランスの問題である）。それはうまくゆくこともあれば、かえって分かりにくさを増すだけのこともあった。前首相の「女性問題」などは、政治の無倫理性を説明するための格好の素材を提供してくれた。しかし、いつも政治学の講義に都合のよいように政治的事件が起こってくれるわけではない。

共訳者である金田も一般教育・政治学を担当するなかで同じような考えを持っていることを知り、二人でなにか適当な教科書はないかと話し合うなかで見いだされたのが本書である。金田は「制度と思想」について、コンピュータの比喩を用いて、かねがねつぎのような考えを語っていた。――ハード部分の基本設計を「制度」と考えれば「思想」とはオペレーション・システムであり、そういう意味でも「制度と思想」は分離しえないものであると。本書でクリックが強調しているのはまさにそういうことであり、これはとくに「思想」の側から政治にアプローチしているわれわれにとっては心強い味方を得た思いであった。また、具体的事例もふんだんに盛り込まれている。クリックが本書で用いているさまざまな具体例は、当然のことながら英国の事例である。しかし、われわれがそれを適当にアレンジしてゆけば、日本の読者にとっても適切なものとなりうる。たとえば、「議会外ということが必ずしも反‐議会ということではない」という命題から、丸山真男氏のいう「院内主義」へとつなげてゆくというように。われわれは本書をたんに祖述することだけで充分とは考えない。本書を講義の土台としながら、「諸君に自分の読書範囲を放射状に広げてゆきたいと思わせる」ようにしたいと考えている。そのためには、法学、社会学、史学、哲学にも言及することになるだろう。このように政治学が他の諸学問の成果を「寄せ集め」ることができるのも、それが現在なお「棟梁科学」（master-science）であることの証明かも知れない（かなりの「手前みそ」である！）。

大学における政治学教育、とりわけ一般教育・政治学に関連する第二の問題は、「一般教育」そのものの存在意義にかかわっている。これは、わが国の現状においては大学の評価以上に微妙かつ緊急の問題である。『朝まで生テレビ』の上田耕一郎氏ではないが、またしても『朝日新聞』（一九九〇年七月三一日朝刊）によれば、文部大臣の諮問機関である大学審議会・大学教育部会の第二回中間報告は、「戦後の大学教育を形作る二本柱となってきた『一般教育』と『専門教育』の区別を廃止する立場を明確にし」たという。「区別を廃止する」といえば聞こえはいいが、要するに「一般教育」の履修義務をなくするということである。最終答申がどういう形になるか、それを受けて各大学が従来の「専門」と「一般」をどのように組み替えてゆくかは予断をゆるさない。一般教育・政治学という科目そのものがなくなる可能性も充分に考えられる。そうなった場合、一般教育・政治学の教科書としての本書の存在理由はいったいどうなるのであろうか。

小津映画の笠智衆の心境とまではいわないにしても、ともかくもいくばくかの感慨をもって本書を世間に送りだす者として、本書の存在意義については若干のべておかねばならない。いうまでもなく本書は、使い方次第では学部レベルの政治学入門書としても充分に通用する内容を備えている。また、英国政治学の現状についてもかなりの情報を与えてくれる。学部さらには大学院において現代英国政治ないしは政治学を専攻しようとする者にとっては、格好の案内書となりうる（その際には、ぜひ原著にあたり、トムによる「付録」を参照していただきたい）。さらに考えてみれば、政治（学）教育を必要とするのはなにも大学生諸君だけではない。クリックのいうように、われわれが政治的に成人となるためには「政治的読み書き能力」（political literacy）を必要とするとすれば、そうした能力を養うための「政治教育」（political education）は社会システムのどこかに組み入れられていなければならないだろう。本書は、そうした広い意味での「政治教育」のテキストとしても利用可能である（クリックの本来の意図は、むしろこちらにあるといえる）。

本訳書は、添谷と金田の共同作業の成果である。われわれはクリックとトムほど歳は離れていないし、年長者である添谷が年少者である金田よりも政治学に通暁しているわけではないが、とりあえず年少者である金田がまず全体を訳し、ついで添谷がその草稿をもとに必要と思われる補足・訂正を行い、最終的には、二人で「一太郎」の画面を見ながら、ああだこうだの議論を経て訳文を確定していった。七月末の猛暑ともうもうたる煙草のけむりのなかで、よく働いてくれた「98」と「一太郎」には大いに感謝しなければならない。

原著には註は一つしかないが、教科書としての利用を考えて、かなりの量の訳註を加えた。ただ、われわれの関心の「バイアス」によって、項目の選択や説明の仕方にばらつきがあるかも知れない。この点についてはもっと説明を加えてほしいというようなことがあれば、（大いにありうる誤訳の指摘もふくめて）訳者なり出版社宛にお知らせいただければ幸いである。訳註作成にあたっては、それぞれの箇所で言及した著作以外に、阿部・内田編『現代政治学辞典』（有斐閣、一九七八年）、『岩波西洋人名辞典・増補版』（岩波書店、一九八一年）、見田・栗原・田中編『社会学辞典』（弘文堂、一九八八年）、などを参照した。

翻訳作業の過程では多くの人びとのお世話になった。いちいちお名前は挙げないが、訳者たちの無躾な質問にも親切丁寧に応じていただいた埼玉大学と宇都宮大学の同僚諸氏にお礼申し上げたい。また、南アフリカへの旅の直前のあわただしい時間をさいて、原著者略歴とポートレイトをお送りいただいたバーナード・クリック氏のご好意にも感謝したい。最後にそして最大の感謝を、本訳書出版にあたって特別のご配慮をいただいた、早稲田大学の藤原保信先生に捧げたい。また、「まあ、来年の三月ぐらいまでに」とのんびりと構えていたわれわれに有言・無言のプレッシャーをかけ、われわれ自身が驚くほどの迅速さで本訳書出版を実現させてしまった、新評論社長・二瓶一郎氏の「名人芸」にも敬意を表する次第である。

24　書評：京大政治思想史研究会編『現代民主主義と歴史意識』（ミネルヴァ書房、一九九一年刊）〈1991〉

〔『週刊読書人』一九九一年一〇月二八日〕

民主主義への懐疑と共同体的全体性回復への希望

ノストラダムスを除いておそらくは誰も予測できない歴史の激動の直中で、主権国家、連邦制度など古色蒼然たる国法学上の諸概念が俄にアクチュアリティを帯び始めた。相変わらず「もっと多くの民主主義を」という掛け声によって、それ以上の思考を放棄しようとする人びともいないわけではないが、無論、民主主義も例外ではない。勝田吉太郎氏の京都大学退官を記念して編まれた本書は、現代民主主義が内包する諸問題をその理念・制度・運動の側面から立体的に、かつ「歴史のなかで自らの位置を測定する鋭い歴史認識」に即して批判的に検討する試みであり、まことに時宜に適った企画といえる。ほぼ一〇年前勝田氏を中心として編まれた『現代デモクラシー論』（有斐閣、一九七九年）の延長線上に位置づけられる本書は、教科書的であった前書に比べ個別専門論文の集積（限られた紙数のなかで二二編の論文の個別内容に言及することはできないが、各論文はそれぞれの専門領域において参照されるべき創見に満ちている）という性格が強く、各論文の独立性と主題への沈潜の度合いは高い。しかしそこには自ずと、ある共通した雰囲気が感じられる。

勝田氏が語る大審問官物語の含意に衝撃を受けた本書の執筆者たちに共通した雰囲気とは、古代民主主義とは明確に区別される近代民主主義（すなわち自由・民主主義）における「民主主義」の暴走に、「自由主義」（野田論文の用語でいえば「自由保守主義」）の側からブレーキをかけることだといえる。政治の目的をパンの獲得に矮小化し、価値の公共性の喪失をもたらし、多数者の圧政へと容易に転化しかねない民主主義への懐疑と、失われた共同体的全体性の回復へ向けた希望。こうした懐疑と希望に裏打ちされた学問的営為は、小野紀明氏の業績を代表に、わが国の思想史研究に豊穣な成果をもたらした。これは教師としての勝田氏の功績であり、この教育的成果を誰しも疑うことはできない。

しかし、学問的営為を支えたこうした懐疑と希望が現実社会にたいしていかなる意味を持つかという段になると、いくつかの疑問を禁じえない。たとえば教育の領域に限っても、われわれが直面しているのは、「ひとはパンのみにて生きるにあらず」の含意を「牛乳も必要だ」と受け取りかねない若者たちである。およそ一切の懐疑も希望も不可能にする「安楽への全体主義」（藤田省三）——社会主義の崩壊は、人びとが社会主義的民主主義の欺瞞性に気付いた結果ではなく、むしろ「もっと多くのパンと牛乳」をもとめた結果ではないのか——に対し、自由主義的な懐疑とそれゆえの希望はほとんど無力に思える。民主主義の実質を擁護するために民主主義という名辞を避けなければならないほどに民主主義が金科玉条視されていた時代にはそれなりの衝撃力と洞察力を持ちえた言葉も、今やマス・インテリの誰もが気軽に口にする常套句になってしまった。それどころか「共同体的全体性の回復」といった言葉は、奇妙なことにある種の左翼的言説と癒着しかねないのだ。

近代の自由・民主主義に批判的距離をとり続けたレオ・シュトラウスは、リベラル・エデュケイションの目的を「民主政的な大衆社会のなかに貴族政を樹立するために必要な努力」と規定している。もちろん、古代ギリシア的「自然」に即して立論するシュトラウスと、あくまでも「歴史」に内在しようとする本書の執筆者たちの立論とは、同日に論じられない。しかし、衆愚政に堕した民主政を貴族政的知性で健全化しようとする発想には共通したものがある。現在最も懸念されるのは、「安楽への全体主義」が〈安楽〉そのものへの脅威をきっかけに狂信化することだが、貴族政的知性はそれへの防波堤たりうるのか、また貴族政的知性自体が暴走することへの歯止めをなににもとめるべきなのか。自由保守主義が鼎の軽重を問われるのは、おそらくそういう問題をめぐってであろう。

25　書評：M・オークショット『市民状態とは何か』（野田裕久訳、木鐸社、一九九三年刊）〈1993〉

〔『週刊読書人』一九九三年八月二三日〕

現代の『リヴァイアサン』――オークショット政治哲学の集大成

現代英国の政治哲学者マイケル・オークショットは一九九〇年一二月一九日、その八九歳の誕生日の一週間後に没した。『タイムズ』紙は社説で彼の死に言及し、『インデペンデント』紙はノエル・オサリバンによる長文の追悼記事を掲載し、『ガーディアン』紙は彼を「おそらく今世紀の最も独創的な講壇政治学者」と呼んだ。一学者の死としては異例ともいえるこうした扱いに戸惑っているのは、おそらくオークショット自身であろう。というのも、彼は生前から政治哲学研究者の一部には熱烈な心酔者を持っていたとはいえ、およそ「ポピュラリティ」とは無縁の人物であったからである。しかし英米を中心とした一種のオークショット・ブームはけっして一過性のものには終わらず、九一年には『新編・政治における合理主義』が、そして今年に入り、ほぼ完璧なビブリオグラフィーをふくむ追悼論文集『マイケル・オークショットの業績』が出版され、今秋以降にはイエール大学出版局から二つの新著の出版が予告されている。

このたび邦訳出版された『市民状態とは何か』は、オークショット晩年の大著『人間営為論』（一九七五年）第二章の全訳と、第一章および第三章の訳者による要約を「解題」として収めている。こうした形をとることの理由は不明だが、

「繊細の精神」と「幾何学の精神」との類稀な結合である原著の結構が損なわれたことはいささか残念である。しかし、本書がわが国におけるオークショット政治哲学の全体像理解にとって多大の寄与をなすことは確かであろう。『人間営為論』はつぎの二つの意味でオークショット政治哲学の「集大成」である。一つには、オークショット終生のテーマ――(一)『経験とその諸様態』から『人類の会話における詩の声』を経て本書第一章へといたる人間行為・知識の形態論、(二) 初期の論文「哲学的法律学の概念」から「『リヴァイアサン』序説」を経て本書第二章へといたる法・国家論（これはさらに『歴史論』所収の「法の支配」へと引き継がれる)、(三)『政治における合理主義』から本書第三章を経て論文「近代ヨーロッパ国家の語彙」や「政治を語る」へと引き継がれる近代ヨーロッパの政治・国家意識の現象学――の集約であるという点で、二つには、これら三つのテーマがさながらバッハのフーガを思わせる形式的洗練をもって緊密な概念的構成体として提示されているという点においてである。とくに第二の点に関連してオークショットの念頭にあったのが、『物体論』『人間論』『市民論』からなるホッブズ政治哲学の体系であることは疑問の余地がない。つまり、本書はなによりもまず現代の『リヴァイアサン』として読まれるべき書物なのである。

最後に、訳者のなみなみならぬ労苦と「冒険」心を認めたうえで、若干の注文をのべたい。産業構造の変化や都市型社会の到来によって出現した、あるいは出現しつつあると目される「市民」型ネットワーク社会と混同されかねない「市民状態」という訳語は再検討を要する。また、〈Agent〉はあくまでも「行為主体」であろう。なぜなら、明らかに言語行為論の影響のもとに〈Subject〉（主観・主体）性の哲学を退け、主体＝臣民化されないような「個人」の原像を探究し、「公的な事柄」に関わる限りでの「個人」のペルソナを「公民」と想定するというのがオークショットの眼目だからである。

26 訳者あとがき:M・イグナティエフ『ニーズ・オブ・ストレンジャーズ』(添谷育志・金田耕一訳、風行社、一九九九年刊)〈1999〉

これまでにもいくつかの「訳者あとがき」を書く機会があったが、その際にいつも念頭をよぎったのは、柴田翔『されど　われらが日々――』の冒頭の場面だった。そこには、英文学専攻の大学院生である主人公の「私」が、場末の古本屋の均一本の山のなかにまじった、もはや書名も訳者の名前も知られていない翻訳本の「訳者あとがき」を読んで、その「少し熱っぽい調子」にたいして「私」がいだく皮肉とも共感とも諦念ともとれる複雑な感情が巧みに描かれていた。これまでもそしてこれからも、読者を辟易とさせるような気負いだけはさけたいと思うのだが、わたし自身、本訳書にたいしては格別の思い入れがある。

「日本語版序文」にもあるように、原著が執筆・出版されたのはいまから一五年前のことである。出版当時の反響は、バーナード・クリックやマイケル・ウォルツァーによる好意的書評からうかがえるように、好評だったようだ。事実、その後ペンギン版、ヴィンテージ版と版を重ねている。出版当時、わたしは本書を読んでいない。一九八四年、オーウェルの予言が奇妙な明るさのなかで実現されつつあるように思われた。新人類、ニュー・アカデミズム、スキゾ・キッズ、逃走と知の戯れが時代のキー・ワードだった当時のわが国の外国思想紹介業界が、本書に注目した形跡もない。「哲学を、人間的であることのわざへの道案内というその本来の場所に連れ戻す」本書は、いささか反時代的な書物に見えたのだろう。わたしが本書をはじめて通読したのは、一九九五年、文部省在外研究員としてロンドンに滞在中のことだった。

　当時わたしは「離脱と帰属の間」という副題をもつ自著（『現代保守思想の振幅』、新評論）をまとめたばかりということもあって、ロンドン大学本部のすぐ近く、ガウアー・ストリートをはさんでかつてクリックが教授職を務めたバークベック・カレッジの向かいにあるディロンズ書店で、*Blood and Belonging*（邦訳『民族はなぜ殺し合うのか』）という表題にひかれてペーパーバック版を買いもとめた。三月半ばの頃だった。四月に家族をむかえるまで、わたしはロンドン北部の、独り住まいには広すぎる借家に住んでいた。チャンネルをガチャガチャまわす旧式のテレビを見ながら、セインズベリーの安ワインを片手にさっそく読んでみた。正直いって、良いナショナリズム（シヴィック・ナショナリズム）と悪いナショナリズム（エスニック・ナショナリズム）の二分法は単純すぎるように思われたが、民族紛争の現場への旅の経験によって、コスモポリタンとしての生き方がもつ特権性・偽善性に覚醒してゆく著者の告白の真率さには共感できた。入国審査やメトロポリタン・ポリスへの住所登録の際に、"Japanese Government" の一言の効き目を実感していた者としては、シェルターとしての国民国家をぎりぎりのところで肯定する著者の見解には同意せざるをえなかったのだ。マイケル・イグナティエフという著者の名前はスコットランド啓蒙思想の研究者としてすでに知ってはいたが、そのかれがなぜ現代ナショナリズム論を書くのかは不可解だった。

　写りの悪いテレビには、ソビエト連邦解体後のロシアの現状を伝える陰鬱な映像が流れていた。新聞は、「われらの裏庭で起こっている惨劇」としてボスニア紛争解決に向けての一進一退を連日のように伝えていた。ヨーロッパ懐疑派の反乱に業をにやしたメージャーは、党首辞任という一世一代の賭にうってでた。統合に積極的な姿勢をしめすトニー・ブレア率いるニュー・レイバーの人気はうなぎのぼりだった。ブリテン本国人よりもブリティッシュであることにアイデンティティの拠り所をもとめる北アイルランドのオレンジメンの行進は、今年もカソリック住民の居住地を横切って敢行されようとしていた。ラビン首相の死を「父親を失ったようだ」と涙ながらに語るユダヤ人の青年と知り合ったのもその年のことだった。ナショナリズムが焦眉の争点であることはわかる。だが、なぜあのイグナティエフがという疑問はぬぐいきれないでいた。

それからしばらくしてのことだった。本訳書（二四五頁）にも引用されているマーシャル・バーマンの卓抜なモダニズム論をさがそうとしてチャリングクロス・ロードの本屋をのぞいたおりに、都市論関係の棚の一角で原著のヴィンテージ版を見かけ、ついでに買いもとめた。トッテナム・コートからノーザンラインに乗りゴルダス・グリーンまでの地下鉄のなかでひろい読みして驚嘆した。スコットランド啓蒙思想研究から現代ナショナリズム論への道筋の必然性はすべて本書で語られていた。それよりもなによりも、その内容の豊かさに圧倒された。権利とニーズ、福祉国家における画一性と人格の尊厳、自由と連帯、モダニティと帰属意識のゆくえ、エコノミーとポリティー、世俗化、グローバル化、地球環境問題、アイデンティティ――およそ現代的なテーマのすべてが一〇年以上も前に書かれた書物にこめられていることへの驚きだった。当時その内容のすべてを理解できたとはとうていいえないが、ともかくも通読して――ついでにいえば、ロンドン滞在中に通読した一般書で印象に残っているものは、Peter Ackroyd, *Dan Leno and Limehouse Golem*, Minerva, 1995; Bill Bryson, *Notes from a Small Island*, Doubleday, 1995〔『ビル・ブライソンのイギリス見て歩き』古川修訳、中央公論社、一九九八年〕; Eric Lomax, *The Railway Man*, Jonathan Cape, 1995 の三冊である――、これは絶対に誰かが翻訳紹介すべき本だと思ったのが、一九九五年のことだった。

一九九五年という年は、わたしたち日本人にとって「ひどい年（annus horribilis）」だった。一月の阪神大震災と三月の地下鉄サリン事件は、日本という国家がわたしたちの身体的安全という最も基礎的なニーズにさえ応える能力を欠いた脆弱な政治体であることを露呈させた。全般的世俗化のなかで行き場をうしなった宗教的ニーズが、ときにどんな倒錯と暴走を引き起こしうるかをまざまざとみせつけられもした。その後わたしたちを震撼させた神戸の事件も、帰属をもとめるニーズ、承認をもとめてやまないニーズに応えるべき資源がほとんど枯渇した現代日本社会の惨憺たる現状を照らしだした。八〇年代の英国でイグナティエフが直面したのも、おそらく高度産業国家にある程度共通したそういう風景だったのではないか。現代福祉国家に生きる「見知らぬ人びと」のあいだでの道徳的義務について問いかける本書のどの部分をとっても、わたしにはとてもよそ事とは思えなかった。本書は現代社会に生きる人びとが共通にかかえる問題にたいする、一知識人の誠実な応答の記録でもある。本書を読んでわたしは、「人間的であること」が習練を要するわざであることをあらためて実感させられたのだ。

「日本語版序文」のイグナティエフにとっては意外かもしれないが、わたしは本書の内容にたいしてそういう普遍性のレベルで共感したのである。LSE（ロンドン・スクール・オブ・エコノミクス・アンド・ポリティカル・サイエンス）でのわたしの研究対象だったマイケル・オークショットは、政治思想史上の傑作とは人類の普遍的境涯《プレディカメント》になにがしか新しい光をなげかける作品のことだ、という意味のことをのべている。その基準にてらしても、本書はまぎれもなく「傑作」である。九六年一月に帰国して、*Blood and Belonging* はすでに邦訳出版されていることを知った。ならば、イグナティエフの代表作（LSEのポール・ケリー氏の言葉によれば "his best book"）もいずれ誰かが翻訳するだろうと思った。後にのべるようなきっかけでその誰かがわたしたちになったわけだが、そのことはまことにうれしく名誉なことである。

おそらく、マイケル・イグナティエフという著者名を知ったうえで本訳書を手にする読者の数はそれほど多くはないだろう。また、そういう人たちも『民族はなぜ殺し合うのか』の著者か『富と徳』の共編者のひとりか、そのいずれか一方として知っている場合が多いのではないかと思われる。本訳書によってはじめてイグナティエフという思想家に出会う読者のためにも、著者の経歴と作品についての紹介と解説を試みたい。

マイケル・イグナティエフは、一九四七年五月一二日、父ジョージと母アリソン（旧姓グラント）の長男としてカナダのトロントに生まれた。一九七七年に結婚したスーザン（旧姓バラクラフ）とのあいだに一男一女がおり、七八年ケンブリッジ大学キングズ・カレッジのシニア・リサーチ・フェローになると同時に英国に移住、現在はロンドンに住まい、テレビのプレゼンター、『プロスペクト』を中心とする雑誌への寄稿、著作活動をつうじて、現代英国を代表するジャーナリストとして活躍中である。BBCの新シリーズ“A History of Moral Imagination”の制作が予告されており、九八年から九九年にかけてLSEの客員教授（Centennial Visiting Professor）として“The Moral Imagination in the Late 20th Century”という題目で一〇回連続の講義を行なう。趣味はテニス、おしゃべり、ワイン、ガーデニングとのこと。

イグナティエフの人間形成にとって決定的なファクターは、亡命ロシア貴族の末裔というその血統にある。かれは、父方の祖父母パウルとナターシャ（旧姓メチェルスキー）が遺した手記をもとにイグナティエフ一族とメチェルスキー一族の「家族の肖像」ともいうべき美しい作品を書いている（『ロシアン・アルバム』）。ナボコフの『記憶よ、語れ』を思わせる過去への哀惜の念に満ちたこの書物から、マイケルの生い立ちにかかわる記述をひろい集めてみよう。イグナティエフ一族は、マイケルの祖父パウルが最後のロシア皇帝ニコライ二世最後の内閣の教育大臣を務め、曾祖父はロシアと中国の国境を定めるアムール・ウスリー条約の締結交渉にたずさわった外交官という、ロシアの高級官僚の家柄だった。祖母ナターシャは、曾祖母の一族が一八世紀に女帝エカテリーナ二世から遺贈されたウクライナの領地でプリンセス・ナターシャ・メチェルスキーとして生まれた。プガチョフの反乱を鎮圧した将軍やロシア最初の国民的歴史家ニコライ・カラムジンも、メチェルスキー一族の血筋につながっているという。

マイケルの父ジョージが四歳のときにロシア革命が勃発。イグナティエフ一家は一九一九年夏イングランドに移住しサセックスで農業を営むが、経営難とともに、新天地をもとめようとした年長のふたりの息子の決断に従い、二八年カナダに移住する。末っ子のジョージはオックスフォードで国際関係論を学んだ後、四四年カナダに戻る。大戦中に知り合った看護婦アリソン・グラント（グラント一族については、「一九世紀にトロントに移住してきた高潔なノヴァ・スコシア人たちで、教師や作家として名をなした」と紹介されている）と結婚し、以後カナダ政府の外交官として活躍した。マイケルが父親と連れ立って国連ビルでソビエトの外交官と面会したおり、その外交官はジョージにたいしてうやうやしく「農民の息子として、貴殿にごあいさつ申し上げます」とのべ、マイケルを驚かせた。五五年、ジョージがカナダ外交団の一員としてソビエトを訪れた際には、ソビエトの官僚たちはかれに「伯爵」と呼びかけたという。四四年、四五年に相次いで世を去り、トロント近郊の墓地に埋葬された祖父母の墓石には、"In loving memory, Count Paul Ignatieff, 1870–1945; Countess Natasya Ignatieff, 1877–1944" という銘が刻まれた。

マイケルはトロントで初等・中等教育を受けた後、一九六九年にトロント大学を卒業。以後かれはアカデミックな歴史家としてのキャリア——Cambridge Univ.（MA 1978）; Harvard Univ.（PhD 1975）; Associate Prof. of History, Univ. of British Columbia, 1976–78; Senior Research Fellow, King's Coll. Cambridge, 1978-84; Visiting Fellow, École des Hautes Études, Paris, 1985; Alistair Horne Fellow, St. Anthony's Coll. Oxford, 1993–95; Hon. DPhil, Stirling, 1996; Centennial Visiting Prof., LSE, 1998–99. ——と、ジャーナリストとしてのキャリア——Presenter: Voices, Channel 4, 1986; Thinking Aloud, BBC TV Series, 1987–88; The Late Show, BBC TV, 1989–95; Blood and Belonging, BBC, 1993; Editorial Columnist, The Observer, 1990–93. ——を積んで今日にいたっている。これまでに単行本のかたちで出版された著書は以下のとおりである。

〔ノンフィクション〕

＊ *A Just Measure of Pain: The Penitentiary in the Industrial Revolution 1750–1850*（New York: Pantheon, 1978; London: Macmillan, 1979）.

著者最初の単行本であるこの著書は、「監獄が魂を改造するための場所として歴史的にこしらえ上げられてきたことをめぐるものであった」（本訳書二二九頁）。一八世紀の半ば以降ヨーロッパに出現した近代的な監獄や精神病院は、それ以前の劣悪な状況下に放置されていた犯罪者や狂人にたいする処遇の改善をめざしたものとして、ヒューマニスティックな改良の物語としてこれまで解釈されてきた。一九六〇年代末から七〇年代にかけて、M・フーコーの仕事を代表にそうした在来の見方にたいするリヴィジョニズムが台頭したが、本書もその流れのなかに位置づけられる。ただし、イグナティエフは、人文・社会科学がフーコーのいう「規律訓練」権力と共犯関係にあることは確かだとしても、知＝権力が「人びとの認知様式を完全に規定し、人びとの認知領野から、別にありうるヴィジョンのいかなる可能性をも奪ってしまう」と見なす宿命論には批判的である。のちにかれは、自らもふくめリヴィジョニストたちが共有する基本的な誤謬――公式の国家権力の過大評価――にたいする自己批判を展開している（"State, Civil Society and Total Institutions: Critique of Recent Social Histories of Punishment," in Stanley Cohen and Andrew Scull (eds.), *Social Control and the State* (Oxford: Martin Robertson, 1983). なお、クリストファー・ダンデカーは、ウェーバー、フーコー、ギデンズの理論的成果を総合した「監視、権力、および近代性」をめぐる歴史社会学の新理論を提案しているが、かれによれば、イグナティエフの本書は、産業社会論、ネオ・マキァヴェリ主義社会理論とならんで在来の歴史社会学理論の一翼をになってきたマルクス主義理論の系列に入れられている。Cf. Christopher Dandeker, *Surveillance, Power and Modernity* (Cambridge: Polity Press, 1990), p. 5)。

＊（Co-edited with Istovan Hont) *Wealth and Virtue: The Shaping of Political Economy in the Scottish Enlightenment* (Cambridge: Cambridge University Press, 1983)〔ホント、イグナティエフ編著『富と徳――スコットランド啓蒙における経済学の形成』水田洋・杉山忠平監訳、未来社、一九九〇年〕.

ポーコックによって提起され、その後「まるで伝染病のようにひろがっ」（水田洋）たシヴィック・ヒューマニズム・パラダイムの、スコットランド啓蒙への適用可能性を検討した論文集。ホントとの共著による巻頭論文「『国富論』における必要（ニーズ）と正義――序論」とイグナティエフの単著論文「ジョン・ミラーと個人主義」がふくまれている。

＊ *The Needs of Strangers* (London: Chatto and Windus, 1984; Penguin Books, 1986; Vintage, 1994).
本訳書は九四年出版のヴィンテージ版を底本とした。各版とも内容的な異同はまったくない。ただしペンギン版にだけ"An essay on privacy, solidarity, and the politics of being human"という副題がついており、ボッシュの絵のモノクロ写真版が掲載されている。

＊ *The Russian Album* (Viking, 1987; Penguin Books, 1988).
内容については前述参照。

＊ *Blood and Belonging: Journeys into the New Nationalism* (London: BBC Books, 1993; Vintage, 1994)〔マイケル・イグナティエフ『民族はなぜ殺し合うのか：新ナショナリズム6つの旅』幸田敦子訳、河出書房新社、一九九六年〕.

＊ *The Warrior's Honor: Ethnic War and the Modern Conscience* (London: Chatto and Windus, 1998).
『ニーズ・オブ・ストレンジャーズ』のテーマが国民国家内部での見知らぬ人びと同士の道徳的義務のあり方だったとすれば、この著書のテーマは国民国家をこえたところにある道徳的義務のあり方である。著者自身の言葉でいえば、『戦士のほまれ』は、ボスニアやルワンダやアフガニスタンの現場から送られてくるぞっとするようなテレビの報告を見るときに、わたしたちがみな感じる「なにかをしなければ」というあの衝動をめぐるものである」。前著でテレビクルーつきの現場報告の当事者であった著者が、ナショナリズムとジャーナリズムとの関わりへの反省をもふくめて、前著での経験を理論的・内省的に深化させた著作といえる。

＊ *Isaiah Berlin: A Life* (London: Chatto and Windus, 1998).
一九九七年一一月五日、八八歳で亡くなった今世紀最大の政治思想家のひとりサー・アイザイア・バーリンの評伝。つい先日手もとに届いたばかりのため、全一九章三五〇頁にわたるこの著書の内容についてはコメントできない。

一九〇九年生まれのバーリンは、イグナティエフの父親ジョージとほぼ同世代に属する。ラトヴィアのリガに生まれ英国に渡り独自のリベラリズムを構築したバーリンは、イグナティエフにとって思想的にも父と子の関係にあるといえる。バーリンの死後BBC2で放映されたイグナティエフによるバーリンへのインタヴューとナレーションでつづる二部構成の“The Making of a Hedgehog”は、「父」の世代へのいたわりと敬意に満ちた好番組だった。ジョンソン博士とヒュームというふたりの「父」にたいするボズウェルのぶざまな生き方に反発と共感をかくさなかったイグナティエフが、バーリンの生涯をどう描くのか、それをとおして「六八年世代」としてどのような自己省察を展開するのか、興味深く読みたいと思っている。なお、『ニューヨーク・レヴュー・オブ・ブックス』紙（一九九七年一二月一八日号）に掲載された追悼文が『みすず』第四四三号（一九九八年二月号）に訳出されている。

〔フィクション〕

＊ *Asya* (London: Chatto and Windus, 1991; Penguin Books, 1992).
戦争と革命の二〇世紀前半のロシアを舞台に、祖母ナターシャをモデルにしたと思われる女性アーシャを主人公にして語られる「愛と裏切りの物語」。

＊ *Scar Tissue* (London: Chatto and Windus, 1993).
精神を病み、言葉・記憶・アイデンティティの感覚をうしなった母親について語る息子の手記というかたちをとった、消そうとしても消しようのない精神の「瘢痕組織《スカー・ティシュー》」についての内省的小説。ちなみに、主人公は『リア王』を教材に「哲学とシェイクスピア」というコースを担当する大学教師。一九九三年ブッカー賞最終候補作。

以上、著者の経歴と作品を対照してただちに理解できることは、「スコットランド系カナダ人と結婚した白ロシア人亡命者の混成家族」（『ロシアン・アルバム』）の一員である著者の仕事が、母方のルーツと父方のルーツの探究および亡命ロシア貴族の末裔といういわば強いられたコスモポリタンとしての自己のアイデンティティの検証というパーソナルな動機に根ざしていることであろう。そして、その探究は必然的に、近代の政治生活の標準的枠組みになってしまった国民国家への問い、国家活動を制限する原理としての自由主義への問い、現代的条件の下で「頑固にリベラル」をつらぬきながらも帰属をもとめてやまない人びとのニーズを表現するためのパブリック・ランゲージの探究という、思想的テーマへと結びついてゆく。産業革命がもたらした経済発展のなかで、国家機構としての近代的な監獄がヴィクトリア朝イングランドのありふれた光景になってゆくまでの経緯をたどった処女作から、現代英国の首相トニー・ブレアもヨーロッパ左翼の将来についてその見解を尋ねようとした碩学バーリンの評伝にいたるまで、著者の思想的テーマは驚くほどの一貫性を有している。

本訳書の内容そのものについては訳者が注釈をくわえる余地はほとんどないが、書名『ニーズ・オブ・ストレンジャーズ』と《付論》についてだけ若干の説明をくわえておきたい。"The Needs of Strangers" という語句は、新約聖書「マタイによる福音書」第六章三二節以下「……だから、『何を食べようか』『何を飲もうか』『何を着ようか』といって、思い悩むな。それはみな、異邦人が切に求めているものだ。あなたがたの天の父は、それらのものがみなあなたがたに必要なことをご存じである。何よりもまず、神の国と義を求めなさい。そうすれば、これらのものはみな加えて与えられる」に由来すると思われる（ただし、欽定訳聖書では当該箇所は "……For after all these things do the Gentiles seek." と訳されている）。つまり、徹底して世俗化された近代社会にあっては衣食住へのニーズこそが人間にとって最も基礎的であることを人びとはほとんど疑わないが、キリスト教的な言語体系においてはそうしたニーズを最優先させることは異邦人、異教徒の考えと見なされていたのである。シェイクスピアの悲劇、アウグスティヌスのキリスト教、ヒューム以来の啓蒙主義、これらの言語体系のなかで「ニーズ・オブ・ストレンジャーズ」という語句によって示される中身がいかに断絶しているかが本書のテーマである。わたしたちは「ストレンジャーズ」を基本的に「見知らぬ人びと」と訳したが、文脈によっては「異教徒」「異邦人」「よそ者」などと訳したほうが適切な場合もあろう。

著者によれば、本書は「ニードの歴史」ではない。そのことの含意は、マズローの欲求段階説を歴史の発展段階論に転換して、未開から文明へといたる人類のニーズの単線的進化を描いてみせたような書物ではない、ということであろう。しかしまた本書は、万人が承認する普遍的な基礎的ニーズ（たとえば健康と自律といった）を確定し、そこから派生してくる諸権利を同定しようとする哲学理論の書物（たとえば、Leon Doyal and Ian Gough, *A Theory of Human Need*. London: Macmillan, 1991）でもない。確かに本書は人間の普遍的ニードが次第に充足されてくる単線的な進歩の物語ではないが、しかし、ニードという語と観念の変容をめぐる思想史ないしは精神史的ディスコースではある。第二、三、四章の構成は、スタンダードな思想史の教科書としても十分に通用する。それにしても、ボッシュの絵や悩める近代人の原型ボズウェルという補助線を配置することによって、アウグスティヌスやヒューム、スミス、ルソーたちの古典的テクストがなんと新鮮に見えてくることか。クリックが「類まれな、美しく書かれた、深く考え抜かれた」作品と評した原著の散文の美しさを十分に日本語にうつしかえられたかはなはだ心許ないが、読者にイグナティエフの見事な語り口の冴えの一端でも伝えることができればと願うだけである。

原著が一五年前、第二期サッチャー政権の時代に書かれたものであることを考慮して、内容的に関連の深い最近のエッセイを《付論》として訳出した（同論文は、'Belonging in the past'というタイトルで*Prospect*, November 1996にも掲載されている）。このエッセイが発表されたのはトニー・ブレアのニュー・レイバーが地すべり的大勝利をおさめた一九九七年五月の総選挙以前、労働党政権への期待が空前の高まりをみせていた頃のことであることに注意してほしい。一九九五年に出版され大ベストセラーとなったウィル・ハットンの『われらが現状（The State We're In）』によって広まった、「三〇／三〇／四〇社会（thirty/thirty/fourty society）」（長期保守党政権の下で労働市場の外部ないしは最低辺へと周縁化された三割、二年以内のパートタイム等の継続雇用にどうにかありついている三割、そしてサッチャー革命の勝ち組が四割といった具合に、英国社会が分断されてきているということ）と「ステイク・ホールディング社会」は、英国の政治・経済言論界のパブリック・ランゲージとなっていた。そのハットンのベストセラーとそれに依拠するニュー・レイバーの一挙両得的政策提議（現在それは、ＬＳＥ学長アンソニー・ギデンズ・ブランドの「第三の道（The Third Way）」に衣替えしている）を、ソフトなコーポラティズムにすぎないではないかといわんばかりの調子で切ってすてるあたりは、「頑固にリベラル」の姿勢をくずさない著者の面目躍如たるところであろう。

コミュニタリアンによる権利批判とは一線を画し、ニーズへの配慮が国家活動の拡大につながることを警戒し、失われた共同体への湿っぽいノスタルジアを断固として拒否するイグナティエフは、ひるがえって、現代的条件の下でなお帰属をもとめてやまないニーズを表現するためのパブリック・ランゲージを創出しえたであろうか。さしあたり、「都会的帰属《アーバン・ビロンギング》」と「市民ナショナリズム《シヴィック》」がその答えだといえるだろう。そこにこめられたアイデアをどう消化し日本語として表現してゆくかは、著者と問題意識を共有するわたしたちの課題である。ここで「わたしたち」というのは、政治思想研究にたずさわる専門家だけを想定しているわけではない。「市場《マーケット》の声は神の声」といわんばかりにご託宣を垂れてまわる現代市場教の神官たちにうっとうしさを感じる人びと、国民年金は支払う価値のある社会契約かどうか疑っている人びと、介護保険制度はどこか変だと思っている人びと、現に老親の介護にたずさわって悩んでいる人びと、介護ボランティアやＮＰＯ活動の現場で活躍している人びと、そういう人たちにこそ本書を読んでいただきたい。それだけではない。「見知らぬ人びと」のニーズを集約し政策へと転換させる政治・行政という「危険な仕事《ビジネス》」の専門家たちにとっても、本書は、現代的条件の下で政策体系を立案する際に手がかりとすべき最も基本的な考え方についていくつかの示唆を与えてくれるはずだ。その際には、「はじめに」「おわりに」《付論》を読んでから本論にとりかかることもひとつの読み方だと思う。

また、私見をつけくわえれば、イグナティエフのいう「都会的帰属《アーバン・ビロンギング》」はロンドンやニューヨーク、ダブリン、プラハ、シカゴだけにあるものではないだろう。前述したビル・ブライソンの愉快な英国旅行記には、かれがヨークシャー・デールの片田舎で出会った印象深いエピソードが語られている。ブライソン一家が北ヨークシャーの谷間の村に住みついて間もない頃、自宅の前の道路でちょっとした交通事故があった。運転していたのは地元の女性で、転倒した車のなかで頭から少し出血していた。ブライソンはあわてるばかりで手をつけかねていると、「ランドローバーに乗った二人の農夫がやってきて女性を助けだした。そして近くの岩にそっと座らせ、車を起こして道端に引き寄せた。お茶を飲ませている間に、もう一人が漏れた油におがくずを撒き渋滞していた車の交通整理をした。そして私にウィンクをしてからランドローバーに乗り込み立ち去った。わずか五分ほどの間の出来事で、警察や救急車を呼ぶでもなく医者さえも呼ばれなかった。一時間ほどしてトラクターがやってきて車を引っぱっていった。何事もなかったように」（『ビル・ブライソンのイギリス見て歩き』、三四三—三四四頁）。わたしにはこれもまた「都会的帰属《アーバン・ビロンギング》」のあり方の一例に思えるのだが、読者のみなさんはどう考えるだろうか。原著者と同じくわたしたち訳者も読者のみなさんの反応を心待ちにしている。翻訳上の疑念もふくめて、出版社もしくは訳者宛にご連絡いただければ幸いである。

　本訳書が出版にこぎつけるまでには、実に多くの人びとのお世話になった。一九九七年春、東北大学に着任された川本隆史さんとお話する機会があり、どこか出版を引き受けてくれるところはないでしょうかともちかけたところ、かなり以前に原著を読みその意義を高く評価していた川本さんは、ただちに風行社と連絡をとり訳者としてわたしを推薦して下さった。これまでの翻訳経験から、単独での翻訳作業がいかに危ういものであるかを骨身にしみて味わっていたので、共訳者としてフランス政治思想に詳しい金田耕一さんに参加していただいた。「感謝の言葉」「はじめに」「第一章」「第三章」「おわりに」《付論》を添谷が、「日本語版序文」「第二章」「第四章」を金田が分担し、それぞれの草稿をもちよりお互いにチェックを重ねながら最終稿を作成した。その意味では、本訳書全体が両者の共同作業の成果である。金田さんとはバーナード・クリック『現代政治学入門』（新評論）以来の共訳作品になるが、今回もときに翻訳作業よりも長時間にわたるおしゃべりもふくめて、楽しく仕事ができたことを感謝する。

訳出作業の途上で、英文解釈の初歩的な疑問から引用文の出典まで、不躾な質問にも快く応じてくださった東北大学と宇都宮大学の同僚諸氏には厚くお礼申し上げます。本訳書の日本語タイトルについてさまざまなアイデアを提案してくれた東北大学と青山学院大学の受講生諸君には、結果的に名案（迷案?）を採用できなかったことへのお詫びとともに、協力に感謝したい。カミュの『異邦人』との連想を示唆してくれたわたしの小学校以来の友人である高久政則さん、イグナティエフについてのさまざまな情報をいちはやくロンドンから伝えてくれたLSEのPhDキャンディデートの倉松中さん、素敵な装丁に仕上げてくれた関菜穂子さん、どうもありがとう。また、バーリン伝執筆の多忙な時間をさいて日本語版への序文を寄せてくださったイグナティエフ氏の誠実さとライターとしての責任感には、深く敬意を表したい。風行社の犬塚満さんの悠然とした、しかしきちんとツボを心得た仕事ぶりが、わたしたちの作業をどれほどスムーズに進行させてくれたか、感謝の言葉もない。本書の出版が風行社にとっての経済的な負担にならないことを願うばかりである。

最後に、私事にわたって恐縮だが、本訳書をわたしのふたりの父——二年前のガンの告知を冷静に受けとめ、まさしくヒューム的な平静さを終始たもちつづけながら今年の八月に没した岳父・安部博と、十余年前の腰椎骨折を驚異的な精神力で克服し、長期入院中の母を支えながら独り暮らしをつづけている添谷憲一——に捧げる。

27 書評：中金聡『政治の生理学――必要悪のアートと論理』（勁草書房、二〇〇〇年刊）〈2000〉

〔『図書新聞』二〇〇〇年六月三日〕

「シヴィライズされた声」を聴く――読者の政治理解に広がりと奥行きを与える「政治学の教科書」

本書は、『オークショットの政治哲学』（早稲田大学出版部、一九九五年）ですでに高い評価を得ている著者が、新しく書き下ろした「政治学の教科書」である。「政治の生理学」という書名から政界の裏情報や政治家たちの生態についての通俗的な記述を、そして「必要悪のアートと論理」というサブタイトルから人心掌握のための技術的マニュアルを期待する読者がいたとしたら、その期待は確実に裏切られるだろう。たしかに、本書を支えているのは、政治という人間の営みはきわめて通俗的なもの（オークショット流にいえば「人間活動の二流の形態」）なのだという認識である。しかし、その認識を伝える語り口も通俗的である必要はない。本書の読者に約束される愉悦のひとつは、近年わが国の類書から久しく途絶えていた「シヴィライズされた声」を聴くことにある。

ところで、「政治の生理学」とは何か。著者によればその職分は、アリストテレスの「棟梁学」以下、ロックの「下働き」以上のもので、なにか健康な政治体といったものを想定しそれからの逸脱を診断・治療する「政治の病理学」や臨床政治学ではない。「それは政治を政治に固有の論理にしたがって記述する限定された営みであり、政治以外のもの、たとえば道徳や宗教やあるいは芸術に記述対象のモデルを求めまいとする堅い決意をもってはじめられ、政治を終始『政治ノ相ノモトニ』（*sub specie politicae*）考察する政治学である」（一一頁）。著者がまずもって排除するのは、道徳的説教に帰着するてい の政治論や政治神学、政治の美学であり、限定された枠内で追求されるのは、政治の純粋理論（ジュヴネル）、要するに「政治の政治学」である。政治以外の声には断じて耳を傾けまいとする本書から聞こえてくるのは、まぎれもなく「政治学の声」である。

政治以外の声（道徳、宗教、芸術、さらには科学や歴史）に制圧されつつある昨今の政治学から本来的な「政治学の声」を回復しようとするこのまっとうな試みは、断固支持されなければならない。実際、オークショット以降の英国政治学のひとつの流れは、この「政治学の声」を回復するための試行と挫折の連続といってよい。ウォーラスの心理学主義とラスキのイデオロギー主義を排してかれなりの政治の生理学を追求したオークショットの公民哲学が究極的に依拠しているのは政治以外の「法」であるし、クランストンは「演劇」に、バリーは「合理的選択論」にモデルをもとめざるをえなかった。同様に、政治について語るに際して政治以外のものを断じてモデルとしないという著者がモデルとしているものが、実はひとつだけある。言語、文法である。もとより著者は「政治が言語に似ているのではなく、言語が政治に似ている」（八頁）のだという。しかし、著者の「政治の生理学」の内実が「言語ゲームとしての政治／政治学」であることは否定しがたい。

つまり、著者の「政治の生理学」は「真剣な遊び」（二七二頁）としての政治という言語ゲームについての言語ゲームなのだ。このことが本書の各章の完成度をかなり左右している。言語ゲーム・モデルがうまくはまった各章（「思慮の政治」「説得の政治」「政治における『高貴な嘘』」「代表の政治学」）の完成度は高いが、政治家論とデモクラシー論には未整理な部分が散見される。そして最終章（「帰属・個人性・偶然性」）とエピローグから聞こえてくるのは、道徳の声にかぎりなく接近した著者自身の肉声である。著者によれば、政治学を学ぶことの目的は「政治から自由になること」（二七六頁）

だという。だが、生理学を学んだからといって生理過程そのものから自由になれるわけではなかろう。涙の生理学を知ったからといって悲しみが軽減されるわけではないのだ。もし政治の生理学に解放的次元があるとしたら、おそらくそれは政治への過剰な期待と過剰な失望の悪循環への囚われからわたしたちをなにほどか解き放ってくれることではなかろうか。

本書はけっして読みやすい本ではない。だが「政治を政治に固有の論理にしたがって記述する」本書がデモクラシーの経済理論や政治の精神病理学にくらべて難解かつ高踏的にみえるとしたら、それはわたしたちが政治に固有の文法をまだ十分に理解していないからに相違ない。本書は間違いなく読者の政治理解に広がりと奥行きを付加してくれる。本書を教科書にして政治学を学べる学生諸君は、そのことを幸福に思うべきである。最後に注文をひとつ。著者は政治の生理学的思考の先達としてホッブズ、オークショット、ジュヴネルらをあげているが、わたしたちのもっと身近にもすぐれた先達がいる。たとえば永井陽之助、京極純一、岡義達、升味準之輔らの仕事は、わが国における政治の生理学的伝統の最良の部分を構成している。著者はそのことにもうすこし自覚的であるべきだろう。

28　書評：W・キムリッカ『現代政治理論』（千葉眞ほか訳、日本経済評論社、二〇〇二年刊）〈2002〉

〔『図書新聞』二〇〇二年四月二〇日〕

錯綜した現代政治哲学への道案内――諸論争へのきわめて重宝な「ガイド」

本書は『多文化時代の市民権――マイノリティの権利と自由主義』（角田猛之・石山文彦・山崎康仕監訳、晃洋書房、一九九八年、原著一九九五年）の著者であるカナダの政治学者ウィル・キムリッカが一九九〇年に出版した原著（*Contemporary Political Philosophy: An Introduction*）の翻訳である。

著者によれば、本書の意図は、一九九〇年の時点での「正しい社会、自由な社会、善き社会に関する最近の諸理論」（二頁）について、一定の包括的見取り図を提示することにある。錯綜した現代政治哲学への道案内として本書はすでに定評を得ており、二〇〇一年の時点で同種の試みを意図するアダム・スウィフトの著書（Adam Swift, *Political philosophy: A Biginner's Guide for Students and Politicians*, Polity: 2001）では、ジョナサン・ウルフ『政治哲学入門』（坂本知弘訳、晃洋書房、二〇〇〇年、原著一九九六年）やスティーヴン・ルークス『カリタ教授の奇妙なユートピア探検』（近藤隆文訳、NHK出版、一九九六年、原著一九九五年）などとならんで、現代政治哲学へのすぐれた五つの入門書のひとつとして推奨されている。とくにスウィフトは、副題にいう政治哲学「入門」といううたい文句とは裏腹に、本書が現代の政治哲学上の諸論争へのきわめて重宝な「ガイド」であり、高学年次学部生やもっとやる気のある一般読者にとって有用である点を強調しているが、評者も同感である。本書の読者は、一九七一年以降、ロールズ『正義論』によって触発された政治社会のあり方をめぐる欧米での華々しい論争が、アカデミズムの枠を越えてわたしたちが「政治的風景」を描写する様式そのものを変容させていった経緯をつぶさに追体験できるだろう。

では、政治的風景を描写する様式のなにがどう変わったのだろうか。著者によれば、「政治的風景の通常の描写においては、リベラルは、自由を信奉する右派のリバタリアンと、平等を信奉する左派のマルクス主義との妥協点を模索するものとされている」（同）。わたしたちがみなすでにこのような在来の描写様式の拘束から自由になっているとはとても思えない（たとえば、九〇年代後半以降の西欧諸国に相ついで出現した政権は、依然として「中道左派」と呼ばれ、さもなくば「第三の道」という、たんに三番目であるという以外になんのコノテーションももたない表現が用いられている）が、キムリッカがなによりも強調するのは、もろもろの政治原理を、左派から右派にいたる単一の線上のどこかに位置づけるべきものと見なす、「政治的風景に関する伝統的見方」（三頁）の無効性である。この点で、本書が採りあげる諸理論はもちろん九〇年以前のものだが、それを「交通整理」（訳者あとがき）する著者の視点はまぎれもなくポスト冷戦という条件を反映している。

左派（平等）―右派（自由）という在来の描写様式に代わって、著者は、ドゥオーキンのアイデアに基づく「平等主義的土台」という共通基盤（「重なり合う合意」？）の上に建てられた、高さも形状も異なる建築群として諸理論を位置づけることによって「今日の政治的風景に関する精確な描写」（七頁）を浮かび上がらせようとする。つまり、本書があつかう「功利主義」「リベラルな平等」「リバタリアニズム」「マルクス主義」「コミュニタリアニズム」「フェミニズム」はすべて、「人びとを『平等者として』処遇するという考え方」を共有しており、各理論の差異は、どのような平等を、どのような社会的・経済的・政治的条件によって実現しようとしているかのちがい、あるいは政治社会の成員すべてを

「平等者」として処遇することがいかなる帰結をもたらすかに関する見解の相違として説明可能になる、というのである。これはいってみればコロンブスの卵のような発想の転換だが、そうすることで伝統的な単一線分上にはうまく位置づけられなかった、たとえばフェミニズムを政治的風景のなかに正当に組み込むことができるようになったのは本書の利点である。

原著出版から十余年後の今日、おそらく政治的風景は大きく変容した。本邦訳書に寄せた「日本語版への序言」で著者は、一九七〇年代のキーワードが「正義」だとすれば、八〇年代は「共同体」、九〇年代は「シティズンシップ」だったとのべているが、九〇年代をとおして著者自身の関心も、既存理論の交通整理から、形式的・法的平等ではなくアイデンティティと承認にかかわる概念としてのシティズンシップと多文化主義に関する自前の理論の構築へとシフトした。それを促がしたものが本書におけるフェミニズム、とくにケアの倫理を語る「もうひとつの声」への共感であったこともよく了解できる。

訳文は明晰で読みやすい。目下出版計画中であるという原著新版の邦訳を待望する。

29　書評：清滝仁志『近代化と国民統合──イギリス政治の伝統と改革』（木鐸社、二〇〇四年刊）〈2004〉

〔『図書新聞』二〇〇四年六月五日〕

サッチャーによって旧体制のシンボルと見なされた英国の大学は、改革以後、効率と実績を激しく競い合ってきた。なかでも、オックスフォード、ケンブリッジ、ロンドンの各大学は今日「ゴールデン・トライアングル」と呼ばれ、高等教育における覇権レースのトップ争いをしている。しかし、現在のロンドン大学を構成する最初のカレッジであるユニヴァーシティ・カレッジが一八二八年にディセンターのための高等教育機関として設立された当時は、「ガウアー通りの神なき機関」と呼ばれ、英国国教会の聖職者養成機関としてのオックス・ブリッジとは明確に区別されていた。本書は、そのユニヴァーシティ・カレッジ創設の前後から一九世紀末までの期間における「宗教」（国教会制度）と「教育」（主として中等教育）に関する言説に焦点を当てながら、ヴィクトリア朝英国における「知の支配」をめぐる闘争を政治思想史的に解明しようとしたものである。

一八三〇年代の英国は、名誉革命によって確立された旧体制──社会・経済的には大土地所有、政治・行政的には貴族ジェントリによる寡頭制、宗教・文化的には英国国教会体制──が、産業化・民主化・世俗化の進展、つまりは「近代化」（著者によれば「民衆化・イデオロギー・世論・産業化」）によって大きく変貌を迫られた時期であった。従来この時期への学問的関心は、圧倒的に旧体制の「外部からの圧力」（P・ホリス）としての中産階級の興隆とそのイデオロギーであるベンサムやミルの功利主義・自由主義に集中してきた。しかし近年、小川晃一『英国自由主義体制の形成――ウィッグとディセンター』（一九九二年、木鐸社）を代表に、旧体制の内部にあって統治の継続性を維持しようとした側から、この時期の政治思想を論じようとする傾向が現われてきた。著者自身が明言するように（六八頁）、本書は小川氏の仕事がもつ意義を充分に受け止めながら、この時期に活躍した四人の社会批評家（トマスとマシューのアーノルド父子［第一、二章および第三、四章］、カーライル［第五章］、バジョット［第六章］）を取り上げ、彼らにおける統治の倫理と論理の構造を論じている。

また著者のいう「国民統合」とは、外部からの圧力によって体制そのものが解体してしまうのを防ぐために反対勢力を体制内へと取り込む、というほどの意味で、その志向は先に挙げた四人に共通している。彼らは頑迷固陋な守旧派貴族ジェントリと秩序破壊的な新興勢力の双方に対立しつつ、統治の継続性を保守しようとした。英国で初めて自覚的に保守主義を政治思想として体系化しようとしたセシルの『保守主義』（一九一二年）が、最終章［第七章］で論じられていることからも窺えるように、本書は、ある意味での英国保守主義研究でもある。

著者の意図は、「統治にかかわる知的世界を総合的・連関的に明らかにする試み」（一六頁）という言葉に集約されている。この意図は、アーノルド父子をあつかった第一章から第四章ではかなりの程度、達成されている。そこでは、従来ラグビー校の校長という教育者としての面しか論じられてこなかったトマスによる国教会制度擁護論（包括的国教会）の政治的インプリケーションが明らかにされており、これまで文学者としてあつかわれることが多かったマシューの文明批評を同時代の政治的文脈に即して解読することで、『教養と無秩序』における「野蛮人」（貴族ジェントリ階級）「俗物」（中産階級）「大衆」（労働者階級）という有名な三類型に対比してマシューが賞賛する「異邦人」という類型に関するユニークな解釈（一三三頁）を引き出している点などは、注目に値する。実際、トマスの「キリスト教徒紳士（クリスチャン・ジェントルマン）」の理念やマシューの「教養」概念は、「他人を統治し、自分を統率する能力、自由と秩序のバランス感覚、公共精神、不屈の男らしい性格など」（一六九頁）として要約される統治エリートのモラル形成に与って力あった。一読者としては、著者が本書における研究をさらにふくらませて、『統治的理性の系譜学』、ないしは『知的アリストクラシー（N・アナン）の起源』といった一書をまとめることを期待したとしても、けっして無理な注文ではないだろう。

第四章までの達成度に比して、第五章、第六章はやや散漫な印象をぬぐえない。それというのも、カーライルの英雄主義は同時代批判が神話的世界にまで突き抜けてしまった事例のように思われるし、バジョットが強調する政治的リーダーシップに不可欠な資質としてのビジネス能力は、著者が認めるとおり、それ自体としては「支配階級の統治の奥義」にはなりえなかったからでもあろう。彼らはやはり知的正統からはなにがしか逸脱した著述者だったのではなかろうか。また著者自身が言及しているブルデュー的問題関心（一〇九頁）、あるいは主体―知―権力の絡み合いを解明するという意味ではフーコー的ですらある問題関心と、きわめてオーソドックスな思想史的記述スタイルとの間に齟齬を感じさせる部分も散見される。それをどうクリアするかは、もちろん著者だけに負わせられるべき課題ではなく、思想史研究者共通の課題ではあるのだが。

30　書評：M・イグナティエフ『アイザイア・バーリン』（石塚雅彦・藤田雄二訳、みすず書房、二〇〇四年刊）〈2004〉

〔『週刊読書人』二〇〇四年八月二〇日〕

二〇世紀を代表するリベラルな政治哲学者バーリンの評伝

英国の本屋には「バイオグラフィー」というコーナーが特別に設置されていることが多い。同一人物について数種類の伝記が出版されている場合には、「オーソライズド・バイオグラフィー」と銘打って差別化を図る。本人ないしは遺族からお墨つきを得た伝記というわけである。なかにはあえて「アン・オーソライズド」を強調するものもある。

本書は、二〇世紀を代表するリベラルな政治哲学者アイザイア・バーリンについての、極めつきの「オーソライズド・バイオグラフィー」である。一〇年間続いたインタヴューを評伝として出版することに関するイニシアティブがバーリンにあったのか、著者であるイグナティエフにあったのかは、本書の記述からは明らかでない。しかしそれにしても、「後は野となれ山となれ」をモットーにしたというバーリンが、なぜ生前墓を建てるような企てのために晩年の時間を費やしたのかは、大げさにいえば謎である。また、インタヴューの相手がなぜイグナティエフであったのかも、不思議といえば不思議である。それは、全共闘世代が丸山眞男の評伝を書くようなものだからである。

実際、ノエル・アナンが伝えるところによれば、我こそはバーリンから最大の知遇を得てきたと自認する人びと（そういう人びとをたくさん残したことは、ある意味で、バーリンの罪である）の間では、バーリンの死後ほどなくして、本書の第一稿は「惨憺たる出来」であり、イグナティエフはこの仕事に適いていない、新稿でもあれが抜けている、この解釈は間違いだ、云々といった悪意あるうわさが飛び交ったという（『リテラリー・レヴュー』、なお『大学のドンたち』、みすず書房をも参照）。「謝辞」でイグナティエフが、「アイザイアのご友人やご同僚」に一言のべている（三二九頁）のには、こういう背景があったようだ。

しかし、バーリンの人を見る目は確かだった。というのも、イグナティエフには、ジョンソン博士とヒュームにたいする「最初の近代的伝記作者――偉人の冗談やテーブル・マナー、歩き方のくせ、就寝時の習慣、毒舌や内心ひそかに心底恐れていたものを、自我について語る際にとりあげた最初の人物――としてのボズウェル」（『ニーズ・オブ・ストレンジャーズ』）というロールモデルがあったはずだからである。

本書の読者は当然に、ヒュームの世俗主義がはらむ深淵に恐れおののいたボズウェルの姿をイグナティエフに重ねて読んでしまう。しかし、私の思い込みは半ば当たっており、半ば外れていた。たしかにバーリンという自我の中心にあったもの――「懐疑的で、皮肉っぽく、感情に動かされず、そして自由であること」（三二六頁）――は、見事に描かれている。また、バーリンの思想形成においてアメリカでの経験が決定的に重要であったことは納得がゆくし（第八章）、ロシアの女流詩人アフマートヴァとの出会いの描写（第一一章）は哀切ですらある。だが、全般的に、英国の新左翼がバーリンを批判した際の常套句を用いれば、バーリンという「存在のどうしようもない軽さ」が際立って見えてくる。

著者は、あえて、陰鬱な世紀を快活に生きるための人生の師匠を描こうとしたのだろうか。それとも、バーリンが最も嫌ったという六八年世代イグナティエフもバーリンによって手もなく馴致されてしまったと読むべきなのだろうか。評者としては、クリストファー・ヒッチェンズの激越なバーリン批判（「グッドバイ、バーリン」）にも幾ばくかの真実はあると思うのだが。

31　書評：L・シュトラウス『リベラリズム　古代と近代』（石崎嘉彦・飯島昇藏訳者代表、ナカニシヤ出版、二〇〇六年刊）〈2006〉

〔『週刊読書人』二〇〇六年五月一二日〕

一般教養教育のあり方を論じて自由主義の原義への探求にいたる——毒をもって毒を制する戦略

本書は、二〇〇三年春ごろからネオコンのゴッドファーザーとして世上をにぎわせた亡命ユダヤ人学者レオ・シュトラウスによる著作の、わが国における五冊目の翻訳である。コジェーヴによる論考、住復書簡をふくむ『僭主政治論』の出版も間近と聞く。いささかスキャンダラスな形で一般に知られるようになったシュトラウスの錯綜した攻治哲学にじっくりと取り組もうとする者にとって、本書の出版は格好の手引きとなるだろう。

本書には一九五九年から六五年にかけて発表された講演、雑誌論文、論文集への寄稿などが収録されている。内容的には、①一般教養教育のあり方を論じて自由主義の原義への探究にいたる第一、二、三章、②近代以前の政治哲学者たちの著述の技法を詳細に論じる第四〜七章、③近代の自由主義と不可分の関係にある科学的政治学を批判する第八章、④ユダヤ人であることと自由主義との関係を問う第九、一〇章、という具合に、「リベラリズム　古代と近代」という一貫したテーマの下、シュトラウス政治哲学の問題圏——古代と近代、哲学（アテネ）と啓示（エルサレム）、公教的教えと秘教的教え——をほぼ網羅する構成になっている。

なかでも、「訳者あとがき」で訳者代表の一人である石崎氏がシュトラウスの「政治哲学の結論とも言いうる」と評する「一般教養教育」に関する第一、二章は、本書中の白眉であろう。およそヒューモアとは無縁なシュトラウスの文章にあって、これらは例外的に余裕と寛ぎを感じさせる。達意の訳文はそのニュアンスを十分に伝えて見事である。哲学者や聖職者、市民とは慎重に区別された「紳士」教育の意義を強調するシュトラウスの議論から、慧眼な読者は、アメリカにおける高等教育の病理を批判したアラン・ブルームの『アメリカン・マインドの終焉』を想起するかもしれない。じじつ、ローティが評したようにブルームのベストセラーは師であるシュトラウスの著作の〈jazzy version〉だったといえる。

ところで、紳士の母国英国ではシュトラウス（とアレント）は意外に不人気である。同じ亡命ユダヤ人であるバーリンの人気の高さに比べ、その不均衡は異常なほどである。また、ここで詳論する余裕はないが、古代の自由主義は近代の保守主義と通ずる面があるとするシュトラウスの「一般教養教育（リベラル・エデュケーション）」論と、現代英国の保守思想家オークショットの「リベラル・ラーニング」論とを比較すると、「会話」の重視、エリート主義的傾向の点では共通するものの両者にはやはり大きなちがいがあるように思われる。さらに、「自由主義に先立つ自由」をイングランド内乱期のネオ・ローマ理論にもとめ、積極的自由／消極的自由の二項対立を超える地平を模索するスキナーという補助線を引けば、英国を対照項としてシュトラウス的な近代性理解を相対化する視座を獲得することができるだろう。（その英国にあって、Edward Skidelsky, "No more heroes," Prospect, March 2006 はバランスの取れたシュトラウス論として一読をお奨めする。）

一般教養教育を、近代性のなれのはてである大衆文化にたいする「拮抗毒（counterpoison）」と考えたシュトラウス自身は、自らの言説が「毒」であること、毒をもって毒を制する戦略であることを自覚していた。ネオコンと称される一部のシュトラウジアンたちは師シュトラウスから「特効薬」を抽出しようとしているようだが、それは誤読というものだろう。

32　解説：千葉眞・添谷育志編『藤原保信著作集第8巻　政治理論のパラダイム転換』（新評論、二〇〇六年刊）〈2006〉

本書の第一部「政治理論のパラダイム転換」は、一九八五年に岩波書店から単行本として出版された。本書収録に際しては、著作集全体における整合性をはかるために注の部分に若干の補足をし、明らかな誤字・誤植の訂正を行なった以外は、岩波版にいっさい修正を加えていない。

藤原の著作全体のなかで、本書「第一部」「第二部」に収められた作品がもつ意義については、本著作集第一〇巻の「解説」で齋藤純一氏が明快に論じているので、そちらを参照していただきたい（第一〇巻、三〇五頁以下）。

一九八五年に出版された単行本としての『政治理論のパラダイム転換』は、藤原がそれまでの「政治理論史の専門家」から一人の「政治理論家」として社会に向けて自己呈示してゆく転換点に位置する作品である。つまり、『政治理論のパラダイム転換』は藤原自身にとっての「パラダイム転換」でもあったのである。以下では、その転換の意味、転換にともなう藤原流レトリックの変化に関連して私が気づいたいくつかの問題点を指摘することで「解説」に代えたい。

単行本『政治理論のパラダイム転換』のいくつかの特徴と時代背景

一冊の書物がこの世に出現することはそれ自体ひとつの出来事である。出来事を記述するためには5W（When, Who,

What, Where, Why）・１H（How）の要件を満たさなければならないといわれる（最近のマーケティング理論ではさらに＋１H、つまりHow muchが必要とされるようだ）が、それに即していえば、藤原（Who）が一九八五年（When）に岩波書店（Where）から出版した本書は、現代社会のあり方にたいする藤原自身の強烈な危機意識に発する（Why）明快なメッセージ（What）を含んでいる点で、藤原の著作のなかでも特異な性格の作品である。そのことは彼の著述の技法（How）にも影響を与え、従来の藤原の語り口（私はそれをひそかに「藤原節」と呼んでいる）とは違った傾向が現れている。ついでにいえば、本書は藤原が出版した単行本のなかで、おそらく岩波新書『自由主義の再検討』に次いでよく売れた本である(How much!)。今これを書いている私の手元にある単行本の奥付には「二〇〇〇年一一月八日　第一〇刷」とある。出版当時、藤原周辺の大学院生、学部生の間で本書は「パラテン」とか「パラチェン」と略称されていたそうだが、本書によって藤原の読者層がかなり拡大したことは確かであろう。

本書は「序」と五つの章からなっている。Ｖ章の丸山真男論を除き他の各章は既発表の論文に加筆したものであり、中心をなすⅣ章「政治理論のパラダイム転換のために」は『思想』一九八一年六月号および一九八三年七月号掲載の論文を敷衍したものである（本書「あとがき」、二二一頁）。他の各章のもとになっている論文もすべて一九八〇年代前半に書かれている。本書が出版された一九八五年以降、日本社会はバブルの時代に突入する。つまり本書は、バブルへの大いなる助走の時代に書かれバブル時代のただ中で読まれた本なのである。

藤原が本書に収録された論文を執筆していた時代の様相は、田中康夫『なんとなくクリスタル』（一九八〇年）から浅田彰『逃走論』（一九八四年）へ、ということで象徴されるだろう。今から振り返れば、「ニューアカ」「新人類」といったキャッチフレーズも所詮は文化領域でのバブルの産物だったように思われるが、評価は別にして、「おいしい生活」へと人びとを誘うコピーライターが時代の寵児となり、藤原の『思想』論文と同年に出版された浅田彰『構造と力』（一九八三年）が思想書として異例の売れ行きを示し、女子大生が『構造と力』を小脇に抱えて青山辺りを闊歩することがファッションとなっていた時代、それが「パラテン」ないしは「パラチェン」の同時代的環境だったことは銘記されなければならない。

このように書くと、「差異化」という名の相対主義が社会の全領域を覆い尽くし、「ネアカ／ネクラ」の二元論でもって他のすべてのニュアンスを切り捨てる軽佻浮薄・軽薄短小な時代の雰囲気のなかで、愚直なまでに一貫して重厚な規範理論を追求する藤原の姿勢がある種のカウンターバランスとしての役割を果たした、といおうとしているように思われるかもしれない。確かにそのような面もあっただろうが、しかし事情はもう少し複雑である。それというのも、先に言及した齋藤「解説」が論じているとおり、藤原の近代性批判には、ポストモダニズムのそれとは方向性とタイムスパンの上での大きな相違があったにもかかわらず、「近代的なるもの」（特殊日本的文脈でいえば、戦後啓蒙の正統）にたいする違和という点では、ある種の共通性があったからである。「なんとなくクリスタル」的なアーバンライフ謳歌の反面には、現在にまで続くエコロジー礼賛があったことを忘れるべきではない。

「パラダイム転換」という考え方への若干の疑問

『思想』に掲載された二つの論文および単行本を発行当時に読んで私が受けた印象は、これまで「政治理論史の専門家」として自己を律してきた藤原が、自ら一人の「政治理論家」として語りだした、というものであった。それが藤原自身の意図でもあったことは、「あとがき」（本書、二一〇頁）にのべられているとおりである。ただし、その意図を「パラダイム転換」という言葉で表現することには若干の疑問を感じた。それは、ひとつには「パラダイム」といったある種の流行語をあの謹厳実直な藤原が用いることは、単純にいって「似合わない」というレベルのものだったが、もうひとつにはより本質的に「パラダイム」という考え方そのものと藤原の理論との間には折り合いのつかない部分があるのではないか、という疑問であった。私自身の生噛りの理解では、T・S・クーンの「パラダイム」という考え方が画期的なものであるのは、サイエンスにおいてすら歴史を超えた合理性が存在しないことを明らかにした点である。その意味で、「パラダイム」という考え方は歴史主義、相対主義の極致である。Ｌ・シュトラウスに即して近代の歴史主義、相対主義を批判してきた藤原が自らの政治理論を「パラダイム転換」として提示することは自己矛盾ではないのか、と私には感じられたのである。

　藤原自身「パラダイム」という用語の「曖昧さ、時にはその乱用」の危険について十分に自覚した上で、「パラダイムをいささか広義に解し、「ある専門家集団によって共有されている信念、価値、テクニックなどの全体的構成」（Ｔ・Ｓ・クーン）を意味するものとして用いている」（本書、二一〇―一一頁）とのべている。また、「政治的革命においてと同様に、パラダイムの選択においても、真偽を決めるうえで、関係者の集団的同意より以上の高い規準は存在しない」というクーン自身の言葉を引用してもいる（本書、一六四頁）。藤原はクーンのこの文章を、価値中立的な近代自然科学といえども価値判断を避けて通れないという意味で引用し、近代自然科学の背後にある価値判断とは異なった「絶対的な」価値への転換が必要なのだという主張へとつなげているが、それは『科学革命の構造』の読み方としてはかなり特異なものだといえるだろう。自らの主張をひとつの「パラダイム」として提示することは、それが受け容れられるか否かは「関係者の集団的同意」にゆだねるということを必然的にともなう。クーンにしても科学革命の構造については語ったが、科学革命を使嗾《しそう》しようとしたわけではない。クーンを読むことで私たちは自らが「パラダイム」に囚われていることを自覚することはできる。だが新しい「パラダイム」を単独で構築することなどできはしない。また、さきに引用したクーンの文章は「パラダイム転換」と「政治的革命」の同型性を示唆している。両者ともその成否は「関係者の集団的同意」にかかっているのだ。

　「パラダイム」という考え方が以上のようなものであるとすれば、おそらくシュトラウスはその概念の使用を拒否しただろう。シュトラウスにとってプラトニズムはけっして数ある「パラダイム」のなかのひとつではなかった。それは

「パラダイム」というような考え方そのものを断固として拒否する精神のあり方だったのではないか。ついでにいえば、ある社会的変化を「関係者の集団的同意」にもとづく「革命」として理解する風潮が広がるにつれて、一九世紀のヨーロッパでは意図的に「革命」を起こそうとする各種の運動が生まれてきた。しかし、「パラダイム転換」と同様に、「政治的革命」も革命家集団の意図どおりに進行するものではなくさまざまな偶発事の出現によって思いもかけない方向に捻じ曲がったり、裏切られたり、挫折したりする。つまり革命は起こすものというより起こるものであり、意図的に起こそうとして成功したかにみえた革命も概ねは悲劇に終わる、というのが二〇世紀の教訓だった。

藤原にとっての「政治理論」とは

自らの政治理論の提示を「パラダイム転換」の名の下に行なった藤原は、当然に「関係者の集団的同意」を調達するために有効な著述の技法を工夫するという課題に直面することになる。それは藤原にとって「政治理論」とはどのような性格の言説なのかを考えることと同義である。ところが、本著作集第三巻の「解説」で中金聡氏がのべているとおり、藤原には「政治哲学」「政治理論」「政治思想」を厳密に使い分ける習慣はなかった（第三巻、三三三頁）。事実、本書でも「わたくしが政治理論によって意味しているものは……ほぼ政治哲学（political philosophy）と同義である」と明言されており、「政治理論＝哲学」には政治的な事柄に関する「一般的」で「規範的」な言説というより以上の厳密な性格づけは与えられていない（本書、一六頁）。

しかし、政治的な事柄に関する「一般的」で「規範的」な言説という共通項によってシュトラウスとJ・ロールズの言説を「政治哲学の復権」としてくることにはかなりの無理がある。藤原もそのことに気づいており、シュトラウス学派によるロールズ批判という形で「ロールズの正義論は真の政治哲学ではない」という議論が現に存在することに言及している（本書、四二頁、七九頁）。ただ藤原はそれ以上この問題を追求することはなかった。藤原にとっては、たとえばＭ・オークショットのように「人類の会話」における「政治哲学の声」を聞き分けることよりも、現代社会の危機にたいして誠実に応答する自らの声を発することのほうが重要だったのだろう。

私はかつて、左派オークショッティアンを自称する英国の政治学者バーナード・クリックと話をした折に、クリックがロールズの正義論をその高度の専門性のゆえに「政治科学」上の業績に分類していることに意外の感を受けたことがある。藤原も「政治哲学＝理論」と「政治科学」のちがいを、人びとの日常的価値評価や言語慣習との繋がりの有無にもとめているが、そうであるとすれば確かにロールズの仕事は「政治科学」だったともいえるわけである。クリックもまた「政治哲学」と「政治理論／教説」のちがいを明快に論じているわけではないが、「政治的意見」と「政治理論／教説」の区別に関する彼の見解は、藤原の「政治理論」なるものの性格を考える上できわめて示唆的である。

クリックは『現代政治学入門』（添谷・金田耕一訳、講談社学術文庫）において、「政治的意見（political opinion）」とは「人びとがいだいている日常的な意見、公共の事柄にかんするかれらの直接的要求、思い込み、および感想」のことであり、「政治理論（political theory）」とは「最高の形態にまで構造化された意見」でありその目標は政治的事柄に関する一般化と説明であるのにたいして、「政治理論のいわば能動態ないしは説得話法」としての「政治的教説（political doctrine）」は体系的な主義主張のことでありその目標は人びとを教化することである、という意味のことをのべている（ちなみに、私と共訳者の金田耕一氏にクリックのこの本の翻訳出版を勧めてくれたのは藤原だが、その際もその後も藤原のクリック評を聞く機会はなかった）。このクリックの用語法に従えば、藤原が目指していた「政治理論」とは端的に「政治的教説」のことであり、オークショットの分類に従えば、「実際的活動」という経験の様態に属する言説なのである。

政治的教説の言葉『藤原節』の諸相

私は『政治理論のパラダイム転換』という著作をクリック的な意味での「政治的教説」として理解する。それは確かに現代社会のあり方に関する藤原自身の切実な危機意識に促された警世的かつ啓蒙的な体系的主義主張である。それまでの藤原の仕事がアカデミズム内部の政治理論史研究者を第一次的な読み手として想定していたのにたいして、本書はアカデミズムの枠を越えた読者を想定している。藤原自身がどこまで自覚的であったかはわからないが、想定される読者層の変化に即応して本書ではいくつかの点で従来の「藤原節」に変化がみられる。

三島由紀夫は橋川文三を「日本で唯一『文体』を持った学者」として賞賛していたと記憶するが、小林秀雄のように「2+2=4以外はすべて文体の問題だ」とまでいうのは極論だとしても、政治理論の能動態ないし説得話法としての政治的教説にとって「文体」の問題は決定的に重要なはずである。そしてもちろん、藤原にもそれなりに独特な「文体」があった。それを私は「藤原節」と呼んでいるわけだが、たとえばつぎのような文章は藤原にしか書けない。

ついで人間観についていうならば、自然像の機械論化によってもたらされたコスモスの解体を前提としつつ、欲求を善、嫌悪を悪とし、そのための無限の力の追求を是とする倫理的アナーキーを批判しながら、それにかわる新しい人間像を示した。それはすでに最初から主体を世界内存在としてとらえつつ、それがもつ自然的、社会的連関から規範をひき出し、それに創造的、構造的に対応していくそれであった。（本書、二二一頁）

この引用文からも明らかなように、「藤原節」には、①代名詞「それ」の多用、②「…しつつ」の多用、という特徴が見てとれる。その他に私が考える藤原節の特徴としては、③記述主体としての「われわれ」の選択、④「なおも」「いな」の独特な用法、などが挙げられる。以下、それらの特徴が藤原の言語行為にどのような効果をもたらしているかを考えてみたい。

（一）代名詞「それ」の多用は英文直訳風文体といおうか、要するに「悪文」を帰結している。藤原の翻訳文もどちらかといえば「原文に忠実な」直訳風文体であり、それは藤原の律儀な性格の反映ではあろうが、読者にたいして親切とはいえない。一般読者を想定した本書もその通弊を免れていない。

（二）「政治的教説」が体系的な主義主張であるならば、誰がその主張を行なっているかは決定的に重要である。藤原は、学術論文は主観的感想の表明ではないというマナーに忠実に、記述主体を明示する必要がある場合にも「わたくし」ではなく「われわれ」を用いることが多かった。ただし、藤原の学術論文や教科書での「われわれ」の用い方には独特な癖があって、客観的な叙述が一段落したところで、「さて以上われわれが辿ってきたところによれば、われわれは……と考えざるをえない」というように用いられることが多い。しかもしばしば前提と結論との間に必ずしも論理必然性がない場合に、「われわれ」を登場させることで読者もそう「考えざるをえない」ように仕向ける効果がある（ちなみに、大日本帝国憲法下における天皇の公式一人称「朕」は、英語ではWeであった）。

それに反して本書では異例なまでに「わたし」「わたくし」が頻用されている（とくに「あとがき」）。もちろんそれは本書で展開されている主義主張は他ならぬ「わたし」の主義主張であること、言語行為の責任の所在は「わたし」にあることを明示するという覚悟の表明であろう。

（三）「…しつつ」「なおも」「いな」の独特な用法も、前述した「われわれ」の戦略的用法と関連している。具体例を挙げよう。

これら〔環境汚染、第三世界の飢餓、管理社会における精神の荒廃等〕が危機であることは誰もが知っている。いなそれらは、これまでのいかなる危機とも異なって、まさに人類の――いな地球上のあらゆる生命の――存続が問われている未曾有の人類史的危機であるといわなければならない。（本書、一五頁）

その意味ではわれわれに今日要求されているのは、自然から離脱しその距離を自覚しつつも、しかもなお人間の自然への依存を前提とし、人間の作為の領域を可能なかぎり、自然との調和的関係に軌道修正することであるように思われる。（本書、一八六頁。この文章の「……しつつも、しかもなお」を「…しつつ、なおも」とするのが藤原節の通例である。）

これらの用法に共通しているのは、ある事態の重要性を一応は容認しつつ、それに続いて記述される事態のほうがじつはよりいっそう重要だということを印象づける効果をもつということである。しかもなお、先行する事態と後続の事態との間に両立可能性がない場合ですら、「……しつつ」をはさむことによって、後者にウェートを置きつつも前者も成り立つという印象を読者に与える効果がある。私はこれまでこの「あれもこれも」式レトリックは藤原の謙虚さ、あるいは（本著作集第六巻「月報」で横山建城氏が論じているように）優柔不断さのなせるわざと考えていたが、今回この「解説」を書くために藤原の文章を読み直してみて、むしろ藤原の剛直さ、堅忍不抜な意志を感じた。対立する見解への敬意の表明は譲歩のサインではなく、自己の見解が揺るぎないものであることを読者に印象づけるためのサインとして機能しているのだ。

最後に、「戦後デモクラシーのよき時代にいわば純粋培養的に育てられた世代の一人として、その政治的リアリズムにある種の違和感を抱きつづけてきた」（本書、一二二頁）藤原が、丸山政治学を論じた「V　結論――丸山政治学との関連において」について簡単にだが触れておきたい。数ある丸山論のなかでも、その「政治的リアリズム」への違和感に発する丸山政治学批判は独特なものである。マルクス主義の立場、土着主義の立場、ポストモダニズムの立場からの丸山批判の大多数は、その「政治的アイディアリズム」を槍玉に挙げるのが通例だった、つまり丸山は理想化されたヨーロッパ近代を基準にして現実の日本の政治や社会のあり方を批判しているにすぎない、というのが一般の丸山批判だったからである。

また、大方の丸山批判が、丸山の時事的発言の言葉尻を捉えて批判するものだったのにたいして、丸山の歴史観、倫理観、政治観、学問観を総体として批判の俎上にのせようとしている点で、藤原によるチャレンジの意義は大きい。しかし、「政治的教説」という観点から丸山と藤原を比較すれば、藤原はだいぶ分が悪い。丸山にもいわば「政治的教説」家だった時期があり、この時期の丸山はキャッチコピーの名手だった。藤原には丸山に匹敵するような決め言葉がない。

内容的に、リアリズム対アイディアリズムについてはどうか。丸山をその「政治的リアリズム」のゆえに批判することは、逆説的に、藤原がいかに強烈なアイディアリストであったかを照らし出している。では藤原のアイディアリズムとはいかなるものだったか。丸山政治学もふくめて「政治を権力・支配もしくは技術的管理としてのみとらえる権力主義的政治観」にたいして藤原が提示するオルターナティブは、「相互承認と意志疎通にもとづく共生の場としての政治」である（本書、二二一頁）。しかし、そういう政治を実現するための現実的空間はどこなのか。奇妙なことに、藤原の政治論にはネーションが不在なのである。地球と故郷が「自然」というマジックワードでつながり、たとえば環境問題解決のための第一次的な実践の場であるはずのネーションという政治的単位が欠落している。このことはモダニスト丸山のもう一つの顔であるナショナリスト丸山という側面を見えなくしているように思われる。

33　書評：田中秀夫・山脇直司編『共和主義の思想空間――シヴィック・ヒューマニズムの可能性』（名古屋大学出版会、二〇〇六年刊）〈2006〉

〔『図書新聞』二〇〇六年一〇月二一日〕

このうえない刺激に満ちた知的道具箱――その包括性と個々の論考の質の高さ

『共和主義の思想空間』というメインタイトルだけから一般読者はどのような内容を想像するだろうか。それというのも、近年「共和主義」「共和国」という言葉を冠した出版物はかなりの数にのぼり（ごく最近のものにかぎっても、柄谷行人『世界共和国へ』（岩波新書）、レジス・ドゥブレほか『思想としての〈共和国〉』（みすず書房）、大森秀臣『共和主義の法理論』（勁草書房）などがあり、半澤孝麿『ヨーロッパ思想史のなかの自由』（創文社）は、内容的に従来の共和主義理解にたいする重大な挑戦をふくむ）、しかもその内容は千差万別であるからだ。サブタイトルの「シヴィック・ヒューマニズムの可能性」の含意を理解したうえで、ポーコック・パラダイムを批判的に摂取した近代共和主義についての社会・政治思想史的研究の専門書として本書を手にする読者の数はそれほど多くはないだろう。

最初に断っておくが、評者は本書の学術的価値をすこしも疑ってはいない。近代共和主義思想研究としてその包括性と個々の論考の質の高さは第一級の学術的達成であり、二人の編者の卓越したエディターシップにたいして心から敬意を表したい。なんらかの形で英語版が出版されれば、国際レベルで見ても大きな貢献となるだろう（本書への寄稿者の一人である小林正弥氏が中心となって開催された国際シンポジウム『ケンブリッジ・モーメント』の記録の出版も待望される）。むしろ評者は、現代社会・政治のあり方について真剣に思考する者にとってさまざまな知的刺激に満ちた本書が、狭い思想史研究専門家の間だけで評価されることで終わってしまうとしたらいかにも口惜しいと思うのである。この書評が、一般読者の読書意欲を刺激するような形で、「共和主義の思想空間」の豊饒さの一端の紹介になればと思う次第である。

もちろん本書には一般読者向けの工夫もなされている。第Ⅳ部「思想史から現代へ」として、華麗なまでにチャレンジングな小林論文、山脇論文を配して、歴史的共和主義思想と現代「公共哲学」との架橋を試みている点は、これまで頑なに思想史研究という専門分野に禁欲的に沈潜してきた田中氏の仕事振りを知る者から見れば大きな変化であろう。編者の意図をくめば、読者は、田中氏自身が「共和主義」研究の現代的意義を論じている「序章」と第Ⅳ部の二論文から読み始め、第Ⅰ、Ⅱ、Ⅲ部の各思想家論へすすむというのがよいかもしれない。

ところで、どこから読み始めてもおそらく読者が当惑するのは「共和主義」ないしは「共和国」概念の多様性であろう。英国の歴史家フランク・プロチャスカに『ザ・リパブリック・オブ・ブリテン　1760—2000』（二〇〇〇年）という作品があるが、同書は一八世紀から現代にいたる英国における王政廃絶論・運動の歴史である。大方の読者の念頭にあるのはこのような政体論上の「共和政」対「君主政」の図式ではないだろうか。本書の読者はまずもってこの固定観念を捨て去る必要がある。

本書が問題にする共和主義思想ないしはシヴィック・ヒューマニズムとは、J・G・Aポーコックが大著『マキァヴェリアン・モーメント』（初版一九七五年、第二版二〇〇三年、以下MMと略記）で提起した概念であり、田中氏の要約によれば、その起源はアリストテレスにまでさかのぼり、ルネサンスの共和政都市国家フィレンツェにおいて、マキァヴェリ、グィッチャルディーニらのヒューマニスト（人文主義者）によって古典的遺産のなかから再興され、近代国家形成期のヨーロッパ各地の知識人に多大な影響を与えた。その思想的核心は「権力でも富でもなく、ヴァーチュー（徳）という人間の主体的エートスに注目する」点にあった（本書、八頁）。この問題提起に呼応して、スコットランド啓蒙における経済学の形成にたいするシヴィック・ヒューマニズムの役割をめぐる優れた論文集『富と徳』（原著一九八三年、邦訳一九九〇年、未來社）が出版された。評者自身のシヴィック・ヒューマニズム評価は、ほぼ全面的にこの論文集の編者の一人であるマイケル・イグナティエフによる「シヴィック的反動」という見方や邦訳書の監訳者の一人である水田洋氏による「一種の疎外論」という見方に影響されてきた。要するに、ヒューム、スミスの世俗的な商業社会擁護論のほうに共感を抱いてきたわけだが（詳しくは、イグナティエフ『ニーズ・オブ・ストレンジャーズ』（風行社）を参照されたい）、本書を読んで、すくなくとも評者自身のなかにあったこの「偏見」はかなりの程度まで修正を余儀なくされたことを告白しておく。

しかしなおいくつかの問いは残る。「『マキァヴェリアン・モーメント』は共和国とその代替物との間の弁証法の歴史として読まれるべきである」（「序章」のエピグラム、MM第二版「後書き」におけるポーコック自身の言葉）とすれば、本書が想定している「代替物」は広い意味でのリベラル・デモクラシーだといえよう。その際、「共和国」の「非宗教性（ライシテ）」がむしろ自らがアメリカ流グローバリズムへの「代替物」たろうとしている。ドゥブレの「共和国」は、むしろとくに強調されている。ポーコックにも「世俗的時間のなかで自己存続する政治体としての共和国」という発想があるが、そうだとすると中世キリスト教に共和主義の完成形態をみようとする半澤氏の見解と、本書はどう交差するのだろうか。また、ロールズを代表に現代リベラリズムが直面している最大の問題は文化的多元状況（これについては盛山和夫『リベラリズムとは何か』（勁草書房）がきわめて明晰な展望を与えてくれる）だが、共和主義思想はこれにどう応答しようとするのだろうか。田中氏は「あとがき」で、「共和主義」と「シヴィック・ヒューマニズム」の区別を示唆している（五五三頁）。その含意は必ずしも明らかではないが、評者の考えでは、前者を「正義の構想」、後者を「善の構想」ととらえれば、共和主義思想もまたリベラリズムと同型の問題に直面していることになるのではないだろうか。

いずれにせよ本書は、思想史研究の専門家のみならず、より善き社会のあり方を模索する者にとってこのうえない刺激に満ちた知的道具箱となることは間違いない。

34　書評：遠山隆淑『「ビジネス・ジェントルマン」の政治学――W・バジョットとヴィクトリア時代の代議政治』（風行社、二〇一一年刊）〈2011〉

〔『風のたより』第四三号、二〇一一年八月五日〕

バジョット、われらの同時代人

本書はヴィクトリア朝英国で活躍したジャーナリストであるウォルター・バジョットの政治思想に関する、わが国で最初の本格的な学術的研究である。彼の経済思想を中心としたモノグラフ（岸田理『ウォルター・バジョットの研究――経済思想および経済理論を中心として』（ミネルヴァ書房、一九七九年））は存在するものの、彼の政治思想に関する研究は（評者のものも含め）散発的なものに留まっており、たとえばミルのような同時代の思想家に比べ、地道な研究の蓄積も十分とは言い難かった。そうしたなかで「ビジネス・ジェントルマンの政治学」という視点から、バジョットの浩瀚な著作群を解読しヴィクトリア朝中葉における「善き統治」のあり方を解明した本書は、今後のわが国の英国政治思想史研究のみならず、英国政治・社会史研究全般にも大きな意味を有するものであることを確信する。

あえて「学術的研究」という点を強調したのは他でもない、バジョットという対象自体が「ジャーナリスティック」な物書き（「どうにでも引用できるアフォリズムの名手」）だったこともあって、「先行研究」自体が「ジャーナリスティック」な傾向にあったことは否定できないからである。ここで「ジャーナリスティック」と言うのは、けっしてたんに否定的な意味ではないが、著者の言い方によればバジョットの著作を「バジョット自身が実際に生きた時代とは異なる時代の問題に取り組んだとするアナクロニズムに陥って」（本書、一三頁）いたり、「ヴィクトリア時代中葉という時代とは無関係に成立する、抽象的理論のテキストとして」（本書、二二頁）扱ったりすることによって、そこから賞味期限の短い「印象批評」の類を産み出してきたというほどの意味である。それに対して本書は、いわばスキナー的な「コンテクスト主義的」手法に忠実に、バジョットの思想の核心が「ウィッキズム」という理念にあることを丹念に解明してゆくが、この姿勢は（自戒を込めて言えば、「生き生きとした目」の持ち主ならぬ）すでにして「成熟した目」の持ち主によってのみ可能なレベルの高さを示している。

評者が本書から得た新しい知見は枚挙に暇がないほどであるが、第一には、H・S・ジョンズの議論に即して当時の「リベラル」を「政治的リーダーシップと『世論』との関係を適切に処理することだと考えている人々」と定義したうえで、バジョットを「政治参加を通じて政治的に教育された数的多数者と政治家や知識人との意見の交換に積極的な価値を見いだした」（本書、一五頁）人物として位置づけている点である。著者からはまたしても「アナクロニズム」と批判をされそうだが、現在「リベラリズム（Liberalism）」ならぬ「リベラルであること（Being Liberal）」の意味を模索している評者にとって、この指摘はきわめて啓発的である。第二には、バジョットを典型とする「ビジネス・ジェントルマン」の国家運営法の要諦を、「『妥協（compromise）』に基づく『管理運営』」（本書、一九頁）と見なしている点である。この指摘もまた、たとえばオークショットの「国家」観やクリックの「政治」観と比較しようとする誘惑に駆り立てられる。第三には、著者がバジョットの政治思想の原点を、「一八五一年のフランス・クーデター書簡」に求めている点である。評者自身かつてこの書簡とマルクスの『ルイ・ボナパルトのブリュメール一八日』を比較・検討したことがあるが（「現代イギリス政治思想の系譜（一）――政治の仮面劇――クランストンからバジョットへ」、『埼玉大学紀要（社会科学篇）』第二七号、一九七九年、二九―六六頁参照【本書4】）、そこであらためて意識させられたのはバジョットが生きた時代とマルクスのそれとがほぼ重なることであった。事実バジョットの『イギリス憲政論』（初版）が出版された一八六七年は、マルクスの『資本論』が出版された年でもあった。この照応からいかなる考察が導かれるかは評者を含め、近代英国政治・社会思想研究に携わる者に課せられた今後の課題である。その際にはアルフレッド・マーシャルが「経済学の歴史におけるランドマーク」になるであろうと評した "The Postulates of English Political Economy" (first published in Fortnightly Review, 1876), in *Economic Studies* を吟味する必要があるだろう。

＊　＊　＊

ところで本稿の冒頭でバジョットを「ジャーナリスト」と呼んだが、それはシェイクスピアから今日風に言えば「政治心理学」に到るまで論ずる言説群の書き手を最も適切に表現するものだと思うからであり、ジョージ・オーウェルが「ジャーナリスト」と呼ばれるのとほぼ同じ意味においてである。今や昔日の栄光とは程遠いとはいえ、昨今のわが国の政治言論界の質的低下に比べて、英国のジャーナリズムの質の高さには驚嘆せざるを得ない。たとえばかつてニュー・レイバーの経済政策アドヴァイザーを務め、「ステイクホルダー社会」や「30／30／40社会」という政治言語を世に広めた『オブザーヴァー』紙の元編集長ウィル・ハットン（Will Hutton）は、そうした「ジャーナリスト」の代表者である。その彼が最近著 *Them and Us: Changing Britain — Why We Need A Fair Society*, London: Abacus, 2011 において、バジョットを「偉大な経済・政治コメンテーター」と呼んだうえで、金融危機に際して「最後の貸し手」としての中央銀行の有する重要性に関する文脈で『ロンバード街』を引用するとともに、処女作 *The Revolution That Never Was: An Assessment of Keynesian Economics*, London: Longman, 1989 においても英国政治システムにおける「内閣」の独自性を説明する文脈で『イギリス憲政論』を引用しているのである。この事実は英国の政治・経済社会のあり方を論ずる際に、バジョットの言説がある種の「正典《カノン》」としての意義をなおも保持していることを示しているのではないだろうか。

思うにかつて「われわれ」を独占していた国王の権威＝権力が形骸化されて以降、英国政治の主戦場は「われわれ（俺たち）」と「彼ら（奴ら）」の境界をどこに設定し、かつ「われわれ」をいかにして拡大・強化するかにあった。遠山氏の解釈によればバジョットの意図は、ヴィクトリア時代にあって「ビジネス・ジェントルマン」を中核とする「われわれ」構築の試みであった。ハットンの意図は、キャメロン・クレッグ連立政権が推進する「大きな社会（Big Society）」という新たな「われわれ」構築戦略を批判することにある。その試みのなかでバジョットが引用されていることは、ウォルツァー的意味での「社会批評家」としてのバジョットの言説の「賞味期限」は意外に長いことの証左なのかも知れない。あえて小論のタイトルを「バジョット、われらの同時代人」とする所以である。

35　訳者あとがき：M・イグナティエフ『許される悪はあるのか？——テロの時代の政治と倫理』（添谷育志・金田耕一訳、風行社、二〇一一年刊）〈2011〉

本書は Michael Ignatieff, *The Lesser Evil: Political Ethics in an Age of Terror*（Edinburgh: Edinburgh University Press, 2005, Paperback ed. with a new Preface）の全訳である。翻訳に際してはドイツ語訳（*Das Kleinere Übel: Politische Moral in einem Zeitalter des Terrors*, Hamburg Berlin: Philo & Philo Fine Arts GmbH, 2005）を適宜参照した。ただし、ドイツ語訳には英語版の「ペーパーバック版への序文」と「索引」はふくまれていない。原著には判型、装丁が異なるものがいくつか出版されているが、「ペーパーバック版への序文」が付されている「エディンバラ大学出版局」版を底本とした。邦訳書名については坪内祐三氏による「まだましな悪」という訳例（『同時代も歴史である——一九七九年問題』（文春新書、二〇〇六年）、一九八頁以下の「『軽い《ライトな》帝国』が行使する『まだましな悪』」を参照）の採用も考慮したが、内容に則して『許される悪はあるのか？——テロの時代の政治と倫理』とした。ただし、本文中では「より小さな悪」を用いた。

本書の「序文」でものべられているように、原著は二〇〇三年一月にエディンバラ大学のプレイフェア・ライブラリーで開催された約五時間に及ぶ「ギフォード講義（Gifford Lectures）」（これまでに行なわれた同講義の要旨は、ウェッブサイト（<http://www.giffordlectures.org/>）で閲覧できる）を基にしている。同講義のCD版（*The Gifford Lectures 2003: Terrorism and Political Ethics*, 2003）が「カナダ放送協会（CBC）」から発売されている。同講義の内容は Part 1- The

Lesser Evil, Part 2 - The Strength of the Weak, Part 3 - The Weakness of The Strong, Part 4 - The Temptation of Nihilism, Part 5 - The Uses of Political Ethics となっており、本書の章立てとは異なっている。

　イグナティエフによる講義の要旨は「イグナティエフは帝政ロシアのニヒリストやヴァイマール・ドイツの民間準軍事組織《ミリシア》からＩＲＡや大量破壊を決意している自殺志願者たちを擁するアルカイダという先例のない脅威にいたるまで、テロリズムと反テロリズムの近代史を跡づけている。彼が提示しているのは、これまで決定的かつ直接的な武力行使はどの程度まで最も有効なテロへの対応だったのかということ、だが――それと同様に重要なことだが――そうした武力行使がどの程度まで抑制されてきたのかということである」と紹介されている。この要旨は、きわめて的を射たものといえるだろう。また本書はイグナティエフの著作のなかで以下に掲げる『人権の政治学』と『ライツ・レヴォリューション――権利社会をどう生きるか』に次ぐ、いわば「人権論三部作」の掉尾を飾るものだといえる。また彼の著作のなかで、これほど批判の対象となったものもない。その意味で本書は、イグナティエフの数ある著作のなかでもとりわけ異彩を放っている。

　原著者マイケル・イグナティエフの経歴、著作、思想、および国内・国外双方での政治的活動については、本訳書と同じく風行社から出版されている『ニーズ・オブ・ストレンジャーズ』（一九九九年）、『ヴァーチャル・ウォー――戦争とヒューマニズムの間』（二〇〇三年）、『軽い帝国――ボスニア、コソボ、アフガニスタンにおける国家建設』（二〇〇三年）、『人権の政治学』（二〇〇六年）、『ライツ・レヴォリューション――権利社会をどう生きるか』（二〇〇八年）の「訳者あとがき」や「解説」においてすでにのべられているので、以下では、『人権の政治学』や『ライツ・レヴォリューション――権利社会をどう生きるか』以降の事柄を簡単に紹介しておきたい。

＊　＊　＊

イグナティエフは二〇〇六年に自由党党首選挙の有力候補となったが最終選挙で敗退し、自由党の議員総代を務めた後、二〇〇八年の連邦議会選挙ではエトビコーク－レイクショアー選挙区から立候補し連邦議会議員に再選された。その後、二〇〇八年一一月一三日に自由党党首選挙に立候補し、同年一二月八日にドミニク・ルブラン（Dominic LeBlanc）が立候補を辞退し、一二月九日には唯一残った対立候補であるボブ・レイ（Bob Rae）も立候補を辞退するに及んで、イグナティエフは前党首ステファーヌ・ディオン（Stephane Dion）に代わる唯一の候補者となった。同年一二月一〇日には議員総会において、彼は出席者の拍手によって形式的な暫定党首であることが宣言された。この地位は二〇〇九年五月の党大会において正式に承認された。二〇一一年五月二日に実施された連邦議会選挙で自由党は歴史的大敗北を喫し、自らも議席を失い、党首としての地位も辞任した。

大敗北の理由として「彼は英米生活が長いので、カナダのことはよくわかっていない」という話がメディアをつうじて伝わっているが、かつて「コスモポリタン」を自称したイグナティエフにとって、後述する「真の祖国愛（true patriot love）」を論じる書物を出版したにも関わらず、ナショナリティの重力は抗し難かったのかも知れない。党首辞任後はトロント大学マッセイ・カレッジの上級レジデント（Senior Resident at Massey College, University of Toronto）を務め、Munk School of Global Affair および School of Public Policy and Governance において法学・政治学の教育に従事している。二〇一一年五月五日付のカナダの新聞『グローブ・アンド・メイル（*The Globe and Mail*）』紙のインタヴューに答えて、「ぼくは教室に戻るよ。なぜならぼくにできる唯一のことで、誰にでも役に立つのは、ぼくが学んだことやぼくが犯した間違いを子どもたちに教えることだからね」、「ぼくが一番好きな人生は教えることなんだ。これで政治家としてのぼくの人生は終わりだね」などとのべていることからして、政界復帰はありえないようだ。

本書にたいする書評および本書に言及している論説、単行本等で目ぼしいものを挙げれば、以下のとおりである（順不同)。

＊ Conor Gearty, "Legitimating Torture- with a little help," in *Index on Censorship: Torture, A User's Manual*, vol. 34, no. 1, 2005, pp. 48-53〔本論文については、『人権の政治学』「訳者あとがき」参照。同論文にたいするイグナティエフによる反論としては、Michael Ignatieff, "Moral Prohibition at a Price," in Kenneth Roth and Minky Worden et al. (eds.), *Torture: Does It Make Us Sober? Is It Ever OK? A Human Rights Perspective*, Published in Conjunction with Human Rights Watch, Ch. 2, pp. 18-27（New York and London: The New Press）および Michael Ignatieff, "Evil under Interrogation: Is Torture ever Permissible?"（<www.ksg.harvard.edu/opeds/ignatief_torture>）参照。ギアーティ論文におけるイグナティエフ批判にたいして、一定の留保をつけながらもイグナティエフを擁護する論文としては Eve Garrard, "Gearty on Ignatieff",（<http://normblog.typepad.com/normblog/2005/12/gearty_on_ignat.html>）参照〕.

＊ Eva Garrard, "Book Review: The Lesser Evil: Political Ethics in an Age of Terror by Michael Ignatieff,"（<http://www.democratiya.com/review.asp?reviews_id=9>）参照〔この書評においてギャラードは、イグナティエフが本書で取り組んでいるのはテロリストによる攻撃に晒されたリベラル・デモクラシー国家は「安全（security）」と「権利（rights）」のトレード・オフの問題——すなわち安全を優先して権利侵害を正当化するか（consequentialist view）、あるいは権利を絶対化して安全を損なうか（perfectionalism）という問題——にどのようにして対処するかであり、イグナティエフは歴史、哲学、文学の世界に実例をもとめながら、いかにしてふたつの「より大きな悪（the greater evils）」を回避して「より小さな悪のアプローチ（a lesser evil approach）」を説得力あるものとするかであるとのべている。的確な書評といえよう〕。

＊ G. John Ikenberry, "The Lesser Evil: Political Ethics in an Age of Terror," in *Foreign Affairs*, May/June 2004（<http://www.foreignaffairs.com./article59736/g-john-ikenberry/the-lesser-evil-political-ethics-in-an-age-of-terror>）参照〔この書評においてアイケンベリーは、本書を「一般によく知られた主導的知識人による思慮深いエッセイ」と呼んだ上で、「デモク

ラシー的社会におけるテロリストによる暴力の長い歴史を概観しつつ、イグナティエフは、リベラルな諸国家はいつも過剰反応を示し、かつあまりにも容易に自由を抑制しすぎると結論づける。リベラル・デモクラシー国家がテロの時代を生き延びることができるのは、それが、テロリズムが成長する政治的文脈を真剣に考慮する場合だけである、すなわち積極的に関与し、説得し、そして社会的正義を擁護することによってだけであると雄弁に論じることによって本書の結論としている」とのべている。短文ながらもこの書評は、本訳書の要点をよく捉えたものといえよう」。

＊ Denis Smith, *Ignatieff's World Updated: Iggy Goes To Ottawa*（Toronto: James Lorimer & Company Ltd., Publishers, 2009: Updated version of *Ignatieff's World: A Liberal Leader For 21st Century*, 2006）〔本書はハーバード大学教授辞職後のイグナティエフの言行をつぶさに跡づけながら、彼がカナダの政治家としては適格性に欠ける人物であることを激越に論じたものである〕.

＊ Derrick O'Keefe, *Michael Ignatieff: The Lesser Evil?*（London and New York: Verso, 2011）〔本書は一九八〇年代の炭鉱労働者とサッチャー政権との間での闘争から始まって、九〇年代のバルカン戦争、イラク、アフガニスタンでの戦争を経て、二〇〇九年のイスラエルによるガザ侵攻にまでいたるそれぞれの時点での、イグナティエフによる言説にふくまれる一貫性の欠如を批判して、彼の人道主義的リベラリズムと人権論が不平等と介入主義者による戦争を正当化するものであり、政治的・経済的エリート主義を隠蔽していると論難する。とくに本書にたいしては「皮相的にも、彼の論法は打算的で最小限国家によるテロにたいする対応を支持するものである」（*ibid.*, p. 59）と指摘している。これが本書におけるイグナティエフの論法にたいする正当な読解であるかどうかは、読者諸賢の判断に委ねる。思わず「オキーフとともに正しいよりも、イグナティエフとともに間違っているほうがよい」といいたくなるような内容である。ただし本書ではイグナティエフの「親イスラエル」的姿勢が批判されている（cf. *ibid.*, pp. 67f. "Don't Talk About Palestine"）ことと、イグナティエフもふくめリベラル・ホークと呼ばれる人びとにたいするトニー・ジャットによる痛烈な批判（cf. Tony Judt, "Bush's Useful Ideots: Tony Judt on the Strange Death of Liberal

America," in *London Review of Books*, Vol. 28, No. 18, 21 September, 2006）を考え合わせると、イグナティエフ批判の背後には、広い意味での左派の間での「親イスラエル」対「親パレスチナ」の対立があるように思われる〕.

＊邦語論文としては遠藤誠治「自由民主主義のアイデンティティと『戦士の誉れ』――マイケル・イグナティエフにおける人権と軍事介入の政治学」（『思想』二〇〇九年四月号、一〇―二七頁）および中村研一「テロリズムのアイロニー――コンラッド『密偵』の表象戦略」（同上、二八―五一頁）がある。

本書以降に出版されたイグナティエフの単行本（フィクションは除く）は以下のとおりである。

True Patriot Love: Four Generations in Search of Canada（Penguin Group Canada, 2009）〔本書は、*The Russian Album*（Viking, 1987; Penguin Books, 1988）がロシア亡命貴族である父方の家系についての著作であったのにたいして、母方の家系、つまりはスコットランドからの移民であるグラント一族（Grants）についての著作である。また本書は母国カナダで自由党党首の地位にまで登りつめたイグナティエフが、カナダ人としてのアイデンティティを探究する著作でもある。フランス語訳あり〕.

＊　＊　＊

ところで、原書の題名にもなっている「より小さな悪」とはなにを意味しているのだろうか。もともとこの言葉は「Lesser of two evils principle」を簡略化したもので、「ふたつの悪い選択肢のうちで一方が他方よりも悪くない場合には、より大きな脅威にならない方が選ばれるべきだ」という考え方を意味する。この考え方は、道徳・倫理学上の原則《プリンシプル》としてはアリストテレスやエピュクロスにまで遡ることができる。

また国際政治理論や国際関係理論の領域では、E・H・カーやH・J・モーゲンソー等いわゆる「リアリスト」によって国家間関係における道徳性の問題に関連して盛んに論じられた。たとえばカーは、『歴史とは何か』の「Ⅲ　歴史と科学と道徳」において、歴史における道徳的判断基準の問題と関連して「小《マ》さな悪《マ》（lesser evil）」という言葉を用いている（E. H. Carr, *What is History?: The George Macaulay Trevelyan Lectures Delivered at the University of Cambridge January – March 1961* (New York: Vintage Books, 1961), pp. 70ff., esp., p. 102-105〔『歴史とは何か』（清水幾太郎訳、岩波新書、一九六二年）、七九頁以下、とくに一一五—一一八頁〕参照。なおカーの「より小さな悪（lesser evil）」論については、ジョナサン・ハスラムによるカーの評伝『誠実という悪徳——E・H・カー　一八九二—一九八二』（角田史幸ほか訳、現代思潮社、二〇〇七年）に関する塩川伸明氏による論説「E・H・カーの国際政治思想——ハスラムによる伝記を手がかりに」『民族浄化・人道的介入・新しい冷戦——冷戦後の国際政治』（有志舎、二〇一一年）所収が参考になる。なお同書第三章「リベラルなタカ派の軍事介入論——マイケル・イグナティエフの場合」は、イグナティエフの出身背景にまで遡って彼の立場を論じた優れたイグナティエフ論である）。それと同時に現実の国際政治や国際関係の領域でも、アメリカ合衆国やその他のいくつかの国々で用いられた冷戦期のプラグマティックな外交政策上の原則を意味する。

さらには西洋諸国、とりわけアメリカの国内政治の領域では、この原則は選挙政治との関連で用いられている。たとえば、選挙に際してふたり（通常は民主党か共和党）の候補者の政策が、イデオロギー的、政治的、および経済的に似通っている場合には、選挙民は「より大きな悪（greater evil）」が政権に就いて社会を壊滅に導くことを避けるために「ふたつの悪の内でより小さな悪（lesser of two evils）」を選ぶように勧告される場合に用いられる。なおこの用法の典型例は、二〇〇四年のアメリカ大統領選挙に際して出版された Alexander Cockburn and Jeffrey St. Clair, *Dime's Worth Difference: Beyond the Lesser of Two Evils* (Edinburgh: AK Press, 2004) に見られる。

また政治哲学の領域では、ハンナ・アレントが *Responsibility and Judgment*, ed. by Jerome Kohn (New York: Schoken Books, 2003)〔『責任と判断』（中山元訳、筑摩書房、二〇〇七年）〕において、「独裁体制のもとでの個人の責任」

という問題に関連して「より小さな悪」という論拠、およびその実例に言及している。たとえばアレントはつぎのようにのべている。「この『より小さな悪』という論拠は、道徳的な正当化をめざす試みとして重要な役割をはたしました。この論拠によると、二つの悪に直面している場合には、より小さな悪を選択する義務があり、どちらも選択しないというのは無責任だということになります。この論拠が道徳的には誤謬であると反論すると、〈きれい好きの道徳論〉だと非難されます。政治的な状況とは無縁であろうとする人、手を汚したくない人だと指摘されるのです。／この〈より小さな悪〉という議論にともなうすべての妥協を疑問の余地なく否定してきたのは、政治哲学でも道徳哲学でもなく、宗教的な思想だというのはたしかです〔ただし、カントだけは例外です。このためカントの哲学は道徳的な厳格主義《リゴリズム》だという非難をあびることが多かったのです〕。たとえばタルムードでは、人々が共同体の安全のために一人の人を犠牲にすることをもとめても、その者を差しだしてはならないと教えます。一人の女性の身を汚せば、ほかのすべての女性の純潔を守ることができたとしても、その一人の女性に身を汚させてはならないと教えます〔これは、この問題についての最近の論争で聞いたことです〕。そしてローマ教皇ヨハネ二三世が、『慎重さの必要な行為』について、教皇と司教の政治的な行為について、『いかなる形でも誰かの役に立つという期待から、悪と共謀しないように……』と語ったのも、この観点からです」（*ibid.*, pp. 35-36〔前掲邦訳、四六頁〕）。

まさしく本書においてイグナティエフが「より小さな悪」を論拠にして、テロリズムにたいする武力行使とそれにともなう権利の一時的停止を一定の条件下で容認しているのは、「二つの悪に直面している場合には、より小さな悪を選択する義務があり、どちらも選択しないというのは無責任だということ」に他ならないからである。ただしアレントは、この「より小さな悪」という論拠によって「道徳的な正当化をめざす試み」を否定している。なぜなら「政治的にはこの論拠は、〈より小さな悪〉を実行した人は、すぐに自分が悪を選択したことを忘れてしまう」（*ibid.*, p. 36〔前掲邦訳、四六頁〕）からである。しかし「より小さな悪がより大きな悪にならないようにすることは、デモクラシーに基づく説明責任よりもいっそう重要な問題である。それは個人的良心の問題でもある」（本訳書六一頁）とのべて、アレントの『責任と判断』を引用しているイグナティエフが、アレントのいうような「すぐに自分が悪を選択したことを忘れてしまう」人物だとは、私には到底考えられない。それならば、なぜイグナティエフは一定の条件を付してではあれ、テロリズムにたいする武力行使とそれにともなう権利の制限を容認しているのであろうか。

そのことを考える上で、先述した『グローブ・アンド・メイル』紙に掲載されたエッセイが手がかりとなる。このエッセイの要点はその表題（9/11 and the age of sovereign failure）が示すように、九・一一以降の世界の変容を「主権（国家）の破綻」として理解することにある。事実このエッセイは、「私たちが政府に対して遂行するように求める任務のひとつは、想定外のことを考えること（to think to the unthinkable）である」という文章から始まっている。九・一一以前には、国家は物理的な強制力を専有し「想定外のことを考え、それに対する計画を立案する」ためにこそ存在すると考えられていた。ところが九・一一が提示したのは、テロリストの攻撃にたいしてなす術もなく立ち尽くす国家の姿だった。「あの朝、主権は破綻したのである。／私たちはその事実と共に生きること、つまりは『黒い白鳥（black swan）』――あまりにも想定外であるため、誰一人としてそれに対する備えをすることができないような事態――が存在することを受け容れることを学んだのだった」。九・一一以外にも国家は、ハリケーン・カトリーナによる被害、リーマン・ブラザーズの破綻に端を発する〇八年の金融危機にたいして有効な対策を取れないでいる。とくに金融危機は、グローバルな経済政策における主権国家の無力さを曝け出した。「政府がなすであろうことは数多く存在するが、国家だけがなし得ることはほんの少しだけである。すなわちそれらは、国民を守ること、彼らが危機に陥った際に救出すること、壊滅的《カタストロフィック》なリスクを規制すること、そして通貨に対する信認を守ることなのだ」。

このように考えるイグナティエフにとって最も緊急の課題は、政府の主権的能力を回復させることである。なぜなら本訳書の第六章「自由とハルマゲドン」でものべられているように、主権国家が物理的強制力の唯一正統的な担い手でなくなることの帰結のひとつは、いかなる規制も及ばない武器取引の自由市場の限界なき拡散であり、いつどこでも少数者ないしは単独者によって大量破壊兵器が使用されかねない状態の恒常化に他ならないからなのである。その意味でイグナティエフは、『ヴァーチャル・ウォー』に収録されているロバート・スキデルスキーとの往復書簡で、NATOによるユーゴスラビアへの軍事介入を内政不干渉の原則に立って批判するスキデルスキーを「ウェストファリア主義者」と呼んだことに見られるように、紛れもなく「ポスト・ウェストファリア主義者」なのだ。ただしそれは、主権国家を超越した権力機構（世界政府？）をもとめるという意味ではない。むしろ逆なのだ。現在のところは形骸化しつつある国民国家の政府の主権的統治能力を強化する以外には、「ポスト・ウェストファリア」的状況に対処できないという意味なのである。「国際通貨基金、ヨーロッパ連合、そして世界銀行のような諸々の組織には、主権国家の仕事を調整するという任務があるが、主権国家がなすべきことをなさない限り、それらの組織は自らの任務を果たすことはできないのだ」。

このような彼の考えは、G・ジョン・アイケンベリーの卓抜なネーミングを借用すれば「リベラル・リヴァイサン」(cf. G. John Ikenberry, *Liberal Leviathan: The Origins, Crisis, and Transformation of the American World Order*, Princeton: Princeton University Press, 2011)の提唱のように思われかねないだろう。だが他方で彼はつぎのようにものべている。「テロがデモクラシー国家に挑むならば、それに対する答えはより多くのデモクラシーをであって、より少ないデモクラシーをではないのである。より多くの説明責任と公開性をであって、より少ない説明責任と公開性をではないのである」。「ポスト・ウェストファリア」的状況においては、数々の「想定外」の事態が生ずる。そこには万人が同意できる唯一の「正解」は存在しない。われわれは複数の「より小さな悪」の間での選択を余儀なくされる。その選択の正当性を最終的に担保するのは、デモクラシーに則した公正な手続きの遵守と公開の場での「当事者論証主義的正当化」なのである。イグナティエフの数ある著作のなかで、本書ほど統治形態としても、それを支えるエートスとしても、「リベラル・デモクラシー」

にたいする肯定的議論が展開されているものは他に例がない。

かつてチャーチルはこうのべた。「これまでも多くの統治形態が試みられてきたし、またこれからも罪と悲哀に満ちたこの世で試みられてゆくだろう。デモクラシーが完璧な、あるいは全知全能だと見せかけることは、誰にもできはしない。実際のところ、デモクラシーは最悪の統治形態だといわれてきた。ただし、これまでに試みられてきたデモクラシー以外のあらゆる統治形態を除けば、だが」（一九四七年一一月一一日、庶民院での演説）。これは一見したところ、「より小さな悪」の論法によるデモクラシー擁護論のように思われるだろうが、おそらくそうではない。チャーチルの言葉にはかなりの毒を含んだアイロニーとデモクラシーへの侮蔑感が込められている。だがイグナティエフの「より小さな悪」の論法がかろうじて倫理的アナーキーやオポチュニズムに陥るのを妨げているのは、デモクラシーを支える「普通の市民」への信頼であり、アイロニーや侮蔑感抜きの紛れもない、リベラル・デモクラシーへの誠実なコミットメントであり、そのコミットメントを絶えず公開の場での正当化の試練に晒す永続的な覚悟なのだ。本訳書の末尾でイグナティエフが引用しているコラコフスキーの言葉（「終わることなき裁きにかけられている」）は、ギデンズやベックがいうところの「再帰性（reflexivity）」の倫理的表現——自らの選択の帰結を絶えず道徳的観点から再吟味すること——以外のなにものでもないのである。

＊　＊　＊

本書を翻訳しながら絶えず念頭にあったのは、「三・一一」のことだった。それはまさしく「想定外」の事態であり、そのような事態に対処する日本国政府の無能さを曝け出した。本書における「より小さな悪」のアプローチは、このような事態——とくに「原発問題」——にも適用できるのではないだろうか。どのような選択をするにせよ、その際に忘れてはならない要件は、デモクラシーに則した手続きの公正性、情報公開、専門家による「当事者論争主義的審査」、そして普通の市民による熟議によって担保される、当該選択の倫理的正当化であろう。さらにつけ加えれば、その選択の帰結を引き受けざるを得ない私たちの賢さと倫理感覚、要は私たちの「民度」とバランス感覚が試されているのだ。その意味で、ある時点で選択された「より小さな悪」は、そのときどきの多数派の意見に迎合するだけの「無難な悪」というようなものではないのである。それは紛れもない「悪」なのだ。

これまでの「訳者あとがき」で私は、イグナティエフの著作にはどこか私たちの感性を刺激するリリカルな部分があるという意味のことを書いた。本書でいえば、「第五章」のジャン・アメリーに触れた部分がそうであろう。「第四章」までの政治・法哲学的議論が一変して、人間の闇の部分への洞察に導かれてテロリストや拷問を実行する者の深層心理に迫る分析は、イグナティエフ本来の資質が十分に発揮された、読みごたえのあるものになっている。とくに当初は「より小さな悪」として選択された強制的尋問に携わっている尋問官が、知らず知らずのうちに「拷問」への道に陥ってゆく過程の描写は迫真的である。また「拷問」が禁止されるべき「悪」と見なされる理由として、それが「拷問」にかけられる者だけではなく「拷問」をかける者にも心的外傷を残すことを指摘しているのは卓見というべきであろう。このようなバランス感覚と、リン・ハントが『人権を創造する』（松浦義弘訳、岩波書店、二〇一一年）において人権という考え方の起源と見なした、他者への「共感《エンパシー》」能力を保持している限り、イグナティエフを「拷問を正当化した」とか「予防的先制攻撃の擁護論者」とかと非難するのは、ためにする誹謗中傷の類いというべきであろう。ともあれ彼は、自らが信頼するリベラル・デモクラシーに則した選挙に敗北して政界を去った。今後は彼本来の資質を十分に発揮した（たとえば『ニーズ・オブ・ストレンジャーズ』のような）著作の出版を待望するものである。

私たちが本書の翻訳を思い立ったのは、二〇〇五年に連れ立って英国を訪れた際に、チャリングクロス・ロードの『ブラックウェル書店』で、本書のペーパーバック版を入手したことがきっかけだった。その後、諸般の事情で出版にこぎつけるまでに思いがけないほどの時間が経過した。その間、版元からの度重なるアドヴァンスの要求にたいして応じていただいた、風行社の犬塚社長には感謝の言葉もない。翻訳作業は「序文」、「ペーパーバック版序文」、「第一章」、「第三章」を添谷が、それ以外の部分を金田が分担して草稿を作成し、その後お互いにチェックしながら最終稿を作成した。訳文は日本語としての読み易さに配慮したつもりだが、思いがけない誤訳や不適切な表現があるかも知れない。訳文についての責任はもちろん両名が負うものである。読者の皆さんからのご指摘をいただければ幸いである。

最後になったが、私たちが時期を同じくして重度のスランプに陥った際に心身両面で支えてくれた、金田夫人の尚子さんと私の連れ合いの陽子にたいして最大の感謝の言葉を捧げたい。本当にありがとう。陽子には、本訳書の最初の読者として初校、再校の段階で、訳文についての適切な指摘をしてくれたことに感謝する。本訳書の文章が幾分なりとも改善されたのは彼女のおかげである。再度、心から本当にありがとう。

36 書評：岩田温『政治とはなにか』（総和社、二〇一二年刊）、同『だから、日本人は「戦争」を選んだ』（オークラNEXT新書、二〇一二年刊）〈2013〉

〔『政治哲学』第一五号〕

誰が、誰にたいして、どのような物語を語りうるのか？——オークショットの「物語」論を手掛かりに

本稿は岩田温氏の近著『政治とはなにか』（総和社、二〇一二年）および『だから、日本人は「戦争」を選んだ』（オークラNEXT新書、二〇一二年）にたいする書評である。岩田氏はすでに『日本人の歴史哲学——なぜ彼らは立ち上がったのか』（展転社、二〇〇五年）においてE・H・カー、ヘーゲル、ベルジャーエフ、坂本多加雄の歴史哲学を批判的に考察し、国民共同体（国民国家）の歴史と伝統の復権を唱えて、いわゆる保守派論壇に颯爽と登場した若手の論客である。次著『逆説の政治哲学——正義が人を殺すとき』（ベスト新書、二〇一一年）では、リアリズムとしての政治哲学の重要性を適切な文献に即して分かり易く論じている。評者は勤務校において本書を一年次学生向けの少人数講義のテキストとして利用したが、副題のアイロニーを曲解されはしないかという懸念は杞憂に終わった。彼らは岩田氏の明快な解説をよく理解しつつ、挙げられた文献に積極的に取り組んでいた。氏の教育者としての力量を実感した次第である。

ここで本書評が対象とする二編の著作に共通するキーワードは「物語」である。現に『政治とはなにか』の帯には「わ

れわれに欠けているのは『物語』だ」というコピーが掲げられ、第二章では「『物語』としてのナショナリズム」が論じられている。『政治とはなにか』が「物語」をキーワードとする、人間の営みとしての政治についての思考（thoughts on politics）の集大成だとすれば、『だから、日本人は「戦争」を選んだ』はその思考に基づく岩田氏なりの語り《ナラティヴ》の実践といえるかもしれない。

岩田氏が「物語」に拘泥する理由については、処女作『日本人の歴史哲学』における坂本多加雄の「来歴」に関する議論にまで遡って検討する必要がある。岩田氏が坂本の「歴史哲学」を評価するのは、「自己のアイデンティティ形成における『選択する自己』から『物語る自己』への転換の重要性」を説いた点にある。「ここにおいて、われわれは『選択する自己』ならぬ『物語る自己』の観念に到達する」（坂本多加雄『象徴天皇制度と日本の来歴』）という坂本の言葉を敷衍しながら、岩田氏はつぎのように書いている。

自分とは誰か、とたずねられたとき、自らは二十一歳の男性である、早稲田大学に通う学生である、といった個人の属性の諸々を挙げていったところで、それを語っている自らが何者であるかは判然としてこない。自らはいかに生きてきて、将来に関していかなる夢を抱いているのかを物語ることのほうが当人が何者であるかが理解できる。つまり、ある自らが自らについて物語を語るとき、そこにその人物が何者であり、何者であったのかというアイデンティティが形成されると説くのである。そして自らが語るその物語を坂本は「来歴」と称するのである。（『日本人の歴史哲学』、五八頁）

ただし「来歴」が恣意的なものや、たんなる虚言に陥らないためには、「自らの来歴を誠実に語ること」と「歴史研究を、来歴が言及する個々の事実の実在性を確証するために用いること」が要求される。そうした留保を付けたうえで、このような意味での「来歴」は個人にとってと同様に、いやそれ以上に「国家」にとっても重要であるとする、つぎのような坂本の考えに同意する。

個人とは異なり、それ自体の目に見えない実体を持たない国家の通時的な同一性は、個人の場合における以上に決定的に、このようにして語られた物語の一貫性のなかに根拠を持つと言いうるであろう。（同上、六〇頁）

しかし岩田氏は「それ自体の目に見えない実体を持たない国家」という坂本の言葉が含意する「ある意味フィクションの趣を有するという国家観念を積極的に擁護する姿勢自体」には違和感を抱きつつ、「来歴によって形成される共同性に基礎を置く国民国家という幻想を打ち破ることによって、『国民』から『世界市民』への飛躍が望まれるとする議論が提出されることもありえよう」（同上、六〇頁）とのべて、「国民国家」自体の検討へと向かう。ここで示された坂本の国家観への違和感は、『政治とはなにか』における日本国憲法とりわけ象徴天皇制を、フランス革命をモデルとする「八月革命」として解釈する宮沢憲法学を批判した坂本の議論――日本国憲法を日本人の「主体的判断」によって受け入れられたとする解釈や「日本国民の総意」についての解釈――にたいする違和感に直結している（『政治とはなにか』、二一〇頁以下）。

評者自身は岩田氏が違和感を抱く点にこそ坂本の知的誠実さと品位があり、それが彼の「来歴」論を優れたものにしていると考えているのだが、それは別の機会に論ずるとして、ここでは岩田氏が理解する「来歴」「歴史」「物語」のちがいについて整理しておこう。（1）「来歴」は行為当事者が自らの過去の行為や、将来の夢や希望について主体的に語ることであり、その目的は「自分とは何者であるか（Who am I?）」を明らかにすること、つまりはアイデンティティの探求（「自分探し」）にある。英語で表現すればautobiographyあるいはpersonal historyであろう。（2）その際に行為当事者は「個人」でも「国家」でもありうるが、「国家」の場合には誰が「語り手」なのかはまったく判然としない。(3)「来歴」と「歴史」は概念上明確に区別されるが、「来歴」と「物語」は互換的に用いられている。岩田氏は坂本の「来歴」論を一九九五年に出版された『象徴天皇制度と日本の来歴』に即して議論しているが、坂本が初めて「来歴」について論じたのは『日本は自らの来歴を語りうるか』(筑摩書房、一九九四年)においてである。この二編の著書において「来歴」概念が変化しているかどうかは検討の余地がある。だが「なぜ『来歴』なのか?」という問いにたいする坂本の答えは、後者において明確にのべられている。彼は同書の「あとがき」で「本書の標題に関することとして、少しばかり私的な体験について記しておきたい」とのべながら、自分の父親がパール・ハーバー奇襲によって戦死したあるアメリカ人の夫人との会話に際して感じた戸惑いを率直に述懐している。

このような場合、例えば私は日本やアメリカといった国家の相違を超越して、すなわち本書に登場する福沢の言葉を用いれば、相手との関係を「一人と一人との私行」と見て、彼女の父君があたかも自動車事故にあって死去した場合と同様に受け取って、それはお気の毒でしたと済ますこともできるであろう。しかし、単にそれでよいのだろうか。無論、通常の会話においては、いちいち「国民」といったことを意識して、日本の立場を弁明してみたり、日米関係の歴史的な検討を試みる必要はないであろう。なぜなら、多くの場合、われわれは先ず何よりも互いに個人として出会い、そこで親交を深めていくからである。にもかかわらず、およそ如何なる場合も、そのようなコスモポリタンのような態度を通すことは、私には何か軽薄な気がした。この世に「日本人」という言葉があり、「アメリカ人」という言葉がある限り、われわれは単なる「個人」としてではなく、否応もなく「国民」として出会う局面がある。この場合、「個人」としての言葉しか持たない者は、コスモポリタンとして称賛されるよりも、単に「国民」としての言葉を持たない者、あるいはまさしく「国民」としての言葉を欠いた国に属する者として扱われるに過ぎ

> ないのではないだろうか。……（中略）……いずれにせよ、こうした素朴なナショナリズムの発動を警戒し、その一方で過去の否定的な自画像から逃れようとするところに、ある種のコスモポリタン的立場が生まれるのだと考えられるが、このような逃避の姿勢をとるのではなく、粗暴な感情としてのナショナリズムを飼い慣らし、同時に日本という「国民」の立場を将来に向けて積極的に方向づけるような「われわれの物語」を構想することこそが、私には重要であると思われる。すなわち本文でも述べたように、日本が「普通の国」でありつつ、同時に何がしかの個性を持った存在として、国際社会で活躍することを可能とするような来歴の探求が必要とされるのである。過去の反省ということも、それ自体が日本の物語の主題となるのではなく、あくまでも物語の一環として位置づけられるのが健全な姿であろう。……（後略）……。（同上、二五二―四頁。傍点は引用者）

『市場・道徳・秩序』（一九九一年）においてスコットランド啓蒙研究の成果を踏まえて、近代日本における政治社会秩序のあり方を見事に描き出した坂本が、「君が代・日の丸」擁護派として日本の自画像の必要を主張したことに、評者はいささか唐突さを覚えた記憶がある。だが今読み直してみるとしごく真っ当なことをのべていることに改めて感銘を受ける。「普通の国家」という表現が示すように、湾岸戦争における日本の「国際貢献」のあり方が論壇をにぎわせていた当時にあって、これはありうべきひとつの応答だったのだ。坂本自身は「われわれの物語」を書くことなく早逝し、その構想は依然として宙吊りになったままである。「三・一一」、中国との関係の悪化、「日本を、取り戻す」をスローガンとする安倍政権の登場は、国内外における日本国家のあり方の物語への欲望を励起している[1]。岩田氏の『だから、日本人は「戦争」を選んだ』もそうした時代の要請へのひとつの応答として読むこともできる。

岩田氏は「『日の丸』、『君が代』を特別に憎悪する人々が一定数存在し続けて」おり、そういう人びとによって日本の近現代史が「後ろ暗い歴史」として誤って理解されているという現状認識に立って、本書で訴えようとしたことをつぎのように要約している。

本書では、日本人の多くが大東亜戦争を支持した理由について考えます。私たちの父祖が戦争に踏み切った理由を問うことなく、日本をナチスと同様の犯罪国家だと断罪するのは、愚かなことです。また日本史を日本人の立場から論ずることなく、「日の丸」や「君が代」に憎悪の炎を燃やし続けるのも不気味な行為です。

読者の皆様が本書を通読した後に、日本に生まれたことを誇りに思い、堂々と「日の丸」、「君が代」に敬意を抱いて頂ければ、本書の目的は達成されたことになります。（一六頁）

「序章」では、ユダヤ人の「ジェノサイド」を実行したナチス・ドイツと日本のちがいが論じられ、「第一章」ではさまざまな戦争原因論を検討したうえで、「大東亜戦争」は日本人自身が選んだ「『人種平等』という理念を掲げた戦争」（六四頁）だったという、本書の中心的主張が提示される。以下の諸章ではアリストテレスの「奴隷」論にまで遡り、人種差別思想（白人優越論、有色人種奴隷論）が世界の歴史において、いかに重要な役割を果たしかが詳細に論じられる。個々の論点に立ち入る余裕はないが、本書で岩田氏が強調するのは、大東亜戦争では「日本には日本なりの（人種平等という）大義（cause）があり、理念がありました」（二三四頁、（　）内は引用者による補足）という点である。しかし氏は「人種差別」が戦争の原因（cause）だったとも、「人種平等」という理念に基づく大東亜戦争が「正戦」だったと主張しているわけではない。(2)

「太平洋戦争」を「容赦なき戦争」に導いた要因として「人種差別」があることは、ジョン・W・ダワーの名著 *War Without Mercy: Race & Power in The Pacific War*（New York: Pantheon Books, 1986）〔『容赦なき戦争――太平洋戦争における人種差別』（猿谷要監修・斎藤元一訳、平凡社ライブラリー、二〇〇一年）〕において、民衆文化にまで踏み込んだ分析がなされている。同書においてダワーは「九・一一」に際してブッシュ政権が「新しい世界的な『テロ行為に対する戦争』が、人種的、または文化的、または宗教的戦争ではないことを配慮した」とのべ「これは健全である」と評価しつつも、「人種的、文化的ステレオタイプ化は、一皮剥がすと依然として見受けられるのである」（一〇頁）とのべている。さらにダワーは近著においてつぎのようにのべている。

人種的思考はアジアにおける戦争の両陣営において、国民的結束と殺戮をより容易にしたが、私が論証しようとしたのは、人種差別主義がこの紛争の原因あるいは実行を理解するためのキーファクターだったということではない。むしろ敵対する英米人と日本人はそれぞれのやり方で、士気を高揚するとともに戦争遂行を扇動するために、人種的アイデンティティを膨張させたのである。彼らの人種主義は公式的レベルから一般民衆のレベルまで、あらゆるレベルの言語に定着していた。そうした目隠しは（諜報評価のような）戦争遂行の妨げになると同時に、殺戮マシンを点火したのであった。そしてひとたび日本が敗北したことが明らかになると、人種主義はまるで蛇口をひねるかのように消し去られたのである。人種主義はいつでも私たちとともにあるが、そのイディオムと用語法はきわめて移ろいやすいもの（malleable）だということがわかるのである。（John W. Dower, "Race, Language, and War in Two Cultures," in *Ways of Forgetting, Ways of Remembering: Japan in the Two Cultures*, New York: The New Press, 2012, p. 29〔『忘却のしかた、記憶のしかた、――日本・アメリカ・戦争』外岡秀俊訳、岩波書店、二〇一三年〕、ただし引用文は添谷訳）

評者はダワーの見解に全面的に同意する。人種主義が戦争の「原因」ではなかったのと同様に、「人種平等」の理念は日本国の永続的な「大義名分」ですらなかったのだ。確かにそれは（岩田氏がさまざまな事例を引証しつつ詳細に検証しているように）指導者層だけではなく一般民衆の意識にまで浸透していたであろうが、戦後日本の政治言説においては「まるで蛇口をひねるかのように消し去られたのである」。そしてそれは「健全」なことであった。「ミトコンドリアと核ＤＮＡの最近の科学研究によると、――自分を白人と見なす何千万人ものブラジル人をふくめ――人口の八五パーセント以上が、その遺伝子の一〇パーセント以上をアフリカから受け継いでいると推測される」(Timothy Garton Ash, "Beyond Race," in *Facts are Subversive: Political Writing From A Decade Without A Name*, London: Atlantic Books, 2009, p. 311. 風行社より邦訳近刊予定）という現在にあって、「人種」を持ち出すことの政治的リスクを、岩田氏はどれだけ自覚しているのであろうか。また「人種平等」の理念は日本人の「誇り」を回復することにつながるのであろうか。付言すれば評者が敗戦国民としての日本人であるという自己を否応もなく自覚させられたのは、ダワーの『敗北を抱きしめて』によってであった。日本人の「誇り」の回復は、敗北という厳粛な事実を真摯に受容することからこそ生まれるのだと私自身は考えるが、この点が氏の議論にたいして評者が持つ第一の疑問である。

第二の疑問は、岩田氏の言説が誰を「敵」として想定しているかという問題にかかわる。氏は「『日の丸』や『君が代』を特別に憎悪する」一定多数の人びとを標的にしているように思われる。しかし評者には、たとえば「ネット右翼」と称される人びとの跳梁跋扈を考慮すれば、岩田氏が「敵」と見なす人びとはむしろ「ごく少数」だと思われるのだ。現に大塚英志は岩田氏の本とほぼ同時に出版された『物語消費論改』（アスキー新書、二〇一一年）において、「この国では今、物語消費論的現象として『日本』や『愛国』という『大きな物語』が、ポストモダンを通過しながらひどく凡庸な形で復興しているのである」（八八頁）とのべている。大塚が念頭においているのが岩田氏の本であるかどうかにかかわりなく、「Web 空間」をも視野に入れながら現代のフォークロアを見事に描き出してきた大塚の指摘は正鵠を射ていると思う。とくにつぎのような大塚の指摘は重要な論点を示唆している。

今日現在、「サーガ」と「私」、「私」と「サーガ」をめぐる欲求は「日本」と「日本人」という呆れるほど平凡なものによってあっさりと充足され、「反原発」さえ「愛国」のおそらくは一形式としてある。だから、もはやこの国でその「私」も「日本」も近代が産み落とした「仮想」であり、しかもはっきり言えば、その内実を欠くにもほどがある状態にある、とここで記したところで殆ど理解されないだろう。江藤淳のように「日本の不在」に徹底して耐えようとする保守ももういない。（同書、三三四頁、傍点は引用者）

評者は大塚の「絶望」には共感するが、「降りる」（同書、三四六頁）という選択が「日本人」であることから「降りる」という意味ならば、それには与しない。日本語で思考しものを書く「私」が、「日本人」であることから「降りる」ことはできないし、それは坂本が批判した「コスモポリタン」という身振りの反復にすぎないからだ。では「保守的であること」を標榜する者としては、この隘路にどう立ち向かい「日本の来歴」あるいは「サーガ」を誰が、誰にたいして、どのように語りうるのであろうか？

その作法について私たちが依拠するべきモデルは、マイケル・オークショットの「物語」論である。オークショットはこうのべている。

ある行為主体が自らを開示し定立するところの実質的行為遂行（パフォーマンス）を理解することは、それを物語（ストーリー）に変えることである。そこでは行為遂行は、その他の事件と偶然的に関係づけられたひとつの事件と見なされることになる。そのような物語は無条件的な「そもそも始めに（In the beginning）……」ではなく、条件的な「昔、昔、その昔（Once upon a time）……」で語り始められる。またその物語には、無条件的な結論などはない。なぜならその結末はもうひとつの物語の始まりだからである。この物語には包括的な意味などもない。

それは証拠に基づく偶然的な諸関係から獲得された意味に即して理解された、諸々の事件なのである。そうした物語の語り手が聞き手に伝えるメッセージは、当該事件を物語に変えることによって、語り手がその事件に授けようとした理解可能性以外にはなにもない。なるほど物語は教訓を例示するために用いられたり、将来の行為にとっての典拠（オーソリティ）として役立てたり、聞き手が願望する結果をもたらすためにはどのように活動するべきかを教えたり、使命を確信させたり、不幸な運命と和解したり（reconcile）するために用いられる場合もあるだろう。あらゆる悲しみはそれを物語に変えることによって贖われるとは、よくいわれてきたことである。だがそうすることとは、その事件の局所的で（トピカル）はかないものへの語り手の関心を放棄して、事件が事件としての性格を手放さなければもち得ない力を事件に授けることなのだ。それは物語を語ることではなく神話を構築することである。

……中略……

実質的行為遂行をその偶然的条件に即して理解する取り組みは、理論化におけるその他のすべての冒険と同様に、想定された決定的理解に到達することではなく、ミステリーを減ずる取り組みなのだ。（*On Human Conduct*, London: Oxford University Press, 1975, p.105-7）

この文章はあくまでも個人としての「人間的営為（Human Conduct）」の理論的理解の作法についてのべられたものであり、集合的主体としての「日本人の来歴」という物語はそもそも可能なのか（おそらくオークショットは否定する）、また可能だとしてそれがどこまで個人の「実質的行為や発話の歴史的理解」としての物語と類比可能かという問題は残る。だがそれが可能だとして、その語り口の作法についてのいくつかの示唆は得られるだろう。以下箇条書き的に評者の考えを提示する。

（1）「日本人」という集団に属する個々人の実質的行為や発話についての理論的理解は、原則として「歴史的」理解である。坂本が「来歴」論で試みたことは福沢諭吉や中江兆民などの行為や発話についての「歴史的」理解として了解できる。岩田氏の試みも言及される個々人については同様に了解できる。そこには出来の善し悪しはあっても、「歴史的理解」の条件は十分に満たしている。

（2）坂本や岩田氏が行なっているある日本人の行為や発話についての「歴史的理解」には、「教訓を例示するために用いられたり、将来の行為にとっての典拠（オーソリティ）として役立てたり、聞き手が願望する結果をもたらすためにはどのように活動するべきかを教えたり、使命を確信させたり、不幸な運命と和解したり（reconcile）するためにし、つまりは「日本人」としての「誇り」の回復という、なにがしかの「実用的目的」が前提として存在している。つまり坂本の「来歴」論や岩田氏の語りは、オークショット的観点からいえば、究極的には「実用的物語」なのだ。もちろんそうした形態の「物語」自体をオークショットは否定しはしない。ただし「そうした物語の語り手が聞き手に伝えるメッセージは、当該事件を物語に変えることによって、語り手がその事件に授けようとした理解可能性以外にはなにもない」、つまり「ミステリーを減ずる」こと以上の目的を「物語」にもとめることは、本来的な「歴史的理解」とは範疇を異にしているのである。

（3）それでは個々の日本人の言行についての複数の「実用的物語」をまとめ上げることによって、ひとつの「われわれの物語」へと収斂させることはできるのだろうか？　オークショットによる「あらゆる悲しみはそれを物語に変えることによって贖われるとは、よくいわれてきたことである。だがそうすることは、その事件の局所的で（トピカル）はかないものへの語り手の関心を放棄して、事件が事件としての性格を手放さなければもち得ない力を事件に授けることなのだ。それは物語を語ることではなく神話を構築することである」という文章は、いったいどのようなことを意味しているのだろうか？　私見によれば彼がいおうとしたのは、固有の時間と場所で起こった行為遂行について理解することは、それを物語に変えることであり、その物語は教訓の例示などの実用的目的にも利用できるが、「悲しみ」が贖われるのは、当該行為遂行に固有な時間と場所への関心を放棄して、それを「一回限りの出来事（*eventum*）」として相対的な時間と場所を超越した「神話」として構築することよってだけである、ということだと思われる。彼がこう主張したことの背後には、ハンナ・アレントのつぎのような見解にたいする批判があった。

リアリティは、事実や出来事の総体ではなく、それ以上のものである。リアリティはいかにしても確定できるものではない。「存在するものを語る《レゲイン・タ・エオンク》」（ギリシア語省略）人が語るのはつねに物語（ストーリー）である。そしてこの物語のうちで個々の事実はその偶然性を失い、人間にとって理解可能な何らかの意味を獲得する。イサク・ディーネセンの言葉を借りれば、「あらゆる悲しみも、それを物語にするか、それについての物語を語ることで、耐えられるものとなる。」これは申し分のない真理である。……（中略）……彼女は、悲しみだけでなく喜びや至福もまた、それらについて語ることができ、物語として語ることができて初めて、人間にとって耐えられるもの、意味あるものになると、つけ加えることもできたであろう。事実の真理を語る者が同時に物語作家（ストーリー・テラー）でもあるかぎり、事実の真理を語る者は「現実《リアリティ》との和解（reconciliation with reality）」を生じさせる。この「現実との和解」こそは、卓越した歴史哲学者であったヘーゲルが哲学的思考すべての究極目標と見なしたものであり、また実際、たんなる学識に終わらない歴史叙述ならばそのすべてが内に秘めている原動力である。歴史家は小説家と同じように（優れた小説はけっしてたんなる拵え事ではないし純粋なファンタジーの作り事でもない）、まったくの偶発事にすぎない所与の素材を変形しなければならないが、この変容は、詩人が行なう気分や心の動きの変容——悲嘆を哀歌に、歓喜を賛歌に変容させる——とほぼ同じ性質である。われわれはアリストテレスに従って、詩人の政治的機能のなかにカタルシスの作用、つまり人間が行為するのを妨げるすべての情緒を洗い流し除き去る作用を見ることができよう。物語作家——歴史家ないし小説家——の政治的機能は、あるがままの事物の受容を教えることである。（引田隆也訳「真理と政治」『過去と未来の間』（引田隆也・齋藤純一訳、みすず書房、一九九四年）所収、三五七頁。
（　）内は引用者の補足）

すなわちアレントは、「物語のうちで個々の事実はその偶然性を失い、人間的にとって理解可能な何らかの意味を獲得する」することを代償に、「物語」は「悲しみ」を耐えられるものにすることができるとするのにたいして、オークショットは「一回限りの出来事」を犠牲にして「癒し＝和解」を手にすることにあくまでも抵抗するのだ。これは「物語」の権能に関する見解の相違を越えて、オークショットとアレントの思想の根底に存在する対立を示唆している。[3]

（4）「物語」ならぬ「神話」の権能についてオークショットが正面から論じているのは、彼が書いた数多くのエッセイのなかでも特出して美しい「『リヴァイアサン』——ひとつの神話」においてである。いみじくもここでは「神話」と集合体としての「国民」というキーワードが用いられている。

　われわれは文明を何か堅固で外在的なものだと考えがちだが、文明とはそもそも集合的な夢である。プロティノス曰く、「魂は肉体のうちにある限り、深い夢についている」。この地上の眠りのなかで一国民（a people）が夢みるものこそが文明なのだ。そしてこの夢の実質は神話、すなわち人間的実存を想像力によって解釈したものであり、人間的生の神秘の（解決ならぬ）悟りである。

　文明のなかで文学がはたす役割とは、夢を破壊することではなく、夢を永遠に想起すること、世代がかわるごとにくりかえし創造すること、ひいては一国民の夢みる力を鮮明にすることである。（『リヴァイアサン序説』（中金聡訳、法政大学出版局、二〇〇七年）所収、二〇二頁。（　）内と傍点は引用者の補足。本エッセイはBBCが発行する週刊誌『リスナー（*The Listener*）』の一九四七年第三七号に'The "Collective Dream of Civilisation"'というタイトルで発表されたもので、元来は同名の「ラジオ講演」が基になっている。メディアの性格を考えれば、「a people」を「国民」と訳すことは妥当であろう。本エッセイをカール・シュミットが絶賛したことについては、同上、二四四頁以下を参照）

このようにのべたうえでオークショットは、『リヴァイアサン』を「哲学書な文学の傑作」と呼び、そのなかに「相続された神話」のヴィジョンを探求している。オークショットに倣えば、わたしたちが一国民として「日本人の来歴」を手にするためには、日本版『リヴァイアサン』が必要だということになるが、それはいまだ誰によっても書かれていない。その端緒が丸山眞男流の日本神話の「古層論」的分析にあるのか、あるいは坂本や岩田氏の「物語」の積み重ねにあるのか、はたまたWeb上に散在する「つぶやき」の集合的無意識として立ち現れるのか、評者には判断できない。ひとつだけいえることは、未完の「神話」によってもたらされるのは、日本人の「誇り」の回復でも「悲しみ」や被害者意識の「癒し」でもなく、自らの境涯にたいする「呪詛」や「ルサンチマン」から解放された、ある種の「祈り」や「赦し」であろうということである。「無根拠に祖国の歴史を貶め、呪いつづけるのは、もういい加減にすべきです。曇りのない眼でゆっくりと日本の歩みを見なおしたとき、我々は自然と先祖に対して感謝と畏敬の念を抱くことができるはずです」（『だから、日本人は「戦争」を選んだ』、二二八頁）とのべる岩田氏に、それを期待するのは無理な注文ではないであろう。

（1）「国民的歴史＝物語」への欲望の広がりは、わが国に限ったことではない。たとえばティモシー・ガートン・アッシュは英国における分権化の進展とともに従来のイングランド中心史観は見直しを迫られたが、それに代わる「国民的歴史」の不在についてこう書いている。

《私たちは『みんなの島国物語』のナショナリスト的な歴史叙述の必要でありかつまた健全な脱構築から脱却して、もうひとつの極端へと奔ってしまったのだ。その極端とは、わが国の学校のカリキュラムにおけるあらゆる意味での連続した国民的歴史の消滅のことである。今日ほとんどの英国の子供たちが学校で経験しているのは、ゴードン・マースデンが「ヨー！スーシ（Yo! Sushi）」式学校の歴史教育と呼んだものなのである――「ヨー！スーシ」のカウンターでのように、回転ベルトに乗って回ってくるプラスチック製の小皿の上のスシを待っているというわけだ。最初にはヒトラーをひとつまみ、つぎにはスターリンをひとつまみ――誰もがヒトラーとスターリンをつまみ食いするというわけなのだ。それから産業革命のおつまみをつまんで、多分チューダー王朝とスチュアート王朝をひとかじりすることになる。こうして仕上げには、どれほど批判的／批評的に吟味されようとも、英国史の連続性の感覚はまったく身に付かないのだ。私たちは単純きわまりないミスリーディングな神話的物語――『みんなの島国物語』――から脱却して、まったく物語がない状態に立ち到ったわけである》（Timothy Garton Ash, "Why Britain is in Europe," in *Facts are Subversive: Political Writing From A Decade Without A Name*, London: Atlantic Books, 2009, p.117. 風行社より邦訳近刊予定）。

わが国では「国民的歴史＝物語」への欲望はもっぱら、あるいは主として太平洋戦争をめぐって展開されている。だが戦後日本におけるもうひとつの戦争だった「高度成長期」の戦士たちに捧げられた「物語」として私たちが手にしているのは『プロジェクトX』だけであり、中島みゆきという「女神」だけである。またわが国では文化的「一村一品」ともいうべき大河ドラマが、一極集中にたいするサブ・ナショナルなレベルにおける不満のはけ口になっており、「保守的であること」にとって枢要な要素である、ローカルなものへの心服の感情は、それによって疑似的に「癒されて」いるように思われる。

（2）「人種平等」という理念は「普遍的人権」という理念とどのように関連するのだろうか？　岩田氏の論述ではその点が不分明である。ちなみに「普遍的人権」文化を定着させるには、その「哲学的基礎づけ」を探求するのではなく「センチメンタルな物語」（たとえば『アンクルトムの小屋』）を語ることのほうが有効だという、いかにも「いたずらっ子ローティ（naughty Rorty）」（ロバート・オーアの言葉）らしい議論についてはリチャード・ローティ「人権、理性、感情」（『人権について　オックスフォード・アムネスティ・レクチャーズ』（中島吉弘・松田まゆみ訳、みすず書房、一九九八年）所収、一三七頁以下）を参照。

（3）オークショットは『過去と未来の間』への書評（*Political Science Quarterly*, 77, 1962, pp. 88-90）において、本書は現代を特徴づけるものへの数多くの深い洞察を結び付けることによって、「光景全体のうえに光と影のある新しいパターンを賦課することに成功」していると評価しつつも、われわれの先祖や両親が生きた世界から断絶された「現代の危機（the crisis of our time）」についてのアレントの論述は、その危機を「いささか誇張する罪を犯している」と断ずる。そして彼女がこの「危機」を「政治的」なもの、すなわち「ヘーゲルが客観的精神と呼んだものについてのわれわれの思考の気質」の危機と理解している点を強調している。

オークショットはアレントにたいして終生ある種のアンヴィヴァレントな感情を抱いていたが、最も違和感を抱いたものはアレントのいわば「政治至上主義」であった。オークショットならば「詩人の政治的機能」などという表現は絶対に用いないであろう。またオークショットの歴史論では、ヘーゲルが哲学的思考すべての究極目標と見なした「現実との和解」を、歴史の終焉／目的《エンド》として措定することも拒否される。アレントの主著の題名が『人間の条件（*The Human Condition*）』でありながら、主として政治的人間を主題としているのにたいして、オークショットの主著であり現代の『リヴァイアサン』ともいうべき『人間の営為について（*On Human Conduct*）』においては、政治的人間についての議論は主としてその一部を構成する「公民としての条件について（On the Civil Condition）」において論じられている。要するにオークショットから見れば、アレントには「政治的なもの」についての実存主義的な懐疑が不足しているのだ。この点については中金聡『オークショットの政治哲学』（早稲田大学出版部、一九九五年）一七三頁を参照。

37 書評：菊池理夫『ユートピア学の再構築のために――「リーマン・ショック」と「三・一一」を契機として』（風行社、二〇一三年刊）〈2014〉

〔『政治思想研究』第一四号〕

六八年世代の政治思想的遍歴――ユートピア、コミュニティ、共通善、そして希望へ？

本書については小野紀明氏と中道寿一氏による優れた書評がすでに存在しているので、評者はこれらの書評とは違った角度から菊池氏の力作に触発された、いくつかの論点を提示したい。

前掲書評も指摘しているように、菊池氏の研究にはふたつの側面がある。ひとつは『ユートピアの政治学――レトリック・トピカ・魔術』（新曜社）に代表されるモア、ベーコンなどルネッサンス・ヒューマニズムの政治思想を演劇としての政治という視点から解釈した精神史的研究である。評者も政治思想研究は、いわゆる政治思想家と呼ばれる人びとの作品だけではなく、広く文学作品や絵画、映像作品をもふくめた（林達夫のいう）「精神史」的研究であるべきだと考えていたが、『ユートピアの政治学』がそれを易々と実現しているのに驚嘆した記憶がある。菊池氏のこの側面は本書の「第一部」に収録されている諸論文に直結している。『ユートピアの政治学』が入手困難である現在、これらの論文と『ユートピアの政治学』を再編集して『定本ユートピアの政治学』が出版されたら、今後ユートピア研究を目指す若い研究者にとって有益であろう。またG・クレイズ『ユートピアの歴史』（東洋書林）は、「現時点における最も学際的なユートピア史」と評されており、本書と『定本ユートピアの政治学』を併読すれば、今後のユートピア研究の最良の出発点になるであろう。

菊池氏のもうひとつの側面はM・サンデル『自由主義と正義の限界』の翻訳に始まる、コミュタリアニズムの唱道者としての実践的側面である。本書の「序章」および「第二部」に収録された論考においては、「共通善」という理念を軸としてコミュニタリアニズムとユートピアニズムの接合が試みられる。そして自らを「反リベラル・コミュニタリアンであり、ユートピアンである立場を明確にしたいと思う」（四二九頁）と宣言する。とくに「序章」の文章は著者独特のアイロニーとレトリックを駆使して書かれているので、著者の真意がどこにあるのか測りかねる部分もあるが、評者にとって最も興味深いのはつぎの一節である。

「終焉なき「ユートピア」を構想し、あるいは実践し続けること、それは与えられた「現実」を相対化し、「先へ進む」ために不可欠であると私は考えます。……ユートピアという言葉はギリシア語で「善き場所」も意味する掛け言葉である。しかし、その社会はモアにとって完全な理想社会であることも意味していない。重要なことは、その社会は肯定でも否定でもないアイロニーとして存在していることである。少なくとも実現されたユートピアはユートピアではない。どこにもない場所がどこかに存在するとは奇妙である」（三〇―三二頁、傍点引用者）。この「アイロニーとしてのユートピア」あるいは「不在の現実的理想（社会）」（四二〇頁）という考え方は、たとえばF・ジェイムソンのように仰々しい道具立てで「ユートピア」の実現を目指す思想（『未来の考古学　Ｉ・Ⅱ』作品社）よりも評者にとって好感が持てる。

「興味深い」とのべたのは、コミュニタリアニズムが現実的政策と結びつけて論じられているのにたいして、ユートピアニズムと現実的政策との結びつきは「実践としてのユートピア」（四二〇頁以下）で簡単にのべられている点である。

このちがいを考えていた際に評者が手掛かりとしたのは、P・バーマンの著書（Paul Berman, *A Tale of Two Utopias: The Political Journey of the Generation of 1968*, 1996）であった。本書は一九六八年の世界を席巻した「ユートピア的興奮」から一九八九年のF・フクヤマの「歴史の終焉?」というもうひとつのユートピアにいたる六八年世代の政治的遍歴の記録である。思えば六八年世代は「ユートピア」という観念に翻弄された世代だった。ある者はマルクーゼの「科学からユートピアへ」という扇動をまともに受け止めて、「火が熱いということを知ってさえもいない人びとの間ではやっている火遊びのようなもの」(G・オーウェル)に飛び込んでいった。この世代がその後に辿った遍歴の様相は多種多様だが、たとえばかつて体制打破を唱えたJ・フィッシャーのように既存の体制の一翼を担う者もいれば(Cf. Paul Berman, *Power and the Idealists: Or, The Passion of Joschka Fisher and Its Aftermath*, 2005)、文化的生産の指導的立場を独占している者もいる。これは日本でも見なれた風景である。

著者は「私自身も団塊の世代の一人ですが、学生運動はほとんどせず」(『日本を甦らせる政治思想』、二〇九頁)と書いているが、運動へのコミットの如何にかかわらず六八年当時の「ユートピア」的言説から無縁であったとは思えない。大澤真幸は戦後日本史に即して「反現実」の諸相を「理想の時代」(四五—七〇年)、「虚構の時代」(七〇—九五年)および「不可能性の時代」(九五年以降)に区分している。これに従えば六八年当時の「ユートピア」は「理想」の実現を目指し、それに乗り遅れた者たちはサブカルチャーの領域で「虚構」と戯れたり、「ニュー・アカデミズム」の世界で知的遊戯に耽ったりした。だが「オウム真理教」事件を契機としてそれも不可能になり、現代日本社会は文字どおり「不可能性の時代」にある。「アイロニーとしてのユートピア」という著者のアイディアは、「不可能性の時代」にあっていい、いま・ここにある社会のあり方を批判するために不可欠の視点として理解できる。この著者のアイディアに呼応するかのように、若い世代の間では「希望論」が語られつつある(宇野常寛・濱野智文『希望論』NHK出版)。「アイロニーとしてのユートピア」と「希望論」との協同によって今後の日本社会のあり方がより明確になることを期待する。

38　訳者あとがき：M・イグナティエフ『火と灰――アマチュア政治家の成功と失敗』（添谷育志・金田耕一訳、風行社、二〇一五年刊）〈2015〉

本書はMichael Ignatieff, *Fire and Ashes: Success and Failure in Politics*（Cambridge, Massachusetts: Harvard University Press, 2013）の全訳である。装丁を異にするものとして*Fire and Ashes: Success and Failure in Politics*（Toronto: Random House Canada 2013）がある。邦訳書名は『火と灰――アマチュア政治家の成功と失敗』とした。この原著のタイトルの由来は、本書でもっとも印象的なつぎの一節にいい尽くされている。

灰はつまらない残りものだが、それなりの使いみちがある。私の父と母は我が家の西向きの壁に沿ったバラの肥料にするために、暖炉の灰をバラの根元に敷き詰めたものだった。両親はとうに亡くなったが、毎年夏になり彼らが丹精したバラが咲く頃になると、私が今でも冷え切った火から灰をかき集めてバラの根元に敷き詰めているからだと考えるのが好きだ。

私の経験という灰が、誰かの庭の肥料として混ぜ込まれるのを、私は希望している。政治という闘技場での五年間から私が学んだものが、次のような人びとに向けて語りかけることを、私は希望している。かつての私のように、通学の途中に独り言のようにささやかなスピーチをし、政治的栄光を夢見た子供が、成人して子供時代の夢を実現することになった、そのような人びとに向けてである。政治を愛する――私が今でもそうであるように――者は誰でも、他者が自らの夢のために生きるのを励ましたいと思っているが、それと同時に、他の人たちには私よりもしっかり準備して政治の争いに加わることができるよう、力になりたいとも思っている。私はそういう人びとに、成功するとはどういうものなのかを知って――感じて――欲しいが、失敗するとはどういうものなのかも知って欲しい。そうすれば、成功と失敗の両方を恐れることがなくなる。（本訳書、四―五頁）

著者イグナティエフの経歴などについては、すでにいくつかの翻訳書において説明されている――本書自体がハーバード大学教授の職を辞して、カナダ自由党の連邦議会議員に当選して以降、カナダ自由党党首として連邦議会総選挙に大敗北するまでの経緯を語っている――ので、ここでは彼が二〇一四年七月以降ハーバード大学ケネディ・スクールの「Edward R. Murrow Professor of the Practice of the Press, Politics and Public Policy」の職にあることを記すにとどめる。最近の論説としては以下の二点がある。

Foreword by Michael Ignatieff in *Isaiah Berlin, The Hedgehog and the Fox* (Princeton and London: Princeton University Press, 2013)〔『ハリネズミと狐』（河合秀和訳、岩波文庫、一九九七年）。ただし本訳書にはイグナティエフの「序文」は収録されていない〕.

"The New World Disorder," in *The New York Review of Books*, September, 25, 2014〔本書でも「ウクライナ系住民」との確執が言及されているが、本論説はウクライナにおける独立派と親ロシア派との対立を論じたものである〕.

＊　＊　＊

ところで彼の数ある著作のなかでも本書は異彩を放っている。ちなみにこれまでに出版された著書は以下のとおりである（小説、編著を除く）。

①*A Just Measure of Pain: The Penitentiary in the Industrial Revolution 1750-1850*, New York: Pantheon, 1978.

②*The Needs of Strangers*, London: Chatto and Windus, 1984〔『ニーズ・オブ・ストレンジャーズ』（添谷育志・金田耕一訳、風行社、一九九九年）〕.

③*The Russian Album*, Toronto: Viking, 1987.

④*Blood and Belonging: Journeys into the New Nationalism*, London: BBC Books, 1993〔『民族はなぜ殺し合うのか——新ナショナリズム6つの旅』（幸田敦子訳、河出書房新社、一九九六年）〕.

⑤*The Warrior's Honor: Ethnic War and the Modern Conscience*, London: Chatto and Windus, 1998〔『仁義なき戦場——民族紛争と現代人の倫理』（真野明裕訳、毎日新聞社、一九九九年）〕.

⑥*Isaiah Berlin: A Life*, London: Chatto and Windus, 1998〔『アイザイア・バーリン』（石塚雅彦・藤田雄二訳、みすず書房、二〇〇四年）〕.

⑦*Virtual War: Kosovo and Beyond*, London: Chatto and Windus, 2000〔『ヴァーチャル・ウォー——戦争とヒューマニズムの間』（金田耕一・添谷育志・高橋和・中山俊宏訳、風行社、二〇〇三年）〕.

⑧*The Rights Revolution*, Toronto: House of Anansi Press, 2000〔『ライツ・レヴォリューション——権利社会をどう生きるか』（金田耕一訳、風行社、二〇〇八年）〕.

⑨*Human Rights as Politics and Idolatry*, Princeton and Oxford: Princeton University Press, 2001〔『人権の政治学』（添谷育志・金田耕一訳、風行社、二〇〇六年）〕.

⑩*Empire Lite: Nation Building in Bosnia, Kosovo and Afghanistan*, London: Vintage, 2003〔『軽い帝国——ボスニア、コソボ、アフガニスタンにおける国家建設』（中山俊宏訳、風行社、二〇〇三年）〕.

⑪ *The Lesser Evil: Political Ethics in an Age of Terror*, Edinburgh: Edinburgh University Press, 2005〔『許される悪はあるのか？――テロの時代の政治と倫理』（添谷育志・金田耕一訳、風行社、二〇一一年）〕.

⑫ *True Patriot Love: Four Generations in Search of Canada*, Toronto: Viking, Canada, 2009.

これらの著作は英国における刑務所改革の歴史（①）に始まって、他者の思考や行動、民族紛争や「同時多発テロ」のような歴史的事件の現場を観察し、それらに触発されて自らの思索を深めてゆくもの（②、④、⑤、⑥、⑦、⑧、⑨、⑩、⑪）、自らの家族の来歴を探求するもの（③、⑫）に大別できる。本書が異彩を放っているとのべたのは、ほかでもない。本書はイグナティエフ自身の思考と行動を彼自身が省察するものだからである。彼が「習作的自伝というよりも、分析的回顧録の色合いが強い」（本訳書、四頁。傍点は添谷）とのべているのは、そういう意味なのだ。そこでは彼自身の実体験が、森有正のいう意味での「経験」にまで昇華されている。読者は彼の「経験」に寄り添うことによって、「政治」あるいは「政治家」についてのさまざまな洞察を得ることができる。

「回顧録」という表現から、たとえば功なり名を遂げた大政治家の自伝――本書にも登場するビル・クリントン『マイライフ――クリントンの回想（上・下）』（楡井浩一訳、朝日新聞社、二〇〇四年）のような――を期待する読者は裏切られるであろう。もちろん政治家の回顧録にも、デイヴィッド・ブランケットの『晴れた日には希望が見える――全盲の大臣と4頭の盲導犬』（高橋加奈子訳、朝日新聞社、一九九八年）のような優れた著作もある。また私が愛読しているクレメント・アトリー『アトリー自傳――英國労働党と私（上・下）』（和田博雄・山口房雄訳、新潮社、一九五九年）は原書のタイトル（As It Happened）がしめすように、「生まれて以後、学校生活、党活動、軍務、議会活動、戦後の首相をへて再び野に下るまで、即ち一九五三年までのことを「事実のままに（As It Happened）」叙述したものである」（下巻、二九五頁、表記を一部改変）。イグナティエフの「分析的回顧録」がこれらの作品と決定的に異なる点は、彼が政治の世界における実体験を「事実のままに」叙述しただけのものではないところにある。

本書の特色はなによりも彼が政治の世界で体験したことを「事実のままに」叙述した部分、その事実についての彼の考察、さらには政治の世界で自己分裂を余儀なくされる自分自身を冷徹に凝視する自分……が重層的に存在することである。それに応じて彼の語り口も「記録者」、「ジャーナリスト」、「政治学者」、「精神分析者」などなどとまるでカメレオン――これ自体が政治家の定義でもある――のように自在に変貌している。それをつうじて私たちはシュテファン・ツワイクが『ジョゼフ・フーシェ――ある政治的人間の肖像』（高橋禎一・秋山英夫訳、一九七九年、岩波文庫）で描いたような、いわば「政治的人間の生態学」を手にすることができるのである。ツワイクによれば同時代の人びとの目には、フーシェは「生まれながらの裏切者、いやしむべき陰謀家、のらりくらりした爬虫類《はちゅうるい》的人物、営利的変節漢、下劣な岡引根性《おかっぴき》、浅ましい背徳漢等々」（同書、三頁）と映じたのであった。本書に登場する政治家のなかにも、このような性格を見いだすのはいとも容易だろう。

かといって「火と灰」といういささかミステリアスな書名から、マイケル・ドブス『ハウス・オブ・カード』（伏見威蕃訳、角川文庫、一九九〇年）やジェフリー・アーチャー『めざせダウニング街10番地』（永井淳訳、新潮文庫、一九八五年）のような、あるいはケヴィン・スペーシー主演のTVドラマ『ハウス・オブ・カード――野望の階段』のようなポリティカル・サスペンスを期待する読者もまた裏切られるだろう。素人政治家イグナティエフが飛び込んだ「政界」という世界は、「変節」や「野望」、「虚偽」や「虚栄心」が渦巻いてはいるが、血なまぐさい事件が起こるわけではない。

もう一点本書の特色は、「私はいつでも政治の世界に転身した知識人たち――ペルーのマリオ・バルガス・リョサ、チェコ共和国のヴァーツラフ・ハヴェル、メキシコのカルロス・フェンテス――を称賛してきたが、彼らの多くが失墜したことを知っていた。いずれにせよ厳密には彼らの仲間ではなかった」とのべられていることである（本訳書、二一―三頁）。「政治の世界に転身した知識人たち」の成功と挫折を描いたものとしてはマーク・リラ『シュラクサイの誘惑――現代思想における無謀な精神（The Reckless Mind: Intellectuals in Politics）』（佐藤貴史ほか訳、日本経済評論社、二〇〇五年）がある。だがイグナティエフにはそこで描かれているような——プラトンにはじまりジャック・デリダにいたる知識人たちが抱いた——屈託はいっさい存在しない。六八年世代として「知識人の政治的責任」や「政治参加《アンガジュマン》」などの実存主義的テーマを知らないわけではない彼——現に同年代に属するトニー・ジャットは『知識人の責任——ブルム、カミュ、アロン』（土倉莞爾ほか訳、晃洋書房、二〇〇九年）を書いている——が、知識人として政界に入ることになんの倫理的躊躇いもなく、それが「無謀な精神（The Reckless Mind）」だとも見なしていないことは特筆すべきことだろう。リラの著書のタイトルはチェスエワフ・ミウォシュ『囚われの魂（The Captive Mind）』（工藤幸雄訳、共同通信社、一九九六年）に由来していると思われるが、イグナティエフにも政治の世界に「囚われる」ことへの恐怖ともいうべき瞬間が描かれてはいる。たとえばつぎの一節がそうだ。

　連邦議員としての最初の選挙に勝利して議員宣誓を済ませてから八週間後に、私はカナダ自由党の党首選に立候補すると宣言した。私にはこれから九カ月に及ぶ大陸横断の選挙戦が待っていた。そして全国のいたるところに、またこれまでその存在すら自覚しなかった私の内面の場所へと導かれることになるのである。（本訳書、六四—六五頁）

彼は遊説のためにカナダ国中を旅しただけではなく、他の政治家、選挙民、ジャーナリストなど相手に応じてさまざまに変容する「私の内面の場所」へも旅したのであった。私が「自己分裂を余儀なくされる自分自身」とのべたのはそういう意味においてである。彼の「内面」への旅は、ライオネル・トリリングの古典的名著『〈誠実〉と〈ほんもの〉——近代自我の確立と崩壊』（野島秀勝訳、筑摩書房、一九七六年）さえも彷彿とさせる洞察に満ちあふれている。たとえばトリリングはこう書いている。

自我を演出し、自分自身を社会の舞台の上に登場させるこの営みにおいて、誠実自体が奇妙な妥協的な役割を演じているのである。社会は誠実な存在として自らを演出登場させることを要求しているが、この要求をもっとも効果的に満足させる方法は、私たちが実際に誠実であり、社会に知ってもらいたいと望むとおりの人間であるようにとりはからうことだ。要するに、私たちは自分自身である役割を演じ、誠実な人間の役を演技するわけだが、その結果私たちの誠実はほんものではないという判決が下されるとしても、それは覚悟していなければなりますまい。

（同書、二〇頁）

シェイクスピアの「グローブ座」に掲げられた「この世は舞台、ひとはみな役者（Totus mundus agit historionem）」という言葉以来、近代人は社会という舞台のうえで、どのようにして「誠実」と「ほんもの」を両立させるかを探求してきた。政治という世界はいわば社会という舞台のうえの舞台であり、政治家はその舞台のうえで期待される役割を演ずる役者なのだ。このような世界において「ほんもの」の自分を喪失することなく、「誠実」であることがどれほど困難なことであるかは、想像に難くない。イグナティエフはその困難さを自覚し、それをかなりの程度克服しているように思われる。政治家を志したひとりの男の「成功と失敗」を描きながら、本書には自慢話や愚痴のたぐいはいっさい見当たらない。読後感として私たちに訪れるのは一種の「爽快さ」、「潔さ」なのだ。

本書を訳しながら、とくにイグナティエフが選挙民に訴える「物語」として「放蕩息子の帰郷」に思い当る部分を訳しながら思い浮かんだのは、故新井将敬氏の『エロチックな政治――生きるため死ぬための言葉』（マガジンハウス、一九九四年）だった。氏はこう書いている。

誰でも人間は、物語なくしては生きることはできない。

福田恒存は、『人間・この劇的なるもの』の最初を、サルトルの小説からの引用をまじえて、「特権的条件」と名づけるひとつの型の説明から始める。「現実の生活では、主役を演じることができぬ。……端役でも、それが役であればいい。なにかの役割を演じること、それが、現実の生活では許されないのだ」そして「劇的に生きたいというのは、自分の生涯を、あるいは、その一定期間を、一種の芸術作品に仕たてあげたいということにほかならぬ」。しかし、そうしたひとつの型としての生の夢想は、死の意識によって、裁断されていなければならないことは当然である。無限につづいていく生の観念の中には、いかなる特別な物語もないからである。（同書、五八頁）

さらに氏はこうものべている。

恋愛は精神的であると同時に肉体的なものである。……恋愛は生の称揚、支配、暴力、そして死、というサイクルを描くではないか。／そう考えれば、恋愛が政治（クラウゼヴィッツは、戦争は政治の延長であるといっている）のサイクルと全く類似していることに気づくだろう。／恋愛は密室における政治であり、政治は公の場における恋愛である。（同書、一四―一五頁）

読書家であった新井氏の心を過《よ》ぎったのは、わが国のもっとも定評ある政治学教科書における「しかし、神と動物の中間にあって、上昇と下降の不断の緊張に生きなければならない人間は、人間であるがゆえに「政治」を必要とする。それは、あたかも性の世界における恋愛（love）が自由人の唯一の答えであるように、政治（politics）は、暴力の世界における自由人の最後の言葉なのである」（篠原一・永井陽之助編『現代政治学入門〔第二版〕』（有斐閣、一九八四年）、二頁）という一節だったかもしれない。そして政治の要諦がなによりも「身体的接触」をつうじての人心の掌握であることを強調するイグナティエフもこの考えに同意するであろう。わが国の政界から「知性」というものが失われてからどれほどの時間が経過したことだろう。新井氏が存命中であれば、まっさきに本書を読んで欲しかった。あまりにも早すぎるその死を心から悼む。

＊　＊　＊

翻訳の手順について若干のべておく。二〇一三年五月に出版社から送られてきた最終稿（Final Draft）を基に翻訳に着手し、その後単行本が出版されて以降は冒頭にのべた「ハーバード大学出版局」版を基に翻訳を進めた。「謝辞」および「第一章」から「第五章」までを添谷が、「第六章」から「第一〇章」までを金田が担当し、お互いの草稿を見直し最終稿を作成した。校正の段階でも相互にチェックしながら用語や人名、地名などの統一を図った。『ライツ・レヴォリューション――権利社会をどう生きるか』の翻訳をとおして、カナダの政治、社会に通暁している共訳者の金田先生の豊富な知識がなければ、翻訳はもっと難航していたことだろう。『ニーズ・オブ・ストレンジャーズ』以来、心強い共訳者を得られたことにあらためて深く感謝する。また例によって最初の読者として本書の題名や訳文について適切な指摘をしてくれた、私の連れ合いの陽子にも感謝の言葉を捧げたい。本当にありがとう。

最後に風行社の犬塚さんと伊勢戸さんには、初校、再校のたびに赤字でいっぱいになる原稿を丁寧に読んでいただいたことに深く感謝する。本訳書が経営上の負担にならないことを念願して止まない。

［初出一覧］

第一部　近現代英国思想研究

1　「ホッブズ政治哲学の人間論的意味――生産活動・暴力による死・他者」『理想』第四九六号、一九七四年、所収〈原題：ホッブズ政治哲学の人間論的意味――生産活動・暴力死・他者〉。

2　「ホッブズとヘーゲル――比較研究的解釈試論」『理想』第五一〇号、一九七五年、所収。

3　「「危機の世紀」における世界と個人――ホッブズの時代の世界像のために」祖川武夫編『国際政治思想と対外意識』創文社、一九七七年、所収。

4　「現代英国政治思想の系譜（1）――政治の象徴劇――クランストンからバジョットへ」『埼玉大学紀要〈社会科学篇〉』第二七巻、一九七九年、所収〈原題：現代イギリス政治思想の系譜（1）――政治の象徴劇――クランストンからバジョットへ〉。

5　「現代英国政治思想の系譜（2）――M・オークショット論覚書〈その1〉」『埼玉大学紀要〈社会科学篇〉』第三三巻、一九八五年、所収〈原題：現代イギリス政治思想の系譜（2）――「海図なき海」への航海者、あるいは「Conscienceの圧政」に抗して――M・オークショット論覚書（その1）〉。

6　「現代英国政治思想の系譜（2）――M・オークショット論覚書〈その2・完〉」『埼玉大学紀要〈総合篇〉』第五巻、一九八七年、所収〈原題：現代イギリス政治思想の系譜（2）――「海図なき海」への航海者、あるいは「Conscience

の圧政」に抗して――M・オークショット論覚書（その2・完）」。

7 「「政治哲学者」オークショットの形成――『経験とその諸様態』から『政治における合理主義』へ」M・オークショット『保守的であること――政治的合理主義批判』澁谷浩ほかと共訳、昭和堂、一九八八年、所収。

8 「バジョット――権威・信用・慣習」藤原保信・飯島昇藏編『西洋政治思想史・Ⅱ』新評論、一九九五年、第二九章。

9 「ナチズム・戦時動員体制・企業国家――マイケル・オークショットの思想形成と戦争体験」宮田光雄・柳父圀近編『ナチ・ドイツの政治思想』創文社、二〇〇二年、所収。

第二部　世論、および選挙研究

10 「政治とコミュニケーション――政治コミュニケーション・アプローチ」「平成5年度文部省特定研究報告書」東北大学大学院情報科学研究科人間情報学専攻、一九九四年、所収。

11 「世論」佐藤正志・添谷育志編『政治概念のコンテクスト』早稲田大学出版部、一九九九年、第九章。

12 「世論概念の変容と世論確認装置」平成一二年度～平成一三年度科学研究費補助金（基盤研究（B）（1））研究成果報告書『世論調査環境の変容と「世論」概念及び政治意識の変化』、二〇〇二年、第二章。

第三部　その他のエッセイ

13 「L・シュトラウスとA・ブルームの「リベラル・エデュケイション」論」東北大学法学会『法学』第五五巻第六号、一九九二年、所収。

14 「〈Active Citizenship〉と保守主義の「深化」」一九九四年度日本政治学会研究会報告（分科会A）一九九四年

一〇月一日　関西大学。

15　「「秩序」についての諸観念」東北大学大学院情報科学研究科社会情報学専攻共同研究成果報告書、二〇〇二年、所収。

16　「「見知らぬ人びと」の必要――M・イグナティエフの問題提起をめぐって」明治学院大学『法学研究』第九七号、二〇一四年、所収。

第四部　書評、短評、訳者あとがき

17　紹介「C. B. Macpherson, *The Political Theory of Possessive Individualism* (Oxford University Paperback, 1964) をめぐって」東北大学法学会『法学』第三七巻第三号、一九七四年、所収。

18　書評「五木寛之『鳥の歌』（講談社、一九七九年刊）」『Book and Memory』埼玉大学生協、一九七九年、所収。

19　「「政治哲学の復権」をめぐって――藤原保信氏の所説を中心に」『社会科学の方法』第一五巻第一〇号、御茶の水書房、一九八二年、所収。

20　書評「小野紀明『フランス・ロマン主義の政治思想』（木鐸社、一九八六年刊）」『木鐸』第三四号、一九八六年、所収。

21　書評「R・ニスベット『保守主義――夢と現実』（富沢克・谷川昌幸訳、昭和堂、一九九〇年刊）」『週刊読書人』一九九〇年八月六日、所収。

22　訳者あとがき「L・シュトラウス『ホッブズの政治学』（添谷育志・谷喬夫・飯島昇藏訳、みすず書房、一九九〇年刊）」。

23　訳者あとがき「B・クリック『現代政治学入門』（添谷育志・金田耕一訳、新評論、一九九〇年刊）」。

24　書評「京大政治思想史研究会編『現代民主主義と歴史意識』（ミネルヴァ書房、一九九一年刊）」『週刊読書人』一九九一年一〇月二八日、所収。
25　書評「M・オークショット『市民状態とは何か』（野田裕久訳、木鐸社、一九九三年刊）」『週刊読書人』一九九三年八月二三日、所収。
26　訳者あとがき「M・イグナティエフ『ニーズ・オブ・ストレンジャーズ』（添谷育志・金田耕一訳、風行社、一九九九年刊）」。
27　書評「中金聡『政治の生理学――必要悪のアートと論理』（勁草書房、二〇〇〇年刊）」『図書新聞』二〇〇〇年六月三日、所収。
28　書評「W・キムリッカ『現代政治理論』（千葉眞ほか訳、日本経済評論社、二〇〇二年刊）」『図書新聞』二〇〇二年四月二〇日、所収。
29　書評「清滝仁志『近代化と国民統合――イギリス政治の伝統と改革』（木鐸社、二〇〇四年刊）」『図書新聞』二〇〇四年六月五日、所収。
30　書評「M・イグナティエフ『アイザイア・バーリン』（石塚雅彦・藤田雄二訳、みすず書房、二〇〇四年刊）」『週刊読書人』二〇〇四年八月二〇日、所収。
31　書評「L・シュトラウス『リベラリズム　古代と近代』（石崎嘉彦・飯島昇藏訳者代表、ナカニシヤ出版、二〇〇六年刊）」『週刊読書人』二〇〇六年五月一二日、所収。
32　解説「千葉眞・添谷育志編『藤原保信著作集第8巻　政治理論のパラダイム転換』（新評論、二〇〇六年刊）」。
33　書評「田中秀夫・山脇直司編『共和主義の思想空間――シヴィック・ヒューマニズムの可能性』（名古屋大学出版会、二〇〇六年刊）」『図書新聞』二〇〇六年一〇月二一日、所収。

34　書評「遠山隆淑『「ビジネス・ジェントルマン」の政治学――W・バジョットとヴィクトリア時代の代議政治』（風行社、二〇一一年刊）」『風のたより』風行社、二〇一一年八月五日、所収。

35　訳者あとがき「M・イグナティエフ『許される悪はあるのか？――テロの時代の政治と倫理』（添谷育志・金田耕一訳、風行社、二〇一一年刊）」。

36　書評「岩田温『政治とはなにか』（総和社、二〇一二年刊）、同『だから、日本人は「戦争」を選んだ』（オークラNEXT新書、二〇一二年刊）」『政治哲学』第一五号、二〇一三年、所収。

37　書評「菊池理夫『ユートピア学の再構築のために――「リーマン・ショック」と「三・一一」を契機として』（風行社、二〇一三年刊）」『政治思想研究』第一四号、二〇一四年、所収。

38　訳者あとがき「M・イグナティエフ『火と灰――アマチュア政治家の成功と失敗』（添谷育志・金田耕一訳、風行社、二〇一五年刊）」。

あとがき

本書は一貫した構想のもとに執筆された体系的著作ではない。その時点、その時点での論文集のテーマに即応して執筆された論文、エッセイ、書評などの集成である。けれども本書に収録した各論文、エッセイの底流をなす（オークショット的意味での）気質は一様である。エドワード・ギボンが初期キリスト教徒たちのなかに見た「狂信」、波止場の哲学者エリック・ホッファーのいう「情熱的な精神状態」や「確信者たち（True Believers）」にたいする嫌悪感と、ヘレニズム期のギリシアの哲学者エピクロス的生き方への共感である。また問題意識としての「政治と言語」というテーマは一貫していると思う。

学術情報のディジタル化が進行・拡大するなかで、四〇年以前に執筆した小論から二〇一四年に執筆した「イグナティエフ論」までを一書にまとめることにどのような意義があるのかと問われれば、正直いってわたしには即答できない。けれどもいまや滅亡寸前の紙ベースの「書籍」というかたちで、自分が執筆したものを残しておきたいという気持ちに嘘偽りはない。とくに散逸しがちな「書評」――わたしが偏愛するジャンル――をすべて収録できたことは、おおきな喜びである。執筆を依頼していただいた当時の編集者の皆様には感謝申し上げる。

本書に収録するに際しては各論文等に最小限の補足・修正――「イギリス」を「英国」に統一するなど――を加えた以外は、論旨を大幅に変更するような修正、たとえばオークショットが『ケンブリッジ・ジャーナル』誌に発表した論文を、単行本『政治における合理主義』に収録した際に行なったような修正は加えていない。どちらが「知的誠実さ」

に適うのかは議論の分かれるところであろう。そういう次第で、発表時点で邦訳されていなかった文献からの引用はすべて拙訳によっている。わたし自身翻訳に携わった経験から、原書の引用文の出典探しと既訳の訳文との照合にかなりの時間と労力を費やしたものである。大げさにいえば翻訳作業の三分の一はその作業に費やされるといってもよいくらいである。こうして机のまわりには翻訳本の山がうず高く積まれることになるわけである。ところが最近の翻訳書では、出典を明示しなかったり既訳との照合を行なっていないものが多数見受けられる。その意味で収録論文発表以後に翻訳されたものについては、気づいたかぎり末尾に一括して表示する。訳者諸氏のご努力に敬意を表する次第である。

本年六月三日に、わたしが長年（専属？）翻訳者として付き合ってきたマイケル・イグナティエフ氏の講演会に出席する機会を得た。その場で『ニーズ・オブ・ストレンジャーズ』の扉にマイケルから

To my translator,
YASUYUKI SOEYA
With deep gratitude
For making my work
Available to Japanese readers.
Long live translator.

とのサインをいただいた。翻訳者冥利に尽きる。じっさい"traduttore, traditore"（「translator, traitor ＝翻訳者、裏切り者」）という言葉もあるが、他方でゲーテがカーライルに宛てた手紙には「したがってあらゆる翻譯者は、この一般的な精神的商業の仲介役として努力し、相互の交換を促進することを仕事とする人と見なさるべきです。翻譯では不充分である

と言う人がありますが、なんといっても翻譯は一般世界において最も重要で最も價値ある仕事の一つであり、また常にそうでありましょう」（『ゲーテ＝カーライル往復書簡』山崎八郎訳、岩波文庫、一九四九年、一六頁）とものべられているのだ。

もちろん翻訳書にも拙劣きわまりないものもある。最近古代末期の世界にかんする翻訳書を読んでいた際にさっぱり意味が通じず、「訳者あとがき」に「正確に理解したいならば原書を読め」という意味のことが書かれているのに唖然とした経験がある。また最近の若手研究者の論文では「原書＝原典主義」の名において、邦訳書に依拠するのを忌避する傾向がみられる。なかには既訳の存在自体を知らないのではないかと思われるものも多い。たとえば英国の政治思想家がフーコーを英訳で引用しても、エピクロスを古代ギリシア語ではなく英訳で引用してもなんの問題もなかろう。Loeb Classical Library にしても Cambridge Texts In The History of Political Thought にしても、いずれも原典からの翻訳ではないのか？

劣悪な翻訳書が読者を遠ざけ、読者が少なくなれば値段があがる、そしてますます読者が少なくなる……という悪循環をどこかで断ち切る必要がある。悪貨が良貨を駆逐するように、出版社の倒産で優れた翻訳書が中古市場からさえ姿を消してしまう。たとえばR・L・ウィルケン『ローマ人が見たキリスト教』（三小田敏雄ほか訳、ヨルダン社、一九八七年）がそうである。どこか勇気のある出版社が復刊されんことを期待する。

閑話休題。オークショット論のなかで示唆した「LSEの精神史」を完成できなかったことは、まことに遺憾である。LSEの政治学主任教授（公式には Graham Wallace Professor of Political Science）職は、クランストンのあとブライアン・バリー、デイヴィッド・ヘルド（現ダラム大学教授）へと受け継がれたが、ヘルドの辞任後の二〇一二年からはフェミニズムの理論家アンヌ・フィリップスがそのポストに就いている。オークショット以前のウォーラス、ラスキについてはすでに充実した研究書が刊行されている。ヘルドの主要著書はほとんど翻訳・出版されている。なぜかわが国では無視されてきたバリーの主著 *Political Argument* の翻訳も「ソキエタス叢書」（風行社）の一冊として刊行予定である。

なお現代英国政治学・政治理論の現状については、ケンブリッジ大学教授アンドリュー・ギャンブル『政治学《ポリティクス》／政治の諸限界』（『明治学院大学法律科学研究所年報』第二七号、二〇一一年度）および現在ＬＳＥ学長補佐の地位にあるポール・ケリー教授編『二〇世紀における英国政治理論』（「序論」および「第一章」の翻訳、同上、第二八号、二〇一二年度）の翻訳というかたちで、いくばくかの貢献はできたと考えている。これによって「空手形を切る」という無責任はある程度回避できたと思う。それにしてもチャンドラン・クカサスが政治学科主任ということになると、ＬＳＥもずいぶんと様変わりしたものである。

本書に収録した各論文、エッセイを執筆するにあたっては数多くの方々のお世話になった。いちいちお名前を挙げるのは差し控えるが、おひとりだけ挙げさせていただきたいのは東北大学名誉教授宮田光雄先生である。大学院博士後期課程の在籍期限が満了した時点で、将来の当てもなく途方に暮れていたわたしに「助手になる気はないか」とお声をかけていただいたことを心から感謝申し上げます。この機会を与えていただけなかったら、わたしが研究者の道を進むことはなかっただろう。本当にありがとうございました。

＊　＊　＊

「心地よく暮らす」をモットーとする、わたしの連れ合いにとっては、居間はおろかトイレ、台所にまで進出している書籍の山は（経済的な面もふくめて）さぞかしストレスになっていると思う。にもかかわらずこれまで寛容に遇してくれたことに深く感謝する。本書は最愛の妻、陽子に捧げられる。

またＯＣＲへの読み取りとデータ化に多大の時間と労力を費やしていただいた風行社の伊勢戸まゆみさんと、論文等の配列にすばらしい編集手腕を発揮していただいた犬塚満社長には感謝の言葉もない。本当にありがとうございました。

二〇一五年九月二四日

添谷育志

邦訳書一覧（古典的書物は除く、五十音順）

＊ウォルシュ『歴史哲学』（神山四郎訳、創文社、一九七八年）
＊エリクソン『青年ルター（1・2）』（西平直訳、みすず書房、二〇〇二―三年）
＊オークショット『リヴァイアサン序説』（中金聡訳、法政大学出版局、二〇〇七年）、『増補版　政治における合理主義』（嶋津格ほか訳、勁草書房、二〇一三年）、『歴史について、およびその他のエッセイ』（添谷ほか訳、風行社、二〇一三年）
＊クリック『シティズンシップ教育論――政治哲学と市民』（関口正司監訳、法政大学出版局、二〇一一年）
＊コジェーヴ『ヘーゲル読解入門――『精神現象学』を読む』（上妻精ほか訳、国文社、一九八七年）
＊コリングウッド『歴史の観念（復刊版）』（小松茂夫ほか訳、紀伊国屋書店、二〇〇二年）
＊ジュヴネル『純粋政治理論』（中金聡ほか訳、風行社、二〇一四年）
＊シュトラウス『ホッブズの政治学』（添谷ほか訳、みすず書房、一九九〇年）、『僭主政治について（上・下）』（石崎嘉彦ほか訳、現代思潮社、二〇〇六―七年）
＊シュミット『ハムレットもしくはヘカベ』（初見基訳、みすず書房、一九九八年）

＊スタロバンスキー『ルソー――透明と障害〔新装版〕』（山路昭訳、みすず書房、二〇一五年）、『J・J・ルソー
透明と障害』（松本勤訳、思索社、一九七三年）
＊セネット『公共性の喪失』（北山克彦ほか訳、晶文社、一九九一年）
＊ティリヤード『エリザベス朝時代の世界像』（磯田光一訳、研究社、一九六三年）
＊ドイヨル＆ゴフ『必要の理論』（馬嶋裕・山森亮監訳、勁草書房、二〇一四年）
＊ブーアスティン『過剰化社会――豊かさへの不満』（後藤和彦訳、東京創元社、一九八〇年）
＊ブルアー『ウィットゲンシュタイン――知識の社会理論』（戸田山和久訳、勁草書房、一九八七年）
＊マクファーソン『所有的個人主義の政治理論』（藤野渉訳、合同出版、一九八〇年）

[著者紹介]
添谷育志（そえや　やすゆき）
1947年栃木県生まれ。
東北大学大学院法学研究科博士課程単位取得退学。
主要著書・訳書・論文
『現代保守思想の振幅――離脱と帰属の間』（新評論、1995年）
M・イグナティエフ『ニーズ・オブ・ストレンジャーズ』（金田耕一氏との共訳、風行社、1999年）
「ユリアヌス帝の変貌――「背教者」から「哲学者、ローマ皇帝へ（1）」（『法学研究』明治学院大学法学部、2016年1月刊行予定）

近現代英国思想研究、およびその他のエッセイ

2015年11月1日　初版第1刷発行

著　者　添谷育志
発行者　犬塚　満
発行所　株式会社 風行社
〒101-0052　東京都千代田区神田小川町3－26－20
Tel. & Fax.　03-6672-4001
振替　00190-1-537252

印刷・製本　中央精版印刷株式会社
装　丁　坂口　顯

ISBN978-4-86258-097-9